仓修良先生（摄于 2012 年春）

谱牒学通论

仓修良 著

图书在版编目（CIP）数据

谱牒学通论 / 仓修良著. — 北京：商务印书馆，2022
ISBN 978-7-100-21121-5

Ⅰ.①谱⋯ Ⅱ.①仓⋯ Ⅲ.①谱牒学—研究 Ⅳ.①K810.2

中国版本图书馆CIP数据核字（2022）第077951号

权利保留，侵权必究。

谱牒学通论

仓修良 著

商 务 印 书 馆 出 版
（北京王府井大街36号 邮政编码 100710）
商 务 印 书 馆 发 行
三河市尚艺印装有限公司印刷
ISBN 978 - 7 - 100 - 21121 - 5

2022年10月第1版　　　开本 710×1000 1/16
2022年10月第1次印刷　　印张 29 1/4　插页 1

定价：150.00元

出版说明

仓修良先生（1933—2021）是当代著名历史学家、方志学家，江苏省泗阳县人。1958年毕业于浙江师范学院历史系，一直在杭州大学历史系任教。1998年国务院决定四校合并，为浙江大学历史系教授。生前社会兼职有中国历史文献研究会名誉会长、学术委员会主任委员，中国地方志学会学术委员，浙江省地方志学会副会长，华中师范大学历史文献研究所、华东师范大学中国史学研究所、宁波大学、温州大学兼职教授等。

仓先生毕生致力于中国史学史、历史文献学、方志学和谱牒学等方面的教学与研究，著述宏富。出版学术专著有《中国古代史学史简编》（与魏得良合著）、《中国古代史学史》、《方志学通论》、《谱牒学通论》、《章学诚和〈文史通义〉》、《章学诚评传》（与叶建华合著）、《章学诚评传》（与仓晓梅合著），自选文集《史家·史籍·史学》、《仓修良探方志》、《史志丛稿》、《独乐斋文存》。主持二十五史辞典丛书的编纂工作，主编《中国史学名著评介》（三卷本、五卷本）、《史记辞典》、《汉书辞典》、《二十五史警句妙语辞典》、《中国历史文选》（下册，与魏得良合编）、《中国史学史参考资料》、《中国华东文献丛书·华东稀见方志文献》（全五十卷），《中国历史大辞典·史学史卷》编委，撰写《中国历史要籍介绍及选读》要籍解题。古籍整理有《爝火录》（与魏得良合校）、《文史通义新编》、《文史通义新编新注》等。在《历史研究》、《新华文摘》、《中国史研究》、《文史》、《人民日报》、《光明日报》等报刊发表论文两百余篇，科研成果多次受到国家和省部级的奖励。事迹被收入中外名人辞典三十多种，治学经历被收入朝华出版社《学林春秋》，享受国务院特殊津贴。

仓先生在2017年出版《谱牒学通论》后，有意出版本人文集，将生平著述作一总结，集中呈现给学界朋友与广大读者。文集的出版，承商务印书馆的大力支持，同时得到浙江大学中国古代史研究所"双一流"项目经费出版资助。编纂工作从2019年底正式启动，由于身体原因，仓先生委托留系弟子鲍永军负责，从事制订编纂计划、搜集整理并复印论文、整齐文献格式、校对清样及引文、联络沟通等编务。仓先生确定文集编纂计划与目录，指导编纂工作，夫人任宁沪女士、女儿仓晓梅女士提供书信与照片资料，对封面设计、文集装帧等提出宝贵的意见建议。文集编纂工作，得到先生弟子们的积极参与和热忱帮助。叶建华同志校对文集排版文字、核对论著引文。陈凯同志参与制订编纂计划，负责书信整理编纂工作，参与统一文集文献格式，编撰《学术论著编年目录》。张勤同志编撰《学术活动年表》。先生其他弟子，钱茂伟、舒仁辉、刘连开、殷梦霞、文善常、范立舟、陈鹏鸣、金伟、白雪飞、邹晏君、邴舒绪等同志，始终关注支持文集编纂工作。

本文集包含五方面内容，依次为专著、古籍整理、论文集、附录、书信集。文集凡十卷：第一卷《中国古代史学史》；第二卷《方志学通论》；第三卷《谱牒学通论》；第四卷《章学诚评传》（与叶建华合著）；第五卷《章学诚和〈文史通义〉》、《章学诚评传》（与仓晓梅合著）；第六卷《文史通义新编新注》；第七卷《中国史学史论集》；第八卷《方志学论集》；第九卷《谱牒学与历史文献学论集》，附录《学术活动年表》、《学术论著编年目录》；第十卷《友朋书信集》。仓先生所撰中国历史要籍解题，收入第七卷《中国史学史论集》。仓先生主编的《中国史学名著评介》、《文史通义新编》、《爝火录》以及《中国历史文选》，所撰《中国历史大辞典·史学史》、《史记辞典》、《汉书辞典》、《二十五史警句妙语辞典》词条，限于篇幅，本文集不再收录。原四本论文集《史家·史籍·史学》、《仓修良探方志》、《史志丛稿》、《独乐斋文存》中的相关序言、前言、后记，分别收入第七、八、九卷中。

文集中的专著，有增订本者，收增订本。已出版著作与发表的论文，注释体例多有不同，此次出版，为方便读者，重新编排，核对引文，尽可能按照最新出版规范，统一注释体例。

文集编纂尚在进行，仓先生不幸于2021年3月逝世，遗憾不可弥补。文集第一卷于11月问世，后续各卷陆续出版，以慰先生在天之灵。先生之风，山高水长；先生之学，百世流芳。

编者

2021年10月26日

目 录

序　言 1

第一章　谱牒学的起源 48
　一、关于西周起源说的几种论述 48
　二、需要辨析的几个问题 53
　三、西周宗法制是谱牒学起源的社会背景与条件 56

第二章　《世本》——我国最早的谱牒著作 64
　一、关于书名等问题 64
　二、成书时代与作者 70
　三、《世本》——宗法制度的产物 78
　四、《世本》的内容 82
　五、散佚和辑佚 100
　六、《世本》的价值 105

第三章　两汉谱学的发展 110
　一、两汉谱牒学简介 110
　二、司马迁与谱牒学 115
　三、王符《潜夫论》中的《志氏姓》 120
　四、应劭《风俗通义》中的《姓氏》篇 124

第四章 谱学发展的鼎盛时期——魏晋南北朝谱学 ... 129
一、魏晋南北朝谱学发展的原因 ... 129
二、魏晋南北朝谱学发展的特点 ... 139
三、谱学家和谱学著作 ... 145
四、使用保存家谱的功臣刘孝标 ... 152

第五章 作为政治斗争工具的唐代谱学 ... 163
一、唐代谱学发展与政治斗争 ... 164
二、唐代谱学发展与社会风气 ... 177
三、谱学家和谱学著作 ... 181
四、关于两份唐代敦煌姓氏族谱残卷 ... 202

第六章 处于发展转型的宋代谱学 ... 217
一、开启私家之谱局面的宋代谱学 ... 217
二、欧阳修在谱牒学上的贡献 ... 226
三、苏洵编修家谱的主张 ... 259
四、郑樵《通志·氏族略》所反映的谱学思想 ... 272
五、邓名世的《古今姓氏书辨证》 ... 290

第七章 明代谱学发展概况 ... 300
一、元、明两代私家之谱的编修 ... 300
二、明代姓氏之书的编写 ... 315
三、宋濂的谱牒学理论 ... 333
四、方孝孺的谱牒学理论 ... 349

第八章 停滞不前的清代谱学 ... 367
一、清代谱学发展停滞状态 ... 367
二、章学诚的谱牒学理论 ... 377
三、钱大昕的谱牒学理论 ... 395
四、纪昀的谱牒学理论 ... 400

第九章 谱学发展的新成员——年谱ㅤㅤㅤㅤㅤㅤㅤㅤㅤㅤ409

ㅤ一、宋代产生年谱的历史背景与社会条件ㅤㅤㅤㅤㅤㅤㅤ409

ㅤ二、年谱的几种类型及其利弊得失ㅤㅤㅤㅤㅤㅤㅤㅤㅤㅤ415

ㅤ三、年谱的学术价值ㅤㅤㅤㅤㅤㅤㅤㅤㅤㅤㅤㅤㅤㅤㅤㅤ420

第十章 家谱概论ㅤㅤㅤㅤㅤㅤㅤㅤㅤㅤㅤㅤㅤㅤㅤㅤㅤㅤ423

ㅤ一、家谱是什么ㅤㅤㅤㅤㅤㅤㅤㅤㅤㅤㅤㅤㅤㅤㅤㅤㅤㅤ423

ㅤ二、私家之谱起源于何时ㅤㅤㅤㅤㅤㅤㅤㅤㅤㅤㅤㅤㅤㅤ426

ㅤ三、谱学研究和旧家谱保存现状ㅤㅤㅤㅤㅤㅤㅤㅤㅤㅤㅤ434

ㅤ四、家谱的文献价值和局限性ㅤㅤㅤㅤㅤㅤㅤㅤㅤㅤㅤㅤ438

ㅤ五、使用家谱资料应当审慎ㅤㅤㅤㅤㅤㅤㅤㅤㅤㅤㅤㅤㅤ444

第十一章 家谱辨伪举要ㅤㅤㅤㅤㅤㅤㅤㅤㅤㅤㅤㅤㅤㅤㅤ447

ㅤ一、江山《须江郎峰祝氏族谱》ㅤㅤㅤㅤㅤㅤㅤㅤㅤㅤㅤ448

ㅤ二、济南《周氏志》——周氏家谱ㅤㅤㅤㅤㅤㅤㅤㅤㅤㅤ449

ㅤ三、济南《义门传芳录——强氏家谱》ㅤㅤㅤㅤㅤㅤㅤㅤ449

ㅤ四、台州地区陈、吴两姓家谱祖先世系居然相同ㅤㅤㅤㅤ450

ㅤ五、挖改谱主姓氏的家谱中作伪现象ㅤㅤㅤㅤㅤㅤㅤㅤㅤ451

ㅤ六、《钟氏族谱》钟嵘序辨伪ㅤㅤㅤㅤㅤㅤㅤㅤㅤㅤㅤㅤ454

ㅤ七、《泾川柳氏宗谱》柳玭序是伪作ㅤㅤㅤㅤㅤㅤㅤㅤㅤ456

后 记ㅤㅤㅤㅤㅤㅤㅤㅤㅤㅤㅤㅤㅤㅤㅤㅤㅤㅤㅤㅤㅤㅤㅤㅤ459

序　言

一、谱学发展的历程

谱牒学和方志学一样，都是史学的旁支，并随着史学的发展而产生和形成，乃至最后成为一门独立的学问——谱牒学，简称谱学。

谱学随着其产生发展而有家谱或云族谱，亦称宗谱、统谱和年谱。家谱是记一家一姓的世系和人物的事迹，实即一家一姓的历史。章学诚与其好友邵晋涵对此都很重视。章氏曰："且有天下之史，有一国之史，有一家之史，有一人之史。传状志述，一人之史也；家乘谱牒，一家之史也；部府县志，一国之史也；综纪一朝，天下之史也。比人而后有家，比家而后有国，比国而后有天下，惟分者极其详，然后合者能择善而无憾也。"① 这不仅将家谱的性质下了定义，而且将其作用也予以充分的肯定。邵晋涵亦说："至郑夹漈之为《通志》也，首叙氏族，又采诸家之谱乘见于著录，则家之有谱，固与国有史、州有志而并重也。"② 可见他们是把家谱、方志、国史都看作同样重要的地方文献。而历史上浙东学者对于文献之征集、整理向有优良传统，特别是吕东莱的文献之学，对后世有着重要影响，其后，"南宋以来，浙东儒哲讲性命者，多攻史学，历有师承。宋明两朝，纪载皆稿荟于浙东，史馆取为衷据，其间文献之征，所见所闻、所传闻者，容有中原耆宿不克与闻者矣"③。

家谱乃是以表的形式表示家族世系之繁衍。而这种世系表，渊源甚早，一般都推始于《周官》。《隋书·经籍志》云："氏姓之书，其所由来远矣。

---

① （清）章学诚著，仓修良编注：《文史通义新编新注》外篇4《州县请立志科议》，浙江古籍出版社2005年版，第836页。
② （清）邵晋涵撰：《南江文钞》卷6《余姚史氏宗谱序》，清道光十二年（1832）刻本。
③ （清）章学诚撰：《章学诚遗书》卷18《邵与桐别传》，文物出版社1985年版，第177页。

《书》称：'别生分类。'《传》曰：'天子建德，因生以赐姓。'周家小史定系世，辨昭穆，则亦史之职也。秦兼天下，划除旧迹，公侯子孙，失其本系。汉初，得《世本》，叙黄帝已来祖世所出。而汉又有《帝王年谱》，后汉有《邓氏官谱》。晋世，挚虞作《族姓昭穆记》十卷，齐、梁之间，其书转广。后魏迁洛，有八氏十姓，咸出帝族。又有三十六族，则诸国之从魏者；九十二姓，世为部落大人者，并为河南洛阳人。其中国士人，则第其门阀，有四海大姓、郡姓、州姓、县姓。及周太祖入关，诸姓子孙有功者，并令为其宗长，仍撰谱录，纪其所承。又以关内诸州，为其本望。其《邓氏官谱》及《族姓昭穆记》，晋乱已亡。自余亦多遗失。"①这里虽引《书》、《传》，溯源《周官》小史，其实并无确凿之据，故所列最早者仍为《世本》，况其所述多为帝王世系或与帝王相关者之"帝族"。清代著名史家邵晋涵亦认为谱学起于《周官》，中经三个阶段，至唐末而衰。他说："《周官》小史奠系世，辨昭穆，谱牒之掌，古有专官。自官失其传，《大戴记》首述系姓，后如杜预之《春秋世族谱》，则以谱学附之于经；至应劭之述系姓，王符之论氏姓，又辅经而行者也。自太史公征引《世本》，考得姓受氏之原，至《唐书·宰相世系表》，则以谱学附之于史，其勒为专书、编分类次者，若挚虞《昭穆记》、王俭《百家谱》、贾希鉴《氏族要状》，胥能补史传所未备。五代以后，谱学散佚，于是士大夫之述家谱者，或推始迁之祖，或述五世之宗，守近而不能溯远，仅以叙同居之昭穆，而于受姓别族之源流，多未暇及，谱学之失传，所从来远矣。……自奠系牒之官废，而后有专门之学，专门之学衰，而后有私家之谱，自古迄今，凡三变焉。"②这里邵晋涵不仅叙述了谱学的起源，而且叙述了发展过程、不同阶段的特点及其代表作。特别是所讲的三个阶段，即由专官之掌，演为专门之学，最后变为私家之谱，这个结论大体是符合谱学发展的实际情况的。这就是说，谱牒如同历史一样，最早是由专官所执掌，其目的仅在"奠系世，辨昭穆，别贵贱，识尊卑"。这就是谱牒的起源。

秦汉以来，无专官所管，学者乃从事编述。至于六朝，遂形成专门之

---

① （唐）魏徵等撰：《隋书》卷33，中华书局1973年版，第990页。
② 《南江文钞》卷6《余姚史氏宗谱序》。

学。到了唐代，由于统治者的利用和提倡，出现了谱学发展史上的又一个高潮。五代以后，此学遂衰，此后专治谱学而成家者亦不多见。正如邵晋涵所说，以后多为"私家之谱"。值得注意的是，从宋代开始，除"私家之谱"而外，又出现了单为个人作"年谱"的现象，特别是为著名的学者、政治家编写年谱，这应当说是谱学发展史上的一大转折。这么一来，不仅使谱学发展有了新的生命力，而且更加富有学术价值。这是研究谱学发展史时尤其值得重视的一个重要阶段。

谈到我国谱学的发展，首先必须提到的一部书就是《世本》。"《后汉书·班彪传》云：'又有记录黄帝以来至春秋时帝王公侯卿大夫，号曰《世本》，一十五篇。'其子固本之，遂著录其书于《汉书·艺文志》。"[①] 可见其书原为十五篇，内容的时间断限是从黄帝直至春秋。但从现在所见到的佚文来看，实际已记到战国末年，并称赵王迁为"今王迁"。所以近人陈梦家考订，此书实为战国末年赵人所作。司马迁作《史记》还曾有所引用，到了唐代已经残缺，大约在南宋已失传。因此，到了清代从事辑佚者不下十余家。从现有佚文来看，很大部分是记载世系，如《帝系篇》是记自黄帝以下和尧、舜、禹等帝王传受的统系，《王侯谱》是记夏、商、周三代和鲁、齐、秦、楚、宋等二十余国的世系，《卿大夫谱》是记列国卿大夫之世系，而《姓氏篇》则是记录当时所有的姓氏。尽管书中还记载了其他一些内容，但我们有理由可以肯定《世本》乃是我国谱牒最早之著作。

正如郑樵在《氏族序》中说："凡言姓氏者皆本《世本》、《公子谱》二书，二书皆本《左传》。"[②] 司马迁作《史记》，"世表"、"年表"正是取法于此。其所记虽然皆属帝王、诸侯、士大夫之世系，实为后来记载一家一姓家谱宗谱之滥觞。到了魏晋南北朝时期，随着史学的发展，在史学领域里从而产生了反映这一时代特色的史学旁支——谱牒学，简称谱学。这一时期，由于政治和社会的需要，修撰家谱的风气盛极一时，还出现了许多著名的谱学专家和专著，并进而形成了专门学问——谱学。因此，魏晋南北朝时期遂成为我国历史上谱学发展的第一个高潮。到了唐代，为适应政治斗争的需要，

---

① 金毓黻：《中国史学史》，商务印书馆1999年版，第43页。
② （南宋）郑樵撰，王树民点校：《通志二十略·氏族略第一》，中华书局1995年版，第3页。

因而这种著作形式尤为统治者和世人所重视,并出现了谱学发展史上第二个高潮。郑樵对于汉魏六朝和有唐一代谱学之趋势及其概况有过概括性的评论,他说:"姓氏之学,最盛于唐,而国姓无定论。林宝作《元和姓纂》,而自姓不知所由来。汉有《邓氏官谱》,应劭有《氏族》篇,又有颍川太守聊氏《万姓谱》。魏立九品,置中正,州大中正主簿,郡中正功曹,各有簿状,以备选举。晋、宋、齐、梁因之。故晋散骑常侍贾弼、太保王弘、齐卫将军王俭、梁北中郎谘议参军知撰谱事王僧孺之徒,各有《百家谱》,徐勉又有《百官谱》。宋何承天撰《姓苑》,与后魏《河南官氏志》,此二书尤为姓氏家所宗。唐太宗命诸儒撰《氏族志》一百卷,柳冲撰《大唐姓系录》二百卷,路淳有《衣冠谱》,韦述有《开元谱》,柳芳有《永泰谱》,柳璨有《韵略》,张九龄有《韵谱》,林宝有《姓纂》,邵思有《姓解》。"① 他在这里提出"姓氏之学,最盛于唐",这一结论虽不一定确切,但仍有其一定道理,最起码反映了唐代的谱学,在魏晋南北朝发展的基础上,得到了进一步的发展。

唐末以来,谱学的发展进入了低潮,这是历来学者所公认,许多学者对于谱学衰落的原因还作了探讨和论述。如郑樵认为,五代以前,"人尚谱系之学,家藏谱系之书。自五季以来,取士不问家世,婚姻不问阀阅,故其书散佚,而其学不传"②。这一说法大体不错,但若进一步推求,则并不尽然。如"取士不问家世",并非五季以来如此。众所周知,隋朝开始已正式废除了九品中正制,实行科举制,而这种制度到唐代已达到了成熟阶段。这种制度选举用人是以"文章进",而不以"门第进"。当时做官则以进士出身者为荣,社会上甚至认为"缙绅虽位极人臣,不由进士者,终不为美"③。可见"取士不问家世"已不是当时谱学衰落的主要因素。苏洵当时倒是提出了一个值得注意的原因,他说:"盖自唐衰,谱牒废绝,士大夫不讲而世人不载,于是乎由贱而贵者耻言其先,由贫而富者不录其祖,而谱遂大废。"④ 这就是说,那些刚得势的新贵,既不愿讲家史,更不愿列谱系,关键在于怕丢

---

① 《通志二十略·氏族略第一·氏族序》,第 2 页。
② 同上书,第 1 页。
③ (五代)王定保著:《唐摭言》卷 1《散序进士》,中华书局 1959 年版,第 4 页。
④ (北宋)苏洵著,曾枣庄、金成礼笺注:《嘉祐集笺注》卷 14《谱例》,上海古籍出版社 1993 年版,第 371 页。

脸，其实这正是五季以来谱牒废绝的重要因素。所以清人赵翼说："盖五代以后，不崇门阀，故此学遂不复讲，又可以见各朝风尚不同矣。"① 可见，谱学之衰，关键在于"不崇门阀"。值得注意的是，宋代开始，谱学发展中出现了为个人编写"年谱"的现象，这种年谱，大多是为著名的学者和政治家所作，有的是为前代人所作，也有的是为当代人所作，如宋人作《杜甫年谱》达六种之多，《韩愈年谱》亦不下五种，如范仲淹、王安石、苏轼、程颐等，即在宋代已有人为之作谱的风气，到了清代可说已到达高峰，成为谱学发展史上第三个高潮。下面对三次高潮略加评述。

（一）魏晋南北朝之谱学

魏晋南北朝时期，是我国史学发展的一个重要阶段。这个时期的史学，取得了许多新的成就，出现了许多新的特点。谱学正是反映时代精神的一个特色，它是从史学发展中而分离出的一个分支，应时代的需要而广泛得以发展。它之所以能够盛极一时，是和门阀豪族势力的发展息息相关。门阀豪族最重门第、血统、婚宦，谱学正是为这一目的服务。柳芳就曾指出："故善言谱者，系之地望而不惑，质之姓氏而无疑，缀之婚姻而有别。"② 这就是说，谱学必须熟悉人物的地望，社会的政治地位，了解族姓的来源和支派，辨清婚姻血统关系。所以我们说谱学就是为维护门阀豪族利益、巩固门第制度而形成的一种史学。

郡望观念是在门第制度下产生的，标举郡望，在于显示门第的高下。而门第的高下，直接关系到每个人的社会地位和政治权利，因此对于姓谱记录的重视则被视为当时的大事，这正是当时那种庄园经济在意识形态上的反映。柳芳在论述谱学的产生、源流时指出："魏氏立九品，置中正，尊世胄，卑寒士，权归右姓已。其州大中正、主簿，郡中正、功曹，皆取著姓士族为之，以定门胄，品藻人物，晋、宋因之，始尚姓已。然其别贵贱，分士庶，不可易也。于时有司选举，必稽谱籍，而考其真伪。故官有世胄，谱

---

① （清）赵翼撰：《陔余丛考》卷17《谱学》，商务印书馆1957年版，第321页。
② （北宋）欧阳修、宋祁撰：《新唐书》卷199《柳芳传》，中华书局1974年版，第5679页。

有世官，贾氏、王氏谱学出焉。由是有谱局，令史职皆具。过江则为'侨姓'，王、谢、袁、萧为大；东南则为'吴姓'，朱、张、顾、陆为大；山东则为'郡姓'，王、崔、庐、李、郑为大；关中亦号'郡姓'，韦、裴、柳、薛、杨、杜首之；代北则为'虏姓'，元、长孙、宇文、于、陆、源、窦首之。……'郡姓'者，以中国士人差第阀阅为之制，凡三世有三公者曰'膏粱'，有令、仆者曰'华腴'，尚书、领、护而上者为'甲姓'，九卿若方伯者为'乙姓'，散骑常侍、太中大夫者为'丙姓'，吏部正员郎为'丁姓'，凡得入者，谓之'四姓'。……北齐因仍，举秀才、州主簿、郡功曹，非'四姓'不在选。"①

这段论述集中地说明了谱学发达的社会根源，它完全为了维护门阀豪族的特殊地位和权利。九品中正的选举制度，不以人才优劣为本，但以门第高下为据，上品无寒门，下品无世族。州的大中正和主簿以及郡的中正和功曹都出身于豪族，故其取士势必偏袒右姓大族，"尊世胄，卑寒士，权归右姓"，这已成为当时社会的不成文法，可见当时的族姓和社会地位、权利密切相连。既然选举与门第有如此之关系，有司选举，必稽谱籍，那么主管选举之官，必须熟悉谱学。故刘宋刘湛为选曹，就自撰《百家谱》，以助铨叙。这就从政治因素上促成谱学的发达。

在门第森严的情况下，婚姻制度亦与门第有密切关系，世族寒门之间，既不得同坐席，更不得通婚姻。"纪僧真自寒官历至（尉）[冠]军府参军、主簿，宋孝武帝尝目送之曰：'人生何必计门户？纪僧真堂堂，贵人所不及也。'其宠之如此。及僧真启帝曰：'臣小人，出自本州武吏，他无所须，惟就陛下乞作士大夫。'帝曰：'此事由江斆、谢瀹，我不得措意，可自诣之。'僧真承旨诣斆，登榻坐定，斆命左右：'移吾床让客。'僧真丧气而退，告帝曰：'士大夫固非天子所命。'路太后兄庆之孙琼之，诣王僧达，僧达了不与语，去遂焚琼之所坐床。太后泣诉帝，帝曰：'琼之年少，无事诣王僧达，见辱乃其宜耳。'中书舍人狄当、周赳，并官枢要，欲诣同省张敷，恐其见轻，当曰：'吾等并已员外郎，何忧不坐？'及二客就席，敷呼左右曰：'移

---

① 《新唐书》卷199《柳芳传》，第5677—5678页。

吾床远客！'刼等失色而去。"① 可见当时之门第制度是何等森严，虽位为人主，亦无法改变此等社会风气。故赵翼曰："是以矜门第者，高自标置，崔㥄尝谓卢元明曰：'天下盛门，惟我与尔。'荀伯子亦谓王融曰：'天下膏粱，惟使君与下官耳。'其视后门寒素，不啻如良贱之不可紊越。赵邕宠贵一时，欲与范阳卢氏为婚，卢氏有女，其父早亡，叔许之，而其母阳氏不肯，携女至母家藏避。崔巨伦姊眇一目，其家议欲下嫁，巨伦姑悲戚曰：'吾兄盛德，岂可令此女屈事卑族？'右将军王道隆权重一时，到蔡兴宗前，不敢就席，良久方去，兴宗亦不呼坐。"② 门第制度之高下，实已成为当时社交、婚姻等不可逾越之鸿沟。

正因如此，所以当时那些出身于寒门的官僚，总想通过联姻高攀衣冠世族，以改变自己的社会地位。侯景请婚于王、谢，是大家比较熟悉的一个生动故事，梁武帝回答他说："王、谢门高，可于朱、张以下求之。"③ 王、谢为右姓，不独东晋，齐、梁犹然。其余族姓有人发迹，虽为达官显宦，门第仍不得与王、谢比肩。即使同是王姓，独以琅琊王氏为贵，琅琊王氏则以此自别于他郡王姓，来显示自己之高贵。"王敬则与王俭同拜开府仪同，徐孝嗣谓俭曰：'今日可谓连璧。'俭曰：'不意老子遂与韩非同传！'"④ 王俭属琅琊王氏，敬则为晋陵王氏，氏名虽同，而门第相去甚远，故王俭愤愤不平。至于寒士有发迹致通显，又得与世族相攀附，已为荣幸之极，因此，有些寒门素族，为了提高社会地位，便千方百计与世族攀亲，《世说新语·贤媛》曾记载这样一件事："周浚作安东（指安东将军）时，行猎，值暴雨，过汝南李氏。李氏富足，而男子不在。有女名络秀，闻外有贵人，与一婢于内宰猪羊，作数十人饮食，事事精办，不闻有人声。密觇之，独见一女子，状貌非常。浚因求为妾，父兄不许，络秀曰：'门户殄瘁，何惜一女？若连姻贵族，将来或大益。'父兄从之。遂生伯仁兄弟。络秀语伯仁等：'我所以屈节为汝家作妾，门户计耳。汝若不与吾家作亲亲者，吾亦不惜余年！'伯

---

① 《陔余丛考》卷17《六朝重氏族》，第317—318页。
② 同上书，第316页。
③ 同上书，第318页。
④ 同上书，第317页。

仁等悉从命。由此李氏在世得方幅齿遇。"①这件事情说明，李氏虽然富足，但在社会上并无地位，为了提高社会地位，不惜将女儿给高门显贵之家为妾，从而取得了社会上正当的待遇。也有些寒门素族，为了提高社会地位，往往伪诈高门，诡称郡望，诚如柳芳所说："文之弊，至于尚官；官之弊，至于尚姓；姓之弊，至于尚诈。"②为了达到伪诈的目的，有的人往往串通谱学专家为之篡改。南齐谱学家贾渊，建武初，迁长水校尉，"荒伧人王泰宝买袭琅邪谱，尚书令王晏以启高宗，渊坐被收，当极法"③。可见当时对于串乱谱籍者处分甚严，也足以说明此类事情是时有发生。所以梁武帝未作皇帝之前在给齐帝的上书中就曾指出："且夫谱牒讹误，诈伪多绪，人物雅俗，莫肯留心，是以冒袭良家，即成冠族，妄修边幅，便为雅士。"④这段话一方面说明谱牒对于门阀贵族保持门第上的重要性，因而得以广泛的发展；另一方面也说明大家都想利用这一工具来提高自己的社会地位，这就使谱牒出现了讹误、诈伪等混乱现象。

另外，当时在社交活动中谱学也显得十分重要。当时社会上的避讳风气十分盛行，与别人交谈，不能触犯对方的家讳，一旦触及，甚至会招致意料不到的后果。赵翼在《陔余丛考》的《觌面犯讳》中说："六朝时最重犯讳。《南史》：谢凤之子超宗，以刘道隆问其有凤毛，辄走匿不敢对。后超宗谓王僧虔子慈曰：'卿书何如虔公书？'答曰：'如鸡比凤。'超宗狼狈而退。盖各触父讳故也。殷钧尚永兴公主，公主憎之，每召入，满壁书其父叡名，钧辄流涕而去。《北史》：熊安生见徐之才、和士开二人，以之才讳雄，士开讳安，乃自称触触生。虽为当世所笑，然其时避讳之严，大概如此。"⑤又《资治通鉴》曾记载：宋孝武帝大明七年，"上每因宴集，使群臣自相嘲讦以为乐，吏部郎江智渊素恬雅，渐不会旨。尝使智渊以王僧朗戏其子彧，智渊正色曰：'恐不宜有此戏！'上怒曰：'江僧安痴人，痴人自相惜。'僧安，

---

① 徐震堮：《世说新语校笺》，中华书局1984年版，第373页。
② 《新唐书》卷199《柳芳传》，第5678页。
③ （梁）萧子显撰：《南齐书》卷52《贾渊传》，中华书局1972年版，第907页。
④ （唐）姚思廉撰：《梁书》卷1《武帝纪上》，中华书局1973年版，第22页。
⑤ 《陔余丛考》卷31，第671页。

智渊之父也。智渊伏席流涕"①。这些记载，都反映了当时社会上避家讳的风气，而官场中对避讳一事就更为讲究，因此，欲避免在谈话中触犯对方家讳，必须熟悉各姓人物名讳，这就非借助于谱学不可。史载刘宋王弘"每日对千客，可不犯一人讳"②，传为佳话，也显示了这位谱学家的本领。由此可见，谱学在当时社会生活中是有重大的实用价值，尤其在上层社会中，无论是官场还是一般社交，若是不精通谱学，那就寸步难行。

以上种种情况，都说明了魏晋南北朝时期谱学的发达，既有其政治上的因素，又有其社会上的需要，而庄园经济又成为它产生、发展的社会基础。有了名目繁多的各类家谱，也就产生了专门从事这类著作研究的人，他们综括各地名门大族的家谱，编为统谱，或曰百家谱。挚虞的《族姓昭穆记》，可视为这种统谱之滥觞。统谱的出现，这类著作不断增多，遂逐步形成一种专门学问——谱学，或谱牒学。这种谱学，在六朝时期，曾出现了鼎盛的局面，当时不仅产生了许多著名的谱学著作，而且也出现了许多谱学名家。据《隋书·经籍志》记载，这个时期的谱牒著作，连同亡佚在内，共有五十余种，近一千三百卷。至于谱学专家自亦不少，晋挚虞以后，东晋、南朝并形成了贾氏之学与王氏之学。贾氏"世传谱学"。晋太元中，散骑常侍河东贾弼，广集百家之谱，撰为《姓氏簿状》一书，十八州一百一十六郡，合七百一十二篇，"甄析士庶无所遗"。朝廷给令史、书吏，撰定缮写，藏秘阁及左民曹。至其孙贾渊，"三世传学，凡十八州士族谱，合百帙七百余卷，该究精悉，当世莫比"。贾渊尤为著名，曾为竟陵王子良撰《见客谱》，又撰《姓氏要状》十五篇。渊传其子执，执更作《姓氏英贤》一百篇，又著《百家谱》，广两王所记。执传其孙冠，冠撰《梁国亲皇太子序亲簿》四篇。可见贾氏之学历有渊源，真可谓源远流长。

王氏之学，则本于贾氏。先是贾弼撰《姓氏簿状》。宋王弘、刘湛好其书。湛为选曹，在此基础上，进而撰《百家谱》以助铨序，然"文伤寡省"，王俭又广之，补充其内容。后王僧孺演益为十八篇，使东南诸族自为一篇，不入百家之数。《隋书·经籍志》尚载有王俭《百家集谱》十卷，王

---

① （北宋）司马光编著，（元）胡三省音注：《资治通鉴》卷129，中华书局1956年版，第4063页。
② 《新唐书》卷199《柳芳传》，第5679页。

僧孺《百家谱》三十卷，《百家谱集钞》十五卷。这就说明，谱学的发展，自统谱建立以来，研究范围越来越广，研究问题越来越深，作为谱学家来说，不再局限于一家一姓宗谱的编撰，而是集中精力研究百家之谱的编纂，虽不能说欲找出其内在的规律性，但仍要尽力找寻其内在的各种关系。总的来说，魏晋南北朝时期谱学的发展，无论从发展形势之迅猛，影响范围之广泛，取得成绩之卓著等方面来看，在整个封建社会，没有一个朝代可以与之比拟，所以我们说，它是我国封建社会谱学发展的黄金时代。

（二）唐代之谱学

到了唐代，谱学在魏晋南北朝的基础上继续得到发展，并出现了新的特点，即它与唐代整个史学一样，其编撰权几乎皆为官府所垄断。它既是伴随门第制度而发展起来的，自然就成为维护门阀豪族利益的工具。唐政权建立不久，当权者很快就发现这个工具对于提高政治集团的社会地位、调节地主阶级各阶层之间的关系，以巩固其政权统治都具有十分重要的政治意义，因此不惜花费巨大代价一次又一次地组织力量编撰大型的谱牒著作。这就说明唐代的谱学，主要是掌握在政府手中，几部大的谱牒著作亦皆为官修。这是与魏晋南北朝时期谱学最大的不同之点。正因如此，谱学到了唐代，在谱学家内部便产生了分裂和对立。正如柳芳所云："唐《贞观氏族志》凡第一等则为右姓；路氏（敬淳）著《姓略》，以盛门为右姓；柳冲《姓族系录》凡四海望族则为右姓。"[1] 这就说明谱学家们在划分"右姓"的标准上，是存在着很大分歧的，当然在所编撰的谱牒著作上就必然出现不同的分类主张。这就是政治斗争在谱学上的反映。

众所周知，隋末农民起义，曾打乱了整个封建统治秩序，魏晋南北朝以来的门阀制度、世家豪族一度遭到了严重的打击，使它在政治上、经济上的势力都大为衰落，出现了所谓"燕赵右姓，多失衣冠之绪，齐韩旧俗，或乖德义之风，名虽著于州闾，身未免于贫贱"[2] 的现象。但是值得注意的是，

---

[1]《新唐书》卷199《柳芳传》，第5678页。
[2]（北宋）王溥撰：《唐会要》卷83《嫁娶》，中华书局1955年版，第1528页。

这种氏族地主并未因此就退出历史舞台。相反，在唐朝政权建立以后，虽然失去了往日的那种显赫声势，但在社会上仍有很高的地位和一定的势力。就连唐太宗的许多重要大臣，也都争着向山东士族攀婚，当时三品以上之官，"欲共衰代旧门为亲，纵多输钱帛，犹被偃仰"①。特别是以崔、卢、李、郑为首的山东世族，更是以士大夫自居，妄自尊大，嫁女时必多方索取聘礼以抬高其身价。这种情况，甚至已使得唐太宗深深感到不安，认为如再发展下去，势必严重影响社会风气，动摇新政权的巩固。所以他在一次诏令中就曾严厉指出：这些士族，"自号膏梁之胄，不敦匹敌之仪，问名惟在于窃赀，结褵必归于富室。乃有新官之辈、丰财之家，慕其祖宗，竞结婚媾，多纳货贿，有如贩鬻，或贬其家门，受屈辱于姻娅，或矜其旧族，行无礼于舅姑，积习成俗，迄今未已。既紊人伦，实亏名教。朕夙夜兢惕，忧勤政道，往代蠹害，咸已惩革，惟此敝风，未能尽变，自今已后，明加告示"②。这说明此类现象已经发展到需要用行政命令予以禁止，问题之严重程度于此可见。

值得注意的是，新建立的唐王朝政治集团，其皇室虽自称为陇西李氏，属于关陇士族，但其开国元勋和枢要大臣中，很大一部分来自庶族地主、农民起义的将领和寒素之家，如李勣在临死前还称自己为"山东一田夫"，唐太宗曾称魏徵为"田舍翁"，如刘洎、马周、张亮等都是来自寒门。他们虽掌有实权，但其出身和士族还有一定界限，社会地位和影响自然还敌不过山东士族和江左名门。

为了改变这个现状，提高皇室新贵的地位，调整统治阶级内部的关系，因此从唐太宗开始，一直很注意利用谱学作为其斗争的有力工具。还在贞观五年（631），唐太宗便"诏［高］士廉与御史大夫韦挺、中书侍郎岑文本、礼部侍郎令狐德棻等刊正姓氏。于是普责天下谱牒，仍凭据史传考其真伪，忠贤者褒进，悖逆者贬黜，撰为《氏族志》"③。按照唐太宗的原意，一则是要对全国谱牒进行一次清理审核工作，考定其真伪，这就说明当时谱牒很混乱，许多门第低下的庶族地主，为了提高自己的社会地位，往往伪造郡

---

① （后晋）刘昫等撰：《旧唐书》卷65《高士廉传》，中华书局1975年版，第2444页。
② 《唐会要》卷83《嫁娶》，第1528页。
③ 《旧唐书》卷65《高士廉传》，第2443页。

望，篡改谱牒。再则就是对现有官职人员加以评定，其标准就是"忠贤"与"悖逆"，这实际上就是唐太宗编修《氏族志》的两条原则。即既承认历史，又肯定现实。这中间自然是包含着调和的意味。可是高士廉等人大多数出身于旧的士族，受旧传统的影响较深，因此，新编《氏族志》原想借以抑压山东士族的地位，而其初稿竟仍把黄门侍郎（正四品）山东士族崔民幹列为第一等（共分九等）。唐太宗看后大为不满，严厉地指出："我与山东崔、卢、李、郑，旧既无嫌，为其世代衰微，全无冠盖，犹自云士大夫，婚姻之间，则多邀钱币。才识凡下，而偃仰自高，贩鬻松槚，依托富贵。我不解人间何为重之？祇缘齐家惟据河北，梁、陈僻在江南，当时虽有人物，偏僻小国，不足可贵，至今犹以崔、卢、王、谢为重。我平定四海，天下一家，凡在朝士，皆功效显著，或忠孝可称，或学艺通博，所以擢用。见居三品以上，欲共衰代旧门为亲，纵多输钱帛，犹被偃仰。我今特定族姓者，欲崇重今朝冠冕，何因崔幹犹为第一等？昔汉高祖止是山东一匹夫，以其平定天下，主尊臣贵。卿等读书，见其行迹，至今以为美谈，心怀敬重。卿等不贵我官爵耶？不须论数世以前，止取今日官爵高下作等级。"①

由于高士廉等人对唐太宗所作编修《氏族志》的精神实质领会不精，以致修出了使唐太宗很不满意的初稿，迫使唐太宗不得不再作出更加明确的指令性的原则。即"不须论数世以前，止取今日官爵高下作等级"。按照这一新的精神，对该书重加刊定。重新修定的《氏族志》，将皇族列为第一，外戚列为第二，崔民幹列为第三。对于这次编修《氏族志》的过程，《资治通鉴》里有一段较为全面的叙述："吏部尚书高士廉、黄门侍郎韦挺、礼部侍郎令狐德棻、中书侍郎岑文本撰《氏族志》成，上之。先是，山东人士崔、卢、李、郑诸族，好自矜地望，虽累叶陵夷，苟他族欲与为昏姻，必多责财币，或舍其乡里而妄称名族，或兄弟齐列而更以妻族相陵。上恶之，命士廉等遍责天下谱牒，质诸史籍，考其真伪，辨其昭穆，第其甲乙，褒进忠贤，贬退奸逆，分为九等。士廉等以黄门侍郎崔民幹为第一，上曰：'汉高祖与萧、曹、樊、灌皆起闾阎布衣，卿辈至今推仰，以为英贤，岂在世禄乎！高氏偏据山东，梁、陈僻在江南，虽有人物，盖何足言！况其子孙才行衰薄，

---

① 《旧唐书》卷 65《高士廉传》，第 2443—2444 页。

官爵陵替，而犹印然以门地自负。贩鬻松槚，依托富贵，弃廉忘耻，不知世人何为贵之！今三品以上，或以德行，或以勋劳，或以文学，致位贵显。彼衰世旧门，诚何足慕！而求与为昏，虽多输金帛，犹为彼所偃蹇，我不知其解何也！今欲釐正讹谬，舍名取实，而卿曹犹以崔民幹为第一，是轻我官爵而徇流俗之情也。'乃更命刊定，专以今朝品秩为高下，于是以皇族为首，外戚次之，降崔民幹为第三。凡二百九十三姓，千六百五十一家，颁于天下。"①这就将法令制度通过谱牒著作的形式，把全国旧望与新贵的地位固定下来，使那些本不为士族的新贵进入了士族行列，从而也压低了原有旧士族的地位，于是形成一个以皇族为中心，功臣、外戚为辅佐，包括原有旧士族在内的新士族集团。由此可见，谱学在当时的政治斗争中是起着何等重要的作用！

武则天当权以后，她依靠庶族官僚李义府、许敬宗等势力，贬杀了长孙无忌与褚遂良等人。为了进一步打击关陇集团，巩固她的政治势力，她于显庆四年（659）便通过唐高宗下诏改修《氏族志》为《姓氏录》，理由是《氏族志》不叙武后家世。对于这一举动，《旧唐书·李义府传》中有段记载乃透露出真实情况："义府耻其家代无名（不是名门士族），乃奏改此书（指《氏族志》），……皇朝得五品官者，皆升士流，兵卒以军功致五品者，尽入书限，更名为《姓氏录》。由是搢绅士大夫多耻被甄叙，皆号此书为'勋格'。义府仍奏收天下《氏族志》本焚之。关东魏、齐旧姓，虽皆沦替，犹相矜尚，自为婚姻。义府为子求婚不得，乃奏陇西李等七家不得相与为婚。"②这么一来，只要够得上五品官的，皆可进入士族行列，就连兵士得军功升五品者也在此范围之内。这就把士族的范围更加扩大，进一步促进了士、庶的合流。因此，这次改订《姓氏录》，是对旧士族营垒的一次更大冲击。像原来在《氏族志》中无名的后族武氏竟被列为第一等，其他就可想而知了。

神龙元年（705），谱学家柳冲上书，言太宗时修《氏族志》，"至是向百年，而诸姓至有兴替"，"请改修氏族"。"中宗命冲与左仆射魏元忠及史

---

① 《资治通鉴》卷195"太宗贞观十二年"条，第6135—6136页。
② 《旧唐书》卷82，第2769页。

官张锡、徐坚、刘宪等八人,依据《氏族志》,重加修撰。……至先天初,冲始与侍中魏知古、中书侍郎陆象先及徐坚、刘子玄、吴兢等撰成《姓族系录》二百卷奏上。……开元二年,又敕冲及著作郎薛南金刊定《系录》,奏上。"①这是唐朝建国以来第三次大规模官修谱牒,它的宗旨,仍是在于"叙唐朝之崇,修氏族之谱"②。此后,官修之谱牒著作,先后还有唐肃宗乾元元年(758)贾至撰《百家类例》十卷,宪宗元和七年(812)林宝撰《元和姓纂》十卷,文宗开成二年(837),林宝与李衢撰《皇唐玉牒》一百一十卷,代宗永泰二年(766)柳芳撰《皇室永泰谱》二十卷,文宗开成四年(839)柳璟撰《续皇室永泰谱》。从上述可见,自升元二年《姓族系录》修成后,唐皇室官修谱牒,无论在规模上与内容的重要上,都远不如以前了。开国以来所修之谱牒,内容多为刊正全国姓氏之等级,辨门第之高下,后来仅修皇室之谱。关于这点,正如瞿林东同志所说:"这种现象,曲折地反映出唐代建立以来的近百年中,士、庶斗争日益缓和(不是矛盾消失了,而是被新的矛盾所代替),士、庶界限日渐缩小,唐代谱学(主要是官修谱牒)作为士、庶斗争的一个工具,已逐渐失去它的重要作用而不断走向衰落。"③事实上经过《氏族志》、《姓氏录》等大型谱牒的修撰,用政治手段重新评定了全国姓氏门第,突出皇室和功臣的社会地位,压制旧的士族门阀势力,削弱门阀观念,通过谱牒著作这个形式,使之合法化。六朝以来的豪门士族,经过多次冲击,确实已经衰落凋零。唐后期参加过政治革新的政治家、诗人刘禹锡的两句诗:"旧时王谢堂前燕,飞入寻常百姓家",可以视为这种衰落凋零的真实写照。

唐中叶以后,由于皇室不再重视谱牒的编修,因而使得谱牒著作上出现了混乱不实的情况。《新唐书·高俭传赞》云:"风教又薄,谱录都废,公靡常产之拘,士亡旧德之传,言李悉出陇西,言刘悉出彭城,悠悠世胙,讫无考案,冠冕皂隶,混为一区。"④又宣宗六年(852),宗正寺修图谱官李宏简

---

① 《旧唐书》卷189下《柳冲传》,第4972页。
② 《唐会要》卷36《氏族》,第665页。
③ 瞿林东:《唐代谱学简论》,《中国史研究》1981年第1期。收入《唐代史学论稿(增订本)》,高等教育出版社2015年版,第122页。
④ 《新唐书》卷95,第3843—3844页。

奏称:"伏以德明皇帝之后,兴圣皇帝以来,宗祊有序,昭穆无差。近日修撰,率多紊乱,遂使冠履僭仪,元黄失位,数从之内,昭序便乖。今请宗子自常参官并诸州府及县官等,各具始封建诸王,及五代祖,及见在子孙,录一家状,送图谱院,仍每房纳,于官取高,处昭穆取尊,即转送至本寺所司磨勘属籍,稍获精详。"① 以上两条材料充分说明唐朝中后期,谱牒荒废与混乱情况,从而也说明了唐代谱学已进入了低潮。

唐代的谱学发展与魏晋南北朝一样,既有政治上的因素,它成为当时统治阶级内部斗争的得力工具,又有社会上的需要,直接反映唐朝前期的社会风气。特别是魏晋以来那种门阀观念,在唐初社会上有着极为深远的影响。上自开国君主李渊,下至达官显贵,无不以出身右族而自豪。李渊曾一再炫耀自己出身高贵,非常得意。武德元年(618),"高祖尝谓内史令窦威曰:'昔周朝有八柱国之贵,吾与公家,咸登此职。今我已为天子,公为内史令,本同末异,无乃不可乎?'威曰:'臣家昔在汉朝,再为外戚,至于后魏,三处外家,今陛下龙兴,复出皇后,臣又阶缘戚里,位忝凤池,自唯叨滥,晓夕兢惧!'高祖笑曰:'比见关东人崔、卢为婚,犹自矜伐,公世为帝戚,不亦贵乎!'"② 君臣二人,相互吹捧,一唱一和,实已达到得意忘形的地步。武德三年,他又对尚书右仆射裴寂说:"我李氏在陇西,富有龟玉,降及祖祢,姻娅帝王,及举义兵,四海云集,才涉数月,升为天子。至如前代皇王,多起微贱,劬劳行阵,下不聊生。公复世胄名家,历职清要,岂若萧何、曹参,起自刀笔吏也!惟我与公,千载之后,无愧前修矣!"③ 这里不仅自我吹嘘,而且认为自己出身高贵,比历史上其他皇帝要来得非凡,他竟把萧、曹起自刀笔吏都看作不足挂齿,门第观念在他头脑里是何等的根深蒂固!上行下效,君主尚且如此,大臣们自然也都纷纷"各修其家法,务以门族相高"④。至于出身于庶族寒门的官吏,也都想方设法与"山东旧族"攀亲,以此来提高自己的社会地位,有的还冒充士族,篡改郡望。如李义府本

---

① 《唐会要》卷36《氏族》,第666页。
② 同上书,第663页。
③ 同上。
④ 《新唐书》卷71上《宰相世系表序》,第2179页。

是瀛州饶阳的庶族,因拥戴武则天而当上宰相。为了说明自己出身高贵,竟声称是赵郡人(赵郡李氏是山东士族),厚着脸皮和赵郡李氏叙家谱,排辈分。这些事实都足以说明门第观念,在当时社会上的影响是何等之深!而谱学在其中更显示出它的重要作用。

至于那些旧的士族,为了抬高自己的身价,便以婚姻嫁娶作手段对当权的皇室功臣进行斗争。他们利用婚姻上的门当户对来维护其高贵的传统地位。而掌权的新贵,也都很想与名门士族联姻,以提高自己的社会声望,就连开国功臣魏徵、李勣等人尚且如此,其他就可想而知。李义府为其子向旧族多次求婚不得,一怒之下,"乃奏陇西李等七家,不得相与为婚"。高宗时宰相李敬玄三娶皆山东旧族,史载:"敬玄久居选部,人多附之。前后三娶,皆山东士族。又与赵郡李氏合谱,故台省要职,多是其同族婚媾之家。"① 无怪乎唐文宗有"民间修昏姻,不计官品而上阀阅,我家二百年天子,顾不及崔、卢耶"② 之感慨。既然婚姻要讲门当户对,那么就必须研究、熟悉谱学。这就是谱学在唐代得以发展的社会原因。这股社会风气影响很大,许多著名的史家、学者,尚且从风而靡。如著名的史学家刘知幾,就曾热衷于家谱的编修,先后撰成《刘氏家史》十五卷,《谱考》三卷。并以自己出身于彭城刘氏这个名门望族,又是帝王之后,累世通显而感到自豪。他还提出,以后"凡为国史者,宜各撰《氏族志》,列于百官之下"③。这一建议,本身就反映了谱学在社会生活中的影响与作用。史书的编撰,是要反映社会现实,魏晋以来,谱学既然在社会生活中有着如此重要的作用,史书加以反映自属理所当然。后来郑樵在《通志》中作《氏族略》实受到刘氏之启示。

至于唐代著名的谱学家,唐肃宗时的学者柳芳曾有过论列,说:"唐兴,言谱者以路敬淳为宗,柳冲、韦述次之。李守素亦明姓氏,时谓'肉谱'者。后有李公淹、萧颖士、殷寅、孔至,为世所称。"④

唐代与魏晋南北朝一样,社会上对谱学看得很重,私人不得随意篡改谱

---

① 《旧唐书》卷81《李敬玄传》,第2755页。
② 《新唐书》卷172《杜兼传附杜中立传》,第5206页。
③ (唐)刘知幾著,张振珮笺注:《史通笺注·书志》,贵州人民出版社1985年版,第84页。
④ 《新唐书》卷199《柳冲传》,第5680页。

系，否则就要遭到舆论的谴责。赵翼曾引《新唐书·孔至传》云："至与冲（柳冲）、述（韦述）等撰《百家类例》，以张说等为近世新族，去之。说之子坰，方有宠，闻之甚怒，至惧，欲增损。述曰：'丈夫奋笔成一家书，奈何为人动摇！'"[①]可见当时高门与新贵之间在编修谱牒上斗争还是相当激烈的。由此，唐代的谱学家无形中也就分成了两派。赵翼还说："其时有以私意为高下者，人辄非之。……又可见谱学之严，虽有当朝势力，不得遽为升降也。"[②]

综上所述，可见唐代的谱学是魏晋南北朝谱学的继续与发展，但它的作用却又有着很大的区别。如上所述，魏晋南北朝的谱学，是伴随门第制度发展起来的，是为维护门阀豪族利益服务的。正如上文所引柳芳和郑樵所讲，"有司选举，必稽谱籍，而考其真伪"，"官之选举，必由于簿状；家之婚姻，必由于谱系"。"谱籍"、"簿状"是当时用来选官的根据；而划分门第又是根据历代做官的情况，凡是能够列入门阀者，皆为累世冠冕之家。故谱牒服务对象十分明确。而唐代实行的是进士制度，九品中正制的选举法早已废除，因而它的选官已无须查考"谱籍"、"簿状"了。唐代历次官修的谱牒著作，都旨在突出皇室和功臣的地位，使那些出身于庶族的新贵获得士族的合法身份，削弱门阀观念，对于旧的士族用政治手段加以压制，再通过修谱使之合法化。因此，每次编修，都起到冲击、摧毁旧士族的势力与地位，以达到混士、庶为一的目的。当然，它仍然作为统治阶级政治斗争的工具，只不过服务对象和方法都变了。至于反映社会风尚，维系婚姻旧的传统，谱学还在继续发挥作用。到了唐代后期，由于士、庶界限逐渐淡漠，其矛盾斗争逐渐缓和，官修谱学也就随之衰落下去。这就是历来学者认为五代以后谱学衰落的症结之所在。因为唐代后期旧的士族已经衰落，再加黄巢领导的农民起义给予残存的门第制度以致命打击。所以五代以后，谱学便随门第制度的衰落而衰落了。

（三）宋元明清之谱学

我们说五代以后，随着门第制度之衰落谱学也随之衰落，这是指"专

---

① 《陔余丛考》卷17《谱学》，第321页。
② 同上。

门之学"而言，并不是说五代以后，就无修谱之事。邵晋涵说得非常明确："自奠系牒之官废，而后有专门之学，专门之学衰，而后有私家之谱。"①他把"专门之学衰"的断限划在五代是很有道理的，是符合封建社会谱学的发展规律的。当时钱大昕也说："五季之乱，谱牒散失，至宋而私谱盛行，朝廷不复过而问焉。"②这说得就更加明确了。宋代开始，大多以一家一族修"私家之谱"为主，从事统谱编修，或官府主持修谱之事已不多见，宋代私家之谱，以欧、苏两家最为出名，后世奉为法式，修家谱者，"动引欧、苏谱例"。对此章学诚很不以为然，他在《家谱杂议》中对两家书法都分别作了批评。当然，这里我们无须评论章氏的批评是否正确，但由此可以说明欧、苏两家修谱理论对后世影响无疑是很大的。苏洵《嘉祐集》尚载有《谱例》、《苏氏族谱》、《族谱后录》、《大宗谱法》、《苏氏族谱亭记》等篇，既论述了谱学的起源、发展与衰落，又从理论上提出了族谱的编修方法。由于他以文章著称于世，故其影响更大。这种私家之谱，大体"或推始迁之祖，或述五世之宗，守近而不能溯远"③，编修起来易于成功，故历代各地世家大族，一般都修有家谱、族谱。

到了宋代，在谱学发展史上又产生了一种新的体裁——年谱。至于宋代为什么会产生这种体裁，章学诚曾有过论述，他说："宋人崇尚家学，程朱弟子，次序师说，每用生平年月，以为经纬，而前代文人，若韩柳李杜诸家，一时皆为之谱，于是即人为谱。而儒杂二家之言，往往见之谱牒矣。孟子曰：'颂其诗，读其书，不知其人可乎？'以谱证人，则必阅乎一代风教，而后可以为谱。盖学者能读前人之书，不能设身处境，而论前人之得失，则其说未易得当也。好古之士，谱次前代文人岁月，将以考镜文章得失、用功先后而已；儒家弟子，谱其师说，所以验其进德始终、学问变化。"④这种年谱，是按年月专门记载某一个人生平事迹的一种著作，它是由传记体发展而来的。被写谱的人物，一般都称为谱主。而这种年谱大多是为著名的政治家

---

① 《南江文钞》卷6《余姚史氏宗谱序》。
② （清）钱大昕著，陈文和等校点：《十驾斋养新录》卷12《郡望》，江苏古籍出版社2000年版，第246页。
③ 《南江文钞》卷6《余姚史氏宗谱序》。
④ 《文史通义新编新注》外篇2《刘忠介公年谱叙》，第537页。

或学者而作。作者本人又大多为著名的学者。流传至今的最早著作，有宋吕大防的《杜甫年谱》和《韩吏部文公集年谱》。宋人编写的年谱中，谱主有的是历史名人，有的是当代学者。如宋人楼钥编了《范文正公年谱》，胡柯编了《庐陵欧阳文忠公年谱》，詹大和编了《王荆公年谱》，朱熹编了《伊川先生年谱》，王宗稷编了《东坡先生年谱》，等等。有的人还编写了好多种，如范垌、林禹二人就曾合编了《武肃王年谱》等五种之多。著名史学家李焘则编有范仲淹、韩琦、文彦博、富弼、欧阳修、司马光、三苏等人年谱。

总之，年谱的出现，为谱学发展又开辟了一条新的途径，临将衰落的谱学又因之而得到了新生和发展，它在史学上的地位和价值也得到了大大提高。这种体裁一经提出，后来继作日渐增多，特别到了清代，大为盛行。乾嘉时期风气尤盛，遂出现了历史上谱学发展的第三次高潮。年谱之风特盛，也成为乾嘉时代史学发展的一个重要特点。

曾据杭州大学图书馆编《中国历代人物年谱集目》所收年谱统计，除近人年谱以外，《集目》所收近1800部年谱中，清人编撰者达800多部，几乎占了半数。近又据新出版的杨殿珣编《中国历代年谱总录》作了统计，全书共收年谱3015部，其中成于清人之手者竟达1160余部，这是一个巨大的数字，若除去书中所收近人年谱，则比例显然是很大的。在这些年谱中，又可分为几类：一是自著年谱，即谱主生前将自己一生经历谱写下来，或者自己口授由别人代写。清人自著之年谱，比较著名的有《黄梨洲自撰年谱》、《竹汀居士（钱大昕）年谱》（此谱记至六十五岁而止，其曾孙庆曾又为续编一卷，并为年谱作注）、《渔洋山人（王士禛）自撰年谱》（谱主七十二岁时自撰，后六年乃病中口授其子笔录）、《退庵（梁章钜）自订年谱》、《葵园（王先谦）自定年谱》，而汪辉祖的《病榻梦痕录》和《梦痕录余》，亦是作者本人自撰之年谱。可以看出，这类自著年谱，谱主大多为著名学者。二是为谱主的朋友、门人或子孙所撰。这类年谱，谱主亦以著名学者居多。特别是挚友和门人弟子所作之年谱，对其友人或老师，不仅生平事迹记载详细，往往学术活动或学术宗旨多有叙述。这样的年谱，其学术价值自然就高了。如《孙渊如（星衍）先生年谱》为友人张绍南著，《吴山夫（玉搢）年谱》为友人丁晏著。至于门人所作者那就多了，像李塨、王源合著的《颜习斋（元）先生年谱》、董秉纯所撰的《全谢山（祖望）先生年谱》、段玉裁所编的《戴东原（震）先生年谱》都属于这一类。他们都直接承受于谱主，闻见最为真切，况且有的还是谱主的得意门生，更能深知其师的学术渊源与宗旨。还有一类，则是补作或改作前人之年谱。这类年谱之作，困难较大，因时代相隔，资料散失，传闻亦少。非得下极大的苦功，深入研究，勤加考证，对所作的谱主著作有彻底的了解，并且还要遍读有关人物著作，否则是不能编出有价值的年谱的。因此，编著这样一部年谱，往往需翻书至百十种之多。当然，有了丰富的资料，也还要有决断去取的组织编纂能力与技巧，否则也不能收到良好的效果。

乾嘉学者正长于史事之考证，因而补作、改作前人之年谱也很多。如顾栋高作《司马温公（光）年谱》，顾栋高、蔡上翔分别作《王荆公（安石）年谱》，赵翼、钱大昕分别作《陆放翁（游）年谱》，钱大昕作《深宁（王应麟）先生年谱》和《弇州山人（王世贞）年谱》等，都具有不同程度的学术价值。至于清代学者为什么重视年谱的编修，这与当时整个学术文化发展有着密切的关系。清朝开国以来，多次大兴文字狱，推行文化专制主义政策，造成了整个社会学术空气的大变。广大知识分子，钳口不言当代，对于明代历史，更是谈虎色变。于是大搞训诂名物，整理校雠古籍，乃成为整个学术界的风气。而编撰年谱，仅对一人一事之研究，不会涉及当朝之政治，尤其编写学者年谱和补作、改作前人之年谱更是如此，这本身又是属于历史的研究和编写。许多学者既不能私自编写史书，于是就把自己的聪明才智运用于编著个人年谱上面，这正是当时年谱之风盛行的社会根源。况且通过年谱的编写，对一个人的学术思想就有可能做到具体而系统的了解，这也是促使当时年谱得到发展的学术方面的因素。

在清代，我们还可以看到，作为谱牒组成部分的"表"，也得到了长足的发展。清初以来，史家们对于史表的作用已经非常重视。到了乾嘉时代，他们便将二十四史中凡是无表者一律予以补齐。对于前人所作之表，亦进行校正考释。开明书店汇编的《二十五史补编》，搜集历代考史之作，而其中大部分则为清代学者所补之史表。可见当时补作史表的风气特盛。除为前史补作之外，独自成篇的著作数量亦很多，著名的有陈芳绩《历代舆地沿革表》、沈炳震《廿一史四谱》、顾栋高《春秋大事表》、齐召南《历代帝王表》、钱大昕《宋辽金元四史朔闰表》、万斯同的《历代史表》等。这也说明，当时史表的作用，范围非常广泛，既可表人、表事，亦可表时、表地。许多历史学家不仅创作了各种各样的史表，而且从理论上强调史表在编纂史书中的作用和地位。顾炎武在《日知录》中还特地写了一篇《作史不立表志》，详细论述了表志在史书中的重要作用："表以纪治乱兴亡之大略，书以纪制度沿革之大端。"并且指出，表是"昉于周之谱牒，与纪传相为出入。凡列侯将相、三公九卿，其功名表著者，既系之以传；此外，大臣无积劳亦无显过，传之不可胜书，而姓名爵里、存没盛衰之迹，要不容以遽泯，则于表乎载之。又其功罪事实，传中有未悉备者，亦于表乎载之，年经月纬，一览瞭如，作史体裁，莫大于是"[1]。所以他说："作史无表，则立传不得不多，传愈多，文愈繁，而事迹或反遗漏而不举。"[2]这就说明，纪传体史书，只有充分发挥表的作用，才能做到文简而事丰，表的功能之大于此可见。朱彝尊在为万斯同《历代史表》一书所作序中亦非常形象地指出，说这部《史表》可"揽万里于尺寸之内，罗百世于方册之间"[3]。章学诚则说："史部要义，本纪为经，而诸体为纬。有文辞者曰书曰传，无文辞者曰表曰图，虚实相资，详略互见，庶几可以无遗憾矣。"[4]特别是纪传体史书，人表更是不可缺少，在他看来，"使欲文省事明，非复人表不可；而人表实为治经业史之要册"[5]。因为"人表者，《春秋》谱历之遗，而类聚名姓之品目也。人表入于史篇，则人分类例，而列传不必曲折求备，列传繁文既省，则事之端委易究，而马、班婉约成章之家学可牵而复也"[6]。总之，经过清代史学家们的刻意经营，史表的作用在各种史书得到了充分施展。可以说谱牒之学到了此时又恢复了它原来的特有功能，即以表的形式表示世系繁衍，只不过它运用的范围更为广泛罢了。现在有些人把谱学单纯地看作是研究家谱而已，有人写文章时直接称作家谱学，这显然说明他们对谱学的含义、概念并不清楚，不

---

[1] （清）顾炎武著，黄汝成集释，栾保群等校点：《日知录集释》卷26，上海古籍出版社2013年版，第1446页。

[2] 同上。

[3] （清）朱彝尊撰：《曝书亭集》卷35《万氏历代史表序》，《四部丛刊》影印清康熙五十三年（1714）刻本。

[4] 《文史通义新编新注》外篇5《永清县志舆地图序例》，第960页。

[5] 《文史通义新编新注》外篇2《史姓韵编序》，第511页。

[6] 同上。

了解谱学产生、发展的来龙去脉，其结果不仅缩小了谱学的研究范围，而且贬低了谱学的价值。

新中国成立后至改革开放前，学术界对于谱牒的价值一直未引起足够的重视，因此对于谱学的研究也很少有人问津，特别是在"文革"期间，"左"倾思想影响下，把这一类东西一律视为封建性糟粕而加以全盘否定。十年动乱中，这类著作更是首当其冲地遭到焚毁，因而幸存者已经为数不多了，应当及早地加以抢救、整理和研究。随着我国科学文化事业的发展，特别是随着对祖国文化遗产整理研究工作的开展，就会越发感到谱牒著作的重要性，它本来就是祖国文化遗产的一部分，绝不能因为它具有封建性而全部予以抛弃。

当然，应当注意的是，对于谱学的价值，历来各个阶级人物有着不同的看法和评价。尽管各自都肯定其地位和价值，但出发点却并不相同。正如郑樵所指出的："隋唐而上，官有簿状，家有谱系。官之选举，必由于簿状，家之婚姻，必由于谱系。"①这就点出了隋唐以前谱学的两大作用。到了唐代，随着政治形势的发展，第一条作用起了变化，它成了新掌权者用来巩固自己的政权统治、提高自己社会地位的政治斗争工具。五代以后，随着社会的发展和政治形势的变化，谱学的发展及其作用也就进入了一个新的阶段。这就说明，谱学的发展，在每个不同阶段，不仅内容有别，而且其作用也不尽相同，它在一定程度上可以反映出各个时代的社会风气和政治特点。因而后来一些有远见的历史学家，也就纷纷提出把它看作研究历史的重要资料，视为重要的地方文献。邵晋涵就说："家修谱牒，能使体例精核，未始不列于著作之林，而世家之谱，更有裨于掌故。"②可见他对家谱一类著作是何等的重视。因为在他看来，"家之有谱，固与国有史、州有志而并重也"。他的好友章学诚直接把谱牒看作史学的支流，他说："余惟谱历之学，仿于《周官》，所以奠系属、分经纬。太史公集《尚书》、《世纪》，为《三代世表》，其遗法也。魏晋以还，家谱图牒，与状述传志，相为经纬，盖亦史部支流，用备

---

① 《通志二十略·氏族略第一·氏族序》，第1页。
② 《南江文钞》卷6《浰水方氏家谱序》。

一家之书而已。"① 又说："夫家有谱，州县有志，国有史，其义一也。"② 这都是从理论上来论述，家乘谱牒，也都属于史的范围。值得注意的是，章氏不仅持有这种观点，而且在他编纂的《史籍考》一书中将它列为十一大部之一。现在留下的《史籍考总目》中，《谱牒部》下还分《专家》、《总类》、《年谱》、《别谱》四类。可惜的是，由于《史籍考》未能留传下来，因而这四类中分别收了哪些著作也就无从考查。他这种做法，实际上是将刘知幾史学理论予以发挥，并付诸实践。史学著作是要反映社会的现实，而目录的分类，则又要反映学术的变化和发展。刘知幾提出正史应立《氏族志》，章学诚在《史籍考》中将谱牒列为一大部，实际正是这一精神的体现。

对于我们今天来说，笔者以为谱学仍具有不可忽视的文献价值，它是祖国宝贵的文化遗产中一个重要的组成部分。就以魏晋南北朝时期的族谱、统谱而言，乃是研究当时门第制度、选举制度、民族关系、婚姻状况以及整个社会风尚的重要史料。刘知幾在《史通·书志》就曾说："逮乎晚叶，谱学尤烦。用之于官，可以品藻士庶；施之于国，可以甄别华夷。"③ 问题只是这些著作大多散佚不传。至于唐代官修之谱牒，则是研究唐代前期政治形势、统治阶级内部矛盾，特别是士庶之斗争、升降、混合以及当时婚姻关系和社会风气的重要史料，因为它是作为唐朝前期统治阶级政治斗争工具而发展起来的，是当时的政治斗争产物，势必就要反映当时的政治斗争。五代以后的私家之谱，原来留传下来的是不少的，但经过十年"文革"，得以幸存下来的已经很少。它们的史料价值，已经初步显示出来。从目前来看，起码有以下几方面价值：

第一，它可以帮助我们研究历史上政治家、军事家、思想家和著名学者许多悬而未决的重大问题。南宋大史学家郑樵的生卒年，近人记载多误，笔者于1962年作过考证，文章刊于同年10月号《历史教学》。次年报载厦门大学郑樵历史调查组发现了多种郑氏族谱，据族谱所载郑樵生卒之年，正与笔者考证结果相合。在这些族谱中，还发现了以前未曾见过的郑樵著作《荥

---

① 《文史通义新编新注》外篇2《刘忠介公年谱叙》，第537页。
② 《文史通义新编新注》外篇6《为张吉甫司马撰大名县志序》，第1041页。
③ 《史通笺注》，第84页。

阳谱序》①就是一篇可与《氏族略》互相发明的重要著作。文章中郑樵阐述了他对谱牒修撰的主张，并对谱学之盛衰、图谱私记之弊端、郑氏族祖之源流等都提出了自己的看法，这对研究郑樵学术思想有很大价值。而这样重要的文章，正是依附于族谱而得以保存下来。如《洪氏宗谱》的发现，对于研究洪秀全的家世及其早期活动情况都有相当的史料价值。又如报载江西发现《辛氏宗谱》，卷首载有南宋爱国词人辛弃疾画像，"须鬓飘洒，英气照人"。据谱载，辛弃疾"卒之日，家无余财，仅遗生平词诗奏议、杂著书集而已"。《宗谱》还有文天祥等人写的序文，为于研究辛弃疾无疑具有参考价值。再如最近在宋代哲学家、教育家朱熹的诞生地福建省尤溪县发现四百多年前的朱熹家谱《紫阳朱氏建安谱》，经鉴定是明末刻本。专家们认为，这部家谱的特点是，除世系外，着重汇编有关朱熹的资料，对研究朱熹的生平有重要参考价值。此外，江西《宋氏宗谱》的发现，为研究明代著名科学家宋应星的生平事迹提供了可贵的史料。至于史学界一直争论不休的关于李自成的殉难、孙传庭的被杀等问题，都是在家谱、族谱中得到了重要的依据。

第二，这些家谱、宗谱，对于研究人口学、民俗学和地名学都有很大价值，它可以提供许多其他史籍中无法找到的宝贵材料，一个家族由于种种原因，经常迁徙，这在族谱中都有详细反映，因此，对于人口的增长与流动路线的研究均有较高价值，报载孟子的后代有一支现已定居在黑龙江，他们献出了自己的族谱。目前许多台湾同胞和旅居海外侨胞，他们思念自己故乡，就是从族谱中来寻找自己的血缘关系，认祖归宗。而杭州大学（后并入浙江大学）徐规教授在撰写《畲族的名称、来源和迁徙》②一文时，就曾利用了多种畲族宗谱，考订出这个少数民族于明朝初年才迁到浙江。

第三，对于家谱、族谱的研究，有助于了解当时的中国社会，了解族权的反动本质和所起的各种作用，因为族谱中对族规、族约、族产、祠祭等都有详细记载。其中，许多内容也在一定程度上反映了当时社会的生活习俗。

总之，这些事实说明，宗谱、族谱都是重要的文献资料，它们都具有不

---

① 吴怀祺校补：《郑樵文集》附录一，书目文献出版社1992年版，第63—70页。收入《郑樵研究》，厦门大学出版社2010年版，第186—190页。

② 《杭州大学学报（哲学社会科学版）》1962年第1期。

同程度的史料价值，绝不应当轻易地一律斥之为封建糟粕，必须严肃地加以保护、整理和研究，使其能为发展祖国的文化事业发挥作用。就年谱的价值而言，其作用就更大了。一个政治家的年谱，如果编纂得体，那就不仅是他个人一生政治活动和政治主张的记录，而且也是当时整个社会政治斗争和政治局势发展的写照。如清人顾栋高的《王荆公年谱》和蔡上翔的《王荆公年谱考略》等都编得相当成功，因而都分别得到学者的好评。又如一个学者的年谱，如果编纂得体，那就不仅反映出他个人一生学术活动和学术思想面貌，还可以反映出一个时代的精神面貌和学术发展之趋势。清人顾栋高的《司马温公年谱》和王懋竑的《朱子年谱》，都是编得较好的学者年谱。这里要特别指出的是，近人胡适和姚名达合编的《章实斋年谱》，在众多年谱中算得上是较好的一种，人们读了这部年谱，不仅对章学诚一生经历、学术思想尽可得知，而且对乾嘉时代整个学术界之大概趋势亦可得以了解。总之，对于家乘谱牒，绝不能把它看成是一家一人的历史记录，否则就会忽略它在历史研究中的作用，降低它在史学上的地位与价值。鲁迅先生对年谱的作用就非常重视，他认为对于一个人物，如果不作年谱，就无法进行全面研究和作出恰如其分的评价，因为这是一种知人论世的著作形式。

当然，也必须再次指出，这种谱学，开始纯是为高门世族服务而产生的东西。对家族之外来说，分明是为了显示自己的高贵，可以维持其社会地位和特殊权力，即使到五代以后私人之谱仍是为地主阶级服务。这种家谱的编修，就家族之内而言，则是为了模糊阶级界限，掩盖阶级实质。一族内部存在着尖锐的阶级对立，族长就是大庄园主或大地主，被剥削的族人虽然有的也上谱，却处于农奴或农民地位。可见谱学越到后来越成为维护封建宗法制度，巩固族权统治的工具。因此谱学的文献价值同样也有它的局限性，特别是宗谱、家谱，使用时都必须持慎重态度。同时家谱的编写，不仅有妄相假托，牵强附会，而且对于自己祖先所做之事，往往言过其实。对此，唐代学者颜师古就曾提出过家谱不足取信的看法，他说："私谱之文出于闾巷，家自为说，事非经典，苟引先贤，妄相假托，无所取信，宁足据乎？"[1] 又说："近

---

[1] （东汉）班固撰，（唐）颜师古注：《汉书》卷75《眭弘传注》，中华书局1962年版，第3153页。

代谱牒，妄相托附，乃云望之萧何之后，追次昭穆，流俗学者共祖述焉。"①钱大昕在《十驾斋养新录》中引了上述两段话后，接着评论说："师古精于史学，于私谱杂志，不敢轻信，识见非后人所及。《唐书·宰相世系表》虽详赡可喜，然纪近事则有征，溯远胄则多舛，由于信谱牒而无实事求是之识也。"②这就说明家谱所载，许多内容的确很不可靠，它毕竟还算不上是"信史"。因此对其所载之事应详加考证，不可随意轻信，但也不能因此而全盘否定，因噎废食。

二、关于谱学研究的几点意见

由于谱牒对于研究历史具有重要的价值，因此历代学者一直都相当重视，无论是编修国史还是其他学术论著，都常有涉及。这正因为谱牒学在魏晋南北朝到隋唐时期还曾一度居于显学地位，尤其是魏晋南北朝，几乎是家家要讲谱牒，人人要懂谱牒，否则在社会上就无从交往，地方官若不懂谱系之学，则无从履行其任官职责。因此统治者也高度重视，并设专门机构管理。还先后产生了一大批著名谱学家和谱牒著作。自宋以后，不仅私家之谱盛行，又产生了年谱等形式的谱牒著作，可以说更加丰富了谱学的内容。新中国建立初期，尤其在"文革"时期，谱牒研究几乎一直处于停滞状态，因为在"左"倾思潮影响下，谱牒被认为是封建地主阶级的家谱，毫无疑问属于封建糟粕，还有谁敢问津呢？然而在海外，如美国、日本许多汉学家，却一直在收藏、整理和研究，中国台湾不少学者也一直在研究，他们还两年一次举行族谱研讨会，曾分别在中国台湾与香港地区、日本、韩国等处举行过。20世纪80年代，改革开放以来，国内有些学者也着手开始研究，断断续续发表了一些论著，应当说是可喜的现象，因为谱牒文献毕竟是我国文化遗产中一个重要内容，它可以为研究我国封建时代的历史与文化提供许多无可代替的重要资料。不过在阅读海内外一些学者论著中，也发现有不少问题

---

① 《汉书》卷78《萧望之传》，第3271页。
② 《十驾斋养新录》卷12《家谱不可信》，第245页。

还值得进一步商榷。现就以下几个问题谈点个人粗浅看法，以就教于有关专家和读者。

（一）谱学不等于家谱学

谱牒是古代记载世系书籍的总称，而这种称呼的来源，盖出自司马迁的《史记》。《太史公自序》称："维三代尚矣，年纪不可考，盖取之谱牒旧闻，本于兹，于是略推，作《三代世表》第一。"① 书中之谱牒，亦作"谱谍"，《十二诸侯年表序》曰："太史公读《春秋历谱谍》，至周厉王，未尝不废书而叹也。"② 后来这类著作渐多，史书或目录学分类，便亦有此名目，并逐渐形成一门学问谱牒学，简称谱学。事实上任何一门学问的形成，都必然有一个过程，不可能此类著作一产生立即就有这门学问。而这类著作最初产生时，多为记载帝王世系，这与"古谱牒掌于官"有密切关系。《汉书·艺文志》的"历谱"类还载有《帝王诸侯世谱》、《古来帝王年谱》两书，可惜这两部书至唐初已不见流传，因为《隋书·经籍志》中已不著录。后世则著录氏族家谱直至私家之谱，显然是有其发展过程的。

我们在前面征引的著名史学家邵晋涵那段论述，不仅叙述了谱学的起源，而且叙述了谱学的发展过程、不同阶段的特点及其代表作，当然也涉及了它与史学的关系和史学价值。尤其是所讲的三个阶段，即由专官之掌，演为专门之学，进而形成私家之谱，这个结论大体上是符合谱学发展的实际情况，反映了谱学发展的简单历史。这就是说，谱牒如同史学一样，最早是由专官所执掌，其目的仅在于"奠系世，辨昭穆"，别贵贱，识尊卑，如此而已。既讲清了谱牒所以产生，又讲述了初期的功能。秦汉以来，无专官所管，学者乃竞相从事编述，至六朝遂形成专门之学，并产生了谱学发展史上第一次高潮。到了唐代，由于统治者的利用和提倡，出现了谱学发展史上又一高潮。但其著作形式与表现功能则与魏晋南北朝时期有着显著不同，这往往被许多谱学研究者所忽略。五代以后，此学遂衰，此后专治谱学而成家

---

① （西汉）司马迁撰：《史记》卷130，中华书局1959年版，第3303页。
② 《史记》卷14，第509页。

者亦确实不多见。正如邵氏所说,以后多为"私家之谱"。邵氏的论述还告诉人们这样一个事实,即谱学的内容是非常丰富的,绝不像如今有些学者所说,谱学就是家谱学。这一点我们从正史艺文志、经籍志都可以得到证实。众所周知,无论是史表、官谱、统谱,还是宗谱、族谱,不外均要记载人物氏族世系,故古人亦称"氏姓之学"。自从《隋书·经籍志》开始,这种志中,史部总都有谱牒这一门类,而《隋书·经籍志》则称《谱系篇》,两《唐书》、《宋史》便均称《谱牒》,为了便于讨论谱牒学的内容究竟应当包括多少范围,这里不妨将《隋书·经籍志》的《谱系篇》小序抄录于下:

> 氏姓之书,其所由来远矣。《书》称"别生分类",《传》曰"天子建德,因生以赐姓"。周家小史(似应为"《周官》小史"——引者注)定系世,辨昭穆,则亦史之职也。秦兼天下,铲除旧迹,公侯子孙,失其本系。汉初,得《世本》,叙黄帝已来祖世所出。而汉又有《帝王年谱》,后汉有《邓氏官谱》。晋世,挚虞作《族姓昭穆记》十卷,齐、梁之间,其书转广。后魏迁洛,有八氏十姓,咸出帝族。又有三十六族,则诸国之从魏者;九十二姓,世为部落大人者,并为河南洛阳人。其中国士人,则第其门阀,有四海大姓、郡姓、州姓、县姓。及周太祖入关,诸姓子孙有功者,并令为其宗长,仍撰谱录,纪其所承。又以关内诸州,为其本望。其《邓氏官谱》及《族姓昭穆记》,晋乱已亡。自余亦多遗失。今录其见存者,以为谱系篇。①

《谱系篇》共收《世本》、《汉氏帝王谱》、《后齐宗谱》、《百家谱》、《益州谱》等四十一部,其中一族一姓之谱有《谢氏谱》、《杨氏谱》、《苏氏谱》等。这些书名就是以表明谱学的内容并不局限于家谱,而这篇小序自然就更能说明问题,因为在谱牒产生之初,是由专官执掌,尚未产生私家之谱,显然我们绝不能说这些还不能算是谱学的内容。《旧唐书·经籍志》共收书五十五部,较为突出地收了《大唐氏族志》、《姓氏谱》(许敬宗撰)和柳冲的《大唐姓族系录》。《新唐书·艺文志》则著录了九十五部,不仅收了《大

---

① 《隋书》卷33,第990页。

唐氏族志》、《姓氏谱》、《大唐姓族系录》，而且收录了李林甫等编纂的《唐新定诸家谱录》、林宝《元和姓纂》、李利涉《唐官姓氏记》、柳璨《姓氏韵略》、柳芳《永泰新谱》(一作《皇室新谱》)、柳璟《续谱》以及李衢《大唐皇室新谱》等。这些著作的出现，显然反映了谱学在唐代发展的新趋向及其所肩负的新功能。这些著作，不仅是研究谱学发展的重要依据，而且是研究唐代政治史和社会史，特别是研究唐代统治者上层政治斗争的重要史料。大家知道，柳芳等人都是唐代著名的谱牒学家。到了《宋史·艺文志》的"谱牒类"所收录著作，情况自然又大变了，首部著录的是何承天《姓苑》，次则为林宝的《姓苑》，接着是《姓史》、《元和姓纂》，而所载专门研究记录姓氏之书特别多，很明显其注意力已逐渐移向"寻常百姓家"了。如《春秋氏族谱》、《春秋宗族谥谱》，所记虽然还离不开王侯士大夫，但其着眼点是在"氏族"与"宗族"了。又如邓名世《古今姓氏书辨证》、徐筠《姓氏源流考》、孔平《姓系氏族》、崔日用《姓苑略》等，其性质显而易见。当然，专讲帝王世系之书为数还是不少，如李茂嵩《唐宗系谱》、佚名《唐书总记帝系》、宋敏求《韵类次宗室谱》、司马光《宗室世表》等。还有三部书比较特别，但却很有学术价值，即梁元帝《古今同姓名录》、李林甫《天下郡望姓氏族谱》和佚名《唐相谱》。总的来说，只要我们对此著录的一百十部著作逐一过目后便会发现，记载一家一姓的家谱、族谱竟多达近四十部，远远超过全部著录的三分之一。这个数字的变化，不正反映了谱学发展又进入了一个新的阶段——私家之谱盛行于天下的局面。而宋代著名的谱学家苏洵的《苏氏族谱》和钱惟演的《钱氏庆系谱》此中都有收录。此外，影响比较大的还有《向敏中家谱》、《建阳陈氏家谱》、《长乐林氏家谱》等。

自宋以后，私家之谱一统天下，此后专门研究谱学的人和专著从而渐少。正因如此，清代许多学者都称宋以后谱学衰微了。其实这一说法未必妥当，后来私家之谱，其内容的价值，绝不会在官修谱牒著作之下，许多内容可补史书记载之不足，有的还可纠正史书记载之错误，许多论著已经有所论及。还要指出的是，从宋代开始，除"私家之谱"而外，又出现了单为个人作"年谱"的现象，特别是为著名学者、政治家编写年谱，这应当说是谱学发展的一大转折，这么一来，不仅使谱学发展开了一条新的途径，而且这种著作更加富有学术价值。鲁迅先生对年谱就非常重视，认为这是一种知人论世的著作形式。因此，这是研究谱学发展史时不应被忽视的一个重要问题。由此可见，作为谱学，年谱是绝对不应被排斥在外的。

清代学者章学诚，既是史学评论家，又是封建社会晚期著名的谱牒学家，他在论述谱学的内容时，并不认为谱牒就是讲家谱、族谱，他的谱学理论相当丰富，晚年曾编纂过《史籍考》一书，其书虽然未能流传，但其总目还是保存下来，总目共分十二大部，而《谱牒部》列在第七，下分专家、总类、年谱、别谱四大类，他在《史考释例》一文中对此还作了解释："谱牒有专家、总类之不同，专则一家之书，总则汇萃之书。而家传、家训、内训、家范、家礼皆附入专谱门中，以其行于家者然也。"[①] 在这分类之中，将年谱单独作为一类，视为谱学不可分割的一部分，无疑这是很正确的，因为它充分反映了中国史学家的优良传统，史部目录中也及时反映社会的现实。如上引《宋史·艺文志》的"谱牒类"中，就已经著录了洪兴祖的《韩愈年谱》，而《明史·艺文志》该类也收了李默的《朱子年谱》和徐渤的《蔡忠惠年谱》。这些谱牒部的著录范围同样向人们展示了谱学的内容是相当广泛的。

综上所述，我们认为谱学是研究和阐述人类宗族、家族世系演变历史及相关问题的一门学问，一切著录和记载宗族、家族世系历史的文献典籍，都属谱学研究的范畴，诸如家谱、宗谱、族谱、世谱、世系录、总谱、统谱、官谱、年谱以及史书中的各类世系表，还有大量的姓氏之书等等。而家谱只是谱学中的一个分支、一个成员，不能代表整个谱牒学，充其量也只能说是狭义的谱学而已。

（二）研究谱学起源与发展应当注意时代背景

研究谱学起源与发展应当密切联系时代背景，注意时代的需要和可能，这实际上是起码的要求。因为任何一种著作形式和学术思想都有其产生的特定社会条件，社会不仅需要而且提供了产生某种著作的条件，这就是人们经常讲的社会为出现这种著作产生温床或土壤，谱学的产生自然也不例外。可是许多人在写文章时，根本就不管此事。因而在谈到谱学起源时，有

---

① 《文史通义新编新注》外篇1，第444页。

人提出在原始社会已经产生，其根据就是理论分析；有人提出在夏代已经产生，理由是已经是"家天下"了；也有人提出在殷商已经产生了，因为甲骨文中已有谱系的记载。至于当时为什么会产生，则很少能作出自圆其说的看法。而在论述某朝谱学发展时，既不谈该朝谱学产生的原因，更不谈谱学发展的特点，只将一部部著作罗列以后就万事大吉，这称得上是"某朝谱学"吗？最多只能说是某朝谱学著作目录而已。关于起源问题，冯尔康先生在《宗族制度对中国历史的影响——兼论宗族制与谱牒学之关系》[①]一文中提出，宗族制度是产生谱牒学的直接根源，笔者认为这个说法很有道理。从分析看，夏代应当已有文字。孔子一再声称，"夏礼吾能言之"、"殷因于夏礼"，《夏小正》的产生，"家天下"的出现和国家的产生，这些毕竟都是后人的追记，正式文字至今尚未发现。没有文字，没有著作，还有什么学问可言？即便到了殷商，周公讲过："惟殷先人，有册有典。"（《尚书·多士》）但这种"册"与"典"，我们今天却很少见到。到了西周，实行宗法制度，这是大量文献都有记载的，并有大宗与小宗的严格区分，有所谓"有百世不迁之宗，有五世则迁之宗"，这种制度的实行就在于防止各等级的贵族之间对于爵位财产的争夺。为了切实执行这套严密的制度，因而必须有相应的措施，还设立专官管理，大诗人屈原在楚就曾担任过三闾大夫，掌管三族三姓，"叙其谱属"。直至秦汉，仍设置宗正，掌管皇室与外戚之事务，不仅管宗室名籍，以分别嫡庶亲疏，而且要编纂同姓诸侯王世系谱。可见在西周，"叙其谱属"正是维护宗法制度的重要措施。这里引《国语·鲁语上》中一段文字：

> 夏父弗忌为宗，烝将跻僖公，宗有司曰："非昭穆也。"曰："我为宗伯，明者为昭，其次为穆，何常之有！"有司曰："夫宗庙之有昭穆也，以次世之长幼，而等胄之亲疏也。夫祀，昭孝也。各致齐敬于其皇祖，昭孝之至也。故工史书世，宗祝书昭穆，犹恐其逾也。今将先明而后祖，自玄王以及主癸莫若汤，自稷以及王季莫若文、武，商、周之烝也，未尝跻汤与文、武，为不逾也。鲁未若商、周而改其常，无乃不可

[①] 中国谱牒学研究会编：《谱牒学研究》第 1 辑，书目文献出版社 1989 年版，第 19—36 页。

乎？"弗听，遂跻之。①

　　这里所讲虽然仅仅只是在祭祀问题上违反了宗法制度，有关人员认为这也是不可以的，所以这个违制行为，就被史家作为典型写入史册，以示永远为戒。而这段文字中，尤其是"工史书世，宗祝书昭穆，犹恐其逾也"三句话，不正足以说明谱牒这种著作正是适应社会上政治需要而产生的吗？因此，自古以来许多学者都认为谱牒始于西周是很有道理的。商代尽管有可能已产生了宗族制度，但是并无文献可以说明当时已经产生了谱牒著作，更何况有著作未必就能形成一门学问。相反，西周的宗法制度，在许多古代文献典籍中都有记载，并且为历来学者所一致公认，这种制度就是要"奠系世，辨昭穆"，别贵贱，识尊卑，自然就需要有一种著作形式为其服务。文献并有明确记载，既有专官管理，又有专人记载，这就是谱牒产生的社会条件。

　　至于魏晋南北朝时期谱学为什么能够得到蓬勃的发展，亦自有其特定的社会条件。对此，唐代著名谱学家柳芳的三句话，可以概括当时谱学发展的三大原因，他说："故善言谱者，系之地望而不惑，质之姓氏而无疑，缀之婚姻而有别。"②这就是说，研究当时的谱学发展，必须熟悉人物的地望，以了解其社会政治地位，了解族姓的来源和支派，辨清婚姻血统关系。所以我们说谱学此时是为维护豪族利益、巩固门第制度而形成的一种史学。只要人们研究就可发现，这一时期谱学盛行，是和门阀势力的发展息息相关。门阀最重门第、血统、婚宦，当时的各种谱学著作正是为这一目的服务。众所周知，郡望观念是在门第制度下产生的，标举郡望，在于显示门第的高下，而门第的高下，则直接关系到每个人的社会地位和政治权利。就以选官而言，"于时有司选举，必稽谱籍，而考其真伪"③。自然对于姓谱记录的重视被看作当时的头等大事，而每部族谱必标郡望。因为"上品无寒门，下品无世族"的选官标准，正是以门第高下为依据，因而有些寒门素族，为了提高社会地位，往往伪诈高门，诡称郡望。为了达到伪诈的目的，有人还串通谱学

---

① （战国）左丘明撰，（三国吴）韦昭注：《国语·鲁语上》，上海古籍出版社2015年版，第112页。
② 《新唐书》卷199《柳冲传》，第5679页。
③ 同上书，第5677页。

家为之篡改。南齐谱学家贾渊为"王泰宝买袭琅邪谱",事发后,"渊坐被〔收〕,当极法"①。可见当时的统治者对造假者处理是相当严酷的。因为一旦假冒成功,社会地位马上就变了。所以梁武帝未做皇帝之前,在给齐帝的上书中就曾指出:"且夫谱牒讹误,诈伪多绪,人物雅俗,莫肯留心,是以冒袭良家,即成冠族,妄修边幅,便为雅士。"②这条材料充分说明谱牒对于门阀贵族保持其在门第上的既得利益是何等重要,因而得以广泛发展。既然选官必稽谱籍,主管选举之官,也就必须熟悉谱牒,史载刘宋刘湛为选曹,就自撰《百家谱》,以助铨叙,最终成了谱学家。以上所述均系政治因素促使谱学的发达。

另外,在当时社交活动中,谱学也显得十分重要,因为社会上的避讳风气盛行,与朋友交谈,不能触犯对方的家讳,否则将会招致意料不到的后果。史载南朝宋王弘"每日对千客,可不犯一人讳"③,当时传为佳话,可见他对当时社会上各种重要谱著都相当精通。再者,在门第森严的情况下,婚姻制度必须门当户对,这又与谱牒有着密不可分的联系,寒门素族自然很想高攀,但是社会舆论却比法律还要严厉。门阀豪族王源,将女儿嫁于富阳萧氏,出身世族的历史学家沈约,站在维护门阀制度的立场上,认为门第不当,便专疏奏弹王源,并要求将其"置以明科,黜之流伍"④,要把王源从士籍中罢黜出去。《世说新语·贤媛》载,汝南李氏家虽富足,但社会地位不高,为了改变社会地位,竟将其女给安东将军周浚为妾,生儿育女以后,"由此李氏在世得方幅齿遇"。更有甚者,世族寒门之间,既不得通婚,平时更不得同席而坐。这在今天看来,简直不可思议,但在当时却是千真万确,许多生动事实,史书不乏记载。凡此种种,说明了魏晋南北朝谱学的发展,既有其政治原因,又有许多社会因素。

到了唐代,谱学还是相当发达,但是由于政治条件和社会因素起了变化,因而谱学的社会功能、著作形式和内容也在变。正因如此,笔者才提出

---

① 《南齐书》卷52《贾渊传》,第907页。
② 《梁书》卷1《武帝纪上》,第22页。
③ 《新唐书》卷199《柳冲传》,第5679页。
④ (梁)萧统编,(唐)李善等注:《六臣注文选》卷40《奏弹王源》,中华书局1987年版,第747页。

研究每个朝代的谱学发展，都必须注意社会背景的研究，因为谱学与其他许多社会科学一样，是要为特定的社会政治服务的。宋代以后，虽然大体情况基本一致，特别是民间修谱变化不大，但各朝统治者重视程度也不尽相同，况且宋代开始出现的年谱著作，其产生因素也是多方面的。又如史载朱元璋与大臣议修玉牒，尚且想与朱熹拉关系；而清朝帝王似乎对于修谱之事又不感兴趣，或许是感到自己祖先源于白山黑水之间不太光彩，因而对于历史上关于谱牒著作，在目录中也被削除。正如上文所述，自《隋书·经籍志》以后，谱牒在史部目录中一直占有一席之地，并且内容篇幅也一直在扩大，可是人们打开《四库全书总目》就会发现，这内容没有了，据说正是乾隆下令所削除。后来所修的《清史稿》似乎也受到影响，《艺文志》中也无谱牒一类。这些在研究谱牒发展时自然也该有所论述。

（三）家谱、族谱是否也该有个"谱"

家谱、族谱、宗谱等，是一种明血统、序昭穆，记载家族历史的一种著作，它也有着自己特定的著述格式和内容，也就是说它是有自己要求的，这就是它的"谱"。从内容来说，诸如族姓的源流、世系谱表、郡望支派、移住始末、恩荣表述（制诰、族节、恩例、进士等）、祠堂家墓（族规、祠产、义庄等）、家传著述和家训等等。而每一项也并非三言两语，自有一定的要求。至于其书的组成，一般都应当有表、牒、图、传等，正如章学诚在《家谱杂议》中说："惟修谱本为家史，体例自有一定，岂得出入任情，茫无成法欤！"[①] 而表、牒、图、传在家谱中是肩负着不同任务的，按照章学诚的说法："家谱系表，旁行斜上，乃是周谱旧式，后史所本者也。"[②] 又在《家谱杂议》中说："夫旁行斜上，周谱之法，原取便于稽检，使夫昭穆亲疏，一望可晓耳。"[③] 这就是说，谱表主要是叙述家庭世系，应该自上而下，贯彻始终，即使向上追溯二三十世均可。而牒则是谱牒另一组成部分，并且

---

① 《文史通义新编新注》外篇 1，第 499 页。
② 《章学诚遗书》卷 13《高邮沈氏家谱叙例》，第 118 页。
③ 《文史通义新编新注》外篇 1，第 496 页。

自有其任务:"牒者,表之注也。表仅列名,而人之行次、字号、历官、生卒、妻妾姓氏、子女所出、茔墓方向,皆当注于名下,如履贯然,表线所不能容,故著牒以详之。"①"牒有专门,则世系之表,但书名讳辈行,不复须加子注。表无子注,则尺幅之间,约字无多,而二三十世可绳贯矣。"②至于图、传的作用无须多说,大家都很明白。唯其如此,那种把西周青铜器上所刻之世系表一律称之为家谱,恐怕很难让人接受。这种世系表作为谱牒内容,自然名正而言顺,而作为私家之家谱显然不能成立。首先要作出回答的倒不是内容、体例、格式是否符合后世产生的私家之谱,而是后世这种私家西周时存在吗?尤其是在当时能够铸造青铜器的,该是一个怎样的家庭,恐怕也无须多作考证。这里不妨引赵光贤先生《周代社会辨析》一书中一段论述宗法制度的文字,或许有助于理解这一问题:"宗法制度是周人在新的封建经济基础上建立起来的,并为它服务的一种上层建筑,它是直接以维持大小贵族的土地所有制为目的,间接以巩固封建社会秩序为目的的,所以说宗法制是支持封建社会的主要支柱。战国以前,宗法制度本来是贵族阶级所专有的,与庶民无关。"③为了维护这个宗法制度不被打乱,故还设了专门机构,有专官来管,编纂谱牒,正是他们所采取的具体措施,这就是"古谱牒掌于官"或"谱牒之掌,古有专官"的实质,屈原官任三闾大夫,虽也"叙其谱属",但这并不是他主要的工作。所以那种把西周青铜器上所刻之世系表与后世私家之谱等同来看显然是不妥当的。至于将《太史公自序》和班固的《汉书·叙传》都一律说成是"自叙家谱",真使人不敢想象,若是这样的话,那自叙家谱或他叙家谱,简直就多到无边无际了。不是吗?魏收的《魏书》,沈约的《宋书》,都有自叙传,都可视作自叙家谱自不必说。而《史记》中三十世家,除少数外,都可视作家谱。至于七十列传,凡是论及家世者自然也可视作家谱。以此类推,一部廿四史或者廿六史,不就成了千千万万家谱所组成吗?所以这里要向有关专家和读者请教,研究家谱该不该也有个谱?章学诚在谱牒分类时,只是将家传、家训等附在家谱之后,而

---

① 《章学诚遗书》卷13《高邮沈氏家谱叙例》,第118页。
② 《文史通义新编新注》外篇1《家谱杂议》,第496页。
③ 赵光贤:《周代社会辨析》,人民出版社1980年版,第110页。

没有直接把它看作家谱,这自然是有其道理。而私家之谱何时产生,自然可以讨论,事实上邵晋涵论述谱学发展三个阶段,并没有说私家之谱只有到了宋代才产生,三个阶段只不过是讲主流而已。史书记载,魏晋时期不是有那么多私家家谱吗?唐代史学评论家刘知幾所撰之《刘氏家乘》,显然就是私家家谱。为了辨清问题,现将章学诚关于这方面的一段论述摘引于下:

> 谱牒之掌,古有专官。司马迁以《五帝系牒》、《尚书》集世记为《三代世表》,氏族渊源,有自来矣。班固以还,不载谱系,而王符《氏姓》之篇、杜预《世族》之谱,则治经著论,别有专长,义尽而止,不复更求谱学也。自魏晋以降,迄乎六朝,族望渐崇,学士大夫,辄推太史世家遗意,自为家传,其命名之别,若王肃《家传》、虞览《家记》、范汪《世传》、明粲《世录》、陆煦《家史》之属,并于谱牒之外,勒为专书,以俟采录者也。至于挚虞《昭穆记》、王俭《百家谱》,以及何氏《姓苑》、贾氏《要状》诸编,则总汇群伦,编分类次,上者可裨史乘,下或流入类书,其别甚广,不可不辨也。
>
> 族属既严,郡望愈重。若沛国刘氏、陇西李氏、太原王氏、陈郡谢氏,虽子姓散处,或本非同居,然而推言族望,必本所始。后魏迁洛,则有八氏、十姓、三十六族、九十二姓,并居河南洛阳。而中国人士,各第门阀,有四海大姓、州姓、郡姓、县姓,撰为谱录。齐、梁之间,斯风益盛,郡谱州牒,并有专书。若王俭、王僧孺之所著录,《冀州姓族》、《扬州谱钞》之属,不可胜纪,俱以州郡系其世望者也。唐刘知幾讨论史志,以谓族谱之书,允宜入史。其后欧阳《唐书》撰为《宰相世系》,顾清门巨族,但不为宰相者,时有所遗。至郑樵《通志》,首著《氏族之略》,其叙例之文,发明谱学所系,推原史家不得师承之故,盖尝慨切言之。而后人修史,不师其法,是亦史部之阙典也。①

章学诚在这段文字中,既肯定了谱牒应属史学范畴,又指出了有些著作虽是专门撰写的家史,诸如家传、家记、世传、家史等等,却并不是家谱,

---

① 《文史通义新编新注》外篇4《和州志氏族表序例上》,第896页。

"并于谱牒之外,勒为专书,以俟采录者也"。为什么这样区分,显然值得我们注意。他不仅是位独树一帜的史学评论家,而且是位具有丰富谱学理论的谱学家。一生穷困潦倒,从未有过一官半职,因而编纂方志、修撰家谱便成为他经济生活重要来源。多次编修家谱,自然积累了许多谱学理论。他在《刘忠介公年谱叙》中又说:"余惟谱牒之学,仿于《周官》,所以奠系属,分经纬,太史公集《尚书》、《世记》为《三代世表》,其遗法也。魏晋以还,家谱图牒,与状述传志,相为经纬,盖亦史部支流,备用一家之书而已。……而前代文人,若韩、柳、李、杜诸家,一时皆为之谱,于是即人为谱,而儒杂二家之言,往往见之谱牒矣。"① 这里讲得更加明确,"家谱图牒"与"状述传志"并不同属一类,而是并列关系,两者"相为经纬",而于年谱,则归之于谱牒,可见泾渭分明,毫不含混。以上事实说明,家谱的本身的确是有自己应当具备的"谱",尽管它的产生与其他著作一样,有个由简到繁的过程,但是那种简单的世系毕竟不能直指为家谱,因此,我们研究就不能太离谱了。

(四)家谱记载传说中人物为始祖不可信

许多家谱中往往将传说中某些历史人物作为自己一宗一族的始祖,这些记载其实大多不可信。因为自从私家之谱盛行之后,伪托攀附之风也就随之盛行起来,还在唐代,历史学家颜师古在注《汉书》时,已经指出私家家谱妄相攀附的毛病,在卷75《眭弘传》注曰:"眭音息随反。今河朔尚有此姓,音字皆然。而韦昭、应劭并云音桂,非也。今有炅姓,乃音桂耳。汉之炔钦,又不作眭字,宁可混糅将为一族?又近代学者旁引炅氏谱以相附著。私谱之文出于闾巷,家自为说,事非经典,苟引先贤,妄相假托,无所取信,宁足据乎?"又在卷78《萧望之传》注曰:"近代谱牒妄相托附,乃云望之萧何之后,追次昭穆,流俗学者共祖述焉。但酂侯汉室宗臣,功高位重,子孙胤绪,具详表、传。长倩钜儒达学,名节并隆,博览古今,能言其祖。市朝未变,年载非遥,长老所传,耳目相接,若其实承何后,史传宁得

---

① 《文史通义新编新注》外篇2,第537页。

弗详？《汉书》既不叙论，后人焉所取信？不然之事，断可识矣。"①就萧何与萧望之而言，一个是开国元勋，一个是宣帝重臣，一个是沛人，一个是东海兰陵人，两人仅相隔一百余年，竟有人作如此胡编乱诌，硬将望之说成萧何之后代，正如颜师古所言，自然无须多辨。由于他接触到这类情况太多了，所以最后才产生"近代谱牒，妄相托附"、"苟引先贤，妄相假托"的结论。这种"妄相托附"的情况，后来就更为普遍，而假托的内容又大多集中在始祖和郡望方面。《新唐书·宰相世系表》由于采用家谱较多，又未能做认真的考订，因而错误很多。清代史家钱大昕在《十驾斋养新录》卷12《家谱不可信》引了颜师古两段话后接着评论说："师古精于史学，于私谱杂志，不敢轻信，识见非后人所及。《唐书·宰相世系表》虽详赡可喜，然纪近事则有征，溯远胄则多舛，由于信谱牒而无实事求是之识也。"②南宋学者洪迈在《容斋随笔》卷6《唐书世系表》，也批评了欧阳修轻信家谱记载，指出："《新唐·宰相世系表》皆承用逐家谱牒，故多有谬误，内沈氏者最可笑。"③而这可笑的材料，正是根据身为历史学家的沈约所编造，认为沈氏乃"金天氏之后"，"秦末有逞者，征丞相不就"，"其后入汉，有为齐王太傅、敷德侯者，有为骠骑将军者，有为彭城侯者"。④

出于好奇，笔者查阅了《汉书》，不仅无敷德侯、彭城侯这种封号，就连沈达其人也无，虽有骠骑将军，也与沈氏无关，全部《汉书》也只有姓沈者四人，三人为春秋时人，一个为王莽时人。沈约如此编造，难怪洪迈作了严厉的批评："沈约称一时文宗，妄谱其上世名氏官爵，固可嗤诮，……欧阳公略不笔削，为可恨也。"⑤无独有偶，史学家魏收编造祖上世系，同样被洪迈在书中作了揭露。可见这种伪造谱系之事，在整个封建时代并非偶然现象，而这种弊病又大多发生在"家自为书，人自为说"之后，故章学诚曾作过概括性的论述："谱系之法，不掌于官，则家自为书，人自为说，子孙或过誉其祖父，是非或颇谬于国史，其不肖者流，或谬托贤哲，或私鬻宗谱，

---

① 《汉书》卷78，第3271页。
② 《十驾斋养新录》卷12，第245页。
③ （南宋）洪迈撰，孔凡礼点校：《容斋随笔》卷6，中华书局2005年版，第83页。
④ 同上书，第83—84页。
⑤ 同上书，第84页。

以伪乱真，悠谬恍惚，不可胜言。其清门华胄，则门阀相矜，私立名字，若江左王、谢诸家，但有官勋，即标列传。史臣含毫，莫能裁断。以至李必陇西，刘必沛国，但求资望，不问从来，则有谱之弊，不如无谱。"①可见假托附会名贤、伪列郡望等已成为不少家谱的通病。

而当前有些地方常有人捧出家谱叙说是某某人的后代，似乎已成了时尚。历史名贤大都史有记载，有书可查，是真是伪，尚或可辨。至于传说中的人物，因为前人也从未见过，文献古籍所载全是来自传说，并无证据可言，谈起来自然就免不了有些玄乎。就以浙江各种钱氏家谱而言，关于始祖的记载，一律按照钱镠所制之《大宗谱》排列世系为准。其顺序为：

少典——轩辕——昌意——颛顼——卷章——回——陆终——钱铿——仪——元哲——叔骞——宛——孚

此调一定，于是《临水钱氏宗谱》则云："铿，夏、商为贤大夫，寿八百，封于彭，号彭祖。"《钱氏家乘》云："［彭祖］少好恬静，惟以养神治生为事，好览古籍。孔子称其述而不作、信而好古，且为之窃比焉。居官常以政教大夫，以官教士，以技教世人。在商为守藏吏，为大夫，守彭城；在周为柱下史。历夏、商、周，为三代国师，寿七百九十七岁而不衰，故世称老彭。"②众所周知，钱镠出生一介平民，史书说他是私盐贩子出身，他父亲也讲"吾家世田渔为事，未尝有贵达如此"③。既然如此，他与彭祖有何关系呢？而在富贵后修宗谱时，竟将少典、彭祖列为自己的始祖，其目的不过旨在宣扬本族的名望，抬高自己的社会地位而已。这实际上与唐代统治者唐太宗为了提高掌权后的新贵族的社会地位而大修《氏族志》和武则天为了改变武氏家族的社会地位而编纂《姓氏录》目的完全一样，都是利用谱学这个工具为抬高自己的社会地位服务，当然所采用的手段并不一样。所以我们说谱学的产生和发展，都是为特定社会统治者服务的，这绝不是一句空话。只

---

① 《文史通义新编新注》外篇4《和州志氏族表序例中》，第900页。
② 钱文选辑：《钱氏家乘》卷7《彭城伯传》，上海书店出版社1996年版，第143页。
③ （北宋）薛居正等撰：《旧五代史》卷133《钱镠传》，中华书局1976年版，第1768页。

要人们稍作留意,就不难发现上列世系,实抄自《史记·楚世家》。为了便于对照,现将有关内容摘录于下:

> 楚之先祖出自帝颛顼高阳。高阳者,黄帝之孙,昌意之子也。高阳生称,称生卷章,卷章生重黎,重黎为帝喾高辛居火正,甚有功,能光融天下,帝喾命曰祝融。共工氏作乱,帝喾使重黎诛之而不尽。帝乃以庚寅日诛重黎,而以其弟吴回为重黎后,复居火正,为祝融。吴回生陆终。陆终生子六人,坼剖而产焉。其长一曰昆吾,二曰参胡,三曰彭祖,……彭祖氏,殷之时尝为侯伯,殷之末世灭彭祖氏。①

若表列之则为:

黄帝 —— 昌意 —— 高阳 —— 称 —— 卷章 —— 重黎 —— 吴回 —— 陆终 —— 彭祖

两相比较,钱氏谱系与此大体相同,唯颛顼高阳与卷章之间缺少"称",而吴回只作"回"。值得注意的是,《楚世家》讲得十分清楚:"彭祖氏,殷之时尝为侯伯,殷之末世灭彭祖氏。"这就是说,到了殷末,彭祖氏已消亡。而《钱氏家乘》云彭祖"历夏、商、周,为三代国师",自然只是神话而已。古代文献中虽有不少书都曾提及彭祖,但都是三言两语,使人无法捉摸,有的则完全是神话性质,如《神仙传》云:"彭祖讳铿,帝颛顼之玄孙,至殷末年已七百六十七岁而不衰老,遂往流沙之西,非寿终也。"②诸如此类,究竟是怎么样一个人,至今任何人也说不清楚。钱镠把他编造为自己的始祖,本来已经是离奇,遗憾的是,目前竟有人热衷于此,大做考证文章,论述彭祖确系钱氏始祖,有所谓《论钱王的祖先是彭祖》、《钱王的祖先是彭祖》等。且不说这种做法是否可笑,而实际上已经产生了与彭姓争夺始祖问题了。台北市彭氏宗亲会理事长彭炳进在《受电视访问,谈"百家姓中的彭

---

① 《史记》卷40,第1689—1690页。
② 《史记》卷40《楚世家·正义》引《括地志》,第1691页。

姓"》讲话中，关于"彭姓的由来"一段云："要谈彭姓的起源可从黄帝说起，据史料记载彭姓始祖讳名篯铿，相传是黄帝的第六代孙，亦就是黄帝的直系颛顼帝元孙陆终的第三个儿子。篯铿公受封于'大彭国'，成为彭姓始祖。"这么一来，彭祖究竟是彭氏始祖还是钱氏始祖，又该谁来做判断呢？

又如浙江绍兴大禹陵附近，居住着姒姓家族，自称为禹的后代，并以晚清所修之族谱为凭。因此，前些年浙江举行公祭大禹时，《文汇报》等新闻媒体都还特地作了介绍，当时我们看了后就觉得此谱记载绝不可信。因为记载禹及其后代事迹，《史记》中既有《夏本纪》，又有《陈杞世家》，尽管如此，许多事情至今仍是不太清楚，所以还在春秋时代的孔子就已经讲了："夏礼吾能言之，杞不足征也。……文献不足故也，足则吾能征之矣。"（《论语·八佾》）生活在春秋时代的孔子已经感叹作为夏的后代杞的文献不足征了，令人费解的是，两千多年后的人居然能编出世系分明的族谱来，其中可信程度究竟能有多少自然可想而知。司马迁在《史记》中已经讲得很清楚，对于夏的后裔，"殷时或封或绝。周武王克殷纣，求禹之后，得东楼公，封之于杞，以奉夏后氏祀。""楚惠王之四十四年，灭杞。""杞小微，其事不足称述。"该世家最后，司马迁还指出："至禹，于周则杞，微甚，不足数也。楚惠王灭杞，其后越王句践兴。"[①]这就是关于夏禹后世的全部记载。因此，这里除了对绍兴大禹后代家谱记载的可靠性表示怀疑外，笔者还认为，像大禹这样人物，实际上应当与炎、黄、尧、舜一样，都是中华民族共同之祖先，而不应视作某一姓之祖先，退一步言之，起码也是越族的共同祖先，司马迁不是讲了吗："楚惠王灭杞，其后越王句践兴。"

综上所述，那些把传说中的人物当作本宗本族始祖之宗族、族谱，显然绝少有可信成分，希望谱学家们（看来主要的还是其他专家），千万不要推波助澜，在家谱研究中，尽量争取多一点科学性。

（五）使用家谱资料应当审慎

我们说家谱、族谱在研究封建时代许多方面都具有重要的科学价值，其

[①] 《史记》卷36《陈杞世家》，第1583—1586页。

价值往往是其他史料所无可代替的。但是这是从所有家谱、族谱总体而言，并不是说每部家谱都必定具有这种价值。这里我想用当代著名的历史地理学家谭其骧先生对旧方志的评价来说明这个问题："我们的祖宗给我们传下来八千多部方志，这是我国一个很伟大的、特有的宝库，这中间有大量的可贵的史料。这是肯定的。但是，这绝不等于说，旧方志中的资料完全可靠，完全可信。我喜欢说老实话，老实说，我们八千多部地方志并不是每一部都修得好，旧方志十部中难得有一部好的，大多数是不好的，但坏的也保留了那个时候的资料。对待地方志里每一条史料都要慎重，照搬照抄要上大当。……虽然每一部方志都有保存价值，但对方志中的各个项目，每一条具体记载，我们绝不能轻信不疑，不经考核，照抄照搬。"①

  家谱、族谱的情况显然与旧方志相类似，以此来衡量其价值和使用时的要求自然也不过分。这就说明并不是随便拿到一部家谱都必定有重要史料价值，即使有价值的家谱也并非全部内容都有价值，绝不应当不经考证核实而作不确当的宣扬，以免造成不良影响。因为家谱、族谱除了上文已经指出，伪托名贤、假冒郡望比较常见，而为了抬高自身的社会地位，其他内容亦会编造。如《南开学报》1986年第6期上发表的《岳飞〈满江红·写怀〉新证》一文，两位作者根据从浙江江山收集到的《须江郎峰祝氏族谱》的记载，认为"发现了一首岳飞在绍兴三年赠祝允哲大制参的《满江红》及祝允哲的和诗（词）"。未经考证真伪，即认定对进一步探讨岳飞《满江红》词的真伪"提供了新的重要文献"，《人民日报》海外版于1987年1月20日便全文予以转载，影响之大于此可见。

  时隔不久，著名宋史专家朱瑞熙先生在《学术月刊》1988年3月号上发表了《〈须江郎峰祝氏族谱〉是伪作》一文，文章用大量的历史事实说明，宋代根本就没有族谱中所讲的"祝臣"、"祝允哲"这两名官吏，族谱中载祝允哲之父祝臣是"北宋绍圣年间兵部尚书、太子少保、都督征讨大元帅、上柱国、宣国公"，而祝允哲则是"靖康元年钦宗敕授大制参，督理江广粮饷，提督荆襄军务"。朱先生文章指出："如果宋哲宗绍圣年间真有

---

① 谭其骧：《地方史志不可偏废，旧志资料不可轻信》，《中国地方史志通讯》1981年第5—6合期。后经修改增补收入《长水集续编》，人民出版社1994年版，第256—268页。

'祝臣'其人,他的差遣之一兵部尚书是从二品官,《宋史》便不可能不为立传,此其一。即使《宋史》不为立传,作为这样身负重任的高级官员,'祝臣'的政治活动必然会在《宋史》、《宋会要》、《续资治通鉴长编》以及其他数百种宋代史籍、文籍中留下蛛丝马迹,不至于影踪全无。"文章还通过宋代官制规定,揭露制假者的破绽,最后论证了《祝允公和岳元帅述怀》与所谓岳飞《调寄满江红·与祝允哲述怀》两词全是伪作,而作伪者是明代或清代的祝氏后人。1994年北京出的《文学遗产》第三期发表了《宋江征方腊新证》一文,文章又是根据新发现的民国丙寅《五云赵氏宗谱》卷18李纲《赵忠简公(期)言引录》而写,文章并附录了《赵忠简公言引录》,并指出"就全文文字、内容考察,不可能出于后人伪托"。中国人民大学书报资料中心还将该文复印在《中国古代史(二)》1994年8月号。不久,著名宋史专家徐规先生亦写了文章加以辩驳,指出所谓李纲撰写的《赵忠简公言引录》,"当属不熟习宋事的后人所伪托,故谬误迭见,毫无文献价值"①。并且当时亦无赵期其人。以上两件误用伪造年谱资料所造成的不良影响是相当大的,教训应当说也是深刻的,如何才能避免呢?唯一的办法就是审慎二字,尤其对于那些新发现的价值较高的家谱、宗谱,不要认为稀有而就轻易相信,宁可考虑得复杂些,多做些考证核实工作。因为天下之大,无奇不有。

上文列举了有些家谱直抄史书,也许不足为奇,笔者从新编《〈台州地区志〉志余辑要》②中发现,有陈、吴两姓家谱世系与名字相同的现象,其中显然是有一姓抄他姓家谱,更为有趣的是,实际上是在争被誉为"世界第一部植物学辞典"《全芳备祖》的作者。对于该书,《四库全书总目提要》云:"宋陈景沂撰,景沂号肥遁,天台人,仕履未详。是书前有宝祐元年韩境序,据序所言,此书于理宗时尝进于朝,其事亦无可考。"③1979年农业出版社出版该书序言中亦云天台陈咏作,景沂乃是其字。令人费解的是《泾吞

---

① 徐规:《取证族谱必须审慎——对〈宋江征方腊新证〉一文的意见》,《文献》1995年第4期。收入《仰素集》,杭州大学出版社1999年版,第878—882页。
② 台州市地方志编纂委员会办公室编:《〈台州地区志〉志余辑要》,浙江人民出版社1996年版。
③ (清)永瑢、纪昀主编,四库全书总目提要编委会整理:《四库全书总目提要》,海南出版社1999年版,第694—695页。

陈氏宗谱》和《天台吴氏宗谱》都记载该书是他们祖先所作。《陈谱》是这样记载的："讳咏，字景沂，号江淮肥遁，……公博通群书，有经济才，尝品类花木颠末，著书一编，名曰《全芳备祖》。高宗南渡，上复仇书。晦庵先生建闻迂浦，睹其遗文，叹曰：'学博而文赡，言直而理充，洵一代之老成欤。'"《吴谱》则曰："讳咏，字景新，号一愚，少明敏，博览群书，有经济之才，著作《全芳备祖集》，传于家。晦庵朱先生索隐得睹遗书，叹曰：'余恨生不同时以领教。'……生于景祐乙亥八月十二日申时，卒于政和壬辰九月廿日戌时，寿七十有八。"更为离奇的是两谱世系在"咏"以上五世、以下三世名字竟然完全相同。这么一来，这部书的作者便有"陈咏"、"吴咏"两人，再加上《四库全书总目》著录为陈景沂便成了三人，三者时代又各不相同，《吴谱》著录为北宋，《陈谱》为南宋高宗时代，《四库全书总目》则为南宋理宗。孰是孰非，笔者无意在此作出判断，旨在说明家谱、宗谱情况比较复杂，其记载内容或所附资料，未经核实，不要轻易使用。

目前各地经常发现有价值的家谱、宗谱，诸如颜真卿、辛弃疾、朱熹、岳飞、罗贯中等名人家谱都有发现。如关于孙中山的祖籍现在就有两说，并且都是根据孙氏族谱而来，1983年3月29日上海出版的《报刊文摘》载："据《团结报》报道，江西宁都县发现一部孙中山先生的祖籍家谱——宁都城南富春孙氏伯房十二修族谱，经有关部门多方面调查，参阅大量资料，证实孙中山先籍是从河南陈留迁到广东的。迁徙经过地点是：河南陈留—江西宁都县—福建长汀县河田—广东紫金县忠坝—广东增城县—广东中山县涌口门村—广东中山县翠亨村。这部族谱共五卷六本，现珍藏在宁都田头乡孙屋底村孙世龙家，完好无损。"可是又见诸报端有人根据浙江富阳县《王洲村孙氏宗谱》考证断定孙中山祖籍是富阳，且"确信无疑"，都是根据宗谱、族谱，得出两个不同结论，很显然两者总不可能都是正确的。

1997年1月14日《浙江日报》又刊登黄庭坚的家谱近日在浙江兰溪发现，消息说："在兰溪水亭乡黄村坞发现的海内孤本——明代手写本黄庭坚族谱则进一步表明了黄庭坚是金华人，这部珍藏了四百多年的明写本《鹤山黄氏宗谱》及谱内《宋先太史山谷行状》一文，详细记载了黄庭坚祖辈和他的生平情况，比《宋史》黄庭坚本传更为详细周密，具有极高的历史研究价值。"报刊发布消息自然无可非议，但在未作鉴定之前便宣称"具有极高的历史研究价值",显然就不太妥当,其结果容易使人误认为这已是一部真实可靠的宗谱了。许多事实已一再证明,不少家谱在刚一发现时便声称具有多少价值,到头来大多落个烟消云散,因此不能不引以为戒。况且大量的文献告诉我们,封建时代的许多学者一直在告诫人们,对待家谱的材料绝不应当轻易相信。清代著名学者杭世骏就深有感触地说:"余尝纵览天下之籍,每叹夸诞而不足征者,莫如家谱。"在他看来,许多家谱之中"或虚张勋伐,而考诸信史竟无其名;或杜撰头衔,而稽诸职志竟无其官;或攀附文人,而质诸大集竟无其序。踵讹袭缪,恬不知怪"①。

(六)应当加强研究家谱中的家训内容

家训是在我国封建社会发展起来的一种特有的社会文化现象和家庭教育形式,以前一直将其视作封建糟粕而弃置勿道,其实,只要认真研究就不难发现,其中有许多非常宝贵的教育思想和教育内容。可以这样说,所有家训,总都是教育子弟读书上进、勤俭持家,从未见过要子孙去杀人放火、偷盗为生。只要我们剔除其封建性的糟粕,吸取其优秀的精华,对于发展家庭教育、社会教育,弘扬优秀的传统道德都具有重要意义。在漫长的封建社会里,家训一直是家庭教育、社会教育的主要内容和形式,而这种家训又分为单独流传与附在家谱、族谱之内两种,前者早期如北齐颜之推的《颜氏家训》,以儒学教育弟子,影响最为深远;后期要以清初朱用纯的《治家格言》最为典型,流传最广,这是一篇脍炙人口、广为传诵的家训名篇,几乎成为清代以来直至近代家庭教育的必读内容,人们习惯称之为《朱子家训》。内中许多辞句,对于做人处世,至今仍有其教育意义,诸如:"一粥一饭,当思来处不易;半丝半缕,恒念物力维艰。宜未雨而绸缪,毋临渴而掘井。自奉必须俭约,宴客切勿留连。""居身务期质朴,教子要有义方。莫贪意外之财,莫饮过量之酒。与肩挑贸易,毋占便宜;见穷苦亲邻,须加温恤。""重资财,薄父母,不成人子。嫁女择佳婿,毋索重聘;娶媳求淑女,

---

① (清)杭世骏著,蔡锦芳等点校:《杭世骏集·道古堂文集》卷5《萧山王氏族谱序》,浙江古籍出版社2014年版,第72页。

勿计厚衾。见富贵而生谄容者最可耻，遇贫穷而作骄态者贱莫甚。"如此等等，若是全社会每个家庭的成员都能按此要求去做，可以想见社会的公德意识必然大大提高。

至于宗谱、族谱、家谱中的家训，亦多强调对族人特别是青少年进行教育。现以浙江钱氏家谱为例，钱镠在《武肃王八训》中就教育子孙，要"绍续家风，宣明礼教"，"子孙若不忠、不孝、不仁、不义，便是破家灭门，千叮万嘱，慎勿违训"。后来又作《遗训》十条，指出："唐室之衰微，皆由文官爱钱，武将惜命，论言讨贼，空言复仇，而于国计民生全无实济。"因此他要求子孙，"心存忠孝，爱兵惜民"。这就成为钱氏家训的基本内容。

当然，钱镠所述既有其针对性，同时亦具有特殊性。我们再看《临水钱氏宗谱·家训》，其中也教诲子孙要遵守国法，按时交纳赋税，"赋税乃朝廷重务，急公亦士民大义"，"此亦草野尽忠之事也"。而对于子孙的教育尤为看重，指出"人之贤达，岂尽生而克肖者，多由教诲所成"。这里不仅承认人不是生而知之，成功多来自教育，而且承认人的资质有高低不同，应当视其资质之高下而施教："视其质而聪俊者，授以经史，俾其知古圣贤之义理，识屡代之兴亡，效法先哲，惩戒奸邪。幸而荣名立朝，亦可光宗耀祖，大显家声；即不幸穷约终身，亦不失为守道名儒。其于秉姿钝鲁者，莫如课之农桑，终岁勤劳，苟获五谷之储，一缕之绩，足以仰事俯育，不致高堂冻馁，妻儿啼饥。所谓勤读可荣事，勤耕可养家。"这种教育思想出自封建帝王家训之中，实在难能可贵，他们既没有灌输龙生龙、凤生凤的思想，也没有一味宣扬"万般皆下品，惟有读书高"的思想。靠勤奋而能做官，靠勤耕而能养家，这在任何时候都是合情合理的。

这也说明一个问题，即帝王的后代也并非人人都能做官，还得靠自己努力，有的可以立朝为官，荣宗耀祖，有的只能做一名"守道名儒"，还有的则要用自己的劳动来养家。《家训》没有反映高人一等的教育思想，而是提出了要因材施教的方法来教育资质不同的子孙。这种思想对于当前家庭教育无疑具有现实意义。正因为钱氏各宗谱族谱所载家训中，都非常注重教育，所以钱氏家族中一个突出特点便是人才辈出，这种现象竟能延续数十代，历千年而不衰，直到近现代仍是如此，人才如此密集现象，在众多族姓中都很突出，这是很值得研究的。

宋代王安石似乎已经察觉，他在《内殿崇班钱君墓碣》中就曾指出："钱氏之有籍于朝廷者，殆不可胜数，而以才称于世、尝任事者，比比出焉。"[①] 可见家训的价值是多方面的，它不仅传播了传统伦理道德中许多有益的思想，如尊老爱幼、勤俭持家、相互帮助、与人为善等内容，而且在家庭教育的内容、方法与形式，都有许多值得借鉴的价值。我们在研究谱学的时候，千万不要忽略这个内容，更不能把它一律斥之为封建糟粕。

综上所述，可见谱牒学自从西周产生以来，已经历了三千多年的历史，在这漫长的历史发展过程中，还曾出现过波澜壮阔、光辉灿烂的局面，即魏晋南北朝时期。人们可以看到，在这个时期里，家家都藏有谱书，人人都懂得谱学，全社会都沉浸在这一气氛之中，从私人到官府都非常重视，从私家谱到各类统谱、百家谱，样样齐全，并产生许多谱牒学家，还出现了不同的学术流派，从学术而言，完全处于显学地位，这种局面是其他所有学科都从未出现过的。也许在有些人看来，这简直就是"天方夜谭"，但这确是真实的历史事实。到了唐代，编修谱牒又成为统治阶层进行政治斗争的手段。因为李唐在夺取政权以后，唐太宗的部下大多数官员出身低下，有的还是农民起义领袖出身，山东旧的士族自然不服，于是唐太宗便采用编修谱牒的手段来改变这一现状，即通过编修《氏族志》，重新划分等第，提高新贵的等第而压低旧士族的等第，以解决当时出现的矛盾。到了武则天参政以后，又通过唐高宗下令，再次编修谱牒，改《氏族志》为《姓氏录》，对关陇集团的地位加以压制，而将武氏家族及其成员社会地位全都予以提高。通过这样反复打击，旧的士族社会地位逐渐下降，庶族地主成为社会主流。而对于当时私家之谱的编修，政府还是要过问的，有唐一代也曾产生过许多著名谱牒学家。宋代以后，除了产生年谱以外，谱学就不再有大起大落，直到今天，自然也就没有再产生众多的非常杰出的谱牒学家。

---

① （北宋）王安石撰：《临川先生文集》卷94，中华书局1959年版，第973页。

第一章
谱牒学的起源

一、关于西周起源说的几种论述

20世纪80年代初，我在撰写《试论谱学的发展及其文献价值》一文时，提出："谱牒学和方志学一样，都是史学的旁支。"该文发表在《文献》第16辑。① 因为清代著名的史学评论家章学诚早就讲过："传状志述，一人之史也；家乘谱牒，一家之史也；部府县志，一国之史也；综纪一朝，天下之史也。"② 他的好友邵晋涵也说："家之有谱，固与国有史、州有志而并重也。"③ 其后在阅读钱大昕《潜研堂文集》过程中，发现钱氏早已直接提出"史之流别"说了。他在《钜野姚氏族谱序》中说：

> 予唯谱系之学，史学也。《周官》小史"奠系世，辨昭穆"，汉初有《世本》一书，班史入之《春秋》家，亦史之流别也。裴松之注《三国》史，刘孝标之注《世说》，李善之注《文选》，往往采取谱牒。魏晋六朝之世，仕宦尚门阀，百家之谱，悉上吏部，故谱学尤重。欧公修《唐书》，立《宰相世系表》，固史家之创例，亦由其时制谱者，皆通达古今、明习掌故之彦，直而不污，信而有征，故一家之书与国史相表里焉。宋元以后，私家之谱不登于朝，于是支离傅会，纷纭踳驳，私造官阶，倒置年代，遥遥华胄，徒为有识者喷饭之助矣。④

---

① 收入仓修良：《史家·史籍·史学》，山东教育出版社2000年版，第940—970页。
② 《文史通义新编新注》外篇4《州县请立志科议》，第836页。
③ 《南江文钞》卷6《余姚史氏宗谱序》。
④ （清）钱大昕撰，吕友仁校点：《潜研堂集·潜研堂文集》卷26，上海古籍出版社2009年版，第448页。

可见把谱牒视作史学的支流，前人早已如是说了。当代著名史学家何兹全先生在他的《魏晋南北朝史略》中，讲魏晋南北朝时期方志与谱学得到非常大的发展时，指出这是专为门第制度服务而产生的两种史学。① 这就是说，这种著作不仅是史学支流，而且是为特定的社会制度服务的。因此在研究的时候，必须密切联系这特定的社会制度。正因如此，自《隋书·经籍志》开始，在艺文志中，史部总有谱牒这一门类，而《隋书·经籍志》首称《谱系篇》，两《唐书》、《宋史》便均称《谱牒》。此后，私家目录之书亦大多列有此项，如宋代陈振孙《直斋书录解题》，就有《谱牒类》。可见谱牒这类著作，早就在史部家族中拥有一席之地，成为研究历史不可多得的重要文献，可补史籍乃至方志记载之不足。值得注意的是，从历代目录著作的著录中，人们可以发现，随着时代的发展和变化，这些著录中的著作，也一直在发生着变化，这就说明，谱牒这类著作一直是适应社会的不同要求而在变化的。唯其如此，我们在研究谱牒的起源和发展时，很自然地就应采用研究史学的途径和方法来进行研究，也就是说必须把它放到特定的历史条件之下，特别是特定的社会之中进行研究。因为任何一种著作形式和学术思想都是有其产生的特定社会条件，社会不仅需要而且提供了产生某种著作的条件，这就是人们经常讲的社会为出现这种著作产生了温床或土壤，谱牒学的产生自然也不会例外。因此，我们研究谱牒的起源，必须密切联系时代背景，注意时代的需要和可能。

至于谈到谱牒的起源，传统的说法，大多认为起源于周，而立论根据则又大都引述《周礼》之《春官宗伯》所属"小史掌邦国之志，奠系世，辨昭穆，若有事，则诏王之忌讳"一条文字。《隋书·经籍志》等引了此文，钱大昕、邵晋涵、章学诚等引了此文，而当代学者潘光旦、杨殿珣、杨廷福、罗香林等先生研究谱牒学的起源亦引了此文。特别要指出的是，潘光旦先生是当代研究谱牒学最早的学者，还在1929年，他就在《东方杂志》第二十六卷第一号上发表了《中国家谱学略史》一文，文章指出：

> 谱系之学，由来已久。古者帝王诸侯之世系掌于专官。《周礼·春

---

① 何兹全：《魏晋南北朝史略》，上海人民出版社1958年版，第212页。

官》：瞽矇"讽诵诗，世奠系"。又"小史奠系世，序昭穆"。奠训定。郑注："系世谓帝系世本之属，小史主次序先王之世，昭穆之系，述其德行；瞽矇主诵诗并诵世系，以戒劝人君。"唐贾公彦疏云："天子谓之帝系，诸侯卿大夫谓之世本。"周末，诸侯相侵暴，国亡族散，益以秦并天下，铲除旧籍，遂无复稽考；见于今者惟《大戴记》之《帝系姓》，及已亡而搜辑不完之《世本》。《帝系姓》为司马氏《五帝本纪》所自出。《世本》相传为周末史官所记。①

杨殿珣先生在《中国家谱通论》一书的《中国谱学沿革》中说：

> 中国谱系之学，盖昉自周代。《梁书》（五十）《刘杳传》："王僧孺被敕撰谱，访杳血脉所因，杳云：桓谭《新论》云，太史《三代世表》，旁行斜上，并效周谱。以此而推，当起周代。"按《周礼》春官"瞽矇讽诵诗，世奠系"。又"小史奠系世，序昭穆"，汉郑玄注："系世谓帝系世本之属，小史主次序先王之世，昭穆之系，述其德行；瞽矇主诵诗，并诵世系，以戒劝人君。"唐贾公彦疏云："天子谓之帝系，诸侯卿大夫谓之世本。"知古者帝王诸侯，注重世系，故设专官以掌之。《国语·鲁语》（上）："宗有司曰：夫宗庙之有昭穆也，以次世之长幼，而等胄之亲疏也。故工史书世，宗祝书昭穆。"注云："工瞽师官也，史大史也，世次先后也。工诵其德，史书其言。宗，宗伯，祝，太祝，宗掌其礼，祝掌其位。"又《楚语》（上）："申叔时曰：教之世而为之昭明德，废幽昏焉，以休惧其动。"注云："世谓先王之世系也，昭显也，幽闇也，昏乱也；为之陈有明德者世显，而闇乱者世废也。"是列国均有次长幼、明昭穆之官。战国之时，楚尚有专掌王族之官，汉王逸《离骚》注云："三闾之职，掌王族三姓，曰昭、屈、景，屈原叙其谱属，以厉国士。"是三闾大夫者，乃掌王族三姓，叙其谱属，而屈原曾为之也。②

---

① 潘光旦：《中国家谱学略史》，《东方杂志》1929年第26卷第1号。收入潘乃穆、潘乃和编：《潘光旦文集》第8卷，北京大学出版社2000年版，第240—261页。

② 杨殿珣：《中国家谱通论》，《图书季刊》1941年第1—2合期。

杨廷福先生在《中国谱牒学的源流》一文中说：

谱牒之学，由来已久。《史记》卷13《三代世表·序》："稽其历谱牒。"司马迁据《帝系》而为《世表》。《周礼·春官》："小史奠系世，序昭穆。"郑玄注："系世谓帝系世本之属，小史主次序先王之世，昭穆之系，述其德行。"贾公彦疏："天子谓之帝系，诸侯卿大夫谓之世本。"所以梁朝的刘杳认为谱牒始于周代（《南史》卷49《刘杳传》），大体还是可信的。《国语·鲁语上》有："夫宗庙之有昭穆也，以次世之长幼，而等胄之亲疏也。故工史书世，宗祝书昭穆，犹恐其逾也。"三闾大夫屈原是大家比较熟悉的伟大诗人，而他就是掌管王族屈、景、昭三姓，叙其谱属的长官。周代的谱牒，已不得其详，今天我们只能看到《大戴礼记》中的《帝系篇》和后人所辑的《世本》以及见于著录的《春秋公子血脉谱》而已。恩格斯说："氏族是以血缘为基础的人类社会的自然形成的原始形式。"周代利用从氏族制度演变而来的血缘纽带关系和祖先崇拜观念建立宗法制度。而这种组织是"同姓从宗合族属"的结合，因此必须有谱牒来说明他们的所自和血胤的支派。《白虎通义·宗族》云："族者，凑也，聚也。谓恩爱相俊凑也，生相亲爱，死相哀痛，有合聚之道，故谓之族。"族和宗是有区别的，族凡血统有关的人统称为族；宗则于族中奉一人以为主，主者死了，就奉其嫡子为继世的主。《诗经·公刘》："君之宗之。"《毛传》："为之君者，为之大宗世。"《诗经·板》："大宗维翰。"《传》："王者天下之大宗。"这说明在奴隶社会中自天子之于诸侯，诸侯之于大夫，是大宗之于小宗，族与宗必须有一记载，才不致紊乱，此所以有《帝系》和《世本》。后世的宗谱、族谱，由此而起。①

罗香林先生的《中国族谱研究》上篇《中国族谱之源流演变与特征》说：

中国谱牒之学，肇始于周，《周礼》春官宗伯所属："小史掌邦国

---

① 杨廷福：《中国谱牒学的源流》，《学习与探索》1980年第2期。

之志,奠系世,辨昭穆,若有事,则诏王之忌讳。"唐贾公彦《疏》云:"释曰:小史掌邦国之志者,邦国连言,据诸侯志者,记诸侯国内所有记录之事皆掌之。云奠系世者,谓定《帝系》、《世本》。云辨昭穆者,《帝系》、《世本》之中皆有昭穆亲疏,故须辨之。云若有事者,谓在庙中有祈祭之事。云则诏王之忌讳者,谓小史告王以先王之忌讳。"是小史为记事之官,所记有关于周王与诸侯之世系者,有关于周王与诸侯宗支之亲疏者,有关于先王之死日与名号者。此类史官职责颇重,如不以小史主之,则由内史兼任。故《春秋左氏传》襄公十年谓:"晋灭偪阳,使周内史选其族嗣,纳诸霍人。"所谓"使周内史选其族嗣",即谓使周内史依其谱牒所记霍族亲子之合为继承者,而定其为嗣也。是此类史官,不特有其关于谱牒记录之职责,且有其鉴别亲子继承之责也。其须有相当经验与能力,可推知焉。至于周代之谱牒体例,则至少必有所以记录世系承传之格式。《史记·十二诸侯年表》首言:"太史公读春秋历谱牒,至周厉王,未尝不废书而叹也。"唐司马贞《索隐》于此句下注云:"按刘杳(萧梁时人)云:《三代系表》,旁行斜上,并效周谱。"是司马迁撰作《三代世表》,其方法殆仿自周至春秋所传之谱牒体例。①

我们上面征引了四位当代学者对谱牒起源的论述,他们所征引的资料并不相同,而所持的思路也并不一样,但最后所得出的结论却是一致的,即都是认为起源于西周,而其着眼点又都是在"奠系世,辨昭穆"。而古代学者直指谱牒学起于周者,这里也列举两条。《梁书》卷50《刘杳传》云:

> 王僧孺被敕撰谱,访杳血脉所因。杳云:"桓谭《新论》云'太史《三代世表》,旁行邪上,并效周谱'。以此而推,当起周代。"僧孺叹曰:"可谓得所未闻。"②

刘知幾在《史通·表历》中云:

---

① 罗香林:《中国族谱研究》,香港中国学社1971年版,第17—18页。
② 《梁书》卷50,第716页。

  盖谱之建名，起于周代，表之所作，因谱象形。故桓君山有云："太史公《三代世表》，旁行邪上，并效周谱。"此其证欤？①

  这两位一为南朝人，一为唐代人。前者为当时学识非常渊博的学者，《梁书》本传称"其博综群书，沈约、任昉以下，每有遗忘，皆访问焉"，"自少至长，多所著述"。②此足见其学问已非一般之渊博，其时似乎凡遇问题都必请教于他。王僧孺本是谱学专家，有关谱学起源还要特地向他请教。后者乃是著名的史学评论家，他在《史通》一书中所作的评述大多比较审慎的。从以上所述，人们不难看出，古代学者谈论谱牒起源，除了西周以外，似乎并未见到再提出另外朝代。这无疑应当是当代人研究谱牒起源时值得深思的一个重要问题。

二、需要辨析的几个问题

  这里需要指出的是，20世纪80年代以来，学术界先后有人提出谱牒起源于原始社会，并且明确提出起源于母系氏族。最早提出的是刘光禄先生，他的《谱牒述略》一文，刊于1981年出版的《文献》第10期上。1989年杨冬荃先生在《谱牒学研究》第一辑上发表的《中国家谱起源研究》一文中，讲得更加明确，认为"它是母系氏族时代的产物"。对此说法，这里不打算多作论述，因为在原始社会，产生任何著作的条件都不具备，谱牒自然也不例外。因为当时的一切都靠传说，正如瞿林东先生所说："传说是从原始的意义上为文明时代史学的产生准备了一定的条件。"③而正式的史学则要"萌芽于官府"，这可以说是史学史研究工作者早已得出的共识。

  不过对于杨冬荃先生文中还有两点提法，我们必须加以辨证看待。一则是文中说："历代论谱之源于周代者，又自有其不同的推论角度。"以前学者

---

① 《史通笺注》，第55页。
② 《梁书》卷50《刘杳传》，第715、717页。
③ 瞿林东：《中国史学史纲》，北京出版社1999年版，第120页。

的论述是否推论，这里我们姑且不谈，当代学者的论述则大多数绝非出于推论，而是根据许多文献资料的研究所得出的结论。关于这点，我们在下文将作详细论述。再则是文中说："尽管家谱周代起源说持论者甚众，而且在各说中追溯最远，但是，此说的持论者们同其他各说的持论者们一样，他们都忽视了《史记·三代世表》中的这样一段话：'余读牒记，黄帝以来皆有年数。'……近现代的研究者们甚至还忽视了商代甲骨文、金文中的家谱资料。因此，他们的结论也就自然而然地受到了史料的限制。"① 这里我们可以坦诚地说，我们既没有忽视《史记·三代世表》中的那段话，更没有忽视商代甲骨文、金文中的所谓"家谱资料"，笔者在此所以要加上"所谓"两字，乃是说明我们对于那些所谓家谱资料是不承认的，因为我们认为在商代还没有产生家谱，当然也就根本不存在是否忽略之事。至于《史记·三代世表》引文，我们则认为杨冬荃先生难道不认为有"唯我所用"的做法吗？为了说明问题，这里不妨将《史记·三代世表序》中有关文字抄录于下：

> 太史公曰：五帝、三代之记，尚矣。自殷以前诸侯不可得而谱，周以来乃颇可著。孔子因史文次《春秋》，纪元年，正时日月，盖其详哉。至于序《尚书》则略无年月，或颇有，然多阙，不可录。故疑则传疑，盖其慎也。
>
> 余读谍记，黄帝以来皆有年数。稽其历谱谍终始五德之传，古文咸不同，乖异。夫子之弗论次其年月，岂虚哉！于是以《五帝系谍》、《尚书》集世纪黄帝以来讫共和为《世表》。②

在这篇短序中，司马迁首先讲了五帝三代的历史是相当久远的，接着就很感叹"自殷以前诸侯不可得而谱，周以来乃颇可著"。这就是说，殷以前世系尽管还是清楚的，但是诸侯的事迹已经无法记载了，周以来情况就大不相同了。这里需要指出的是，杨冬荃先生将这里所讲的诸侯解释成西周时所分封的诸侯，并说由于"周代诸侯都是在周朝建立后才显贵起来的，殷代灭

---

① 杨冬荃：《中国家谱起源研究》，中国谱牒学研究会编：《谱牒学研究》第1辑，第53—54页。
② 《史记》卷13，第487—488页。

亡以前，他们的地位并不显著，当时没有谱牒记载是理所当然的"①。这样的理解显然是不确当的，司马迁所讲"自殷以前诸侯不可得而谱"，明明是讲自殷以前的诸侯，因为诸侯并非西周才有。《史记·五帝本纪》曰："轩辕之时，神农氏世衰。诸侯相侵伐，暴虐百姓。"②《史记·殷本纪》又曰："西伯既卒，周武王之东伐，至盟津，诸侯叛殷会周者八百。"③《三代世表序》中所讲，自然是指这样一些诸侯，即使从行文语气来看，也只能作如此解释。正因为"周以来乃颇可著"，所以孔子才有可能作《春秋》，"纪元年，正时日月，盖其详哉"。至于"余读谍记，黄帝以来皆有年数"，这个"年数"绝不可看作年代记数，因为我国有确切的年代记载，是从西周共和元年开始。如果自"黄帝以来皆有年数"是指皆有确切的年代记载，那么我国也就无须兴师动众，邀集各方面专家参加"三代工程"了，"三代工程"就是要研究确定夏、商、周三代确切的年代划分。因此，司马迁这里所讲的"年数"，最多只能是说黄帝以来各代帝王排列顺序而已。

既然如此，这种顺序凡是历史研究工作者当然都会知道，对于《三代世表序》中所讲"黄帝以来皆有年数"之句自然也就无所谓忽略还是不忽略了，况且有了帝王顺序未必就能证明谱牒已经产生，即使"皆有年数"也并不意味着谱牒已经产生。因为谱牒学的产生是要有其特定的社会条件的。对此笔者在《关于谱学研究的几点意见》中已经讲过："在谈到谱学起源时，有人提出在原始社会已经产生，但没有根据，是纯粹的理论分析；有人提出在夏代已经产生，理由是夏已经是'家天下'了；也有人提出在殷商已经产生，因为甲骨文中已有谱系的记载。……关于起源问题，冯尔康先生在《宗族制度对中国历史的影响》（载《谱牒学研究》第1辑）一文中提出，宗族制度是产生谱牒学的直接根源。笔者认为这个说法很有道理。从分析看，夏代虽然可能已有文字，如孔子一再声称，'夏礼吾能言之'、'殷因于夏礼'，但文字实物证据至今尚未发现。即便到了殷商，周公曾说：'惟殷先

---

① 杨冬荃：《周代家谱研究》，中国谱牒学研究会编：《谱牒学研究》第2辑，文化艺术出版社1991年版，第44页。
② 《史记》卷1，第3页。
③ 《史记》卷3，第108页。

人，有册有典。'但这种'册'与'典'，我们今天却很少见到。到了西周，实行宗法制度，这是大量文献都有记载的，并有大宗与小宗的严格区分，有所谓'有百世不迁之宗，有五世则迁之宗'，实行这种制度的目的在于防止各等级的贵族互相争夺爵位财产。为了切实执行这套严密的制度，必须有相应的措施，因而设立专官管理。"① 可见这套严密制度就是要"奠系世，辨昭穆"，别贵贱，识尊卑，这正是本文需要详细论述的中心议题。

在正式论述之前，有必要将《三代世表序》中"稽其历谱谍终始五德之传"一句话作些说明，免得有人再以此节外生枝。这里所讲的"历谱谍"，显然都是出自西周以来，因为司马迁在这篇短序的前半部分已经讲了："自殷以前诸侯不可得而谱，周以来乃颇可著。"尤其"终始五德之传"更是战国后期学者邹衍所提出，他认为历史的发展就是金、木、水、火、土转移的过程，并且以此五种相生相克之理来论述王朝的更替。认为五行各主一德，故称五德，而每一德又支配着一个朝代，历代各主一德，以五行相克之理，此亡彼兴，因而一称"五德终始"。《吕氏春秋·应同》并且附会将黄帝排定为土德，夏禹为木德，商汤为金德，周文王为火德，最后指出"代火者必将水"，其实就是说秦代周而为水德。我们所以要讲述这些内容，旨在说明"历谱谍终始五德之传"是西周以后所产生之事，不必用它来说明西周以前谱谍已经产生。

三、西周宗法制是谱谍学起源的社会背景与条件

我们说谱谍学起源于西周，前面已经讲了，这并不是出于推论，而是有大量文献记载为前提，就以《周礼·春官宗伯》所载"奠系世，辨昭穆"而言，有些谱谍学研究者对它颇不以为然，别人引了，还说都是出于推论，殊不知虽然只有六个字，但它包含的内容却是非常丰富的。它告诉人们，在西周社会中，统治阶层上上下下，由于周初实行的大分封，既要确立上下等级

---

① 《历史研究》1997年第5期。后以《论谱学研究中的随意性》为题收入仓修良：《史家·史籍·史学》，第977—978页。

关系，又要排定世系行辈关系，就是进入宗庙以后的顺序乃至祭祀典礼中行礼的次序，都有着不可逾越的程序，这一切都源于为了维系分封制度而建立的宗法制度。这种制度实际上就是确定以嫡长子身份对父位和国土拥有绝对继承权，从而也就确定了贵族的亲疏、等级、分封和世袭的关系。也可以说是为解决统治阶级内部继承权争端矛盾、巩固分封制度的一种方法。通过这个方法确定财产和政治地位（权位）的分配。

具体而言，周天子都是以嫡长子的身份继承父位而为天子，并成为全体姬姓宗族的"大宗"，即最大的族长。他既代表社稷，又主持宗庙的祭祀。而天子的宗庙，祭祀着自始祖以来的历代祖先，是全国规模最大、地位最高的宗庙，故称之为"太庙"。而历代祖先都是以始祖为中心，按昭穆左右排列，左为昭，右为穆，始祖居中，第二代为昭，第三代为穆，第四代为昭，第五代为穆，以下类推。只有天子才有祭祀这些列祖列宗的权力。只有了解这些以后，人们才会真正理解"奠系世，辨昭穆"的内在含义。嫡长子的同母弟与庶兄弟受封为诸侯，全部称作"小宗"。而受封的这些诸侯称为别子或别宗，在他们的封地里，他们又成为这些别宗的始祖，封地和爵位的继承权同样属于嫡长子，这个嫡长子就是别宗的宗子。所有这些宗子，对周天子而言，他们全是"小宗"，而在自己的封地里，他们又都成了"大宗"。《礼记·大传》曾记载了大宗小宗之法："别子为祖，继别为宗，继祢者为小宗。有百世不迁之宗，有五世则迁之宗。百世不迁者，别子之后也。宗其继别子之所自出者，百世不迁者也；宗其继高祖者，五世则迁者也。"[①] 这就是说，诸侯的嫡长子世世继为诸侯，诸公子被封于新邑，在新邑不能祢祭先君，则别立为祖，故称别子，别子就是新宗庙的始祖。别子的嫡长子世代继别，故为百世不迁之宗；别子的其余诸子（公孙）以继别者又为"大宗"，其余则又为"小宗"。具体而言，诸侯的嫡长子继父位而为诸侯，奉始祖为"大宗"，其诸弟则被封为卿大夫，是为"小宗"；而卿大夫亦由嫡长子继承，奉始祖为"大宗"，他的诸弟就为士，是为"小宗"；士的嫡长子仍为士，其余诸子遂为平民。

总之，诸侯对天子为小宗，而在其本国则为大宗。卿大夫对诸侯为小

---

① （清）孙希旦撰，沈啸寰等点校：《礼记集解》卷34，中华书局1989年版，第914页。

宗，但在其封邑内又为大宗。这种宗法制度，就是嫡长子继承父位，以解决贵族之间争权的一种强制性的措施。正如《礼记·大传》所云，这种制度宣扬宗族之间做到"亲亲"："是故人道亲亲也。亲亲故尊祖，尊祖故敬宗，敬宗故收族，收族故宗庙严，宗庙严故重社稷。"① 可见是想通过宗族关系达到全社会都敬重全国的大宗周天子。为了帮助读者理解"百世不迁"与"五世则迁"②，特列"宗法示意图"于下：

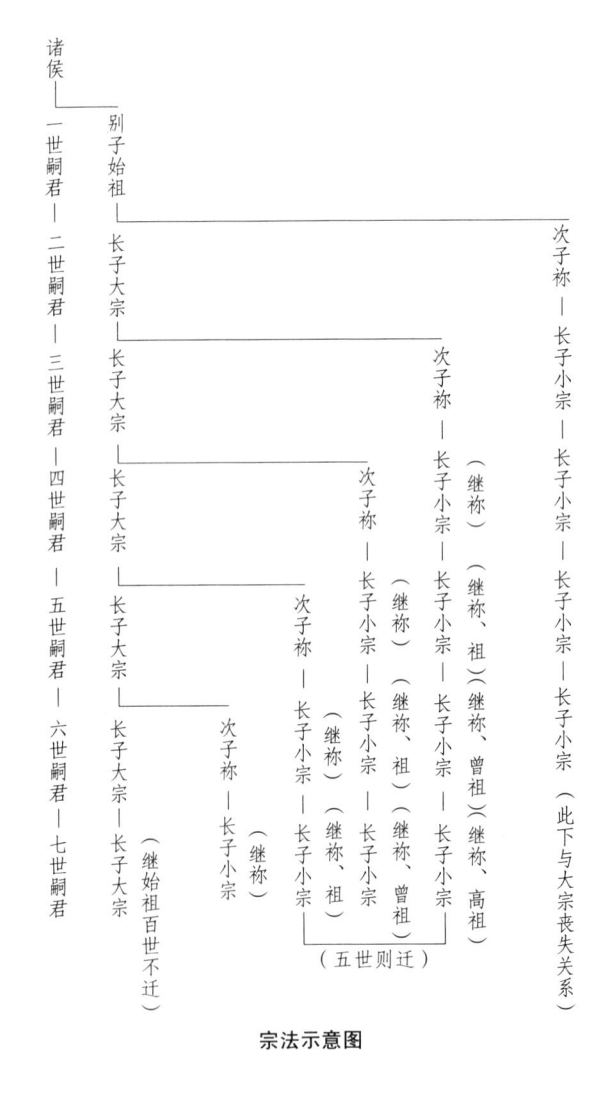

```
诸侯
 │
一世嗣君——别子始祖───────────────────────────次子祢
 │             │                              │
二世嗣君——长子大宗────────────次子祢          长子小宗
 │             │                │              │
三世嗣君——长子大宗────次子祢    长子小宗       长子小宗
 │             │       │         （继祢）       │
四世嗣君——长子大宗──次子祢  长子小宗  长子小宗  长子小宗
 │             │     │      （继祢） （继祢、祖）│
五世嗣君——长子大宗 次子祢 长子小宗 长子小宗 长子小宗 （此下与大宗丧失关系）
 │             │    │    （继祢）（继祢、祖）（继祢、曾祖）
六世嗣君——长子大宗 长子小宗 长子小宗 长子小宗 长子小宗
 │             │   （继祢）（继祢、祖）（继祢、曾祖）（继祢、高祖）
七世嗣君    （继始祖百世不迁）        （五世则迁）
```

宗法示意图

---

① 《礼记集解》卷 34，第 916—917 页。
② 刘泽华、杨志玖等编著：《中国古代史》（上），人民出版社 1979 年版，第 67 页。

西周时期，在实行宗法制的过程中，为了保证此制度的顺利执行，因此实行了一种昭穆制度。对于为什么要实行昭穆制，学术界的看法似乎并不一致，谢维扬先生对此作了较为详尽的论述，所论也很有道理，因为持论与当时社会状况比较贴切，现将其结论摘引于下：

> 昭穆制度的出现，不仅与周代实行嫡长子继承制的意图有关，而且它也符合周代日益完善的宗族组织存在的需要。在周代宗法制度下，贵族中普遍存在着以大宗或小宗为中心的、包括众多旁系亲属在内的宗族组织。在这样的宗族组织中，无论是在祭祀、丧葬或其他礼仪活动乃至继承问题上，都需要有一套严密的区分行辈的制度，才能使所有相互处于旁系亲属关系的人们易于确定他们应有的伦理地位。这就是以标志行辈为第一要义的昭穆制度产生的又一社会背景。故《礼记·祭统》说："昭穆者，所以别父子、远近、长幼、亲疏之序，而无乱也。是故有事于太庙，而群昭群穆咸在，而不失其伦，此之谓亲疏之杀也。"这里明确点出了昭穆制度对于确定亲属间相互关系，使"不失其伦"亦即维护正常伦理秩序的重要性。昭穆制度的这个意义，使它与中国社会在血缘关系规范上的一个重要特征，即始终存在着超家庭的宗族关系和宗族组织，发生关系。这也就是自秦汉以后直至近代以前的中国社会中，仍然可以看到昭穆之制存在的原因。①

这个结论既讲清了昭穆制度在周代社会生活中确实起到了重要作用，同时也指出了这个制度在我国整个封建社会甚至直到近代以前所发生的深远影响。

综上所述，到了西周，在全国实行了分封制、宗法制、昭穆制，这在古代文献典籍中有着大量的记载，这些制度又都是错综复杂的，为了执行这些制度，自然都有着相应的措施，理所当然就要设置专门机构由专官管理。这个机构就是专门负责"奠系世，辨昭穆"的工作，当然这个专官也可能就是史官，但是，未必就是小史，有的学者在20世纪30年代就已经发表过文

---

① 谢维扬：《周代的昭穆制度》，华东师范大学中国史学研究所编：《中国史学集刊》第1辑，江苏古籍出版社1987年版，第376页。

章,指出我国古代并未存在过小史,因此,这里附带作一说明。众所周知,大诗人屈原在楚就曾担任过三闾大夫,掌管三族三姓,"叙其谱属"。在周代,这种"叙其谱属"的工作正是维护宗法制度的措施,做到人人各行其是。尽管如此,事实上违制的人还是大有人在。"夏父弗忌改昭穆之常"就是典型的事例:

> 夏父弗忌为宗,烝将跻僖公,宗有司曰:"非昭穆也。"曰:"我为宗伯,明者为昭,其次为穆,何常之有!"有司曰:"夫宗庙之有昭穆也,以次世之长幼,而等冑之亲疏也。夫祀,昭孝也。各致齐敬于其皇祖,昭孝之至也。故工史书世,宗祝书昭穆,犹恐其逾也。今将先明而后祖,自玄王以及主癸莫若汤,自稷以及王季莫若文、武,商、周之烝也,未尝跻汤与文、武,为不逾也。鲁未若商、周而改其常,无乃不可乎?"弗听,遂跻之。①

对于此事,《左传》文公二年亦有记载:"秋八月丁卯,大事于大庙,跻僖公,逆祀也。"②这件事是说,鲁文公在太庙祫祭先君时,将其父僖公的祭祀次序置于闵公之前。闵公与僖公虽为兄弟,但闵公继位在先,僖公继位在后,按周的礼制,闵公的祭祀次序理应在僖公之前。对于文公的举动,《左传》书之曰"逆祀也",而宗有司则斥之为"非昭穆也"。这里所讲的虽然仅仅是在祭祀问题上违反了宗法制度,有关人员认为这也是不可以的。所以这个违制行为,就被史家作为典型写入史册,以示永远为戒,尤其是"工史书世,宗祝书昭穆,犹恐其逾也"三句话,足以说明谱牒这种著作正是在这个社会背景之下,适应政治需要而产生的。这就是说,世也好,昭穆也好,都是有专人负责来书写,在当时书写的目的就是要人们在社会活动中不要做出违制的行为,"不失其伦",以维护正常的伦理秩序。文献记载还告诉人们,在当时的社会中,还将这些内容作为教材对君主和青年进行教育。《国语·楚语上》记载,申叔时在回答楚庄王关于教育太子的内容时,

---

① 《国语·鲁语上》,第112页。
② 杨伯峻:《春秋左传注(修订本)》,中华书局1990年版,第523页。

给太子所开列的书目单共列九种书中，有《春秋》、《世》、《诗》、《礼》、《乐》、《令》、《语》、《故志》、《训典》。九种书中，《世》列第二，为什么要读《世》呢？申叔时曰："教之《世》，而为之昭明德而废幽昏焉，以休惧其动。"① 意思是说，用先王的世系事迹来教育他，从而使他知道德行高尚的人能名声显扬，受人尊重，昏庸无能、道德败坏的人就要遭到废黜，用此来使他的行为得到鼓励和约束。又如《周礼·春官宗伯》"瞽矇"条曰："讽诵诗，世奠系。"杜子春云："世奠系，谓帝系，诸侯卿大夫世本之属是也。"郑玄云："世之而定其系，谓书于《世本》也。"至于为什么要诵《世》，杜子春曰："诵世系，以戒劝人君也。"② 再如《大戴礼·卫将军文子篇》曰："吾闻夫子之施教也，先以诗、世。"③ 很明显这些《世》就是谱牒一类的著作，当然也不一定就是指今所流传之《世本》。而这类著作在当时来说恐怕也不在少数，按照"工史书世，宗祝书昭穆"的规定来看，每个诸侯国都有这类记载这是无疑的。同时这种"世"也不会只是简单的世系表，最起码的就是昭穆制度必然会有反映，否则也就不会出现鲁文公祭祀违制而被史书"曝光"、批评了。

尽管谱牒之学起源于西周，但是真正的私家之谱产生那还是秦汉以后的事了。然而杨冬荃先生却把西周青铜器上所刻之世系表一律称之为私家之谱④，恐怕是很难让人接受的。这种世系表作为谱牒内容，自然是名正而言顺，而把它说成私家之谱，显然是不能成立的。在这里首先要作出回答的并不是内容、体例、格式等是否符合后世所产生的私家之谱，而是后世这种私家在西周时存在吗？尤其是在当时能够铸造规模如此宏大的青铜器，该是一个怎样的家庭，恐怕也无须多作考证。赵光贤先生有关宗法制度的论述，应当有助于理解这一问题："宗法制度是周人在新的封建经济基础上建立起来的，并为它服务的一种上层建筑，它是直接以维持大小贵族的土地所有制为目的，间接以巩固封建社会秩序为目的的，所以说宗法制是支持封建社会的

---

① 《国语》，第355页。
② （清）孙诒让撰，王文锦等点校：《周礼正义》卷45，中华书局1987年版，第1865页。
③ 黄怀信主撰：《大戴礼记汇校集注》卷6，三秦出版社2005年版，第669页。
④ 《周代家谱研究》。

主要支柱。战国以前，宗法制度本来是贵族阶级所专有的，与庶民无关。"①
在周代社会中，要么就是宗法制度下的大小贵族，要么就是与宗法制度无关的庶民，这种庶民有能力铸造为自己祖先歌功颂德的青铜器吗？实际上所有青铜器大多出自各类诸侯所制造，就以杨冬荃先生文中所列示例而言，无一不是出自诸侯家族所作。尽管有些在铸作时"等级较低、地位卑微的家族"，毕竟还是属于贵族阶层，况且既有能力铸造青铜器，也就说明不仅具备一定的社会政治地位，而且还有相当的经济能力。因此，这种家族与秦汉以后的"私家"自然不能等同。所以，那种把西周青铜器上所刻的铭文中世系表与后世私家之谱等同来看显然是很不妥当的。

总之，我们认为研究谱牒学和研究史学一样，都不能脱离社会的条件与需求，单靠推论是不行的。史学萌芽于官府，那也只是因为殷有了甲骨文记载和西周有了金文记载为标志，但这种记载也只是被学者们称作"中国史学的胚胎"，《尚书》中的《商书》、《周书》以及《逸周书》中的某些作品，也仅仅被视作中国史学的萌芽，这都是已经有了作品为前提了，这些难道不值得谱牒学研究工作者注意吗？我们在文章开头已经讲了，谱牒学是史学的分支，因此，研究史学的方法与途径同样适用于谱牒学的研究。研究社会背景，占有丰富的文献资料，这恐怕是最起码的前提条件。笔者在拙著《方志学通论》中论述方志的起源时有这样一段话，现引述于下，作为本章的结束语：

> 马列主义经典作家早就指出，一定的学术文化是一定的政治、经济在观念形态上的反映，同时又反转过来作用并影响一定的政治和经济。因此，不同时代总是要出现为这一时代服务的学术文化思想体系、学术流派以及相应的各种学术著作。这就是说，文化这种精神生产，一定都建立在特定的物质生产之上，并与当时的社会政治有着极为密切的联系。因此，我们无论研究哪一个时期的学术文化，都不能把它孤立出来就事论事，必须同产生它的社会经济和政治发展的历史过程联系起来加以研究。这样既注意到它与政治、经济的相互关系，又不忽视学术文化本身的渊源和发展过程。许多学者正是遵循着这一精神，在各自从事

---

① 《周代社会辨析》，第110页。

的学术领域中进行研究，因而都已取得了可喜的成果，使得历史学、文学、哲学等都变成了有规律可言的学科。①

可以想见，谱牒学研究只要遵循这一精神，就一定会取得非常可喜的成果。

---

① 仓修良：《方志学通论（增订本）》，华东师范大学出版社2013年版，第56—57页。

第二章
《世本》——我国最早的谱牒著作

一、关于书名等问题

《世本》是我国最早的具有原始性史书性质的谱牒著作。《汉书·艺文志》载："《世本》十五篇。"班固自注云："古史官记黄帝以来讫春秋时诸侯大夫。"① 而《后汉书·班彪传》亦说："又有记录黄帝以来至春秋时帝王公侯卿大夫，号曰《世本》，一十五篇。"② 又《史记集解序》索隐引刘向曰："《世本》，古史官明于古事者之所记也。录黄帝已来帝王诸侯及卿大夫系谥名号，凡十五篇也。"③ 可见原书为十五篇，所记内容从黄帝以来帝王诸侯及卿大夫的世系、谥号和名号，所记断限则是上自黄帝，下至春秋，是一部最早的谱牒著作。长期以来，对于《世本》之名，研究者都是征引上述几种著作。然而近年来则见有的文章认为："《世本》一名，始见于《周礼·春官·小史》：'掌邦国之志，奠系世，辨昭穆。'郑玄注引郑众说'谓《帝系》、《世本》之属是也。'唐人贾公彦《疏》曰：'天子曰帝系、诸侯曰世本。'"④ 我们认为，这一说法很明显是不确切的，因为在"《周礼·春官·小史》：'掌邦国之志，奠系世，辨昭穆'"这句话中，并没有出现《世本》这个书名。至于讲"掌邦国之志，奠系世，辨昭穆"，也只能解释是负责编写这个国家承传的历史而已，"奠系世，辨昭穆"，只是讲其职能，而不可能解释为书名《世本》。因此，直接讲"《世本》一名，始见于《周礼·春

---

① 《汉书》卷30，第1714页。
② （宋）范晔撰，（唐）李贤等注：《后汉书》卷40上，中华书局1965年版，第1325页。
③ 《史记》附录，第2页。
④ 陈建梁：《〈世本〉析论》，《史学史研究》1996年第1期。

官·小史》：'掌邦国之志，奠系世，辨昭穆'"，无论如何说明都是错误的。即使郑玄注引郑众说，也仅仅是在解释"谓《帝系》、《世本》之属是也"，意思是就像《帝系》、《世本》这一类的内容性质一样，也并未讲到《世本》之名，如何能说"《世本》一名，始见于《周礼·春官·小史》"？

当然，我们要告诉大家，在我国古代史书中确实有一种叫"世"的，这从申叔时为楚庄王太子所并列的书单中就可得到证实：

> 叔时曰："教之春秋，而为之耸善而抑恶焉，以戒劝其心；教之世，而为之昭明德而废幽昏焉，以休惧其动；教之诗，而为之道广显德，以耀明其志；教之礼，使知上下之则；教之乐，以疏其秽而镇其浮；教之令，使访物官；教之语，使明其德，而知先王之务用明德于民也；教之故志，使知废兴者而戒惧焉；教之训典，使知族类，行比义焉。"①

从这书目来看，一共九种书，其中《春秋》、《世》、《语》、《故志》、《训典》五种都是历史方面的书，足见当时具有政治见解的政治家，都非常重视历史的教育。而在所有书目中，第二种就是"世"，也足以说明这种记载世代承传的"世"是普遍存在的，也就是说每个诸侯国都是有自己的"世"，当然，作为周天子，这种"奠系世，辨昭穆"的工作，自然就更为重要而必然具备。实际上后来的史籍《世本》正是由这些众多的"世"组合而成，至于何时编纂组合而成，今天尚无统一意见。而为之定名为《世本》的，学术界大多认为是刘向所为，因为他是负责整理皇家图书馆所藏之书。在每部书整理完成之后，他还要写一篇如同今天之"提要"的"别录"，当然，每部书也都必然有个书名。就如流传至今的《战国策》，原来是一部编排很乱、名称很多的书，有所谓《国事》、《短长》、《事语》、《长书》、《修书》等名，后经刘向重新加以编辑、校订，并定名为《战国策》。当然，《世本》的原名有哪些，已不得而知，但根据上引《国语·楚语上》申叔时所开列的书目来看，记载一个国家世代承传世子的书都名之曰"世"，这是肯定的，而最后将其汇集编定成书后定为何种名称已无从得知。既然如此，

---

① 《国语·楚语上》，第354—355页。

那么称"《世本》一名,始见于《周礼·春官·小史》:'掌邦国之志,奠系世,辨昭穆。'"从何谈起呢?要知道,"奠系世,辨昭穆",乃是小史的职能,而不是书名。至于"郑玄注引郑众说'谓《帝系》、《世本》之属是也'"更加不合情理,班固作《汉书》是在郑玄出生之前,这是十分明显的事,请问为什么要避开《汉书·艺文志》而要谈始见于《周礼·春官·小史》?其实,古往今来研究《世本》者,几乎众口一词地声称最早见于《汉书·艺文志》,如清代道光年间学者茆泮林在所辑《世本》的序开头第一句便是:"《世本》十五篇,见《汉书·艺文志》,盖古史官所记也。"① 这是清代辑佚《世本》十家中,大家比较公认的较为精审的一家。在当代学者中,研究较深的有王玉德、赵生群两位先生。王先生先后发表了《〈世本〉成书初探》和《〈世本〉悬疑丛考》等文,并在《初探》一文中说:"首载《世本》作者的是东汉班固。他在《汉书·艺文志》中讲'《世本》十五篇,古史官记黄帝以来,讫春秋时诸侯大夫'。刘宋范晔承其说,他在《后汉书·班彪传》中讲:'又有记录黄帝以来至春秋时帝王公侯卿大夫,号曰《世本》,一十五篇。'"② 而赵先生在《〈世本〉评介》一文中亦是开宗明义便说:"《汉书·艺文志》载:'《世本》十五篇。'班固自注云:'古史官记黄帝以来讫春秋时诸侯大夫。'"③ 从所引论著来看,确实大家一致认为首载《世本》者就是《汉书·艺文志》。

现在既然有人提出《世本》一名始见于《周礼·春官·小史》,我想有必要将《周礼》一书及相关问题向广大读者作些说明。《周礼》一名《周官》,曾假托为周公所作,因此也称《周官经》,为儒家经典之一。不过,关于这部著作,历来就有争议,到了宋代,学者们怀疑它的人就多起来了。其中以洪迈之言最为简要明白,可以说基本上作了否定,《容斋续笔》卷16《〈周礼〉非周公书》说:"《周礼》一书,世谓周公所作,而非也。昔贤以

---

① (东汉)宋衷注,(清)秦嘉谟等辑:《世本八种·茆泮林辑本》,商务印书馆1957年版,第1页。
② 王玉德:《〈世本〉成书初探》,《华中师范大学学报(哲学社会科学版)》1986年第1期。收入王玉德《〈世本〉悬疑丛考》系列文章,刊于庞子朝、姚伟钧、王玉德:《三网集》,武汉出版社1991年版,第193—300页。
③ 仓修良主编:《中国史学名著评介》第1卷,山东教育出版社2006年版,第78页。

为战国阴谋之书。考其实，盖出于刘歆之手。"① 这一论述便向人们揭示了《周官》一书全系后人之伪托，从而打破了长期以来所传周公制作《周礼》之神话般的谎言。清末许多学者根据这一精神，纷纷著书立说，进一步肯定《周礼》之伪作。近代学者进一步研究，曾从周秦铜器铭文所载官制，参证该书中的政治、经济制度和学术思想，把它定为战国时代作品。童书业先生在《春秋左传考证》中甚至认为是"战国后期作品"。②

当代著名历史文献学家张舜徽先生曾提出了独到的看法。他在1979年12月5日给顾颉刚先生的信中说："昨蒙寄示考证《周礼》一文，拜读之余，至佩厘析缜密，千载疑案，殆自此可成定谳矣。舜徽早岁治经，亦尝博综历代诸儒考辨之辞，反复稽治，而不能定其孰是。其后为流略之学，始恍然有悟于古之以'周'名书者，本有二例：一以朝代为名，一取周备之义。《汉志》著录之书，儒家有《周政》六篇，《周法》九篇；道家有《周训》十四篇；小说家有《周考》七十六卷，《臣寿周纪》七篇，《虞初周说》九百四十三篇。细详诸书标题，皆取周遍、周备之义，犹《周易》之得义于周普也。儒家《周政》、《周法》，盖所载乃布政立法之总论；道家之《周训》，小说家之《周考》、《周纪》、《周说》，犹后世'从考'、'杂钞'、'说林'之类耳。故刘、班悉列于每类之末，犹可窥寻其义例。自后世误以为言周时事，说者遂多隔阂不可通。章实斋（《校雠通义》）以为《周政》、《周法》乃官礼之遗，宜附之《礼经》之下；又以《周考》不当侪于小说，皆所谓通人之蔽也。《周礼》原名《周官》，亦取周遍、周备、无所不包之意。实战国时人参考当时列国政制法令，去短取长，杂钞而成。故其所记，或政典，或九州，或司马教战之法，或考工作器之术，咸纂录于一书。再益以儒家政治理想，增减而排比之，以成为较有条理之'官制汇编'。不独古代未尝实行，后世亦未有能实行之者。……由于此书为战国时人所辑录，故孔子与春秋诸大夫以及诸子百家引经，皆无一字及之。推之仲尼所言'吾学周礼'；韩宣子聘鲁所云'周礼尽在鲁'，悉无与于此书也。……自

---

① 《容斋续笔》卷16，第420—421页。
② 童书业著，童教英校订：《春秋左传研究（校订本）》，中华书局2006年版，第1页。

汉以来，尊之者目为周公所制，黜之者谓出刘歆之手，而其实皆非也。"①

后来张先生在撰《经传标题辨惑》一文时，又将此义作了进一步发挥，指出："《周礼》一书，本名《周官》，是周末列国设官分职的综合叙述，是一部战国时的'官制汇编'。由于当时各国力谋改革政治制度，都具有变法图强的要求，对于设官分职，务求刷新、周密。当时留心时政的人，便采访各国官制，截长补短，使之条理化、系统化，成为一部内容丰富的'官制汇编'。由于取材的来源不同，所以在内容方面，也不免存在互相抵牾、彼此矛盾之处。这部书所以名为《周礼》或《周官》，也是采用周普、周遍、周备、无所不包的意思。后人硬要把'周'字解为周代，说它是周公致太平之书，于是异说纷起，带来了许多无谓的辩难和争吵，延绵达两千年之久，终不能得到合理的解决。如果能在标题上理解到'周'字的含义，不是指朝代，而解为周备，那就廓然开朗，不致纠缠于无意义的争辩了。可知读书考古，有必要首先将书名的含义弄清楚，才能探讨它的内容。这却不是一件小事。"②经过这样论述，就把《周官》这部书的来龙去脉讲清楚了，既指出它产生的时代，又讲明它产生的原因，以致内容之所以会自相矛盾，也就完全可以理解了。可见这部书的产生，也并非出于偶然，是适应当时各国政治改革的要求而编辑，所以书中所载诸制，不独周王朝未能全部实行，后来各诸侯国亦不可能全都实行。实际上这部书的编辑，目的在于托古改制，因此，它所载的内容，自然也就未必可信，这是显而易见的。

为了进一步论证上引说法之可信，这里再将著名史学家黄云眉先生辨证《周礼》五史之说不可信的论点加以摘引。黄先生在《略论〈周礼〉五史与〈礼记〉左右史》一文中，首先指出："《周礼·春官宗伯》，详载大史、小史、内史、外史、御史等五史之员额与职掌，学者多信周代之史官制度，非后世所能及。大史、内史尚矣；而章学诚修《和州志》，于《氏族表》、《皇言纪》、《官师表》等序例中，论小史、外史、御史等官之专门任务，亦多

---

① 张舜徽：《致顾颉刚先生论〈周官〉、〈左传〉标题书》（1979年12月5日），中国历史文献研究会编：《中国历史文献研究集刊》第2集，湖南人民出版社1981年版，第14页。收入《䥽庵学术讲论集》，华中师范大学出版社2008年版，第597—598页。

② 张舜徽：《经传标题辨惑》，中国历史文献研究会编：《中国历史文献研究集刊》第2集，第13—14页。收入《䥽庵学术讲论集》，第409—410页。

所推阐，盖皆非泛设而已者。且如六官副写约剂以登大史，大史又就六官所登以副写之，则一官失守，得以取征于副本，其保存史料之法，亦视后世为密。使此等制度，果为事实，岂非甚盛！然《周礼》一书，于诸经最为晚出，真伪未有定论，所谓五史云云，考之诸书，不特繁委纤悉，偏重人事（备书天道鬼神灾祥卜筮梦等于策，即古代史官职掌，说详汪中《左氏春秋释疑》）之五史职掌，无从参证，即五史之官名，亦未能备具。"①接着便根据先秦和汉代众多史籍所载史官名称详加罗列，并作考订，最后结论说："准是以言：《周礼》五史，可信者惟大史、内史；《礼记》二史，可信者惟左史，天子有大史、内史、左史等，诸侯皆有大史而不皆有内史、左史。其职掌亦不必与《周礼》、《礼记》同。若其因大史而有小史，因内史而有外史，因左史而有右史，因《周礼》之无左右史，而以《礼记》之左右史，强与《周礼》之大史内史冶为一炉，皆由前人以理想构为制度，而后人以文字认为事实，故纷纷藉藉而终莫能通其说也。然则所谓粲然大备之周代史职，夷考其实，盖亦厪矣。"②全文考订精详，评论入情入理，不作假设，不用推论，一切由具体史实入手，令人读之心悦诚服。

综观上引两文，前者为论述《周官》为假托之作，且说明《周官》之周，并非周朝、周代之周，而是周全、周备之周；后者则考订其内容所述"五史"之说的乌有，两文参互阅读，相得益彰。全书既是假托之作，内容自然不必尽属可信，更不可引以为古代官制设置之依据。我国古代既然并不存在小史、外史等史官设置，当然所谓小史"掌邦国之志，奠系世，辨昭穆"之说也就成了泡影。事实上，我们上文已经讲到的"世"，不仅周王室有，所有诸侯国也都普遍存在，它就是由史官所记载，因为诸侯各国也都有史官。《国语·鲁语上》曰："工史书世，宗祝书昭穆，犹恐其逾也。"这里讲得很清楚，为什么要记载世系，辨明昭穆？"恐其逾也。"这种防止逾越的情况，不仅周王室存在，诸侯大夫也存在，因此，这个"世"也就有必要普遍存在了。这里只讲"工史书世"，而并没有讲是大史、小史，还是外史，这也说明当时确实并不存在这种设置。正是因为这种"世"在各诸侯国

---

① 黄云眉：《史学杂稿订存》，齐鲁书社 1980 年版，第 279 页。

② 同上书，第 287 页。

都普遍存在，所以后来有人将其汇总起来成为一书也就比较方便了。我想，我们了解上述情况非常重要，对于研究《世本》的产生时代和作者都有重要意义，起码可以说明这样一个问题，这部重要的古代史籍，并不是某史官个人凭空撰著而成，而是某位史官根据周王朝和各诸侯已经记载的那些"世"汇编、编纂而成的，它与其他史书的编写应当说是有所不同的。因此，它的成书，还有古代许多史官的功劳，当然，也包括周王室史官在内。据此也就可以肯定，《世本》一书绝不可能编成于周代。

二、成书时代与作者

关于《世本》成书的时代与作者，一直是众说纷纭，至今仍未能有统一的看法，并且论点相距甚远，现将各种论点介绍于下：

1. 古史官所作

持此说者，首推刘向，《史记集解序》索隐引刘向云："《世本》，古史官明于古事者之所记也。录黄帝已来帝王诸侯及卿大夫系谥名号，凡十五篇也。"[①] 其次就是班固在《汉书·艺文志》自注云："古史官记黄帝以来讫春秋时诸侯大夫。"[②] 至于时代，则都未云。

2. 成于周代

刘知幾在《史通·杂述》中说："《世本》辨姓，著自周室。"[③] 又唐代著名谱学家柳芳亦说："氏族者，古史官所记也。昔周小史定系世，辩昭穆，故古有《世本》，录黄帝以来至春秋时诸侯卿大夫名号继统。"[④] 至于西周还是东周，则都未言。看来也未必都有文献依据，很可能都出于推论而已。

---

① 《史记》附录，第 2 页。
② 《汉书》卷 30，第 1714 页。
③ 《史通笺注》，第 353 页。
④ 《新唐书》卷 199《柳冲传》，第 5676 页。

3. 成于战国

最早提出此说的是清代张澍，他曾辑佚过《世本》，在《辑〈世本〉序》中讲："《王侯大夫谱》云：'赵孝成王丹生悼襄王偃，偃生今王迁。'是作者犹值赵王迁时。"① 近代学者持此说者最多，首先是陈梦家先生曾作《世本考略》一文，此前，他曾先后研究整理过《汲冢竹书》，作过《六国纪年表考证》，在研究过程中都涉及《世本》，因而决定作《考略》一文，他在文中提出："是《世本》之作，当作秦始皇十三年（前234）至十九年（前228），较《竹书纪年》晚六七十年。"② 杨翼骧先生在《中国史学史资料编年》第1册中亦主张《世本》成书于公元前228年之前。③ 持此观点者人数是比较多的，王树民先生在《史部要籍解题》，陈高华、陈智超先生在《中国古代史史料学》等书中亦都有所论述。④ 笔者在1983年出版的《中国古代史学史简编》以及2009年出版的《中国古代史学史》这两部书中，亦采用了陈梦家先生这一观点。⑤ 反对这一观点的人数也不少，首先是张孟伦先生在所著《中国史学史》中提出两点质疑：其一，赵王迁在位期间，赵国已面临危亡关头，哪里还有可能编修一部如此规模的历史著作呢？其二，《世本》中有汉高祖，赵人何以能记汉代之事？⑥ 其后，郑超在《文史知识》1986年第11期上发表《〈世本〉及其辑本》，1988年钱剑夫在《中国历史文献研究》（二）上发表《试论〈世本〉之制作年代及其价值》，都提出了不同的意见，特别是认为仅以"今王迁"一条史料就证明为战国末赵人所作是证据不足的。

4. 成于楚汉之际

此说最早见于西晋人杨泉《物理论》："楚汉之际，有好事者作《世

---

① 《世本八种·张澍稡集补注本》，第2页。
② 陈梦家：《西周年代考·六国纪年》，中华书局2005年版，第195页。
③ 杨翼骧编：《中国史学史资料编年》第1册，南开大学出版社1987年版，第18页。
④ 王树民：《史部要籍解题》，中华书局2003年版，第23页；陈高华、陈智超等著：《中国古代史史料学（修订本）》，天津古籍出版社2006年版，第44页。
⑤ 参见《中国古代史学史简编》，黑龙江人民出版社1983年版，第46页；《中国古代史学史》，人民出版社2009年版，第44页。
⑥ 张孟伦：《中国史学史》（上册），甘肃人民出版社1983年版，第115页。

本》。上录黄帝,下逮秦汉。"① 刘知幾在《史通·古今正史》亦云:"楚汉之际,有好事者录自古帝王公侯卿大夫之世,终乎秦末,号曰《世本》,十五篇。"② 对于这个说法,近代学者中齐思和在所撰《黄帝的制器故事》中也认为"杨氏之说,比较可信"③。

张孟伦先生在《中国史学史》中则加以批驳,并强调指出,像《世本》这样史书,并不是什么好事者所能著述,好事者最多只能对该书内容作些增减而已。④

也许读者要问,杨泉究竟是何许人也?而《物理论》又是怎样一部书呢?杨泉,西晋学者,但《晋书》并无其传记,仅在《律历志》中引过其一句话,《隋书·经籍志》子部儒家类著录《杨子物理论》十六卷,但在唐初其书已佚。他还著有《太玄经》十四卷,仿扬雄《太玄经》而作。其生平据前人考证,为吴地人,当时会稽相向西晋政府推荐其做官而不就,西晋当局还是拜他为郎中。他的赋也写得很好,《物理论》的内容据说好多类书多有征引,有天文、地理、律历等内容。《晋书·律历志》在讲述候令之法"玉律十二"时,引"杨泉记云:取弘农宜阳县金门山竹为管,河内葭莩为灰"⑤。可见其内容是相当庞杂的。

5. 成于汉代

这一说法,主要是由近人金德建先生在所著《司马迁所见书考》中提出:"以为古史官作,固未必确,或言左丘明,亦不可信;余意当出张苍。《史记·十二诸侯年表序》曰:'汉相张苍,历谱五德。'此《历谱》作于张苍之证。《颜氏家训》称:'《世本》有燕王喜、汉高祖。'能纪高祖,其作必在汉代,而司马迁已早见及,此时期中,亦宜属于汉初之张苍无疑。据此,则《史通》云:'楚汉之际,有好事者,录自古帝王公侯卿大夫之世,

---

① (唐)马总撰:《意林》卷5引,《丛书集成初编》本,中华书局1991年版。
② 《史通笺注》,贵州人民出版社1985年版,第426页。
③ 原载《史学年报》1934年第2卷第1期。收入《中国史探研》,河北教育出版社2000年版,第389页。
④ 《中国史学史》(上册),第115页。
⑤ (唐)房玄龄等撰:《晋书》卷16,中华书局1974年版,第490页。

终乎秦末,号曰《世本》。'其说当有所据。"①

我们觉得,这一说法更加牵强,特别是用"历谱五德",作为张苍著《世本》的证据,更加不可信。要知道,张苍一生,精通律历、算学,曾主持改定历法。《汉书·艺文志》称其曾删补《杜忠算术》十六卷,另外著书十八篇,《艺文志》著录书名便叫《张苍》,"言阴阳律历事"②。《史记·十二诸侯年表序》云:"汉相张苍,历谱五德。"《索隐》注曰:"张苍著《终始五德传》也。"③他掌管制定律历:"汉家言律历者,本之张苍。"④故其著作内容为"言阴阳律历之事",这是前人早已定论,再要用"历谱"两字来证实张苍作《世本》,自然属于牵强附会。至于内容有"汉高祖",那是后人羼入,许多先秦著作,都有后人附益内容,更不足以证实。

6. 左丘明所作

除了上述五种成书说以外,更有直接称左丘明就是《世本》的作者。始作俑者乃晋人皇甫谧在《帝王世纪》中提出,其书虽早已亡佚,而南北朝人颜之推《颜氏家训·书证》:"《世本》,左丘明所书(原注:此说出皇甫谧《帝王世纪》)。而有燕王喜、汉高祖,……皆由后人所羼,非本也。"⑤

清人张澍在《二酉堂丛书·补风俗通姓氏篇序》中云:"以姓氏著书传后者,周则有左丘明《世本》之《氏姓篇》,战国则有荀况之《血脉谱》。"⑥又在《辑世本序》中讲:"刘向云:《世本》,古史官明于古事者所记,录黄帝以来至春秋时王侯诸国世卿大夫系谥名号,与左氏合也。"⑦

章太炎亦说:"盖左丘明成春秋内外传,又有《世本》以为胠翼,近之矣。"⑧这一说法,完全是由于对前人著作阅读不仔细而曲解了前人文字所造成,所以我才用"始作俑者"一词来说明皇甫谧。前人原文是:

---

① 金德建:《司马迁所见书考》,上海人民出版社1963年版,第19—20页。
② 《汉书》卷30,第1733页。
③ 《史记》卷14,第510—511页。
④ 《史记》卷96《张丞相列传》,第2681页。
⑤ 王利器:《颜氏家训集解》卷6,中华书局1993年版,第484—485页。
⑥ (清)张澍撰:《补风俗通姓氏篇序》,清道光元年(1821)二酉堂刻本。
⑦ 《世本八种·张澍稡集补注本》,第1页。
⑧ 章炳麟:《訄书·尊史》,古典文学出版社1958年版,第147页。

（一）《汉书·司马迁传赞》："及孔子因鲁史记而作《春秋》，而左丘明论辑其本事以为之传，又纂异同为《国语》。又有《世本》，录黄帝以来至春秋时帝王公侯卿大夫祖世所出。"①

（二）《后汉书·班彪传》："定哀之间，鲁君子左丘明论集其文，作《左氏传》三十篇，又撰异同，号曰《国语》，二十一篇，由是《乘》、《梼杌》之事遂闇，而《左氏》、《国语》独章。又有记录黄帝以来春秋时帝王公侯卿大夫，号曰《世本》，一十五篇。"②

上述两段文字，应当说前后层次非常分明，不知皇甫谧当时怎么会产生误读，以致造成了千多年的毫无价值的争论，加之颜之推又不作考证的征引，无疑就在为其错误作义务的推广，并且影响是深远的。

当然，既然解读前人文字有误，必然会有人出来纠正。清代学者孙星衍在《重集世本序》中就已经指出其错误："颜之推据皇甫谧谓左丘明所书，谧言多不足信，此又误读班彪传之文。按彪传言左丘明作《左氏传》三十篇，又撰异同号曰《国语》二十篇，下云又有记录黄帝已来至春秋时帝王公侯卿大夫，号曰《世本》，一十五篇。称又有者，别有人撰此书，不必左氏。若彪以为左氏撰，其子固作《艺文志》，何云古史官乎！"③两段文字文句基本相同，特别是后面的句型都是"又有"，尽管文字组织上有所区别，但其内容还是一致的，加之在《艺文志》中班固早已表明。至于张澍又引刘向之语节外生枝，陈梦家先生在《世本考略》一文中对此也作了回答："案姚振宗《师石山房丛书·刘向别录辑本》引刘向语之末有'与左氏合也'，下注'严本，马本'。今检马国翰玉函山房所辑《别录》无此条，严可均《全汉文》所辑有此条而无'与左氏合也'，惟张澍《世本辑本序》引刘向《别录》有此语，不知所本。若《别录》中果有此语，则班氏父子因误解刘向之意，遂有《世本》录至春秋之说，刘向之意盖谓《世本》所述多与《左氏传》合也。"④实际上《世本》所记内容是到战国，而《司马迁传赞》和

---

① 《汉书》卷62，第2737页。
② 《后汉书》卷40上，第1325页。
③ 《世本八种·孙冯翼辑本》，第1页。
④ 《西周年代考·六国纪年》，第194页。

《班彪传》两段引文都言录黄帝以来至春秋，经过陈梦家先生这一解释，疑问也就因之而解。

关于左丘明究竟是一位什么样的人物，至今谁也讲不清楚，我们只是从司马迁笔下知道他是春秋时鲁国的史官，双目失明，著作了《国语》。其实《国语》作者是何许人也，学术界也一直是众说纷纭，尽管司马迁、班固乃至晋人韦昭、唐代刘知幾都肯定了左丘明著作《国语》，然而他们的说法自宋代以来，就不断地被人怀疑和否定，至今并无定论。还要指出的是，《论语·公冶长》亦有"巧言令色、足恭，左丘明耻之，丘亦耻之"的记载，这里所记的左丘明，似乎比孔子还要年长些，与上述是否同为一个人？因无史料记载，也就无从定论。但是有一点必须指出，即使左丘明做过史官，对于先秦有些历史著作，在无从确定作者的情况下，就归之左丘明所作，这种做法是不可取的。因此，我可以告诉读者，左丘明与《世本》成书不存在任何关系。

7.《世本》的整理者和作注者

为《世本》做整理工作的，我们现在知道的只有刘向一人。此前是否还有，我想应当还有，为此书做整理或搞附益者肯定还大有人在，否则也就不会产生"楚汉之际，有好事者"编辑此书之说，其实这些"好事者"出于对此书的关注，有过整理、研究、附益，不然书中也就不会产生楚汉时期的许多内容。只不过我们现在已无从得知这些人的姓名情况罢了。但是，可以肯定地告诉大家，金德建先生所讲的那位张苍，绝对没有插手过此书，因为张苍研究的专业性质与本书并不一样，不能因为有"历谱"两字就来做文章，应当看到"历谱"之后紧跟的是"五德"，说明他是"历谱五德终始之说"，这也告诉读者，不能因为见到有谱就必然是谱牒之意，当然也就与《世本》有关了。这也就像当前方志学界在研究方志起源时的一个怪现象，在古代文献中，凡是见到"志"字，都一律视作方志，既不讲时代背景，也不讲产生条件，反正只要有"志"，就说明方志已经产生了，这样研究方法，自然永远也讲不清方志的起源。因而我们可以这样说，金先生之观点之所以不能成立，正在于他既误读了"历谱"两字，又没有再探索张苍一生主要的学术贡献，因而他的观点非常明显是不能成立的。

《世本》一书经过刘向整理，这是不会有争议的，并且经过刘向整理，方才定型，这也是可以肯定的。为了让大家相信这一说法，这里不妨先将刘向是何许人也向大家作一介绍。刘向（约前77—前6），本名更生，字子政，西汉沛（今江苏沛县）人，汉王室楚元王刘交四世孙。年十二为辇郎，二十岁任谏议大夫。宣帝时与王褒、张子侨等名儒进见而对诏命，献赋颂数十篇，为帝所赏识，迁散骑大夫、给事中。元帝时，任散骑宗正、给事中，与侍中金敞并拾遗于左右。多次上书，指关时政，力主削弱外戚、宦官势力而遭排打击，曾三次丢官，两次下狱。成帝即位，复被起用，改名向，召拜为中郎，后迁光禄大夫，官至中垒校尉。刘向是一位学问非常渊博的学者，博极群书，兼善绘画。他的主要精力，还是用在学术研究上面，他曾利用史学的劝诫功能，编写了我国第一部为妇女立传的史书《列女传》，又编次《说苑》、《新序》两书。而他在学术上的最大贡献则是出色地完成我国首次全国规模校书编目工作。自从汉武帝"广开献书之路，百年之间，书积如山"①，国家图书收藏迅速增多，虽于成帝河平三年（前26）建造了国家图书馆，但因收藏分散，又无统一目录，既不能适应阅读需要，也无从反映一代文化典籍的盛况，所以是年命令刘向组织一批学者进行校书编目工作，其子刘歆也参与其事。这是一次由国家大规模组织人力，分工合作，整理天下群书的空前壮举。由刘向总其成，其余分委专才，各效所长。每部书校毕，刘向还要为每部书写"叙录"一篇，就如同后世的解题、提要之类，正如《汉书·艺文志》所云："每一书已，向辄条其篇目，撮其指意，录而奏之。"②"最初是每书一篇《叙录》，写在本书上面；后来又将群书《叙录》抄集在一起，成为一部总的叙录汇编，以便别行于世，所以又称为《别录》。"③通过这一次全国性整理校书工作，刘向父子又完成了我国第一部图书分类目录《七略》。可见当时每一部书的整理，都得要经过刘向之手，因此，我们说《世本》是经过刘向整理的，自然就成为无须争辩的事实。至于书名《世本》，据笔者浅见，也应当是刘向加以整理后方才命名曰《世本》，

---

① 《六臣注文选》卷38《为范始兴作求立太宰碑表》李善注引《七略》，第720—721页。
② 《汉书》卷30，第1701页。
③ 张舜徽：《中国校雠学叙论》，《华中师院学报（哲学社会科学版）》1979年第1期。

如同《战国策》一样。众所周知，司马迁写《史记》，使用《世本》内容是非常多的，但是在《史记》中却从未出现过《世本》这一书名，这绝不是偶然的。刘向校书后，父子又完成《七略》的编制，班固依据《七略》而作《汉书·艺文志》，第一次出现了《世本》书名，并且同样按照刘向所定"古史官记……"这样的字句来记载，这都是比较可靠的证据。所以王玉德先生早在20世纪80年代发表的《〈世本〉成书初探》一文中已经提出这个看法，为了帮助大家了解，现将其论断抄录于下：

> 《世本》在先秦也无定名，直到司马迁时还不曾称《世本》，《隋书·经籍志》讲："汉初得《世本》，叙黄帝以来祖世所出。"此处"汉初"，当不会超过汉武帝时，否则《史记》为什么不称《世本》。不称《世本》，并不等于无此书。最先记《世本》为书名的正史是《汉书·艺文志》。依此断言，《世本》名称当在司马迁和班固之间，其间最有可能定《世本》名称的是刘向。刘向是元成之际大儒，曾广泛整理书籍，定著目次，确立书名。《隋书·经籍志》记："《世本》二卷，刘向撰。"说明刘向是加工过《世本》的。尽管刘向有功于《世本》，并不等于他是《世本》的成书者，仅仅只是第一个系统整理《世本》的学者而已。①

可见王玉德先生的观点与笔者是相吻合的，也就是说，我们认为刘向不仅是《世本》系统的整理者，而且是书名的定名者。他既有机会，又有权威，特别是他的机会又是皇帝所授予，加之他的学识水平与学术地位，种种因素也都足以说明《世本》之名为刘向所定。

为《世本》作注的学者，从《隋书·经籍志》和《旧唐书·经籍志》、《新唐书·艺文志》著录来看，应当有宋均、宋衷和王氏。又据《史记》三家注记载，还有孙氏（名检）亦为《世本》作过注。现作简介于下：

宋均（？—76），字叔庠，东汉初年官吏，安众（今河南镇平东南）人。光武帝建武（25—56）中，为九江太守，在任期间，革除淫祠、巫祭。永平元年（58），迁东海相，在郡五年，坐法免官。七年，征拜尚书令，每

---

① 王玉德：《〈世本〉成书初探》，《华中师范大学学报（哲学社会科学版）》1986年第1期。

有驳议，多合帝意。后迁司隶校尉，数月出为河内太守，政化大行。以疾上书乞免。精通《诗》、《礼》。建初元年（76），卒于家。《旧唐书·经籍志》著录《帝谱世本》七卷为宋均撰，而《新唐书·艺文志》著录："宋均注《帝谱世本》七卷。"

宋衷：东汉末年学者，亦作宋忠，字仲子，南阳章陵（今湖北枣阳东）人。建安（196—220）中，荆州牧刘表立学官，求儒士，被征为五业从事，与綦母闿等撰《五经章句》，称为"后定"；又撰《周易注》十卷、《世本注》四卷（《旧唐书·经籍志》著录宋衷《世本》四卷、《世本别录》一卷，《新唐书·艺文志》著录同），都先后散佚。当时经学大师王肃和著名学者尹默、李仁、潘浚等都先后从其学（据文献记载王肃当年师从宋衷读《太玄》），可见其学问在当时确实是相当渊博的。

至于王氏和孙检，因资料不足，也就无法介绍。仅《新唐书·艺文志》著录："王氏注《世本谱》二卷。"

三、《世本》——宗法制度的产物

我在研究谱学的起源时，就早已提出："研究谱学的起源与发展，应当密切联系时代背景，注意时代的需要与可能，这实际上是起码的要求。"① 我们研究《世本》，尤其要注意这一点，因为它是一部非常特殊的史书，即记载帝王诸侯世系为主体的史书，因而它的产生是与宗法制度密切相关。值得高兴的是，当前在研究《世本》的诸多论著中，不仅已经注意到这一点，而且有的还很强调这一点。我国古代记载世系相传是相当早的，《史记·三代世表序》云："余读谍记，黄帝以来皆有年数，稽其历谱谍终始五德之传，古文咸不同，乖异。"司马贞《索隐》曰："谍者，纪系谥之书也。"② 而甲骨文亦已发现卜辞中记载了商代武丁时期一个贵族十一世先祖之名。这都说明

---

① 《关于谱学研究的几点意见》，《历史研究》1997年第5期。后以《论谱学研究中的随意性》为题收入《史家·史籍·史学》，第977页。

② 《史记》卷13，第488页。

我们祖先对于世代相传的历史记载很早就很重视的。但是，进入西周以后，为了等级统治的需要，因而实行了严格的宗族制度，一切尊卑贵贱、远近亲疏，都以血缘宗族关系相连，并且制订了一套相应的等级制度，宗族之间还有所谓"有百世不迁之宗，有五世则迁之宗"，这种制度的实行，就在于防止各个等级的贵族之间对于爵位财产的争夺。为了执行这套严密的制度，因而必须有相应措施，设立专门机构派专官管理。大诗人屈原在楚国就曾担任过三闾大夫，掌管三族三姓，"叙其谱属"。及至秦汉，设置类似机构宗正，掌管皇室与外戚事务，不仅管宗室名籍，以分别嫡庶亲疏，而且要编纂同姓诸侯王世系谱。可见在西周，"叙其谱属"正是维护宗法制度的重要措施。所以我们说宗法制度是产生谱牒学的直接根源，当然，《世本》也就成为宗法制度的产物。所谓"叙其谱属"，就是我们在上文中所讲过的"世"，这种"世"不仅周王室需要，各个诸侯国也同样需要，因为他们也同样需要记世系、辨昭穆，下面所抄录的这条史料就足以生动地说明这个问题：

> 夏父弗忌为宗，蒸将跻僖公。宗有司曰："非昭穆也。"曰："我为宗伯，明者为昭，其次为穆，何常之有！"有司曰："夫宗庙之有昭穆也，以次世之长幼，而等胄之亲疏也。夫祀，昭孝也，各致齐敬于其皇祖，昭孝之至也。故工史书世，宗祝书昭穆，犹恐其逾也。今将先明而后祖，自玄王以及主癸莫若汤，自稷以及王季莫若文、武，商、周之蒸也，未尝跻汤与文、武，为不逾也。鲁未若商、周而改其常，无乃不可乎？"弗听，遂跻之。①

这里所讲虽然仅仅只是在祭祀问题上违反了宗法制度，有关人员认为这也是不可以的，因为祭祀上的位置排列，必须按昭穆所定，不能自行更动。所以这个违制行为，就被史家作为典型写入史册，以示永远为戒！尤其是"工史书世，宗祝书昭穆，犹恐其逾也"三句话，足以说明谱牒这种著作正是适应社会上政治需要而产生的。在当时的社会中，不仅在一国之内有世系、昭穆等级贵贱之争，国与国之间，同样也存在着亲疏、远近、贵贱、尊

---

① 《国语·鲁语上》，第 112 页。

卑之争。因为周天子在分封诸侯同时，同姓诸侯与异姓诸侯，在许多待遇上确实存在着许多区别。即使同为同姓诸侯王之间，亦同样存在着亲疏远近之别。所有这些自然也都得有史官加以记载，因此，我们可以这样说，谱系著作自西周社会实行宗法制度以来，就一直为"奠系世，辨昭穆"，别贵贱，识尊卑的等级制度服务。《左传·隐公十一年》就记载了滕、薛争长之事：

> 十一年春，滕侯、薛侯来朝，争长。薛侯曰："我先封。"滕侯曰："我，周之卜正也；薛，庶姓也，我不可以后之。"公使羽父请于薛侯曰："周之宗盟，异姓为后。寡人若朝于薛，不敢与诸任齿。君若辱贶寡人，则愿以滕君为请。"薛侯许之，乃长滕侯。①

这就是同姓诸侯与异姓诸侯争长之事，最后鲁隐公只好拿出"周之宗盟，异姓之后"作为依据，判断滕侯为长，薛侯只得认可。我们知道，滕侯乃西周初年的封国，姬姓，开国之君为周文王子错叔绣。而薛侯则是任姓，其祖先相传为夏车正奚仲。可见这些诸侯国封了以后，不仅要有相关机构管理，对于他们世代相传也都要有史官加以记载，否则当年那么多大大小小的诸侯国，鲁隐公哪里能记得如此清楚？以上所引史料说明，"工史书世"的工作，不仅周王室史官在做，而且各诸侯国史官也同样在做。这些许许多多的"世"，都为后来编纂《世本》打下了基础，积累了丰富的资料。终于有一天有位有作为的史官，广泛搜集周王室和各诸侯所记录之"世"，汇合编成一书，就成为后来的《世本》之雏形。我在这里所以要讲"有位有作为的史官"，正本于刘向所云："古史官明于古事者之所记也。"② 这就是说，古代史官很多，有的明于古事，有的则不一定明于古事，所以刘向特指明"明于古事者"。这也告诉大家，史官同样也有三六九等，所以我才又加了一句"有作为的史官"。如果即使明于古事而无所为，在完成其职守范围之内记述以后，也就不会再去花费大量的时间和精力去搜集、编纂这样一部内容丰富而复杂的重要史书。这里我想再重复几句，我们在研究这些问题时，

---

① 《春秋左传注（修订本）》，第71—72页。
② 《史记》附录《史记集解序》索隐引刘向语，第2页。

千万不要再受《周礼》的影响，念念不忘非得要用上子虚乌有的"小史奠系世，辨昭穆"，历史上其实并不存在。黄云眉先生早就作过考证，而笔者自从研究谱牒学以来，特别是研究谱牒学起源以来，所接触到的先秦史料中（《周礼》除外），也确实还没有见到过小史这个史称，就如上引《国语·鲁语上》那段文字，讲的也只是"工史书世，宗祝书昭穆"，而没有讲小史书世，也没有讲小史书昭穆。正如上文所引张舜徽先生所讲，《周官》五史，与其他官制一样，都是被理想化了的。书中所载诸制，不独周王朝未能全部实行，后来诸侯国亦不可能全都实行。实际上这部书的编辑，目的在于托古改制，因此，它所载的内容，自然也就未必可信，这是显而易见的。

综上所述，这些内容都如实告诉我们，《世本》这样专门记述帝王诸侯等世系的史书，正是宗法制度的产物，因为有了西周实行宗法制度，才产生了"工史书世，宗祝书昭穆"这样的规定和要求，最后方才出现了《世本》。

至于《世本》究竟何时成书，前面我们将各种说法都作了介绍。而笔者在1983年出版的《中国古代史学史简编》以及2009年出版的《中国古代史学史》这两部著作中，就曾采用了陈梦家先生所持战国时赵人所作说。数年前，我约请赵生群先生为我主编的新版《中国史学名著评介》一书撰写《〈世本〉评介》，赵先生在撰写该文时，可谓别出心裁，面对成书时代众说纷纭，他从《史记》三家注的引文来做文章。据其统计，"三家注称引《世本》，多达220余条"，"三家注称引《世本》，无一涉及秦楚之际与汉代（《高祖本纪》引《世本》，为解释姓氏称呼，与讨论成书时间无关）。因此，《世本》成于西汉的说法，明显不能成立。三家注称引的220余条《世本》资料，与春秋以前史实相关者有180余条，战国时期约有40条。因此，春秋以前史实，是《世本》记载的主体，这也是确定无疑的。问题是：《世本》中有关战国的史料，是原本就有的呢，还是后人羼入？这是我们要重点考察的问题"。"从三家注引文看，《世本》的范围，涉及秦、楚、齐、赵、魏、韩等战国时的主要国家，更为重要的是，这些记载相当系统。"[1]接着文章就对秦、楚、齐、赵、魏、韩分别进行了分析，通过逐个国家的分析后指出："从以上引文可以看出，《世本》涉及战国时期的资料相当系统。三家

---

[1] 《中国史学名著评介》第1卷，第79—80页。

注引《世本》之文，旨在求异，《世本》与《史记》相同的内容，则一概从略。因此，三家注称引《世本》之文，远非《世本》记载的全部。这一点，从三家注引文也可以看出。"[1]经过对六国称引之文的比对研究，最后得出结论："三家注称引《世本》之文，分别截止于秦昭王、楚顷襄王、齐王建、赵王迁、魏安釐王、韩桓惠王，时间都在战国末年。据三家注称引《世本》之文，可知《世本》记载战国诸侯世系，不仅相当系统，而且时间划一，都截止于战国末年，且无一涉及秦及楚汉之际事。因此，《世本》的最后成书，应当是在战国末年。"[2]文章还肯定陈梦家先生等所持的成书观点，即"《世本》为战国时赵人所作，成书时间在秦王政十三年至十九年。这种说法与《世本》的实际情况大体吻合，但尚需修正。……《汉书·艺文志》说《世本》为史官所作，应该是可信的"[3]。至于具体为何人所作，在汉代刘向、班固之时，亦已无法确知。实际上先秦许多史籍，由于种种原因，作者都是无法确知。就如古代编年体巨著——《左传》，目前史学界大多数学者都认为它的成书时代应在战国初年，其作者也只能说是战国时代的历史学家，所以早在明末清初，大学者顾炎武就已经说过："左氏之书，成之者非一人，录之者非一世。"[4]再如《战国策》、《越绝书》等，亦都不知作者是何许人也。

四、《世本》的内容

《世本》原十五篇，虽然早已散佚，但因辑佚者很多，其基本内容尚可以窥见其大概，即帝系篇、诸侯篇、卿大夫篇、氏姓篇、居篇、作篇和谥法篇等。

刘向云："《世本》，古史官明于古事者之所记也。录黄帝已来帝王诸侯及卿大夫系谥名号，凡十五篇。"[5]《汉书·艺文志》所载："《世本》十五篇。

---

[1]《中国史学名著评介》第1卷，第82页。
[2] 同上。
[3] 同上书，第83—84页。
[4]《日知录集释》卷4《春秋阙疑之书》，第182页。
[5]《史记》附录《史记集解序》索隐引刘向语，第2页。

古史官记黄帝以来讫春秋时诸侯大夫。"①《汉书·司马迁传赞》则云："又有《世本》，录黄帝以来至春秋时帝王公侯卿大夫祖世所出。"② 这三段文字，虽然在字面上略有出入，但总的说法是一致的，即《世本》主要内容是记录黄帝以来帝王公侯卿大夫世系承传，这也就产生一个问题，那就是《居篇》、《作篇》原不在其中，很明显乃为后人所增补。

《世本》所载，以黄帝、颛顼、帝喾、唐尧、虞舜为五帝，以夏、商、周为三王，又记载了三十三个诸侯国的谱系和四十五家卿大夫世、谥、名号。以下对这些方面的内容分别进行概述。

（一）帝系篇

看来《世本》作者也是将黄帝视为我们中华民族的始祖，因此第一位就记载了黄帝，"娶西陵氏女为妃，名嫘祖"③。这是一位原始社会末期部落联盟酋长。姬姓，号轩辕氏、有熊氏，与炎帝同出少典氏。据说原定居于西北高原，后东进，在涿鹿攻杀九黎族首领蚩尤，又在阪泉（今河北涿鹿东南）打败炎帝，被推为炎黄部落首领。这一部落联盟后来发展成华夏族的前身，因此，中华民族奉他为共同祖先。相传黄帝时期，创造发明甚多，如仓颉造字，嫘祖养蚕，共鼓、货狄作船，羲和占日，常仪占月，臾区占星气，隶首作算数，容成造历，伶伦、荣将作音律等，故后人称赞他"能成命百物"，赋予帝王形象。

第二位颛顼，号高阳氏，黄帝之孙，昌意之子。《世本》曰："颛顼是黄帝之孙。黄帝生昌意，昌意生颛顼……颛者专也，顼者正也，言能专正天之道也。"宋衷注曰："颛顼名高阳，有天下号也。"据说在部落之间夺权斗争中击败共工氏，又重视人事治理，发展农业，故能够继承帝位。

人们可以发现，《世本》在记载黄帝与颛顼之间，还记录有少皞（亦作少昊、少皋）的事迹，是黄帝之子，曾"代黄帝而有天下，号曰金天氏"，

---

① 《汉书》卷30，第1714页。
② 《汉书》卷62，第2737页。
③ 著者按：本章所引《世本》佚文，皆采用齐鲁书社2000年版《二十五别史》点校本。

其功绩曾"同度量，调律吕，封泰山，作九泉之乐，以鸟纪官"。那么，他为什么不能称帝呢？"盖少昊金德王，非五运之次，故叙五帝，不数之也。"至于何谓"五运"，如今已不得而知，但从《五帝德》一文尚可了解其大概。此文作者亦已无考，原文现载《大戴礼记》第六十二篇、《孔子家语》第二十三篇。内容记载宰我与孔子问答关于黄帝、颛顼、帝喾、尧、舜古代五位帝王品德、治迹与生世。而特详德性，故曰《五帝德》，司马迁作《史记·五帝本纪》多采其内容。可见五帝之说，在孔子以前已早就存在，看来要能配上五帝之位，不仅要看治绩，更重要的还在德性。少暤虽是黄帝之了，并且已经"代黄帝而有天下"，但终不能配称五帝，看来还是"德性"有所欠缺，而不是什么"非五运之次"的关系，《五帝德》一文就是明证。

第三位帝喾，黄帝之曾孙，亦是炎黄部落联盟首领。姬姓，名喾，一作俈，称帝喾，号高辛氏。一说名夋，字喾，年十五即辅佐颛顼，受封于辛，故以为号。相传能掌三辰（日、月、星）以利民。文献记载，商之始祖契、周之始祖弃、尧、挚皆为其子。《世本》称："帝喾卜其四妃之子，皆有天下。上妃有邰氏之妇，曰姜嫄，而生后稷；次妃有娀氏之女，曰简狄，而生契；次妃陈锋氏之女，曰庆都，生帝尧；下妃娵訾氏之女，曰常仪，生挚。"

第四位为尧，姓伊祁氏，一作伊耆氏，名放勋，号陶唐，曾为黄帝嫡裔高唐氏部落长，故史称唐尧。原居冀方（今河北唐县一带），继居晋阳（今山西太原），不断扩大势力，成为黄河下游强大的部落联盟首领。后又迁至平阳（今山西临汾）。命羲、和掌管天文、历象，设四岳（四时之官），敬授民时。又命鲧治理水患。在确定继承人时，他广泛征求部落长意见，最后确定舜为继承人。相传他享年一百十八岁，在位九十八年。《世本》佚文称："尧是黄帝曾孙。黄帝生元嚣，元嚣生侨极，侨极生帝喾，帝喾生尧。帝尧为陶唐氏。帝尧娶散宜氏之子，谓之女皇。女皇生丹朱。"

第五位为舜，姚姓，一说妫姓，名重华，史称"虞舜"或"虞帝"，初为有虞氏部落长，活动中心在虞（今河南虞城北）。后威望不断提高，成为黄河中下游强大的部落联盟首领，尧在晚年确定他为继承人，尧死后，他继承了职位，剪除了四凶（鲧、共工、骧兜和三苗），命禹平水土，契管人民，益掌山川，皋陶为大理，扩大设官分职。后于南巡中死于苍梧之野（今湖南、广西交界处）。《世本》佚文称："舜是黄帝八代之孙。舜为高阳五世孙。颛顼生穷系。"宋衷曰："一云穷系，谥也。""帝舜有虞氏，配以盲，娅以蔷。盲即娥皇，字娥姪；蔷即女英。"

以上就是关于五帝的情况。至于三王，实际上就是指夏、商、周三个王朝，因为这三个王朝的统治者都还是称王。

最早建立王朝的则是夏朝，而始祖自然就是夏禹。姒姓，名文命，又称大禹、戎禹。原为夏后氏部落领袖，奉舜之命治理洪水，乃与诸侯百姓开山劈水，兴修沟渠，疏导江河，并大力发展农业。前后治水十三年，三过家门而不入。因治水有功，得继舜为部落联盟领袖。禹娶涂山氏之女而生启。相传他治民有方，天下归之。在位时确立了传子制度，有扈氏不服，他攻灭之，诸侯皆朝，从此开始了家天下，成为我国历史上第一个朝代，也是我国奴隶社会的开始。夏朝先后建都阳城（今河南登封东）、斟鄩（今登封西北）、安邑（今山西夏县）等。至夏桀为商汤所灭，历十四世，十七王，四百余年。《世本》佚文尚残留有："鲧为颛顼子，鲧娶有辛氏，谓之女志，是生高密。颛顼生鲧，鲧生高密，是为禹也。""启，禹子。……帝皋生发及履癸。履癸一名桀。"帝皋，亦名皋，是夏代第十五代王，帝孔甲之子，在位十一年。对于"帝皋"，有的还作"后昊"、"帝苟"。

第二个王朝则是商朝，自盘庚迁殷后，又称殷，或称殷商。据史书记载，商的始祖"契"封于商，赐姓"子氏"，故汤建国后，"因其地故国而代之"。整个殷商共传十七代，三十一王。在其兴盛之时，出现了较大的早期城市，是发达的奴隶社会国家。商自盘庚迁殷后，又历八世，十二王，二百八十三年，至纣灭亡。整个王朝历时约当公元前16世纪至公元前11世纪，可见统治时间是相当长的。《世本》佚文尚残留有："契是帝喾子，契生昭明，昭明生相士，相士生昌若，昌若生曹圉，曹圉生根国，根国生冥。"宋衷注曰："冥为司空，勤其官事，死于水中，殷人郊之。""汤名天乙。……纣伐有苏，有苏人以妲己女焉。纣爱妲己，妲己之言是从。武王杀之，斩以元戈，悬之小白旗。"可见《世本》在有些关键问题上记述还是相当细微的。

第三个王朝则为周朝。周人姬姓，始祖为后稷，名弃，其母为有邰氏女，曰姜嫄。原居邰（今陕西武功），传至公刘，迁居豳（今陕西彬州），再传至古公亶父，徙居周（今陕西岐山），至此始以周为部落名，自称周人，并日益强盛。周文王时迁都于丰（今陕西西安沣水西岸）。周武王时始灭商，公元前1027年建立周朝（灭商建周年代，目前有多种说法），这是我国历史上最早在政治、军事、思想文化制度都很完备的一个王朝。公元前771年，申侯联合犬戎攻杀周幽王。次年周平王东迁国都于洛邑（今河南洛阳），史称平王东迁，以前周朝为西周，东迁后周朝为东周，东周又分春秋、战国两个时期。公元前256年周赧王卒，周王朝灭亡。共历三十二代，三十七王，七百多年。这是我国历史上年代最为长久的一个王朝。关于周王朝的世系，《世本》辑佚文比以前两个王朝似乎都要多，而且亦较为完整。如周始祖至文王，就相当连贯："后稷生不窋，不窋生鞠陶，鞠陶生公刘，公刘生庆节，庆节生皇仆，皇仆生差弗，差弗生毁隃，毁隃生公非，公非生高圉，高圉生亚圉，亚圉生组绀，组绀生太王亶父，父生季历，季历生文王。"十五代一以贯之。又如："成王生康王，康王生昭王，昭王生穆王，穆王生恭王，恭王名伊扈。恭王生懿王及孝王。恭王生懿王，懿王名坚。孝王生夷王，夷王生厉王。懿王崩，弟孝王立。孝王崩，懿王太子燮立，是为夷王。"在厉王之后，西周历史上曾产生过西周共和，因与厉王有关，故宋衷在此注曰："齐武公十年，宣王大臣共行政，故号曰共和。十四年，宣王即位。"其实历史真相是这样，周厉王横征暴敛，民众侧目，诸侯不满，于是引起了"国人"暴动，周厉王狼狈出逃，诸侯们乃推共伯和（共国的国君，名和）代行天子事，这一年史称共和元年（前841），从此我国历史上便有了确切的不间断的纪年。"共和行政"共十四年，周宣王即位结束。佚文中还有："平王生桓王林，林生庄王佗，佗生僖王胡齐，齐生惠王凉，凉生襄王郑，郑生顷王臣。……臣生匡王班及定王瑜，瑜生简王夷，夷生灵王泄心，心生景王贵，贵生悼王猛及敬王匄。敬王崩，在鲁哀公十九年。鲁哀公二十七年，定王介崩，子元王赤立。"这里记载，明显与其他史书记载相左，史亦称"贞王"、"贞定王"，因为周顷王之子瑜死后亦谥定王，应当是周元王之子。这里的错乱，是原《世本》作者之误，还是辑佚者的错乱，已不得而知。反正这几个世系排列产生了错乱。总之，从周王朝世系记述来看，比夏、商两朝显然是详细了不少，这也说明后来的史料是比较丰富了。就从这一点而言，《世本》作者不会早于春秋时人，更不会是周的史官。

（二）诸侯篇、卿大夫篇

《世本》一共记录了三十三个诸侯国的世系，它们是：鲁、齐、晋、秦、楚、宋、卫、陈、蔡、曹、郑、燕、吴、杞、滕、韩、赵、魏、田齐、莒、邾、随、郐、舒鲍、空桐、黎、比、髦、朷、段、瓦、铁、蜀。在这三十三个诸侯国中，我们比较熟悉的仅在半数左右，其中有些平时听都未听说过，现将有些情况略作介绍。

鲁：西周初年分封的诸侯国，姬姓。开国君主又为周公旦，所以位居首位，建都曲阜（今山东曲阜）。春秋时国势渐衰，公室后为季孙氏、孟孙氏、叔孙氏三家所分。周赧王五十九年（前256）为楚所灭。《世本》佚文曰："伯禽生炀公熙、考公就。熙生微公弗、幽公圉。弗生献公具、厉公翟。具生武公敖、慎公挚。孝公生惠公弗皇，弗皇生隐公。隐公名息姑。桓公名轨。湣公名启方。昭公名稠。哀公蒋生悼公宁，宁生元公嘉，嘉生穆公不衍。平公名旅。湣公……"这段记载，一看就知残缺不全，这是可以理解的，因为原书早已散佚，现在只能靠辑佚，还能了解一些概况。但是这里面世系记述有误，是出于原书还是辑佚就不得而知了。

齐：西周初年封国，开国君主吕尚，姜姓，建都营丘（今山东临淄北）。春秋初年，齐桓公任用管仲，首创霸业。春秋末年，君权为权臣田氏（即陈氏）所夺。周安王十六年（前386）田和立为齐侯。齐威王起开始称王，成为战国七雄之一，并长期与秦国东西对峙。齐王建四十四年（前221），为秦所灭。《世本》佚文云："太公望生丁公伋，伋生乙公得，得生癸公慈母，慈母生哀公不臣。""胡公。成公说。庄公赎……""丁公"，史称齐丁公。"乙公"，史称齐乙公。"胡公"，哀公之弟，名静。散佚严重，所记世系已不连贯。

晋：西周封国，姬姓。周成王封弟叔虞于唐（今山西翼城西），故称唐国。燮父时改为晋国。成侯时南徙居曲沃（今山西闻喜东北）。文公时实行改革，成为春秋五霸之一。春秋末年，为韩、赵、魏三家瓜分，晋国遂亡。《世本》佚文连开国之君也没有记载，宋衷注曰："唐叔已下五代无年纪。""唐叔"者即指西周晋开国君主唐叔虞，字子于，因封于唐，故称唐叔，其子燮乃改唐为晋。佚文中不相连贯的还有不少："武侯曼期。厉侯辐。

献侯苏。穆侯名弗生。武公庄伯子。定公名午。"

秦：秦之先祖为帝颛顼之苗裔女修，"舜赐姓嬴氏"。西周中叶，非子为部落首领，居于犬丘（今甘肃天水地区），后因为周孝王养马有功，而受封于秦（今甘肃清水秦亭附近），号曰"秦嬴"。传至秦仲，受封为西垂大夫。西周末时，秦襄公护送周平王东迁有功，始为诸侯，并与列国"通聘享之礼"。孝公十二年（前350）迁都咸阳。公元前221年秦王嬴政统一六国，建立秦王朝。《世本》佚文曰："伯益之后。缪公名任好。秦伯稻，秦共公也。秦伯，秦桓公与。景公名后伯车。……秦始皇政生于赵，故曰赵政。宋衷曰：以正月旦生，故名正。"

楚：楚之先祖出自帝颛顼高阳，西周时立国，芈姓。始祖鬻熊，活动在今湖北荆山一带。春秋时期，楚不断扩大，兼并周围小国。至楚庄王时，始为五霸之一，疆域不断扩大，战国时又为战国七雄之一。国都屡迁，直至公元前223年为秦国所灭。《世本》佚文有："陆终娶于鬼方氏之妹，谓之女嬇，是生六子。六曰季连，是为芈姓。季连者，楚是也。宋衷曰：季连，名也，芈姓，诸楚所出。熊渠长子庸为句祖王，熊渠封其中子红为鄂王，少子疵为就章王。"陆终：楚之先祖，火正吴回之子。季连相传为颛顼之玄孙，楚国始祖。熊渠：西周时楚国国君，熊杨之子，周懿王时继位，至夷王时，周王室衰微，乃积极扩张，并自称王，至厉王时，惧王室讨伐，复去王号。句祖王，《史记》作句亶王，名熊毋康，周夷王时由其父立为句亶王，厉王时去王号，原立为继承人，因早死，由其弟熊红（一作熊挚红）继楚君。

宋：子姓，开国之君为商王纣庶兄微子启，周公平定武庚叛乱后所封。《史记·殷本纪》称，周成王"立微子于宋，以续殷后焉"。建都商丘（今河南商丘南）。春秋时宋襄公图霸未成，其后国势渐衰。战国初迁都彭城（今江苏徐州）。公元前286年，为齐国所灭。《世本》佚文仅有一条："宋庄公冯，穆公之长子。"

卫：姬姓，西周封国。始建之君为周武王之弟康叔，建都朝歌（今河南淇县）。初封时堪称大国，几经迁都，到战国初年仅为中原一个小国，卫怀君三十年（前253），为魏所灭。后在秦国支持下复国，迁都野王（今河南沁阳），是秦统一后在名义上仍然存在的唯一诸侯国，秦二世元年（前209），终为秦灭。《世本》佚文尚有："康叔，周公弟。康伯名髡。宋衷曰：

即王孙牟也，事周康王为大夫。挚伯、箕伯。武公，康叔九世孙。"

陈：妫姓，西周封国。开国君主胡公（名满）相传为舜的后代，周武王灭商后封，建都宛丘（今河南淮阳）。周敬王四十一年（前479）为楚国所灭。《世本》佚文曰："陈遂，舜后。宋衷曰：虞思之后，箕伯直柄中衰，殷汤封遂于陈，以为舜后。"这里所述与《史记》所载不同，《周本纪》明白记载，武王时封"帝舜之后于陈"，两者明显有出入。

蔡：周初封国。周武王封弟叔度于蔡，后叔度随同武庚叛乱而被放逐，改封其子蔡仲（名胡）。初都上蔡（今河南上蔡西南），平侯时迁新蔡（今河南新蔡），昭侯又迁州来，谓下蔡（今安徽寿县境）。周贞定王二十二年（前447）为楚所灭。《世本》佚文仅有："平侯者，灵侯般之孙，太子友之子。"

曹：西周封国，姬姓。始封之君为周武王之弟叔振铎，建都陶丘（今山东定陶西北）。周敬王三十三年（前487）为宋所灭。《世本》佚文尚存："曹国，伯爵。振铎，文王之子，封于曹。悼伯卒，弟露立，谥靖公。"

郑：姬姓，开国君主为周宣王弟友（郑桓公），宣王二十二年（前806）封于郑（今陕西华县）。春秋初年亦称强国，周烈王元年（前375）为韩国所灭。《世本》佚文尚有："周宣王二十二年，封庶弟友于郑。郑伯费，郑悼公。"

燕：姬姓，周初封国，开国君主为召公奭。初都燕，其地未详，灭蓟国以后建都于蓟（今北京城区西南）。燕昭王又以武阳为下都（今河北易县南），战国时为七雄之一。燕王喜三十三年（前222）为秦所灭。《世本》佚文尚有："穆公，康公之十六世孙。宣侯。桓侯。闵公。燕王喜。"

吴：姬姓，也称句吴、攻吾，西周太王之子太伯、仲雍所建。初都蕃篱（今江苏无锡东南梅里）。传至十九世孙寿梦时国势渐强，开始称王。阖闾时迁都于吴（今江苏苏州）。夫差时打败越国，迫使勾践求和事吴。并北上黄池与晋争霸。公元前473年为越国所灭。《世本》佚文："夷昧及僚，夷昧生光。夫差，吴子光之子。"夷昧：一作余昧，余祭之弟，吴王僚之父，周景王十五（前530）继位，在位四年卒，遗嘱授位于弟季札，季札自动让位，吴人乃立其子僚为王。

杞：亦写作杞，姒姓，周初封国。开国之君为夏禹后裔东楼公。杞成公时迁至缘陵（今山东昌乐东南），杞文公又迁淳于（今山东安丘东北）。公元前445年为楚所灭，相传凡二十世。《世本》佚文："殷汤封夏后于杞，周又封之。惠公生成公及桓公。惠公立十八年，生成公及桓公。成公立十八年，桓公立十七年。杞桓公是成公之弟，成公卒而桓公立。"

滕：姬姓，西周初封国，开国之君为周文王之子错叔绣。战国初为越国所灭，不久复国，后又为宋国所灭。《世本》佚文："错叔绣，文王子。错叔绣封滕。隐公之后，仍有六世为君。考公麋，与文公之父定公相直，其子元公宏，与文公相直。齐景公亡滕。"

韩：本为周武王之子封国，姬姓，春秋初为晋所灭，晋以此封大夫韩万。周威烈王二十三年（前403），韩与赵、魏共同瓜分了晋政权，都被封为诸侯。周安王二十六年（前376）三家最后灭掉晋君。《世本》佚文："景子名处。武侯。懿侯。韩宣王，昭侯之子也。桓惠公。"

赵：战国时诸侯国，嬴姓。本为晋国六卿之一，后与韩、魏先后瓜分范氏、中行氏、知氏，进而瓜分晋国，分别建立赵、韩、魏三国。赵都晋阳（今山西太原西南），后迁至邯郸（今河北邯郸），赵代王嘉六年（前222）为秦所灭。《世本》佚文："敬侯名章。成侯名种。肃侯名语。孝成王丹生悼襄王偃，偃生今王迁。"

魏：西周时封国，姬姓，周惠王十六年（前661），晋献公灭之以封毕万。到了战国，毕万后代魏文侯（名斯）与赵、韩两国瓜分晋国，三家并得到周王室封为诸侯。魏国都原在安邑（今山西夏县西北），后迁都大梁（今河南开封西北）。魏王假三年（前225）为秦所灭。《世本》佚文："驹生文侯斯。桓子生文侯斯。惠王子名嗣。襄王名嗣。昭王名遫，襄王之子也。惠王生襄王，襄王生昭王。[安]僖王名圉。安僖王生景愍王午。"

田齐：齐相田常（即田成子），于齐简公四年（前481）五月，发动武装夺权，杀死简公，另立简公弟骜为齐平公，自为相，掌实权。田常死后，子襄子盘代立，田襄子进一步使其兄弟宗人尽为齐都邑大夫，夺取大部分地方政权。到襄子的孙子田和，公元前387年与魏文侯在浊泽相会，请求周天子承认田和为侯。次年便废掉齐康公，田氏始列为诸侯，改称元年。历史上称之为"田氏代齐"。此时之齐已为田氏掌握，故称"田齐"。《世本》佚文："宣王名辟疆，威王之子也。湣王名遂。"

莒：西周封国嬴姓（一说己姓），始封之君为兹舆期，始都计斤（今山东胶县东南），春秋初迁于莒（今山东莒县）。周考王十年（前431）为楚国所灭。《世本》佚文:"周兴,封黄帝之后于祁,而置莒后舆期于始都计斤。十一世兹丕归莒,至纪公复己姓。"

邾:曹姓,亦作邾娄,初都于邾(今山东曲阜东南陬村)。《史记·鲁周公世家》:季友"自陈与湣公弟申如邾"。周顷王五年(前614)邾文公迁都于绎(今山东邹县南,邹绎山下,俗称纪王城),战国灭于楚。《世本》佚文:"邾子玃且,邾定公也。"

随:西周初分封的诸侯国,姬姓。《史记·楚世家》:武王三十五年"楚伐随"。春秋后期成为楚国附庸。《世本》佚文:"随,国名。"

郐:周初封国,妘姓,相传为祝融之后,周平王时为郑武公所灭。《世本》佚文:"会人,即桧之祖也。"

舒鲍:春秋时舒国,在今安徽庐江西,后为楚灭。《史记·楚世家》:"(楚庄王)十三年,灭舒。"《世本》佚文:"小国。"

空桐:即空桐氏,亦作空同氏,子姓,成汤之后。《史记·殷本纪》:"契为子姓,其后封国,以国为姓。"《史记·赵世家》:襄子"其后娶空同氏"。《世本》佚文:"商后国。"

黎、比、髦、朳、段、瓦、铁,以上七国,文献已不见记载,今传之《世本》并无佚文。

蜀:这个古代小国,曾参与周武王伐纣的战争。《史记·周本纪》载:"武王曰:嗟!我有国家君,司徒、司马、司空、亚旅、师氏、千夫长、百夫长,及庸、蜀、羌……诸侯兵会者车四千乘,陈师牧野。"① 相传早在蚕丛为首领时已称王建国。活动在今四川成都平原西北山区,即岷江上游,其后逐渐进入成都平原。主要从事农业。鱼凫"田于湔山"(今四川灌县境内),杜宇移治郫邑(今郫县),开明又迁到成都(今四川成都)。周慎靓王五年(前316)为秦所灭。又《史记·三代世表》索隐案:"《系本》蜀无姓,相承云黄帝后。且黄帝二十五子,分封赐姓,或于蛮夷,盖当然也。"②

以上就是三十三个诸侯国的大概情况,当然,由于文献资料的限制,各诸侯国介绍详略不一,有七个国家无法介绍只言片语,文献不足征也。至于

---

① 《史记》卷4,第122—123页。
② 《史记》卷13,第507页。

所引佚文也多少不等，对于这点，这里想提醒大家一下，这些佚文都是后人从不同书中辑佚出来的，由于出处不一样，往往在文字上就存在着差异，特别是有的辑佚者还将后人的注文误作《世本》原文加以收录，因此在征引时，应当注意加以辨别。当然，也有的是在流传过程中注文羼入正文，因为对该书作注的先后有多家，于是有时就出现了真假难辨的情况。

《世本》共记载了四十六家卿大夫世系、谥和名号。其实这些卿大夫都是由诸侯国派生而出，限于篇幅，这里对于所有卿大夫世系的介绍就全部省略，仅列表于下：

鲁	藏氏 厚氏 施氏 仲孙氏 叔孙氏 季孙氏 仲氏 子叔氏
齐	国氏 高氏 管氏 陈氏 闾邱氏
晋	栾氏 郤氏 韩氏 赵氏 魏氏 荀氏 士氏 籍氏 羊舌氏
卫	孙氏 公叔氏 公孟氏 司寇氏 将军文氏 赵氏 孔氏
宋	孔氏 华氏 乐氏 皇氏 仲氏 鳞氏 向氏 荡氏
郑	子罕氏 子驷氏 子国氏
陈	鍼氏 夏氏
楚	芳氏 屈氏 阳氏 沈氏

在这些卿大夫中，随着历史发展，有的势力逐渐强大，最后夺取了诸侯国政权，其中陈氏（亦称田氏）代齐，韩、赵、魏三家分晋最为典型。

（三）氏姓篇

从现有文献资料来看，《世本》在记载姓氏方面共有一百四十九个。在介绍这些姓氏之前，想讲点题外话。郑樵在《通志·氏族略第一·氏族序》中说："三代之前，姓氏分而为二，男子称氏，妇人称姓。氏所以别贵贱，贵者有氏，贱者有名无氏。……姓所以别婚姻，故有同姓、异姓、庶姓之别。氏同姓不同者，婚姻可通。姓同氏不同者，婚姻不可通。三代之后，姓氏合而为一，皆所以别婚姻，而以地望明贵贱。"[①] 这里郑樵讲得很清楚：

[①]《通志二十略》，第1—2页。

"三代之后，姓氏合而为一。"而顾炎武在《日知录》卷23《氏族》则说："姓、氏之称，自太史公始混而为一。"① 看来这个结论恐怕不太确切，从今传《世本》来看，《世本》记载姓氏，其实已经"合而为一"。《姓氏篇》第一个为"姜姓"，至第二十个"曼姓"，均称"姓"，但是从第二十一个"公父氏"开始，均称"氏"，而这个"氏"其意就是"姓"也。这里不妨举例说明：

齐季氏	齐襄公子季奔楚，因氏焉。
右师氏	宋武公生公子中代为右师，因氏焉。
巴氏	巴子国，子孙以国为氏。
韩余氏	韩宣子子余子之后，因氏焉。
雍门氏	齐顷公生子夏胜，以所居为雍门氏。
融氏	祝融之后，又复姓融夷氏。
罗氏	夏有武罗，其后氏焉。
唐孙氏	齐大夫长孙修食邑于唐，其孙仕晋，后号唐孙氏。

从以上所引八例来看，有的是以所居地为氏，有的是以官职为氏，有的是以国号为氏，也有的是以食邑为氏，等等。其实这里的"氏"，其意就是姓也。这就足以说明《世本》的作者已经将姓、氏二者合二而一，司马迁作《史记》是在《世本》之后，因此，我们认为顾炎武所谓"姓、氏之称，自太史公始混而为一"的结论，似乎未必确当。

由于大家对于姓氏的起源都很有兴趣，现将一百四十九个姓氏表列于下：

姓		氏										
姜姓	防姓	公父氏	安是氏	子荡氏	季随氏	闾邱氏	季婴氏	伍参氏	公朱氏	子石氏	涉其氏	唐孙氏
姬姓	妘姓	中行氏	强梁氏	子工氏	季婴氏	廉邱氏	大狐氏	斗班氏	蓋子氏	子穆氏	融氏	巴氏
己姓	曹姓	妫氏	常寿氏	子扬氏	大季氏	东乡氏	大戊氏	斗疆氏	东邃氏	子然氏	罗氏	樊氏
任姓	芈姓	差师氏	乘氏	子芒氏	邵皓氏	西乡氏	去疾氏	尹文氏	羌宪氏	子沮氏	赐氏	曋氏
姞姓	熊姓	师子氏	曾氏	史晁氏	斗门氏	郲州氏	季老氏	恒氏	羌师氏	子襄氏	墨夷氏	相氏

---

① 《日知录集释》卷23，第1279页。

姓		氏								
姚姓	归姓	司城氏	南宫氏	楚季氏	叔向氏	少施氏	泥氏	瞻葛氏	唐孙氏	子季氏	它氏	郑氏
姒姓	允姓	司寇氏	甘士氏	楚鸠氏	叔凤氏	子乾氏	方叔氏	甫爽氏	承氏	子成氏	老成氏	何氏
子姓	曼姓	司功氏	子叔氏	马师氏	不夷氏	子泉氏	庆父氏	公旗氏	雠子氏	卷子氏	阳氏	北唐氏
偃姓		詹葛氏	子革氏	右师氏	伯宗氏	子占氏	韩余氏	公他氏	子游氏	雍门氏	封父氏	
嬴姓		齐季氏	子尚氏	右史氏	巴氏	根水氏	榦献氏	公牵氏	子孔氏	季骃氏	仇氏	
已姓		西陵氏	子郢氏	伸行氏	莱氏	嚣氏	将军氏	公襄氏	子士氏	太公氏	公之氏	
董姓		韩言氏	子献氏	季融氏	狐邱氏	述氏	右师氏	公金氏	子寤氏	下门氏	公纪氏	

需要指出的是，古代有许多小国都为一个姓，于是后来就派生出许多姓来，现将有此情况者亦抄列于下：

姜姓	向、州国、齐、向申，均为姜姓。
姬姓	召、芮、毕、卫、毛、息国、魏、随国、荀、贾、晋、鲁、郑、曹、滕、鲜虞、唐、沈、霍国、冯，均为姬姓。
己姓	莒亦为己姓。
任姓	谢、章、薛、舒、吕、祝、终、泉、毕、过，均为任姓。
姞姓	燕国、密须，均为姞姓。
姒姓	有扈氏、彤、杞、斟灌氏、斟鄩氏、有南氏、弗氏、莘国，均为姒姓。
子姓	殷、时、来、宋、空同、黎、比、髦、目、夷萧，均为子姓。
偃姓	舒庸、舒蓼、舒鸠、舒龙、舒鲍、舒龚、蓼、六，均为偃姓。
嬴姓	黄、徐、奄、终黎、钟离，均为嬴姓。
己姓	昆吾为己姓。
防姓	承韦为防姓。
妘姓	夷、盒阳、鄢、寒，均为妘姓。
曹姓	邾为曹姓。
芈姓	越为芈姓，与楚同祖。
熊姓	罗为熊姓。
归姓	胡为归姓。
允姓	都为允姓之国。
曼姓	邓为曼姓。

从以上的情况可以看出，《世本》所载总的姓氏，远远超过一百四十九个，因为许多国名后来都变成了姓氏。可见姓氏问题，是随着历史的发展，一直在起变化的，并且不断在增多，到了宋初，据《百家姓》所载，已达四百个之多，而 2009 年出版的《中国家谱总目》①收录了六百零八个姓氏。当然，这并不是目前全国姓氏总数，因为该书所载毕竟不是全国所有姓氏所有家谱，况且有的姓氏还可能没有家谱。因此，目前全国究竟有多少个姓氏，看来只有等这次全国人口普查后方能知道确切数字。还要说明的是，一个家族的姓氏，有时也会变的，变的因素也是多方面的，有的是受皇帝恩赐，有的是避讳，有的是避仇，等等。如汉代丞相田千秋，因其有功，晚年体弱，被恩准可以乘小车出入宫廷，久而久之，就有"车丞相"之称，后来便改为车千秋，其子孙自然就从田姓改成车姓。又如大文学家、史学家欧阳修在讲到自己的姓氏来源时，于《[石本]欧阳氏谱图序》中说："欧阳氏之先，本出于夏禹之苗裔。自帝少康封其庶子于会稽，使守禹祀，历夏、商、周，以世相传。至于允常，子曰勾践，是为越王。越王勾践传王世，至王无疆，为楚威王所灭，其诸族子分散争立，皆受封于楚。而无疆之子蹄，封于乌程欧余山之阳，为欧阳亭侯，其后子孙遂以为氏。"②可见欧阳氏之姓也是比较晚的，乃是在越国灭亡之后。从这里也得到另一个信息，那就是整个越国的后代，都是夏禹的后裔，他们祖先被封于此，就是"使守禹祀"，这是无可置疑的。再如张良，大家是比较熟悉的，但是他本来并不姓张，原本为韩国的后代，而韩国则是姬姓，也就是说与周文王同姓。后来韩国被秦国灭亡了，而张良的弟弟也被秦始皇害死，所以张良就要报仇，但他行刺秦始皇没有成功而被追捕，于是他不得不改姓张。比较有影响的要推岳氏后代的改名换姓了，岳飞被害后，其子孙纷纷远走他乡，改换姓氏。最后再列举一个特殊的例子，据新修之《泉州市志》记载，明英宗天顺三年（1459），锡兰（今斯里兰卡）国王派王子世利巴交喇惹前来朝贡。回国时路经泉州，就遇上一个刚从国内赶来的亲信报信，说国内已发生了改变，国王的外甥率

---

① 上海图书馆编纂：《中国家谱总目》，上海古籍出版社 2009 年版。
② （北宋）欧阳修著，洪本健校笺：《欧阳修诗文集校笺》外集卷 21，上海古籍出版社 2009 年版，第 1863 页。

兵冲进王宫，篡夺了王位，不仅将王子的兄弟们全都杀光，而且等王子回国后一网打尽。于是王子只能滞留在泉州，一年又一年，未能盼来国内好消息，只好更换衣冠，取世利巴交喇惹的第一个字"世"为汉姓，在泉州定居繁衍下来。[①] 就这样，在我国姓氏中又多了个"世"姓。至于少数民族的许多部落，受汉族影响，更改姓氏的就更多了。可见，姓氏问题，并不是一成不变的，随着历史的发展，不断有变化，而总的趋势则是越来越多，这一点我们前面已经讲了。

这里需要多讲几句的是，《世本》原来只是记载世系的谱牒著作，因此，许多古书在称引《世本》时，所记多为世系之事，很少提到《居篇》、《作篇》，也就是说，很少讲到居住（都城）和创造发明的内容，因为这些内容都是出于后人补作。至于何时补入，目前学术界说法也不一，《作篇》，多数研究者认为作于战国时代，而《居篇》或许更要晚些。早年顾颉刚先生提出一个对于研究古代历史的观点，即"时代愈后，传说的古史期愈长，周人崇拜禹，春秋崇拜尧、舜，战国崇拜黄帝、神农，秦朝崇拜三皇，汉朝又有盘古"[②]。以此类推，《作篇》则是以黄帝为中心，所记七十多种创造发明，黄帝本人和部下各式官员制作或发明者数量相当多，这是一个明显的征兆。当然，我们说战国时人所作，并不排除其后还有人不断加以续补和羼入，因为流传下来的古代典籍无不遭遇这样的命运。

（四）居篇、作篇、谥法篇

《居篇》其实就是记载自黄帝以来，夏、商、周及诸侯各国建都之处。以下列举数例：

> 黄帝都涿鹿。（《路史·后纪》注）

---

① 参见泉州市地方志编纂委员会编：《泉州市志·大事记》，中国社会科学出版社2000年版。又新修的泉州市属《鲤城区志·大事记》亦载此事，该志于《大事记》还记载了1996年11月泉州东岳山世家坑发现古代锡兰侨民墓区，墓区内有锡兰王子和其他世氏侨民墓碑20多方。参见鲤城区地方志编纂委员会编：《鲤城区志》，中国社会科学出版社1999年版。

② 顾颉刚：《与钱玄同先生论古史书》，顾颉刚编著：《古史辨》第1册，海南出版社2005年版，第75—79页。

舜居妫汭。(《水经·汉水》注)

夏禹都阳城,避商均也。又都平阳,或在安邑,或在晋阳。(《史记·封禅书》正义)

契居蕃。(《水经·渭水》注)

昭明居砥石。(《书·帝告序》正义、《路史·后纪》注)复迁商。(《路史·后纪》注)

武王在酆鄗。(《文选·西都赋》注)

懿王徙于犬邱。(《诗·小雅谱》正义)

平王即位,徙居洛。(《御览》一百五十五)

敬王东居成周。(同上)

赧王又徙居西周。(同上)

吴孰哉居藩篱,孰姑徙勾吴。(《史记·吴太伯世家》索隐)

炀公徙鲁。(《史记·鲁世家》集解)

召公(奭)居北燕。(《史记·燕召公世家》集解)

蔡叔(度)居上蔡。(《史记·管蔡世家》集解)

唐叔虞居鄂。(《史记·晋世家》集解)

成公徙濮阳。(《史记·卫康叔世家》集解)

桓公居棫林,徙拾。(《史记·郑世家》索隐)

文公徙郑。(《史记·郑世家》索隐)

成季(赵衰)徙原。(《史记·赵世家》索隐)

中山武公居顾,桓公徙灵寿,为赵武灵王所灭,不言谁之子孙。(《史记·赵世家》索隐)

魏武子居魏,悼子徙霍。(《史记·魏世家》索隐)

昭子徙安邑。(《史记·魏世家》索隐)

宋更名睢阳。(《史记·宋微子世家》集解)

景子居平阳,平阳在山西。(《史记·韩世家》索隐)

沈国在汝南平兴。(《史记·陈杞世家》索隐)

胡亦在汝南。(《史记·陈杞世家》索隐)

周武王封其弟处于霍。(《史记·三代世表》索隐)

以上所列，仅为示例而已，因为历朝及诸侯各国建都往往都是多处，现在一般仅列一处，并且有诸侯国一处也没有，由于原书早已散佚，现只能从后人征引中过录而已。

至于《作篇》，其实就是记录历史上各种创造发明。从这些创造发明中，说明我们中华民族自古以来就是一个勤劳智慧的民族。现列举近情可信者于下：

> 宓牺作瑟，八尺二寸，四十五弦。(《风俗通义》第六《声音》。有的作"伏牺"、"庖牺")
> 伏牺作琴，神农作瑟。(《山海经·海内经》注)
> 神农和药济人。(王应麟《急就篇》补注)
> 黄帝见百物始穿井。(《初学记》七)
> 黄帝使羲和占日，常伏占月，更区占星气，伶伦造律吕，大挠作甲子，隶首作算数，容成宗此六术而著《调历》也。(《史记·历书》索隐)
> 苍颉作书。(《尚书序》正义)
> 伯余制衣裳。(《淮南子·氾论训》注)
> 胲作服牛。(《初学记》二十九)
> 相土作乘马。(《荀子·解蔽篇》注)
> 共鼓、货狄作舟。(《山海经·海内经》注)
> 随作笙。(《风俗通义》第六《声音》)
> 女娲作簧。(《风俗通义》第六《声音》)
> 夷牟作矢。(《荀子·解蔽篇》注)
> 牟夷作矢。挥作弓。(《山海经·海内经》注)
> 毋句作磬。(《风俗通义》第六《声音》、《山海经·海内经》注)
> 昆吾作陶。(《史记·龟策列传》集解)
> 倕作钟。倕作规矩准绳。垂作铫。垂作耒耜。垂作耨。(《山海经·海内经》注)
> 奚仲作车。(《山海经·海内经》注)
> 季伫作甲者也。(《史记·夏本纪》索隐)
> 暴辛公作埙。(《风俗通义》第六《声音》)

苏成公作箎。(《风俗通义》第六《声音》)

公输作石硙。(《后汉书·张衡传》注)

如此等等，都是确切可信者，而钱剑夫先生在《试论〈世本〉之制作年代及其价值》一文中，列表统计有七十余种，涉及衣、食、住、行等各个方面。若从科学方面来说，文字、天文、历法、音乐乃至农业生产等，实际上起到科技发展史的作用，让子孙后代知道，在远古时代，我们的先人已经有了那么多的创造发明，一步步从原始时代走向文明，体现了我们这个民族自古以来就是勤劳勇敢、聪明智慧的民族。

当然，对于创造发明的记载，也会有人表示怀疑，觉得那么早可能吗？特别是"仓颉作书"，对此，有些外国学者更是如此。记得还在20世纪80年代，我陪同一位美国学者参观，参观过程中，她突然向我提出："中国古代许多文献记载'仓颉造字'，这事可能吗？"我当时回答的原话已经记不清了，意思是说，仓颉一个人造字是不可能的，而是搜集、总结大家的创造发明，而将其进一步加以归纳、总结、统一起来，这就是仓颉做的工作。因为他是史官，所以这个工作就由他来完成。20世纪以来，在考古发掘中发现许多原始文字，同一个字，就曾有多种形状，最后形成一个形状，这不仅需要时间，自然也需要有具体人去做。著名学者李学勤先生，20世纪80年代在《中国文化研究集刊》第2辑上发表《考古发现与中国文字起源》一文，其中相关的论述就足以回答这个问题：

关于古代中国文字即汉字的起源，自古以来异说纷纭。最普通的说法，是黄帝时仓颉创造文字，此传说见于《荀子》、《吕氏春秋》、《韩非子》、《世本》等书，在先秦已经流行。后来有学者怀疑，……依文献记载推算，传说中黄帝的时代在公元前两千五六百年，而大汶口文化晚期大致相当这样的时期，所以仓颉作书的传说可能也反映了一定的真实。[①]

[①] 丁守和、方行主编：《中国文化研究集刊》第2辑，复旦大学出版社1985年版，第146、156页。

至于《谥法篇》，则是记录了古代帝王诸侯死后所得到的谥号。古代的帝王、诸侯死后，根据他生前事迹，评定一个称号。大约这个问题意义不大，因此，后来各种书籍征引很少，当然，各种辑本辑的内容也就不多。更重要的还在于，各种史书在记述各类历史人物时，凡有谥号者，均已冠上。就以《史记》三家注而言，他们征引《世本》之文，"旨在求异"，对于帝王贵族所有谥号当然就不会征引了，这么一来，后人自然就很难看到《世本》中关于谥号的记载了。况且谥法在《世本》所有内容中也散佚得最早，南朝刘宋时沈约在编修《宋书》时，《世本》的《谥法篇》已经亡佚。今传秦嘉谟所辑《世本》中载有详细谥法，乃是采自《周书》，并非《世本》之文。

五、散佚和辑佚

应当说《世本》是一部记载古代历史比较可靠的重要史籍，它不仅记载了传说中的三皇五帝，更重要的它记载了夏、商、周以来帝王和诸侯的承传世系，为后人研究古代的历史提供了较为可靠的史料，下文我们将详细论述。可惜的是，这部重要的史籍很早就已经散佚了，究竟何时散佚，学术界尚无统一看法。

众所周知，司马迁著作《史记》时，大量采用了《世本》的内容。但《史记》中从未出现过《世本》这个书名，而这个书名的出现，则是在班固的《汉书·艺文志》中，《艺文志·六艺略》春秋类著录《世本》十五篇。也就是说，《世本》之名，最早是见于《汉书·艺文志》。那么这个书名是由谁定的呢？笔者在上文中已经讲了，实际上应当是刘向，因为只有他才有权力、有资格、有机会。而《汉书·艺文志》的编写，主要就是根据刘向、刘歆父子的《七略》而创立的。最早著录时，还是以流传下来的篇数著录，后来经过整理后，则以卷数出现，因此，真正意义上的《古世本》，应指刘向整理以前的《世本》十五篇。刘向整理后的《世本》既收藏皇家图书，又经传抄得以流传，一般情况不太容易亡佚。从文献著录来看，唐宋时期还在流传是不成问题的，唐初编修的《隋书·经籍志》就曾著录了三种①：

《世本王侯大夫谱》二卷（未著作者）。
《世本》二卷，刘向撰。
《世本》四卷，宋衷撰。

《旧唐书·经籍志》著录四种②：

《世本》四卷，宋衷撰。
《世本别录》一卷（未著作者）。
《帝谱世本》七卷，宋均撰。
《世本谱》二卷（未著作者）。

《新唐书·艺文志》著录四种③：

宋衷《世本》四卷。
《世本别录》一卷（未著作者）。
宋均注《帝谱世本》七卷。
王氏注《世本》二卷。

以上著录足以说明，唐宋时期，经过多家注的《世本》都还在流传。不过，原来十五篇的《世本》已经不复存在。就连南宋高似孙在《史略》中亦云："《世本》叙历代君臣世系，是书不复见④，犹有传者，刘向、宋衷、宋均三家而已。予阅诸经疏，惟《春秋左氏传疏》所引《世本》者不一，因采掇

---

① 《隋书》卷33，第988页。
② 《旧唐书》卷46，第2012页。
③ 《新唐书》卷58，第1499页。
④ 著者按：有的文章征引这条史料时，只引到"是书不复见"而止，就此便下结论，说此书宋代已经失传，这显然是断章取义的做法。

汇次为一书，题曰《古世本》。"① 这就是说，刘向整理前的《世本》，高似孙已经无法看到，刘向整理、二宋作注过的《世本》他都见到；又朱熹在《答巩仲至》中也讲道："《世本》，旧闻先人说，家间亦尝有之，以兵火失去。然则世间亦须尚有本，但今见于诸经注疏者，恐亦或出附会假托，未必可凭据，正亦不必苦求耳。"② 以上材料足以证明，整理过的《世本》，在南宋时期，社会上还在流传。只不过流传数量不太多，很难见到，于是给人以失传的感觉。但在流传过程中，其内容不断散佚，这是完全可能的。南朝刘宋沈约曾作过《谥例》十卷，他在该书序中说："《大戴礼》及《世本》，旧并有《谥法》，二书传至约时，已亡其篇。"这就是说，还在南北朝时，《世本·谥法篇》已经亡佚。正如我们在前面已经讲了，《谥法篇》的作用、意义不大，因此征引者不多，而传抄时大多将此内容省略，当然很快就失传了。至于就全书而言，尽管清人王谟在辑本《序录》中说"宋世此书宜已散轶"③；孙星衍在《重集世本序》中亦说"《世本》之亡，当在宋世"④；就连茆泮林也持此观点，他在所辑《世本》的序中说："其书至宋已不传。"⑤ 尽管持此说者相当之多，但是有南宋高似孙、朱熹两位学者言论在此，足以说明南宋时期《世本》还在社会上流传。当然我们也要告知读者，南宋学者洪迈倒也说过"其书今亡"，他在《容斋随笔》卷7《姜嫄简狄》说："盖世次之说，皆出于《世本》，故荒唐特甚。其书今亡。"⑥ 自己没有见到过就轻易下结论"其书今亡"，自己没有阅读过就评论其"荒唐特甚"，对于一部重要的史籍，就是这么一句话否定了，恐怕也过于武断了。还要说明的是朱熹、高似孙、洪迈都是同时代人，应当可以说明问题，况且朱熹家中还曾经有过此书。至于周中孚在《郑堂读书记》中认为亡佚于五代则更加不可信了，因为他仅是根据《崇文总目》和《宋史·艺文志》都不载此书而加以推论的。⑦ 要知道目

---

① （南宋）高似孙辑：《史略》卷6《世本》，《丛书集成初编》本，中华书局1985年版，第110页。
② 郭齐、尹波点校：《朱熹集》卷64，四川教育出版社1996年版，第3350页。
③ 《世本八种·王谟辑本序录》，第2页。
④ 《世本八种·孙冯翼集本》卷首孙星衍序，第1页。
⑤ 《世本八种·茆泮林辑本序》，第1页。
⑥ 《容斋随笔》卷7，第94页。
⑦ （清）周中孚著，黄曙辉等标校：《郑堂读书记》卷18《世本》，上海书店出版社2009年版，第323页。

录之书失载情况还是比较多的，况且《崇文总目》如今留下的乃是残缺不全之本子，这在许多目录学著作中都已经指出，特别是清乾隆年间从《永乐大典》中辑出的十二卷本和嘉庆年间从《欧阳文忠公集》、《玉海》、《文献通考》等书中辑出的引文编成的五卷本。靠辑本来看全貌当然很难的，用这样目录著作来论定宋代是否有此书存世很明显就靠不住了。至于《宋史·艺文志》，问题就更大了，要知道《宋史》是修于元代，编修时一则时间短，二则编修人员功底很差，主要以宋代国史等资料拼凑而成，因此重复颠倒、错漏芜杂，是二十四史中最差的一部，而它的《艺文志》也是正史目录中最为杂乱的一部，这是《四库全书总目》作者所下的结论。因此，用这样两种问题多多的目录著作来论证某部书是否存在，实在是很难取信于人的。我们可以这样讲，即使没有如上所引南宋两位学者的两条史料，单用这样两种目录来推论某部书在宋代已经散佚，说服力显然也是非常不够的。总之，《世本》在南宋时代肯定还是存在的，至于何时亡佚，从分析来看，很可能就亡佚于元军南下的那场大规模战争之中，因为我国历代有很多典籍都毁于战火。总之从元代开始，在历史文献中就没有再看到《世本》的出现。

《世本》亡佚以后，许多学者都做过辑佚工作，最早自然是南宋高似孙了，他在《史略》中讲，自己曾对《古世本》作过辑佚，但并未流传。明代则有山阴祁承㸁，他是一位藏书家，家有藏书达十万卷之多，因此精于校勘，并利用有利条件辑佚过《世本》二卷。据云其底本曾为孙星衍所藏，后又归秦嘉谟，并成为他《世本辑补》所据蓝本之一。清乾嘉时期，考据盛行，而辑佚工作更是乾嘉学者所长，当时辑出大量久已失传的重要书籍达数百种之多，其中从事《世本》辑佚工作的就有十余家。其中有两家应当都是很有价值，却都又未能流传下来：一是著名历史学家钱大昕之弟钱大昭，曾辑有《作篇》、《居篇》、《氏姓篇》、《王侯大夫谱》，共四篇；另一则是著名学者洪亮吉长子洪饴孙。特别是后者，他以清代治《世本》者虽众，多采摭残碎、杂而不贯，遂钩沉编类、厘讹补缺，成《世本辑补》十卷，以及《世本识余》，可惜未能及时刊刻，均已不存。据云钱大昭之稿已为孙冯翼所本，而洪饴孙之本已被秦嘉谟纳入《世本辑补》之中。另外，清代治《世本》有影响的还有多家，1957年商务印书馆经过研究整理，出版了《世本八种》，为研究者提供了很大方便，这八种辑本依次是：

（一）王谟辑本（《汉魏遗书钞》）

（二）孙冯翼辑本（《问经堂丛书》）

（三）陈其荣补订孙本（《槐庐丛书》）

（四）秦嘉谟《世本辑补》（琳琅仙馆刊本）

（五）张澍稡集补注本（《二酉堂丛书》）

（六）雷学淇辑本（《畿辅丛书》）

（七）茆泮林辑本（《十种古逸书》）

（八）王梓材《世本集览》（《四明丛书》，仅有序、目、通论、缘起，无正文）

在这八种《世本》辑本中，并未刊《世本》正文，"王梓材《世本集览》意在创作，不欲恢复《世本》之旧观"①，实际上它是研究性质，其意不在辑佚。至于另外七种，各有长短得失。对此，商务印书馆在编辑出版这套书时，从事编辑的先生们是作过比较和研究的，并在《出版说明》中作了较为简洁的比较介绍。为了帮助读者了解各本基本情况，现将《出版说明》中有关内容抄录于下：

> 各本中，王梓材的《世本集览》意在创作，不欲恢复《世本》之旧观，是另外一个类型的；而且正文未刊，无从具体了解其内容。其余七种，篇目大致相同，而以秦本最为赅备。但秦本过于务博，以"与其过而弃之，毋宁过而存之"（秦《序》引刘子骏语）为宗旨，举凡氏姓之书，《史记·世家》之文，《左传》杜注、《国语》韦注述及世系者，无不搜采，未免失之于泛。《大夫谱》以《史记·十二诸侯年表》为纲，与所辑《世家》引自《世本》者往往自相抵牾，也是一个缺点。茆泮林批评它："所补者类皆司马迁、韦昭、杜预之说，注欠分晓，多与《世本》原文相汩，转觉《世本》一书，荡然无复畺界矣。"确是道着短处，并非故加诋毁。王（谟）、孙、陈、张、雷、茆诸家，体例基本相同，引书之谨严，以茆氏为最，雷本次之。张澍本每多以意删改引文，致失原文之真；虽逐条注释，而考订不精，往往转增读者的疑惑，在各本中

---

① 《世本八种·出版说明》，第4页。

较为逊色。王谟本成书最早，在清代辑本中开风气之先，引书虽然忠实，而失之于简。孙本成书亦早，但年代无序，去取失宜，似乎是随笔采录，未经详校。陈其荣于孙本之芜杂，稍加整理；然而刊误未尽，增补无多，本身亦有讹舛，不足以方驾茆、雷。总的说来，出处错漏，引文讹脱，以及误入非《世本》文字，是各本普遍存在的情形，只不过程度有所不同。①

通过这篇《出版说明》的比较简介，对这七种辑本有了大概的了解。由于流失比较严重，而征引者不是太多，自然就加大了辑佚的难度。从读者角度来看，这七种辑本都不太理想，特别是秦嘉谟《世本辑补》，由于"过于务博"，哪些是《世本》的真正原文已无法辨认，这样也就失去了辑佚的意义。而茆泮林辑本，引书比较谨严，因而得到读者的信赖，单独出版此书者也就比较多，齐鲁书社在2000年出版的《二十五别史》丛书中的《世本》，选用的就是茆氏辑本，而笔者所引《世本》之佚文，也是出自茆氏辑本。为了满足广大读者的需求，中华书局和北京图书馆出版社于2008年都先后影印出版了商务印书馆编印的《世本八种》，因为这是至今为止研究辑佚《世本》最为理想的成果，只要有此《世本八种》，关于《世本》的原始资料大体都在其中。这里我们当然要感谢商务印书馆当年编辑这套书的全体同志，他们为了编辑此书，曾付出了辛勤的劳动，其成果将为历代学人所享用。

六、《世本》的价值

由于《世本》早已散佚，所以它的历史地位与价值往往被忽视，因此，长期以来，可以说一直没有得到足够的重视和应有的历史地位。实际上它的价值应在《左传》、《国语》之上，道理很简单，早在清代王谟在所辑《世本》的序录中就已经指出："但学者而欲稍知先古世系源流，舍《世本》更

---

① 《世本八种》，第45页。

别无考据。"① 这难道不是实实在在的话吗？要知道，司马迁著作《史记》，上古内容主要靠的就是《世本》。他在《史记·三代世表序》中说："余读谍记，黄帝以来皆有年数。稽其历谱谍终始五德之传，古文咸不同，乖异。夫子之弗论次其年月，岂虚哉！于是以《五帝系谍》、《尚书》集世纪黄帝以来讫共和为《世表》。"② 又《史记·太史公自序》曰："维三代尚矣，年纪不可考，盖取之谱牒旧闻，本于兹，于是略推，作《三代世表》第一。幽厉之后，周室衰微，诸侯专政，《春秋》有所不纪；而谱牒经略，五霸更盛衰，欲睹周世相先后之意，作《十二诸侯年表》第二。"③ 这些都是司马迁自己所讲。至于夏、商、周三代世系的承传，同样取之于《世本》。而这些记载，有的已经经现代科学的论证，基本上已经证明是正确的。如以前研究殷商的王位世系，都是根据史书和其他文献记载而加以研究。而近代学者王国维则采用甲骨文于1917年发表了《殷卜辞中所见先公先王考》和《续考》两篇文章④，论证了殷墟甲骨文中所记载的殷商先公与先王的名号，同时也证实了《史记·殷本纪》中所记载的殷商王室世系是可靠的，当然也就说明了《世本》所记之帝王、诸侯、士大夫世系承传大多是可靠的。正因为《世本》的史料价值很高，所以汉代学者都将其放在重要地位，班固在《汉书·司马迁传赞》中，先讲《春秋》、《国语》，接着就说"又有《世本》，录黄帝以来至春秋时帝王公侯卿大夫祖世所出"⑤。这里不仅突出其地位，而且用十分肯定的语气说明其内容和价值，"帝王公侯卿大夫祖世所出"，也就是说，黄帝以来，特别是夏、商、周三代各诸侯国的世系承传，都要靠《世本》来解决。接着又说："故司马迁据《左氏》、《国语》，采《世本》、《战国策》，述《楚汉春秋》，接其后事。"⑥ 而《后汉书·班彪传》中载，班彪"乃继采前史遗事，傍贯异闻，作后传数十篇，因斟酌前史而讥正得失"⑦，

---

① 《世本八种·王谟辑本序录》，第2页。
② 《史记》卷13，第488页。
③ 《史记》卷130，第3303页。
④ 王国维：《观堂集林》卷9，中华书局1959年版。
⑤ 《汉书》卷62，第2737页。
⑥ 同上。
⑦ 《后汉书》卷40上，第1324页。

其略论则云："夫百家之书，犹可法也。若《左氏》、《国语》、《世本》、《战国策》、《楚汉春秋》、《太史公书》，今之所以知古，后之所由观前，圣人之耳目也。"①班固父子所列之书，无论是在当时还是现在，都是重要的历史典籍。可是，《左传》等史籍都流传于后世，唯独《世本》却早已亡佚，这自然要引起人们的特别关注。是不是因为《世本》内容价值不高而被淘汰？对此，赵生群先生在《〈世本〉评介》一文中作了令人信服的回答："笔者认为，《世本》亡佚之原因，并非因为它的史料价值不高，而是因为太史公已将其资料系统吸收写进了《史记》。因此，《世本》实际上是名亡而实未亡，它的史料价值已经得到了充分的利用。"②我与赵先生同感，正因为《世本》的史料价值很高，所以太史公写《史记》时，才有可能将其全部内容尽量加以吸收，应当知道，夏、商、周三代帝王世系的承传，春秋战国诸侯各国王位之更迭，司马迁在《史记》中所以能够记载得那么准确清晰，不能不归功于《世本》内容的丰富。特别是司马迁利用《世本》编写了《三代世表》、《十二诸侯年表》等许多重要史表，对后世起到了非常深远的影响，这不仅表现在史书编写上，而且反映在家谱的内容上。还在东汉初年，学者桓谭对司马迁这一做法，已经作了肯定。南朝萧梁著名谱牒学家王僧孺"被敕撰谱，访（刘）杳血脉所因。杳云：'桓谭《新论》云：太史《三代世表》，旁行邪上，并效周谱。以此而推，当起周代。'僧孺叹曰：'可谓得所未闻'"③。唐代史学评论家刘知幾在《史通·表历》中也说："盖谱之建名，起于周代，表之所作，因谱象形。故桓君山有云：'太史公《三代世表》，旁行邪上，并效周谱。'此其证欤？"④可见司马迁确实是因《世本》而作史表，东汉班固作《汉书》立即承传，在书中作了八表。欧阳修在编修《新唐书》和《新五代史》时，更是大大发挥这种表谱在史书中的作用，在《新唐书》中就作有《宰相表》、《方镇表》、《宗室世系表》和《宰相世系表》，而在《新五代史》则作有《十国世家年谱》。此后，表便在各类史书编写和谱

---

① 《后汉书》卷40上，第1326—1327页。
② 《中国史学名著评介》第1卷，第89页。
③ 《梁书》卷50《刘杳传》，第716页。
④ 《史通笺注》，第55页。

牒著作中得到广泛的应用。清初著名史学家万斯同还特地作了《历代史表》一书，得到许多学者广泛好评。历代许多史学家对于史表的作用和价值，一直加以高度赞扬。宋代史学家郑樵，就非常主张在编写史书时应充分发挥图表的作用，他在《通志·总序》中，对《史记》十表之作就非常称赞，认为"《史记》一书，功在十表，犹衣裳之有冠冕，木水之有本原"[1]。清代学者朱彝尊在为万斯同《历代史表》所作的序中有两句话"揽万里于尺寸之内，罗百世于方册之间"[2]，生动形象地概括了史表的作用。史学评论家章学诚在评论史志谱牒时，不仅力主推广表的应用，而且把它提高到撰史修志必不可少的组成部分。同时他还指出，表的作用是多方面的，既可表人、表年，又可以列表事类，其中尤以人表更为重要。他认为，"史之大忌，文繁事晦；史家列传，自唐宋诸史，繁晦至于不可胜矣。使欲文省事明，非复人表不可；而人表实为治经业史之要册"，并提出只要"人表入于史篇，则人分类例，而列传不必曲折求备；列传繁文既省，则事之端委易究，而马班婉约成章之家学可牵而复也"[3]。我们之所以要如此反复论述史表的作用和价值，最终目的是要说明《世本》的历史价值和司马迁创造性的承传地位和作用。大家不知想过没有，在司马迁之前和司马迁同时，看过《世本》的人恐怕不在少数，为什么只有司马迁一人才作此承传？

需要指出的是，有的文章在论述《世本》的历史地位和价值时，竟然说《世本》已初具纪传体雏形，司马迁是在此基础上发展，并且说"本纪"因袭于"帝王"，"世家"因袭于"诸侯"，"列传"因袭于"卿大夫"，"表"因袭于"氏族"、"谥法篇"，"书"因袭于"居篇"、"作篇"。我们认为这种对号入座的研究方法是不可取的。《史记》五种体裁，虽非出自司马迁一人所独创，但是也绝对不是全盘因袭《世本》，事实上《世本》也根本就不存在这样完好的五种史体。当代著名的文献学家张舜徽先生在《爱晚庐随笔·学林脞录》卷1中就有《〈史记〉一书实开诸史体例》一文，文章说："我国史事记载，起源甚卑。顾如今日尚可得见之先秦史籍《尚书》、《春

---

[1] 《通志二十略》，第2页。
[2] 《曝书亭集》卷35《万氏历代史表序》。
[3] 《文史通义新编新注》外篇2《史姓韵编序》，第511页。

秋》、《左传》、《国语》、《战国策》、《世本》之类，但可谓为历史素材或文献资料，而不可称之为史学。自《史记》出，而后我国有史学。以完整之体系，示编述之准绳。"① 而张孟伦先生在《中国史学史》一书中论述《世本》"在历史著作上所起的作用"时所讲的确是近乎事实："古代史书，虽分记事记言，然却没有分题专记某一事项的。《世本》分部别类，将世系、氏姓等等分章叙述，可说是史学史上专题研究的开端，对后人在历史领域里作专题研究起了启发作用。"② 特别是在区分部类中，在记载人物上又按等级加以区分。我们认为，这种区分部类和等级的记载方法，无疑给司马迁创立纪传体以极大的启发，可以说这已经是《世本》很了不起的贡献。因此，我们在评价其历史地位和作用时，既不要淹没其价值和贡献，也不应当夸大和拔高其地位和作用，只要实事求是地展现其大体面貌就很不错了，因为淹没和夸大同样都是失真，这是研究历史的大忌。

至于讲述创造发明的《作篇》，我们前面已经讲了，虽是后人所补作，但是它将我们先人创造发明的成果一一记载下来，而这些创造发明为人类的幸福生活创造了条件。东汉思想家王充在《论衡·对作》中就早已指出："仓颉之书，世以纪事；奚仲之车，世以自载；伯余之衣，以辟寒暑；桀之瓦屋，以辟风雨。"③ 他同时对那些轻视创造发明者予以批评。作为中华民族的子孙，理应知道自己的祖先在当年非常艰苦的社会条件和自然环境中历尽艰辛，为了更好地生存和生活，他们不断地进行创造和发明，也为世界文明作出了贡献。对于这些，每一个中华民族的儿女都应当牢牢记在心上。因此，从这个意义上来说，《世本》这方面的内容还是应当充分肯定的。

---

① 张舜徽：《爱晚庐随笔》，华中师范大学出版社2005年版，第19页。
② 《中国史学史》（上册），第112页。
③ （东汉）王充撰，陈蒲清点校：《论衡》，岳麓书社2006年版，第371—372页。

第三章
两汉谱学的发展

一、两汉谱牒学简介

秦朝建立的时期比较短暂,习惯上总是称其为短命王朝。由于时间短,因此既没有留下像样的历史著作,也没有留下谱牒方面的资料,更不要说著作了。到了汉代,情况就不同了。在汉代尽管真正意义上的私家之谱我们还没有见到过,但是记载帝王的谱牒著作确实还是存在的,如《汉书·艺文志》就著录有《帝王诸侯世谱》二十卷、《古来帝王年谱》五卷。好多学者都早已指出,这里的"世谱"、"年谱",就是指"世表"、"年表",因为谱者即是用表的形式来记载史实,上述两书就是记载帝王诸侯们的世系。我们知道,秦代曾置有宗正,掌管王室之宗亲。汉承秦制,并为九卿之一,这类书籍,自然也就是出于他们所编辑。《汉书·高帝纪》载:高帝八年二月,"置宗正官以序九族"[1]。而《汉书·百官公卿表》则曰"掌亲属",其实就是长期以来所流传的职能"奠世系,辨昭穆"。《续汉书·百官志三》讲得就更加清楚了:"掌序录王国嫡庶之次,及诸宗室亲属远近,郡国岁因计上宗室名籍。"胡广注曰:"又岁一治诸王世谱差序秩第。"[2]可见宗正官当时是具有两大任务:第一,管理属籍,汉代分封在各地的诸王每年要把宗室的名册上报给宗正,宗正根据这些名册编纂成皇室谱牒,并形成诸王世谱;第二,序列宗室各成员与皇帝的嫡庶远近关系,确立诸侯后代与诸侯王的亲疏关系,以便确立诸侯王的继承关系,当然对于这些诸侯王建立谱牒资料就更为重要。不过制度虽然有如此明确的规定,但是记载得并不是那么认真,更不

---

[1] 《汉书》卷1下,第64页。
[2] (西晋)司马彪撰,(梁)刘昭注补:《续汉书》,《后汉书》,第3589页。

详细，所以司马迁在寻找、利用这些诸侯王谱牒资料时，就深深地感叹说："汉兴已来，至于太初百年，诸侯废立分削，谱纪不明，有司靡踵，强弱之原云以世。"① 其实这种情况又何止汉代如此？《晋书·职官志》曰："宗正，统皇族宗人图谍。"② 而两晋时期的帝王谱牒，同样也不齐全，曾任职过宗正卿的虞泽就曾讲过："太宁二年（324），臣忝宗正，帝谱泯弃，罔所循按。时博咨旧齿，以定昭穆，与故骠骑将军华恒、尚书荀崧、侍中荀邃因旧谱参论撰次，尊号之重，一无改替。"③ 这条材料即说明了虽有宗正设置，皇室谱牒记载也未必都很齐全，而在关键时刻，它的作用又无可替代，此时旧谱就起到决定作用。可见宗正的设置，在编纂皇室谱牒方面，往往并不尽职，因而造成谱牒的残缺不全；然而尽职的自然还是有的，因而才有可能留下《帝王诸侯世谱》二十卷。

我们说在汉代私家之谱还没有出现过，有人肯定会用《扬子家牒》来加以反驳。其实关于《扬子家牒》，我们认为它并不是真正意义上的家谱，实际上它只不过是家传而已。对此，以前学者早已下过结论，潘光旦先生早在1929年于《中国家谱学略史》中就曾指出："《扬氏家牒》散亡亦早，刘歆《七略》最先引之，后世固知子云以甘露二年生。唐时，《艺文类聚》礼部犹得转引其文曰：'子云以天凤五年卒，弟子侯芭负土作坟，号曰元冢。'又曰：'云卒，桓君山为敛赗起祠茔。'刘知幾《史通》言家史范围，亦尝引列之。惟家牒一书，实质兼谱传，且恐泰半为家传，故章宗源考证隋代经籍，以之入杂传而不入谱牒。质诸《汉书》扬雄本传，亦谓'自季至雄，五世而传一子，故雄亡它扬于蜀'，则可知扬氏当时实少可以为谱之资料。章氏或有见及此也。"④ 需要指出的是，唐代史学评论家刘知幾其实已经将其性质定为叙传。为了说明问题，我们不妨将《史通·序传》前面两段文字抄录于下：

盖作者自叙，其流出于中古乎？案屈原《离骚经》，其首章上陈氏

---

① 《史记》卷130《太史公自序》，第3304页。
② 《晋书》卷24，第737页。
③ 《晋书》卷31《后妃上·武悼杨皇后》，第956页。
④ 《中国家谱学略史》，《潘光旦文集》第8卷，第240—261页。

族，下列祖考，先述厥生，次显名字。自叙发迹，实基于此。降及司马相如，始以自叙为传。然其所记者，但记自少及长，立身行事而已。逮于祖先所出，则蔑尔无闻。至马迁又征三闾之故事，（放）[仿]文园之近作，模楷二家，勒成一卷。于是扬雄遵其旧辙，班固酌其余波，自叙之篇，实烦于代。虽属辞有异，而兹体无易。

寻马迁《史记》，上自轩辕，下穷汉武，疆宇修阔，道路绵长。故其自叙始于氏出重黎，终于身为太史。虽上下驰骋，终不越《史记》之年。班固《汉书》，止叙西京二百年事耳。其自叙也，则远征令尹，起楚文王之世；近录《宾戏》，当汉明帝之朝。苞括所及，逾于本书远矣。而后来叙传，非止一家，竞学孟坚，从风而靡。施于家牒，犹或可通，列于国史，多见其失者矣。①

非常明显，刘知幾是将扬雄《家牒》看作是叙传一类，尤其是此文的第四段中更明确讲了："历观扬雄已降，其自叙也，始以夸尚为宗。"② 作为史学评论家的刘知幾，专门评论各类史书的性质，所说自属可靠，何况他对家谱亦深有研究，上述结论绝非随意所谈。所以我们说在汉代真正意义上的私家之谱还没有产生。潘光旦先生当年将私家之谱称为"平民之谱学"，他也认为"汉代平民谱学不重"，那么汉人为什么不重谱学呢？潘先生认为"有一大原因焉，曰大族之迁徙频繁"。文章列举了"前后官办之移民运动凡十七次，其中所移为豪富大族者凡六次"，因而得出结论说："吾人之心理，久于其地则爱其地；久与其宗族相属，则敬宗收族之谊油然自生；而谱牒一类文字事业自应运而出。今移徙频繁，既夺其祖宗所世守之郡邑，又离其所久与周旋之宗族，则情谊既杀，而为谱之动机于焉锐减。……孙星衍序《校补〈元和姓纂〉辑本》有曰：'姓氏与郡望相属，乃知宗派所出，……三代以上，官有世禄，各居其国都。自汉时徙豪右入关，而郡望非其土著，盖亦解释汉代谱学所以不振之言也。'"③

---

① 《史通笺注》，第336—337页。
② 同上书，第338页。
③ 《中国家谱学略史》，《潘光旦文集》第8卷，第240—261页。

我们认为潘光旦先生指出"汉代平民之谱学不重"、"汉人不重谱学"，确是如此。汉人确实不重视谱学，尤其是私家之谱的编修，可以说尚未提到议事日程，自然一部也没有发现。但是若追查其不重视之原因，潘先生所提出的"一大原因"，"曰大族之迁徙频繁"，恐怕也未必是真正的答案。因为任何一种著作的产生，都必须具有产生这种著作的社会条件，也就是人们常说的适合产生这种著作的土壤和温床。众所周知，郡望这一社会现象是在魏晋南北朝时期方才出现的。当时由于地方豪族地主政治、经济势力的发展，形成了门阀制度，这些豪族亦称望族，每个郡都有，多少不等，于是就产生了郡望。尤其是那些累世显荣的门阀，总是要标榜自己的郡望优越于别郡。标举郡望，在于显示门第的高下，而门第的高下，乃是直接关系到每个人的社会地位和政治权利，如当时所实行的九品中正制的用人制度，大都是凭借"世资"和"门第"。正因为如此，对于姓谱的记载就特别重视，而在汉代这种社会现象则基本不存在。我们可以这样说，有了郡望也就产生了众多的私家之谱，这两者之间是密不可分的。即使在东晋偏安以后，许多世家大族纷纷南徙，照样要把自己的郡望带着走，于是在南方土地上就产生了许多侨置州郡。而家谱、族谱自然也都带着走，并且要妥善保存，因为这是他们行使权利的标志和护身符。而在汉代，还不存在上述种种社会因素，因此也就不太可能产生私家之谱。特别是"郡望"，非常明显乃是魏晋南北朝时期的产物。关于这些，在讲魏晋南北朝时期的谱学发展时当会详细论述。

在汉代，见于文献记载的谱牒著述尚有《邓氏官谱》、聊氏《万家谱》、应劭《风俗通义》中的《姓氏篇》和王符《潜夫论》中的《志氏姓》等。《隋书·经籍志》谱系篇小序著录《邓氏官谱》，既无作者也无卷数，只云其书"晋乱已亡"[①]。这无疑就给后人留下两大问题：一者可以理解为邓姓作者所写关于汉代官员方面的书，再者可以理解为邓姓或他姓人所写关于邓氏家族为官的官谱。清代目录学家姚振宗在《后汉艺文志》二云："范书《邓禹传》：……邓氏自中兴以后，累世宠贵，凡侯者二十九人，公二人，大将军以下十三人，中二千石十四人，列校二十二人，州牧郡守四十八人，其余侍中、将、大夫、郎、谒者不可胜数，东京莫与为比。按此传云云，似即

---

① 《隋书》卷33，第990页。

据《邓氏官谱》。"①姚氏之说自然是有一定道理，但是我们同样又看到《后汉书·梁冀传》记载曰："冀一门前后七封侯，三皇后，六贵人，二大将军，夫人、女食邑称君者七人，尚公主者三人，其余卿、将、尹、校五十七人。"②面对这两个家族做官具体数字的记载，所以我们对于《邓氏官谱》的认识可能有两解的问题。关键是因为其早已散佚，又无文献记载其内容如何，后人当然就无法下结论；况且南朝梁时谱学家徐勉就著有《百官谱》二十六卷，所以人们完全有理由提出上述两解。至于聊氏《万家谱》，也仅见于郑樵《通志·氏族略·氏族序》中"颍川太守聊氏《万姓谱》"之记载，其他文献则未见著录。《万姓谱》之"万"字言其多也，并非确指真有万姓之数。对于应劭《风俗通义》中的《姓氏篇》和王符《潜夫论》中的《志氏姓》，有的谱学论著认为"皆非谱书之正"，我们认为这种看法显然是很不妥当的。众所周知，姓氏之书，本为谱学的重要组成部分，《隋书·经籍志》的《谱系篇》小序开宗明义就是："氏姓之书，其所由来远矣。"③可见古人对于谱学之书就是统称为"氏姓之书"，就如挚虞的《族姓昭穆记》，有谁能说它不是谱牒类呢？又如敦煌石室所出《天下姓望氏族谱》残卷和《新集天下姓望氏族谱》并序，都仅仅记载每一郡的郡姓，同样都称为"姓望氏族谱"，也从未有人说"皆非谱书之正"。尤其是唐代著名谱学家柳芳在论述历代以来谱学著作时就非常明确地指出："初，汉有邓氏《官谱》，应劭有《氏族》一篇，王符《潜夫论》亦有《姓氏》一篇，宋何承天有《姓苑》二篇，谱学大抵具此。"④请看，这里说得多么肯定。请问有的学者对这些内容都读过没有？这都是谱学发展过程中所产生的重要内容，如何能说"皆非谱书之正"呢？因为姓氏之书毕竟是谱牒学的重要组成部分，况且任何谱牒之书也离不开姓氏，其道理实在不用多说。

---

① （清）姚振宗撰：《后汉艺文志》，《师石山房丛书》本，开明书店1936年版，第74页。
② 《后汉书》卷34，第1185页。
③ 《隋书》卷33，第990页。
④ 《新唐书》卷199《柳芳传》，第5680页。

二、司马迁与谱牒学

无论是研究还是讲述汉代的谱学,有一个人实在是非讲不可的,但许多谱学论著又从来不讲的,那就是伟大的历史学家司马迁。他是中国历史上最早研究和应用谱牒文献的第一人,也是采用表谱形式记载人类历史的第一人,他实际上是一位名副其实的谱牒学家。

根据现有文献记载来看,我们说司马迁是中国历史上最早研究和运用谱牒文献的第一人。对于这个结论,大家可能不会有什么意见,要说他也是采用表谱形式来记载人类历史的第一人,或许有人就不会那么容易接受,特别是我在"表"字后面加上一个"谱"字,有的人就更加不太接受。很明显,研究谱学的人,至今没有一个人说过司马迁是位谱牒学家。其所以会如此,实在是有些人不解表谱相通之意所致。其实在古代对于以表来记述世系之书均称之为谱,故将用表记述家史之书亦称之为家谱。宋代史学家郑樵在《通志·总序》中就曾这样说:"古者纪年别系之书,谓之谱,太史公改而为表。"① 故表与谱者,其意一也。只有了解这个道理,对于我们说司马迁是位很有贡献的谱学家,才不致大惊小怪。

司马迁(前145—前87?),字子长,左冯翊夏阳(今陕西韩城)人,是我国伟大的历史学家。他生长的时代,正是我国封建政治、经济、文化全面发展的时代,也是大一统局面出现后第一个经济、文化发展的高潮时代。司马迁的幼年,是跟着父亲司马谈在家乡度过的,"耕牧河山之阳"(《史记·太史公自序》),参加过一些农业劳动,可见他的家庭是一个中产以下的人家。汉武帝建元年间,司马谈做了太史令,移家长安。他在父亲的亲自教导下,加上自己刻苦努力,自谓"年十岁则诵古文",说明他很早就具有古文修养。后来还曾向董仲舒学习公羊派《春秋》,跟孔安国学习研究《尚书》,并进而博览和研究古代典籍以至档案文书,为日后继续其父史官事业准备了条件。元封元年(前110)父亲司马谈去世,第三年,司马迁便做了太史令。这对于他的伟大著作事业,无疑提供了有利条件,他可以方便地于

---

① 《通志二十略》,第10页。

"石室金匮"查阅资料,也就是说皇家图书馆所藏之书和档案资料都有机会可以查阅。太初元年(前104),司马迁倡议并主持了改革历法的工作,这是中国天文史上一件大事,也是司马迁做了太史令以后所做有益于人民的一件好事。在他的主持下,聘请了懂得历法的专家和民间历法研究者共数十人,经过共同努力推算,终于制订出一个正月为岁首的新历,这就是有名的《太初历》。改历工作完成,充分说明了司马迁对于天文历法的造诣,他确实称得上是一位上知天文、下通地理、懂得医药、长于文史的学识渊博的通才。太初元年,改历工作完成后,司马迁就开始他的伟大著作——《史记》的写作,这年他正是四十二岁的壮年。天汉二年(前99),正在专心著述的司马迁,因对李陵案件说了几句公道话,触怒了汉武帝,被捕入狱,处以死刑,这确实是一场飞来之横祸。按照汉律,被判死刑的人,有两种情况可以免死,一种是纳钱赎罪,另一种是受腐刑。前者司马迁是办不到的,他在《报任安书》说:"家贫,货赂不足以自赎;交游莫救,左右亲近不为一言。"这种亲身遭遇,使他看到了当时社会的人情冷暖。前者走不通,要活下去,那就只有忍受耻辱而受残酷的腐刑。这时的司马迁,精神极为痛苦,徘徊于生死斗争线上,他想到自己著作尚未完成,父亲的遗志没有实现,就这样死去毫无价值。他认为"人固有一死,死有重于泰山,或轻于鸿毛",为了完成父亲的遗志和自己的理想——撰写《史记》,忍辱含垢,终于在天汉三年受了"腐刑"。出狱以后,司马迁做了中书令,名义上地位比太史令高,实际上只是个"闺阁之臣",与宦者无异。这种处境,常常刺痛他那受了损害、受了污辱的心灵,他"每念斯耻,汗未尝不发背沾衣"。肉体和心灵的创伤,时时在折磨着司马迁,然而灾难并没有摧毁他的著作意志,而是更加激励了他完成著作的毅力。司马迁一直默默无闻地用血和泪来书写这部伟大的著作。太始四年(前93),他在给友人任安的信中,透露了自己著作已经完成的信息,全书用本纪、世家、列传、表和书五种体裁所写成,我们说这是司马迁用整个生命换来的一部伟大的著作,是他理想、血汗和精神的结晶,他开创了用纪传体编写史书的先河。

在他所用的五种体裁中,我们特地要给大家介绍的是其中的表。因为用表来记载历史,不仅对史学发展起了很大的作用,而且对谱牒学的发展,特别是家谱、族谱的编修和发展起到了决定性的作用,所以一直受到史学家们的好评。史学评论家刘知幾在《史通·杂说上》中说："观太史公之创表也，于帝王则叙其子孙，于公侯则纪其年月，列行縈纡以相属，编字戢眷而相排，虽燕越万里，而于径寸之内犬牙可接，虽昭穆九代，而于方尺之中雁行有叙。使读者阅文便睹，举目可详，此其所以为快也。"① 宋代大史学家郑樵对《史记》的表评价就更高了，《通志·总序》说："《史记》一书，功在十表，犹衣裳之有冠冕，木水之有本原。"② 可见评价都确实很高。当然，关于它在史书编修、史学发展上所起的作用，限于篇幅，这里我们就从略了。《史记》的表在谱学发展上的影响，特别是对家谱、族谱编修的影响应当说是非常深远的。编修谱牒著作，远在西周时代已经采用了表谱的形式，但是从魏晋南北朝至隋唐，私家之谱已经非常盛行，当时所修之家谱、族谱，是否也采用了表的形式，已经不得而知了。而宋代欧阳修所看到过唐人遗留下来的族谱，都未看到用表的形式，他说："唐之遗族，往往有藏其旧谱者，时得见之，而谱皆无图，岂其亡之，抑前世简而未备欤？"③ "皆无图"，实际上是指皆无表，有鉴于此，欧阳修遂"因采太史公《史记》表、郑玄《诗谱》，略依其上下傍行，作为谱图，上自高祖，下止玄孙，而别自为世，使别为世者，上承其祖为玄孙，下系其孙为高祖，凡世再别而九族之亲备。推而上下之，则知源流之所自，旁行而列之，则见子孙之多少，夫惟多与久，其势必分，此物之常理也，凡玄孙别而自为世者，各系其子孙，则上同其出祖而下别其亲疏。如此，则子孙虽多而不乱，世传虽远而无穷，此谱图之法也。"④ 这就是说，作为历史学家的欧阳修，他受到司马迁《史记》中的《三代世表》和《十二诸侯年表》等启发，在族谱编修中采用了列表的形式来反映家族中世系之间的承传关系，这一举措，效果确实很好，世代关系在表中可以一目了然。同时的苏洵所修之苏氏族谱，也采用了表的形式，此后遂成为编修家谱的程式。清代史学评论家章学诚，也是一位谱牒学家，他认为表乃是家谱中最为重要的体裁，也是主要的组成部分，同时还指出："家谱系

---

① 《史通笺注》，第585页。
② 《通志二十略》，第2页。
③ （北宋）欧阳修著，李逸安点校：《欧阳修全集》卷74《[集本]欧阳氏谱图序》，中华书局2001年版，第1079页。
④ 同上。

表，旁行斜上，乃是周谱旧式，后史所本者也。"① 当然他也多次说明，将周谱复活的功臣正是司马迁，因此我们在研究谱牒学的时候，万万不能忘记这位为谱牒学发展立下大功的司马迁。

司马迁在撰写《史记》的时候，由于周秦以前的文献资料奇缺，他就利用谱牒资料，采用列表的形式加以记载，以弥补资料不足、无法以文字系统记述的困难。为什么会产生这种奇缺的情况呢？司马迁认为较早的时候，即西周以来，还没有出现一部综合性记载历史的著作，大家都各记其说。他在《十二诸侯年表序》中说："儒者断其义，驰说者骋其辞，不务综其终始；历人取其年月，数家隆于神运，谱谍独记世谥，其辞略，欲一观诸要难，于是谱十二诸侯，自共和讫孔子，表见《春秋》、《国语》学者所讥盛衰大指著于篇，为成学治古文者要删焉。"② 这就是说，他采用列表的形式，将这些诸侯每年所发生的大事记入表中。这一做法比较灵活，有事则记，无事则空，表中共记自周至吴十三诸侯，但篇名只言十二，因吴国乃夷狄之邦，但又北上称霸，故实叙十三，"起自共和，终于孔子。十二诸侯，各编年纪，兴亡继及，盛衰藏否，恶不掩过，善必扬美，绝笔获麟，义取同耻"③。这就是前人对《十二诸侯年表》的评论。至于记载黄帝以来，特别是夏、商、周三代历史的文献就更加少了，司马迁同样利用谱牒资料，成《三代世表》。他在序中说："太史公曰：五帝、三代之记，尚矣。自殷以前诸侯不可得而谱，周以来乃颇可著。孔子因史文次《春秋》，纪元年，正时日月，盖其详哉。至于序《尚书》则略无年月，或颇有，然多阙，不可录，故疑则传疑，盖其慎也。余读谍记，黄帝以来皆有年数，稽其历谱谍终始五德之传，古文咸不同，乖异，夫子之弗论次其年月，岂虚哉！于是以《五帝系谍》、《尚书》，集世纪黄帝以来讫共和为《世表》。"④ 对此《索隐》已经指出："此表依《帝系》及《系本》，其实叙五帝、三代。而篇唯名《三代系表》者，以三代代系长远，宜以名篇，且三代皆出自五帝，故叙三代要从五帝而起也。"⑤ 众所

---

① 《章学诚遗书》卷13《高邮沈氏家谱叙例》，第118页。
② 《史记》卷14，第511页。
③ 同上书，第683页。
④ 《史记》卷13，第487—488页。
⑤ 同上书，第487页。

周知，司马迁在《史记》中还作了《汉兴以来诸侯年表》，不知情者很可能认为，汉朝建立不过百年时间，材料肯定丰富，问题肯定清楚，其实不然。司马迁在《太史公自序》中就说："汉兴已来，至于太初百年，诸侯废立分削，谱纪不明，有司靡踵，强弱之原云以世。"① 这说明，西汉初年，诸侯封、废、分、削，都很频繁，因此头绪也很复杂，加之当时"谱纪不明"，要把这些诸侯王的来龙去脉都搞清楚，确实很不容易。我们知道，汉初曾封过七个异姓诸侯王，全国统一后，又将异姓诸侯王逐个废除，而改封同姓诸侯王。这些诸侯王后来势力大了，形成尾大不掉的局面，乃致发生了吴、楚七国之乱。为了加强控制，于是采用了一系列分削的措施，如将齐分为七、赵分为六、梁分为五、淮南分为三等等。面对这样头绪纷繁的历史现象，经过他的辛勤劳动，使这些诸侯王的兴废情况，都在此表中得到了有序的反映，可见司马迁不仅用表谱形式记载了古代的历史承传，而且同样也记载了当时历史的发展。我们不禁要问，这种记载历史承传的表谱，有什么理由能说它不是谱牒学的组成部分呢？司马迁在修史过程中，创立了史表这种形式，为史书编修增加了一种新的体裁，因此深得历代史学家的好评，这在前面已经作了论述，而他在谱学上所作的贡献，同样得到历代学者的肯定和赞扬。东汉学者桓谭在《新论·离事》中就这样说："太史《三代世表》，旁行邪上，并效周谱。"② 尤其是南朝梁大谱学家王僧孺的评论，更是肯定了司马迁在发扬和承传谱学上所作出的巨大贡献。《梁书·刘杳传》载："王僧孺被敕撰谱，访杳血脉所因。杳云：'桓谭《新论》云：太史《三代世表》，旁行邪上，并效周谱。以此而推，当起周代。'僧孺叹曰：'可谓得所未闻。'"③ 值得注意的是，王僧孺访问刘杳的目的，是为了请教谱学发展过程中的"血脉所因"，而刘杳的回答，很明显是将司马迁《三代世表》视作周谱的承传，所以王僧孺叹曰"可谓得所未闻"。这两人的对话，我觉得比任何评论都更为重要，他们肯定了司马迁在谱学发展过程中所起的特殊作用。因为在他们看来，除了司马迁，就没有其他人对西周以来的谱牒资料作过如此深入的研究

---

① 《史记》卷130，第3304页。
② （东汉）桓谭：《新论》，上海人民出版社1977年版，第45页。
③ 《梁书》卷50，第716页。

和利用,并且创造出了新的成果,他自然就成为我国古代谱牒学唯一的传人。既然如此,他自然就是一位谱学家,而这个头衔,显然是汉魏六朝学者已经定了,而唐代著名谱学家柳芳则又全面加以肯定:"汉兴,司马迁父子乃约《世本》修《史记》,因周谱明世家,乃知姓氏之所由出,虞、夏、商、周、昆吾、大彭、豕韦、齐桓、晋文皆同祖也。更王迭霸,多者千祀,少者数十代。先王之封既绝,后嗣蒙其福,犹为强家。"① 然而令人遗憾的是,在当代那些研究谱牒学的论著中,还没有见到过将司马迁称为谱牒学家的表述。究其原因,正是这些研究者们观念上的错误,把谱学局限在家谱、宗谱概念上面。我们早就说过,谱学不等于家谱学,家谱只是谱学中的一个分支,不能代表整个谱牒学,充其量也只能说是狭义的谱学而已。

三、王符《潜夫论》中的《志氏姓》

王符,东汉学者,字节信,安定临泾(今甘肃镇原)人。生卒年不详,大约生活在东汉和帝至灵帝时代,曾与张衡、马融、崔瑗等相友善,少好学,有志操,为人耿介,不同于俗,一生不得升进,唯隐居著书。《后汉书》本传称其"志意蕴愤,乃隐居著书三十余篇,以讥当时失得,不欲章显其名,故号曰《潜夫论》。其指讦时短,讨摘物情,足以观见当时风政"②。全书十卷三十六篇,大多为讨论治国安民之术的政论文章,少数涉及哲学问题。如他提出农桑为"富国之本",反对"生而知之"的说法,在卷首的《赞学》篇,正是论述了励志勤修之旨,并且开宗明义就这样说:"天地之所贵者,人也;圣人之所尚者,义也;德义之所成者,智也;明智之所求者,学问也。"③ 但是,其中有少数篇章,亦不尽指陈时政及论述哲理问题,如《卜列》、《相列》、《梦列》三篇,乃是杂论方技。而第三十四章,篇名虽曰《五德志》,其实是讲述古代帝王的世次,因为在当时认为古代帝王之轮替

---

① 《新唐书》卷199,第5677页。
② 《后汉书》卷49《王符传》,第1630页。
③ (东汉)王符著,(清)汪继培笺,彭铎校正:《潜夫论笺校正》,中华书局1985年版,第1页。

是按金、木、水、火、土五德相排列的。特别是第三十五章之《志氏姓》，则又是讲述氏姓的起源与发展的，因此有的著述称其为"考谱牒之源流"是有一定道理的。从现有文献记载来看，这很可能就是我国最早的一篇谈论氏姓起源的文章，并且较为完整地保存了下来，因此比王符稍后的应劭在《风俗通义》中虽然也有《姓氏》篇，但王符毕竟比他早，而《风俗通义》中的《姓氏》篇又早已散佚，因此《志氏姓》就显得尤为可贵。

关于氏姓，两者古代是有区别的，氏以别贵贱，姓以别婚姻，如今知道的人已经不太多了，因为秦汉以后这种区别已经不存在了，因而汉代学者在谈论氏姓时，已经把它们当作一回事了。对此，古代许多学者在论著中都作过专门的论述，如宋代学者郑樵在《通志·氏族略第一·氏族序》中、明清之际学者顾炎武在《日知录》中、清代学者钱大昕在《十驾斋养新录》中都作了详略不等的论述，其中郑樵的论述最详："三代之前，姓氏分而为二，男子称氏，妇人称姓。氏所以别贵贱，贵者有氏，贱者有名无氏。今南方诸蛮，此道犹存。古之诸侯诅辞多曰'坠命亡氏，踣其国家'，以明亡氏则与夺爵失国同，可知其为贱也。故姓可呼为氏，氏不可呼为姓。姓所以别婚姻，故有同姓、异姓、庶姓之别，氏同姓不同者，婚姻可通。姓同氏不同者，婚姻不可通。三代之后，姓氏合而为一，皆所以别婚姻，而以地望明贵贱。"① 至于两者何时合而为一，钱大昕在《十驾斋养新录》卷12《姓氏》中讲得最明确："三代以前有天下者，皆先圣之后，封爵相承，远有代序，众皆知其得姓受氏之由。虞姚、夏姒、殷子、周姬，百世而婚姻不通。……战国分争，氏族之学久废不讲。秦灭六雄、废封建，虽公族亦无议贵之律。匹夫编户知有氏不知有姓久矣，汉高帝起于布衣，太公以上名字且无可考，况能知其族姓所出耶？故项伯、娄敬赐姓刘氏，娥姁为皇后，亦不言何姓。以氏为姓，遂为一代之制，而后世莫能改焉。……盖三代以前，姓与氏分，汉、魏以后，姓与氏合。……三代以上，男子未有系姓于名者。"② 对于这些论述，我们作了适当介绍，对于大家了解和研究王符的《志氏姓》和应劭的《姓氏》篇提供方便。我们已经讲了《志氏姓》乃是《潜夫论》中的一篇，

---

① 《通志二十略》，第1—2页。
② 《十驾斋养新录》卷12，第243页。

全文仅六千余字，讲述了氏姓的产生演变和发展，而文章第一段则是讲述我国古代"赐姓命氏"之缘由及几种原则。为了说明问题，现将全文抄录于下：

> 昔者圣王观象于乾坤，考度于神明，探命历之去就，省群臣之德业，而赐姓命氏，因功德彰，传称民之彻官百，王公之子弟千世能听其官者，而物赐之姓，是谓百姓。姓有彻品，于王谓之千品。昔尧赐契姓子，赐弃姓姬，赐禹姓姒，氏曰有夏，伯夷为姜，氏曰有吕。下及三代，官有世功，则有官族，邑亦如之。后世微末，因是以为姓，则不能改也。故或传本姓，或氏号邑谥，或氏于国，或氏于爵，或氏于官，或氏于字，或氏于事，或氏于居，或氏于志。若夫五帝三王之世，所谓号也；文、武、昭、景、成、宣、戴、桓，所谓谥也；齐、鲁、吴、楚、秦、晋、燕、赵，所谓国也；王氏、侯氏、王孙、公孙，所谓爵也；司马、司徒、中行、下军，所谓官也；伯有、孟孙、子服、叔子，所谓字也；巫氏、匠氏、陶氏，所谓事也；东门、西门、南宫、东郭、北郭，所谓居也；三乌、五鹿、青牛、白马，所谓志也。凡厥姓氏，皆出属而不可胜纪也。①

阅读这段文字以后，人们会发现，作者对于古代姓氏之别并未作任何说明，而在讲尧赐四姓时，契、弃只有姓而无氏，禹、伯夷既赐姓又有氏，为什么会如此，并无任何说明。实际上王符自己也讲不清楚。即使西汉时司马迁尚且如此，他在《史记·五帝本纪》中的一段话就足以说明："自黄帝至舜、禹，皆同姓而异其国号，以章明德。故黄帝为有熊，帝颛顼为高阳，帝喾为高辛，帝尧为陶唐，帝舜为有虞。帝禹为夏后而别氏，姓姒氏。契为商，姓子氏。弃为周，姓姬氏。"② 可见司马迁亦已氏姓不分了，难怪郑樵在《通志·氏族略第一·氏族序》中感叹曰："奈何司马子长、刘知幾谓周公为姬旦，文王为姬伯乎？三代之时，无此语也，良由三代之后，姓氏合

---

① 《潜夫论笺校正》，第401页。
② 《史记》卷1，第45页。

而为一，虽子长、知幾二良史，犹昧于此！"① 至于文中所讲九种得姓之法，每种都举例加以说明，不过最后一种"氏于志"的志字，明显是错了，而校点者未能校出，"志"在此是讲不通的。应劭《风俗通义》中的《姓氏》篇佚文称"氏于职"②，如此，方能讲得通。文章第三段则讲述："黄帝之子二十五人，班为十二：姬、酉、祁、己、滕、葴、任、拘、厘、衣氏也。"③ 至于为什么二十五人只得十二姓，似乎在古代文献中均无说明，而司马迁在《五帝本纪》中则说："黄帝二十五子，其得姓者十四人。"④ 可见得姓之数在古代说法亦有分歧。其后，文章则对少皞、祝融、帝舜、帝乙等后人衍生出的姓氏进行介绍。从其介绍来看，有些姓氏发展和衍生是相当复杂的，我们不妨举两则故事来说明这个问题，"留侯张良，韩公族，姬姓也。秦始皇灭韩，良弟死，不葬，良散家赀千万，为韩报仇，击始皇于博浪沙中，误椎副车。秦索贼急，良乃变姓为张，匿于下邳，遇神人黄石公，遗之兵法，及沛公之起也，良往属焉。沛公使与韩信略定韩地，立横阳君城为韩王，而拜良为韩信都。信都者，司徒也，俗前音不正，曰'信都'或曰'申徒'，或'胜屠'，然其本共一司徒耳。……凡桓叔之后，有韩氏、言氏、婴氏、祸余氏、公族氏、张氏，此皆韩后，姬姓也"⑤。此处所言之桓叔，正是晋穆侯之子，"十世而为韩武侯，五世为韩惠王"，这就是历史上韩、赵、魏三家分晋而有韩国。可见作为姬姓的韩国，其后又衍生出这么多的姓氏，特别是张良，本不姓张，为逃避秦的追捕而改姓张，当然他这张姓与原来的张姓显然就是不同源了。又如战国时陈敬仲奔齐称田氏，并演出了"田氏代齐"，其后则以田姓相传。至汉武帝时，丞相田千秋年老，武帝乃赐乘小车出入殿中，故时人称为"车丞相"，子孙遂以为氏。这就可以看出，这个家族姓氏，由陈而田，又由田而为车。可见历史上的姓氏，由起源、发展而演变，内容是相当丰富与复杂的，若仔细分析研究，实在大有文章好做。

---

① 《通志二十略》，第 2 页。
② （东汉）应劭撰，吴树平校释：《风俗通义校释》佚文 27，天津人民出版社 1980 年版，第 456 页。
③ 《潜夫论笺校正》，第 409 页。
④ 《史记》卷 1，第 9 页。
⑤ 《潜夫论笺校正》，第 446 页。

四、应劭《风俗通义》中的《姓氏》篇

应劭(约153—196),字仲远(亦作仲瑗),东汉汝南郡南顿县(今河南项城)人。少年时勤奋好学,《后汉书》本传称其"少笃学,博览多闻"①,为后来治学打下了基础。他出生在世代通显的官僚世家,并凭借先世的权势,在灵帝初年由郡举孝廉,熹平二年(173)为郎,辟车骑将军何苗掾,又曾为萧令。中平六年(189),做了五个月的营陵令,便被擢为泰山太守。献帝初平二年(191),黄巾起义军三十万人攻入泰山郡境,遭到应劭大肆镇压,使起义军受到很大挫折。兴平元年(194),曹操之父曹嵩及其弟曹德由琅琊郡到泰山郡,曹操派军队接送,在应劭军队未到达之前,陶谦已密派数千骑袭杀了曹氏父子。应劭怕受到曹操之惩罚,遂弃官投奔冀州牧袁绍。二年,诏拜为袁绍军谋校尉,后从未离开过冀州,最后病死在邺(今河北临漳县西南)。其生卒年,《后汉书》本传均无记载,唯《三国志·武帝纪》裴松之注引《世语》述"太祖令泰山太守应劭送家诣兖州"事,附带讲了"后太祖定冀州,劭时已死"。② 而曹操平定冀州,是在献帝建安九年(204)八九月间,那么应劭在此之前已死是毫无疑问的。

应劭是一位学识渊博的学者,在政治上的作为并不足道,而在学术上却颇有贡献。除《风俗通义》外,还著有《汉官仪》、《礼议故事》、《中汉辑序》等,还为《汉书》作过集解。特别是《汉官仪》,其内容丰富翔实,一直为历代学者所重视,故他在学术上的贡献非同一般。就以《风俗通义》而言,原作为三十篇,《隋书·经籍志》著录为三十一卷,其中一卷为《录》。《旧唐书·经籍志》、《新唐书·艺文志》均记载为三十卷,可见宋初都还完好地在流传。单从三十篇的篇名来看,涉及社会内容是非常丰富的,诸如《正失》、《过誉》、《祀典》、《怪神》、《辨惑》、《嘉号》、《徽称》、《姓氏》、《讳篇》、《释忌》、《丧祭》、《市井》等。此所讲之问题,与社会各阶层人们都有关系,就如《姓氏》、《丧祭》,可以说关系到家家户户,所以这是一部

---

① 《后汉书》卷48《应劭传》,第1609页。
② (西晋)陈寿撰,陈乃乾校点:《三国志》,中华书局1959年版,第11页。

反映时代风尚的重要著作，对于研究秦汉以来社会历史、文学艺术、风俗民情等都有着重要价值。遗憾的是，到了北宋神宗元丰年间（1078—1085），苏颂看到此书时，只有十卷，也就是我们今天所见到的十卷本，而大半都已散佚。尤其可惜的是，如《姓氏》、《讳篇》、《释忌》等重要内容都已散佚。值得庆幸的是，吴树平先生的《风俗通义校释》一书，不仅作了详尽的校释，而且书后还辑佚了数量非常可观的佚文，并分二十七类编排，而第二十七类就是《姓氏》。十分可喜的是，其所辑内容相当丰富，就连该篇的开头语或引言都被辑出，这对于研究《姓氏》篇撰写思路无疑是有帮助的。因字数不多，现抄录于下：

> 万类之中，唯人为贵，《春秋左氏传》："官有世功，则有官族，邑亦如之。"《公羊》讥卫灭邢，《论语》贬昭公娶于吴，讳同姓也。盖姓有九，或氏于号，或氏于谥，或氏于爵，或氏于国，或氏于官，或氏于字，或氏于居，或氏于理，或氏于职。以号，唐、虞、夏、殷也；以谥，戴、武、宣、穆也；以爵，王、公、侯、伯也；以国，曹、鲁、宋、卫也；以官，司马、司徒、司寇、司空、司城也；以字，伯、仲、叔、季也；以居，城、郭、园、池也；以事，巫、卜、陶、匠也；以职，三乌、五鹿、青牛、白马也。①

我们知道，《风俗通义》的许多篇章，大多通过议论时俗、品评得失的形式对当时社会的各种迷信思想和不良风俗进行了批评，而作者在《姓氏》篇的引言，开宗明义就提出"万类之中，唯人为贵"，这就是说他把人看作是世界万物的主体，这与当时社会流行的天人感应、天是万物主宰的思想相比，无疑是非常可贵的；况且在讲述姓氏之前，提出这样的主张，还是耐人寻味的。接着就把自古以来取得姓氏的九种主要来源一一作了介绍。至于此篇原来的撰写形式如何，已经不得而知。如今辑佚的文字乃是以笔画多少进行排列的，据汪受宽先生的《姓名的奥妙》一书记载："东汉人应劭所编《风俗通义·姓氏篇》，收录当时常见的520多个姓氏，其中有130个复

---

① 《风俗通义校释》佚文27，第455—456页。

姓，没有一例三字以上的姓，单姓与复姓数量的比例为3∶1。"①而如今辑佚的经粗略统计仍有466个，可见辑佚出的比重还是相当大的。而从辑佚出的条文来看，条文长短显然不一，都带有散佚的痕迹，但总的还是看出，起初撰写都有受氏缘由及受氏人姓名等内容，还有后世传承人的名字。关于历史上取得姓氏的九大因素，他在介绍中虽然都列举了例子，而在介绍到每一个具体姓氏时，还是不厌其烦地一一作说明，如卜氏："氏于事者，巫、卜、陶、匠是也。春秋鲁有大夫卜齮，鲁庄公车右卜国。"又如三乌氏："凡氏于职，三乌、五鹿。有三乌大夫，因氏焉。汉有三乌群，为上郡计。"再如文氏："周文王支孙，以谥为氏。越大夫文种。"②诸如此类，自然无须多举，但是我们前面已经讲了，姓氏的起源是非常复杂的，有许多是九大类所包容不了的，对于这些应劭同样都将来龙去脉交代清楚，并举例说明。如东方氏："伏羲之后，帝出于震，位主东方，子孙因氏焉。"又如东关氏："晋有东关嬖五，汉有将军北亭侯东关义。谨按《春秋》：东关，晋之门名，其先晋守关大夫，以地为氏，而义即其后。"③还有后来因故改变姓氏的，如既氏："吴夫王之后，子孙因避仇改为既氏。汉有安南长史既凉。"又如京氏："郑武公子段封于京，号京城太叔，其后氏焉。汉京房本姓李，字君明，后推律自定为京氏。"④可见自古以来，受氏得姓以后，由于种种原因还会不断改变的，就如京房本姓李，却"推律自定为京氏"。至于因避仇而改姓者历史上比比皆是。值得指出的是，应劭对于稀见的姓氏，一般都介绍得比较详尽，而对于那些在社会上流传比较广大的大姓，介绍则相对简略一些。如张氏则曰："张、王、李、赵，皆黄帝之后也，周有张仲，《礼记》有张老，汉有张耳、张良、张释之、张叔、张苍、张骞、张汤、张禹、张贺、张辟强、张敞。又自武帝封张安世为富平侯，图形麒麟阁，子孙八代冠冕。"⑤当然，这里有一个问题，那就是对这四姓如何取得没有交代，人们就无法知道其来龙去脉。而对于"钱氏"的介绍，似乎就更为简明："黄帝之后有为周文王

---

① 汪受宽：《姓名的奥妙》，三秦出版社1991年版，第17页。
② 《风俗通义校释》佚文27，第456、458页。
③ 同上书，第469页。
④ 同上书，第480、467页。
⑤ 同上书，第484页。

师者，封为钱府官，后以为氏。"①这里既讲了为黄帝之后，又讲了曾为周文王之师，特别是因封钱府官而得了此姓氏，因官得姓，顺理成章。这就是说，钱氏始祖之得姓氏，文献记载还是比较清楚的。令人不解的是，有些钱氏家族的族谱，却又另寻自己的始祖，就以浙江各种钱氏家谱而言，关于始祖的记载，一律按照钱镠所制之《大宗谱》排列顺序的世系为准，也就是将彭祖奉为自己的始祖。对此，笔者在1997年撰写的《关于谱学研究的几点意见》②一文中已经提出了批评，并且指出，钱氏《大宗谱》上所列之世系顺序实抄自《史记·楚世家》，而《楚世家》讲得非常清楚："彭祖氏，殷之时尝为侯伯，殷之末世灭彭祖氏。"③这就是说，到了殷，彭祖氏已消亡，但是《钱氏家乘》却说彭祖"历夏、商、周，为三代国师"，自然只是神话而已。我们觉得，钱镠把彭祖编造为自己的始祖，本来已经是离奇了，遗憾的是，目前竟有人热衷于此，大做考证文章，论述彭祖确系钱氏始祖。其实彭祖究竟是怎样一个人，至今谁也讲不清楚。我们认为，应劭所讲钱氏始祖曾为周文之师，又做钱府之官，因而得姓钱氏的说法比较可信。综上所述，从王符的《志氏姓》，到应劭的《姓氏》篇，我们可以清楚地看到姓氏的起源和发展对于一个家族来说至关重要，是编修家谱、族谱中首先要涉及的问题。因此，记载和研究姓氏问题，当然是谱牒学的重要组成部分，那种认为姓氏之书"皆非谱书之正"的说法自然是没有道理的，否则《隋书·经籍志》的《谱系篇》小序，也就不应当将谱牒著作称为"氏姓之书"了。

我们知道，长期以来，从事谱学的研究者总认为两汉时期的谱学是很不发达的，理由很简单，此时既无明确的谱牒著作，也无著名的谱牒学家。从表面现象看来，何尝不是如此呢？我们认为，之所以会产生如此看法，就在于这些研究者有一个非常重要的共同误区，即在他们看来，似乎只有私家之家谱、族谱才算是谱学著作，而记述家族姓氏起源和发展的论著，被他们定为"非谱书之正"，而记述帝王世系的那么多的史表，同样也不被他们所承认。这么一来，两汉时期的谱学发展，确实就成了空白区。这个结论，自然

---

① 《风俗通义校释》佚文27，第484页，第498页。
② 《历史研究》1997年第5期。后以《论谱学研究中的随意性》为题收入《史家·史籍·史学》。
③ 《史记》卷40，第1690页。

不是事实。为什么会产生这样的看法呢？关键在于他们这种看法忽视了这样的历史事实，那就是在我国古代凡是以表来记述世系之书均称之为谱，后来便将用表记述家史之书称为家谱。前面我们还征引了宋代史家郑樵《通志·总序》中那段论述，即旨在说明表与谱其义一也，而古代之谱牒著作又大多用以记述帝王之世系，只有认识到这一点，才会真正理解谱牒的内涵，才会认识到司马迁是一位杰出的谱牒学家，才会认识到史书中的各类史表原来都应当是谱牒学著作。再加上王符、应劭等人专门论述姓氏的论著，两汉时期的谱牒学的内容自然就相当丰富多彩了。可见有些谱学研究者必须改变观念，否则面对丰富内容的谱牒学论著，却视而不见。更要记住，谱牒学并不等于家谱学，家谱学仅仅是谱牒学的一个分支而已，这是古代学者早有的定论；而谱牒学则又是史学的一个分支。只有真正懂得这几层的相互关系，才有可能搞清谱牒学的来龙去脉，也才不致作出与谱学发展历史不相符合的一些结论。

第四章
谱学发展的鼎盛时期——魏晋南北朝谱学

魏晋南北朝时期是我国谱牒学发展的鼎盛时期，也可以说是谱牒学发展的黄金时代。这个时期谱牒学发展的盛况，在谱学发展史上是空前绝后的，因为没有一个朝代有过如此繁荣的局面，不仅数量多、品种全，而且产生了许多谱学家，形成了谱学。之所以会如此发达，自然因素很多，而最重要的则是其深刻的社会根源。

一、魏晋南北朝谱学发展的原因

（一）门阀制度是谱牒学迅速发展的社会基础和政治条件

谱牒学所以能够在魏晋南北朝时期得到蓬勃的发展，与当时地方豪族地主政治、经济势力的发展有着密切的关系。地方豪族地主政治、经济势力的膨胀，门阀制度的形成，是谱牒学得以高度发展的社会基础和政治条件。这种地方豪族地主经济势力在东汉时已得到普遍发展，逐渐形成世家大族，并渐次形成了门阀制度。魏晋以来，这种世家大族的势力更加发展，形成了一种不可控制的社会力量。王仲荦先生为了说明曹魏以后世家势力更加发展并逐步形成累世显荣的门阀，曾列举了大量的历史事实，很具有说服力：

> 颍川荀氏，自荀淑仕汉为朗陵令，淑子爽官至司空，淑孙彧为曹操谋臣，位至尚书令，荀氏在魏晋南北朝，为世"冠冕"。颍川陈氏，自陈实仕汉为太丘长，实子纪位至九卿，纪子群仕魏至司空，其后子孙历两晋南北朝，并处高位。平原华氏，自华歆仕魏至太尉；东海王氏，自

王朗仕魏至司徒；高平郗氏，自郗虑仕汉佐曹操至御史大夫；河东裴氏，自裴潜仕魏至尚书令；河东卫氏，自卫觊仕魏至尚书；扶风苏氏，自苏则仕魏至侍中；京兆杜氏，自杜畿仕魏至尚书仆射；北地傅氏，自傅嘏仕魏至尚书仆射：他们的子孙，一直到两晋南北朝，还是"衣冠"连绵不绝。此外以东晋南朝的王、谢而论，琅邪王氏，由王仁仕汉至青州刺史，仁孙王祥仕魏至太傅，祥弟览亦历九卿，祥从子衍仕西晋至太尉，览子导仕东晋至丞相；陈郡谢氏，自谢瓒仕魏为典农中郎将，瓒子衡仕西晋至九卿，衡子安仕东晋至太傅，王、谢遂俱为江左"盛门"。以北朝的崔、卢、郑、王而论，清河崔氏，自崔林仕魏至司空；范阳卢氏，自卢植仕汉为北中郎将，植子毓仕魏至司空；荥阳郑氏，自郑众仕汉至大司农，众玄孙浑仕魏至将作大匠；太原王氏，自王柔仕汉为北中郎将，柔弟子昶仕魏至司空。由于九品中正制的继续执行，这些士族门阀累世富贵，是显而易见的。①

这些世家大族，大都聚族而居，多者数千家，少者千余家，方圆数十里，组成一个个自给自足的庄园经济群体。他们凭借着在社会上的特殊地位，只要得到推荐，很快就能登仕。为了显示自己门第的高贵，他们又往往各自标举郡望，以达到垄断权势的目的。同样姓崔，独以清河崔氏为贵；同是王姓，又以琅邪王氏、太原王氏为高。清河崔氏、琅邪王氏、太原王氏，便以此自别于他郡的崔氏和王氏，以便显示自己门第的高贵。而郡望观念则是在门第制度下产生的。标举郡望，则在于显示门第的高下，而门第的高下，是直接关系到每个人的社会地位和政治权利，因此对于姓谱记录的重视，被视为当时的大事。唐代著名谱学家柳芳就曾指出："善言谱者，系之地望而不惑，质之姓氏而无疑，缀之婚姻而有别。"② 这就是说，研究当时的谱牒学发展，必须熟悉人物的地望，以了解其社会政治地位，了解族姓的来源和支派，辨清婚姻血统关系。可见谱学与世家大族、门阀制度的关系是如此之密切。魏晋南北朝时期的谱学是为维护门阀豪族利益、巩固门第制度而

---

① 王仲荦：《魏晋南北朝史》，上海人民出版社 2003 年版，第 133 页。
② 《新唐书》卷 199《柳芳传》，第 5679 页。

形成的一种史学。处在这样的社会环境中，那些寒门素族之士，即使能够发迹，做到达官显贵，官场中地位很高，但其门第仍不得与原世家大族相比，可见门第之中仍有区别，在这里"郡望"就起着决定作用了。他们尽管官场中地位很高，仍不得与旧贵比肩。赵翼在《六朝重氏族》中就曾举例，南齐"王敬则与王俭同拜开府仪同，徐孝嗣谓俭曰：'今日可谓连璧。'俭曰：'不意老子遂与韩非同传！'"① 王俭乃琅琊王氏，而王敬则是晋陵王氏，姓氏虽同，由于郡望不同，门第相去甚远，故王俭愤愤不平，认为这样一来，是降低了自己的身份。至于有寒士发迹致通显者，则又得与世族相攀附，以达到荣幸之目的。于是有些寒门素族，为了提高自己的社会地位，往往伪诈高门，诡称郡望，千方百计挤入高门旧望。这种讲究门第郡望的社会风气，甚至一直影响到唐朝初年。刘知幾对此现象在《史通·邑里》中曾作过批评："且自世重高门，人轻寒族，竞以姓望所出，邑里相矜。若仲远之寻郑玄，先云汝南应劭；文举之对曹操，自谓鲁国孔融是也。爰及近古，其言多伪。至于碑颂所勒，茅土定名，虚引他邦，冒为己邑。若乃称袁则饰之陈郡，言杜则系之京邑，姓卯金者，咸曰彭城，氏禾女者，皆云钜鹿。"② 这样一来，就更加显示出族谱的重要性，从而也就更加促使修谱事业的迅速发展。

至于魏晋南北朝所建立的政权，更与这些世家大族是休戚相关的。世家大族是这些政权得以存在的支柱，当然每个政权对这些世家大族也就无微不至地关怀。就以东晋政权的建立而言，就是得到北方南下的世家大族的拥戴而得以重建，当然琅琊王氏翼戴之功居多。因此王导位至宰相，王敦都督江、扬、荆、湘、交、广六州军事，当时社会上就曾流传了"王与马，共天下"（《晋书·王敦传》）的民谣，这就在一定程度上说明了司马氏所重建的东晋政权是与世家大族共有天下。正因如此，所以北方南下的世家大族，当他们到达江南以后，东晋政权除了吸收他们中间的"贤人君子"共谋国事外，对其家族都作了很好的安置。如太原王佑子王峤携二弟渡江避难，到了建邺，司马睿便下令说："王佑三息始至，名德之胄，并有操行，宜蒙饰叙。

---

① 《陔余丛考》卷 17，第 317 页。
② 《史通笺注》，第 185 页。

且可给钱三十万，帛三百匹，米五十斛，亲兵二十人。"①可见当时政权对世家大族都是如此优厚。这些世家大族，每到一处，便广占良田，建立庄园。单是王、谢二家，其子孙在浙江一带就占有大量的良田沃土。王导仅在建康附近，赐田就有八十顷，到了刘宋时期，他的后代，"广营田业"，不计其数。谢安一家的田地，遍布浙江的绍兴、吴兴及江苏句容一带。在刘宋初期，他家还有"田业十余处，僮仆千人"，"资财巨万，园宅十余所"（《宋书·谢弘微传》）。这些世家大族，为了巩固其在政治、经济上的地位和特权，维护门第制度，自然要寻找能够为其制造舆论的工具和垄断特权的依据，史学便成了他们选中的对象。他们为了夸耀本家本族的人才出众，显示祖先做过高官，标榜自己门第的高上，于是便大写家谱、族谱；为了显示自己的门第高上，表明自己的郡望优越，于是便大肆表彰本郡的人才，宣扬本地的山川名胜，于是各类乡贤传记和地记又成为热门。所以我在《方志学通论》中就曾指出："谱学和地记是为了维护世家大族利益、巩固门第制度而形成的两种史学方式，它们产生的社会条件和肩负的任务都是一致的，都是世家大族所建立的庄园经济在意识形态上的反映，可以说是一根藤上结出的两个不同形状的瓜。"②可见到了魏晋南北朝时期，史学发展所以会衍生出两个旁支——谱学、方志，绝不是出于偶然。当时的社会现实既向人们提出了要求，同时又提供了产生的土壤和温床。

（二）九品中正制是巩固世家大族利益的用人制度

九品中正制又称九品官人法，曹魏时开始推行。其办法是由政府选择"贤有识鉴"的中央官吏，按他们的各自籍贯，兼任本州、郡、县的大小中正官，负责察访本州、郡、县的士人，作出"品"、"状"，供吏部选官参考。所谓"品"，是综合士人德才、门第评定的等级，共分九品，因一品为虚设，二三品即为高品，四至五品为中品，五品以下至九品为下品，而定品时一般总是依据门第，叫作"计资定品"；"状"则是中正官对士人德才所

---

① 《晋书》卷75《王峤传》，第1974页。
② 《方志学通论（增订本）》，第73页。

作的评语，一般只两句话，是东汉名士品评人物的制度化。初行时尚有"唯才是举"之精神，因而还能注意"品"、"状"并举。后来由于任中正官的全是世家大族，于是品定人物完全控制在世家大族手中。他们通过九品中正的选人制度，操纵地方选人、国家用人的大权，官品的升降大都凭借"世资"、"门第"。这种制度实际上是保护世家大族利益、促进门第制度发展巩固的用人制度，选举的标准，不再以人才优劣为本，仅以门第高下为据。因为无论是大小中正、主簿和功曹无不出身于豪族大姓，故其取士必然偏袒右姓大族。对此，唐代谱学家柳芳就曾指出："魏氏立九品，置中正，尊世胄，卑寒士，权归右姓已。其州大中正、主簿，郡中正、功曹，皆取著姓士族为之，以定门胄，品藻人物，晋、宋因之，始尚姓已。然其别贵贱、分士庶，不可易也。"① 既然是"著姓士族"操纵了选举大权，因此，那种"尊世胄，卑寒士，权归右姓"，实际上已成为当时社会的不成文法，可见当时的族姓、社会地位、权利是密切相连。结果便出现了"上品无寒门，下品无世族"（《晋书·刘毅传》）的现象。清代学者赵翼在批评九品中正选人弊病时说："此九品之流弊见于章疏者，真所谓'上品无寒门，下品无世族'。高门华阀有世及之荣，庶姓寒人无寸进之路，选举之弊，至此而极。"② 这些事实都说明，用人与门第有着十分密切的关系，门第高上则世代显荣，门第低下则"无寸进之路"，家谱、族谱在这里便起到决定作用。而有司选举，必稽谱籍，那么主管选举之官必须熟悉谱学不可。故刘宋刘湛为选曹，就曾自撰《百家谱》，以助铨叙。又如南朝陈人孔奂，在任期间，"时有事北讨，克复淮、泗、徐、豫酋长，降附相继，封赏选叙，纷纭重叠，奂应接引进，门无停宾。加以鉴识人物，详练百氏，凡所甄拔，衣冠缙绅，莫不悦伏"③。再如姚察，"既博极坟素，尤善人物，至于姓氏所起，枝叶所分，官职姻娶，兴衰高下，举而论之，无所遗失。且澄鉴之职，时人久以梓匠相许，及迁选部，雅允朝望"④。可见无论是在地方还是在中央，凡是任选官者都必须精通

---

① 《新唐书》卷199《柳芳传》，第5677页。
② （清）赵翼著，王树民校证：《廿二史劄记校证》卷8《九品中正》，中华书局1984年版，第167页。
③ （唐）姚思廉撰：《陈书》卷21《孔奂传》，中华书局1972年版，第286页。
④ 《陈书》卷27《姚察传》，第350—351页。

谱学，否则就无法胜任。据《南史》记载："永明中，武帝欲以明帝代晏领选，晏启曰：'鸾清干有余，然不谙百氏，恐不可居此职。'乃止。"① 任职中央选官如此，而各级地方选官就更加重要了，因为后来地方之选官未必都是本地人，要做好本职工作，非得精通谱学，否则推举错了，门第高的未被推举，自己的官帽非丢不可，这就说明当时的官场必须精通谱学，当然就促使谱学的发展。

（三）避讳流行使社会交往要懂谱学

魏晋南北朝时期避讳之风流行，无论是在官场还是社会交往中都得熟悉谱学，否则不仅要引发是非，而且还要得罪人。生活在当时的颜之推深有感触地说："今人避讳，更急于古，凡名子者，当为孙地。吾亲识中有讳襄、讳友、讳同、讳清、讳和、讳禹，交疏造次，一座百犯，闻者辛苦，无憀赖焉。"（《颜氏家训·风操》）作为当时有名的一位学者尚且发出如此之感叹，其影响也就可想而知。北齐高祖高欢，父名树生，《北齐书·杜弼传》载："相府法曹辛子炎咨事，云须取署，子炎读'署'为'树'。高祖大怒曰：'小人都不知避人家讳！'杖之于前。弼进曰：'《礼》，二名不偏讳，孔子言"徵"不言"在"，言"在"不言"徵"。于炎之罪，理或可恕。'高祖骂之曰：'眼看人瞋，乃复牵经引《礼》！'叱令出去。"② 可见一不小心触犯了帝王的忌讳，还要遭到如此的厄运。于是有些人由于自己的名字犯了帝王之讳，宁可弃官不干，以免引来祸害。南齐时身为太子之文惠太子长懋，因为曾祖父名承之，因而"以与宣帝讳同"，而不就任秘书丞（详见《南齐书·文惠太子传》），其他人自然就可想而知。此时不仅是帝王需要避讳，就连后妃的名字也在所难免。著名的如郑太妃小名阿春，故当时凡春字地名，悉以阳字易之，如富春就改曰富阳，宜春则改曰宜阳等等，而历史书春秋，则一律改称阳秋，于是就出现了《晋阳秋》、《汉晋阳秋》等书名。至于社交中，凡涉及对方父祖之名时必须避讳，否则有可能引起对方的痛哭

---

① （唐）李延寿撰：《南史》卷24《王晏传》，中华书局1975年版，第658页。
② （唐）李百药撰：《北齐书》卷24，中华书局1972年版，第347页。

流涕。熊安生乃北朝名儒，见徐之才、和士开二人时，"以徐之才讳'雄'，和士开讳'安'，乃称'触触生'"①。谢灵运之孙超宗很有才华，新安王母殷淑仪卒，"超宗作诔奏之，帝大嗟赏，谓谢庄曰：'超宗殊有凤毛，灵运复出。'（按：超宗父名凤）时右卫将军刘道隆在御坐，出候超宗曰：'闻君有异物，可见乎？'超宗曰：'悬磬之室，复有异物邪？'道隆武人无识，正触其父名，曰：'旦侍宴，至尊说君有凤毛。'超宗徒跣还内。"②同是这个谢超宗，一次在与王僧虔之子王慈相会时，曾问王慈："卿书何如虔公？"慈答曰："慈书比大人，如鸡之比凤。"结果"超宗狼狈而退"。③还有一种人，每遇对方触犯其家讳必痛哭流涕。《颜氏家训·风操》曾列举两例："梁世谢举，甚有声誉，闻讳必哭，为世所讥。又有臧逢世，臧严之子也，笃学修行，不坠门风，孝元经牧江州，遣往建昌督事，郡县民庶，竞修笺书，朝夕辐辏，几案盈积。书有称严寒者，必对之流涕，不省取记，多废公事。"宋孝武帝大明七年（463），"上每因宴集，使群臣自相嘲讦以为乐。吏部郎江智渊素恬雅，渐不会旨。尝使智渊以王僧朗戏其子彧，智渊正色曰：'恐不宜有此戏！'上怒曰：'江僧安痴人，痴人自相惜。'僧安，智渊之父也。智渊伏席流涕"④。这些记载，都说明当时社会上避家讳的风气非常流行，不独官场中如此。唯其如此，欲避免在谈话中触犯对方家讳，必须熟悉各姓人物的名讳，这就非借助于谱学不可。史载王弘"日对千客，不犯一人讳"⑤，传为佳话，也显示了这位谱学家的本领。徐勉"居选官，彝伦有叙，既闲尺牍，兼善辞令，虽文案填积，坐客充满，应对如流，手不停笔。又该综百氏，皆为避讳"⑥。由于选官本身就得熟悉谱学，所以更能做到"该综百氏，皆为避讳"。可见由于社会上避讳之风流行，无形中又促使谱学的发展。

---

① （唐）李延寿撰：《北史》卷82《熊安生传》，中华书局1974年版，第2745页。
② 《南史》卷19《谢超宗传》，第542页。
③ 《南史》卷22《王慈传》，第606页。
④ 《资治通鉴》卷129，第4063页。
⑤ 《新唐书》卷199《柳芳传》，第5679页。
⑥ 《梁书》卷25《徐勉传》，第378页。

（四）婚姻门当户对要以谱牒为据

在门第森严的魏晋南北朝时期，必须门当户对方能通婚，这在当时已经是不可逾越之鸿沟，如有违者，还将遭到制裁。所以郑樵在《通志·氏族略第一·氏族序》中早已指出，在当时"官之选举，必由于簿状，家之婚姻，必由于谱系"①。为了证明门第相当，谱牒在此就显得非常重要了。许多出身寒门的官僚，在得到高官以后，总想通过联姻的关系，高攀衣冠世族，以改变自己的社会地位。拥有大权的侯景请婚于王、谢，是大家比较熟悉的故事，梁武帝回答他说："王、谢门高，可于朱、张以下求之。"而宠贵一时的赵邕，想与范阳卢氏联姻，卢氏有女，其父早亡，该女叔父许之，而其母阳氏不肯，"母北平阳氏携女至家藏避规免，邕乃拷掠阳叔，遂至于死。阳氏诉冤，台遣中散大夫孙景安研检事状，邕坐处死，会赦得免，犹当除名"②。为了达到联姻目的，竟然逼出人命也未能得逞。因为范阳卢氏毕竟是当时望族大姓，必然得到当权者保护。崔姓当时也是显姓，史载"[崔]巨伦有姊，明惠有才行，因患眇一目，内外亲类莫有求者，其家议欲下嫁之。巨伦姑赵国李叔胤之妻，高明慈笃，闻而悲感曰：'吾兄盛德，不幸早世，岂令此女屈事卑族！'乃为子翼纳之"③。尽管身有残缺，也不能下嫁去屈事卑族。汝南李氏家虽富足，但社会地位不高，为了改变社会地位，竟将其女络秀给安东将军周浚为妾，"遂生伯仁兄弟，络秀语伯仁等：'我所以屈节为汝家作妾，门户计耳。汝若不与吾家作亲亲者，吾亦不惜余年！'伯仁等悉从命。由此李氏在世得方幅齿遇"④。门阀豪族王源，将女儿嫁于富阳满氏，世族出身的历史学家沈约，认为门第不当，专疏奏弹王源，并要求把王源"置以明科，黜之流伍"⑤，要把王源从士籍中罢黜出去。以上事实说明，在门第制度下，世族与寒门之间的通婚限制是很严的，社会上的舆论比法律还要严厉。因为联姻与选官一样，社会都很关注，特别是上层社会，一旦出现"越

---

① 《通志二十略》，第 1 页。
② （北齐）魏收撰：《魏书》卷 93《赵邕传》，中华书局 1974 年版，第 2004 页。
③ 《魏书》卷 56《崔辩传》，第 1252 页。
④ 《世说新语校笺》，第 373 页。
⑤ 《六臣注文选》卷 40《奏弹王源》，第 747 页。

轨"现象，很快就会遭人弹劾，何况一般官吏对于郡望、姓氏和婚姻关系也都比较熟悉，似乎这些内容都是他们职责范围之内的事。如傅昭："博极古今，尤善人物，魏晋以来，官宦簿伐，姻通内外，举而论之，无所遗也。"①这些内容自然都是通过谱牒而掌握。所以，门当户对的通婚现象同样是促使谱牒发展的重要因素。

（五）社会动乱家族之间为了联系要修家谱、族谱

从东汉末至隋初四百年间，除西晋的短暂统一外，我国社会处于长期分裂和动荡不安的状态，地主割据政权之间的斗争，民族斗争和阶级斗争交织在一起。特别是在西晋灭亡后的一百二十多年间，各族统治者先后在北方建立了许多政权，即所谓"五胡十六国"，其实共有七族二十三国。这些割据政权，旋起旋灭，给广大人民生活带来极大的灾难，大量无辜者遭受屠杀，于是中州广大人民避乱南迁者十居六七。为了保持家庭之间的联系，因而编修家谱、族谱就成为必不可少的手段。尤其是那些名门望族，家谱、族谱本来就是他们享受特权的重要证据，离开故土后这种维护特权的证据自然就显得更为重要。这也都是促使家谱、族谱编修发达的重要因素。不仅如此，那些世家大族为了保持自己的特权，甚至将自己的郡望也带到江南，这就是历史上所称在这一时期产生的侨置州郡。晋成帝咸康元年（335）在江乘县（今江苏句容北）境内设置了第一个侨郡——南琅琊郡（为了和北方原有的琅琊郡区别，故加"南"字）。此后又在京口（今江苏镇江）界侨置南徐州和南兖州，在广陵（今江苏扬州）界内侨置南青州，在芜湖界内侨置南豫州等州一级的地方机构。而在今天江苏常州一带便设置了十五六个郡级和六十多个县级侨置郡县。这都是那些有权有势的世家大族南迁后的所作所为，因为这些都是他们标榜门第的招牌，而家谱、族谱则更是他们保住他们高门望族的护身符。所以他们无论迁徙到任何地方，家谱、族谱不仅要带走，定居后必须及时续修。他们就是靠这些才能得到当时政权的百般关怀和照顾。可见谱牒对于这些世家大族来说实在太重要了，为了他们的特权和利益，当

---

① 《梁书》卷26《傅昭传》，第394页。

然就特别重视族谱，因为只要有了谱牒，就可以"使贵有常尊，贱有等威"（《通志·氏族略第一·氏族序》）。

（六）严格控制户口保证户役征收

魏晋南北朝时期，由于政权是为世家大族服务的，因而国家的课赋徭役，全部落在自耕农的头上，世家大族世代享受着免税免役的特权。如南齐时代，浙江大县山阴，有"人户三万"，内有"课户二万"（《宋书·江秉之传》）。二万户中，资产不满三千文的就占二分之一，此外还有最穷的"露户役民"，他们更谈不上什么财产。可是各式各样的负担，却都落到他们的头上。在沉重剥削之下，自耕农除了沦为部曲、佃客之外，就只有不报户口，成为"浮浪人"（《隋书·食货志》）；或是虚报户口，以图逃避沉重的剥削。这样一来，自宋齐以来，在户籍方面，便出现了"或户存而文书已绝，或人在而反托死叛，停私（指住家）而云隶役，身强而称六疾"，"生不长发，便谓为道人（指僧侣），填街溢巷，是处皆然。或抱子并居，竟不编户"。其中最普遍也是最严重的是"改注籍状，诈入仕流，昔为人役者，今反役人"[1]。这种情况无疑给当时统治者造成很大危机，"自孝建已来，入勋者众，其中操干戈卫社稷者，三分殆无一焉"[2]，于是整理户籍便成了刻不容缓的事情。梁武帝萧衍在即位初年，就下令大规模清理户籍，在中央成立清查户籍的机构："置令史，限人一日得数巧（指巧取伪冒户籍），以防懈怠。"[3] 在清查中，对那些伪冒户籍即所谓"巧者"，都从户籍中剔除出来，称为"却籍"，这些却籍的民户，全家都被补兵充远戍。这一做法虽然想得很好，但最高统治者们万万没有想到，它却为令史贪污提供了机会。凡是"粗有衣食"之家，想要逃免调役，"不过用一万许钱"送给校对户籍的令史们，请他们在晋、宋旧户籍上，把自己的"籍状"，改注为"百役不及"的世族，"昨日卑微，今日仕伍"（《通典·食货典》）。这样，不但可以永久免

---

[1] 《南齐书》卷34《虞玩之传》，第608—609页。
[2] 同上书，第609页。
[3] 同上书，第609—610页。

除调役，就是以后再清理户籍时，即使再查对晋、宋旧籍，也无法查出了。这就是说，单靠清理户籍来解决人们想方设法逃避沉重的徭役负担实际上是行不通的。为此，很早就有人提出不同意见，尤其是宋末元初学者马端临在《文献通考·职役考》中就提出了批评："夫徭役贱事，人之所惮，固宜其改窜冒伪，求自附流品，以为避免之计也。然徭役当视物力，虽世族在必免之例，而官之占田有广狭，泽之荫后有久近。若于此立法以限之，不劳而定矣。不此之务，而方欲改定谱籍，虽曰选谙究流品之人为郎、尚书以掌之，然伪冒之久者滋多，非敢于任怨者，谁肯澄汰？如杨佺期、井韶至以耻愤构逆乱，则澄汰亦岂易言哉！"可见为了控制广大自耕农逃避徭役，统治者自然就把希望寄托在编修家谱、族谱上面，特别是总谱、统谱，诸如州、郡谱，以达到清理户口，查出虚报人口的目的。事实上正如马端临所指出，由于制度的不合理，逼得农民无法生活下去，只能伪冒或逃亡。无论怎样的"谙究流品之人为郎、尚书以掌之"，也是无济于事了。

综上所述，我们可以看到，魏晋南北朝时期谱学所以能够得到蓬勃的发展，并成为我国谱学发展的黄金时期，既有其重要的政治原因，又有诸多的社会因素，这是任何时代所不能比拟的。诚如潘光旦先生所说："自魏至唐，约七百年，为中国谱学最盛之时期。魏立国之初（黄初元年，220年），制九品中正之法；州郡各置中正，铨定其地之人口为九品，登诸簿状，以备选举。于是门第大重，而谱学得一特殊发展之动力。九品中正之法，晋及六朝皆沿用之，至隋开皇时始完全废除；故两晋六朝，谱学尤称极盛。"[①]

二、魏晋南北朝谱学发展的特点

（一）统治者特别重视

魏晋南北朝时期的政权是建立在世家大族的基础之上，而谱学又是为维护世家大族利益服务的一种工具，它不仅是选官的主要依据，而且又是统治

---

① 《中国家谱学略史》，《潘光旦文集》第8卷，第240—261页。

者用以控制剥削对象的一种手段。所以这一时期的统治者比任何时候都来得重视。尽管文献中没有系统的记载，但从零星的记载中仍可以知道一些。《南齐书·贾渊传》有这样记载："先是谱学未有名家，渊祖弼之广集百氏谱记，专心治业。晋太元中，朝给弼之令史书吏，撰定缮写，藏秘阁及左民曹。"①《南史》该传这段文字，只是将"左民曹"因避讳而改成"左户曹"。可见西晋之开国君主司马炎已经是如此重视，不仅确定令史书吏帮助"撰定缮写"，而且规定藏在秘阁及左民曹。

在南朝齐时，梁武帝萧衍未称帝前，曾给齐帝上书，指出由于谱籍散乱，选官失据，造成很大混乱，必须严加整顿："且夫谱牒讹误，诈伪多绪，人物雅俗，莫肯留心。是以冒袭良家，即成冠族；妄修边幅，便为雅士；负俗深累，遽遭宠擢；墓木已拱，方被徽荣。故前代选官，皆立选簿，应在贯鱼，自有铨次。胄籍升降，行能臧否，或素定怀抱，或得之余论，故得简通宾客，无事扫门。顷代陵夷，九流乖失。……愚谓自今选曹宜精隐括，依旧立簿，使冠屦无爽，名实不违。"②此奏书上达之后，齐帝即"诏依高祖表施行"。足见齐帝也同样相当重视。这个奏章所述之内容，一方面说明谱牒对于门阀贵族维护门第特权的重要性，因而各级统治者不得不重视；另一方面也说明社会上那些寒门总是想利用这一工具来提高自己的社会地位，这就使谱牒记载出现大量的讹误、诈伪等混乱现象。

梁武帝时，尚书令沈约得知好些地方两三年不上黄籍，而各地版籍又很混乱，特别是各地都有伪造谱籍现象，特上书提出对策，指出："晋代旧籍，并在下省左人曹，谓之晋籍"，"此籍精详，实宜保惜，位高官卑，皆可依按。宋元嘉二十七年，始以七条征发。既立此科，苟有回避，奸伪互起，岁月滋广，以至于齐。于是东堂校籍，置郎、令史以掌之，而簿籍于此大坏矣。凡粗有衣食者，莫不互相因依，竞行奸货，落除卑注，更书新籍，通官荣爵，随意高下，以新换故，不过用一万许钱，昨日卑微，今日仕伍。……如此诡谬，万绪千端。校籍诸郎亦所不觉，不才令史，更何可言？"在列举种种弊端之后，沈约认为，"此盖核籍不精之巨弊也"。如此一来，造成

---

① 《南齐书》卷52，第907页。
② 《梁书》卷1《武帝纪上》，第22—23页。

了"宋、齐二代，士庶不分，杂役减阙，职由于此"。这显然是对国家造成重大的影响和损失。而对私家来说，则是"罕知其祖，假称高曾"，真正的世系血统自然也就产生了严重的混乱。为此，他在书中提出了建议："宜选史传学士谙究流品者，为左人郎、左人尚书，专共校勘。所作卑姓杂谱，以晋籍及宋永初、景平籍在下省者，对共雠校，若谱注通籍有卑杂，则条其巧谬，下在所科罚。"《通典》卷3《食货三》在记载沈约上书之后，紧接着便说："[武]帝以是留意谱籍，诏御史中丞王僧孺改定《百家谱》，由是有令史、书吏之职，谱局因此而严。"① 其实梁武帝"留意谱籍"，并不是由于沈约上书而开始，上文已经讲了，只是在沈约上书后他便采取具体的解决措施了。这个上书内容在《南史·王僧孺传》亦有征引，但文字稍有出入，且"由是有令史、书吏之职，谱局因此而严"两句也未征引，可能两书均为摘引，故而有所详略。当然，同样都可以说明当时作为统治者梁武帝和沈约都是非常重视谱籍的编写、校勘和储藏，因为这是关系到国家政权的巩固和世家大族既得利益的维护。谱籍混乱以后，不仅直接影响到国家赋税收入和徭役兵役的来源，而且势必将直接打乱用人铨选制度，这自然要引起统治者的重视。为此，当时对于篡乱谱籍者处分甚严。南齐时著名谱学家贾渊，建武初迁长水校尉，"荒伧人王泰宝买袭琅邪谱，尚书令王晏以启高宗，渊坐被收，当极法，子栖长谢罪，稽颡流血，朝廷哀之，免渊罪"②。这也说明，作为谱学家尚且替人作伪，伪诈现象之多也就可想而知了。所以唐代谱学家柳芳对此现象议论说："文之弊，至于尚官；官之弊，至于尚姓；姓之弊，至于尚诈。"③ 可见当时社会上伪诈现象是相当严重。从文献记载来看，伪造家世与先祖，已经不限于寒门庶族了，沈约、魏收都是世家大族，又是历史学家，方且都编造其祖上世系，洪迈在《容斋随笔》中都曾一一加以揭露，并作严厉批评："沈约称一时文宗，妄谱其上世名氏官爵，固可嗤诮。"④ 这就告诉人们，这种伪造谱系之事，在当时或后世都并非偶然现象。因此，在使

---

① （唐）杜佑撰，王文锦等点校：《通典》卷3，中华书局1988年版，第59—61页。
② 《南齐书》卷52《贾渊传》，第907页。
③ 《新唐书》卷199《柳芳传》，第5678页。
④ 《容斋随笔》卷6《唐书世系表》，第84页。

用有关谱牒资料，特别是家谱、族谱时，应当审慎。

（二）设立专门机构和官员

郑樵在《通志·氏族略第一·氏族序》中说："自隋唐而上，官有簿状，家有谱系，官之选举，必由于簿状，家之婚姻，必由于谱系。历代并有图谱局，置郎、令史以掌之，仍用博通古今之儒知撰谱事。凡百官族姓之有家状者则上之，官为考定详实，藏于秘阁，副在左户。若私书有滥，则纠之以官籍；官籍不及，则稽之以私书。此近古之制，以绳天下，使贵有常尊，贱有等威者也。所以人尚谱系之学，家藏谱系之书。"① 可惜的是，图谱局的设置、职能、地位及隶属关系等情况，如今都很难讲述清楚，因为郑樵讲得比较简单，而其他文献又很少涉及，特别是诸史书的职官志基本未记载，因而图谱局始置于何时也很难确指。尽管如此，但郑樵所讲还是可以相信，因为他所讲的显然又都是言而有据。就如"人尚谱系之学，家藏谱系之书"而言，从现有史料都足以说明，当时的社会情况确是如此。《通考》在论官品时，有"主谱史"一项，属正八品，其下注有"魏晋"二字，可见最早在魏时已有撰谱之官设置，晋时相承。东晋时又令史、书吏协助编修谱牒，并明确规定撰好之谱牒"藏秘阁及左民曹"。齐时设有郎令史。梁时设左人郎和左人尚书，并设置谱局。谱局之名，始见于此。至于上述这些官吏职能如何，这里有必要稍作说明。令史，汉为各官署掌文书案簿之职吏，历朝因之。魏晋南北朝在其上复置都令史及主令史，大体上属于中低级官员，职位次于郎。郎，魏晋以来，除尚书郎外，门下、秘书省亦皆有郎，如中书侍郎、著作郎等，各有所掌。左户曹或左民曹，机构名称，即尚书左户曹，以尚书为主官，晋之后于尚书下设，即专任其事，历朝因之，至北朝则改掌天下计账户籍，南朝梁、陈则兼之。左人尚书，即左民尚书，尚书省左民曹之长官，掌管全国户籍财税，即唐以后之户部。从这些机构和官吏来看，大多是掌管户籍、财税，谱牒由其编辑和管理自然也是情理之中。从《通典·食货典》的记载来看，晋代的左人曹是在门下省所属，其下并设有籍库，专门

---

① 《通志二十略》，第1页。

保管谱籍、黄籍等簿籍，并设有东西二库。主谱史和谱局其职能自然就显而易见了。其实曹魏以来各级中正官下属的主簿，按理也保管谱籍，因为他们在选官时必以此为依据。事实上许多负责选官的地方官吏"选曹"，必须熟悉本地之谱牒，因为"有司选举，必稽谱籍，而考其真伪"（《新唐书·柳冲传》）。自然对于姓谱记录的重视被看作当时的头等大事，所以有的做过选曹者最终成了谱学家。因此，曹魏时期的主簿保管谱牒应是情理之中，只不过史书未作记载罢了。

（三）谱牒形成一种专门学问

魏晋南北朝时期谱学发展的另一个重要特点，即形成一种专门学问——谱牒学，简称谱学。这一时期，由于产生了名目繁多的家谱、族谱，也就产生了专门从事这类著作研究的人，他们综括各地名门大族的家谱、族谱，编为统谱，或曰百家谱，也有专记某一州郡或几个州郡的，挚虞的《族姓昭穆记》可视为这种统谱之滥觞。统谱的出现和不断增多，遂逐步形成一种专门学问——谱学或谱牒学。这种谱学，在六朝时期曾出现鼎盛的局面，当时不仅产生了许多著名的谱学著作，而且也出现了许多谱学名家，据《隋书·经籍志》记载，这个时期的谱牒著作，连同亡佚在内，共有50余种，近1300卷，在这中间，统谱占多数，家谱只有几种。这是可以理解的，因为家谱太多，收不胜收。值得指出的是，《隋书·经籍志》第一次在史部立了《谱系篇》，这就说明这类著作不仅数量多，而且社会影响大，所以唐初的史学家及时在《隋书》中反映了这一社会现实。当然，南朝时王俭作《七志》，曾单独立有《图谱志》，深得郑樵的称赞，可惜散佚。王俭是著名谱学家，兼治目录学，又生当谱学极盛之时，故有此创见。这也再次反映了中国封建时代的历史学家具有及时反映社会现实的优良传统。《谱系篇》立在史部，也体现了史家们的观点——谱牒学是史学的内容之一。对于当时所作各类谱牒，就所能见到的书名作一粗略的统计，其中，总谱：二十三种；州郡谱：十三种；皇室谱：十五种；家谱：见于《世说新语注》者三十九种，见于《三国志注》者十三种，见于《史记注》者五种，见于《汉书注》者一种，见于《文选注》者三种，见于《水经注》者两种。以上各种书名表从略。

需要说明的是，以上所列，均为魏晋南朝之内容，并且仅为见于文献记载者，而不被记载的数量肯定很多，只是我们今天已经无法统计了。北朝传下来的比较少，但从零星记载来看，北朝同样流行着编修谱牒之事。《隋书·经籍志》的《谱系篇》小序云："及周太祖入关，诸姓子孙有功者，并令为其宗长，仍撰谱录，纪其所承。"[①] 可见北朝统治者也重视编修谱牒之事，而《谱系篇》所列之书中，就有《后魏辨宗录》、《后魏皇帝宗族谱》、《魏孝文列姓族牒》、《后齐宗谱》等书；而《旧唐书·经籍志》的"谱牒"类列有《后魏辨宗录》、《后魏谱》、《后魏方司格》；《新唐书·艺文志》的"谱牒"类所列就更多了，计有《后魏皇帝宗族谱》、《后魏辨宗录》、《后魏谱》、《后魏方司格》、《齐高氏谱》、《周宇文氏谱》等。"方司格"，即谱牒一类的文献，《柳冲传》中云："魏太和时，诏诸郡中正，各列本土姓族次第为举选格，名曰'方司格'。"又刘知幾《史通·书志》云："谱牒之作……中原有《方司殿格》。"这些事实说明，北朝同样也在编修各类谱牒。上面所列诸书，除《后魏方司格》外，都为皇族宗谱。而《后魏方司格》、《冀州姓族谱》（《隋志》、两《唐志》均有）、《诸州杂谱》（见《隋志》），这三种大约都为官修之士族谱，属于统谱之性质。至于《水经·鲍丘水注》引的《阳氏谱叙》之谱，从其所述内容看，应为私家所修之谱。又《吐鲁番文书》第三册收录之"某氏族谱"残片，自然也是私家之谱。可见在北朝修谱之事虽无南朝那样盛行，但可以肯定还是相当普遍的，只不过史书记载得不多罢了。当然，在南方自东晋南朝以来，并形成了"贾氏之学"和"王氏之学"两大流派，其流行之广，影响之深，于此可见。人们还可以看到，谱学的发展，自统谱建立以来，研究范围越来越广，研究问题越来越深，作为谱学家来说，不再局限于一家一姓族谱、宗谱的编撰，而是集中精力研究百家之谱的编纂，虽不能说欲找出其内在的规律性，但仍要尽力找寻其内在的各种关系。诸如许多大姓都存在着众多不同的郡望，它们之间的关系及牵涉来源等都是研究的对象，这些内容无疑都具有重要的学术价值。所以我们可以这样说，谱学的发展，至统谱的产生才真正成为一门学问。当然，应当知

---

① 《隋书》卷33，第990页。

道的是，总谱的产生是建立在一家一族的家谱、族谱广泛发展的基础之上的，否则也就无从编起了。因为魏晋南北朝时期，曾规定"凡百官族姓之有家状者，则上之"。除中央掌管外，事实上各个地方为选官的需要，本地的私家之谱也必须具备。凡此种种都为编撰总谱创造了条件。这种总谱最早的自然是曹魏管宁的《氏姓论》，其次则是西晋挚虞的《族姓昭穆记》。这两种书的编写看来都是出于个人意识，由于战乱，谱传大多散佚，子孙都不知其祖，进而产生伪造现象，故分别撰成两书。其后著名的先后有东晋贾弼的《姓氏簿状》、南朝宋刘湛的《百家谱》、南齐王俭的《百家集谱》、南齐贾渊的《氏族要状》、南朝梁王僧孺的《百家谱集钞》、南朝梁贾执的《姓氏英贤谱》等。州郡谱则有王僧孺的《东南谱集钞》，以及《新集诸州谱》、《益州谱》、《关东关北谱》、《冀州姓族谱》、《洪州诸姓谱》、《吉州诸姓谱》、《江州诸姓谱》、《袁州诸姓谱》、《扬州谱钞》、《诸州杂谱》等。另外关于专写帝王族系的皇室谱有：《宋谱》、《齐帝谱》、《齐梁帝谱》、《梁帝谱》、《后魏辨宗录》、《后魏皇帝宗族谱》、《魏孝文列姓族牒》、《后魏方司格》、《后齐宗谱》、《周宇文氏谱》、《世谱》等。这种皇室谱从某种意义上来说，还是属于一姓一族之宗谱族谱，还有别于总谱，当然它的作用显然又超过了一般的私家之谱。总之，总谱的产生和发展，是建立在私家之谱发展与繁荣的基础之上的，而总谱的产生和发展又进一步推动了私家之谱的发展与繁荣。两者实际上有着相辅相成的作用，从而把魏晋南北朝的谱学发展推到了高峰。同时也由于总谱的产生，从而使谱牒的学术价值大大地提高一步，并最终形成了一门专门学问——谱牒学。

三、谱学家和谱学著作

魏晋南北朝时期，由于政府和社会都非常重视谱牒著作，因而促使谱牒发展出现了迅猛的局面，不仅最终形成了专门学问谱牒学，而且成为当时社会的显学。在这过程中自然就产生了许多著名的谱学家和谱学著作。并且还形成了"贾氏之学"和"王氏之学"两个流派。在此之前，曹魏曾产生管宁，西晋曾产生挚虞两位谱牒学家。

管宁（158—241），三国时学者。字幼安，北海朱虚（今山东临朐）人。一生闭门读书，不求仕进，与当时名人邴原、陈实相友善。黄巾起义后，避难辽东。曹魏建国后，征太中大夫、光禄卿，皆不受。《三国志·魏书》本传注引《傅子》云："宁以衰乱之时，世多妄变氏族者，违圣人之制，非礼命姓之意，故著《氏姓论》以原本世系，文多不载。"①可惜该书早已散佚。

挚虞（？—约331），西晋时著名学者。字仲洽，京兆长安（今西安西北）人。魏太仆卿挚模子。少事皇甫谧，才学博通，著述不倦，郡檄主簿。武帝泰始中举贤良，拜中郎，擢太子舍人，除闻喜令，以母忧去职。久之，召补尚书郎。惠帝元康中迁吴王友，后历秘书监、卫尉卿。八王之乱，从惠帝入长安，后得还洛，历光禄勋、太常卿。为官素清贫，洛阳陷落后，兵荒食尽，竟以饥饿而死。生前著有《族姓昭穆》十卷，叙述族姓的源流、世系等。《晋书》本传称："虞以汉末丧乱，谱传多亡失，虽其子孙不能言其先祖，撰《族姓昭穆》十卷，上疏进之，以为足以备物致用，广多闻之益。以定品违法，为司徒所劾，诏原之。"②可见其书内容是相当丰富的。此外他还撰有《文章志》四卷，注解《三辅决录》，又撰《文章流别集》三十卷，均为世所重。

以上两位是魏晋南北朝时期最早的谱牒学家。

贾弼，字弼之，河东平阳襄陵（今临汾西南晋桥，即晋代之襄陵城）人，是"贾氏之学"的开创人。晋太元中，时任员外散骑侍郎的贾弼，笃好簿状，广集百氏谱记，专心治业，朝廷乃为其配备令史、书吏，帮助其"撰定缮写"，成《姓氏簿状》一书，记十八州一百十六郡族谱，凡七百一十二卷，"甄析士庶无所遗"，"该究精悉，当世莫比"（《南齐书·贾渊传》）。书成后命藏秘阁及左民曹。这是我国有史以来规模最大的官修的全国性谱牒总集，也就是人们常说之总谱。这部总谱之修，工程量之大，所参考族谱、家谱数量之多自然可以想见，当然其学术价值之高自然也显而易见。

贾渊（439—501）是"贾氏之学"形成的中心人物，为贾弼之孙。其父匪之，曾任宋骠骑参军、太学博士，虽传家学，未及著述，元嘉末因废立

---

① 《三国志》，第360页。
② 《晋书》卷51《挚虞传》，第1425页。

之事被冤杀。贾渊则"三世传学",深究谱学。宋武帝时,"青州人发古冢,铭云'青州世子,东海女郎',帝问学士鲍照、徐爰、苏宝生,并不能悉。渊对曰:'此是司马越女,嫁苟晞儿。'检访果然。由是见遇"①。升明中,齐高帝嘉渊世学,取为骠骑参军、武陵王国郎中令、义兴郡丞。永明初,转尚书外兵郎,历大司马司徒府参军。竟陵王子良宾客很多,为了避免在交往言谈中不触犯对方之忌讳,特邀请贾渊为其撰《见客谱》一部以备使用。后来他于永明中又参与王俭编修《百家谱》工作。而他自己在永明年间修成《氏族要状》十五卷,亦称《永明氏族状》。这样一位很有成就的谱学家,为王泰宝买袭琅琊谱被人告发而差点送命。他的著作还有《人名书》。

贾执为贾渊之子,由于能承其家学,因而在谱牒学上取得了很大成就。曾与著名的谱学家王僧孺同事谱局,还担任过知谱事。代表作《姓氏英贤谱》一百卷,顾名思义,其书是谱写当时各家族的著名人物之事迹,因而亦称《姓氏英贤传》。又作《百家谱》二十卷,广两王(指王俭、王僧孺)所记,《百家谱钞》五卷。贾执之孙贾冠亦传家学,著有《梁国亲皇太子亲簿》三卷,亦作《亲传》四篇。于是自东晋贾弼至梁、陈间贾冠,近两百年历五代人,世传谱学,形成了历史上有名的"贾氏之学"。可见"贾氏之学"历有渊源,真可谓源远而流长。

在"贾氏之学"兴起不久,又产生了"王氏之学",而"王氏之学"则又本于贾氏。与"贾氏之学"不同的还有他们虽然都为王姓,却不是同出于一个家族,有的出于琅琊王氏,有的则是出于东海王氏。现按时间顺序加以介绍。

王弘(379—432),字休元,琅琊临沂(今山东临沂北)人。王导曾孙。东晋末,为会稽王司马道子主簿,后应刘裕召请,历任琅琊、关国内史。义熙十四年(418)迁江州刺史。宋文帝即位,进位司空。元嘉九年(432),进位太保,领中书监。在地方任职,自然要涉及选官之事,而入朝后"自领选及当朝总录",均需对当今世家大族有所了解,加之贾弼十八州《姓氏簿状》成书后,王弘又颇好其书,因而对当今世家大族的世系了解达到惊人程度,"每日对千客,可不犯一人讳"②,当时传为美谈,这就如同一

---

① 《南齐书》卷52《贾渊传》,第906页。
② 《新唐书》卷199《柳芳传》,第5679页。

部活的"百家谱"。遗憾的是他未能留下一部谱牒著作。

王俭（452—489），字仲宝，王弘的侄孙。年幼时父僧绰为刘劭所杀，他由叔父僧虔抚养成人。袭爵豫宁县侯，宋末历任秘书郎、丞、义兴太守。助萧道成称帝建齐后，任尚书左仆射。永明间领丹阳尹、国子祭酒、中书监等。关于他的生卒年，目前不少有关著作似多有误，有的作"452—487"，事实上《南齐书》和《南史》本传都明确记载，永明七年"薨，年三十八"。永明七年是公元489年，上推应生于公元452年，虚岁三十八。王俭在中国历史上，首先是以目录学而出名，宋元徽元年（473），他主持编纂的《宋元徽元年四部书目》四卷完成，同年他还编了我国首部私人目录《七志》三十卷（《宋书·后废帝纪》），但《南齐书》和《南史》本传均称四十卷。当然，王俭还是一位著名的谱牒学家，他对前人所作之《百家谱》详加审释，删繁就简，成《百家集谱》十卷，史称此书"得繁省之衷"。《隋书·经籍志》著录有"梁有《王司空新集诸州谱》十一卷，又别有《诸姓谱》一百一十六卷"。《通志·艺文略》则直接著录"《新集诸州谱》十二卷，司空王俭撰"、"《诸姓谱》一百一十六卷，梁司空王俭撰"。近人潘光旦先生在《中国家谱学略史》一文中亦作如是记载。近年来有的论著却指出，王俭一生未做过司空，故有人说应当是当时司空王僧虔所作。我们知道，王僧虔是王弘的侄儿、王俭的叔父。从王僧虔经历来看，确曾做过吏部尚书，主持过选官之事，对当时世家大族谱系自然应当有所了解。但从《南齐书》和《南史》本传来看，此人长于书法，还常与齐高帝谈论书法，虽然"雅好文史，解音律"，"颇解星文"，但并无撰述谱学著作之迹象，唯"著《书赋》"一书。因此，笔者以为还是王俭作比较可信，因为郑樵在著录时必定是有所据。

王逡之（？—495），字宣约，琅琊临沂（今山东临沂北）人。少好学博闻。升明初任著作郎兼尚书左丞，参定齐仪礼。入齐后，转通直常侍、骁骑将军，领博士，著作如故。后官至宁朔将军、南康相、光禄大夫，加侍中。撰有《永明起居注》，另有《世行》五卷。关于谱牒著作，据《隋书·经籍志》记载有：《续俭百家谱》四卷，《南族谱》二卷，《百家谱拾遗》一卷。王逡之虽亦琅琊王氏，但与王弘、王俭并非同为一个家族。因为他长期任著作郎，因而有可能撰写如此多谱牒著作。

王僧孺（465—522），东海郯（今山东郯城）人。南朝著名学者、杰出的谱牒学家，他是把"王氏之学"推到高峰的重要人物。少好学，六岁能属文。幼年家贫，常为人抄书养母。初仕齐，为太学博士。明帝建武初，任仪曹郎，迁治书御史，出为钱塘令。入梁，任南海太守，两年后，回朝任中书侍郎，撰起居注。不久迁尚书左丞、御史中丞、尚书吏部郎等职。遍览群书，学识渊博，家中藏书万卷，与沈约、任昉为当时三大藏书家。著作丰富，单谱牒就有《百家谱》三十卷、《百家谱集抄》十五卷、《东南谱集抄》十卷、《集十八州谱》七百一十卷，另有《范氏谱》、《徐义伦家谱》各一部，文集三十卷。他是历史上唯一见诸史书记载梁武帝设立谱局，以他为知撰谱事，并为之设置令史、书吏等职。他在谱学上的确作出了巨大贡献，就如他所作的《百家谱》而言，便是与众不同，"通范阳张等九族，以代雁门解等九姓。其东南诸族别为一部，不在百家之数焉"[①]。对于东南诸族，撰为《东南谱集抄》。天监七年（508）所撰之《诸氏族谱》一书，成为士族之间通婚的重要依据。他的著作除上述外，还有《两台弹事》、《东官新记》两书并行于世。

何承天（370—447），东海郯（今山东郯城）人。历仕著作佐郎、衡阳内史、御史中丞等职。博通经史，精历算，制定《元嘉历》，是著名天文学家。著有《姓苑》十卷，《隋书·经籍志》著录一卷，已佚，今有清人王仁俊辑本一卷，收入《玉函山房辑佚书补编》。还著有《后魏河南官氏志》一书。

刘湛（392—440），字弘仁，南阳涅阳（今河南邓县）人。博涉史传，精于前朝制度，自比管仲。为政刚严用法，奸吏犯赃者莫不震肃。文帝时，与王华、王昙首、殷景仁同为侍中，时誉为"四贤"。为选曹，自撰《百家谱》"以助铨序"，所记皆为当时名门望族及世系。

傅昭（447—529），字茂远，北地灵州（今宁夏灵武北）人。仕齐至尚书左丞。入梁后，先以给事黄门侍郎领著作，兼御史中丞。后兼五兵尚书，参选事。历至散骑常侍、紫金光禄大夫。为官以清静为政，"不畜私门生，不交私利"，"博极古今，尤善人物，魏晋以来，官宦簿阀，姻通内外，

[①]《南史》卷59《王僧孺传》，第1462页。

举而论之，无所遗失，世称为学府"。① 正因如此，才有可能作《百家谱》十五卷。

徐勉（465—535），字修仁，东海郯（今山东郯城）人。南朝梁时，历任中书侍郎、尚书吏部郎、吏部尚书、太子中庶子、侍中、中书令等职。博通经史，朝仪国典皆由其参议图谋。虽历显位，却不营产业，家无蓄积，曾对门人言，"人遗子孙以财，我遗之以清白"。善属文，勤著述，常以起居注繁杂，乃撰《流别起居注》六百六十卷，《左丞弹事》五卷。在选曹，撰《选品》三卷。齐时撰《太庙祝文》二卷，又作《会林》五十卷。尤其是"勉居选官，彝伦有序。既闲尺牍，兼善辞令，虽文案填积，坐客充满，应对如流，手不停笔。又该综百氏，皆为避讳"②，充分体现出谱学家的本色。著有《百官谱》二十卷，还有文集前后二集五十卷。

宋绘，北齐敦煌效谷（今甘肃敦煌西）人。少好学，博览群书，潜心著述。尝注《中兴书》，撰《中朝多士传》十卷，《姓系谱录》五十篇。"以诸家年历不同，多有纰缪，乃刊正异同，撰《年谱录》"③，稿未成，遭水灾漂失。天统（565—570）中卒。

高谅（485—525），字修贤，勃海蓨（今河北景县）人。少好学，多识强记。北魏时曾任太尉主簿、国子博士。正光中加骁骑将军，为徐州行台。"造《亲表谱录》四十许卷，自五世已下，内外曲尽。览者服其博记。"④

魏收（505—572），字伯起，巨鹿下曲阳（今河北平乡）人。历官魏、齐两朝。在魏典修国史；入齐，除中书令，仍兼史职，官至尚书右仆射。他是北齐著名的文学家，史称"以文华显"。北魏节闵帝时，黄门郎贾思同就曾在皇帝面前称赞他"虽七步之才，无以过此"（《北齐书·魏收传》）。他和温子升、邢邵才齐名，被称为"北地三才"。北齐文宣帝高洋天保二年（551）奉诏撰《魏书》，他根据当时公私各家魏史，并搜集遗闻轶事，从事编修，至天保五年（554）三月，完成帝纪十二、列传九十二，同年十一月，

---

① 《南史》卷60《傅昭传》，第1470页。
② 《梁书》卷25《徐勉传》，第378页。
③ 《北齐书》卷20《宋绘传》，第271页。
④ 《魏书》卷57《高谅传》，第1263页。

续成十志二十卷，全书共一百三十卷。其书在北宋时已残佚二十六卷，经刘恕、范祖禹等人据他书校补，乃成今书。此书乃是"二十四史"之中争议比较多的一部，对于争议情况和作者的生平，笔者在《中国古代史学史》一书中已经作了较为详细的论述，这里就不多讲了。根据本人研究，该书的主要贡献是在"志"上，他的十篇志当中，有些还是他所独创，特别是《释老志》、《官氏志》和《灵征志》。这里只对与本书有关的《官氏志》作些介绍。

据郑樵在《通志·氏族略》记载，北魏鲜卑拓跋氏进入中原后，孝文帝实行汉化政策，一律改称汉姓，当时还将改称前后相关资料汇编成册，并名之曰《河南官氏志》。实际上它是一部档案性质的汇编，并且是北魏政府所编纂。因此，不像其他书籍那样，流传不是很广，特别是目录学没有著录，如唐初所修《隋书·经籍志》就不见有著录，可见其书早已失传。值得庆幸的是，魏收在编修《魏书》时，在所立十个志中，就有《官氏志》，应当就是根据《河南官氏志》中的材料所修。因为他历官魏、齐两朝，并且一直负责修史工作，当然，所有国家档案资料都能够看到，这部档案著作自然也不例外。也许正是受到此书的启发，他才在《魏书》中设立了《官氏志》，从而把这一重要的史料保存了下来。众所周知，北魏本为鲜卑拓跋氏所建立，该氏族在进入中原之前原是一个部落，进入中原后方才建立了国家，原部落中又分成许多氏和族。魏孝文帝执政以后，实行了汉化改革，一律改用汉姓，同时对鲜卑族高层也进行了门第的评定，规定自拓跋珪以来"勋著当世"的八家与汉族大姓崔、卢、郑、王、李居同等地位。《官氏志》中的"姓氏部"，分别列举了拓跋部和所属各部落、氏族原来的姓氏以及改革后的汉姓，基本上反映了鲜卑拓跋部族的形成和许多部落、氏族间离合演变的过程，因此是研究鲜卑拓跋部族姓氏变化的非常重要的第一手材料。所以郑樵强调"此二书犹为姓氏家所宗"，这就是说，要想研究鲜卑部族姓氏的来龙去脉，特别是改为汉姓后的情况，那就只有寻求魏收《魏书》中的《官氏志》了。因此，尽管长期以来，对魏收所修《魏书》提出了许多批评，但是，单就这一点而言，他还是立了大功的。如果他在书中不立《官氏志》，那鲜卑族许多历史也就无从谈起了，这个功劳还是应当肯定的。还要附带告知读者，书名既然叫《官氏志》，自然还记载了北魏时期的官制和阶品等，这与氏族等级又有着密切关系。

综上所述，可知魏晋南北朝时期所产生的谱牒学家是相当多的，其谱牒著作不仅数量多，而且品种更是多样，此种情况似乎完全可以用空前绝后来形容。所以我们说，魏晋南北朝时期谱学发展繁荣，在我国谱学发展史上达到了鼎盛时期，成为谱学发展的黄金时代。

四、使用保存家谱的功臣刘孝标

魏晋南北朝时期所编修的家谱都早已失传，我们今天所能知道的，全靠前人为古籍作注中而获得，这其中刘孝标所注《世说新语》，就为我们保存下来数十家之多的家谱，为后人研究当时家谱的发展提供了重要的证据。因此，他实际上成为当时守护这些家谱的功臣，由于他的使用，才使这些家谱得以承传。唯其如此，早在民国时期，潘光旦先生在《中国家谱学略史》中就已经提出："梁刘孝标注《世说新语》，旁搜远引，实间接为谱学一大功臣，有不能不特加注意者。"又说："刘孝标《世说新语注》非直接为谱学之作品，而为根据谱学之作品；其足证作者为谱学专家则一也。"[①] 这就是说，由于他注这部书，征引了大量的家谱，而这些家谱都早已失传，正是他的征引，使得这些家谱的某些信息得以流传下来，后人从中还可以看到当年家谱编修中的某些概况，否则就一无所知，所以他的功劳自然应当大书特书。

刘孝标（463—522），南朝齐、梁间学者。本名法武，后更名刘峻，字孝标，平原（今山东平原西南）人。八岁时陷于魏，家贫好学，寄人篱下，自课读书，常自夕达旦。齐永明中奔江南，博求异书读之，闻有异书，必前往祈阅，崔慰祖谓之"书淫"。虽有才而不得用。梁天监初，方任典校秘书。安成王萧秀引为户曹参军，给其书籍，使抄录事类，名曰《类苑》。其后讲学广东阳紫岩山，从学者甚众。他于梁武帝普通中卒，门人谥曰"玄靖先生"。文章甚美。平生贡献最大者就是为《世说新语》作注，因为他一生博览群书、学问渊博，因此征引史书、地志、家传、家谱、文集等数百种，

---

① 《中国家谱学略史》，《潘光旦文集》第8卷，第240—261页。

其中许多书籍都早已散佚,由于他的征引,使得这些书籍零星的只言片语却保存下来,这为后人了解研究这些著作提供了帮助。对于研究家谱是如此,而对于研究魏晋南北朝时期地记的发展更是如此。笔者在三十多年前撰写《方志学通论》中的地记内容时,就曾大大得益于刘孝标的这些注文,对于他的功劳自然不会忘记。

关于书中征引家谱究竟有多少部,根据我的研究,还是潘光旦先生最早提出的三十九种比较可信。我先后查阅了多次,大体都是如此。读者也许要问,为什么统计数字会不同?我可以回答,那就是所采用的标准不同。到目前为止,统计数字最多的要推台湾学者盛清沂在《试就〈世说新语〉管窥魏晋南北朝之谱学》[①]一文中提出的五十四种之多。由于该文作者将家传亦作为家谱:有《谢东骑家传》、《荀氏家传》、《袁氏家传》、《裴氏家传》、《李氏家传》、《褚氏家传》、《顾恺之家传》,这么一来,自然就多出七种。又将世家亦列为家谱,计有《王氏世家》、《王祥世家》两种。还有《挚氏世本》、《袁氏世纪》、《陶氏叙》和《太原郭氏录》各一种,于是便凑成五十四种。

我们可以告诉广大读者,我们分析研究该书保留下来的家谱残存零星记载,是想探索当时家谱编修的概况,包括体例、内容,至于留下多少部并不是关键。我们可以肯定,当时编修的家谱肯定很多。我们前面已经讲了,由于当时的社会因素,使得谱学已经成为社会的显学,家家要藏有谱书,人人要懂得谱学,因此在当时来说,家谱是非常普遍的,当时有好多谱学家都集有《百家谱》。由于时过境迁,几乎所有家谱都因各种原因而未能流传下来。因此,我们现在查证出数字多少都无关大体,所以不必为多少种而进行争论,问题在于究竟什么是家谱还得说个清楚。很显然,当年潘光旦、杨殿珣二先生都不承认家传就是家谱,这是完全正确的,而不是盛文所说"乃疏于谱学之流变者也"。众所周知,清代著名学者章学诚,既是杰出的史学评论家,又是方志学的创始人,同时又是谱牒学家,他曾多次为人编修家谱,当然懂得什么是家谱,我们不妨先看看他的说法。他在《和州志氏族表序例

---

① 《联合报》文化基金会国学文献馆编印:《第四届亚洲族谱学术研讨会会议纪录》,台北联经出版事业公司1989年版,第249—276页。

上》一文中就曾明确指出：

> 自魏晋以降，迄乎六朝，族望渐崇，学士大夫，辄推太史世家遗意，自为家传，其命名之别，若王肃《家传》、虞览《家记》、范汪《世传》、明粲《世录》、陆煦《家史》之属，并于谱牒之外，勒为专书，以俟采录者也。①

这里讲得非常清楚，《家传》、《世录》等这些著作，"并于谱牒之外，勒为专书"，而不是和谱牒著作放在一道，而他在所编《史籍考总目》中则将家传、别传之类都放入传记部，而不是谱牒部，可见章学诚非常明确地将家传等著作列在谱牒之外。如果读者已经阅读过《试就〈世说新语〉管窥魏晋南北朝之谱学》，应当可以发现，该文作者实际上已经阅读过章学诚这篇文章，只不过为了证实自己的观点，仅仅摘引了前面几句"自魏晋以降，迄乎六朝，族望渐崇，学士大夫，辄推太史世家遗意，因（按：章氏原文是"自"字）为家传"，以此来证实"盖世家亦家传之流"，而将章氏后面重要内容就全部丢了。这样断章取义的摘引，实际上也曲解了章氏原文的本义，这种做法是不可取的。因为这样做表面上是满足了自己说法，其结果却欺骗了广大的读者，为了坚持学术道义，我不得不据实指出。我还可以告诉读者，章学诚在《刘忠介公年谱叙》一文中还曾讲过："魏晋以还，家谱图牒，与状述传志，相为经纬，盖亦史部支流，用备一家之书而已。……而前代文人，若韩、柳、李、杜诸家，一时皆为之谱，于是即人为谱，而儒杂二家之言，往往见之谱牒矣。"② 这里讲得就更加明确，"家谱图牒"与"状述传志"并不同属一类，而是并列关系，两者"相为经纬"，而于年谱，则归之谱牒，可见泾渭分明，毫不含混。为了批评学术界在家谱研究中眉毛胡子不分的乱象，1996年上半年海峡两岸学者在扬州举行谱牒研讨会上，笔者提交了《关于谱学研究的几点意见》，该文的第三个问题就是"家谱、族谱是否也该有个谱"，主旨是希望大家在研究家谱时，尽量做到"靠些谱"，

---

① 《文史通义新编新注》外篇4，第896页。
② 《文史通义新编新注》外篇2，第537页。

千万不要过于"离谱",因为大家毕竟都是在做学问。写到这里,我想对盛先生文章还要提出一点看法,即该文所考出的第五十二种《太原郭氏录》,据笔者所用徐震堮先生著《世说新语校笺》在《太原郭氏录》下注引李详曰:"此何法盛《中兴书》也,传写遗其书名。法盛《中兴书》于诸姓各为一录,如《会稽贺录》、《琅琊王录》、《陈郡谢录》、《丹阳薛录》、《浔阳陶录》,凡数十家,此《郭氏录》当衍'氏'字。"①我们知道,李详(审言)是民国时期知名的学者,著有《世说新语笺释》一书。该文作者曾广泛查阅相关著作,按理讲应当可以见到此书,即使没有见到,徐震堮先生《世说新语校笺》也应当可以看到,既然都没有见到过,这里我不得不向广大读者介绍一下何法盛的《中兴书》。何法盛是南朝宋史学家,著有《晋中兴书》七十八卷(一说八十卷),记东晋一代史事,是一部纪传体史书,刘知幾称为东晋史书中最佳者。虽然已经散佚,但有清汤球辑本,收入《广雅书局丛书》;又有清黄奭辑五百二十余则,收入《汉学堂丛书》;再有近人陶栋辑二卷,收入《辑佚丛刊》。汤球辑有7卷,卷1为《帝纪》,卷2为《悬象说》,卷3为《徵祥说》,卷4为《后妃传》,卷5为《百官公卿表注》,卷6为《威番录》,卷7分郡记录大族姓氏,如《琅玡王录》、《陈留阮录》、《范阳祖录》、《浔阳陶录》、《吴郡顾录》、《丹阳纪录》、《陈郡谢录》等,三十多个大族都有记述。根据我的看法,这些"录"相当于《史记》中的"世家",因此,无论你有多少论据,也不能将其当作家谱来计算。关于这点,清人章宗源的《隋书经籍志考证》中亦有详细论述。可见,做学问、写文章,千万不要主观臆断、强词夺理,硬凑数字,有何意义!还要指出的是,何法盛及其《晋中兴书》,在当时影响是比较大的,因此,凡是研究魏晋南北朝学术思想的人都应当知道的。

总之,我们已经讲了,现在研究魏晋南北朝家谱的流传情况,主要是想从中看到当时所修家谱的记载内容、编修体例等情况,这个目的应当说是实现了。这些注所保留下来的资料是相当丰富的,从中可以看出当时所修的家谱内容还是比较详细的,无论男女,每位家庭成员都有记载,特别是妇女都有不同形式的记载,我们不妨举例说明:

---

① 《世说新语校笺》,第491页。

《王氏谱》曰:"导娶彭城曹韶女,名淑。"(《德行第一》,第18页[①])

《谢氏谱》曰:"安娶沛国刘耽女。"(《德行第一》,第21页)

《王氏谱》曰:"献之娶高平郗昙女,名道茂,后离婚。"(《德行第一》,第23页)

《吴氏谱》曰:"坦之字处靖,濮阳人,仕至西中郎将功曹。父坚,娶东苑童侩女,名秦姬。"(《德行第一》,第28页)

《谢氏谱》曰:"朗父据,取太康王韬女,名绥。"(《文学第四》,第123页)

《羊氏谱》曰:"辅字幼仁,泰山人。祖楷,尚书郎。父绥,中书郎。辅仕至卫军功曹,娶琅邪王讷之女,字僧首。"(《文学第四》,第133页)

《庾氏谱》曰:"庾亮子会,娶恢女,名文彪。"(《方正第五》,第173页)

《羊氏谱》曰:"羊楷字道茂。祖繇,车骑掾。父忱,侍中。楷仕至尚书郎,娶诸葛恢次女。"(《方正第五》,第174页)

《诸葛氏谱》曰:"恢子衡,字峻文。仕至荥阳太守,娶河南邓攸女。"(《方正第五》,第174页)

《王氏谱》曰:"坦之子恺,娶桓温第二女,字伯子。"(《方正第五》,第189页)

《王氏谱》曰:"王坦之娶顺阳郡范汪女,名盖,即宁妹也,生忱。"(《方正第五》,第193页)

《王氏谱》曰:"逸少,羲之小字。羲之妻太傅郗鉴女,名璿,字子房。"(《雅量第六》,第202页)

《庾氏谱》曰:"友字弘之,长子宣,娶宣武弟桓豁之女,字女幼。"(《贤媛第十九》,第376页)

《袁氏谱》曰:"耽大妹名女皇,适殷浩;小妹名女正,适谢尚。"(《任诞第二十三》,第403页)

《谢氏谱》曰:"尚长女僧要适庾龢,次女僧韶适殷歆。"(《轻诋第

[①] 著者按:以下引文所标注页码,均依中华书局1984年版徐震堮《世说新语校笺》。

二十六》，第 453 页）

《温氏谱》："峤初取高平李暅女，中取琅邪王诩女，后取庐江何邃女。"（《假谲第二十七》，第 458 页）

《桓氏谱》曰："桓冲后娶颖川庾茂女，字姚。"（《仇隙第三十六》，第 497 页）

从以上十七部家谱所记内容来看，在魏晋南北朝时期所修私家之谱，对于妇女的方方面面都作了详细记载。当然，每条所记详略不等，大多数都以男子为主体，都是从娶的角度出发，亦有不少以女子为主体，嫁到某方。从这些字里行间中，人们还可以发现，当时的妇女不单有名，而且有的也有字，同时与男子一样，同样要排行辈。可见，当时的妇女在家谱中虽然还不可能像男子一样详细记载，但与宋代兴起的私家之谱相比，已经有着天地之别了。特别要指出的是，在当时离婚、再娶都照样写进家谱，并不看作不光彩之事。

《世说新语注》所征引的魏晋南北朝私家之谱的材料，除了大量的是反映妇女情况外，还有说明自己姓氏的来源情况。最典型的则是温姓：

《温氏谱序》曰："晋大夫郤至封于温，子孙因氏，居太原祁县，为郡著姓。"（《品藻第九》，第 282 页）

特别要指出的是，有些材料还反映出当时所修私家之谱，是善恶皆书的，像这样的私家谱其史料价值自然就很高了。如：

《桓氏谱》曰："道恭字祖猷，彝同堂弟也。父赤之，太学博士。道恭历淮南太守，伪楚江夏相，义照初伏诛。"（《规箴第十》，第 315 页）

又：

《袁氏谱》曰："悦字元礼，陈郡阳夏人。父朗，给事中，仕至骠骑咨议。太元中，悦有宠于会稽王，每劝专览朝权，王颇纳其言。王恭闻

其说，言于孝武，乃托以它罪，杀悦于市中。既而明党同异之声，播于朝野矣。"（《谗险第三十二》，第 476—477 页）

诸如此类，在当时的私家之谱中，竟然都如实记载，不作任何回避。究其原因，是否与家谱修成后要上交政府相关部门有关，因为"有司选举，必稽谱籍，而考其真伪"，对此，我在前面都已详细讲了。现在看到这些征引的各种资料，就可以进一步说明，当时私家之谱所记内容可信程度是相当高的，后世所修家谱无论在内容上还是可信程度都无法与之相比。因此，我们通过查阅这些残存的零星资料，其目的是完全达到的。

我们在前面已经讲了，潘先生的统计数字是靠谱的。潘先生在文中还曾列表说明，今将此表转引于下：

家谱名称	代表人物	征引次数
王氏谱	王导	二五
谢氏谱	谢安	八
庾氏谱	庾会	七
刘氏谱	刘简	七
羊氏谱	羊欣	六
桓氏谱	桓冲	四
许氏谱	许元度	四
殷氏谱	殷仲堪	三
温氏谱	温峤	三
袁氏谱	袁耽	三
陈氏谱	陈述	二
华峤谱叙	华峤	二
周氏谱	周翼	二
挚氏世本	挚虞	二
顾氏谱	顾夷	二
魏氏谱	魏隐	二
郗氏谱	郗愔	二

续表

家谱名称	代表人物	征引次数
吴氏谱	吴坦之	一
孔氏谱	孔忱	一
冯氏谱	冯怀	一
陆氏谱	陆逻	一
诸葛氏谱	诸葛恢	一
杨氏谱	杨朗	一
傅氏谱	傅瑗	一
虞氏谱	虞球	一
卫氏谱	卫永	一
曹氏谱	曹茂之	一
李氏谱	李志	一
索氏谱	索元	一
戴氏谱	戴逯	一
贾氏谱	（贾弼）	一
郝氏谱	郝普	一
韩氏谱	韩绘之	一
张氏谱	张湛	一
荀氏谱	荀寓	一
王氏家谱	王浑	一
祖氏谱	祖广	一
阮氏谱	阮脯	一
司马氏谱	司马丞	一
共三十九家		一○六

潘先生的文章接着说："他若《陶氏叙》、《袁氏世纪》、《太原郭氏录》等，疑其不为严格之家谱，故未列入。《王氏谱》与《王氏家谱》疑不为一书，今分列为二。前者之王为琅琊临沂王，以王祥、王览为宗；后者为太原晋阳王，以魏司空王昶为宗；章宗源《隋志考证》并为一谈，于太原谱不另著录，殆出误解。章氏并提及《文选·王文宪集序》注中所引之《王氏家谱》，此则确为琅琊谱，盖至唐时，'家谱'二字流行已久，而《文选》之

注者（李善）不复为名词上之推敲也。"① 这个分列是非常必要的，因为当时的王姓是分为好多支系的，比较有名的则为琅琊王和太原王。另外，我们之前还提到门第比较低的晋陵王，以王敬则为代表，南朝宋、齐两朝均任大官，入齐后为司空。这一支由于郡望低，尽管官位很高，但社会上还得不到认可，因此在家谱中很少提及。需要指出的是，上表《王氏谱》共出现二十五次，按潘先生分法，这些应当都是琅琊王谱，但笔者在阅读中发现恐怕并非都是如此，如：

《王氏谱》曰："绪字仲业，太原人。祖延，父乂，抚军。"（《规箴第十》，第 315 页）

又如：

《王氏谱》曰："讷字文开，太原人。祖默，尚书。父祐，散骑常侍。讷始过江，仕至新淦令。"（《容止第十四》，第 338 页）

可见，这二十五种"王氏谱"，并非全是琅琊王氏所修，从其内容来看，明显还有太原王家谱。当然是否会有晋陵王氏家谱呢？也未可知。

除了《世说新语注》外，《三国志》裴松之注所引家谱亦有十三种之多：

《庾氏谱》：《三国志·魏志·管宁传》注（《世说新语·方正》等篇亦引）。

《华峤谱序》：《魏志·华歆传》注（《世说新语·德行》等篇亦引）。

《孙氏谱》：《魏志·孙资附刘放传》注。

《阮氏谱》：《魏志·杜恕传》注（《世说新语·尤悔》亦引，但所引内容不同）。

《孔氏谱》：《魏志·仓慈传》注（《世说新语·语言》亦引，但两者似非同一部家谱）。

---

① 《中国家谱学略史》，《潘光旦文集》第 8 卷，第 240—261 页。

《嵇氏谱》:《魏志·沛穆王传》、《王粲传》注(《水经·淮水注》及《文选·幽愤诗》注亦引)。

《刘氏谱》:《魏志·刘廙传》注(《世说新语·方正》等篇亦有《刘氏谱》,从内容看并非一家)。

《陈氏谱》:《魏志·陈泰传》注(《世说新语·德行》等篇亦引)。

《王氏谱》:《魏志·崔林传》注、《王昶传》注(《世说新语·德行》等篇亦引)。

《郭氏谱》:《魏志·郭淮传》注。

《胡氏谱》:《魏志·胡质传》注。

《崔氏谱》:《蜀志·诸葛亮传》注。

《诸葛氏谱》:《蜀志·诸葛亮传》注。

《史记》三家注引五种:

《路氏谱》:《史记·齐悼惠王世家》索隐注。

《苏氏谱》:《史记·苏秦传》索隐注(又《隋书·经籍志》、《两唐书志》均著录《苏氏谱》一卷,不著撰人)。

《陆氏谱》:《史记·陆贾传》索隐注。

《杜氏谱》:《史记·杜周传》正义注。

《司马氏系本》:《史记·太史公自序》正义注。

《汉书》注引一种:

《炅氏谱》:《汉书·睦弘传》注。

《文选》注引四种:

《蔡氏谱》:《文选·赠蔡子笃诗》注。

《顾氏谱》:《文选·赠顾交趾公诗》注(而《文选·奉达内兄希叔诗》注又引有《顾氏家谱》,是否就是一家,不明)。

《范氏谱》:《文选·为范尚书让吏部侯封表》注（此谱乃王僧孺撰）。
《嵇氏谱》:《文选·幽愤诗》注。

《水经注》引两种:

《嵇氏谱》:《水经·淮水注》。
《阳氏谱序》:《水经·鲍丘水注》。

综上所引，人们可以看到，除了《世说新语注》以外，还有好多著作的注者为了说明问题，也征引了许多私家之谱，尽管数量没有《世说新语注》征引那么多，但毕竟积少成多。同时这些书所征引中，有些与《世说新语注》所引重复，但是他们征引之内容却不尽相同，这就为研究该家谱提供了更多内容。因此，这数十种私家之谱的征引，每种虽然都是片断的、残缺不全的，但是汇集起来看，就可以为我们揭开蒙在私家之谱上的神秘面纱。根据这许许多多的条文，我们就有可能勾画出当时私家之谱的概貌，当时私家之谱的体例和内容就很自然地浮现在我们的脑海里。这正是我们要感谢刘孝标等学者的原因所在。

第五章
作为政治斗争工具的唐代谱学

我们在研究魏晋南北朝时期的谱学发展时，曾指出当时的谱牒学之所以会得到蓬勃的发展，与豪族地主政治、经济势力的发展有着密切的关系。地方豪族地主政治、经济势力的膨胀，门阀制度的形成，是谱牒学得以高度发展的社会基础和政治条件。加之"九品中正"的用人制度和门当户对的婚姻要求，也都成为促使谱牒学发展的重要因素。到了唐代，谱学虽然同样得到了发展，但是它却出现了与魏晋南北朝时期不同的特点，而最重要的则是它与唐代整个史学发展一样，其编修权几乎全为官府所垄断，而它的服务对象则是中央集权的最高统治者。而从谱学本身而言，魏晋南北朝时期谱学著作，多为一家一族所修的宗谱、族谱、家谱为主，虽然也有总谱、州郡谱的编修，但不是谱学发展的主流，并且都是为政府掌管户籍为主要目的而编修。因为"九品中正"的用人制度，选人标准必须严格以谱籍为准，同样国家赋税徭役和兵役的征收招募，也都以谱籍为依据，因而对于篡改谱籍者处分极严。当然，其时的谱学既是伴随门第制度而发展起来的，自然就成为维护门阀豪族利益的工具。可是，刚建立不久的唐朝政权，是一个中央集权的封建政权，与地方豪族势力割据自然是势不两立的。加之唐王朝的政治集团中，许多开国元勋和枢要大臣中，很大一部分是来自庶族地主、农民起义的将领和寒素之家，如曾身任大将、宰相重职的李勣在临死前还称自己为"山东一田夫"，唐太宗曾称魏徵为"田舍翁"，刘洎、马周、张亮等也都来自寒门。他们虽然都掌有实权，但其出身与士族还有一定界限，因此，在社会上的地位和影响显然还敌不过山东士族和江左名门。唐朝当权者面对这一社会现实，很快决定要利用编修谱牒这一措施，来提高政治集团的社会地位、调节地主阶级的士庶之间关系，以便巩固其政权的统治，为此不惜花费巨大代价一次又一次地组织力量编纂大型的全国性谱牒著作。这就说明唐代的谱学编纂，主要是掌握在政府手中，几部大的谱牒著作全是出自官修，所以我们说，唐代谱学的编修实际上已经成为统治阶级之间政治斗争的工具。

一、唐代谱学发展与政治斗争

众所周知，隋末农民大起义，曾打乱了整个封建统治的秩序，魏晋南北朝以来的门阀制度、世家豪族一度遭到了严重的打击。起义军"得隋官及士族子弟，皆杀之"①，因而世家大族在政治、经济上的势力确实都大为衰落，出现了所谓"燕赵右姓，多失衣冠之绪，齐韩旧俗，或乖德义之风，名虽著于州间，身未免于贫贱"②的现象。但是，值得注意的是，这些士族地主尽管遭受到严重的打击，却并未因此就退出了历史的舞台。相反，在唐朝政权建立以后，虽然失去了往日那种威严和显赫声势，但在社会上仍有一定的地位和势力影响。就连唐朝政权中的许多重要大臣，还纷纷争着向山东那些士族攀婚，想以此来抬高在社会上的地位，当时三品以上之官，"欲共衰代旧门为亲，纵多输钱帛，犹被偃仰"③。特别是以崔、卢、李、郑为首的山东世族，更是以士大夫自居，妄自尊大，嫁女时必多方索取聘礼以抬高身价。这一现象，表现的虽然仅是婚嫁彩礼问题，其实也是一种斗争的手段，说明原有的世家大族对新政权的不服和抵制，他们绝对不肯轻易地放弃原有的权势地位和利益。这种情况，甚至使唐太宗感到深深不安，认为如果让其发展下去，势必严重败坏社会风气，乃至动摇新政权的巩固。为此他不得不专门发布了一道禁令：

（贞观）十六年六月诏：氏族之盛，实系于冠冕；婚姻之道，莫先于仁义。自有魏失御，齐氏云亡，市朝既迁，风俗陵替，燕赵右姓，多失衣冠之绪，齐韩旧俗，或乖德义之风，名虽著于州间，身未免于贫

---

① 《资治通鉴》卷183"隋炀帝大业十二年"条，第5715页。
② 《唐会要》卷83《嫁娶》，第1528页。
③ 《旧唐书》卷65《高士廉传》，第2444页。

贱。自号膏粱之胄,不敢匹敌之仪,问名惟在于窃赀,结褵必归于富室。乃有新官之辈,丰财之家慕其祖宗,竞结婚媾,多纳货贿,有如贩鬻。或贬其家门,受屈辱于姻娅;或矜其旧族,行无礼于舅姑。积习成俗,迄今未已,既紊人伦,实亏名教。朕夙夜兢惕,忧勤政道,往代蠹害,咸已惩革,惟此敝风,未能尽变,自今已后,明加告示:使识嫁娶之序,各合典礼,知朕意焉,其自今年六月禁卖婚。①

这已经发展到需要单独颁布禁令加以制止,问题之严重程度也就可想而知。值得注意的是,新建立的唐王朝政治集团,其皇室虽然自称为陇西李氏,属于关陇士族,但正如前面已讲,其开国元勋和枢要大臣中,很大一部分是来自庶族地主、农民起义领袖和寒素之家,在社会上根本就没有地位,因而就纷纷想方设法与旧的氏族通婚,想以此来提高自己的社会地位。于是旧士族就越发觉得自己高贵,便不约而同地都抬高礼金,因而便出现了因"慕其祖宗,竞结婚媾,多纳货贿,有如贩鬻"的社会风气。面对这样的社会现实,唐太宗自然知道,这个现状必须加以改变,一则是要设法提高皇室新贵的社会地位,再则便是调整统治阶级的内部关系,协调士庶之间的社会地位。最后他决定借助于编修一部大型的全国总谱来达到上述目的。还在贞观五年(631),唐太宗便"诏(高)士廉与御史大夫韦挺、中书侍郎岑文本、礼部侍郎令狐德棻等刊正姓氏。于是普责天下谱牒,仍凭据史传考其真伪,忠贤者褒进,悖逆者贬黜,撰为《氏族志》"②。按照唐太宗的原意,一则是要对全国谱牒进行一次清理审核工作,根据史书记载,考定其真伪。这就说明,当时的谱牒非常混乱,许多门第低下的庶族地主和清寒之家,为了提高自己的社会地位,往往伪造郡望、篡改谱牒。再则就是对现有官职人员进行一次评定,评定标准就是"忠贤"与"悖逆"。这实际上就是唐太宗编修《氏族志》的两条原则,即既承认历史,又肯定现实。这中间自然是包含着协调、调和的味道。可是高士廉等人大多出身于旧士族,受旧传统的影响较深,因此对唐太宗的意图还未能领会,故新编的《氏族志》原欲借以抑压

---

① 《唐会要》卷83《嫁娶》,第1528页。
② 《旧唐书》卷65《高士廉传》,第2443页。

山东旧士族的社会地位，而其初稿竟仍把黄门侍郎（正四品）山东士族崔民干列为第一等（共分九等）。唐太宗看后大为不满，并严厉地指出：

> 我与山东崔、卢、李、郑，旧既无嫌，为其世代衰微，全无冠盖，犹自云士大夫，婚姻之间，则多邀钱币。才识凡下，而偃仰自高，贩鬻松槚，依托富贵。我不解人间何为重之？祗缘齐家惟据河北，梁、陈僻在江南，当时虽有人物，偏僻小国，不足可贵，至今犹以崔、卢、王、谢为重。我平定四海，天下一家，凡在朝士，皆功效显著，或忠孝可称，或学艺通博，所以擢用。见居三品以上，欲共衰代旧门为亲，纵多输钱帛，犹被偃仰。我今特定族姓者，欲崇重今朝冠冕，何因崔幹犹为第一等？昔汉高祖止是山东一匹夫，以其平定天下，主尊臣贵。卿等读书，见其行迹，至今以为美谈，心怀敬重。卿等不贵我官爵耶？不须论数世以前，止取今日官爵高下作等级。①

由于高士廉等人对唐太宗要求编修《氏族志》的意图精神实质领会不精，加之他们这批人本身都出身于旧士族，因而士族的门第观念可以说是根深蒂固，以致编修出的《氏族志》初稿使唐太宗很不满意，迫使唐太宗不得不再作出更加明确的指令性原则，即"不须论数世以前，止取今日官爵高下作等级"。这就是说，《氏族志》的编修，不必再过于突出旧的门第观念，因为他们已经是"世代衰微，全无冠盖"；而应当"崇重今朝冠冕"，因为"凡在朝士，皆功效显著"，他们都为国家立下汗马功劳；尤其应当突出李唐王室的崇高地位，肯定其在"平定四海，天下一家"的巨大功劳。唐太宗还怕高士廉等人再不领悟，又特地列举了"汉高祖止是山东一匹夫，以其平定天下，主尊臣贵"，以作启示。按照这一新的精神，对该书重加刊定。重新编定的《氏族志》，将皇族列为第一，外戚列为第二，崔民干列为第三等。对于这次《氏族志》的编修过程，《资治通鉴》里有一段较为全面的叙述：

> 吏部尚书高士廉、黄门侍郎韦挺、礼部侍郎令狐德棻、中书侍郎岑

---

① 《旧唐书》卷65《高士廉传》，第2443—2444页。

文本撰《氏族志》成，上之。先是，山东人士崔、卢、李、郑诸族，好自矜地望，虽累叶陵夷，苟他族欲与为昏姻，必多责财币，或舍其乡里而妄称名族，或兄弟齐列而更以妻族相陵。上恶之，命士廉等遍责天下谱牒，质诸史籍，考其真伪，辨其昭穆，第其甲乙，褒进忠贤，贬退奸逆，分为九等。士廉等以黄门侍郎崔民幹为第一，上曰："汉高祖与萧、曹、樊、灌皆起闾阎布衣，卿辈至今推仰，以为英贤，岂在世禄乎！高氏偏据山东，梁、陈僻在江南，虽有人物，盖何足言！况其子孙才行衰薄，行、官爵陵替，而犹印然以门地自负，贩鬻松槚，依托富贵，弃廉忘耻，不知世人何为贵之！今三品以上，或以德行，或以勋劳，或以文学，致位贵显。彼衰世旧门，诚何足慕！而求与为昏，虽多输金帛，犹为彼所偃蹇，我不知其解何也！今欲釐正讹谬，舍名取实，而卿曹犹以崔民幹为第一，是轻我官爵而徇流俗之情也。"乃更命刊定，专以今朝品秩为高下，于是以皇族为首，外戚次之，降崔民幹为第三。凡二百九十三姓，千六百五十一家，颁于天下。①

通过对《氏族志》编修过程的了解，人们可以看到，这部全国性大型谱牒著作编修分等的标准，不再是魏晋南北朝时期所恃的门第和郡望，而是以"今日官爵高下作等级"。这一措施，对于山东士族为代表的旧士族势力无疑又是一次沉重的打击，当然也就提高了李唐统治集团的政治威信，同时提高了其他新贵的社会地位。由于对山东旧士族仍旧列为第三等级，这实际上是对旧望与新贵之间作了一次重大的协调，从而在一定程度上调节了地主阶级内部的相互关系，自然有利于巩固新的政权。这么一来就将法令和制度通过谱牒著作形式，把全国的旧望与新贵的地位都固定了下来，使那些本不为士族的新贵进入士族行列，旧士族的地位虽然一定程度作了压低，但毕竟还可以与那些新贵同列，这也就是新、旧之间妥协的一种表现。于是便形成了一个以皇族为中心，功臣、外戚为辅佐，包括原有旧士族在内的新士族集团。由此可见，谱学在当时已经成为最高统治者用以政治斗争的一种工具，而作为谱学著作的功能与内容，与魏晋南北朝时期亦已起了很大的变化。昔

---

① 《资治通鉴》卷195"太宗贞观十一年"条，第6135—6136页。

日讲门第、讲郡望，梁武帝时的侯景虽大权在握，由于门第低下，就是不能与处于高门的王、谢通婚，因而宗谱的编修，总是要强调自己祖先在历史上的显赫地位。而如今的谱牒编修，则"止取今日官爵高下作等级"，也只讲当今现实而不必再去记载历史了。事实上这一变化也并非是一帆风顺的，高士廉等人第一次拿出的《氏族志》初稿将崔民幹列为第一等级，就说明了他们的抵触情绪，也说明了旧的势力影响在社会上还是相当大的。这个社会的现实，当然使得谱学家当中在划分社会上的"右姓"标准时，也就产生了不同的观点。正如当时谱学家柳芳所说："隋开皇氏族以上品、茂姓则为右姓；唐《贞观氏族志》凡第一等则为右姓；路氏著《姓略》，以盛门为右姓；柳冲《姓族系录》凡四海望族则为右姓。"[①]可见尽管统治者可以按照自己的要求立下标准，但是作为每个谱学家来说却未必个个都会照办，因而事实上却存在着很大的分歧，当然在所编修的谱牒著作上就必然要出现不同的分类主张，这就是政治斗争在谱牒学上的反映。

唐太宗下令所修之《氏族志》，对平衡、协调士庶之间的关系起到了一定的作用，而参与编修者亦大多了解熟悉氏族状况与谱牒著作，因此，修成后还是得到大家的好评。《旧唐书·李义府传》中曾这样说："贞观中，太宗命吏部尚书高士廉、御史大夫韦挺、中书侍郎岑文本、礼部侍郎令狐德棻等及四方士大夫谙练门阀者修《氏族志》，勒成百卷，升降去取，时称允当，颁下诸州，藏为永式。"[②]然而时过不久，武则天当权以后，她依靠庶族官僚李义府、许敬宗等势力，贬杀了长孙无忌与褚遂良等人。为了进一步打击关陇集团，巩固她的势力，在李义府等人的怂恿下，她于显庆四年（659）便通过唐高宗下诏改修《氏族志》为《姓氏录》，理由是《氏族志》不叙武后家世。对于这一举动，《旧唐书·李义府传》中有段记载直接透露了真实情况："义府耻其家代无名（指世代不是名门望族），乃奏改此书（指《氏族志》），专委礼部郎中孔志约、著作郎杨仁卿、太子洗马史玄道、太常丞吕才重修。志约等遂立格云：'皇朝得立品官者，皆升士流。'于是兵卒以军功致五品者，尽入书限，更名为《姓氏录》。由是搢绅士大夫多耻被甄叙，皆号

[①]《新唐书》卷199《柳芳传》，第5678页。
[②]《旧唐书》卷82，第2769页。

此书为'勋格'。义府仍奏收天下《氏族志》本焚之。关东魏、齐旧姓，虽皆沦替，犹相矜尚，自为婚姻。义府为子求婚不得，乃奏陇西李等七家，不得相与为婚。"① 至于如何划分等级，《新唐书·高俭传》则有详细说明：

> 高宗时，许敬宗以 [《氏族志》] 不叙武后世，又李义府耻其家无名，更以孔志约、杨仁卿、史玄道、吕才等十二人刊定之，裁广类例，合二百三十五姓，二千二百八十七家，帝自叙所以然。以四后姓、酅公、介公及三公、太子三师、开府仪同三司、尚书仆射为第一姓，文武二品及知政事三品为第二姓，各以品位高下叙之，凡九等，取身及昆弟子孙，余属不入，改为《姓氏录》。当时军功入五品者，皆升谱限，搢绅耻焉，目为勋格。义府奏悉索《氏族志》烧之。又诏后魏陇西李宝，太原王琼，荥阳郑温，范阳卢子迁、卢浑、卢辅，清河崔宗伯、崔元孙，前燕博陵崔懿，晋赵郡李楷，凡七姓十家，不得自为昏；三品以上纳币不得过三百匹，四品五品二百，六品七品百，悉为归装，夫氏禁受陪门财。先是，后魏太和中，定四海望族，以宝等为冠。其后矜尚门地，故《氏族志》一切降之。王妃、主婿皆取当世勋贵名臣家，未尝尚山东旧族。后房玄龄、魏徵、李勣复与昏，故望不减，然每姓第其房望，虽一姓中，高下悬隔。李义府为子求昏不得，始奏禁焉。其后天下衰宗落谱，昭穆所不齿者，皆称"禁昏家"，益自贵，凡男女皆潜相聘娶，天子不能禁，世以为敝云。②

这段文字不仅说明了编修《姓氏录》的区分等级标准，而且将陇西李等七姓十家"不得相与为婚"者一一列出，尤其是将当时通婚"纳币"还按官品分为三等及每等"纳币"数量之不同也都列出。这对于研究当时社会风俗、士庶之间的关系都有重要价值，特别是唐初统治者谱牒的编修，旧的世家大族嫁女必索高额"纳币"是其中一个重要的因素，因此，它是研究唐代统治者编修谱牒过程中一条非常重要的资料。从《姓氏录》编入标准来看，

---

① 《旧唐书》卷82，第2769页。
② 《新唐书》卷95，第3842页。

只要够得上五品官职人员，皆可进入士族的行列，就连兵士得军功入五品者也在此范围之内。这么一来，无疑就将士族的范围更加扩大，进一步促进了士、庶的合流。所以我们说，这次改订《姓氏录》，是对旧的士族营垒又一次大的冲击。像原来在《氏族志》中根本无名的后族竟被列为第一等，许敬宗、李义府等也都挤入，其他就可想而知了。当然，也许因为收入过滥，编修过程中也遭到了许多士大夫的抵制和反对，并拒绝编入其中，"由是搢绅士大夫多耻被甄叙"，可见在编修过程中同样存在着激烈的斗争。就如从上文所引人们可以看到，李义府为了不让人家知道他是出自寒门，竟然"奏收天下《氏族志》焚之"，与唐太宗当年"颁下诸州，藏为永式"的旨令唱起对台戏。看来唐朝统治集团的人物，对于利用谱牒作为政治斗争工具似乎都一点也不含糊。至于李义府所以敢于如此张牙舞爪，肯定是得到武则天的认可和支持，他只不过是在狐假虎威而已。因为这些做法都正合武则天的要求，她正是要通过这些措施，以达到打击其政敌的目的。当时尽管不少"搢绅士大夫多耻被甄叙"，进行抵制和反对，自然都是无济于事，由于士庶合流毕竟是唐朝社会政治发展的总趋势，而每次谱牒的编修，总都是要将当时处于高官地位者都收入谱中，不管这些高官当时社会地位如何，这势必就更加促使士、庶合流的趋势加快。这正是唐朝的谱学功能与魏晋南北朝时期的谱学功能最大的不同之处。我们已经讲过，魏晋南北朝时期的谱学著作的编修，无论是官府主持的统谱还是私家编修的族谱，很重要的一点都必须标举郡望和显示门第，因为当时的政权是代表各个地方世家大族利益的。有的学者认为，"六朝以前，谱学在官，唐宋而下，谱在私家"。我们认为这一结论并不确切，因为六朝时期的谱学历史发展说明，此时基本上是"谱在私家"，只有唐代才是真正意义上的"谱学在官"，至于宋代则开启了真正意义上的私家之谱的编修历史，历元明清而不变。就如唐代谱牒学家柳芳曾说，"善言谱者，系之地望而不惑，质之姓氏而无疑，缀之婚姻而有别"①。这里所讲的谱，显然就是指魏晋南北朝时期的谱牒。再如南宋学者郑樵在《通志·氏族略第一·氏族序》中说："自隋唐而上，官有簿状，家有谱系，官之选举，

---

① 《新唐书》卷199《柳芳传》，第5679页。

必由于簿状，家之婚姻，必由于谱系。"①这两条材料都在说明，魏晋南北朝时期的谱学主流并不在官，而是世家大族所修之宗谱、族谱，所谓"系之地望而不惑"，指的就是对于当时的各个郡望都必须熟悉，这实际上只有通过各个宗族、家族的谱牒才能做到。这种宗谱、族谱应当说是普遍存在的，《世说新语注》中还为我们保留有三十九种家谱。当然，所修之族谱、家谱，都必须上呈官府，"藏于秘阁"，而政府也掌握有总谱和州郡谱，所以郑樵在《氏族略序》中又说："历代并有图谱局，置郎、令史以掌之，仍用博古通今之儒知撰谱事。凡百官族姓之有家状者，则上之，官为考定详实，藏于秘阁，副在左户。若私书有滥，则纠之以官籍；官籍不及，则稽之以私书。此近古之制，以绳天下，使贵有常尊，贱有等威者也。所以人尚谱系之学，家藏谱系之书。"②这里所讲，全是指魏晋南北朝之事，这与柳芳所说是一致的，所谓"系之地望而不惑，质之姓氏而无疑"，实际上就像当时谱学家王弘那样，"日对千客，不犯一人之讳"（《新唐书·柳芳传》），必须对当时重要的谱牒都非常熟悉，对世家大族的郡望都非常了解，否则是做不到的。特别要注意的是，《唐会要·氏族》篇云"历代并有图谱局"，专门管理收藏谱牒之事，唐代则改称"图谱院"。五代乃是谱学发展的一个大转变，欧阳修就曾讲过："自唐末之乱，士族亡其家谱，今虽显族名家，多失其世次，谱学由是而废绝。"③而苏洵亦说："盖自唐衰，谱牒废绝，士大夫不讲而世人不载。"④两人都讲唐末以后谱学废绝，其实这个讲法并不确切，因为宋代开始，私家之谱开始兴起，修谱之事才真正走入普通百姓之家。因此，我们认为笼统地说"六朝以前，谱学在官，唐宋而下，谱在私家"并不确切，尤其是唐、宋两代更不应当连称，因为谱学在这两个朝代所处地位和发展则全然不同。当然，这里我们也要指出，郑樵所说"姓氏之学最盛于唐"的结论也是不对的，根据我们研究，魏晋南北朝时期乃是我国谱牒学发展的鼎盛时期。

学术界一般都认为改《氏族志》为《姓氏录》的主谋是武则天，而赵文

---

① 《通志二十略》，第1页。
② 同上。
③ 《欧阳修全集》卷74《欧阳氏谱图序》，第1079页。
④ 《嘉祐集笺注》卷14《谱例》，第371页。

润先生则认为是唐高宗，他是唐史专家，又对武则天有专门研究，现将他的论述节录于后。其实大家所用的史料大体差不多，只不过在论述上的出发点不一样，结论自然就不同了，供读者自己选择：

  史载，显庆四年（659），唐高宗"诏改《氏族志》为《姓氏录》"①。但在唐高宗"昏懦"说的影响下，一些学者把武则天于永徽六年（655）十一月立为皇后以后，高宗的一切举措都说成是武后所为。认为"武则天通过唐高宗下诏改修《氏族志》为《姓氏录》"，"武则天修《姓氏录》对门阀制度的破坏，远超过唐太宗修《氏族志》"。②至今还有人认为"早在显庆五年（660），武则天重修太宗时《氏族志》为《姓氏录》"③。这里的显庆五年应为显庆四年。众所周知，唐高宗因患有疾病，自显庆五年以后，才委托则天武后处理部分朝政，因而说显庆四年武则天改《氏族志》为《姓氏录》，是没有史实根据的。毫无疑问，唐高宗李治不仅是改《氏族志》为《姓氏录》的决策者，而且是具体谋划者。没有史料证明武则天曾参与其事。

  本文中所说的唐太宗修《氏族志》，是指唐太宗贞观十二年（638）修成的一部重新确定士族等级的志书。在魏晋以来的史籍中，士族亦称世族、势族、世家大族、门阀，是指世代做四品以上高官的家族；与此相对而言的寒门庶族，不是指穷困百姓，而是指家中世代无人做高官的家族。士族形成于东汉，兴盛于魏晋南北朝，其中特别是从魏国曹丕实行"九品中正制"以后，到西晋、东晋时期，世家大族把持最高权力。在政治上士庶判若云泥，士族好像彩云，庶族如同泥土，正如《晋书·刘毅传》所说"上品无寒门，下品无势族"。至隋唐之际，由于南朝"寒人掌机要"的出现，由于朝代的频繁更替，由于隋末农民起义的沉重打击，由于隋朝创立的科举制到唐代已达到鼎盛阶段，老牌的山

---

① 《资治通鉴》卷200"高宗显庆四年"条，第6315页。
② 朱绍侯主编：高等院校文科教材《中国古代史》中册，福建人民出版社1982年版，第176—177页。
③ 陈晔：《武则天在辅佐唐高宗时期的政绩》，《乾陵文化研究》（二），三秦出版社2006年版，第91页。

东士族、江南士族已经衰落。代北士族（以山西代县北的原鲜卑贵族为主）除已融入关陇士族者外，也日趋衰落。只有关陇士族集团，凭借皇权的保护，还有相当大的权势。不过他们正在经受着科举制的发展、新官僚阶层增加而带来的猛烈冲击。但是，门阀士族的传统观念、习惯势力，盘根错节，在社会上还有相当大的影响，尤其是山东士族的余威尚存。"山东士人自矜门地，婚姻多责资财"①，山东士族后裔往往以其门阀自居，轻视当代官品。

在这种情况下，第一个向山东士族余威挑战，主张按照当今官品高低重新确定氏族等级的皇帝，是唐太宗李世民。他命吏部尚书高士廉、御史大夫韦挺、中书侍郎岑文本、礼部侍郎令狐德棻等刊正姓氏，修《氏族志》。高士廉是渤海（今河北景县）人，原属山东士族，后依附于关陇士族，是长孙皇后、长孙无忌的亲舅。高士廉等人由于受旧的门阀观念的束缚，拿出所修《氏族志》的初稿，仍列山东士族崔幹为第一等。唐太宗审阅完修《氏族志》初稿后极为不满，对高士廉等人说："我与山东崔、卢、李、郑，旧既无嫌，为其世代衰微，全无冠盖，犹自云士大夫，婚姻之间，则多邀钱币，才识凡下，而偃仰自高，贬鬻松槚，依托富贵，我不解人间何为重之？""我今特定族姓者，欲崇重今朝冠冕，何因崔幹为一等？……卿等不贵我官爵耶？不须论数世以前，止取今日官爵高下作等级。"②于是高士廉等奉命重新刊定，共100卷，氏族分九等，以李唐皇族为第一等，外戚列居二等，崔幹降为三等，"凡二百九十三姓，千六百五十一家，颁于天下"③。

时过20余年，显庆四年（659），唐高宗下诏改《氏族志》为《姓氏录》。这是怎么一回事？请看以下三部书的有关记载：

《旧唐书》卷82《李义府传》：
初，贞观中，太宗命吏部尚书高士廉……修《氏族志》，勒成百卷，

---

① 《资治通鉴》卷200"高宗显庆四年"条，第6318页。
② 《旧唐书》卷65《高士廉传》，第2443—2444页。
③ 《资治通鉴》卷195"太宗贞观十二年"条，第6136页。

升降去取，时称允当，颁下诸州，藏为永式。义府耻其家代无名，乃奏改此书，专委礼部郎中孔志约、著作郎杨仁卿、太子洗马史玄道、太常丞吕才重修。志约等遂立格云："皇朝得五品官者，皆升士流。"于是兵卒以军功致五品者，尽入书限，更名为《姓氏录》。由是搢绅士大夫多耻被甄叙，皆号此书为"勋格"。义府仍奏收天下《氏族志》本焚之。

《唐会要》卷36《氏族》：

显庆四年九月五日，诏改《氏族志》为《姓录》，上亲制序，仍自裁其类例，凡二百四十五姓，二百八十七家。以皇后四家、鄫公、介公、赠台司、太子三师、开府仪同三司、仆射为第一等，文武二品及知政事者三品为第二等。各以品位为等第，凡为九等，并取其身及后裔。若亲兄弟，量计相从，自余枝属，一不得同谱（注云：初，贞观《氏族志》称为详练。至是，许敬宗以其书不叙明皇后武氏本望，李义府又耻其家无名，乃奏改之。于是委礼部侍郎孔志约、著作郎杨仁卿、太子洗马史元道、太常丞吕才等十二人，商量编录。遂立格，以皇朝得五品者，书入族谱。入谱者，缙绅士大夫咸以为耻。议者号其书为勋格。李义府又奏收贞观《氏族志》焚之）。

《资治通鉴》卷200"显庆四年六月"条：

初，太宗命高士廉等修《氏族志》，升降去取，时称允当。至是，许敬宗等以其书不叙武氏本望，奏请改之，乃命礼部郎中孔志约等比类升降，以后族为第一等，其余悉以仕唐官品高下为准，凡九等。于是士卒以军功致位五品，豫士流，时人谓之"勋格"。

以上三书记载，有共同点，亦有歧异。第一，诏改《氏族志》为《姓氏录》，决策人是唐高宗，这是毫无分歧的。书名叫《姓氏录》，或为《姓录》，当以《姓氏录》为是。第二，诏改的时间，《唐会要》说是显庆四年九月五日，《资治通鉴》说是显庆四年六月，应以九月为是。因为李义府于显庆三年十一月被贬普州（今四川安岳），至四年八月才复为相。第三，上奏请改《氏族志》者，《旧唐书》说是李义府，《唐会要》说是许敬宗、李义府。《资治通鉴》说是许敬宗等，当以《唐会要》说为是，即二人几乎同时上奏请改《氏族志》。第四，为何要改《氏族志》为《姓氏录》？高宗不愿遵守其父成规，就因为《氏族志》不叙武后本望，使他在立武则天为皇后的过程中碰了不少钉子，褚遂良、来济等人以武昭仪不是出身"天下令族"、"礼教名家"阻挠他，使其深切感受到，要巩固武皇后的地位并提高自己的声誉，必须通过修改《氏族志》以改变武氏的门第，使武姓名列前茅。而许敬宗很显明是为报答高宗、武后的重用之恩，坚决主张修改"不叙明皇后武氏本望"的《氏族志》；而李义府一方面是因为"耻其家代无名，乃奏改此书"，另一方面亦是为了报答高宗、武后重用之恩。即使他被贬为普州刺史后，武皇后也不忘保护他："是时义府虽在外，皇后常保护之。"①《姓氏录》"以后族为第一等"，使武则天成为最大赢家、最大受惠者。这本《姓氏录》不仅巩固了她的地位，而且为她参与朝政制造了舆论。第五，《姓氏录》的一个重要原则，是"皇朝得五品官者，皆升士流"，或称"书入族谱"，"于是士卒以军功致位五品，豫士流"，因而遭到缙绅士大夫、士族后裔们的讥笑，斥之为"勋格"。正是这一举措，彻底破除了旧有士族等级界限，为中国历史上最后一个士族集团——关陇士族的退出历史舞台，敲响了丧钟；为广大科举学子、武功将士跻身官僚队伍，开辟了道路。《姓氏录》虽不是法律文书，但具有一定的法律效力。它的进步性勿庸置疑。

唐太宗修《氏族志》，沉重打击了山东士族等旧士族，提高了因参加科举而成新官僚阶层的地位；唐高宗改《氏族志》为《姓氏录》，彻底废除了门阀士族制度。父子两代皇帝先后的举措，为盛唐文明的开拓扫除了一个严重障碍。②

神龙元年（705），谱学家柳冲上书，言太宗时期所修之《氏族志》，"至是向百年，而诸姓至有兴替"，"请改修《氏族》"。"中宗命冲与左仆射魏元忠及史官张锡、徐坚、刘宪等八人，依据《氏族志》，重加修撰。元忠等施功未举，相继而卒，乃迁为外职。至先天初，冲始与侍中魏知古、中书

---

① 《资治通鉴》卷200"高宗显庆三年"条，第6311页。
② 赵文润：《武则天与唐高宗新探》，三秦出版社2008年版，第350—354页。

侍郎陆象先及徐坚、刘子玄、吴兢等撰成《姓族系录》二百卷奏上。……开元二年，又敕冲及著作郎薛南金刊定《系录》，奏上。"①至于柳冲上书的内容，《唐会要》的《氏族》篇有较为详细的记载："神龙元年五月十八日，左散骑常侍柳冲上表曰：'臣闻姓氏之初，《世本》著其义；昭穆之序，《周谱》列其风。汉晋之年，应、挚明宗系之说，齐梁之际，王、贾述衣冠之源，使夫士庶区分，惩劝攸寄，昭之后世，实为盛典。臣今愿叙唐朝之崇，修氏族之谱，使九围仰止，有代承风，岂不大哉！'上从之。至先天二年三月，柳冲奏所备《姓族录》成，上之，凡二百卷。又于今刊定，至开元二年七月二十一日毕，上之。"②这是唐朝建国以来第三次大规模官修谱牒，其宗旨也非常明确："叙唐朝之崇，修氏族之谱，使九围仰止，有代承风"，而入谱之标准，则"共取德、功、时、望、国籍之家，等而次之"（《新唐书·柳冲传》）。这个标准就充分说明，这部大型谱牒著作，是地主阶级内部斗争又一次大协调，也是士、庶矛盾逐渐趋于淡化在谱牒著作上的反映。也正因为士、庶矛盾已日益缓和，其界限也日趋缩小，因而全国性的大规模的编修谱牒工作此后也就不曾再出现，因为此时作为政治斗争工具的谱牒已经完成了它的使命。此后官修之谱牒著作，虽然先后还有唐肃宗乾元元年（758）贾至撰《百家类例》十卷、宪宗元和七年（812）林宝撰《元和姓纂》十卷、文宗开成二年（837）林宝与李衢撰《皇唐玉牒》一百一十卷、代宗永泰二年（766）柳芳撰《皇室永泰谱》二十卷、文宗开成四年（839）柳璟撰《续皇室永泰谱》，同年李衢还撰有《皇后谱牒》等，但从以上所列明显可以看出，自开元二年《姓族系录》修成后，唐朝官修之谱牒，无论在规模上与内容的重要性上，都远不如以前了，特别在性质上更加如此。开国以来所修之谱牒，内容都为刊正全国姓氏之等级，辨门第之高下，协调士、庶斗争之矛盾，消除士、庶之间的界限，而后来所修，大多仅为皇室之谱。这种现象的出现，正如瞿林东先生所说："这种现象，曲折地反映出唐代建立以来的近百年中，士、庶斗争日益缓和（不是矛盾消失了，而是被新的矛盾所代替），士、庶界限日渐缩小，唐代谱学（主要是官修谱牒）作为士、庶

---

① 《旧唐书》卷189下《柳冲传》，第4972页。
② 《唐会要》卷36，第665页。

斗争的一个工具，已逐渐失去它的重要作用而不断走向衰落。"① 事实上经过《氏族志》、《姓氏录》等大型谱牒的编修，用政治手段重新评定了全国姓氏的等第，突出皇室和功臣的社会地位，压制旧的士族门阀势力，削弱门阀观念，通过谱牒著作这个形式加以固定下来，并使之合法化。六朝以来的豪门士族，经过多次冲击，确实已经衰落凋零。唐朝后期参加过政治革新的政治家、诗人刘禹锡的两句诗："旧时王谢堂前燕，飞入寻常百姓家"，可以视为这种衰落凋零的真实写照。

唐中叶以后，由于士、庶矛盾已经基本缓和，唐朝统治者不再重视全国性的谱牒编修，因而在谱牒著作上出现了许多混乱不实的情况。《新唐书·高俭传》云："唐初流弊仍甚，天子屡抑不为衰。至中叶，风教又薄，谱录都废，公靡常产之拘，士亡旧德之传，言李悉出陇西，言刘悉出彭城，悠悠世胙，讫无考案，冠冕皂隶，混为一区，可太息哉！"② 又唐宣宗大中六年（852）十二月，"宗正寺奏，得当司修图谱官李宏简，伏以德明皇帝之后，兴圣皇帝以来，宗枋有序，昭穆无差。近日修撰，率多紊乱，遂使冠履僭仪，元黄失位，数从之内，昭序便乖。今请宗子自常参官并诸州府及县官等，各具始封建诸王，及五代祖，及见在子孙，录一家状，送图谱院，仍每房纳，于官取高，处昭穆取尊，即转送至本寺所司磨勘属籍，稍获精详"③。上引两条材料充分说明唐朝中期以后，谱牒荒废与混乱已经达到非常严重的地步，以致许多官员都纷纷提出呼吁，而最高统治者则仅仅应付而已。这就足以说明唐代后期谱学发展已经走入了低潮，特别是官修之谱牒。

二、唐代谱学发展与社会风气

唐代的谱学发展与魏晋南北朝时期一样，既有政治上的因素，它成为当时统治阶级内部斗争的得力工具，又有社会上的需要，直接反映了唐朝前期

---

① 《唐代谱学简论》，《唐代史学论稿（增订本）》，第122页。
② 《新唐书》卷95，第3843—3844页。
③ 《唐会要》卷36《氏族》，第666页。

的社会风气。特别是魏晋以来那种门第观念，吹嘘、炫耀自己门第的高贵，在唐初社会上有着极为深远的影响。上自开国君主李渊，下至达官显贵，无不以出身右族而自豪。李渊在大臣面前一再炫耀自己出身高贵而非常得意，武德元年（618），"高祖尝谓内史令窦威曰：'昔周朝有八柱国之贵，吾与公家，咸登此职。今我已为天子，公为内史令，本同末异，无乃不可乎？'威曰：'臣家昔在汉朝，再为外戚，至于后魏，三处外家，今陛下龙兴，复出皇后，臣又阶缘戚里，位忝凤池，自唯叨滥，晓夕兢惧！'高祖笑曰：'比见关东人崔、卢为婚，犹自矜伐，公世为帝戚，不亦贵乎！'"①君臣二人，相互吹捧，一唱一和，实已达到得意忘形的地步。武德三年，李渊又对尚书右仆射裴寂说："我李氏昔在陇西，富有龟玉，降及祖祢，姻娅帝王，及举义兵，四海云集，才涉数月，升为天子。至如前代皇王，多起微贱，勔劳行阵，下不聊生。公复世胄名家，历职清要，岂若萧何、曹参，起自刀笔吏也！惟我与公，千载之后，无愧前修矣！"②这里不仅自我吹嘘，而且认为自己出身高贵，比历史上其他帝王要来得非凡，他竟把萧、曹起自刀笔吏觉得不足挂齿，门第观念在他的头脑里是何等的根深蒂固！上行下效，君主尚且如此，大臣们自然也都纷纷"各修其家法，务以门族相高"（《新唐书·宰相世系表序》）。至于出身庶族寒门的官吏，也都想方设法与"山东旧族"攀亲，以此来提高自己的社会地位，有的还冒充士族，篡改郡望。如李义府本瀛州饶阳的庶族，因拥戴武则天而当上宰相。为了说明自己出身高贵，竟声称自己是赵郡人（赵郡李氏是山东士族），厚着脸皮和赵郡李氏叙家谱、排辈分。《旧唐书·李义府传》载："义府既贵之后，又自言本出赵郡，始与诸李叙昭穆，而无赖之徒苟合，藉其权势，拜伏为兄叔者甚众。给事中李崇德初亦与同谱叙昭穆，及义府出为普州刺史，遂即除削。义府闻而衔之，及重为宰相，乃令人诬构其罪，竟下狱自杀。"③这些事实都在说明，门第观念在当时社会上的影响是何等之深！而谱学在其中更显示出它特有的重要作用。

---

① 《唐会要》卷36《氏族》，第663页。
② 同上。
③ 《旧唐书》卷82，第2768—2769页。

魏晋南北朝时期，婚姻的门当户对要以谱牒为依据，成为当时谱学发展的重要因素之一，而这一重要的社会因素，在有唐一代社会中继续在发生作用。在唐朝前期的社会中，那些旧的士族为了抬高自己的身价，更以婚姻嫁娶作为手段对当权的皇室功臣进行斗争，利用婚姻上的门当户对这一社会风气来维护其旧有的高贵的传统地位。至于那些掌了权的新贵，也都很想与名门士族联姻，以提高自己的社会地位与声望。就连开国功臣魏徵、李勣等人尚且如此，其他就可想而知。《新唐书·高俭传》载："房玄龄、魏徵、李勣复与昏，故望不减。"前面已经讲到的李义府，据《旧唐书》本传载，曾为其子向旧士族多次求婚而不得，一怒之下，"乃奏陇西李等七家，不得相与为婚"。高宗时的宰相李敬玄三娶皆山东旧族，史载："敬玄久居选部，人多附之。前后三娶，皆山东士族。又与赵郡李氏合谱，故台省要职，多是其同族婚媾之家。"① 而自己则是"亳州谯人也"。即使自己出身寒门的武则天，在嫁女儿时，同样因门不当、户不对而发火。据《资治通鉴》卷 202 记载，唐高宗开耀元年（681），薛尚尚武则天之女太平公主。武则天听说薛尚之嫂萧氏、弟媳成氏出身均"非贵族"，居然说："我女岂可使与田舍女为姒娌？"甚至还要迫使萧、成二家与薛家离婚。更有甚者，据史书记载，曾位至宰相的薛元超，由于未能与山东五大姓王、崔、卢、李、郑联姻，竟成为他人生三大憾事之一。《隋唐嘉话》载："薛中书元超谓所亲曰：'吾不才，富贵过分，然平生有三恨：始不以进士擢第，不得娶五姓女，不得修国史。'"② （按：对于不得参修国史一事，与正史记载有出入，《旧唐书》本传载其"预修《晋书》"、"兼修国史"。）整个唐代社会风气就是如此，无怪乎唐文宗有"民间修昏姻，不计官员而上阀阅，我家二百年天子，顾不及崔、卢耶"之感慨。③ 既然婚姻要讲门当户对，那么就必须研究、熟悉谱学，这就是谱学在唐代得以迅速发展的社会因素。这股社会风气影响很大，就连许多著名的史学家、学者、诗人，亦无不从风而靡。著名史学家刘知幾就非常热衷于刘氏家谱的编修，先后撰成《刘氏家史》十五卷、《谱考》三

---

① 《旧唐书》卷 81《李敬玄传》，第 2755 页。
② （唐）刘餗撰，程毅中点校：《隋唐嘉话》卷中，中华书局 1979 年版，第 28 页。
③ 《新唐书》卷 172《杜兼传附杜中立传》，第 5206 页。

卷，并以自己出身于彭城刘氏这个名门望族，又是帝王之后、累世通显而感到自豪。他还在《史通·书志》中提出，以后"凡为国史者，宜各撰《氏族志》，列于百官之下"。这一建议，本身就反映了谱学在社会生活中所发生的影响与作用。史书的编写必须反映社会的现实，这是中国史学发展过程中所形成的一个优良传统。魏晋以来直到唐代，谱学既然在社会生活中起着如此重要的作用，史书中理所当然有所反映。后来郑樵在《通志》中撰有《氏族略》，实受到刘氏之启发。著名大诗人杜甫则一直以杜姓乃陶唐氏尧帝后人而自豪，又以东晋学者杜预为自己远祖而骄傲，据有关学者研究，他的诗作曾反复吟咏自己作为陶唐氏后裔而感到荣耀。

由于唐代整个社会风气如此，所以与魏晋南北朝一样，社会上对谱学看得很重，私人不得随意篡改谱系，否则同样要受到社会的舆论谴责。魏晋南北朝对篡乱谱籍者处分甚严，乃至处以极法，在唐代虽不至于如此，但仍不可私意为之高下。清代史家赵翼已经指出："其时有以私意为高下者，人辄非之。……又可见谱学之严，虽有当朝势力，不得遽为升降。"① 他还以唐代谱学家孔至事迹为例，《新唐书·孔若思传》载："若思子至，字惟微。历著作郎，明氏族学，与韦述、萧颖士、柳冲齐名。撰《百家类例》，以张说等为近世新族，剟去之。说子垍方有宠，怒曰：'天下族姓，何豫若事，而妄纷纷邪？'垍弟素善至，以实告。初，书成，示韦述，述谓可传，及闻垍语，惧，欲更增损，述曰：'止！丈夫奋笔成一家书，奈何因人动摇？有死不可改。'遂罢。"② 可见当时在高门与新贵之间在编修谱牒问题上可以说是一直存在着斗争。当然，在这过程中，谱学著作的编修，必然也就形成了两个对立的派系。

综上所述，可见唐代的谱学是魏晋南北朝谱学的继续和发展，但它们的作用却又有着非常明显的很大区别。我们已经讲过，魏晋南北朝的谱学，是伴随着门第制度发展起来的，是为维护门阀豪族利益服务的。正如上文所引柳芳和郑樵的论述所讲："有司选举，必稽谱籍，而考其真伪。""官之选举，必由于簿状；家之婚姻，必由于谱系。""谱籍"、"簿状"，都是当时用来选

---

① 《陔余丛考》卷17《谱学》，第321页。
② 《新唐书》卷199，第5685页。

官的重要根据；而划分门第，又是根据历代做官的情况而定，凡是能够列入高上门阀者，必然都是累世冠冕之家，也就是后来人们称之为"望族"，郡望高贵之家族。故谱牒服务对象在当时是十分明确的。而唐代实行的是进士制度，九品中正制的选官法早已废除，因而唐朝的进士选官已无须查考"谱籍"与"簿状"了。唐代历次大规模官修谱牒著作，都旨在突出皇室和功臣的地位，使那些出身于寒门庶族的新贵获得士族的合法社会地位和身份，削弱门阀观念，对于旧的士族除用政治手段加以压制外，再通过修谱使之合法化。因此，每一次编修，都会冲击、摧毁旧士族的势力与地位，以达到混士、庶为一的目的。当然，它仍然作为统治阶级政治斗争的工具，只不过服务对象和方法都变了，政治斗争的性质更加明确了。至于反映社会风尚、维系婚姻旧的传统，谱学还是在继续发挥作用。到了唐代后期，由于士、庶界限逐渐淡漠，两者矛盾、斗争也逐渐缓和，官修谱牒也就随之衰落下去。这就是历来学者认为五代以后谱学衰落的症结之所在。因为唐代后期旧的士族已经衰落，就是在婚姻问题上也得到了明显的反映，不再像唐朝前期那样，新贵总是想谋求与山东旧士族通婚以抬高社会的地位，这时则不再如此。这从李吉甫与唐宪宗的对话中就得到充分证明，《新唐书·李栖筠传》附《李吉甫传》载：宪宗时，"十宅诸王既不出阁，诸女嫁不时，而选尚皆跞中人，厚为财谢乃得遣。吉甫奏：'自古尚主必慎择其人。江左悉取名士，独近世不然。'帝乃下诏皆封县主，令有司取门阀者配焉"①。这就从婚姻问题上反映出旧的士族确实已经衰落，再加上黄巢领导的农民起义给予残存的门第制度以致命打击，所以五代以后，谱学便随着旧士族势力的衰亡而衰落了，特别是官修谱牒，代之而起的便是宋代私家修谱逐渐发展起来。

三、谱学家和谱学著作

唐代的谱学虽然也非常发达，但是若与魏晋南北朝相比，自然还是相差很远的。因为魏晋南北朝时期，由于社会多方面因素要求，几乎家家要藏谱

---

① 《新唐书》卷146，第4742页。

书，人人要讲谱学，因此谱学在当时社会已经成为一门显学，自然也就成为我国谱学发展史上的黄金时代，而唐代则无论如何是无法与之相比的。也许由于唐代统治者一开始就垄断了编修谱牒的大权，接连发动了几次大规模的谱牒著作编修，限制和打击了私人编修谱牒著作的积极性，影响了唐代谱牒学进一步的发展。关于这点，似乎并未引起研究者的注意，我觉得还是值得深入研究和探索的。不过尽管如此，在唐代还是产生了不少谱学家和谱学著作，下面就作一简单介绍：

1. 李守素

李守素，隋末唐初著名谱学家。赵州（今河北赵县）人，其先世代为山东士族。唐高祖武德四年（621），征为文学馆学士，任天策府仓曹参军。生平精通谱牒之学，《旧唐书·褚亮传》附《李守素传》载："守素尤工谱学，自晋宋已降，四海士流及诸勋贵，华戎阀阅，莫不详究，当时号为'行谱'。尝与虞世南共谈人物，言江左、山东，世南犹相酬对；及言北地诸侯，次第如流，显其世业，皆有援证，世南但抚掌而笑，不复能答，叹曰：'行谱定可畏。'许敬宗因谓世南曰：'李仓曹以善谈人物，乃得此名，虽为美事，然非雅目。公既言成准的，宜当有以改之。'世南曰：'昔任彦昇美谈经籍，梁代称为"五经笥"；今日仓曹为"人物志"可矣。'"①由于他精通谱学，故被世人称之为"行谱"。而《唐会要》、《隋唐嘉话》和《新唐书》本传都将其称为"肉谱"。《唐会要·氏族》曰："武德中，李守素与虞世南论及氏族，初言江左，世南独相酬对，及言北地诸姓，次第如流，陈其事业，皆有援证，世南但抚手而已，不复能答，叹曰：'肉谱实可畏！'许敬宗曰：'肉谱非雅名也。'世南曰：'昔任彦昇善谈经籍，梁代称为"五经笥"，今日号仓曹为"人物笥"矣。'"②而《新唐书》本传则曰：李守素"通氏姓学，世号'肉谱'，虞世南与论人物，始言江左、山东，尚相酬对，至北地，则笑而不答，叹曰：'肉谱定可畏。'许敬宗曰：'仓曹此名，岂雅目邪？宜有以更之。'世南曰：'昔任彦昇通经，时称"五经笥"，今以仓曹为"人物

---

① 《旧唐书》卷72，第2584页。
② 《唐会要》卷36，第664页。

志"可乎？'"①《隋唐嘉话》所载，文字较为简略，其意与此一致，文中亦称其为"肉谱"。这么一来，就有两种称呼，一曰"行谱"，二曰"肉谱"，并以后一称呼居多。至于为什么会有两种称呼，史书并无记载。称"肉谱"者，似乎是取其形象化，而"行谱"者，其意亦复如此，我倒觉得还是此说似乎更加贴切。讲李守素为一部可以活动的谱牒之书，就如我们今天常称某人为"活的字典"、"活的辞书"，而其在当时则是一部活的谱学著作，因为他在当时的族姓方面几乎是无所不知了。按照《新唐书》本传说法，他应当是唐代谱学方面第一人，当时能够与其相抗衡者，只有太宗时一位任过渭州刺史的谱学家李淹了。可惜的是，关于李淹的事迹，文献资料很少有记载，更不要说他有什么谱学理论和谱学著作了。即使是李守素，史书虽作如此推崇，但他究竟有过哪些谱学理论和谱学著作，史书从未提及，至于他在谱学上究竟有过哪些贡献，谱学上有过什么主张也就不得而知了。也许他在当时将谱牒学方面的知识都装在自己的脑海里，古人则称为满肚子都是谱学，就像形容有学问的人为"满腹经纶"一样，则未必有什么著作。

2. 高士廉及《氏族志》编修者

高士廉（？—647），唐初谱学家。渤海蓨（今河北景县）人，名俭，以字行。北齐皇族，唐太宗皇后长孙氏之舅，高敬德之子。隋末曾为治礼郎，坐事贬为朱鸢（今越南河内南）主簿。武德五年（622）归唐回长安，累迁雍州治中。与长孙无忌等人策划"玄武门之变"，拜右庶子。贞观元年（627）进位侍中，不久改任益州（治今四川成都）大都督府长史。在任期间，扩建李冰水利工程，百姓受益。五年入为吏部尚书，进封许国公。十二年拜尚书右仆射。卒谥文献，陪葬昭陵，图形于凌烟阁。《旧唐书·高士廉传》称其在位期间，"奖鉴人伦，雅谙姓氏，凡所署用，莫不人地俱允"。也就在贞观五年，唐太宗"诏（高）士廉、御史大夫韦挺、中书侍郎岑文本、礼部侍郎令狐德棻等刊正姓氏"，编修《氏族志》，想借此手段，压制一下山东旧的士族，同时也抬高皇族和新贵的社会地位。而高士廉等人也都出身于士族，熟悉各地士族门第情况，又都是著名的文学之士，要他们来编

---

① 《新唐书》卷102《李守素传》，第3978页。

修《氏族志》，应当说是非常确当的，称得上是轻车熟路。前面已经讲了，由于他对唐太宗编纂《氏族志》的精神意图未能领会，加之各人又都出身于旧士族，即使在思想感情上也还扭转不过来，因此初稿还是将山东士族崔民幹列为一等，明显违背了唐太宗编修《氏族志》的意图。后经太宗的严厉批评，并提出了几条编修标准，经过七年的编修，于贞观十二年（638）完成，全书一百卷①，书名又称《大唐氏族志》或《贞观氏族志》。是书编纂，以皇族居首，外戚次之，山东士族崔民幹降为三等。内容所载凡二百九十三姓，千六百五十一家，专载唐代姓氏，已佚。敦煌石室发现有高士廉等《贞观八年条举氏族事件》残卷，对研究当时氏族有参考价值。高士廉还曾与魏徵等人编纂有《文思博要》一千二百卷、《目》十二卷，已佚。

韦挺（589—646），雍州万年（今陕西西安）人，为关中士族。在任御史大夫时，对寒门出身官员，"殊不礼之"。曾参与编修《氏族志》，多次受赏。太宗征辽东，命主资粮，因转运误期，坐废为民，但"仍令白衣散从"，镇守盖牟城，复以怨望贬象州刺史，岁余卒于任上，年五十八。

岑文本（595—645），字景和，南阳棘阳（今河南南阳南）人，后迁居江陵（今湖北江陵）。是南方没落士族，故自称"南方一布衣"。史称"文本性沈敏，有姿仪，博考经史，多所贯综，美谈论，善属文"（《旧唐书·岑文本传》）。贞观元年（627），拜授秘书郎，兼直中书省。十八年，与刘洎、马周同任中书令。他除了参与编《氏族志》外，贞观三年起便与令狐德棻共同撰写《周书》，贞观十年书成，"其史论多出于文本"。有文集六十卷，行于时。

令狐德棻（567—650），宜州华原（今陕西耀县）人。"先居敦煌，代为河西右族。德棻博涉文史，早知名。"武德初，为起居舍人，迁秘书丞。后迁礼部侍郎，兼修国史。永徽时，为弘文馆学士，后迁太常卿，崇贤馆学士，爵为公。他的一生参与了多部史书的编修，据《旧唐书·令狐德棻传》载：贞观十年，"以修周史（即《周书》）赐绢四百匹。十一年，修《新礼》成，进爵为子。又以撰《氏族志》成，赐帛二百匹。……寻有诏改撰《晋书》，房玄龄奏德棻，令预修撰，当时同修一十八人，并推德棻为首，其体

---

① 按《旧唐书·太宗纪下》云："高士廉等上《氏族志》一百三十卷。"恐误。

制多取决焉。书成，除秘书少监。永徽元年（650），又受诏撰定律令，复为礼部侍郎，兼弘文馆学士，监修国史及《五代史志》，寻迁太常卿，兼弘文馆学士"①。从这记载来看，他在唐朝初年，确实是一位很有影响的历史学家，其贡献自然也是相当大的。

3. 路敬淳

路敬淳（？—697），唐代著名谱学家。贝州临清（今山东临清）人。贞观末，官至申州司马。天授（690—692）中，"历司礼博士、太子司议郎，兼修国史，仍授崇贤馆学士。数受诏修缉吉凶杂仪，则天深重之"。其为人"尤勤学，不窥门庭，遍览坟籍。……尤明谱学，尽能究其根源枝派，近代已来，无及之者"②。著有《著姓略记》二十卷、《衣冠谱》六十卷，《衣冠系录》（卷数不详）和《衣冠本系》等。最后一种，"未成而死"。对于《著姓略记》一书，《旧唐书·经籍志》及《本传》均作十卷，而《新唐书·艺文志》则作二十卷。《衣冠系录》和《衣冠本系》两书，则是其推究魏晋以来家族谱系、根源枝派而著此书，可惜全都散佚。在有唐一代谱学家中，能有如此之多谱学著作者实不多见，因此他是唐代前期最有影响的一位谱学家，就连柳芳也说："唐兴，言谱者以路敬淳为宗，柳冲、韦述次之。"③故《新唐书》本传说："唐初，姓谱学唯敬淳名家。其后柳冲、韦述、萧颖士、孔至各有撰次，然皆本之路氏。"④他在唐代谱学界影响之大，于此可见。

4. 许敬宗及《姓氏录》编修者

《姓氏录》的编纂者中，虽然没有称得上是谱学家者，但为了能让读者了解编纂者的情况，我们将能够知道的一些人的情况，还是在此作些简单介绍。《旧唐书·经籍志》著录的《姓氏录》二百卷，仅著许敬宗撰。《新唐

---

① 《旧唐书》卷73，第2598页。
② 《旧唐书》卷189下《路敬淳传》，第4962页。
③ 《新唐书》卷199《柳芳传》，第5680页。
④ 《新唐书》卷199《路敬淳传》，第5666页。

书·艺文志》的《姓氏录》下则列有许敬宗、李义府、孔志约、阳仁卿、史玄道、吕才撰，共有六人。而《唐会要》卷36《氏族》"显庆四年"条下原注则称"委礼部侍郎孔志约、著作郎杨仁卿、太子洗马史元道、太常丞吕才等十二人"。但只列了四人姓名，其他六人则均未记载。

许敬宗（592—672），字延族，杭州新城（今杭州富阳）人。隋礼部侍郎许善心之子，秀才出身，学识渊博，但为人狡诈。唐高祖武德初，许为秦王府学士，历任著作郎兼修国史、中书舍人、给事中兼修国史、检校黄门侍郎等职。因预修实录有功，封高阳县男。贞观十九年（645）拜相，以太子左庶子参掌机要，加银青光禄大夫。高宗即位，代于志宁为礼部尚书，因嫁女与蛮酋而"多纳金宝"，遭弹劾而左授郑州刺史。永徽三年（652），又入为卫尉卿，加弘文馆学士，兼修国史。六年复拜礼部尚书。又因拥武则天为皇后，受到高宗重用。显庆二年（657），再次入相，拜侍中，监修国史，次年进封高阳郡公，改任中书令，"任遇之重，当朝无比"。龙朔二年（662）改为右相，加光禄大夫、太子少师、同东西台三品。政治上不仅无端诬构长孙无忌、褚遂良等人，而且利用监修国史之便篡改历史。曾先后预修《晋书》《高祖实录》《永徽五礼》《西域图志》《文思博要》《东殿新书》《姓氏录》《新礼》等。著有《文馆词林文人传》一百卷、《许敬宗集》五十卷。部分诗文尚留存在《全唐文》和《全唐诗》中。

李义府（614—666），瀛州饶阳（今河北饶阳东北）人。迁居梓州永泰（今四川盐亭东）。家贫，善属文。贞观八年（634），剑南道巡察大使李大亮表荐，对策擢第，补门下省典仪。又经刘洎、马周推荐，升任监察御史、太子舍人、崇文馆直学士。高宗即位，迁中书舍人，兼修国史，遂与许敬宗勾结，赞助武则天为后。永徽六年（655），拜中书侍郎。显庆二年（657），任中书侍郎、同中书门下三品，不久晋升中书令，进封河间郡公。任职期间，依仗武则天权势，卖官鬻爵，中伤善良。待人表面温柔和蔼，暗中却陷害中伤，时人称为"人猫"。有感于自己出身寒门，虽任高官，在社会上总是觉得很不体面，"耻其家代无名"，在任宰相期间，奏请重修全国谱牒之书，名曰《姓氏录》，并"奏收天下《氏族志》焚之"，以达到消除其影响的目的。后掌选贪郁，权衡失度，骄奢日甚，为高宗所恶，以罪长流巂州而死。生平有文集三十卷，又著《宦游记》二十卷，已亡佚。

孔志约，高宗初年，曾与长孙无忌、杜正伦等重加辑定《贞观礼》，此时任职为符玺郎；而修《姓氏录》时，任职则为礼部郎中。其他生平则不详。

史玄道，高宗初年，曾与长孙无忌、杜正伦等人受命重加辑定《贞观礼》，当时署衔为太学博士，而编纂《姓氏录》时的职衔则为太子洗马。生平其他情况则不详。

至于著作郎杨仁卿，除了《新唐书·艺文志》著录作阳仁卿外，其他情况则很少知道。

参与《姓氏录》编纂的人员中，称得上博学多才者应当首推吕才。吕才（？—665），博州清平（今山东临清东）人。少好学，精通阴阳方技之书，擅长声乐，以此闻名于时。贞观初，奉诏直弘文馆，参论乐事，累迁太常博士、起居郎等职。曾参与编写《秦王破阵乐》等。后奉太宗之命与学者十多人共同刊正前代阴阳方技之书，完成后并下诏颁于全国。其后又奉命编制《方域图》及《教飞骑战阵图》，深得太宗赏识，升任太常丞。永徽初，预修《文思博要》及《姓氏录》。因陶弘景所撰《本草》，颇多舛谬，又奉诏与李淳风等诸名医共同刊正，并图合成五十四卷，大行于时。龙朔中，任太子司更大夫。著有《隋记》二十卷，行于时。

5. 柳冲及《姓族系录》编修者

《姓族系录》，亦称《大唐姓族系录》，这部大型的谱牒著作从开始编纂至定稿，先后经过三个阶段，历时十年而成书。谱学家柳冲于唐中宗神龙元年（705），"请改修其书"，中宗乃命魏元忠、张锡、萧至忠、岑羲、崔湜、徐坚、刘宪、吴兢和柳冲九人共同编写。中间因魏元忠等相继去世，编修工作从而中止，这是第一阶段。《旧唐书·柳冲传》记载：唐玄宗先天二年（713），柳冲"始与侍中魏知古、中书侍郎陆象先及徐坚、刘子玄、吴兢等撰成《姓族系录》二百卷奏上"，这是第二阶段。在这个阶段，参加编修的人员尚有萧至忠、窦怀贞等人。《旧唐书·萧至忠传》载：先天二年，"至忠与窦怀贞、魏知古、崔湜、陆象先、柳冲、徐坚、刘子玄等撰成《姓族系录》二百卷，有制加爵赐物各有差。"《旧唐书·柳冲传》又记载：开元二年（714），"又敕［柳］冲及著作郎薛南金刊定《系录》，奏上，赐绢百匹"。这是第三阶段，也是最后定稿阶段。参加这次定稿工作的还有著名史学家刘知幾。《旧唐书·玄宗纪上》：开元二年（714）七月，"丙午，昭文馆学士柳冲、太子左庶子刘子玄刊定《姓族系录》二百卷，上之"。可见这部大型的官修谱牒，不仅参加编修人数达十三人之多，而且其中尚有像徐坚、刘知幾、吴兢等著名学者和历史学家，更有当时最有声望的谱牒学家柳冲领衔编修，因此，它成为唐代官修谱牒最盛时期的代表作。尤其值得注意的是，该书取德、功、时望、国籍之家，按官职封爵高下级别等而次之。对于外族国主、酋领、世官，亦分族属，品级著录。其内容自然更为丰富，可惜已经散佚。

柳冲（？—717），蒲州虞乡（今山西临晋南）人。《旧唐书·柳冲传》载其"博学，尤明世族，名亚路敬淳"。天授（690—692）初，为司府主簿，受诏往淮南安抚。景龙（707—710）中，累迁为左散骑常侍，修国史。先后与魏元忠、徐坚等编修《姓族系录》二百卷，从创意到定稿，出力最多。后历太子詹事、太子宾客、宋王傅、昭文馆学士，以老疾致仕，生前还曾参与《则天皇后实录》等编修工作。

魏元忠（？—707），宋州宋城（今河南商丘南）人。原名真宰，以避武则天母号而改为今名。初为太学生，曾从江融学古今用兵之道。仪凤（676—679）中，上书言命将用兵要领，受到高宗称赞，授秘书正字，除监察御史，不久迁殿中侍御史。光宅元年（684），李孝逸率军平徐敬业，武则天召元忠监军，以功擢司刑正，迁洛阳令。后遭周兴等诬陷，三次被流放。圣历二年（699），拜凤阁侍郎、同凤阁鸾台平章事、检校并州长史。不久，加银青光禄大夫，迁左肃政台御史大夫，兼检校洛州长史。因奏请清除张易之、张宗昌兄弟，被诬潜谋，遭贬端州高要卫。中宗复位，以卫尉卿同中书门下三品，进中书令，封齐国公。景龙元年（707），被宗楚客等诬与太子通谋，坐贬忠州务川尉，行至涪陵而卒。生前除了参加编修《姓族系录》外，还参与《则天皇后实录》的编修。

张锡，贝州武城（今山东武城西）人。宰相张文瓘之侄，李峤之舅。武则天久视元年（700），代李峤为相，任凤阁侍郎、同凤阁鸾台平章事。次年坐赃及泄露宫中机密流配循州。中宗时，累迁工部尚书兼修国史，不久令于东都留守。韦后专权，被提拔为宰相，任工部尚书、同中书门下三品。旬日，出为绛州刺史，累封平原郡公，以年老致仕而卒。在任期间，参与《姓族系录》编纂。

萧至忠（？—731），沂州丞（今山东枣庄南）人。少仕为畿尉，以清谨称。神龙（705—707）初，武三思擅权，至忠附之，自吏部员外郎擢拜御史中丞。及节愍太子以兵诛武三思败，中宗欲按之，赖至忠苦谏而保全，遂授中书侍郎、同中书门下平章事，又为侍中、中书令。及韦后诛，至忠以后党应坐，太平公主为之言，出为晋州（今山西临汾）刺史，治有名。时太平公主用事，求人为京官，遂召拜刑部尚书、右御史大夫，再迁吏部尚书，复为中书令，封酂国公。乃参太平公主逆谋，先天二年（713），阴谋败露，逃入终南山，数日后，被捕诛之。史书记载，就在先天二年，他还参与《姓族系录》的编修。

岑羲，字伯华，江陵（今湖北江陵）人。中进士后，累迁至太常博士。因伯父岑长倩牵累，贬郴州司马参军。后迁金坛县令，与其弟仲翔、仲林并为县令，均有政绩，名闻朝野。不久，改任氾水县令，擢任天官员外郎。神龙初，任中书舍人。因忤武三思而转任秘书少监，再迁吏部侍郎。中宗死后，加任银青光禄大夫、右散骑常侍、同中书门下三品，睿宗即位，贬陕州刺史。景云初，又入朝任宰相，进位侍中，封南阳郡公。在位时曾监修《中宗实录》，参与编修《姓族系录》，并参与删订格令事宜。其后因依附太平公主，被玄宗诛杀，籍没其家。

崔湜（671—713），字澄澜，定州安喜（今河北定州）人。少以文辞知名，举进士及第。则天朝累转左补阙，迁殿中侍御史。中宗时转考功员外郎，充当桓彦范等"五王"耳目，不久，投靠武三思等，晋升中书舍人。曾劝武三思尽杀"五王"，再迁兵部侍郎。依附上官昭容，得到中宗宠爱。景龙三年（709）任中书侍郎、同中书门下平章事，同年遭御史弹劾，贬襄州刺史。韦氏专权，复为中书侍郎、同中书门下三品。玄宗开元元年（713），问对失旨，流放岭外，不久被赐死。在位期间，曾先后参与《三教珠英》、《道藏音义目录》、《姓族系录》等书编纂。部分诗文尚见于《全唐文》、《全唐诗》中。

徐坚（659—729），字元同，湖州长城（今浙江长兴）人。史称其"少好学，遍览经史，性宽厚长"。高宗时，进士及第，授太子文学。武则天时，与张说、刘知幾等编写《三教珠英》。又受命删改《唐史》，因武则天病死中止。睿宗时，以太子左庶子兼崇文馆学士，参与编修《则天皇后实录》，进位黄门侍郎。玄宗时，官至秘书监、左散骑常侍。参与编修《唐六典》、《姓族系录》、《太极格》。又注《史记》和《晋书》，并著《大隐传》三卷，均佚。与韦述诸人编纂类书《初学记》三十卷。史称"坚多识典故，前后修撰格式、氏族及国史等，凡七入书府，时论美之"①。另有《徐坚集》三十卷。

刘宪（？—711），字文度，宋州宁陵（今河南宁陵）人。弱冠即中进士，颇有才名。武周天授年间（690—691）任侍御史，受命审讯来俊臣不成，反为所诬，被贬为邻水令。后又任给事中、凤阁舍人。中宗神龙年间（705—706）任渝州刺史、太仆少卿、修文馆学士兼修国史。景云元年（710），任太子詹事，向太子（玄宗）进言读经史的要旨，被采纳。次年去世，被追赠为兖州都督。有文集三十卷。

吴兢（670—749），字西斋，汴州浚仪（今河南开封）人。武则天时，由宰相魏元忠、朱敬则推荐，入史馆编修国史。迁右拾遗、内供奉，中宗时改右补阙。与韦承庆、刘知幾等撰《则天实录》成，转起居郎，又迁水部郎中。玄宗时，历官谏议大夫，兼修文馆学士，依旧参修国史。终官恒王傅。居史官三十年，著述甚多，有《中宗实录》、《睿宗实录》、《唐春秋》、《唐书备阙记》、《太宗勋史》、《兵法正史》、《唐名臣奏》、《五藏论应象》等，重编齐、梁、陈、周、隋五代史，均佚。所撰《唐书》六十五卷，内容多为今传之《旧唐书》所吸收。所著之《贞观政要》十卷，则广为流传，为研究"贞观之治"提供了极为丰富的原始资料。《则天实录》所叙张昌宗诱张说诬证魏元忠谋反事，直言不讳，后张说为相，屡请更改，均被其拒绝，世称"良史"。家聚书颇多，尝目录其卷第，号《吴氏西斋书目》。

魏知古（647—719），深州陆泽（今河北深县西南）人。早有才名，弱冠举进士，累授著作郎，兼修国史。长安（701—704）中，历迁凤阁舍人、卫尉少卿。睿宗即位，任黄门侍郎，兼修国史。景云二年（711），以左散骑常侍、同中书门下三品，兼左庶子。先天（712—713）初，进侍中，封梁国公。二年（713），窦怀贞与太平公主谋废玄宗，他密奏其事。次年，改任紫微令，因与姚崇不协，罢为工部尚书。开元三年（715）卒。在位期

---

① 《旧唐书》卷102《徐坚传》，第3176页。

间，参与《姓族系录》的第二阶段编修。有文集七卷，已佚。

陆象先（665—736），本名景初，睿宗赐名象先。苏州吴县（今江苏苏州）人。举制科高第，初为扬州参军，累迁中书侍郎。景云二年（711）冬拜相，任中书侍郎、同中书门下平章事，监修国史。在职清静寡欲，言论高远，封兖国公，加银青光禄大夫。延和元年（712）左迁益州长史、剑南道按察使。后入京先后任太子詹事、工部尚书、刑部尚书、同州刺史、太子太保。开元二十四年（736）卒，赠尚书左丞相，谥号文贞。在任期间，曾参与《姓族系录》第二阶段的编修工作。

刘知幾（661—721），字子玄，彭城（今江苏徐州）人。永隆进士，任获嘉主簿十九年。武则天时，官著作佐郎、左史，兼修国史，后拜凤阁舍人。中宗时，官太子中允、秘书少监等，仍兼修国史。睿宗景云初（710）累迁太子左庶子，兼崇文馆学士，依旧修史。玄宗开元初，官散骑常侍。开元九年（721），因替其子犯罪辩解，触怒玄宗，贬安州别驾，死于贬所。出入史馆二十余年，先后参与编修《三教珠英》、《文馆词林》、《姓族系录》、《唐书》、《武后实录》、《高宗实录》、《中宗实录》及自撰之《睿宗实录》。所著《史通》为我国第一部史论专著，还著有《刘氏家史》、《刘氏谱考》等书，并有《刘子玄集》三十卷传世。他既参与大型谱牒著作，又有个人谱学著作，还有谱学相关论述，因此又是一位谱牒学家。在《姓族系录》大型谱牒的编修三个阶段中，他曾参与二、三两个阶段的编修工作。

薛南金，开元二年（714）任著作郎，参与修定《姓族系录》工作，其他生平不详。

6.孔至与《百家类例》

孔至，字惟微，越州山阴（今浙江绍兴）人。历著作郎，明氏族之学，并与韦述、萧颖士、柳冲齐名。著《百家类例》一书，《新唐书·艺文志》载三卷，不著撰者，《新唐书·孔若思传》载若思子至撰是书。该书的显著特点，是将有些新生士族如张说等都排除在记述之外，关于这点前面已经讲了，这自然就反映出，直到此时，在谱牒编修中还是存在两种不同的对立观点。此书成于唐肃宗乾元元年（758），已经进入唐代中后期了。《新唐书·艺文志》尚著录孔至的《姓氏杂录》一卷。

7. 韦述与《开元谱》

韦述（？—757），京兆万年（今陕西西安）人。幼时博览群书，受到大儒元行冲称赞。成年后记忆过人，通晓经史，中进士后，撰《唐春秋》三十卷，"恨未终篇"。开元五年（717），任栎阳尉。不久受召入阁，与吴兢等编次国家图书。《旧唐书·韦述传》载："述好谱学，秘阁中见常侍柳冲先撰《姓族系录》二百卷，述于分课之外，手自抄录，暮则怀旧。如是周岁，写录皆毕，百氏源流，转益详悉。乃于《柳录》之中，别撰成《开元谱》二十卷。"① 经中书令张说推荐，任集贤院直学士，迁起居舍人。随玄宗封泰山，撰《东封记》，得到褒奖。曾为《唐六典》编纂制定体例，使该书得以顺利完成。后又历任国子司业、集贤学士、工部侍郎等，封方域县侯。"议者云自唐已来，氏族之盛，无逾于韦氏，……史才博识，以述为最"②。所著《唐职仪》三十卷、《高宗实录》三十卷、《御史台记》十卷，又手编唐九朝实录，今均佚。又仿杨衒之《洛阳伽蓝记》体例，著《两京新记》五卷，今存第三卷残卷，全书多为宋敏求所编之《长安志》所吸收。又据令狐德棻、吴兢所修之纪传体唐史，补遗续缺，成《国史》一百一十三卷，文约而事详，向为史家称道。安史之乱中，他携书逃入终南山。乱后，国家典籍遭焚毁，唯此书完整流传，今传之《旧唐书》前面部分多录其原文。因曾为叛军所俘，并逼其任伪职，因此，肃宗至德二载（757）被流放渝州，不食而死。此人一生淡于名利，"为人纯厚长者，当世宗之。"唯独嗜学爱书，家中"蓄书二万卷，皆手校定，黄墨精谨，内秘书不逮也。古草隶帖、秘书、古器图谱无不备"③。这在当时来说是不多见的，故在此多记几笔。后因其于苍黄之际能存国史，以功补过，乃赠右散骑常侍。他在谱学上虽然只有《开元谱》一种，实际上他在当世谱学上是非常精通的，声誉也很高，故《封氏闻见记》卷10说他"谙练士族，举朝共推，每商榷姻亲，成就谘访"④，称得上是谱学方面的活字典。

---

① 《旧唐书》卷102，第3183页。
② 同上书，第3185页。
③ 《新唐书》卷132《韦述传》，第4530页。
④ （唐）封演撰，赵贞信校注：《封氏闻见记校注》，中华书局2005年版，第95页。

8. 萧颖士和《梁萧史谱》

萧颖士，字茂挺，梁鄱阳王恢七世孙。《新唐书·萧颖士传》载其"四岁属文，十岁补太学生。观书一览即诵，通百家谱系、书籀学"。开元二十三年（735）举进士，对策第一。天宝初，常与颇负盛名的贾曾、席豫、张垍、韦述等交游，"由是名播天下"。新罗使者入朝，言国人愿得萧夫子为师。曾以《春秋》为例，起汉初，终隋末，作史百篇。因通百家谱系，故作《梁萧史谱》二十卷。还著有《梁不禅陈论》。此人为官，仅为秘书正字、集贤校理、广陵参军事等职，而为人则"乐闻人善，以推引后进为己任"。由其奖进者，"皆为名士"，在当时曾与李华齐名，"世号萧李"。而韦述在史馆时，曾鼎力推荐此人来接替自己的职务。

9. 柳芳和《永泰新谱》

柳芳，字仲敷，蒲州河东（今山西永济）人。开元末进士，自永宁尉、直史馆，转拾遗、补阙、员外郎，皆居史任，位终右司郎史、集贤学士。肃宗朝受诏与韦述修吴兢所撰国史，《旧唐书·柳登传》云："杀青未竟而述亡，芳绪述凡例，勒成《国史》一百三十卷。上自高祖，下止乾元。"又仿编年法，作《唐历》四十篇，"颇有异闻"。而柳芳一生，"勤于记注，含毫罔倦"，尤"精于谱学"。据《旧唐书·柳璟传》，永泰（765—766）中，"按宗正谱牒，自武德已来，宗枝昭穆相承，撰皇室谱二十卷，号曰《永泰新谱》"。对此，《唐会要》卷36《氏族》则记载曰："永泰二年（766）十月七日，宗正卿吴王祗，奏修史馆太常博士柳芳撰皇室《永泰谱》二十卷，上之。"其实，据我们研究来看，他在谱牒上的贡献，尤其是在谱学理论方面非常之大，《新唐书·柳冲传》中亦已指出"柳芳著论甚详"。在当时来说，称得上是前无古人。自魏晋南北朝以来直至唐代，尽管先后产生了许多著名的谱牒学家和谱牒著作，但是还未见到过有像柳芳这样如此系统而丰富的谱学理论。尤其值得庆幸的是，《新唐书》作者能将其主要论点经删节而保留在《柳冲传》之后。现将其相关论述摘引于下，让读者们也能领会到他的谱学理论的一些精神：

> 氏族者，古史官所记也。昔周小史定系世，辨昭穆，故古有《世

本》，录黄帝以来至春秋时诸侯、卿、大夫名号继统。左立明传《春秋》，亦言："天子建德，因生以赐姓，胙之土，命之氏；诸侯以字为氏，以谥为族。"昔尧赐伯禹姓曰姒，氏曰有夏；伯夷姓曰姜，氏曰有吕。下及三代，官有世功，则有官族，邑亦如之。后世或之氏于国，则齐、鲁、秦、吴；氏于谥，则文、武、成、宣；氏于官，则司马、司徒；氏于爵，则王孙、公孙；氏于字，则孟孙、叔孙；氏于居，则东门、北郭；氏于志，则三乌、五鹿；氏于事，则巫、乙、匠、陶。于是受姓命氏，粲然众矣。

秦既灭学，公侯子孙失其本系。汉兴，司马迁父子乃约《世本》修《史记》，因周谱明世家，乃知姓氏之所由出，虞、夏、商、周、昆吾、大彭、豕韦、齐桓、晋文皆同祖也。更王迭霸，多者千祀，少者数十代。先王之封既绝，后嗣蒙其福，犹为强家。

…………

魏氏立九品，置中正，尊世胄，卑寒士，权归右姓已。其州大中正、主簿，郡中正、功曹，皆取著姓士族为之，以定门胄，品藻人物。晋、宋因之，始尚姓已。然其别贵贱，分士庶，不可易也。于时有司选举，必稽谱牒，而考其真伪。故官有世胄，谱有世官，贾氏、王氏谱学出焉。由是有谱局，令史职皆具。过江则为"侨姓"，王、谢、袁、萧为大；东南则为"吴姓"，朱、张、顾、陆为大；山东则为"郡姓"，王、崔、卢、李、郑为大；关中亦号"郡姓"，韦、裴、柳、薛、杨、杜首之；代北则为"虏姓"，元、长孙、宇文、于、陆、源、窦首之。……故江左定氏族，凡郡上姓第一，则为右姓；太和以郡四姓为右姓；齐浮屠昙刚《类例》凡甲门为右姓；周建德氏族以四海通望为右姓；隋开皇氏族以上品、茂姓则为右姓；唐《贞观氏族志》，凡第一等则为右姓；路氏著《姓略》，以盛门为右姓；柳冲《姓族系录》，凡四海望族则为右姓。不通历代之说，不可与言谱也。今流俗独以崔、卢、李、郑为四姓，加太原王氏号五姓，盖不经也。

夫文之弊，至于尚官；官之弊，至于尚姓；姓之弊，至于尚诈。隋承其弊，不知其所以弊，乃反古道，罢乡举，离地著，尊执事之吏。于是乎士无乡里，里无衣冠，人无廉耻，士族乱而庶人僭矣。故善言谱者，系之地望而不惑，质之姓氏而无疑，缀之婚姻而有别。山东之人质，故尚婚娅，其信可与也；江左之人文，故尚人物，其智可与也；关中之人雄，故尚冠冕，其达可与也；代北之人武，故尚贵戚，其泰可与也。及其弊，则尚婚娅者，先外族，后本宗；尚人物者，进庶孽，退嫡长；尚冠冕者，略伉俪，慕荣华；尚贵戚者，徇势利，亡礼教。四者俱弊，则失其所尚矣。

....

晋太元中，散骑常侍河东贾弼撰《姓氏簿状》，十八州百十六郡，合七百一十二篇，甄析士庶无所遗。宋王弘、刘湛好其书。弘每日对千客，可不犯一人讳。湛为选曹，撰《百家谱》以助铨序，文伤寡省，王俭又广之，王僧孺演益为十八篇，东南诸族自为一篇，不入百家数。弼传子匪之，匪之传子希镜，希镜撰《姓氏要状》十五篇，尤所谙究。希镜传子执，执更作《姓氏英贤》一百篇，又著《百家谱》，广两王所记。执传其孙冠，冠撰《梁国亲皇太子序亲簿》四篇。王氏之学，本于贾氏。

唐兴，言谱者以路敬淳为宗，柳冲、韦述次之。李守素亦明姓氏，时谓"肉谱"者。后有李公淹、萧颖士、殷寅、孔至，为世所称。

初，汉有邓氏《官谱》，应劭有《氏族》一篇，王符《潜夫论》亦有《姓氏》一篇。宋何承天有《姓苑》二篇。谱学大抵具此。魏太和时，诏诸郡中正，各列本土姓族次第为举选格，名曰"方司格"，人到于今称之。①

从上述摘引的这些论述来看，涉及的内容是相当广泛、全面的，既讲了谱学发展的历史，又发表了许多精彩的论述，而这些议论又是通过讲述谱学发展过程表现出来的。讲述发展历史又是从命氏赐姓讲起，因为古人亦将谱学称之为"姓氏之学"。尤其是他的许多论述都已成了经典名句而常被征引，诸如："魏氏立九品，置中正，尊世胄，卑寒士，权归右姓已"；"不通历代之说，不可与言谱也"；"夫文之弊，至于尚官；官之弊，至于尚姓；姓之弊，至于尚诈"；"善言谱者，系之地望而不惑，质之姓氏而无疑，缀之婚姻而有

---

① 《新唐书》卷199，第5676—5680页。

别",凡此等等,都常为研究谱学者所征引。因此,作为谱学家的柳芳,在谱学发展史上所起的作用是相当大的,特别是对后世的影响,为后人研究谱学发展的历史,勾画出一个清晰的轮廓。尽管他在唐代谱学上的地位称不上是一流的,但他在谱学上的贡献,却超过了任何一位唐代谱学家。我们这样讲看来一点也不为过,因为其他人的论著我们已经无从看到了。

10. 柳璟和《续永泰新谱》

柳璟,字德辉,蒲州河东(今山西永济)人。宝历初(825)进士,三迁监察御史,又升吏部员外郎。文宗开成(836—840)初,转库部员外郎,充翰林学士,曾奉文宗之命在其祖父柳芳的《永泰新谱》(又名《皇室新谱》)的基础上,依旧例编成《续永泰新谱》(亦称《续皇室新谱》)十篇,附于前书之后。《旧唐书·柳登传附柳璟传》云:"璟祖芳精于谱学,永泰中按宗正谱牒,自武德已来宗枝昭穆相承,撰皇室谱二十卷,号曰《永泰新谱》,自后无人修续。璟因召对,言及图谱事,文宗曰:'卿祖尝为皇家图谱,朕昨观之,甚为详悉。卿检永泰后试修续之。'璟依芳旧式,续德宗后事,成十卷,以附前谱。"① 开成五年(840),拜中书舍人。武宗时,转礼部侍郎。后因坐其子受贿,贬信州司马,迁郴州刺史,卒于任上。柳璟本人并非谱学家,他编修《续永泰新谱》,完全出于受命而作,况且所记皆为皇室之事,内容并不复杂,又有旧例可以因循。

11. 林宝和《元和姓纂》

林宝,济南人,后迁居三原(今陕西三原)。元和二年(807)任史馆修撰,与史官蒋义等撰《德宗实录》五十卷。五年,调任太常博士,仍兼史职。次年升任国子博士。为人博闻强识,精通谱牒之学。七年奉宰相李吉甫之命,修成《元和姓纂》十卷。十三年与郑余庆等人同修《格后敕》成,授沔王府长史,分司东都。开成二年(837),与李衢等修成《皇唐玉牒》(一名《皇唐玉篆》、《七圣玉牒》)。昭宗时,又与李衢修《唐皇室维城录》(一名《李氏皇室维城录》)。还著有《姓苑》、《姓史》、《五姓征氏》(一名《五

---

① 《旧唐书》卷149,第4033页。

姓征事》)等书。对于《元和姓纂》，由于前有王涯为之作序，故《唐会要·氏族》竟误为王涯所撰："元和七年七月，尚书兵部员外郎知制诰王涯撰《姓纂》十卷，上之。"但《新唐书·艺文志》"谱牒类"仍著录为林宝所撰。而对于林宝编撰该书的过程，宋代学者陈振孙在所著《直斋书录解题》卷8《谱牒类》还作了较为详细的记载：

> 《元和姓纂》十卷：唐太常博士三原林宝撰。元和中，朔方别帅天水阎某者，封邑太原，以为言。上谓宰相李吉甫曰："有司之误，不可再也。宜使儒生条其源系，考其郡望，子孙职任，并总缉之。每加爵邑，则令阅视。"吉甫以命宝，二十旬而成，此书绝无善本，顷在莆田以数本参校，仅得七八，后又得蜀本校之，互有得失，然粗完整矣。①

短短数语，将林宝编纂《元和姓纂》的原委交代得一清二楚。最后还指出，此书在南宋时已无完整版本流传。是书原本久佚，今存之《四库全书》本乃是从《永乐大典》中录出，然尚缺卷首《国姓》一门。其书编纂，是以唐韵二百大部排比诸姓，各载受氏之源，与谱家谱系相比，要为详赅。此外，清人王仁俊《玉函山房辑佚书补编》辑有《姓纂》一卷，罗振玉《雪堂丛刻》载有《元和姓纂校勘记》二卷、《佚文》一卷。尽管已经残缺不全，但是由于它能够流传下来，毕竟使后人可以从中了解到唐代所修的编谱之概况，尤其是笔者在撰写《欧阳修在谱牒学上的贡献》一文时，在讲述欧阳氏受封得姓之事，还征引了该书加以论证："唐代著名谱牒学家林宝《元和姓纂》卷5就指出：'越王勾践之后支孙封乌程欧阳亭，因氏焉。'"②可见它在研究姓氏受封赐姓方面，还是具有非常重要的学术价值。

12. 李衢与《大唐皇室新谱》

与林宝同时的另一位谱牒学家李衢，曾与林宝合撰《皇唐玉牒》和《唐皇室维城录》两书。又于开成四年（839）奉命"修撰《皇后谱牒》"，时任

---

① （南宋）陈振孙撰：《直斋书录解题》，《丛书集成初编》本，第221页。
② 周国林主编：《历史文献研究》（总第25辑），华中师范大学出版社2006年版，第1—20页。

职为大理寺少卿（《唐会要·氏族》）。此外，《新唐书·艺文志》"谱牒类"还著录有李衢《大唐皇室新谱》一卷。他虽然是唐朝后期与林宝齐名的谱学家代表人物，但是其他的生平事迹，我们就很少知道了。

13. 其他谱牒著作

以上所述，大多为参与大型谱牒著作编修者和在当时均有社会影响的谱学家。根据《新唐书·艺文志》"谱牒类"所列，还有许多人虽然不是谱学家，也还编修或参与编修了不少谱牒著作。下面亦略作介绍，以反映谱学在唐代发展的概况。

李林甫（？—752），长平王李叔良曾孙，李思海之子，小字哥奴。性狡黠，多权术，工书、善画。玄宗开元二十三年（735），任礼部尚书、同中书门下三品，旋封晋国公。任职十九年，权势极盛，对人表面友好，而暗加陷害，人称"口蜜腹剑"，曾勾结宦官、嫔妃，探听玄宗动静，以献媚得宠而固权，政事日坏，死后不久即发生安史之乱，诏悉夺官职，开棺剔取含珠金紫，更以小櫘，以庶人之礼改葬。《唐新定诸家谱录》一卷，《艺文志》著录为李林甫等。此书何人所作已不得而知，新、旧唐书《李林甫传》均未提及，从其为人来看，肯定不是他所作，《新唐书·李林甫传》云"林甫无学术，发言陋鄙"，自然不可能撰作是书。

李利涉，其生平一概不详。据《新唐书·艺文志》"谱牒类"著录李利涉撰《唐官姓氏记》五卷。原书为十卷，后利涉贬南方而亡其半。并称其又编《古命氏》三卷。又在《艺文志》"成玄英《庄子疏》"条言，永徽中此书成，"嵩高山人李利涉为序"。其他尚一无所知。

柳璨，唐代史学家。河东（今山西永济）人，少孤贫好学，僻居林泉。光化进士，尤精汉史，为直学士。"璨以刘子玄所撰《史通》讥驳经史过当，璨纪子玄之失，别为十卷，号《柳氏释史》，学者伏其优赡"，"以其博奥，目为'柳箧子'"。①迁左拾遗、翰林学士。《新唐书·艺文志》"谱牒类"著录"柳璨《姓氏韵略》六卷"，但《旧唐书》本传并未谈及此书。而《新唐书·哀帝纪》天祐元年（904），也只记"翰林学士、右拾遗柳璨为右谏议

---

① 《旧唐书》卷179《柳璨传》，第4669—4670页。

大夫、同中书门下平章事"。《姓氏韵略》早已散佚,其书编于何时已不得而知。

王元感,濮州鄄城(今山东鄄城北)人。少举明经,累补博城县丞。天授中,迁左卫率府录事,兼直弘文馆。后受诏与诸儒撰定仪注,众皆推服。长安三年(703),上其所撰《尚书纠缪》十卷、《春秋振滞》二十卷、《礼记绳愆》三十卷,并注《孝经》、《史记》。对其所撰诸书,虽为诸学士讥议,他却从容应对。又任太子司议郎。中宗即位,加朝散大夫,拜崇贤馆学士。《新唐书·艺文志》"谱牒类"著录王元感《姓氏实论》十卷,但新、旧唐书本传对于此书均未记载,已佚。

崔日用(约673—722),滑州灵昌(今河南延津东北)人。进士出身。武周时曾任芮城县尉、新丰县尉,迁监察御史。中宗时,结交武三思等人,拜吏部尚书,兼修文馆学士。睿宗景云元年(710),参与讨伐韦氏有功,授黄门侍郎,参知机务,封齐国公。不久因与薛稷发生争执而罢相,出任婺州长史,历任扬、汴、兖三州刺史及荆州长史。上书奏请诛太平公主势力,因诏检校雍州长史。及太平公主被诛,以功进吏部尚书。后又出任常州刺史、汝州刺史。玄宗开元七年(719),徙并州大都督长史。在职期间,颇有政绩。平生才辩过人,善于随机应变。著有《姓苑略》一卷,早散佚。

陈湘,生平不详。《新唐书·艺文志》"谱牒类"著录有陈湘《姓林》五卷,早已散佚。

以上所列谱牒著作都为统谱,而私家之谱在唐代虽然没有魏晋南北朝那么兴旺,但是作为那些世家大族,对于编修一族一宗的家谱还是相当重视的,因此,《新唐书·艺文志》"谱牒类"还著录了私家之谱二十六家,现列表于下:

裴氏家牒二十卷(裴守真)	王氏家牒十五卷(王方庆)
谢氏家谱一卷	东莱吕氏家谱一卷
薛氏家谱一卷	颜氏家谱一卷
虞氏家谱一卷	孙氏家谱一卷
吴郡陆氏宗系谱一卷(陆景献)	刘氏谱考三卷

续表

纪王慎家谱一卷	蒋王恽家谱一卷
李用休家谱二卷（纪王慎之后）	徐氏谱一卷（徐商）
徐义伦家谱一卷	刘晏家谱一卷
刘舆家谱一卷	周长球家谱一卷
施氏家谱二卷	万氏谱一卷
荥阳郑氏家谱一卷	窦氏家谱一卷（懿宗时国子博士窦澄之）
鲜于氏家谱一卷	赵郡东祖李氏家谱二卷
李氏房从谱一卷	韦氏诸房略一卷（韦绚）

除表中所列外，《艺文志》"谱牒类"在王方庆《王氏家牒》之后有"又《家谱》二十卷"，因紧随《王氏家牒》，故亦应为王方庆所著，接着还有"《王氏著录》十卷"，亦为王方庆所著，因性质不类家谱，故不列入表中。此外还有《皇孙郡王谱》、《元和县主谱》和不知名的《家谱》各一卷。以上就是唐代谱学家和谱学著作之大概情况。很显然，如果我们和魏晋南北朝谱学发展相比，无论是谱学家的阵容，还是谱学著作的数量、品种都无法与之相比拟。因为在魏晋南北朝时期，是"人尚谱系之学，家藏谱系之书"，谱学在当时已经成为一门"显学"，而在唐代的社会里，我们很少看到这种社会现象。所以我们说魏晋南北朝时期，是我国谱学发展的黄金时代，是我国谱学发展的鼎盛时期。正因如此，南朝齐时谱学家、目录学家王俭，在所作目录学著作《七志》中，就已经设立了"图谱志"一目，以反映谱学发展的盛况。到了唐代初年所修的《隋书·经籍志》中，第一次在正史《经籍志》的史部中立了"谱系篇"，及时反映了这一社会现实。随后五代时所修之《旧唐书·经籍志》、宋初所修之《新唐书·艺文志》在史部里都设立了"谱牒类"，于是唐代所修谱牒状况亦大都得到了反映。可见古代史学家早就将谱牒看作是史学的一个组成部分，是史学的一个重要分支。这里要指出的是，几年前在安徽参加的一次学术会议上，一位教授振振有词地说，家谱学是一门独立的学问，而绝对不是史学的分支。从发言的气势来看，似乎是很有道理，但从所讲述的理由来看，则几乎都无法成立。尽管他讲了不少理由，但人们只要从其所讲内容来看，就可以看出，这位先生不仅对传统史学的内容不甚了解，似乎连正史也没有翻阅过，否则就不会讲出这种话来。还

要特别说明的是，这位先生对谱学的概念也不甚理解。因为家谱学并不等于谱学，谱学的全称应为谱牒学，而家谱学充其量也仅仅是谱牒学中的一个分支而已。关于这一点，笔者《关于谱学研究的几点意见》[①]一文第一个问题就是讲"谱学不等于家谱学"。文中还特地征引了清代著名史学家邵晋涵论述谱学的起源和发展的文章中一段文字。邵氏认为谱系发展是经历了三个阶段，即由专官之掌，演变为专门之学，进而形成私家之谱。目的在于告诉大家这样一个事实，即谱学内容是非常丰富的，绝不像如今有些人所说，谱学就是家谱学。当然，我们也可以请教这些先生们，按照他们的说法，那么唐代所修的《氏族志》、《姓族系录》、《元和姓纂》等大型统谱，难道就不是谱学著作了？恐怕这个结论谁也不会承认吧？至于谱学是否是史学的组成部分，是否是史学的分支，我们除了从前引《隋书·经籍志》和《旧唐书·经籍志》、《新唐书·艺文志》都将谱牒著作列入史部的事实来说明外，后来许多历史学家在论著中也已作了明确的肯定。清代著名历史学家钱大昕在《钜野姚氏族谱序》中就曾非常肯定地说："予唯谱系之学，史学也。《周官》小史'奠系世，辨昭穆'。汉初有《世本》一书，班史入之《春秋》家，亦史之流别也。裴松之之注《三国》史，刘孝标之注《世说》，李善之注《文选》，往往采取谱牒。魏晋六朝之世，仕宦尚门阀，百家之谱，悉上吏部，故谱学尤重。欧公修《唐书》，立《宰相世系表》，固史家之创例，亦由其时制谱者，皆通达古今，明习掌故之彦，直而不污，信而有征，故一家之书与国史相表里焉。"[②]大家可以看到，钱大昕直截了当就讲"谱系之学，史学也"，接着又列举了《世本》、《新唐书·宰相世系表》同样属于谱学大家族中的成员。而由于家谱同样具有史料价值，因而魏晋以来学者在注释文史书籍时，"往往采取谱牒"。而这里所采取的谱牒，则大都为私家之谱，我们在前面已经指出，刘孝标所注之《世说新语》，采用私家之谱就达三十九种之多，裴松之所注之《三国志》，采用的私家之谱亦有十三种。主要是由于当时政府对修谱之事管理得比较严格，因而在家谱编修中胡编乱造的情况比较少，相对来说史料价值也就比较高。长期以来大量历史事实都在说明，谱

[①] 《历史研究》1997年第5期。后以《论谱学研究中的随意性》为题收入《史家·史籍·史学》。
[②] 《潜研堂集·潜研堂文集》卷26，第448页。

牒学（包括家谱在内）一直是史学重要的组成部分之一，唐代的谱学发展过程，同样足以说明这一点。当然，我们已经讲了，由于唐代社会的发展具有自己的特殊性，所以它的谱学发展，既不可能与魏晋南北朝时期谱学发展相一致，更不可能与宋元以来谱学发展相等同，这是由于各个时期社会制度所决定的。

四、关于两份唐代敦煌姓氏族谱残卷

最后，本书就敦煌藏经洞流传下来的两个姓氏族谱残卷作些介绍，一是《天下姓望氏族谱》残卷，另一是《新集天下姓望氏族谱》一卷并序。前者卷首有些残缺，接着就是按州郡排列，每郡之下则注明此郡住有几姓，如：渤海郡四姓（冀州）：吴、欧阳、高、刁；彭城郡五姓（徐州）：刘、曹、袁、到、受；会稽郡七姓（越州）：虞、孔、贺、荣、盛、钟离、谢。值得注意的是，此残卷在卷末还有一段文字说明：

> 以前太史因尧置九州，今为八十五郡，合三百九十八姓。今贞观八年五月十日壬辰，自今已后，明加禁约，前件郡姓出处，许其通婚媾。结婚之始，非旧委悉，必须精加研究，知其谱囊，谱囊相承不虚，然可为定。其三百九十八姓之外，又二千一百杂姓，非史籍所载，虽预三百九十八姓之限，而或媵官混杂，或从贱入良，营门杂户，慕客商贾之类，虽有谱，亦不通。如有犯者，剔除籍。光禄大夫兼吏部尚书许国公士廉等奉敕，令臣等定天下氏族，若不别条举，恐无所凭，准令详事讫，件录如前。敕旨依奏。
>
> 大蕃岁次丙辰，后三月庚午朔，十六日乙酉，鲁国唐氏苾蒭悟真记。

我们在前面已经讲了，贞观五年（631）高士廉等人受唐太宗之命编修《氏族志》，由于高士廉等人旧的氏族观念很严重，因此初稿修成后，太宗非常不满，令其重新编修，如今看到的这个残卷，很可能就是《氏族志》初稿所列的郡姓，只不过未定等级而已，因而有可能流出。我之所以会有这样的看法,因为残卷在后记中既引高士廉在奏文中的语言,又有"敕旨依奏"的字样,应当与贞观中高士廉主修《氏族志》有关。不过后来修改定稿的《氏族志》只收二百九十三姓,比残卷所列少一百零五姓。这个说明,有两点值得注意,一是凡入郡姓者,相互之间可以通婚。二是还有二千一百杂姓,非史籍所载,虽属三百九十八姓者,但"或媾官混杂,或从贱入良,营门杂户,慕容商贾之类",虽有谱还是不能通婚。可见即使在唐朝,其风俗制度仍沿袭魏晋南北朝的做法,这就是后人所讲必须门当户对。还要指出的是,每郡之下所列几姓,指的是这个郡的郡姓,并不是说当时这个郡只居住着这九个姓。郡姓者,是指一个郡之大姓望族。在当时,能否列入郡姓,关系到这一家族的社会地位和权利问题,绝不是小事。《资治通鉴》卷140"南齐建武三年"条:"众议以薛氏为河东茂族。帝曰:'薛氏,蜀也,岂可入郡姓!'直阁薛宗起执戟在殿下,出次对曰:'臣之先人,汉末仕蜀,二世复归河东,今六世相袭,非蜀人也。……今不预郡姓,何以生为!'"①通过这个残卷,我们可以了解到唐代郡姓的分布情况,有的同样的一个姓,在两个郡都有:如孔姓,鲁国有,会稽郡亦有;如王姓,琅琊郡有,太原郡亦有;再如李姓,陇西有,赵郡亦有。这就说明,虽同为一姓,郡望并不同,其族系流传也就有别。

至于《新集天下姓望氏族谱》一卷并序,首尾都比较完整,并用唐朝的行政区划十道来统属州郡。而此件为何人所集,集于何时,都不得而知。前面的几句小序,实际上就是要人们记住自己的姓氏郡望之所出:"夫人立身在世,姓望为先;若不知之,岂为人子?虽即博学,姓望殊乖;晚长后生,切须披览。但看注脚,姓望分明,谨录元出州郡,分为十道如右。"每道之下,再按州郡列出姓氏。此卷所列姓氏大大超过上件,计有七百五十五姓。至于有的姓同样出现在两个郡,王姓既出现在太原郡,又出现在琅琊郡;李姓既出现在陇西郡,又出现在赵郡;孔姓既出现在鲁国郡,又出现在会稽郡。而此卷每郡所列之姓大多有所增加,如上引冀州渤海郡,原为四姓,现在则有二十八姓;徐州彭城郡,原为五姓,现在则有十二姓;越州会稽郡,原为七姓,现为十四姓。最多的则为雍州京兆郡,竟有四十姓。尽管这么

---

① 《资治通鉴》卷140,第4395页。

多，所列仍旧还是郡姓，我们从研究中知道，并不是所有姓都是郡姓，同样都是李姓，只有陇西、赵郡两处为郡姓。我们前面讲过，武则天时做过宰相的李义府，本为瀛州饶阳庶族，却一定要和赵郡李氏叙家谱、排辈分。又如高宗时的宰相李敬玄，本是"亳州谯人"，同样想方设法要与赵郡李氏合谱。这就说明，上述两处虽然也都有李姓，却都不为郡姓。这从《新集天下姓望氏族谱》即可得到验证。我们再看王姓亦是人数比较多的姓氏，也只有太原、琅琊两处是为郡姓，其他地方的王姓则不然，如晋陵王氏，此谱上同样是没有，看来还是沿袭着魏晋南北朝以来的规定。清代史家赵翼在《陔余丛考》卷17《六朝重氏族》中，记载了这样一个故事："王敬则与王俭同拜开府仪同，徐孝嗣谓俭曰：'今日可谓连璧。'俭曰：'不意老子遂与韩非同传！'敬则闻之曰：'我南沙小吏，微悻遂与王卫军同日拜三公，夫复何恨！'"①王俭属琅琊王氏，敬则为晋陵王氏，氏名虽同，而门第相去甚远，故王俭则愤愤不平，而王敬则当然是心满意足。可见即使位至三公，而自己本非郡姓望族，照样还是被人看不起。时至唐朝，我们再查《新集天下姓望氏族谱》，常州晋陵郡，照样还是没有王姓。这就说明，这个新集的《天下姓望氏族谱》，虽然列了七百五十五姓，但确实都是郡姓。当然，也要指出的是，郡姓在这个郡称望族，但是在全国未必都有地位。何况在唐朝修《氏族志》和《姓氏录》以后，都又用划分等级来确定望族右姓。所以敦煌藏经洞保存下来的两件姓氏族谱，不仅对研究唐代谱学有参考价值，而且对于了解全国姓氏在唐朝分布情况及后来的流向提供了直接依据。如后来定居江西的欧阳修家族，在唐朝据其家谱的记载，则是在冀州渤海郡，我们在《新集天下姓望氏族谱》中就得到了验证，我们仓姓祖先在唐时亦居此郡。可见如今许多姓氏若要寻根求源时，在此或许都可以得到满足。

对于上述两个残卷，学术界在看法上多有分歧，著名学者唐长孺先生在《魏晋南北朝隋唐史三论》一书第三篇第二章《门阀的衰弱和科举制的兴起》中就有专节讨论唐代谱学，其中对这两个残卷亦有专门论述，论述相当精当，现将相关部分节录于下，供大家参考：

---

① 《陔余丛考》卷17，第317页。

关于北京图书馆所藏敦煌姓氏书残卷的归属今天已难以确定，就是残卷后记贞观八年高士廉奏文及诏敕，也难断定真伪，我们甚至怀疑（玉海）所引李林甫书后记也是后人妄加。应当注意的是，唐代前期三次改修姓氏书，不仅在于区别士庶，更在于区分入录诸姓的等第和谱系相承，别等第重在"崇重今朝冠冕"，详谱系所以防止假冒，但是煌煌上百卷巨著，虽颁行全国，决不能家有其书。除了高门显贵或谱学专家以外，实际上也不需要。民间流传的即是一种简单列举郡望的姓氏表。民间不需明辨谱系，更不需区分等第，他们需要的只是在习惯上、礼仪上为某一姓安上一个适当的郡望，如此而已。北图残卷后记中所云"知其囊谱，相承不虚，然可为匹"，《玉海》所引李林甫书后记所云"非谱裔相承者不许婚姻"云云，而所举达398姓之多，内容并无系谱，可见仅仅是姓氏书例有的套语。我们从斯坦因敦煌文书5861号姓氏书断简撰者位置存"上柱国甫等奉敕令各别为条"字样，其后记内容却与北图所藏姓氏书残卷后记中高士廉的奏文及诏敕雷同，足可为证。当时高门大姓之间互通婚媾，必须先取家状谱牒，了解门第郡望[①]，撰写传记碑颂，初次见面应酬，也要通晓郡望谱系，那些官私修撰的大部头氏姓谱学著作即是应其所需，如贞观《氏族志》颁行诏书即谈到藉以"使识嫁娶之序，务合礼典"[②]。而一般人民撰写书仪墓志及婚丧礼节等，也要一种简明扼要、易查易记的常识性普及性的姓氏书，以备不时之需。敦煌所出几种姓氏书残卷，大抵都属这类以备随时按上郡望的姓氏简表。斯坦因敦煌文书2052号《新集天下姓望氏族谱》，凡一卷，共录九道91郡近八百个姓望，序言称"夫人立身在世，姓望为先，若不知之，岂为人子？虽即博学，姓望殊乖，晚长后生，切须披览，但看注脚，姓望分明"[③]。即明确显示出这类姓氏简表的功能乃为满足一般人姓望知识方面的需求。一般人民行用这种简表固然是为了在需要时随宜安上一个郡望，并不管是否真是这个郡望，士人阶层的郡望也不一定名副

---

① 《太平广记》卷160《秀师言记》。
② 《贞观政要》卷7《论礼乐》。
③ 唐耕耦：《敦煌唐写本天下姓望氏族谱残卷的若干问题》。

其实，有意无意冒称郡望在当时蔚然成风。《史通》卷5《邑里》有概括性的描述，所谓"爰及近古，其言多伪，至于碑颂所勒，茅土定名，虚引他邦，冒为己邑，若乃称袁则饰之陈郡，言杜则系之京邑，姓卯金者咸曰彭城，氏禾女者皆云巨鹿"。郡望不实，郡望与籍贯脱离，在当时习见不怪，其例不胜枚举[①]，甚至同一姓氏竟出现几个郡望，尤见其随意性。如敦煌张氏自汉末以来即是著姓，伯希和敦煌文书2913号《张淮深墓志铭》结衔为"归义军节度使检校司徒南阳张府君"，然而在伯希和3556号文书《沙门张氏邈真赞》中，又称张淮深的弟弟为"清河贵派"，即成了"清河张氏"。吐鲁番所出《张怀寂墓志》追溯其先世提到张襄自南阳白水避霍乱"西宅敦煌"，《敦煌名族志》则云张襄于西汉宣帝地节元年（前69）自清河绎幕举家西奔天水，辗转徙居敦煌。[②]同出一家，兄弟异望，追溯渊源，籍属异地，足见郡望之随意性。所以有此歧异，即在于根据某种姓望简表随便安设所致。两宋之际，诸如《贞观氏族志》等大部头姓氏书业已失传，流传的便只有这种简表。《太平寰宇记》所录诸州大姓，《古今姓氏书辨证》所引魏徵书，《玉海》所记李林甫书，均属此类，这类简表的流行是郡望实际上的废除。而且我们看到在唐后期编修的这类简表，如斯坦因敦煌文书2052号《新集天下姓望氏族谱》，虽仍止一卷，郡姓则大幅度增加，凡91郡，近800姓，是唐前期官修姓氏书、李林甫书及北图所藏唐前期民族简表所录郡姓的两倍有余。这诚然可以认为是标志庶族地主的抬头，似更能说明士庶之别的泯灭，郡姓招牌的廉价化，从而说明唐代士族地主的衰落。[③]

为了便于大家共同研究探讨，特将这两份唐代敦煌姓氏族谱照录于下。关于文字的校勘写定，笔者主要参考了唐耕耦、陆宏基编《敦煌社会经济文献真迹释录》第一辑[④]所载文书图版录文，以及王仲荦先生所撰《〈唐贞观八年条举氏族事件〉残卷考释》、《〈新集天下姓望氏族谱〉考释》两篇文章

---

① 岑仲勉：《唐史余沈》卷4《唐史中之望与贯》，中华书局1960年版。
② 参见陈国灿：《跋武周张怀寂墓志》，《魏晋南北朝唐史资料》第1期。
③ 唐长孺：《魏晋南北朝隋唐史三论》，武汉大学出版社1992年版，第389—392页。
④ 书目文献出版社1986年版。

的研究成果①。

北圖位字 79 號《天下姓望氏族譜》殘卷②

（前缺）

［晉］陽郡三姓并州儀、景、魚

（缺）

雁門郡三姓（岱）[代]州續、薄、解

太原郡十一姓[并州][王、郭、霍、蓼、郝、温、昝、]③閻、鮮于、令狐、尉迟

中山郡一姓（垣）[恒]州甄

上黨郡五［姓］（路）[潞]州包、鮑、連、赫連、樊

廣平郡四姓冀州宋、焦、啖、游

渤海郡四姓冀州吳、歐陽、高、刁

［高陽郡］四姓冀州紀、公孫、耿、夏

上谷郡四姓燕州寇、榮、侯、麻

范陽郡三姓幽州盧、鄒、祖

清河郡七姓貝州崔、張、房、尚、傅、路、勒

河（澗）［間］郡一姓（涌）[瀛]州邢

（錐）［鉅］鹿郡三姓邢州莫、魏、時

內黃郡一姓相州扈

平原郡三姓德州師、雍、封

趙郡二姓趙州李、眭

河內郡九姓懷州宋、司馬、苟、向、浩、淳于、車④、尋、［□］⑤

---

① 王仲犖：《蜡華山館叢稿》，中華書局 2007 年版。

② 此即《唐貞觀八年條舉氏族事件》殘卷。

③ 王仲犖先生指出："按太原郡十一姓，脫去七姓，據《寰宇記》補。《寰宇記》并州下姓氏：太原郡十一姓王、武、郭、霍、蓼、郝、温、閻、昝、令狐、鮮于。"參見王仲犖：《〈唐貞觀八年條舉氏族事件〉殘卷考釋》，《蜡華山館叢稿》，第 330 頁。

④ 王仲犖先生釋作"東"字，而在所撰《〈新集天下姓望氏族譜〉考釋》懷州河內郡條下釋作"車"字，兩相比較，結合圖版辨識，當作"車"字近是，據改。

⑤ 此處脫去一姓名目不清，然與 S.2052 懷州河內郡條所載進行比對，尚有常、賀、平、善、文、懷、茹、枚、屈、容諸姓本條未及著錄，則所缺一姓名目或為其中之一。

黎陽郡二姓衛州璩、桑

河南郡七姓（潞）[洛]州賀蘭、丘、士、穆、祝、[竇、獨孤]①

弘農郡四姓（郛）[虢]州楊、劉、張、晉

南陽[郡]十姓[鄧]州張、樂、趙、滕、井、何、白、鄧、姬、[□]②

（榮）[滎]陽郡四姓鄭州鄭、毛、潘、陽

潁川郡七姓許州陳、荀、韓、鍾、許、庾、庫

陳留郡四姓汴州（元）[阮]、謝、衛、虞

東（來）郡三姓[滑]州費、成公、上官

梁國郡三姓宋州宋、喬、張

（誰郡國）[譙國郡]八姓亳州戴、夏侯、桓、嵇、曹、婁、龐、[□]③

（齊陽）[濟陰]郡三姓曹州蔡、丁、江

汝南郡七姓[豫]州殷、昌、袁、應、和、剡、梅

濮陽郡六姓濮州吳、徐、（表）[袁]、扶、黃、慶

濟（陽）[陰]郡五姓齊州董、何、丁、（都）[郗]、苗

高平郡五姓兗州（郤）[郗]、檀、徐、曹、孫

濟北郡一姓（洛）[濟]州氾

東平郡三姓兗州萬、呂、畢

山陽郡三姓兗州功、草、（郡）[邵]

魯國郡七姓兗州夏、孔、車、唐、曲、栗、齊

（平陽）[陽平郡]一姓兗州孟

太山郡四姓兗州胡、周、羊、鮑

平昌郡一姓兗州管

樂安郡七姓青州孫、任、高、元、薛、門、蔣

---

① 王仲犖先生指出："按殘卷脫去二姓，據《寰宇記》補。"參見《蠟華山館叢稿》，第334頁。

② 王仲犖先生指出："《寰宇記》南陽郡十一姓，其中張、樂、趙、井、何、白、滕、鄧、姬九姓并同殘卷，尚有韓、周二姓，殘卷脫去一姓，非脫去韓姓，即脫去周姓。"參見《蠟華山館叢稿》，第335頁。

③ 此處脫去一姓，經與S.2052亳州譙郡條所載十姓名目比對，所缺或為"丁、奚、薄、汝"四姓之一。

千乘郡一姓_{青州}倪

臨淄郡三姓_{青州}史、甯、左

成陽郡二姓[青州]成、蓋

彭城郡五姓_{徐州}劉、曹、袁、（引）[到]、受

沛郡三姓_{徐州}朱、張、周

瑯琊郡六姓_{沂州}王、顏、諸葛、惠、符、徐

蘭陵郡一姓_{徐州}蕭

下（逢）[邳]郡四姓_{泗州}陳、（鄐）[祁]、谷、國

東莞郡四姓_{海州}臧、關、竹、刀

廣（陽）[陵]郡三姓_{揚州}戴、高、盛

長城郡一姓（胡）[湖]州錢

會稽郡七姓_{越州}虞、孔、賀、榮、盛、鍾離、[謝]①

吳郡四姓（豫）[蘇]州朱、張、顧、陸

吳興郡七姓（胡）[湖]州姚、明、丘、紐②、聞[人]、施、沈（缺）

（餘康）[錢塘]郡三姓_{杭州}（金）[全]、褚、（花）[范]

（監）[鹽]官郡三姓_{杭州}岑、鄔、戚

丹陽郡四姓_{潤州}紀、甘、許、左

東陽郡五姓_{婺州}（苅）、姚、習、黃、留、難

臨海郡四姓_{台州}屈、譚、靖、弋③

松陽郡（四）[三]④姓_{括州}黃、（瀨）[賴]、（曲、豆）[豐]

（尋）[潯]陽郡二姓_{江州}陶、翟

豫章郡五姓_{洪州}熊、羅、章、雷、湛

武陵郡二姓[朗]州供、仵

長沙郡四姓（譚）[潭]州劉、茹、曾、秦

---

① 此據《太平寰宇記》所載補。
② 或作"鈕"，參見 S.2052《新集天下姓望氏族譜一卷并序》校釋文字。
③ 或作"弌"，參見 S.2052 台州臨海郡條文字。
④ 王仲犖先生指出："按《寰宇記》縉雲郡三姓，黃、賴、豐。按縉雲郡即松陽郡。殘卷四姓，當從《寰宇記》作三姓，由豐字分離成曲豆兩字。"參見《蠟華山館叢稿》，第 347 頁。

武都郡一姓果州冉

南安郡五姓泉州黃、林、單、仇、（盛）［戚］

以前太史因堯置九州，今為八（千）［十］五郡，合三百

九十八姓。今貞觀八年五月十日壬辰，自今已

後，明加禁約，前件郡姓出處，許其通婚媾。結

婚之始，非舊委（息）［悉］，必須精加研究，知其譜囊，譜囊相承

不虛，然可為定。其三百九十八姓之外，又二千一百雜

姓，非史籍所（戴）［載］，雖預三百九十八姓之限，而或媾

官混雜，或從賤入良，營門雜戶，慕（容）［客］商賈之類，

雖有譜，亦不通。如有犯者，剔除籍。光祿大夫兼

吏部尚書許國公［高］士廉等奉

勅，令臣等定天下氏族，若不別條舉，恐無所

（馮）［憑］，准令詳事訖，件錄如前。勅旨依奏。

　　　　大蕃歲次丙辰，後三月庚午朔，十六日乙酉，魯國唐氏

（蒭茲）［芯苾］悟真記。

S.2052《新集天下姓望氏族譜一卷并序》

新集天下姓望氏族譜一卷并序

夫人立身在世，姓望為先，若不知之，豈為人子。雖

即博學，姓望殊乖，晚長後生，切須披覽。但看

注脚，姓望分明。謹錄元出州郡，分為十道如（右）［左］

　　（弟）［第］一關內道［八］郡

雍州京兆郡出卌姓：車、杜、段、嚴、黎、宋、秦、鍾①、雍、韋、田、粟、於、米、冷、支、員、□②、扈、皮、昆、申屠、康、別、夫蒙、鄝、豐、祿、史、倫、邢、金、戔、第五、宗、宜、扶、（粟）、計、［□、□］③

---

① 王仲犖先生以為當作"鉉"，據 S.2052 圖版辨識，當作"鍾"字近是。

② 此字難以辨識，姑且存疑。

③ 按 S.2052 雍州京兆郡條下列諸姓三十八（其中粟姓重複），尚有兩姓不清名目，暫付闕如。

雍州始平郡出四姓：馮、龐、宣、陰
雍州武功郡出四姓：蘇、韓、是、殳
岐州扶風郡出十一姓：竇、馬、曾、魯、萬、寇、井、蘇、惠、班、輔
邠州新平郡出四姓：古、異、附、虢
涇州安定郡出八姓：梁、皇（陌）[甫]、席、伍、胡、安、蒙①、程
同州馮翊郡出八姓：魚、吉、党、雷、印、合、力、寇
同州郃陽郡出四姓：支、奉、兗、骨

（弟）[第]二隴右道四郡

涼州西平郡出三姓：申屠、段、池
涼州武威郡出六姓：索、石、賈、安、廖、陰
渭州隴西郡出十三姓：李、牛、時、辛、董、艾、彭、關、騫、閔、萬、氾、邊
秦州天水郡出廿姓：趙、姜、尹、別、嚴、龍、權、秦、上官、杜②、桂、庄、郍、皮、雙、智、昆、琴、蒙、玧

（弟）[第]三山南道五郡

襄州襄陽郡出五姓：荔非、蒯、輔、騫、蹇
鄧州南陽郡出十七姓：白、韓、（滕）[滕]、樂、鄧、宗、葉、穰、岑、翟、曠、井、趙、姬、仇、鹿、[□]③
荆州江陵郡出五姓：能、縣、仵、戎、酒
朗州武陵郡出五姓：伍、龔、卜、（每）[冉]、莘
鄂州江夏郡出七姓：李、黃、程、費、任、衙、喻

（弟）[第]四河東道（十）[九]郡

---

① 王仲犖先生釋為"榮"，據圖版當為"蒙"字。
② 王仲犖先生疑此或為"狄"字，因"字有涂改，未敢臆定"，而付闕如。然據圖版辨識，似為"杜"字，唯字迹點畫有所加粗。
③ 按鄧州南陽郡條下列諸姓十六，尚有一姓殘缺。王仲犖先生指出："《太平寰宇記》鄧州南陽郡十一姓，九姓并與此譜相同，此外張、何二姓，此譜無有，豈所夺一姓，非張氏即何氏耶！"參見王仲犖：《〈新集天下姓望氏族譜〉考釋》，《蠟華山館叢稿》，第383頁。

蒲州河東郡出十五姓：裴、柳、薛、儲、（蒲）[甫]①、衛、聶、應、廉、麥、扈、昏、滿、朗、賈

汾州西河郡出十姓：靳、卜、宋、林、植、相里、任、臨、樂、通

晉州平陽郡出十二姓：汪、雋、鍊、葉、平、柴、巫、景、勾、賈、晉、風

澤州高平郡出五姓：范、巴、翟、過、獨孤

澤州晉昌郡出五姓：唐、杜、乜、爨、戾

潞州上黨郡出六姓：鮑、包、陳、樊、□②、尚

并州太原郡出廿七姓：弘、王、郭、郝、溫、尉遲、祁、令狐、武、閻、宮、部、孫、伏、昝、霍、問、弓、師、義、招、酉、廖、易、龍、韶、光③

（岱）[代]州雁門郡出五姓：續、解、田、文、狄

虢州弘農郡出七姓：楊、譚、強、晉、虢、裘、□④

（弟）[第]五河北[道]十（七）[六]郡

冀州渤海郡出廿八姓：高、吳、歐陽、赫連、詹、喻、李、施、區、金、卿、甘、眥、浚、覃、封、刁、紀干、童、翾、冀、斯、衡、居、倉、關、鳳、郊

冀州中山郡出六姓：甄、焦、藺、仲、郎、宣

冀州高陽郡出五姓：許、耿、紀、公孫、蒯

沼州廣平郡出八姓：游、程、宋、談、藉、啖、逯⑤、焦

幽州范陽郡出九姓：盧、湯、祖、鄢、范、簡、張、厲、童

易州上谷郡出六姓：侯、榮、麻、燕、寇、谷

定州博陵郡出五姓：崔、邸⑥、壽、幸、濮陽

---

① 此據王仲犖先生考釋結論，參見《蜡華山館叢稿》，第386—387頁。

② 此字結構複雜，難于辨識，王仲犖先生據《太平寰宇記》所載上黨郡有上官氏，推測此字或為"上官"二字之訛，且備一說。參見《蜡華山館叢稿》，第391頁。

③ 王仲犖先生釋為"沈"，未從。據圖版辨識，當為"光"字，此姓有太原郡望可溯。

④ 尚有一姓名目不清。

⑤ 王仲犖先生釋作"梁"，不確，當為"逯"字。是姓出自廣平郡望。

⑥ 王仲犖先生疑此為"郿"字或"醴"，參見《蜡華山館叢稿》，第402頁。

瀛洲河間郡出八姓：（刑）[邢]、俞、家、玄、堯、劉、詹、稅

相州內黃郡出四姓：路、駱、扈、庫

貝州清河郡出十九姓：張、房、崔、戴、䏧①、聶、孟、傅、蓋、卓、隋、尚、汲、檀、且、貴、革、舒、路

邢州鉅（鏕）[鹿]郡出六姓：魏、耿、特、莫、時、舒

德州平原郡出（七）[八]姓：華、敬、孟、常、東方、師、內、義

趙州趙郡出（六）[七]姓：李、司（從）[徒]、（睦）[眭]②、朗、匕、問、關

魏州魏郡出六姓：申、暴、（栢）[柏]、暢、頓、袁

衛州黎陽郡出（四）[五]姓：璩、桑、衛、析③、猗

懷州河內郡出十七姓：司馬、常、向、賀、平、車、善、宋、文、淳于、懷、茹④、苟、枚、屈、容、[□]⑤

（弟）[第]六淮南道四郡

[揚]州廣陵郡出十[一]姓：高、支、錢、盛、慶、於、立、戴、游、貢、莉

楚州山陽郡出六姓：曲⑥、楚、鞏、念、郯、寒

廬州廬江郡出四姓：何、況、門、俞

舒州同安郡出二姓：舒、僕固

（弟）[第]七河南道廿二郡

洛州河南郡出廿三姓：褚、穆、獨孤、丘、祝、元、聞人、賀（闌）[蘭]、慕容、高、南宮、古、山、方、藺、慶、閭丘、利、芮、

---

① 王仲犖先生疑此為"笮"字或"體"，參見《蠟華山館叢稿》，第404頁。

② 王仲犖先生釋為"睦"，據殘卷圖版當作"睦"字，且是姓有趙郡地望。又北圖位字79號殘卷趙郡條下著錄眭姓，則知"睦"字當作"眭"。

③ 據圖版，此字右半不清，王仲犖先生釋作"析"字。按《太平寰宇記》載衛州黎陽郡四姓為璩、桑、衛、柘，則此字或為"柘"字之訛。又王先生所撰《敦煌石室出殘姓氏書五種考釋》，對P.3191殘卷進行了考釋整理，於衛州黎陽郡條下過錄璩、桑、衛、柘四姓，參見《蠟華山館叢稿》，第451頁。

④ 王仲犖先生釋為"茹"，未確，據圖版當作"茹"字。是姓有河內郡望。

⑤ 按懷州河內郡條下列諸姓十六，尚有一姓殘缺。據北圖位字79號殘卷河內郡條所列諸姓，其中"浩"、"尋"二姓不見著錄，此處殘缺或為兩姓其中之一。參見《蠟華山館叢稿》，第334頁。

⑥ 王仲犖先生釋作"典"，據圖版則為"曲"字。

侯莫陳、房、庸、宇文

　　許州潁川郡出十一姓：陳、荀、（廋）[庾]、庫、鍾、（栢）[柏]、許、韓、豆盧、鮮于、焉

　　鄭州滎陽郡出（六）[七]姓：鄭、潘、毛、陽、羊、郟、干

　　滑州白馬郡出三姓：成公、費、上官

　　汴州陳留郡出十五姓：阮、何、謝、衛、殷、郭、蔡、典、虞、邊、申屠、伊、智、曲、全

　　宋州梁國郡出四姓：喬、宋、葛、賓

　　亳州譙郡出十姓：曹、丁、婁、戴、夏侯、嵇、奚、桓、薄、汝

　　豫州汝南郡出廿六姓：周、殷、荆、項、盛、和、宣、南、蔡、梅、袁、鄳、貝、應、□①、汝、吳、言、昌、藍、胙、沙、滿、鞠、寧、仲

　　曹州濟（陽）[陰]郡出八姓：丁、卞、江、左、蔡、單、曹、郁

　　濮州濮陽郡出六姓：吳、文、扶、黃、慶、濮

　　兗州魯國郡出廿姓：唐、呂、孔、齊、俞、曲②、冉、萬、宰、曾、鄒、夏、車、顏、栗、仙、濮、韶、巢、[□]③

　　兗州太山郡出四姓：鮑、羊、胡[母]、斛斯

　　兗州平昌郡出四姓：管、蓋、牟、孟

　　鄆州東平郡出六姓：魏、呂、萬、平、戢、[□]④

　　青州北海郡出廿六姓：史、成、盛⑤、倪、蓋、譚、郵、晏、查、莫、柯、汎、孟⑥、花、左、甯、終、庚、然、范、□⑦、开、營、彭、鞠、[□]⑧

---

① 此字難以辨識，暫付闕如。

② 此據王仲犖先生考釋。細審圖版，該字似為"曹"字簡寫之上半部分，且兗州為曹姓重要發源地，或當作"曹"字近是。

③ 按兗州魯國郡條下列諸姓十九，尚有一姓殘缺。

④ 按此處有一姓名目殘缺，據北圖位字79號殘卷東平郡條著錄"畢"姓，則所缺或為此姓。

⑤ 王仲犖先生釋為"戚"字，然據圖版字形當作"盛"。

⑥ 王仲犖先生釋作"盡"字，據圖版當為"孟"字是。

⑦ 此字難以辨識，暫付闕如。

⑧ 按此處有一姓名目殘缺。

青州樂安郡出十（二）［三］姓：孫、任、陶、國、長孫、（□）①、蔣、种、公孫、供、閆、房、賀、曹

齊州濟（陰）［南］郡出四姓：卞、單、東門、信都

徐州彭城郡出十（二）［三］姓：劉、朱、到、徐、庄、宛、支、宗、政、龔、巢、幸、磝

徐州蘭陵郡出四姓：蕭、繆、万俟、端木

泗州下邳郡出八姓：開、余、沈、祁②、谷、國、皮、滑

沂州瑯琊郡出十二姓：王、顏、諸葛、繆、胥、葛、艾、干、惠、暢、苻、乾③

海州東海郡出十姓：徐、匡、戚、竹、喻、關、綦母、麋、楚、茅

（弟）［第］八江（東）［南］道二十郡

潤州丹陽郡出八姓：甘、紀、那、洪、左、洗、鄢、廣

宣州宣城郡出四姓：曠、貢、蔄、聚

蘇州吳郡出五姓：朱、張、顧、陸、暨

杭州錢塘郡出（七）［五］姓：范、岑、褚、盛、仰

杭州鹽官郡出五姓：翁、戚、東關、忽、延

杭州餘杭郡出四姓：暨、隗、戢、監

湖州吳興郡出十六姓：沈、錢、姚、吳、清、丘、（放）［施］、宣、萌、金、銀、陰、洗、鈕、木、明

常州晉陵郡出四姓：蔣、苻、英、周

越州會稽郡出十四姓：夏、謝、賀、康、孔、虞、盛、資、鍾離、駱、兹、俞、榮、汎

處州松陽郡出（五）［四］姓：勞、賴、葉、瞿曇

---

① 按圖版，此處塗抹去姓氏一目，字形不清（王仲犖先生釋作"薛"字），實則有十三姓。王仲犖先生定為十四姓，不確。

② 王仲犖先生於《〈新集天下姓望氏族譜〉考釋》一文中釋作"邳"字，而據 P.3191 殘卷，當作"祁"字，按《太平寰宇記》所載泗州下邳郡三姓即有祁姓一目，則前考所釋不確。參見《蜡華山館叢稿》，第 454 頁。

③ 據圖版，該字右半部首模糊，難于辨識，字形近似于"乾"或"幹"字，未審其是。按 P.3191 姓氏書殘卷沂州琅琊郡條所載六姓，其中有干姓一目，當為確證，參見《蜡華山館叢稿》，第 454 頁。

台州臨海郡出六姓：屈、冷、靖、譚、弋、葉

婺州東陽郡出七姓：蒯、習、苗、姚、哀、難、[□]①

歙州歙郡出五姓：（俶）[叔]孫、方、諫、授、汪

洪州豫章郡出八姓：羅、雷、熊、除、璩、湛、洪、[□]②

饒州鄱陽郡出四姓：饒、芮、鐸、□③

江州潯陽郡出六姓：陶、翟、淳、瞿、騫、步

（素）[袁]州宜春郡出四姓：袁、彭、易、邵

潭州長沙郡出六姓：曾、吳、羅、彭、茹、秦

（度）[虔]州南康郡[出四姓]：賴、葉、銀、尋

泉州南（交）[安]郡出四姓：林、仇、弘、單

　　（弟）[第]九劍南道二郡

益州蜀郡出五姓：郟、文、費、任、郤

梓州梓潼郡出四姓：綿、景、文、麋

（弟）[第]十嶺南道五府邕、容、桂、廣、安南等都管七十州，並（下）[不]出人姓望。

---

① 按此下脫一姓名目，據與北圖位字 79 號殘卷東陽郡條所載比對，所缺一姓或為"黃、留"其中之一。

② 按此下脫一姓名目，王仲犖先生指出："脫一姓，疑奪去章氏，《古今姓氏書辨證》章姓下云，唐貞觀所定洪州豫章郡六姓，有章氏；《唐貞觀八年條舉氏族事件》豫章郡五姓亦有章氏。《通志·氏族略》：章氏望出豫章郡。"參見王仲犖：《〈新集天下姓望氏族譜〉考釋》，《蜡華山館叢稿》，第 442 頁。又據北圖位字 79 號殘卷豫章郡條所載有章姓，並是其證。

③ 此字難以辨識，王仲犖先生以為或是"象"字，參見《蜡華山館叢稿》，第 443 頁。

第六章
处于发展转型的宋代谱学

一、开启私家之谱局面的宋代谱学

由于唐末农民大起义的猛烈冲击，魏晋南北朝以来盘踞在各地的门阀世家大族势力，受到一次较为彻底的大扫荡，而为其服务的那种谱学著作也因此衰落下去。因此，宋代学者都异口同声地指出了这种现象。欧阳修在《[集本]欧阳氏图谱序》后所附之"异文"中就曾提出："自唐末之乱，士族亡其家谱，今虽显族名家，多失其世次，谱学由是废绝。"① 而同时的苏洵亦如是说："盖自唐衰，谱牒废绝，士大夫不讲而世人不载，于是乎由贱而贵者耻言其先，由贫而富者不录其祖，而谱遂大废。"② 就连南宋学者郑樵也这样说："自五季以来，取士不问家世，婚姻不问阀阅，故其书散佚，而其学不传。"③ 南宋游九言在《原谱》中亦说，"唐衰，谱学弃亡尽矣"（《默斋遗稿》卷下）。总而言之，大家都认为，唐灭亡以后，随着世家大族的消亡，为之服务的谱学也随之消亡了。对于这些说法，我们认为虽然不无根据，所说的社会现象，也确实都存在，但是他们的说法，都未免过于绝对化了。事实上谱学既没有废绝，也不会失传，就在宋代不是还在发展吗？只不过它的作用与形式都发生了某些变化，真正的私家之谱起而代之，虽然还都称谱牒，它与魏晋南北朝至唐代盛行的修谱之风不同了，前者在于用它来维护门第制度、巩固世家大族特权，后者仅在尊祖收族、联络族人感情罢了，所以我说这是谱学在发展过程中的转型而已。我自然不是凭空而说，清代学

---

① 《欧阳修全集》卷74，第1079页。
② 《嘉祐集笺注》卷14《谱例》，第371页。
③ 《通志二十略·氏族略第一·氏族序》，第1页。

者邵晋涵就曾将谱学发展划分为三个阶段，他说："自奠系牒之官废，而后有专门之学，专门之学衰，而后有私家之谱，自古迄今，凡三变焉。"① 这就是说，"谱牒之掌，古有专官"，就如大诗人屈原在楚国任三闾大夫，就是做的这个工作。自从执掌之官废了以后，于是就产生了专门之学，魏晋南北朝至唐都是如此。特别是在魏晋南北朝，还出现了许多谱学家，形成了许多学派，有所谓"贾氏之学"和"王氏之学"，特别是"贾氏之学"，自东晋贾弼至梁、陈间贾冠，近两百年，历五代人，世传谱学，形成了历史上有名的"贾氏之学"，可见这个学派是源远而流长。因此，自魏晋南北朝至唐，这种专门之学非常盛行，就是在唐代，同样产生了许多著名的谱牒学家，我们在前面已经讲了。在这种社会风气之下，促使着家家不得不藏有谱牒，人人必须懂得谱学，即所谓"人尚谱系之学，家藏谱系之书"（《通志·氏族略第一·氏族序》）。很显然，谱学在当时的社会上早已处于"显学"的地位。这种情况，在以后的历代社会中都不可能再出现，从这个意义上来说，讲"谱学废绝"、"其学不传"也未尝不可，因为这种局面在以后的社会中不可能再出现。就以宋代而言，产生"专家之学"的社会土壤已经不存在了，因而代之而起的便是真正意义上的私家之谱产生和发展。

在宋代，最早编修家谱的自然首推欧阳修，他不仅修了家谱，而且还提出了比较完整的修谱理论，因此对后世产生了很大影响。接着便是同时代的苏洵也编修家谱，并且明确提出采用西周宗法制度的"小宗"法，也提出自己一套理论，所修之谱也有自己的特点。于是后世便将他们两人修谱主张并称为"欧苏族谱"，并成为元明清以来修谱的榜样，可谓影响深远。在北宋，编修家谱者除此两家之外，还有刘沆、王回、向绒、钱惟演、司马光、陶直夫、符承宗、曾肇、许元、朱长文、范仲淹、黄庭坚、游酢等。进入南宋以后，编修家谱者便逐渐多了起来，因为至今保存在文集中的各种家谱序跋就达数十篇之多。南宋末年的文天祥，在《跋李氏谱》中就曾这样说："族谱昉于欧阳，继之者不一而足。"② 这就是说，仿照欧阳修谱格式编修的家谱数量就很多，还有仿照苏洵格式的和自成一格的数量自然还不在少数。

---

① 《南江文钞》卷6《余姚史氏宗谱序》。
② （南宋）文天祥：《文山先生全集》卷10，影印1936年世界书局本，中国书店1985年版，第250页。

在这些家谱的序、跋中，有的还讲述了修谱的原因和过程。其中福建人游九言在《原谱》所述比较典型，现将有关内容摘录于下：

> 士之出于千载之下，区区欲本其所生，以支缀其宗族者，无他，姑自养其孝弟雍睦、忠厚恻怛之心而已矣。此学者述谱之意也。游出于郑，而今之望以广平、冯翊者，或以为司马、托拔之世尝盛于其地耳。或者又因其望之同乎宋也，则曰得姓于宋公子游。凡此皆以氏族废而迁徙不常，无足多辩。而某之为谱也，独深有意焉。自宗族之恩缺，而民不知亲其亲，自贫富贵贱之势相轧，而亲亲之恩愈薄。异姓之人卒然遇诸途，利害气势莫能相及，其欢愉忧戚或相与共①，而为同宗则反不然，贱而卑者或陵之，富而贵者或嫉之。因其陵与嫉之心生也，而宗族以暌，至其极则兄弟不相能者多矣。……呜呼！鸟俯而啄，兽走而嬉，犹徘徊顾群，而惧外物之害也，可以人而不如飞走乎？盖以吾身而视吾宗，其支派虽邈，而其初则父兄伯叔，为本实同。观其同，则死丧缓急可以相保而不可以相弃。此圣人治天下自家至国、笃近举远之原也。曾谓匹夫而居一乡，独不念乎如前所谓贫富贵贱之际，固可勿论矣，岂至反不若途之人利害莫相及者哉？又岂肯恝然相视如途之人而已？此某述谱有望于吾宗之意也。
>
> 吾之祖自唐末居此，至某之身十一世，而某下复三世矣，合十有四世，几三百年，枝叶扶疏，盛衰相忘，而途逢莫辨。某从亲远游，幽忧而归，因霜露之疢怀而念吾宗也，深有惧焉，则询之遗老，稽之残牒，自十世而上，凡官称、名字、配偶、卒葬，幸有得，则皆录之而不忍遗，以著吾同宗之始终，固未暇详其所生而溯其所旁出，以为立谱之法也。然得某之谱而续之，各本其所生，而自详其所出，固无病于今谱之繁，不害其传之无穷，使吾宗人观此图，而明其父兄伯叔之本同，良心油然而生，则夫孝弟睦雍、忠厚恻怛，庶几可作，是某区

---

① 按曾枣庄、刘琳主编：《全宋文》第278册，卷6312作"真无所与"，上海辞书出版社、安徽教育出版社2006年版，第378页。

区之心也。而法之繁简，岂暇言哉？呜呼！人心之散久矣，亲其亲犹或忘之，谁谓观其图而可以作其孝弟忠厚之风，然吾固曰：良心，人之所同，因其空言而动其良心，溯其图，沿其本支，或有兴焉，未可忽也。某尝侍坐于族兄仲华，乡先生为言大父大中公，久宦而归，途逢一叟，问姓，曰亦族人也，问尊卑，曰若以序言，叟忝兄也，惟其贱，加贵不可耳。大中喟然引咎，延于家庭，掖两吏而拜之。呜呼！以大中之德，而拜其宗兄，不足多言，而世衰道微，目之所击，多寒心焉。前辈长者之风，未可忘也。故陈其续谱之说，而附以大中之遗事，此又某有望于吾宗学者之意也。①

我们之所以不厌其烦地大段引述这篇文章，因为在当时来说，像这样论述编修家谱的原因目的、过程和作用是不多见的，并且用前辈的高贵品质、"长者之风"来教育族人，希望唤起家族之间的亲亲之情。家谱的编修能够使族人"养其孝弟雍睦、忠厚恻怛之心"。尤其可贵的是，游九言认为："良心，人之所同，因其空言而动其良心，溯其图，沿其本支，或有兴焉，未可忽也。"这就是说，每一个人，都应当有一颗相同的良心，只要通过教育，就会使其良心再现，以进一步培养其"孝弟忠厚之风"。可见他对家谱的编修，寄托着非常美好的愿望，希望对于"世衰道微"能够有所补益，为培养社会良好风气而发挥一定作用。因此，我认为这是一篇很有意义的文章，特别是在封建社会，有些论点是非常难能可贵的，即使在今天来说，仍有现实意义。我还要指出的是，游九言《送游子正归蜀序》这篇文章的最后几句话，更是耐人寻味："然吾宗自得姓以来，其生不蕃，富贵利达、偶然外物，不足多慕，使吾宗人为士者，孝于家、信于乡，服诗书而重名教；为农商工贾者，崇孝弟，不为非僻，百世相传，而吾游氏每得称为善族，足矣。"②他对家族子孙的教育，也是出于平常心态，并非要求升官发

---

① （南宋）游九言撰：《默斋存稿》卷下，《四库全书》本。又见曾枣庄、刘琳主编：《全宋文》第278册卷6312，第377—379页。

② 《默斋存稿》卷下。又见《全宋文》第278册卷6310，第357页。

财,能够为士者不仅在家做到孝弟,而在社会上还要做到坚守诚信;为农工商贾者亦要崇尚孝弟,不为非作歹,整个家族都做到奉公守法。这些讲法都很实在,而总的精神,则是通过家谱编修,做到家庭成员之间和睦相亲、团结互助。唯其如此,作者在为陈姓家族所写的《陈氏族谱序》中就曾说:"吾闻兄弟睦者家必昌,亲党睦者宗必盛。"①所以我在前面讲,宋代私家之谱的编修,其目的就在于敬宗、尊祖、收族,使族人之间能够做到相互亲近、团结相助,而不要再做互不相识的路人。

进入南宋以后,编修家谱的数量不仅大增,而且体例也越来越完备,张浚在其所作《陈氏族谱序》中就曾这样说:"先之以旧谱序文者,明作谱之权舆也。次之以史传记载者,姓氏之源流也。又次之以郡县及世表者,见门第之有在也。于是为图以详世系焉。其为图也,准欧阳氏五宗九世之法。推而上之,则见其本之所自出,逊而下之,则见支之所由分。愈推则愈高,而尊尊之义昭,愈逊则愈卑,而亲亲之仁溥,谱法莫备于兹矣。"②当然,这里所列的家谱编修的内容项目,还算不上最全备,比它全备的还大有谱在,这里我们就不再列举了。总之,从此以后,历元、明、清乃至民国,私家之谱的编修,乃成为谱学发展的主流,难怪当今社会谈起谱学,似乎就只有家谱,这实际上是非常大的误解。关于这个问题,我们在本书序言中已经指出,家谱只是谱学的一个分支,家谱学不等于谱牒学。我们上面各章已经讲了,谱牒学的内容是非常丰富的,就如我们下面要讲的年谱,也是谱牒学中的一个重要分支、一个重要内容,这一点绝对不能含糊其词,必须讲清楚。有的人在讲家谱,而将谱学发展中许多重要内容都牵扯进去,似乎那些内容都是家谱发展的附属物,这完全是本末倒置。

从宋代开始,编修私家之谱虽然已经成为主流,但是编修统谱的著作还是常有出现。如当时就产生了丁维皋的《皇朝百族谱》、裴扬休《百家谱》等。还有专记宋代皇室及历代宗室谱系的著作,如宋敏求《韵类次宗室谱》,司马光《宗室世表》、《宋玉牒》、《仁宗玉牒》、《英宗玉牒》,吴迪

---

① 《默斋存稿》卷下。又见《全宋文》第278册卷6310,第359页。
② 《全宋文》第188册卷4134,第100页。

《帝王系谱》，李茂嵩《唐宗系谱》等。至于专门记述研究姓氏之学的著作也还不少，有的还非常专门。在这类著作中，比较通俗的有邵思《姓解》、王应麟《姓氏急就篇》等；较为专门的有钱明逸《熙宁姓纂》，曹大宗《姓源韵谱》，黄邦先、宋显《群史姓纂韵谱》等。特别是徐筠著有《姓氏源流考》七十八卷，他还著有《汉官考》、《周礼微言》、《修水志》等。徐氏，宋临江军清江（今属江西）人，字孟坚，孝宗淳熙十一年（1184）与其父徐得之同登进士。可惜他所有著作全都未能流传下来。而与徐筠同时还产生了邓名世所著的大型的《古今姓氏书辨证》一书，如今流传下来，另外还有郑樵《通志·二十略》中的《氏族略》影响也很大。

综上所述，可见在魏晋南北朝至唐谱牒学高度发展的影响下，受学术发展氛围的影响，宋代一些学者从学术研究的角度同样撰写了一些统谱和姓氏之书，尽管内容和形式还是一样，但它们的作用与价值和之前相比显然是不同了。就以郑樵的《氏族略》而言，它是《通志·二十略》中的一略，因此其性质与作用就如同纪传体史书中的书志而已，而其他的统谱和姓氏之书，也都是作为学术研究性而出现。由此看来同样性质的书，出现在不同的时代，它的作用与价值则大不相同，当然它们在宋代谱学发展中已经不是处于主流地位。这也足以说明，宋代谱学发展是处于转型阶段，在私家之谱产生和发展阶段，其他类型的谱学著作，作为学术研究性质还同样大量存在，而这些著作在元、明、清时期便逐渐减少。

我们前面讲了，魏晋南北朝时期曾有明确规定："凡百官族姓之有家状者，则上之。"到了唐代也不例外，政府对族谱编修还是要管的，不仅如此，出于政治斗争的目的，政府还兴师动众，大规模地编修《氏族志》、《姓氏录》等，这一工作几乎没有中断。而到了宋代，情况就不同了，对于修谱之事朝廷不再过问了，清代学者钱大昕在《十驾斋养新录》卷12《郡望》中就曾说过："五季之乱，谱牒散失，至宋而私谱盛行，朝廷不复过问焉。"他是以征实而著称的一位史学家，所记史事，都为可信。因为在宋代，"取士不问家世，婚姻不问阀阅"（《通志·氏族略序》），那种旨在调节士族与皇族、新贵关系的谱牒编修已经衰落，新兴的私家之谱编修，与朝廷并无任何直接关系，朝廷当然没有必要过问。然而，清朝道光以后突然冒出了一些私家之谱，打出了"宋真宗修家谱诏"和"宋宁宗修谱圣谕"的旗号，如今被征引较为明显的有江西宜春《袁邑刘氏族谱》卷1《宋真宗皇帝敕文武群臣修家谱诏》和湖南《长沙涧塘王氏六修族谱》卷2《大宋宁宗修谱圣谕》。有的论著在征引时称仅见于两部家谱，因而说明很珍贵。按《袁邑刘氏族谱》27卷，清刘士魁等纂修，道光二十三年彭城堂木活字本，现藏江西图书馆；《长沙涧塘王氏六修族谱》，王万藻等纂修，十一卷，首三卷，末一卷，1949年王氏德槐堂排印本，现藏南开大学图书馆。事实上，载有上述所谓"诏书"的绝不是仅此两部家谱，只要上网一查，就可发现好多家谱都有记载。特别是宋真宗那一条，由于记载家谱多，因而在诏书文字上亦有出入，就连颁发诏书的时间亦各不相同，有的是天禧二年四月，有的是天禧五年十月，有的更早，是宋真宗己亥（咸平二年，999年），究竟哪一年可靠，谁也没有说明。[①] 当然也要指出的是，上述两份诏书也并非仅见于两部家谱，特别是《宋真宗皇帝敕文武群臣修家谱诏》，看来登载的家谱还是比较多的，只要上网一查便可发现。试问，这样的诏书可信吗？

人们不禁要问，既然宋真宗已有敕文要文武大臣们编修家谱，为什么仁宗时代的欧阳修、苏洵编修家谱中只字没有提及？不仅如此，北宋一代其他编修家谱中也未谈及，反而一直到八九百年以后的清朝末年所修的《刘氏族谱》等才有记载，它们是从何处得来？人们自然还要问，既然是宋朝皇帝的"敕文"、"圣谕"，为什么有宋一代的史书和其他文献都不见记载？我们检索了《四库全书》、《中国基本古籍库》、《宋会要辑稿》、《宋大诏令集》等，结果是蛛丝马迹全无，这难道不值得怀疑吗？至于南宋宁宗的修谱诏书，亦并非湖南《长沙涧塘王氏六修族谱》所仅载，如湖南《尹氏族谱》十八卷（首三卷，由尹树翰、尹济春等纂修，民国十四年敦萃堂木活字本），卷首即为宋宁宗"敕尹氏文武群臣修朱谱诏"。当然，这道诏书似乎又单为"尹氏文武群臣修朱谱"而下的，这与上述《长沙涧塘王氏六修族谱诏书》是

[①] 同治八年崇本堂疏九氏纂修《余氏重修宗谱》记为天禧二年四月；四川遂宁左家坝唐氏宗祠《溯寻渊源》亦为天禧二年四月十一；《晏姓姜桂堂贺阜宁善交堂续谱》记为天禧五年十月；《中国夏氏通谱》亦载天禧二年戊午；江西泰和县《陈氏宗亲论坛》则为宋咸平己亥秋月。

否一样,由于未见到原件,自然很难作出定论。作为一代君主,竟然会为一个家族的"文武群臣修朱谱"而特地下一道诏书,这有可能吗?所以就连写《红印本家谱》的作者在文中也已经提出,"宁宗皇帝的这道诏书是否可信,自然有待商榷"。从目前所接触到的资料来看,有宋一代为编修家谱而下过诏书的似乎并不止真宗、宁宗二人。据天津科技出版社 2011 年 8 月出版的《湖南刘氏源流史》第二篇《刘姓文化篇》第二章《诏书序跋》,就载有《宋高宗皇帝敕刘氏文武群臣修谱诏》,而 2007 年由崇文书局出版的《中华邹氏族谱》的序中,也讲到了宋哲宗元祐二年(1087)曾有"颁修家谱诏"。不仅如此,序中还讲道:"早在宣和二年(1120),宋徽宗就亲自为邹氏范阳谱作序。"此谓五花八门,笔者是闻所未闻,可谓大开眼界。非常遗憾的是,以上所述既无资料出处,更未说明资料来源。这么一来,读者肯定要提出问题,作为一代君主,真的会为一个家族"文武群臣修朱谱"而下一道诏书吗?尹氏家族真的就有那么多"文武群臣"吗?尤其是宋徽宗真的为《邹氏范阳谱》作过序吗?带着这些问题,笔者也多方查找相关文献,始终不得其解,特别还请教了朱瑞熙等多位宋史专家,得到的回答都说是"不可能的"。既然如此,笔者也就无能为力了,只好在此存疑,待高明者加以解决。

当然,需要说明的是,以上所讲各位皇帝所写序的原文笔者并未见到,因而也就无法进行分析和判断,大多出自转引,而摘引者又大多从肯定角度出发各取所需,单靠一两句话,自然就很难判其真伪。值得庆幸的是,钱茂伟教授为我提供了民国年间修的《镜川杨氏宗谱》三篇旧序,第一篇是署名"中书侍郎李清述序",第二篇是"尚书右仆射李纲谨序",第三篇则是"御制杨氏家谱序",此序是指南宋孝宗皇帝淳熙元年(1174)为杨氏宗谱的序。① 我将此序请教宋史专家朱瑞熙先生,朱先生在认真阅读了三篇序

---

① (一)《中书侍郎李清述序》:"杨氏本祁人。祁在蜀,自汉而唐,清白传家,迁徙不一。其后有杨玚者,因任居华州,天宝间其子孙移处陇西、彭城等郡,唐末迁苏州之长洲县,五代闻兵荒迭至,时有讳。天爵子讳宏者,步武克家,积粟数亿,赈济贫民,郡邑赖以生者不可胜纪。至讳康国者,为曾祖墓志末曰:惟其祖考,以延世祚。自是而发源,以为濚流扬波之张本。惜其迁徙不常,遭时丧乱,谱牒之所亡失,族人之所散处,多不能明。人抵建炎石衣冠南渡,而失谱之垂示子孙、眩于先世之自来者多矣,予独深重杨氏之修

文同时，还作了批注，在"中书侍郎李清述序"上端批注"无此人"，并打了"？"；而在绍兴十年（1140）正月"尚书右仆射李纲谨序"上端批注："《宋史》卷213《宰辅四》秦桧自绍兴八年三月起任右相（右仆射），十一年六月迁左相，独相至二十五年十月。"而在下端又批注："绍兴十年正月辛卯死前知潭州。"关于李纲一般读者还是比较熟悉的，北宋时期任职情况这里就不必讲了。南宋高宗即位后，他出任右相，上任后即整顿军队，部署战备，荐张所招抚河北，傅亮治兴河溯，命宗泽渡河。可惜为相仅七十天，即被劾落职，绍兴二年（1132）任湖广宣抚使兼知潭州。看来，造假者对他的历史并不清楚。而就在这篇序中，朱先生在"苏、松、常、镇等郡"上端又打了"？"，指出在地名称呼上又出了问题，这种称呼在明代方才出现的，而宋代是不存在的，这又是造假者露了马脚。因为宋代的行政区划和明代的行政区划是不一样的，当然各地的称呼也就不可能一样。而在《御制杨氏家谱序》第三行"中书丞相杨简"，朱先生还特地画了圈圈，而在其上端又批注曰："这时丞相是曾怀（右丞相）。"作为一个皇帝怎么连自己的丞相也弄不清楚，岂不是大笑话？其实杨简（1141—1226）是南宋著名的哲学家，浙江慈溪人，学者称为慈湖先生。乾道进士，调富阳主簿，后召为国子博士，因反对排斥宰相赵汝愚去官。宁宗嘉定元年（1208）累迁至著作佐郎兼兵部郎官，后出知温州。理宗即位，进宝谟阁直学士。从陆九渊学，著有《慈湖遗书》、《杨氏易传》、《先圣大训》、《五诰解》等。历官孝宗、光宗、

（接上页）缀斯谱，宁不加意以阅录于其间耶？"（二）《尚书右仆射李纲序》："按杨氏旧谱，原祖在于祁。自汉清白相承，有伯起公讳震者。绵延至唐，而场于开元（玄宗）十三年为户部侍郎，隐户首阅闲田收税，以宇文融为劝农使巡行天下，括扰人民病甚，场独建议抗奏，贬华州刺史，子孙居于华。未几值天宝（玄宗）乱，移处陇西，与华不甚相远。追唐长庆（穆宗）间，其在汴阳、宝鸡者，虽未蕃盛，皆不堕场之声教。因岁凶迁彭城，才七十余年。景福（昭宗）间兵乱，闻杨行密败孙孺兵，于阵斩降众，苏、松、常、镇等郡赖以得安，迁至长洲。康国祖天爵，年逾强仕；父宏岁登弱冠，康国亦已生矣。幸天启宗德之隆，成艺祖之治，康国奋志出耀，其后励厚畏荣，至涣、渎、渊辈，簪缨衍后。今子孙瓜瓞绵绵者，实康国托始之功也。古云水之分派，必有其源；木之分枝，必有其根，正此之谓也。"（三）《御制杨氏家谱序》："朕惟御天下以收人心为本，世系所以收人心也，否则家失传而国不治矣。方今犬狄扰华，狼烟瘴日，二圣受屈，两河见侵，朕不能握火抱冰、图雪国耻，偶幸中书，丞相杨简纂修世系不迭，勅躬便览而诰以：卿食朕禄而为此书，得无私乎？简顿首谢：古之欲明明德于天下者，先治其国；欲治其国者，先齐其家，欲其齐家以佐夫陛下治国平天下尔。御戎上策，边臣主将必戮力以报陛下。朕以为然。因勅完日进呈，爰序其首，以励天下之有家者各明世系，而知彝伦之道为重；推效死之诚，以壮国家之命，端有自矣。勅命。淳熙元年正月十五日颁。"

宁宗、理宗四朝，是一位为学、为官均有成就的人物。而从其经历来看，他的政绩主要还是体现在宁宗、理宗两朝，而孝宗时是其政治生涯刚开始不久，后世子孙修杨氏家谱时，只要将其为学、为官的成就如实加以记述，已经足以荣宗耀祖了。令人遗憾的是，这些子孙却走了歪门邪道，编造了宋孝宗为杨氏家谱写序的这一闹剧，而编造中因不懂历史又漏洞百出，实际上的后果是在杨简脸上抹黑，自然也就成了一批"不肖子孙"。故因，广大读者都会同意此之看法。看来这些造假者，连其祖先杨简的经历也不熟悉，还要胡编乱造，实在可悲可叹。需要指出的是，这些造假者为了证明其真实性，还另外编造了李清、李纲两篇序作为陪衬，就越发暴露出作伪者手段并不高明，作伪越多，假象自然也就越多，也就越容易为人们所发现。

我们讲到有宋一代，兴起了真正私家之谱的编修，同时还引了钱大昕的论述，说明宋代政府不再过问修谱之事。可是，当前社会上又流传着许多关于宋代好多皇帝为某某家族家谱作序之事，是否真有其事，面对这些一下很难讲清楚的问题，我还是谈了自己的看法，而不是回避，所以说一下很难讲清楚，关键在于很难见到这些家谱的全貌，所幸后来得到《民国镜川杨氏宗谱》三篇序文，得以为大家进行解剖，从而结束了漫无边际的谈论。当然，它也并不影响我们对宋代谱牒学发展的各种论述。

最后，我们还要告诉大家，在宋代谱学发展过程中，又产生了一个非常重要的"家族成员"——年谱。由于它的学术价值很高，一经产生，就受到社会的欢迎，并使得行将衰老的谱牒学又焕发出旺盛的活力。对此，我们设有专篇加以论述。

二、欧阳修在谱牒学上的贡献

欧阳修是宋代著名的文学家和史学家，在文学上的成就几乎是家喻户晓，因为他在文学上的成就是多方面的，虽以散文而著称，为唐宋八大家之一，而且还长于诗、词。而对于他是一位历史学家，知道的人就不太多了，其实他一人就编修过《新唐书》和《新五代史》两部正史，对"二十五史"的编修贡献自然就可想而知。至于他在谱牒学上的贡献，知道的人就更加少了。其实他对谱牒学的贡献还是相当突出的，特别是他所提出的编修家谱的思想和主张，对元、明、清以来曾产生了深远的影响。还要指出的是，他在金石学上也有创建，并著有《集古录》一书，称得上是金石学开创之作。因此，欧阳修在历史上是一位有多方面贡献的学者，现在仅就他在谱牒学上的成就谈些看法。

（一）恢复纪传体史书中设表的优良传统

司马迁的伟大著作《史记》，是按照他所创立的纪传史体而编修成功的。尽管清代史学家赵翼曾说："自此例一定，历代作史者遂不能出其范围，信史家之极则也。"①但事实上许多修史者并未遵守这个"极则"。如司马迁受到西周、春秋以来各种谱牒著作的启发，在《史记》中作了"十表"。此举得到许多史家的好评，唐代著名史学评论家刘知幾在《史通·杂说上》云："观太史公之创表也，于帝王则叙其子孙，于公侯则纪其年月，列行紫纡以相属，编字戢香而相排。虽燕、越万里，而于径寸之内犬牙可接；虽昭穆九代，而于方尺之中雁行有叙。使读者阅文便睹，举目可详，此其所以为快也。"宋代大史学家郑樵在《通志·总序》中更说："《史记》一书，功在十表；犹衣裳之有冠冕，木水之有本原。"可见评价都很高，并且都旨在说明史书作表的重要性。可是非常遗憾的是，除了班固《汉书》效法外，从陈寿作《三国志》、范晔著《后汉书》，直到北宋初年成书的《旧五代史》，共十五部正史均未作过史表。而欧阳修在编修《新五代史》时，则专门列了《十国世家年谱》，特别是在《职方考》中，为了反映五代十国疆域交错的情况，还特地作了表，使难以用文字表达的内容得以了然。此举深得清代史家王鸣盛的好评，认为要了解五代的疆域大小及变迁，"观欧《职方考》自明。此《考》虽简略，然提纲挈领、洗眉刷目，此则欧公笔力非薛史所能及"②。

---

① 《廿二史劄记校证》卷1《各史例目异同》，第3页。
② （清）王鸣盛撰，陈文和等校点：《十七史商榷》卷96《五代土地梁最小唐最大》，凤凰出版社2008年版，第703页。

欧阳修后来受命与宋祁等人修《新唐书》时，设置了《宰相》、《方镇》、《宗室世系》、《宰相世系》四表，揭示了唐代宰相参错进退、宗室世族升降隆替和藩镇势力的消长离合的线索。众所周知，方镇势力的消长，一直在影响唐代中央政权，了解其分合变化，对研究唐代政治有着重要作用。《方镇表》则记载了唐时各方镇的建置沿革，不足的是表中不载任职节度使姓名。特别是《宰相世系表》，首创引谱入史的做法，引用了大量的私家宗谱资料，记述宰相三百六十九人，世系九十八族，为研究唐代上层统治阶级构成提供了丰富的文献资料。这种做法在以前所修的史书中是不曾有过的。故清代著名史家钱大昕对此举给予很高的评价，在《钜野姚氏族谱序》中说："欧公修《唐书》，立《宰相世系表》，固史家之创例，亦由其时制谱者，皆通达古今、明习掌故之彦，直而不污，信而有征，故一家之书与国史相表里焉。宋元以后，私家之谱不登于朝，于是支离傅会，纷纷踳驳，私造官阶，倒置年代，遥遥华胄，徒为有识者喷饭之助矣。"①大学者顾炎武对于欧阳修恢复史表之举更是倍加称赞，因为他认为："作史体裁莫大于是，而范书阙焉，使后之学者无以考镜二百年用人行政之节目，良可叹也。其失始于陈寿《三国志》，而范晔踵之，其后作者又援范书为例，年表皆在所略。不知作史无表，则立传不得不多，传愈多，文愈繁，而事迹或反遗漏而不举。欧阳公知之，故其撰《唐书》，有《宰相表》，有《方镇表》，有《宗室世系表》、《宰相世系表》，始复班、马之旧章云。"②可见欧阳修恢复史表的做法是很有意义的，因为它在纪传体史书中确实占有重要地位，正如顾炎武所说："作史体裁莫大于是。"这也足以反映出欧阳修在修史问题上见解之高明。

当然，我们也要指出的是，《新唐书·宰相世系表》的编写，引用了大量的私家族谱中的资料，其做法本身引谱入史，是值得肯定的。但是在引用这些族谱资料时，过于轻信这些族谱的作者，而未能作认真的审查考证，因而产生了许多错误。南宋学者洪迈在《容斋随笔》卷6《唐书世系表》，就非常严肃地批评了欧阳修轻信家谱的错误，指出："《新唐·宰相

---

① 《潜研堂集·潜研堂文集》卷26，第448页。
② 《日知录集释》卷26《作史不立表志》，第1446页。

世系表》皆承用逐家谱牒，故多有谬误，内沈氏者最可笑。"而这些可笑的材料，正是根据身为历史学家的沈约所编造，认为沈氏乃"金天氏之后"，"秦末有逞者，征丞相不就"，"其后入汉，有为齐王太傅、敷德侯者，有为骠骑将军者，有为彭城侯者"。出于好奇，笔者查阅了《汉书》，不仅无敷德侯、彭城侯这种封号，就连沈达其人也不存在，虽有骠骑将军，也与沈氏无关，全部《汉书》，也只有姓沈者四人，三人为春秋时人，一人为王莽时人。沈约如此编造，难怪洪迈作了严厉的批评："沈约称一时文宗，妄谱其上世名氏官爵，固可嗤诮"，而"欧阳公略不笔削，为可恨也"。无独有偶，历史学家魏收编造祖上世系，同样被洪迈在书中作了揭露。钱大昕对《新唐书·宰相世系表》的设立大加称赞，但对其征引谱牒资料不作考订同样提出了批评："师古精于史学，于私谱杂志，不敢轻信，识见非后人所及。《唐书·宰相世系表》虽详赡可喜，然纪近事则有征，溯远胄则多舛，由于信谱牒而无实事求是之识也。"① 由此可见，家谱中伪造世系之事，在整个封建时代并非偶然现象，而这种弊病又大多发生在宋、元、明、清以来，因为此时所修私家之谱，大都是"家自为书，人自为说，子孙或过誉其祖父，是非颇谬于国史，其不肖者流，或谬托贤哲，或私鬻宗谱，以伪乱真，悠谬恍惚，不可胜言。其清门华胄，则门阀相矜，私立名字，若江左王谢诸家，但有官勋，即标列传，史臣含毫，莫能裁断。以至李必陇西，刘必沛国，但求资望，不问从来，则有谱之弊，不如无谱"②。这就说明，假托附会名贤、伪造郡望、编造官阶等已成为许多家谱的通病，他们这样做的目的，无非就是要为自己抬高社会地位服务。而当前有些地方常有人捧出家谱硬说是某某名人的后代，似乎已成为时尚。历史名贤大都史有记载，有书可查，是真是伪，尚或可辨。至于传说中人物，因为前人也从未见过，文献古籍所载，全是来自传说，并无证据可言，谈起来自然就免不了有些玄乎。文献工作者必须持审慎态度，对此种风气切勿推波助澜。

---

① 《十驾斋养新录》卷12《家谱不可信》，第245页。
② 《文史通义新编新注》外篇4《和州志氏族表序例中》，第900页。

（二）自创修谱之法

欧阳修关于族谱的编修理论，并无专门著作，主要是反映在《欧阳氏谱图序》及《谱例》等文章中，实际上是通过他所编修的《欧阳氏谱图》而体现出来。而此《谱图》都收在《欧阳修全集》之中而得以保存下来。而这个《欧阳氏谱图序》又有"石本"与"集本"两种，前者较略，后者稍详。

欧阳修在《[集本]欧阳氏谱图序》后所附之"异文"中提出："自唐末之乱，士族亡其家谱，今虽显族名家，多失其世次，谱学由是废绝。"[①] 自魏晋南北朝至唐，由于政治需要，谱牒学盛行，政府都设有专门机构管理，各世家大族所修之谱都必须上于官。自唐末农民起义以后，这一切都被打乱了，尤其是世家大族，又经历了一次扫荡，以他们为基础的原来修谱势力，自然也就被铲除了。所以欧阳修说："谱学由是废绝。"其实自此以后，私家修谱的盛行，也就是说，"家自为书，人自为说"，便成为宋、元、明、清族谱编修的主流。此外，从宋代开始，编修年谱又兴起。因此，谱学自然并未"废绝"。

欧阳修对于族谱编修是非常重视的，这可能与他研究历史有很大关系。他从许多记述古代帝王世系的著作中得到很大启发，在《帝王世次图序》中有这样一段话："尧、舜、夏、商、周，皆同出于黄帝。尧之崩也，下传其四世孙舜，舜之崩也，复上传其四世祖禹，而舜、禹皆寿百岁。稷、契于高辛为子，乃同父异母之兄弟，今以其世次而下之，汤与王季同世。汤下传十六世而为纣，王季下传一世而为文王，二世而为武王。是文王以十五世祖臣事十五世孙纣，而武王以十四世祖伐十四世孙而代之王，何其缪哉！"[②] 又在《后序》中说："余既略论帝王世次而见《本纪》之失，犹谓文、武与纣相去十五、六世，其缪较然不疑。而尧、舜、禹之世相去不远，尚冀其理有可通，乃复以《尚书》、《孟子》、孔安国、皇甫谧诸书，参考其寿数长短，而尤乖戾不能合也。"[③] 为什么会出现这种现象呢？就是因为当时没有史

---

① 《欧阳修全集》卷 74，第 1079 页。
② 《欧阳修全集》卷 41，第 592 页。
③ 同上书，第 593 页。

书记载,这些都是后人所追记,自然就要产生错乱乃至荒谬。故他在此序最后说:"至于舜娶尧二女,据图为曾祖姑。虽古远世异,与今容有不同,然人伦之理乃万世之常道,必不错乱颠倒之如此。然则诸家世次、寿数短长之说,圣经所不著者,皆不足信也决矣。"国家是如此,作为一个家族也是如此,缺乏族谱的很好记载,照样会出现祖孙倒置的情况。欧阳修在《与曾巩论氏族书》中实际上就谈到了这种情况:

> 近世士大夫于氏族尤不明,其迁徙世次多失其序,至于始封得姓,亦或不真。如足下所示,云曾元之曾孙乐,为汉都乡侯,至四世孙据,遭王莽乱,始去都乡而家豫章。考于《史记》,皆不合。盖曾元去汉近二百年,自元至乐,似非曾孙,然亦当在汉初。则据遭莽世,失侯而徙,盖又二百年,疑亦非四世。以《诸侯年表》推之,虽大功德之侯,亦未有终前汉而国不绝者,亦无自高祖之世至平帝时,侯才四传者。宣帝时,分宗室赵顷王之子景,封为都乡侯,则据之去国,亦不在莽世,而都乡已先别封宗室矣。又乐、据姓名,皆不见于《年表》,盖世次久远而难详如此。①

有鉴于这些事实,欧阳修深深感到,作为一个家族,及时编修一部族谱是万万少不了的。但是,他也看到一些家谱往往存在胡编乱造的情况:"诞者上推古昔以为博,夸者旁援他族以为荣,不几于诬其祖乎!"②在他看来,编修族谱,此种不正之风绝不可长,因为这样的族谱究竟编了有何作用、有何价值呢?这自然就涉及为什么要编修族谱。他在《衡阳渔溪王氏谱序》中就曾明确指出:"予惟族谱之作,所以推其本、联其支,而尊尊亲亲之道存焉。"③

至于欧阳氏所以要编修族谱,其目的性就更加明确了,一则是要使族人知道欧阳氏受封姓氏的由来和祖先承传的历史,再则就是要使家族子孙知道

---

① 《欧阳修全集》卷47,第665—666页。
② 《欧阳修全集》卷155《衡阳渔溪王氏谱序》,第2581页。
③ 同上书,第2580—2581页。

自己祖先长期形成的遗德和祖训，都能做到"以忠事君，以孝事亲，以廉为吏，以学立身"（《［集本］欧阳氏谱图序》），其祖先一直就以此精神来教育子弟。序中还引《传》"积善之家，必有余庆"，来教育族人多做有益于社会的好事，将来自然会得到社会的回报。他并举例："今八祖欧阳氏之子孙甚众，苟吾先君诸父之行于其躬、教于其子孙者守而不失，其必有当之者矣。"可见他修谱的目的，就是要以先祖们长期积累的遗德、祖训，来教育全体族人，要做一名奉公守法、有益于社会的正直的人。所列四条，虽属于儒家的伦理道德规范，但是其内容即使在今天，仍有其借鉴价值，而不可用封建伦理道德而斥之了事。

欧阳修所创之修谱之法，主要新意表现在如下诸方面：

首先创立了编修族谱采用表的形式来表示世系的承传，这比用文字叙述更加简明便捷，而使读的人可以做到一目了然。据他自己所讲，也是受到前人所修族谱不完备的启发。经过唐末社会大变革以后，"唐之遗族，往往有藏其旧谱者，时得见之，而谱皆无图，岂其亡之，抑前世简而未备欤？"[①]这就是说，他曾看到过唐人遗留下来的族谱，"皆无图"，实际上是指皆无表，但不能确定是原来有以后散亡了，还是原来就没有作过表，已不得而知了。有鉴于此，欧阳修遂"因采太史公《史记》表、郑玄《诗》谱，略依其上下旁行，作为谱图，上自高祖，下止玄孙，而别自为世。使别为世者，上承其祖为玄孙，下系其孙为高祖。凡世再别，而九族之亲备，推而上下之，则知源流之所自，旁行而列之，则见子孙之多少。夫惟多与久，其势必分，此物之常理也。凡玄孙别而自为世者，各系其子孙，则上同其出祖而下别其亲疏。如此，则子孙虽多而不乱，世传虽远而无穷。此谱图之法也"。[②]这就是说，欧阳修是位历史学家，他受到司马迁《史记》中的《三代世表》和《十二诸侯年表》的影响，在族谱编修中采用了列表的形式来反映家族中世系之间的承传关系。这一举措，效果确实很好，世代关系在表中可以做到一目了然。需要说明的是，对于这种表，欧阳修则称之为"谱图"。现将集本谱图录入于下：

[①]《欧阳修全集》卷74《［集本］欧阳氏谱图序》，第1079页。
[②] 同上。

谱图				
景达生二子	僧宝生三子	顾生二子	纮生四子	询
				尧
				德
				器
			约生二子	胤
		盛阙		
		逢阙		
询生四子	长卿阙			
	肃生二子	颉阙		
	伦阙			
	通生二子	幼明生二子	昶生二子	璟
				琮
		幼让阙		

自琮以下七世，其谱亡。琮之八世孙曰彪，彪弟曰万，万生某，某生雅。
自万世以下次以下具名如左：

万生二子名亡	某生二子	雅生二子	效生三子	谟
				远
				讬
			楚生三子	长子名亡
				第二子名亡
				戍
讬生三子	鄂阙			
	郴生八子	夋生三子	翱生二子	葛
		伸生二子	顗生二子	至
		仪生四子	猛生二子	起
				绶
				丽
			穀生二子	炳
				焕
			宽生四子	曦
				晬
				昫
				煦
			载生二子	鉴
		伍生二子	素生二子	霈
		僖生二子	端无子	
		傻生二子	观生二子	修
			旦生三子	宗古
				宗道
				宗颜
			晔生三子	宗冈
				宗孟
		佺生二子	简生二子	勤凯
		儆生二子	颍生三子	景勤
				呈
			颜生二子	
			项生二子	

欧阳修在谱图之后,有一段较长的说明,表明他在编修欧氏族谱时所持的实事求是的态度,今将有关内容节录于下:

> 右自亭侯蹄因封命氏,自别于越,其后子孙散亡,不可悉纪。其不可纪者,千乘、渤海之后。盖其后亡在乎人,有其人,虽历千载不绝,其人无所称,其世辄没不见,可不勉哉!千乘之族,以《尚书》显于汉,自生传歙八世,歙子复无后,世绝,经不传家,其他子孙亦遂微弱不复见。而渤海之后独见于今,然或微或绝,中间失其世次者再。盖自质奔长沙,至于景达,七世而始见。自琮至于安福府君,又八世而始见,其后遂不绝。
>
> 安福府君之九世孙曰修,当皇祐、至和之间,以其家之旧谱问于族人,各得其所藏诸本,以考正其同异,大抵文字残阙,其言又不纯雅。然取其所同多者,并列其世次,为《谱图》一篇,而略存其旧谱所载。
>
> 旧谱前列魏司空清河崔林、宋太保王弘、齐太尉王俭、梁御史中丞王僧孺、尚书兵部马将臣贾贽等上,又列唐吏部尚书高士廉、中书舍人徐令言等重定。其谱多载千乘之族,至歙而止,魏晋已后,无复次序。疑其脱乱不真。其尤可疑者,《汉书》曰生子和,而谱自涿郡太守而下,列其十世而无生。太守亡其名字,有其夫人曰楚春申君之女也,生子曰睦,字公安。睦夫人陈氏,生子曰钦,字子敬。钦夫人张氏,生三子,曰容、曰述、曰兴,皆不著其字,而云同受业于济南伏生。容为博士,其夫人夏侯氏,生子曰巨,字孝仁。巨夫人戴德之女,生子曰远,字叔游。远夫人倪宽之女,生子曰高,字彦士。高夫人孔安国之女,生子而亡其名,有其字曰仲仁。仲仁夫人赵氏,生子曰地馀,字长宾。地馀夫人戴氏,生二子,曰崇、曰政。政字少翁,夫人孙氏,生子曰歙,字正思。汉氏以歙为和伯八世孙。然今谱无生而有容,又云容受《尚书》于伏生,自容至歙八世。疑汉所谓欧阳生者,以其经师谓之生,如伏生之类,而其实名容,容字和伯,于义为通。此其可疑者也。《汉书》曰高字阳,而谱字彦士,小不同,此不足怪。而其夫人世家无可考证,莫知其是非,故存之。至于他说可知其谬者,皆不录。
>
> 渤海之族,自景达以下至于通,事见于《史记》,谱尤详。自幼明

以下至于今，或见于谱，或得于家，而多阙，谨录乎左，以俟乎将来。①

这段近八百字的说明，我们之所以要全文照录，目的在于说明作为历史学家的欧阳修，在编修自己的族谱时，就像在编修史书一样，坚持实事求是的精神，而没有像沈约、魏收那样，对自己家族世系来一番胡编乱造。他认为自己的家族，"自亭侯踶因封命氏"，"其后子孙散亡，不可悉纪"。而既未做过官，也没有其他作为，自然也就没有人来记载他，因为无事迹好记，于是"其世辄没不见"，这是很正常的。因此，教导自己子孙，"可不勉哉！"正因如此，在他们家族世系承传中，"中间失其世次者再"。始自质至于景达，"七世始见"，自琮至于安福，"又八世而始见"。可见，一个缺少六世，一个缺少七世，都让其空缺，以维持原状。尽管旧谱是经由许多著名谱学家所重定，特别是王弘、王俭、王僧孺、贾贽等人，都是名重一时的谱学大家，他也没有完全相信旧谱的记载而全部照录，他的做法是："可知其谬者，皆不录。"这样修成的家谱由于可信程度有保障，自然其学术价值也就可想而知。

为了证实其说法的可靠性，笔者特地查对了《汉书》，发现西汉确实有位儒生名欧阳生，千乘人，曾从伏生受《尚书》，又转授倪宽，遂使今文《尚书》得以广为流传。而欧阳氏代代相传，皆习《尚书》，故是时《尚书》有欧阳之学。欧阳生的曾孙欧阳高，官博士，夏侯胜曾从其学《尚书》。欧阳高还著有《欧阳章句》一书，三十一卷。而欧阳高之孙欧阳地余，继祖业治《尚书》，汉宣帝时以太子中庶子授太子。甘露中，参与石渠阁讲论"五经"异同。元帝即位，任侍中、中大夫，颇为贵幸，永光元年任少府。欧阳地余之少子欧阳政，仍为欧阳《尚书》传人，新莽时官讲学大夫。这些事实都足以说明，欧阳修在所修的族谱中记载都是事实，这与沈约与魏收两人做法全然不同。这一做法显然就反映出一个人的品德问题，并且是无法否认的。这里有必要指出的是，现在有人将这段说明混为另一篇序，显然是错误的，因为两篇序都完好地保存在全集之中，而这段说明乃是在讲述他编修这部《谱图》的过程和原则，诸如取舍标准等，甚至将为其祖上重定过旧族谱

---

① 《欧阳修全集》卷74《[石本]欧阳氏谱图序》，第1089—1091页。

的著名谱学家都一一列出，所讲内容自然有与序中叙述者相同之处，但绝非序文明矣，因为有些内容也并非序言所当写的。

欧阳修主张，族谱编修应当本着详近略远的原则，因为自得姓以来，时代久远，子孙繁衍必然很多，当然在族谱编修中，必须随亲疏远近有详有略。首先他在《谱例》中提出，族谱之修，应"断自可知之代"，而具体记载，则上自高祖，下至玄孙。《谱例》曰："姓氏之出，其来也远，故其上世多亡不见。谱图之法，断自可见之世，即为高祖，下至五世玄孙，而别自为世。如此，世久子孙多，则官爵功行载于谱者，不胜其繁，宜以远近亲疏为别，凡远者、疏者略之，近者、亲者详之，此人情之常也。玄孙既别自为世，则各详其亲，各系其所出，是详者不繁而略者不遗也。凡诸房子孙，各纪其当纪者，使谱牒互见，亲疏有伦，宜视此例而审求之。"① 这个《谱例》告诉人们，族谱的编修，不必去记述那些远祖，只要"断自可见之世"，即上自高祖记起，下至玄孙为止。这样由自身算起，上推父、祖、曾祖、高祖，下演子、孙、曾孙、玄孙而止，共九世。封建时代称之为"九族"，此仍出自《尚书·尧典》："克明俊德，以亲九族。"因而在封建时代将"九族"视为人之大伦，封建社会中的启蒙读本《三字经》中便如是说："高曾祖，父而身，身而子，子而孙，自子孙，至玄孙，乃九族，人之伦。"可见欧阳修的族谱编修中所谓"断自可见之世"，是以自身为立足点，上推一共九世，他自己乃属玄孙辈；玄孙开始，又可以另修新谱。如此下去，族谱编修既不会中断，又不会烦琐复杂，亲疏远近在族谱中都可以得到体现，而编修起来也比较简便。有的论著认为"此法是欧阳修以周代五世则迁之小宗之法以合于谱法，五世亲近，亲近则迁，故另为一图"②，我们以为此说恐出于误解，因为这与欧阳修自己的论述和所作谱中列的世系都不相符。可是当代所有论及欧阳修谱法之事的论著，无不持此种看法，如钱杭在《中国古代世系学研究》一文中就说："欧谱基本性质仍然与苏谱一样，是以'五世则迁'为原则的小宗谱法。"③ 安国楼在《中国家谱中的"欧苏法式"探讨》一

---

① 《欧阳修全集》卷74《[集本]欧阳氏谱图序》，第1076页。
② 常建华：《中华文化通志·宗族志》第四章《族谱》，上海人民出版社1998年版，第262页。
③ 钱杭：《中国古代世系学研究》，《历史研究》2001年第6期；参见钱杭：《宗族的世系学研究》，复旦大学出版社2011年版，第252页。

文中说："从欧阳氏谱图可以看出，其世系排列的特点是所谓'五世一提'法。"① 余敏辉在《〈欧阳氏谱图〉初探》一文中说："欧阳修的谱图法，它的世系排列特点就是所谓'五世一提'法，即以五世为限，上从高祖起，下至玄孙止。"② 黄进德在《欧阳修评传》中，就有一个小标题是《"小宗谱"之祖》，并说欧阳修"开创了小宗谱模式"③。蔡世明也认为欧阳修的谱图，是用小宗之法："以五世为限，上从高祖起，下至玄孙止，五世以后，表格无法登录，就另外再成立一个世系。"④ 我们是不同意这些看法的，因为他们这些说法，全都不符合欧阳修谱图的原意。那么他们为什么都会持相同或类似的看法呢？我们作了进一步搜寻以后，发现这种观点在明清学者中却是相当普遍流行，以下不妨试举数例以说明：

明郑善夫《郑少谷集》卷9《重修南湖郑氏族谱序》云："旧谱依欧阳法，系图以五世一提。"

明何瑭《栢斋集》卷5《萧氏族谱序》云："宋儒欧阳氏、苏氏慨然有感乎此，乃考古大小宗之意，修立谱法，其见远矣。由宋以迄于今，士夫家多遵用其法。"

明罗钦顺《整庵存稿》卷9《永新甘氏重修通谱序》曰："每五世为图，一如欧阳氏谱法。"

至于清代，余敏辉在文中就引了清人张文山在《张氏家谱·凡例》中的说法，即欧阳氏"以五世为一图，取五世亲尽之义"。如此等等，一言以蔽之，那就是欧阳修的谱法乃是"五世则迁"、"五世一提"。当然，我们在元、明、清所写族谱序中，也有些族谱编修者已经发现欧、苏两家谱法实际上是存在不同之处，如明人宋讷《西隐集》卷6《嵊山宋氏族谱序》中就这样说："族有谱，尚矣。欧阳文忠公为世谱，以法汉年表，苏老泉为谱，以礼大小宗为次。文例虽不同，皆足以考其世次也。嵊山宋氏有族谱，非法子

---

① 安国楼：《中国家谱中的"欧苏法式"探讨》，《郑州大学学报（哲学社会科学版）》1998年第5期。
② 余敏辉：《〈欧阳氏谱图〉初探》，《淮北煤炭师范学院学报（哲学社会科学版）》2003年第5期；又载余敏辉：《历史文献学散论》，安徽大学出版社2004年版，第173—183页；参见余敏辉：《欧阳修文献学研究》，人民出版社2010年版，第137—149页。
③ 黄进德：《欧阳修评传》，南京大学出版社1998年版，第400页。
④ 蔡世明：《欧阳修的生平与学术》，文史哲出版社1980年版，第103页。

欧文，则法于苏文矣。"又明苏伯衡《苏平仲文集》卷4《谭氏家谱序》中亦云："近代言族谱者二家，为法厥各不同，世经人纬，取法史氏之年表，则欧阳氏也；系联派属，若礼家所为宗图者，则我苏氏也。其为使人重其本之所自出，而尊尊之义明，详其支之所由分，而亲亲之道立，则未尝不同也。尊尊亲亲而谱法尽矣。"这两段引文共同的特点就是，不仅认为两家谱法之不同，而且明确指出：一个是史家笔法修谱，一个则是严格按照周礼所定之大宗、小宗之法为据，区分得非常清楚。还要指出的是，元代刘岳申在《申斋集》卷2《赵氏族谱序》中就已提出"宗法废而族谱存犹之可也"的主张。这些思想和主张，在谱学发展史上都是非常可贵的，值得肯定和发扬。

事实上欧阳修的修谱之法，绝非他们所说那样。我们反复研读了欧阳修所有流传下来的关于谱学方面的文字，无论如何也得不出这样的结论。他在《［集本］欧阳氏谱图序》和《谱例》中都明确指出，此谱之修，上自高祖，下至玄孙，乃是九世。《谱例》中明言："谱图之法，断自可见之世，即为高祖，下至五世玄孙，而别自为世。"而在《［石本］欧阳氏谱图序》中更明确讲自己乃是"安福府君之九世孙"，他的谱图也正是从安福府君修起。而在谱图中也正是列了九世而不是五世：万—某—雅—效—托—郴—偃—观—修。很明显，欧阳修所采用的绝非"五世则迁"的小宗法，而是那些研究者本人用"小宗法"的"五世则迁"来套欧阳修的修谱之法。特别要指出的是，在欧阳修的谱学理论中，尤其在现存的两种《欧阳氏谱图序》和《谱例》，谱图说明中，均未见讲论周朝大宗、小宗之法，更未出现过"五世则迁"、"五世一提"的字样。而在《欧阳修全集》四部丛刊本的"集本"序之后所附的异文中，更有"凡世再别而九族之亲备"。因为欧阳修原表只有五格，因而到第六世只好另起行，也许有些研究者就误认为"五世一提"，这完全是因错觉而产生了误解。因为欧阳修本人的修谱法中，从无"五世则迁"、"五世一提"这一概念。

为了更好地说明问题，我们在欧阳修所作之谱图见表外，又作了下列两种谱表：

第六章　处于发展转型的宋代谱学　　239

						景达
						僧宝
				遂盛		颀
				约		纥
		胤	器	德	亮	询
			通	伦	肃	长卿
				幼让	幼明	颢
					昶	
					琮 璟	

自万以下世系如下：

																万某
																雅
																效
														楚		谟
										戊	第二子 长子	远	託			
													郴	鄂		
		做	佺			偃	信	伾			仪	伸	俊			
项	颛	颖	翥		晔	旦	观	端	素	载	宽	谷	猛	颤	翱	
昱	景	勋	凯	宗孟	宗闵	宗颜	宗道	宗古	修	晞	霈	鉴	照	晃	晡	曦 炳 焕 丽 绶 起 至 葛

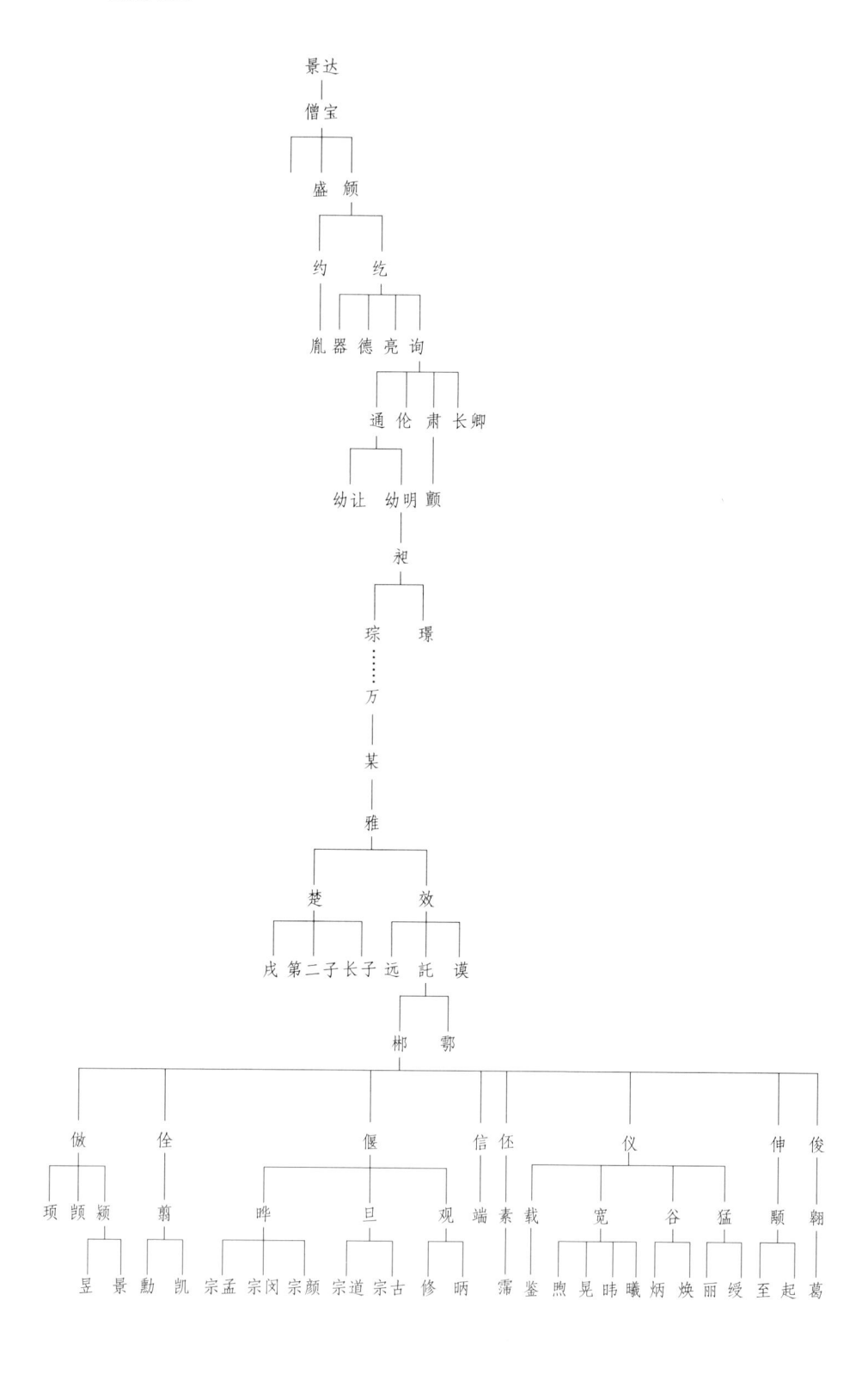

```
                        景达
                         |
                        僧宝
                    ┌────┴────┐
                    盛        颀
                  ┌─┴─┐  ┌────┼────┐
                  约  纥  胤器 德亮 询
                              ┌──┼──┬──┐
                              通 伦 肃 长卿
                           ┌──┼──┐
                           幼让 幼明 颧
                                |
                                昶
                             ┌──┴──┐
                             琮    璟
                             ⋮
                             万
                             |
                             某
                             |
                             雅
                          ┌──┴──┐
                          楚    效
                       ┌──┼──┐ ┌┼─┐
                       戌 第二子 长子 远 託 谟
                                    ┌┴┐
                                    郴 鄂
    ┌────┬────┬────┬────┬────┬────┬────┐
    仿   佺   偃        信 伍   仪        伸 俊
  ┌─┼─┐  |  ┌─┼─┐        ┌─┼─┐       |
  项 颛 颖 萹 晔    旦  观 端 素 载 宽 谷 猛 颢 翱
              ┌┴┐ ┌┴┐       ┌┴┐ ┌┴┐ ┌┴┐
 昱 景 勋 凯 宗孟 宗闵 宗颜 宗道 宗古 修 晒 霈 鉴 煦 晃 昕 曦 炳 焕 丽 绶 至 起 葛
```

从上面两谱表可以看出，欧阳修的谱图所记载的显然是两个九世之谱。这些学者们之所以产生误解，关键在于都用西周的宗法制度来诠释欧阳修的谱法。对此，我们从清初著名经学家万斯大所撰《学礼质疑》①一书中得到了解答。在该书卷2《宗法八》中，他专门论述了欧阳修、苏洵两家谱法的利弊得失，并且从周礼宗法制度的角度加以评述：

> 自宋以来，为族谱者，首欧阳氏、苏氏。考欧谱采《史记》表、郑氏《诗谱》，依其上下旁行，作为谱图。其五世则迁，实古者小宗之法，故其图上自高祖，下至玄孙，而别自为世。苏谱明言从小宗之法，故其谱自高祖而下，而高祖之父遂迁。两家所本则同，而其异者，欧谱则别为世者，上承高祖为玄孙，下系玄孙为高祖，凡世再别，而九族之亲备，是其谱世增而不世变。苏法凡族人嫡子易世皆自为谱，同高祖者其谱同，迁高祖之父，而世存先谱，子孙得合而考之，其谱世迁而世变。要而观之，欧谱合收而易考，苏谱散见而难稽，故世之为谱者，多从欧阳而不从苏氏。愚就两家之学证之于经，而考求其义，皆有所未尽也。

万斯大在论述欧、苏两氏所修族谱长短得失之后，指出"两家之学，证之于经，而考求其义，皆有所未尽也"。欧谱之法"以某为玄孙，使别为世而上承高祖、下系玄孙，以合于九族之亲之说，其于经义不已疏乎？"在指出两家都不尽合经义之后，万斯大接着又发表了一通耐人寻味的议论：

> 故愚谓宗者，统族人以奉祀也，祭已往之祖而收见在之族，祖分而祭亦分，故一族不止一宗；谱者，志族人之世次也，追已往之祖而收见在之族，祖分而族不分，故一族可同一谱。由是以观，宗法与谱法原不相谋，而拘拘执宗法以为谱法，虽曰师古，其如未尽何，故苏法宜舍而欧法宜广也。广之奈何，欧谱依《史》表、《诗》谱为图，源流之所自可知，子孙之多寡易见，此凡为谱者所宜遵不可易也。

---

① 清乾隆二十三年（1758）辨志堂重刻《万氏经学五书》本。

从万斯大的议论中可以清楚看到，他认为在修谱中不要用宗法来束缚谱法，并且指出欧阳修所修的图谱，虽然与经义有疏，但它可以起到"追已往之祖而收见在之族"的作用，应当加以推广；而苏洵的谱法"名为五世，而实则四世"，采用此法，弊病太多，因此主张"苏法宜舍"。通过对万斯大言论的分析，可以清楚地看出，欧阳修的图谱之法，实际上是在摆脱了宗法的情况下进行的，因此他的谱法理论根本就不存在"五世则迁"、"五世一提"的概念，他所强调的，乃是"九族之亲备"。与欧阳修同时的苏洵，他的修谱理论，是严格按照西周宗法制度的大宗、小宗之法，在论谱的文章中，还有专篇《大宗谱论》，议论大宗、小宗之别，而在《族谱后录上篇》中，则明确指出："凡今天下之人，惟天子之子与始为大夫者，而后可以为大宗，其余则否。独小宗之法，犹可施于天下，故为族谱，其法皆从小宗。"① 可见，他与欧阳修的谱学理论出发点与方法截然不同，不可混为一谈。历来研究欧阳修谱法的学者，大多总是不假思索、毫不例外地用西周大宗、小宗之法来解读欧阳修的谱学理论与方法：既然不是大宗，那必定就是小宗；既然是小宗，必定就是"五世则迁"、"五世一提"。这个公式居然从欧阳修创立谱图之日起，就一直伴随其谱学理论在流传，若非清代经学大家万斯大一番指点，这个教条化的公式或许还要永远流传下去。只有明代历史学家王祎曾经讲出了欧、苏两家谱法区别的实质，他在《金华俞氏家乘序》中说："宋世言族谱者二家，曰庐陵欧阳氏、眉山苏氏，而二家之法，厥各不同。欧阳氏则世经人纬，取法于史氏之年表；苏氏则派联系属，如礼家所为宗图者。及论其所为同，则皆使人均重其本之所自出，有尊尊之义焉；各详其支之所由分，有亲亲之道焉；尊尊亲亲之意尽而谱法备矣。"② 王祎在这里说得非常清楚，欧阳氏谱法取法于史氏，而苏氏则取法于礼家宗图，本不相同。对此，不知许多研究者为何视而不见？可见学术界的习惯势力是多么顽固，对于定论式的说法，习惯于随声附和，而不敢越雷池一步。

总之，我们认为欧阳修的修谱理论乃是九族人伦之理论，自高祖至玄孙。从玄孙起再"别自为世"，以做到"各详其亲，各系其所出"。这样一

---

① 《嘉祐集笺注》卷14，第380页。
② （明）王祎撰：《王忠文公集》卷2，《丛书集成初编》本，第52—53页。

来，诸房子孙都各记其所当记者，可以做到世传再远而不乱，但每谱都应做到"九族之亲备"，这是他再三强调的，而不是什么"五世则迁"。我们认为，从编修族谱的作用和价值而言，欧阳修的修谱法，既注意到亲情关系，更具有人情味，又免去了烦琐复杂、漫无边际的捕风捉影，所以对后世产生了非常好的影响，也就完全可以理解了。

　　欧阳修的族谱编修，主要是用表（他自己称图）以记世次，以牒注其行实，做到谱牒互见，亲疏有伦。尽管他强调始自高祖记载，但他同时又很注意始迁之祖，要做到使族人知道这个家族是从哪一位祖先开始迁到所居之地的。他在自己所修之谱中，为了能够反映出欧阳氏家族迁到吉州的始迁之祖，故在高祖之前另立一表，而在"行状"式的牒中，第一位就是始迁之祖"琮"："吉州府君讳琮，葬袁州之萍乡，而子孙始家于吉州。当唐之末，黄巢攻陷州县，府君率州人扞贼，乡里赖以保全，至今人称其德。"而在两篇序中，亦都作了记述，"集本"序曰："琮为吉州刺史，子孙因家焉，今为吉州吉水人也。自琮八世生万。"这就是说，始迁之祖琮与高祖之间虽远隔八世，还是要作记载，告诉族人这个家族是于何时定居于此。这种"行状"式的牒文撰写，就充分反映出亲疏远近之有别，从列表之始祖开始，嫡传而亲近者皆有"行状"，万生某因缺名自然无法写，此以下雅、效、託、郴均有介绍。託是欧阳修的高祖，郴乃曾祖。郴生八子，偃乃是其祖父，自然要作介绍。需要说明的是，祖父的其他七位兄弟及他们所生之子亦都有行状，这就说明从祖父辈开始，相互之间都比较亲密了。对此，欧阳修在"集本"序中亦已明确表示："自八祖以来，迁徙、婚嫁、官封、名谥与其行事，则具于谱。"实际上就是指为每人所写之"行状"。而这种"行状"的撰写，长短不一，而主要的字、官职、配偶、享年、重要事迹、葬地等一般都得记载。比较典型的如其曾祖郴："令公府君，讳郴，字可封。仕南唐，为武昌令、吉州军事衙推，官至检校右散骑常侍兼御史大夫。性至孝，兄弟相友爱。有紫芝，一茎两葩，生于楹，乡人以为孝德所感，为著赋颂。享年九十有四，葬欧桂里横溪保之燕湖。夫人刘氏。府君累赠紫金光禄大夫、太师、中书令。夫人累封楚国太夫人。"对于他的父亲欧阳观的记述，按理讲内容肯定是丰富的，但是，除了名、字、享年、葬地和一些追封之各项荣誉外，用了一句"事具《泷冈阡表》"之中，这就是历史家的笔法。《泷冈阡表》就是神道碑文，因为在神道碑文中既然已经写了，自己家族的人肯定都可以看到，而族谱又是为一族之人所修，自然也就没有必要再重复了。从欧阳修所修族谱之内容来看，只书生子，而不书生女，看来这也许是封建时代所修族谱之通例，因为男子可以传宗接代，女子是要嫁出去的，这当然是当时整个社会重男轻女思想在这个问题上的体现，并非欧阳修所独创。

对于家谱、族谱、宗谱这样一种特有的著作形式或文体，当今社会大多数人都是比较陌生的，青年人更加如此。这种家谱、族谱，最初是由谱（表）与牒两部分所组成，发展到后来则又增加了传、图、艺文等内容，而最基本的则是谱与牒两部分。谱者就是指用列表的方式来记载一家一族的世系发展过程。章学诚在《高邮沈氏家谱叙例》中说："家谱系表，旁行斜上，乃是周谱旧式，后史所本者也。"他在文中还提出家谱、族谱采用表的形式，可以做到文字简而明，"世系设表，惟取其分别支派，使蝉联系属，皎若列眉，但书名讳，占地无多"[1]。因为古代以表来记述世系之书均称之为谱，故将用表记述家史之书亦称之为家谱。宋代史家郑樵在《通志·总序》中说："古者纪年别系之书，谓之谱，太史公改而为表。"而家谱、族谱另一重要组成部分则是牒，它是为表作注的。章学诚在《高邮沈氏家谱叙例》中说："牒者，表之注也。表仅列名，而人之行次、字号、历官、生卒、妻妾姓氏、子女所出、茔墓向方，皆当注于名下，如履贯然，表线所不能容，故著牒以详之。"[2] 又在《家谱杂议》中说："至其人之字号、历官、生卒年月、妻妾姓氏、子女嫡庶、窀穸方向，不待旁行斜上而始识者，则谱家往往别编为牒。牒有专门，则世系之表但书名讳辈行，不复须加子注。表无子注，则尺幅之间，约字无多，而二三十世可绳贯矣。"[3] 可见表与牒性质、作用是各不相同，有此两大部分而组成一部完整的家谱、族谱，因此这也就成为族谱编修的主要内容。据此，我们再回过来看看欧阳修所修之《欧阳氏谱图》，可能由于初创，称呼、体例都还不太规范。如此谱所列世次之表称为谱图，而对于表中所列自高祖以来每人事迹并无名称标题，既未讲这就是"牒"，

---

[1] 《章学诚遗书》卷13，第118页。
[2] 同上。
[3] 《文史通义新编新注》外篇1，第496页。

也未讲是传略，所以我们姑且称为"行状"，其实它在这里实际上是起到了"牒"的作用。当然，有些内容记载已经超越了牒的要求，有几条已经像是传略。而在所有应介绍的事迹记述之后，又列了《谱例》，正式提出谱图编修断限的要求和编修方法。"断自可见之世，即为高祖，下至五世玄孙，而别自为世"，就是在这里提出，并要求"诸房谱皆以此图为首"。也就是说，今后各房所修之谱，都要将这部族谱所列之表放在卷首。

欧阳修所创修之谱，序也是非常重要的组成部分，叙述了欧阳氏家族受封姓氏的由来及家族承传的历史。这篇序却存在"石本"与"集本"两种本子，前者略，后者详，又都收在《欧阳修全集》之中。所以会出现两种本子，据笔者推测，前者是为了刻石之用，这在"集本"序中一段文字可以得到证实："故图其世次，传于族人，又志于其石以待。"这就是说，他编修族谱还要传给族人，并且要刻石以便长期保存，这就是此序有两种本子之由来。又由于刻石文字总是短一些为好，故今存"石本"确实比"集本"短而精炼，前者为五百余字，后者则近千字，其内容则基本一致，就从受封得姓的叙述即可看出。"石本"曰："欧阳氏之先，本出于夏禹之苗裔。自帝少康封其庶子于会稽，使守禹祀，历夏、商、周，以世相传。至于允常，子曰句践，是为越王。越王句践传五世，至于无疆，为楚威王所灭。其诸族子分散争立，皆受封于楚。而无疆之子蹄，封于乌程欧余山之阳，为欧阳亭侯，其后子孙遂以为氏。"①为一百零六字。"集本"则曰："欧阳氏之先，本出于夏禹之苗裔。自帝少康封其庶子于会稽，使守禹祀，传二十余世至允常。允常之子曰勾践，是为越王。越王勾践卒，子王鼯与立。自鼯与传五世，至王无疆，为楚威王所灭。其诸族子分散争立，滨于江南海上，皆受封于楚。有封于欧阳亭者，为欧阳亭侯。欧阳亭在今湖州乌程欧余山之阳，其后子孙遂以为氏。"②为一百二十六字。两相对照，繁简情况似乎还不太明显。主要在于"石本"只讲述至"安福府君之九世孙曰修，当皇祐、至和之间，以其家之旧谱，问于族人，各得其所藏之本，以考证其同异，列其世次，为《图谱》一篇，自景达以后，始得其次叙"而止，而对于宋兴以后之事，包括欧阳修

---

① 《欧阳修全集》，第 1080 页。
② 同上书，第 1066 页。

的各种议论，如传述祖训等约四百余字全都没有。实际上"石本"只叙述了欧阳氏受封得姓的过程和家族发展的历史而已，而略掉的那些内容都相当重要，特别是研究欧阳修谱学思想所必不可少的资料。

关于这两篇序，还有两点要作说明：

其一，起初并非各种版本均有，《四库全书》所收之周必大定本和《四部丛刊》本均有，而新出的中华书局标点本所用底本只有"集本"而无"石本"，这次整理出版时亦已补入。又周本和《四部丛刊》本的"集本"后，都附有一段五百余字的"异文"，其内容同样是在讲述欧阳氏家族承传的历史和谱图编修的方法、原则，与两序有许多相似之处，最后部分文字又与《谱例》相类似。这段文字出自欧阳修本人之手是肯定无疑的，内容自然也是很重要的，但不知在这部《谱图》中原来放在哪一个部分。现中华书局标点本将其移至注释之中，并称为"异文"，而上述两种版本"集本"序最后则云："一本自'以其族奔于长沙'至'其行事则具于谱'五百五十七字，改云：'以其族南奔。已而晋室大乱……'"又像是另一个序文也未可知，因为欧阳修向来就有反复修改自己所写文章的好习惯。唯其如此，我们认为这段文字，无论是什么性质、什么形式，同样都很重要，它对于研究欧阳修的谱学理论和谱学思想，都具有重要价值。

其二，就是这篇"集本"《欧阳氏谱图序》，竟然曾有人两度在报刊上发表文章，说是新近才在江西吉安发现的佚文，《光明日报》2000年12月29日第六版，发表邹晓明、王绍雄所撰题为《江西发现欧阳修自述世系文》的报道，报道云："北宋大文学家、政治家欧阳修的自述世系文，最近在江西吉安市吉州区兴桥镇钓源村发现。这篇欧阳修自述世系文，由后人冠题'文忠公谱图序'，收录在清乾隆十五年（1750）编撰的《续修安福令欧阳公通谱》中。全文共761字，落款为'嘉祐四年（1059）己亥四月庚午嗣孙修谨序'。"并将内容作了一通介绍。在《人民日报（海外版）》2001年1月13日第二版，又发表了邹晓明摄影报道的《欧阳修自述世系文在吉安发现》一文，报道云："有关学者最近在江西吉安市发现的一篇欧阳修佚文"，"精心研读后认为，它不仅为我国古代谱牒学的研究提供了重要的早期史料，也为深入研究欧阳修家族历史和生平、道德理念和文章以及思想发展历程，提供了一份具有实证价值的重要参考资料"，"这篇'文忠公谱图序'的发现，进一步证实了欧阳修是我国古代谱学开一代风气之先的集大成者"。两篇报道内容雷同。为了慎重起见，我们将报道中有关序文与《四库全书》本《欧阳氏谱图序》比对，发现所谓的"佚文"就是"集本"《欧阳氏谱图序》，后者762字，与报道中字数仅一字之差。对于记者报道先贤的事迹和学术思想，应当大力提倡，问题是欧阳修的这篇序文，早就收入《欧阳修全集》之中。清乾隆年间编定的《四库全书》，就收有南宋学者周必大编定的《文忠集》，并在提要中指出："此本为周必大所编定，自《居士集》至《书简集》，凡分十种，前有必大所作序。"可见此序自宋以来，一直就在流传，从未亡佚过。如果有关的报道者、研究者乃至报社编辑同志，在看到此篇序文后，能够与现存任何一种版本的《欧阳修全集》中的《欧阳氏谱图序》查对一下，就绝不会将它作为一篇新发现的佚文来看待了。因为这种情况在家谱研究中常有发生，所以对于新发现的家谱必须持审慎态度。上述报道只是将一直广为流传的序文当作新发现，影响还不是很大，更有许多新发现的家谱中屡屡伪造世系、伪造事实、伪造名人序跋。对此，笔者在《关于谱学研究的几点意见》一文中，已列举了典型事例多项，以期引以为戒。自古以来，在家谱中伪托名贤、假冒郡望现象就经常发生，明清两代更加盛行，尽管许多学者不断痛斥也无济于事，因此研究者必须审慎对待。欧阳修在《谱例》中明确要求后世"诸房谱皆以此图为首"，当然序也包括其中。所以清代欧阳氏后人所修之谱中列有此序并不奇怪，何况欧阳修又是本族的一位历史名人。

对于欧阳修叙述的欧阳氏受封得姓的文字，我们可以高兴地告知广大读者，这与《史记·越世家》记载完全相吻合，并无任何虚构。特别是封欧阳亭侯之事，唐代著名谱牒学家林宝《元和姓纂》卷5就指出："越王勾践之后支孙封乌程欧阳亭，因氏焉。"明末清初杰出的历史地理学家顾祖禹在《读史方舆纪要》卷91就这样说："昔越王无疆之子蹄，封于欧余山之阳，为欧阳亭侯，子孙因以为氏。"欧余山在今浙江湖州市区东南升山乡境，今称升山。欧阳修在"集本"序中还说："汉高祖灭秦，得无疆七世孙摇，复封为越王，使奉越后。"而《史记·越世家》亦曰："后七世，至闽君摇，佐诸侯平秦。汉高帝复以摇为越王，以奉越后，东越、闽君皆其后也。"由此可见，欧阳修家族也是"夏禹之苗裔"，并且受封姓氏的始祖就在浙江，原居今浙江湖州境内，几经辗转，至晚唐欧阳琮时"子孙方家于吉州"。这是我们在研究欧阳修谱牒学上贡献以后，一个非常意外的重要收获。这就又使我想起了在《关于谱学研究的几点意见》一文中的一段论述：

> 浙江绍兴大禹陵附近，居住着姒姓家族，自称为禹的后代，并以晚清所修之族谱为凭，因此，前些年浙江举行公祭大禹时，《文汇报》等新闻媒体都还特地作了介绍。当时我们看了后就觉得此谱记载绝不可信，因为记载禹及其后代事迹，《史记》中既有《夏本纪》，又有《陈杞世家》，尽管如此，许多事情至今仍是不太清楚，所以还在春秋时代的孔子就已经讲了："夏礼吾能言之，杞不足征也。……文献不足故也，足则吾能征之矣。"① 生活在春秋时代的孔子就已经讲了文献不足征了，令人费解的是两千年后的人居然能编出世系分明的族谱来，其中可信程度究竟能有多少，自然可想而知。司马迁在《史记》中已经讲得很清楚，对于夏的后裔，"殷时或封或绝。周武王克殷纣，求禹之后，得东楼公，封之于杞，以奉夏后氏祀。""楚惠王之四十四年，灭杞。""杞小微，其事不足称述。"② 该世家最后，司马迁还指出："至禹，于周则杞，甚微，不足数也，楚惠王灭杞，其后越王勾践兴。"这就是关于夏禹后世的全部记载。因此，这里除了对绍兴大禹后代家谱记载的可靠性表示怀疑外，笔者还认为，象大禹这样人物，实际上应当与炎、黄、尧、舜一样，都是中华民族共同的祖先，而不应视作某一姓之祖先。退一步言之，起码也是越族的共同祖先，司马迁不是讲了吗，"楚惠王灭杞，其后越王句践兴。"③

如今在阅读了欧阳修所作之族谱以后，觉得当年所作的结论还是相当稳妥的。因为从欧阳氏族谱中已经得到证实，他们是"夏禹之苗裔"，从直接而言，则是越王勾践的后代，也就是说乃是越王勾践第六世孙无疆之子蹄受

---

① 《论语·八佾》。
② 《史记·陈杞世家》。
③ 《历史研究》1997年第5期。后以《论谱学研究中的随意性》为题收入《史家·史籍·史学》。

封为欧阳亭侯。而根据《史记·越王句践世家》记载来看，越王无疆被楚大败后，"越以此散，诸族子争立，或为王，或为君，滨于江南海上，服朝于楚"。可见越王勾践子孙繁衍承传当然很广，欧阳氏家族只不过是其中一个分支而已。不仅如此，而在夏王朝自启至桀十六代君主，除嫡传以外，每个君主均有庶子也在繁衍承传。唐代林宝在《元和姓纂》卷5云："夏少康封少子曲烈于鄫，春秋时为莒所灭。鄫太子巫仕鲁，去邑为曾氏，见《世本》。巫生阜，阜生参，字子舆，父子并为仲尼弟子。"明代宋濂在《查林曾氏家牒序》也指出："曾氏出自姒姓。夏少康封其少子曲烈于鄫，鲁襄公六年，莒人灭鄫，太子巫仕鲁，去邑为曾氏。"还在元末明初时，有位名士曾勖，字旦初，在给宋濂的信中就这样讲："吾曾氏之系甚盛，几遍南北，庐陵、临州之外，又有所谓扶风、河内、青冀、襄阳、南阳、吴郡、会稽、江夏、长沙、蜀郡及泉、虔、韶、交诸州，非如民族书所载，正谱之外，别有九祖而已也。"① 这还仅是少康之少子就繁衍承传那么多支系，那么十六代君主所有庶子该传衍多少，自然就可想而知了。因此，我在上面那篇文章讲："退一步言之，起码也是越族的共同祖先。"现在看来，这句话与事实似乎又有距离了，因为曾氏家族显然就不是从越王勾践这个系统传下来。因此，较为确切地说，大禹乃是华夏民族的共同祖先。综上所述，对于旧时流传下来的宗谱、家谱，都必须深入研究后再慎重地下结论，因为许多家谱中伪造的内容频频被发现，何况明清时期许多学者也已早有提醒，认为家谱内容不可轻信。

（三）后世的评价

欧阳修与苏洵两人所创立的族谱编修的理论和方法，对后世影响都是很大的。他们有个共同的特点，就是族谱的编修应当起自可知之代，并且都提出上自高祖，欧阳修主张内容应当记载九族，九族以后再另行立谱，而苏洵则主张严格按照小宗之法，五世则迁。总之，两人都主张宗谱之修应当实事求是，对于自己祖先的历史、世系承传，疑则存疑，缺则空缺，不搞牵强附

---

① 罗月霞主编：《宋濂全集》第2册《翰苑别集》卷10，浙江古籍出版社1999年版，第1142—1143页。

会，不作胡编乱造，故其人深得后世的推崇，其法也就自然得到广为流传和推广。此后历代许多宗谱的编修，有的是直接采用欧、苏之法，有的则是在此基础上作了进一步的发展。据元人吴澄《吴文正集》卷32《丰城县孙氏世谱序》云，该族"于（南宋）乾道癸巳，始仿欧阳谱谱其族"。所以，南宋末年文天祥在《跋李氏谱》中就指出："族谱昉于欧阳，继之者不一而足。"① 元人许有壬在《题莆田黄氏族谱》一文中，就曾这样评说欧阳修的修谱之法："宋欧阳公因采太史公《史记》表、郑玄《诗谱略》，依其上下旁行，作为谱图，百世不易之法也。"② 从现在观点来看，宗谱之修采用旁行斜上的列表之法，看来无论如何也是省略不了的，当然可以说是"百世不易之法"。如浙江东阳人胡助重修自己本族之族谱，在《胡氏族谱序》中明确地指出："今辄效欧阳公族谱之法，断自可见之世，即为高祖，至五世玄孙而别自为世次，远近亲疏为别，而书有详略焉。"③ 又如浙江龙泉《章氏家乘》的编修亦用其法，戴良在为其所作序中就说："昔欧阳文忠公依汉年表为世谱，……今君仿史表为是书，既无愧于文忠矣。"④ 又据有关文献记载，在江西也许因欧阳氏族谱就近关系，采用其法者相当多。到了明代，有的是用欧、苏谱法编修，也有的是以此为基础而加以改进和发展。明代杨士奇《东里续集》卷13《瑞安杨氏谱序》中则说："作谱之道，明其本，详其亲，存其信，阙其疑，欧苏所为可法者，盖如此。"更为可贵的是，明代在许多家谱、族谱编修中，他们不仅在修谱中仿效欧、苏两家修谱之法，更注意学习两家在修谱中存真求实的精神。关于这一点，王直《抑庵文集·后集》卷19《金华阮氏族谱序》中所讲最为明显："苏老泉为苏氏族谱，自眉州刺史味道而下，失传者皆缺之，而详其可知者，皆所以传信也。南丰曾子固自序其世，沂汉都乡侯，以接子舆、子（哲）[晳]，可谓详矣。而欧阳公不以为然，岂非欲其传信哉？此作谱者所当法也。呜呼！谱之作，所以著本源、明昭穆、辨亲疏，而仁义之道行焉。三者或失，则为诬祖，为乱伦，贼仁害

---

① 《文山先生全集》卷10，第250页。
② 傅瑛、雷近芳校点：《许有壬集》卷72，中州古籍出版社1998年版，第768—769页。
③ （元）胡助撰：《纯白斋类稿》卷20，《丛书集成初编》本，第190页。
④ （元）戴良撰：《九灵山房集》卷3，《丛书集成初编》本，第39页。

义，故君子慎之。"可见当时许多有识之士在族谱编修中，倡导如实记述家族历史，坚决反对胡编乱造，认为那样就有失于人伦大义。可见对后世影响是相当大的。

尤其要指出的是，此法深得清代史学诸大师的高度评价。众所周知，著名学者黄宗羲对于私家所修之谱是不信任的，他在《淮安戴氏家谱序》的开头就有这样一段话："自宗法亡，所以收族属者，止有谱系一事。厘其亲疏，明其长幼，古之君子兢兢于是而不敢忽也。然以余观之，天下之书，最不可信者有二：郡县之志也，氏族之谱也。郡县之志，狐貉口中之姓氏，子孙必欲探而出之，始以贿赂，继之啁喝，董狐、南史之笔，岂忍弹雀？氏族之谱，无论高门悬簿，各有遗书，大抵子孙粗读书者为之，掇拾讹传，不知考究，抵牾正史，徒诒嗤笑。嗟乎！二者之不可取信如此。"①他也肯定宗谱的作用是很重要的，但是编修者大多不得其人，因而东拼西凑，修出的族谱往往是错误百出，何以取信于人！所以他在《唐氏家谱序》中严厉地批评了当时社会上伪谱流传的情况："万姓芸芸，莫不家有伪谱"，接着就对欧、苏两家大加赞扬："欧阳文忠曰：'渤海之后，独见于今，然中间失其世次者再。'苏文公曰：'自益州长史味道至吾之高祖，其间世次，再不可纪。'夫欧、苏二氏，其源流历然者，尚有不可纪之世次。而伪谱不问其地之南北，不考其年之上下，一概牵合，某世以至某世，绳联珠贯，至使祖孙倒置、蛇首人身。其有名公墨迹、内府玺者，尤市儿之狡狯，无识之世宝也。"②其实黄宗羲所言之当时社会现象，其后一直在社会上泛滥流传，直至今天，依然如此。因此对于私家之谱，必须慎重对待，绝不可轻易相信而乱加宣扬。黄宗羲在这篇序的开头，就列举了沈约、魏收两人作为历史学家在叙述其先世时编造世系："人以谓诬其祖也，故序家谱者，未有不以此为戒！"这里他告诫人们，编修自己的家谱，必须实事求是，千万不能胡编乱造，因为乱造的结果，很可能就出现祖孙倒置的情况，更有甚者则将他人的祖先变成自己的祖先，这实际上是对自己祖先最大的不敬。因而他特别指出："是故诬祖之罪，甚于忘祖。"(《唐氏家谱序》)又如著名历史学家钱大昕，在上文

---

① （清）黄宗羲著，陈乃乾编：《黄梨洲文集》，中华书局1959年版，第325页。
② 同上书，第326页。

评论欧阳修的《新唐书》创立《宰相世系表》时已经作了征引。钱大昕对于谱系之学不仅很重视，而且给予很高的评价，认为"谱系之学，史学也"，并且是"史之流别也"，也就是我们常说的是史学的分支或支流。并且他认为"故一家之书与国史相表里"。但是，"宋、元以后，私家之谱不登于朝，于是支离傅会，纷纭踌驳，私造官阶，倒置年代，遥遥华胄，徒为有识者喷饭之助矣"（《潜研堂文集》卷26《钜野姚氏族谱序》）。又在《吴兴闵氏家乘序》中说："自宋以后，私家之谱不登于朝，而诈冒讹舛，几于不可究诘，独欧阳、苏氏二家之谱，义例谨严，为后世矜式。盖谱以义法重，尤以人重，后世重二家之谱，亦以其道德文章足为谱增重耳。"（《潜研堂文集》卷26）这就点出欧、苏二家之谱法，所以会对后世产生那么大的影响，不仅是"义例谨严，为后代矜式"，而更重要的是，"尤以人重"，"以其道德文章，足为谱增重耳"。看来这一条确实尤为重要。首先是道德，其次又都是文章大家，他们都是唐宋八大家之一，这是众所周知的事。沈约和魏收，当时也都是文坛上的名人，如今在讲中国文学史时，照样也都有他们的地位。史称沈约是以文学见长，能诗善文，"谢玄晖善为诗，任彦昇工于文章，约兼而有之"（《梁书·沈约传》），他自己也以此自负；而魏收，史书亦称"以文华显"，北魏节闵帝时，黄门郎贾思同就曾在皇帝面前称赞他"虽七步之才，无以过此"（《北齐书·魏收传》），他和温子升、邢子才齐名，被称为"北地三才"。但看来他们的道德都并不怎么样，正因如此，刘知幾在《史通》中常以此二人作为撰史曲笔的典型，魏收的《魏书》一直被斥之为"秽史"。更加令人不能容忍的是，他们都身为历史学家，却编造自己祖先的世系。他们这一不光彩的行为，南宋学者洪迈在其《容斋随笔》中已经作了揭露。所以我们要从这一事件中接受教训，对于一个人来说，道德文章都很重要，没有好的人品，影响将是终身。我们再看史学评论家章学诚的评论，他同样是把谱学看作是史学的支流，同时他又曾为生活所迫，多次代人修过家谱，因此不单有理论，而且有着实践的经验，对于欧、苏二家族谱也作过研究。章学诚对这两家族谱的长短得失，不仅在相关文章中有过论述，而且还专门写了《家谱杂议》一文，对其作了分析和评论。当然文中对其缺点和不妥之处都作了中肯的批评，因为所批评的也都是中古以来谱学书法中的通病。但是，对其大前提首先作了充分肯定："欧、苏之谱，所谓推表世系，断可知之代，此诚不易之理。"① 又在《高邮沈氏家谱序》中说："宋人谱牒，今不甚传，欧、苏文名最盛，谱附文集以传，其以世次荒远，不敢漫为附会，凡所推溯，断自可知之代，最得《春秋》谨严之旨，可谓善矣。"② 这个评价自然是相当高的，充分肯定二家修谱时都本着实事求是的精神，不搞附会，断自可知之代，这在编修宗谱时是最为要紧的，所以称赞他们是"最得《春秋》谨严之旨"。又在《嘉善茜泾浦氏支谱序》中说："宋人颇鉴前代之失，欧、苏诸君为谱，皆断自可知之代，扩清前人矫诬牵援之习，可谓善矣。"他特别对于欧阳修的做法更加肯定，认为："欧阳犹有传注以详图表之所不及，苏氏则直以尺幅之内略具高曾官阶卒葬，横标谱格，不复别为传记，阅者如披官牒告身，岂可为谱法欤！"③ 可见就连史学评论家章学诚都给予很高的评价，他一向被认为评论是比较顶真而近乎苛刻的。这就足以说明欧阳修所创立的修谱之法确实是比较合理的，考虑是比较周到的，用此法修出的家谱，自然就具有史料价值。现在全国各地正盛行修家谱之风，希望编修者都能借鉴这一修谱法，遵循求真务实的精神，千万不要胡编乱造、牵强附会，要认识到这样做是对自己的祖先最大的不敬、不孝！正像黄宗羲所说："是故诬祖之罪，甚于忘祖！"

综上所述，欧阳修的谱图之法对后世私家之谱的编修和发展都起到了重大的作用，因为族谱编修的目的，不外乎就是要达到尊祖、敬宗和收族，要让广大族人能够知道自己家族得姓的由来和祖宗们承传繁衍的历史。欧阳修采用《史记》列表的方式，将自己的家族承传用旁行斜上的形式反映出来，虽说没有多大奥妙，但它毕竟为人们开拓了一条新思路，为私家之谱的编修创造出一个规范和格式，使私家之谱编修做到有章可循，因而早就被人称为"万世不变之法"。直到今天，这种旁行斜上的列表方式，一直在家谱、族谱编修中所沿用。因此，我们毫不夸张地说，欧阳修修谱之法的出现，对推动中国封建社会后期的谱学发展，特别是私家之谱的编修起到了很大的促进作用，他的谱学思想和修谱方法，一直在影响着封建社会后期私家之谱的

---

① 《文史通义新编新注》外篇1，第496页。
② 《文史通义新编新注》外篇2，第540页。
③ 同上书，第543页。

编修和发展，许多家谱、族谱的编修，大都是以欧谱为基础而加以变更和发展。特别是他提出族谱编修要"断自可见之世"，编修应当实事求是，世系中能够确定的，就如实记载，无法肯定的，不能胡编乱造，宁可空缺。这些思想和主张，不仅得到后世许多学者的好评，而在许多族谱编修中也都被广为采用。更要指出的是，他的修谱之法，抛弃了宗法给谱法所套的那个紧箍——小宗法，五世则迁。这么一来，给私家之谱的编修带来很大的自由与方便。他首次提出"九族之亲备"的主张，而许多后继者更加超越九世，于是章学诚的修谱理论中，便出现向上追溯二三十世均可的主张。可见欧阳修冲破宗法制度给谱法所加的紧箍之举是非常重要的，绝不可小看了它的重要意义。因此，从某种意义上来说，它实际上在谱学发展的历史上起到了一次重要的革命作用，使谱学的发展摆脱了宗法制度的奴役而走上了独立发展的道路。因此，它对私家之谱的编修有着深远的影响。后来的家谱、族谱编修，之所以能够得到发展，形式那么多样，内容那么丰富，无一不与欧阳修开创之功有关。

当然，我们也要指出，欧阳修所修的《欧阳氏谱图》和他的谱学理论，都还存在着不同程度的缺点和错误。我们已经讲了，他所修的《谱图》毕竟还是处在初创阶段，无论是方法还是理论都还不可能做到很全面完备，与后期的族谱内容相比，差之甚远。后来所修的族谱，单从内容来说，就有诸如族姓源流、世系谱表、郡望支派、移住始末、恩荣表述（制诰、族节、恩例、进士等）、祠堂家墓（族规、祠产、义庄等）、家传、著述和家训等等组成；从格式而言，一般都应当具有表、牒、图、传等。正如章学诚在《家谱杂议》中说："惟修谱本为家史，体例自有一定，岂得出入任情，茫无成法欤！"[①] 而表、牒、图、传在家谱中都肩负着不同的任务。按照章学诚的说法："家谱系表，旁行斜上，乃是周谱旧式，后史所本者也。"[②] 他又在《家谱杂议》中说："夫旁行斜上，周谱之法，原取便于稽检，使夫昭穆亲疏，一望可晓耳。"这就是说，谱表主要是叙述家族世系，应该自上而下贯彻始终，即使向上追溯二三十世均可，而牒则是为表作注，这在前面已经

---

① 《文史通义新编新注》外篇1，第499页。
② 《章学诚遗书》卷13《高邮沈氏家谱叙例》，第118页。

讲了。可是，欧阳修明明讲了自己是仿司马迁《史记》的表而作谱，修成之谱，却又称"谱图"，这与真正的图自然就混了。事实上图在族谱中的使用还是比较多的，诸如祠堂、家墓、义庄、祠产等都得用图。如此衡量，欧阳修所修之《欧阳氏谱图》自然就显得单薄得多了。早在明代，邱濬《广昌何氏家乘序》中就已经讲了此意，认为欧、苏之谱过于简略，"后世作谱者，率遵欧、苏二家，说者多病其简，何也？盖家之谱，视国之史，史纪一国之事，不得不简，谱录一家之事，不可不详。彼其世远人亡，载籍湮没，往事无所于稽，不得已而略之可也。苟耳目亲所见闻，明有征验，可以贻远而示范，乃亦弃之而不录，博雅好古君子所不忍也，曾谓仁人孝子而忍忘其先德哉？"①所以我们说无论在形式上、内容上还是理论上，都还不够完备。

至于在记载家族历史承传过程中的史事的真实性问题，尽管他本人再三强调，必须如实地记载，他在《与曾巩论氏族书》中，对于曾氏谱中不实之处还曾一一加以指出，可是他自己所修的族谱中却被后人指出了许多失实之处，特别是《新唐书·宰相世系表》中的欧阳氏世系，竟和《欧阳氏谱图》大有出入。因此，还在南宋时期，欧阳氏后人欧阳守道在《巽斋文集》卷19《书欧阳氏族谱》一文中，已经指出了欧阳修所修之谱世系错乱，"唐有天下至此二百六十余年之久，唐帝且十有六传，而吾家才四世也；推官为刺史十四世孙，既曰刺史扞巢贼，而推官乃仕南唐，南唐有国始终不过四五十年，……而吾家已十四世也，吾于公所次谱，犹疑之如此"。接着文中又说明了该谱所以会产生如此重大的错误原因："文忠公游宦四方，归乡之日无几，其修谱又不暇咨于族人，是以虽数世之近，直下之派，而屡有失亡，最后独质之吕夏卿以为的据，夏卿虽博学，安能尽知他人世系之详哉？"宋末元初人周密在所著《齐东野语》卷11亦列有《谱牒难考》一文，谈的就是欧阳修所修之谱存在的问题："欧公著族谱，号为精密。其书询生通，自通三世生琮，为吉州刺史，当唐末黄巢陷州县，率州民捍贼，乡里赖以保全。琮以下谱亡。自琮八世生万，为安福令。公为安福九世孙。以是考之，询在唐初，至黄巢时，几三百年，仅得五世。琮在唐末，至宋仁宗才百四十五年，乃为十六世，恐无是理。后世谱牒散亡，其难考如此。欧阳氏无他族，

---

① （明）邱濬著，朱逸辉等校注：《琼台诗文会稿》，内蒙古人民出版社2002年版，第653页。

其源疏甚明，尚尔，矧他姓邪？"①周密在这里并无指责之意，只是将矛盾指出，用以说明"谱牒之难考"。明代著名学者解缙则指出欧阳修之谱缺遗尚多，他看了当时所修之《欧阳氏谱》，与欧阳修所修之谱作了比较，"乃知《欧阳氏谱》比今所传文忠公之所修续，盖犹未得其详也。按宋仁宗嘉祐中，欧阳公归庐陵，得其谱于吉水，与其所藏者参较而刻之泷江。盖草草旬月间耳，宜其不及详也。余尝过万安，见梁国公墓，穹碑、石兽巍然尚存，国公讳忠，与宋太祖为布衣交，梁国其追封也。今《宋史》不及载，而文忠公亦不及录，推其缺遗者岂不多哉！"②解缙乃明代谱牒学大家，黄宗羲对他赞誉很高，因为他于天下氏族源流了如指掌，尤其对江西更是如此："昔解大绅精于谱学，凡江西一省之氏族源流、婚姻官阀，无不淹贯，盖有子姓所不及知者。"③这就是说，解缙所言是确实可信。作为一部族谱来说，家族中如此显要一位人物竟然漏载，当然称得上是一大失误。但欧阳修为什么失载？看来内中还有原因值得好好探索，解缙虽然讲了"草草旬月间耳，宜其不及详也"，若是说明遗失尚多也许可以，而对家族中这样一位显要人物漏载，恐怕是说不过去的。其追封显然是在赵宋建国之初，问题在于此公事迹《宋史》不载，欧阳氏族谱不列，特别是南宋族人欧阳守道对欧阳修所修之谱提了那么多问题，而却也只字未提此公不载之事。欧阳修生活时代与建国初相距也不远，涉及他家族的如此重要事件，他不可能一无所知，何况他还修过《新五代史》，对宋初情况自然都很熟悉。所以我们认为对于《欧阳氏族谱》中不载"梁国公"，其中必有缘由，很难用修谱时间匆促来解释。而对其世系记载上的矛盾，明人程敏政亦曾提出质疑，认为："欧阳公辨博考索之功，亦容有如刘原甫之所少者。彼其定著《欧阳氏谱》与《唐世系表》，本出一手，而自相矛盾，则亦何有于他人哉？"④

总之，欧阳修的《欧阳氏谱图》，毕竟是初创，存在不少问题也是事实，在没有文献记载的情况下，对于世系的承传，全靠推算来定，这中间难

---

① （南宋）周密著，高心露等校点：《齐东野语》，齐鲁书社2007年版，第126页。

② （北宋）欧阳修著，李之亮笺注：《欧阳修集编年笺注》附录卷6《欧阳文忠公家谱序》，巴蜀书社2007年版，第582页。

③ 《黄梨洲文集·淮安戴氏家谱序》，第326页。

④ （明）程敏政撰：《篁墩文集》卷36《书李北海所撰先长史府君碑后》，《四库全书》本。

免就会出现误差，我们认为这也是可以理解的。当然有些误差过于离奇，是否全由欧阳修个人所致，还是后人抄写有误所造成，还应当慎重研究，客观对待。正如清道光十四年，其族人欧阳衡就曾指出："顾公之文成于其手，而书刻于身后，有以乙事隶于甲行，且或脱漏者，遂致舛讹，为后人所疑。"我们觉得此说很有道理，如今电脑时代，操作中还时有跳行、错位者，何况手工抄写刊刻。为了说明问题，现将欧阳衡考证之文附录于下：

> 如：景定元年，巽斋公为永和谱序，有曰：公谱未广，又颇有误，如曰"自通三世生琮，为吉州刺史"，"唐末黄巢攻陷州县，府君率州人捍贼，乡人赖以保全"，"琮八世生万，为安福令"，"万之下五世曰郴，仕南唐，为州军事衙推官"。如此，则十有七世之内，仕于吉矣。然刺史为率更四世孙，率更仕唐初，而四世孙乃捍黄巢之乱，是当僖宗之世，唐有天下至此已二百六十余年，唐帝且十有六传，乃吾家才四世也。推官为刺史十四世孙，既曰刺史捍贼，而推官乃仕南唐，南唐有国始终不过四五十年，上去广明之乱近尔，何四五十年之近，而吾家已十四世也。又曰，按：唐《欧阳琟碑》，颜鲁公撰并书，其书上世名讳与率更以前同，又名从玉，比之刺史讳琮相类。琟似是刺史从兄弟，然其人在大历中，则刺史亦必是此时人，若吾家有捍贼事，当是刺史以后六七世孙，不可系此于刺史事迹内也。巽斋公之辨，可谓深切著明矣。今考邑志《寓贤传》：欧阳琮，率更令询之四世孙，本湖南长沙人。唐天宝间任吉州刺史，有惠政，民爱戴如其私亲。唐末之乱，刺史之后率众捍贼，赖保全者千余家，邑人德之。而府志《职官表》：万公为安福令，系于唐会昌中。夫刺史当唐天宝间，自不应及黄巢之乱，况《传》明云"刺史之后率众捍贼"，其不得混于刺史明甚，而会昌下距广明仅三十余年，其时事正相应。且公序云："自安福府君以来，遭唐末五代之乱，江南陷于僭伪，欧阳氏遂不显。"是明以遭乱属安福府君。夫遭乱既属安福府君，则捍贼亦必是安福府君。乃谱以"当唐之末，黄巢攻陷州县，府君率州人捍贼，乡里赖以保全，至今人称其德"二十九字，系于吉州府君讳琮之下，而于安福府君讳万，则书曰"事迹阙"，是谱与序自相抵牾矣。盖吉州府君事迹，止"葬袁州之萍乡，而子孙始家于

吉州"二句。"当唐之末"以下二十九字，当系安福府君之下。而"事迹阙"三字，当属安福府君之子和。谱系后人抄誊，漏书处士讳和一代，途将"事迹阙"三字误系于安福府君。既以"事迹阙"系安福府君，则捍贼事遂不得不上属之吉州府君，而不知与序显相抵牾。此巽斋公之驳所由来，而言捍贼事，当是刺史以后六七世孙之为信而有征也。衡幼读公谱，每疑其必有讹脱，而苦无左验。今因巽斋公之言参互寻绎，复证之郡邑志，而知谱原不误，误由后人，爰推明而谨识其说，后之读公集者，庶不以公为口实也。夫或以处士和，公第见于图，不见于纪，遽欲以"事迹阙"三字属之，未免武断。按：公谱例，凡事迹阙者皆书其名，皆注"事迹阙"三字，如其后处士讳翱、处士讳宏、处士讳素、处士讳端、处士讳甝、处士讳羽，皆各书其名而注曰"事迹阙"，岂有和为安福府君之子，序内业已明言而谱转不书者？其为脱误无疑。且不独谱有误也，《新唐书·宰相世系表》亦出公手，而汲古阁本以楚与雅平列为兄弟，与谱图楚与效并列俱为雅之子者不符，盖亦抄胥未校勘之过也。因附辨之。道光甲午，裔孙衡谨识。①

通过上面这段考辨文字的征引，说明欧阳修所编撰的《欧阳氏谱图》中记载的事实，即使在欧阳氏家族中，也还存在着不同的看法。对此，我们既不想在此下结论，也不打算再作论述，因为这些具体事实问题，一时也很难辨别清楚。但它却告诉我们，编修族谱必须慎重其事，虽然族谱记载的只是自己家族之事，但若是胡编乱造，别人照样可以提出批评和指责。但是有一点我们还是要说明的，那就是从欧阳修本意来说，确确实实还是希望作如实记载，由于年代久远，文献又不足征，因而出现问题。但我们已经看到这些问题以后，是否可以不必再作过多的苛求，因为这毕竟只是主观意图与客观效果不符而已。

以上从三个方面论述了欧阳修的谱学理论及其在谱牒学上的贡献，旨在让大家知道，欧阳修不仅是杰出的文学家、著名的史学家，而且还是一位影响深远的谱牒学家。

---

① 《欧阳修全集》卷74附录欧阳衡按语，第1091—1093页。

三、苏洵编修家谱的主张

苏洵（1009—1066），字明允，号老泉，眉州眉山（今四川眉山市）人。北宋时著名文学家，与其子苏轼、苏辙合称"三苏"，均被列为唐宋八大家。一生曾三次应考进士而不中，特别是三十八岁以布衣参加制试不中之后，遂转而潜心著述，许多著名论著如《史论》、《洪范论》等大都写成于这个时期。至和、嘉祐间与子轼、辙至京师，欧阳修上其所著，力加推荐，遂以文章而扬名。嘉祐五年（1060）在韩琦推荐下，被任命为秘书省校书郎。一年后又被任命为霸州文安县主簿，并参与编修《太常因革礼》。治平二年（1065）九月，他与姚辟合编的《太常因革礼》一百卷完成，主持其事的欧阳修向英宗皇帝表奏，但是在朝廷尚未下达对编写人员嘉奖时，苏洵便在次年四月与世长辞了。有《嘉祐集》传世。

苏洵对后世的影响，主要是在文学成就方面，因为他是"唐宋八大家"之一。另外由于他修了一部家谱，在元明清得以广泛流传，因而在这一方面使他得与欧阳修齐名，"欧、苏族谱"，几乎成为元明清时期编修家谱者们的议论中心。他不仅修了一部《苏氏族谱》，而且提出了一套修谱的理论，看来这是他对后世影响比较大的一个重要因素，在他同时和以后，编修过家谱的名人还不在少数，但是都没有引起如此的重视和议论。

他为什么要编修族谱？用他自己的话来说，是从历史发展的研究中发现了宗谱的特殊作用和价值："自秦、汉以来，仕者不世，然其贤人君子犹能识其先人，或至百世而不绝，无庙无宗而祖宗不忘、宗族不散，其势宜忘而独存，则由有谱之力也。"[①] 意思是说，由于有宗谱、族谱这类著作连续不断地编写，而使自己家族的承传发展得以连绵不断，这就是"谱"的作用之所在。但是，他又觉得这一好的做法并未能一直持续下来，"盖自唐衰，谱牒废绝，士大夫不讲，而世人不载。于是乎由贱而贵者耻言其先，由贫而富者不录其祖，而谱遂大废"[②]。我们认为，唐末以后由于社会动乱，谱学发展确实受到了一定的影响，特别是世家大族的消亡、新贵的产生，对于编修宗谱

---

① 《嘉祐集笺注》卷14《谱例》，第371页。

② 同上。

没有迫切要求，苏洵所讲的社会现象，由寒门通过科考而进入上层社会的这些家族，确实都不大愿意多讲自己的先人，对于修谱自然没有兴趣，不过也并不是像苏洵所说"谱牒废绝"。其实宋代乃是谱学发展的转型时期，即真正意义上的私家之谱时期，就以苏洵本身而言，并非出身于高门显赫之家，从他以上三代皆不显，在当时只是属于"富而不贵"的一般地主。像他们这种类型的家庭，在封建社会后期，就成为私家之谱编修的主流。

苏洵认识到族谱乃是团结家族成员最好的一种形式，也是强化祖先崇拜的有效手段，所以他决计要编修一部《苏氏族谱》。他在《苏氏族谱》开头用亲情的关系来加以说明："情见乎亲，亲见于服，服始于衰，而至于缌麻，而至于无服。无服则亲尽，亲尽则情尽，情尽则喜不庆、忧不吊，喜不庆、忧不吊则途人也。吾之所以相视如途人者，其初兄弟也。兄弟，其初一人之身也。悲夫！一人之身份而至于途人，此吾谱之所以作也。其意曰：分而至于途人者，势也。势，吾无如之何也已。幸其未至于途人也，使之无至于忽忘焉可也。呜呼！观吾之《谱》者，孝弟之心可以油然而生矣。"① 这就是说，他编修族谱的目的，是要使自己家族成员不至变成途人这样可悲的局面。

他编修的《苏氏族谱》，是采用西周宗法制度下小宗法编修的，也就是人们常说的"五世则迁"。因为在他看来，"凡今天下之人，惟天子之子与始为大夫者，而后可以为大宗，其余则否。独小宗之法。犹可施于天下。故为族谱，其法皆从小宗"②。具体而言，即从高祖开始，历曾祖、祖父、父亲直至自己兄弟一辈。而编写的方法，他又有所规定："自吾之父以及吾之高祖，仕不仕，取某氏，享年几，某日卒，皆书，而他不书，何也？详吾之所自出也。自吾之父以至吾之高祖，皆曰讳某，而他则遂名之，何也？尊吾之所自出也。《谱》为苏氏作，而独吾之所自出得详与尊，何也？《谱》吾作也。"③ 意思是说，在他这部家谱中，从自己的父亲直至高祖，都是详细记载，并且对其名字也加以避讳。而对于旁系如叔父、伯父、叔祖、伯祖等，都只记名字，并且不避讳。这种做法，在族谱编修中也是比较特殊的。我们要说明的是，苏洵的的确确是在编修这部族谱，他当时所留下的图表可以证实：

---

① 《嘉祐集笺注》卷14，第373—374页。
② 《嘉祐集笺注》卷14《族谱后录上篇》，第380页。
③ 《嘉祐集笺注》卷14《苏氏族谱》，第373页。

苏氏讳钎 不仕，娶黄氏。享年若干，七月二十六日卒。	子祈	无嗣			
	子福	子宗复	子昭凤	子惟赞	子垂象 子垂正 子垂范
				子惟善	子垂则
			子昭庆	子惟德	子珆
			子昭文	子渭	子瑗
				子沉	
				子浩	
				子渐	
				子洙	
		子宗艺	无嗣		
		子宗琼	无嗣		
	子礼	子晫	子昭翰	子文质	子士元
				子文主	子士能 子士良 子士宁 子士嘉 子士宗
		子晙	子昭遇	无嗣	
			子昭远	无嗣	
			子昭逸	无嗣	
			子昭建	无嗣	
		子𣆧	无嗣		
	子祐	子宗霭	子昭玘	子文实	子惟忠 子惟恭
				子文宝	无嗣
			子昭现	子文采	子士祥
		子宗著	子德谦	子永	
子讳祜 不仕，娶李氏。享年五十四，七月三十日卒。	子宗善	子昭图	子惟益	子允元 子允滋	
			子惟吉	无嗣	
		子昭越	无嗣		
	子宗晏	子昭（阙）	无嗣		
	子宗昇	子德荣	子哲	子珵 子瑜	
		子德升	子淳	子舟	
		子德元	子汶		
	子讳杲 不仕，娶宋氏。享年五十一，六月八日卒。	子讳序 仕至大理评事，娶史氏。享年七十五，五月十一日卒。	子澹	子位 子偹	
			子浃		
			子洵		
	子宗晁	无嗣			
	子德	子子勋	子慎言	子庆昌 子复圭	
			子澄		

从图表中可以看到，他的高祖讳钎，不仕，娶黄氏。享年若干，七月二十六日卒。曾祖讳祜，不仕，娶李氏。享年五十四，七月三十日卒。祖父讳杲，不仕，娶宋氏。享年五十一，六月八日卒。父亲讳序，仕至大理评事，娶史氏。享年七十五，五月十一日卒。

其他成员，只记名字，其他内容一律不记载，他们兄弟辈也都一律记上名字。

在图表之后，苏洵有《族谱后录》上、下两篇，《族谱后录上篇》，主要追述苏氏先人承传的历史，认为"苏氏之先出于高阳，高阳之子曰称，称之子曰老童……"。

根据苏洵的叙述，有人为其列一简表于下（实线表嫡传，虚线表间代）：

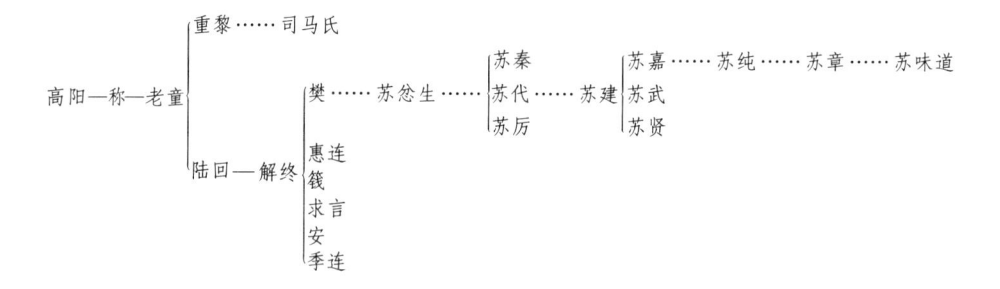

```
           ┌ 重黎……司马氏
           │                    ┌ 苏秦              ┌ 苏嘉……苏纯……苏章……苏味道
高阳—称—老童 ┤        樊……苏忿生 ┤ 苏代……苏建 ┤
           │                    └ 苏厉              │ 苏武
           └ 陆回—解终                              └ 苏贤
                    ┌ 惠连
                    │ 篯
                    │ 求言
                    │ 安
                    └ 季连
```

据苏洵在《族谱后录上篇》所云，眉州苏氏，最早起于"唐武后之世，有味道者。……圣历初为凤阁侍郎，以贬为眉州刺史，迁为益州长史，未行而卒。有子一人不能归，遂家焉，自是眉始有苏氏"。这一点是非常重要的，即始迁之祖应当使族人能够知道，即这个家族是何时开始定居于此，是哪一位先祖开始定居于此。

他在《族谱后录上篇》还说：

> 盖自昆吾樊至司寇忿生，自司寇忿生至平陵侯建，自平陵侯建至并州刺使章，自并州刺使章至益州长史味道，自益州长史味道至吾之高祖，其间世次皆不可纪。而洵始为《族谱》以纪其族属，《谱》之所记，上至于吾之高祖，下至于吾之昆弟，昆弟死而及昆弟之子。曰：呜乎！高祖之上不可详矣。①

---

① 《嘉祐集笺注》卷14《族谱后录上篇》，第382页。

这不仅是在告诉族人，其间许多世次不可记，而且也是在告知世人，这恐怕所有家族都会是如此。欧阳修不是也讲了吗：世次不可知者，则让其空缺，绝对不作胡编乱造。所以我觉得，欧、苏两人做法都是一致的，因此所有家谱编修者都应当如此，这是对自己祖先的真正尊崇，也是对子孙后代真正的负责。苏洵还规定，在族谱修好后，"盖高祖之子孙，家授一《谱》而藏之，其法曰：凡嫡子而后得为谱，为谱者皆存其高祖，而迁其高祖之父，世世存其先人之谱，无废也"[①]。他虽然这样讲了，真正做下去其实是比较难的，因为编修一次只记载五世，五世以外图表不载，亲尽则服穷，服穷则情尽。由于周期太短，新旧谱更替太频繁，旧谱积存很多，新谱不断编修，真正实行起来实际是很困难的，于是他又想到将许多支谱合起来编一部统谱，叫作大宗谱。他说："百世之后，凡吾高祖之子孙，得其家之谱而观之，则为小宗，得吾高祖之子孙之谱而合之，而以吾《谱》考焉，则至于无穷而不可乱也。是为《谱》之志云尔。"[②] 在讲述自己统谱的大宗法之前，他首先讲解了"古者有大宗，有小宗"，即西周宗法制度下实行的大宗、小宗法，大宗是"百世不迁大宗"，小宗是"五世则迁"之宗。"凡今天下之人，惟天子之子与始为大夫者，而后可以为大宗，其余则否。独小宗之法，犹可施于天下，故为族谱，其法皆从小宗。"[③]（参见本书第11页"宗法示意图"）

看了"宗法示意图"以后，还必须指出，苏洵所讲"古者有大宗，有小宗"，实际上指的是西周时期为解决统治阶级内部继承权争夺矛盾、巩固分封制度的一种方法，通过这个方法确定财产和政治地位（权位）的分配。具体而言，周天子都是以嫡长子的身份继承父位而为天子，并成为全体姬姓宗族的"大宗"。而周天子的同母弟与庶兄弟受封为诸侯，全部称作"小宗"，而受封的这些诸侯称为别子或别宗，在他们的封地里，他们又成为这些别宗的始祖，封地和继承权同样属于嫡长子，这个嫡长子就是别宗的宗子。所有这些宗子，对周天子而言，他们全是"小宗"，而在自己的封地里，他们又成了"大宗"。《礼记·大传》记载了大宗、小宗之法："别子为

---

① 《嘉祐集笺注》卷14《族谱后录上篇》，第379页。
② 同上书，第380页。
③ 同上书，第381页。

祖，继别为宗，继祢者为小宗。有百世不迁之宗，有五世则迁之宗。百世不迁者，别子之后也，宗其继别子之所自出者，百世不迁者也；宗其继高祖者，五世则迁者也。"这种宗法制度，就是以嫡长子继承父位，以解决贵族之间争权的一种强制性措施。苏洵则将其套用来编修族谱，并宣称"凡今天下之人，惟六子之子与始为大夫者，而后可以为大宗，其余则否。独小宗之法，犹可施于天下，故为族谱者，其法皆从小宗"①。其实这些都是苏洵自己所言，并无任何根据，能为与不能为，全是他一人在说。与他同时的欧阳修，在关于编修族谱的理论中，只字未谈什么"大宗"与"小宗"，只是提出修谱应"断自可知之代"，上自高祖记起，下至玄孙为止，一共九代，做到"九族之亲备"。总之，从现有资料来看，欧、苏两人应是北宋时代编修族谱、家谱最早的两位人物。而将西周宗法制引入修谱领域，苏洵则是第一人，因为用大宗、小宗法来编修家谱，在他之前应当是找不到别人了。当然，这也不是我一个人的看法，明清以来许多学者早有此看法了。明代历史学家王祎，还讲出了欧、苏两家谱法区别的实质，他在《金华俞氏家乘序》中是这样说的："宋世言族谱者二家，曰庐陵欧阳氏、眉山苏氏，而二家之法，厥各不同。欧阳氏则世经人纬，取法于史氏之年表；苏氏则派联系属，如礼家所为宗图者。及论其所为同，则皆使人均重其本之所自出，有尊尊之义焉；各详其支之所由分，有亲亲之道焉；尊尊亲亲之意尽，而谱法备矣。"②王祎讲得非常清楚，欧阳氏谱法取法于史氏，而苏氏则取法于礼家宗图。

清初著名经学家万斯大讲得就更加明确而深刻，他在《学礼质疑》卷2《宗法八》中，专门论述了欧阳修、苏洵两家谱法的利弊得失，并且从周礼宗法制度角度加以评论：

> 自宋以来，为族谱者，首欧阳氏、苏氏。考欧谱采《史记》表、郑氏《诗》谱。依其上下旁行，作为谱图。其五世则迁。实古者小宗之法，故其图上自高祖，下至玄孙，而别自为世。苏谱明言从小宗之法，故其

---

① 《嘉祐集笺注》卷14《族谱后录上篇》，第380页。
② 《王忠文公集》卷2，第52—53页。

谱自高祖而下，而高祖之父遂迁。两家所本则同，而其异者，欧谱则别为世者，上承高祖为玄孙，下系玄孙为高祖，凡世再别，而九族之亲备，是其谱世增而不世变。苏法凡族人嫡子易世皆自为谱，同高祖者其谱同，迁高祖之父，而世存先谱，子孙得合而考之，其谱世迁而世变。要而观之，欧谱合收而易考，苏谱散见而难稽，故世之为谱者，多从欧阳而不从苏氏。愚就两家之学证之于经，而考求其义，皆有所未尽也。

万斯大在论述欧、苏两家所修族谱长短得失之后，又指出："两家之学证之于经，而考求其义，皆有所未尽也。"欧谱之法，"以某为玄孙，使别为世而上承高祖、下系玄孙，以合于九族之亲之说，其于经意不亦疏乎？"

在指出两家都不尽合经义之后，万斯大接着就发表了一通非常有识见的议论：

> 故愚谓宗者，统族人以奉祀也，祭已往之祖而收见在之族，祖分而祭亦分，故一族不止一宗；谱者，志族人之世次也，追已往之祖而收见在之族，祖分而族不分，故一族可同一谱。由是以观，宗法与谱法原不相谋，而拘拘执宗法以为谱法，虽曰师古，其如未尽何，故苏法宜舍而欧法宜广也。广之奈何，欧谱依《史》表、《诗》谱为图，源流之所自可知，子孙之多寡易见，此凡为谱者所宜遵不可易也。

万斯大认为，编修家谱、族谱时，不应当用西周时期订立的宗法制度套修谱，因为"宗法与谱法原不相谋"，为什么一定要用宗法来束缚谱法呢？因此他提出修谱者对于苏法应当放弃（宜舍），而对于欧法则要大力推广（宜广）。他还指出，苏洵的谱法"名为五世，而实则四世"，采用此法，弊病太多，最明显的则是周期太短，新谱刚修好，遂即成为旧谱，陈陈相因，难以处置。实际上苏洵本人在论述中已经感到困惑，按照他自己的理论，过了五服，家族成员之间的亲情关系已经结束了，于是家族成员之间又变成了"途人"。再者就是讲亲情过于狭隘，竟然明文规定，只有直系的四代人方作介绍并在称呼上作避讳，其他就连高祖的兄弟、曾祖的兄弟、祖父的兄弟、父亲的兄弟都一概不书，并都直呼其名，不作避讳。这就是说，就连大家常说的"家中叔伯兄弟"也不管了，还振振有词地说"详吾之所自出"、"尊吾之所自出也"。与欧阳修谱法相比，人情味相差太远了。对此做法，清代学者章学诚就曾严肃批评："此尤无异儿童之见，使人人各尊所出，而卑视旁支，则谱乃聚讼之阶矣。"① 万斯大讲得很清楚，修谱的目的就是在"追已往之祖而收见在之族"。如果按照苏氏之法修谱，这个目的自然就很难达到。关键在于他用宗法束缚了自己的手脚，这也可以说是将宗法引入修谱领域所形成的后果。但是，作为苏洵自己来说，似乎自信心还是很强的，在《族谱后录上篇》最后说："百世之后，凡吾高祖之子孙，得其实之谱而观，则为小宗。得吾高祖之子孙之谱而合之，而以吾《谱》考焉，则至于无穷而不可乱世。是为《谱》之志云尔。"② 话虽然这样讲了，百世之后，是否真的能够做到"至于无穷而不可乱"呢？看来这也无法去检验的，因为按照五世一修的办法，百世起码就得编修二十次了。因此，实际上就只成了空话一句。

封建社会后期，随着私家之谱编修不断发展，积累了许多修谱经验，于是对于那些束缚人们手脚的各种断限，即所谓"五世则迁"、"九族之亲备"等作了否定。清代学者章学诚还从理论上进行了分析：

> 欧、苏之谱，所谓推表世系，断可知之代，此诚不易之理。然江、浙巨族，多因宋室南迁，即已聚族，至今五六百年，祠墓具存，传世多者，至三二十世，少者亦十有余世，非若欧、苏之不出五六辈也。家谱世系，多以五世为断，六世另起。便须于五世之下，覆检支系，由五而九，又别为谱。由九而十三，由十三而十七，又须隔卷递追其十三世与九世、五世，支派繁盛，检阅为难，旁行斜上之例，几为虚设。此弊无他，由于知谱而不知牒也。竟尺之幅，稍引伸之，可作五六十字，则三二十世支系，何难绳贯而下。其所以不能直贯而必须别起者，则以子注繁多，而仅容一二字之横格不能载也。夫旁行斜上，周谱之法，原取便于稽检，使夫昭穆之亲疏，一望可晓耳。至其人之字号、历官、生卒

---

① 《文史通义新编新注》外篇1《家谱杂议》，第496页。
② 《嘉祐集笺注》卷14，第381页。

年月、妻妾姓氏、子女嫡庶、窆窆方向，不待旁行斜上而始识者，则谱家往往别编为牒。牒有专门，则世系之表，但书名讳辈行，不复须加子注。表无子注，则尺幅之间，约字无多，而二三十世可绳贯矣。乃谱家又称五世别断为表者，以谓可明宗法。夫表列世系，宗法即寓于中，岂必截断五世别自为表，然后宗法方可明耶？①

章学诚还批评那些食古不化的人，事事处处必尊古制，他说："事有不师于古，而因乎理势之自然；有其举而莫之废者，君子之所共由，而不必执古以概今也。"②在章学诚看来，既不要搞"五世则迁"，也不必拘于"九族之亲备"，编修族谱要从各个家族的实际出发，不必拘泥于死板的程式。这一主张在今天看来，无疑是千真万确的真理。当然，章学诚对欧、苏两家修谱"断可知之代"，还是表示赞赏的，并称之曰"此诚不易之理"。

在《苏氏族谱》之后，苏洵还作了《族谱后录》上、下两篇。上篇的内容我们已作了简略的介绍，而下篇开头又叙述了苏氏之先自昆吾以来，至其高祖，"以三十年而一易世，则七十有余世也。七十有余世，亦容有贤不贤焉。不贤者随世磨灭，不可得而闻；而贤者独有七人。七十有余世，其贤者亦容不止于七人矣，而其余不传者，则谱不立之过也"③。他觉得在苏氏家族发展过程中，经过七十余世，怎么会只产生了七位贤者？恐怕肯定不止这么七位，或许还有，只不过没有传下来罢了，关键是当时都没有编修族谱而未能流传下来，这也再次反映了他认为族谱是非常重要的。"故洵既为族谱，又从而记其所闻先人之行。"因此，下篇主要内容就是记录其先人有关言行的片断，并且主要是曾祖祐、祖父杲和父亲序的言行，当然也述及曾伯、叔伯父数人，宗善、宗晏、宗昇等。我所以讲片断，因为都只有三两句话，连生平都没有交代清楚，只有父亲苏序之记述比较多些，勉强可以说类似于简略传记。而记述之中确是做到好坏皆书，如实记录，不作修饰，这一点还是值得后世修谱者学习的。

---

① 《文史通义新编新注》外篇1，第496—497页。
② 同上书，第497页。
③ 《嘉祐集笺注》卷14，第384页。

我们已经讲到，苏洵采用"五世则迁"的方法来编修族谱，看起来似乎非常简便，因此有的论著称苏氏谱"较欧阳氏谱更为严格"。其实像苏洵这样做法，是将族人都丢光了，只有他直系下来的这几个人，因此他所编修的充其量只能说是家谱罢了。就其作用来说，也无法起到"收族"的作用，这样的"严格"有什么意义呢？而更重要的致命伤则是周期太短，"名为五世，而实则四世"，这么一来，旧谱不断增多，而分支不断出现。这一问题应当如何解决，看来苏洵自然也意识到了，就是必须编修一部统谱，也就是他所讲的大宗谱，将所有分支编修的支谱统合到一起。这种做法，历史上有的称其为"总谱"，也有称为"统谱"。总之，为了解决上述问题，苏洵在两篇《族谱后录》之后，又写出了《大宗谱法》，为了让大家都能了解到苏洵所讲大宗谱法编修的方法和原则，现将其论述抄录于下：

  《苏氏族谱》，小宗之法也。凡天下之人，皆得而用之，而未及大宗也。
  大宗之法，冠以别子，由别子而列之，至于百世而至无穷，皆世自为处，别其父子，而合其兄弟。父子者，无穷者也；兄弟者，有穷者也。无穷者相与处则害于无穷，其势不得不别。然而某之子某，某之系某，则是犹不别也，是为大宗之法云尔。
  故为大宗之法三世，自三世而推之，无不及也；人设二系而广之，无不载也。盖立法以为谱，学者之事也。由谱而知其先以及其旁子弟，以传于后世，是古君子之所重，而士大夫之所当知也。以学者之事不立，而古君子之所重，与士大夫之所当知者随废，是学者之罪也。于是存之《苏氏族谱》之末，以俟后世君子有采焉。①

从苏洵的论述中人们会发现，他认为制订编修宗谱的条例和方法（即立法），乃是学者的责任，而古之君子都要通过宗谱的记载以了解"其先以及其旁子弟"。如果做不到这一点，"古君子之所重，与士大夫之所当知者随废，是学者之罪也"。于是他便以"立法"者的姿态，制订了编修"大宗谱法"，"以俟后世君子有采焉"。其实大家应当注意的是，苏氏要为天下世人

---

① 《嘉祐集笺注》卷14，第388—389页。

修谱而立法的思想可以说是一贯的,他在《谱例》最后就曾明确说过:"它日欧阳公见而叹曰:'吾尝为之矣。'出而观之,有异法焉。曰:'是不可使独吾二人为之,将天下举不可无也。'洵于是又为《大宗谱法》以尽谱之变,而并载欧阳氏之《谱》以为谱例,附以欧阳公《题刘氏碑后》之文以告当世之君子,盖将有从焉者。"① 我们所以说他的《大宗谱法》其实是为世人修谱立法,原因很简单,他并没有用此法为苏氏家族编出一部苏氏大宗谱。其大宗谱法如下:

	别子
一世	别子之嫡子甲 庶子乙
二世	甲之嫡子丙 庶子丁 乙之嫡子戊 庶子己
三世	丙之嫡子庚 庶子辛 丁之嫡子壬 庶子癸 戊之嫡子子 庶子丑 己之嫡子寅 庶子卯

上表仅列三世,按照他的说法,只要按此法推演,则可及于四世、五世以至百世而迁。而每人虽只设二子,一嫡一庶,而按此法增广,则其他庶子无不遍载。遗憾的是,这仅仅停留在理论上,而无人将其付之实践。可见苏洵尽管以学者责任感而为世人制订了大宗谱编纂法,却从未见到有人领情,因此是否可行,谁也没有见过,因为苏洵本人也仅仅立法而没有实践。也许有人要问,苏洵《苏氏族谱》作于北宋至和二年(1055),《族谱后录》上下两篇大约亦成于同时,《苏氏族谱亭记》则作于嘉祐元年(1056),而

---

① 《嘉祐集笺注》卷14,第371—372页。

《大宗谱法》直到嘉祐五年方才成文,为什么在《苏氏族谱》写成五六年后才又写出《大宗谱法》?既然能够制订出大宗谱法,为什么自己不编修一部苏氏宗谱?前者回答应当比较容易,我们已经提到,《苏氏族谱》的编写,用的是西周宗法制度下的所谓小宗法,即"五世则迁",名曰五世,而实则只是四世,这样的周期实在太短,很短时间内又得再修,这么一来,不断产生的许多分支和一部部产生的旧族谱如何处置?这是苏洵本人也在考虑的问题,因而经过数年的考虑,才又提出了《大宗谱法》。至于第二个问题,我们就难以回答了。从他《族谱后录上篇》最后几句话的行文来看,这一工作他是要留给他的后人做了:"得吾高祖之子孙之谱而合之,而以吾《谱》考焉,则至于无穷而不可乱也。"这里不是已经透露出信息了吗?况且编修一个家族的大宗谱,也并非简单易行之事,因此我们后来也一直没有见到过用他的《大宗谱法》编修出来苏氏大宗谱。

我们看到苏洵在他族谱系列文章中,最后乃是《苏氏族谱亭记》,其中有一段文字说明了写此文的目的:

> 今吾族人犹有服者不过百人,而岁时蜡社,不能相与尽其欢欣爱洽,稍远者至不相往来,是无以示吾乡党邻里也。乃作《苏氏族谱》,立亭于高祖墓茔之西南而刻石焉。既而告之曰:"凡在此者,死必赴,冠、娶妻必告,少而孤则老者字之,贫而无归则富者收之。而不然者,族人之所共诮让也。"[①]

其意就是将族谱刻石,立于高祖坟墓之西南,并筑亭以护之。这在当时来说,似乎修谱者大多有如此做法,欧阳修所修之族谱也曾刻石,如今流传者尚分"石本"、"集本"。所以如此,原因也是多方面的,当时条件所限,不可能做到每户一册,这么一来,本族成员人人都能看到,当然也不怕战火。加之当时所修之族谱,内容都还比较简单,文字不多,刻起来也比较方便,而与纸质文献相比,相对来讲保存时间应当可以久远,所以据有的学者研究,北宋时期编修族谱刻石者还不在少数,有的就作为墓碑而

---

① 《嘉祐集笺注》卷14,第391页。

立于墓前。

综上所述，北宋时期苏洵是继欧阳修之后，进行私家之谱编修最早的人士之一，关键在于他不仅编修了《苏氏族谱》，更重要的他还提出了一系列关于修谱的理论，特别是他将西周宗法制度引入编修私家之谱的领域，并成为他的修谱理论的核心，这就是人们常讲的"五世则迁"。他并且肯定地说，这种"小宗之法，犹可施于天下，故为族谱，其法皆从小宗"，这就在欧阳修之外，另树一种编修族谱的模式。于是明清以来，在议论族谱编修时，往往就出现"欧、苏"并提的现象，足见其对后世的影响还是比较深远的。对于他的谱学理论，我们认为首先要肯定的是他与欧阳修一样修谱要"断自可知之代"，尽管他没有像欧阳修那样有文字表述，但他明确提出"起自高祖"，这就说明他的编修原则乃是详近略远。其次，在追述远古祖先事迹时实事求是，没有胡编乱造，世次可寻者则记述，无据可查者则阙如，将其祖先真实历史承传给子孙后代。如对于他的始迁之祖益州长史味道，他是这样记述的："故眉之苏，皆宗益州长史味道。"但是，"自益州长史味道，至吾之高祖，其间世次皆不可纪"①。既然皆不可纪，那就让其阙如。这些举措，曾得到后世学者们一致好评，明末清初大学者黄宗羲在《唐氏家谱序》中严肃批判当时社会上家谱作伪现象的同时，就对欧、苏两家大加赞扬：

> 欧阳文忠曰："渤海之后，独见于今，然中间失其世次者再。"苏文公曰："自益州长史味道至吾之高祖，其间世次，再不可纪。"夫欧、苏二氏，其源流历然者，尚有不可纪之世次。而伪谱不问其地之南北，不考其年之上下，一概牵合，某世以至某世，绳联珠贯，至使祖孙倒置、蛇首人身。其有名公墨迹、内府玺书者，尤市儿之狡狯，无识之世宝也。②

清代著名史学家钱大昕，对于欧、苏二家修谱中的做法，同样给予很高评价，他在《吴兴闵氏家乘序》中是这样说的："自宋以后，私家之谱不

---

① 《嘉祐集笺注》卷14《族谱后录上篇》，第379页。
② 《黄梨洲文集》，第326页。

登于朝,而诈冒讹舛,几于不可究诘。独欧阳、苏氏二家之谱,义例谨严,为后世矜式。盖谱以义法重,尤以人重,后世重二家之谱,亦以其道德文章足为谱增重耳。"[①] 就连史学评论家章学诚,对欧、苏两家修谱"断自可知之代"与详近略远,亦多次加以赞扬,其论述我们在讲欧阳修谱学时亦已征引,这里就不再重复了。苏洵的族谱编修,还有一点同样是值得肯定的,那就是在图谱中,自高祖至父亲,"仕不仕,娶某氏、享年几、某日卒,皆书"[②]。这些内容的注释谓之牒,旁行斜上的表谓之谱,两者合起来称为谱牒。尽管苏洵所注内容比较简单,谱写世次也比较短,但是它已具备了宗谱、族谱所要求的格式和内容,因此它就成为后世编修家谱的样本之一。

但是,苏氏谱法的不足之处也非常明显,过分强调"五世则迁",受西周宗法影响和束缚,似乎不敢越雷池一步。在苏氏看来,天下要修谱者"皆从小宗",人们不禁要问,为什么呢?欧阳修为什么不用"小宗",而采用"九族之亲备"呢?我们倒不是反对他将宗法引入修谱领域,主要是"五世则迁"周期实在太短,这一点前面已经讲了。另外,他过分强调直系,不利于"收族"的作用,关于这点,章学诚已经对其作了批评,而修家谱的重要目的之一则是收族,而把旁系的伯、叔系统一律排斥在外,似乎也缺少了一些人情味。

四、郑樵《通志·氏族略》所反映的谱学思想

(一) 生平与学术成就

郑樵,字渔仲,别号溪西遗民,福建兴化军莆田(今福建莆田)人。生于北宋徽宗崇宁三年(1104),卒于南宋高宗绍兴三十二年(1162),享年五十九岁。曾深居夹漈山读书讲学三十年,故当时人又称他为夹漈先生,是南宋时代著名的历史学家和谱牒学家。他从青少年起就有很大抱负,专心

---

① 《潜研堂集·潜研堂文集》卷26,第449页。
② 《嘉祐集笺注》卷14《苏氏族谱》,第373页。

读书，不应科举，自谓："欲读古今之书，欲通百家之学，欲讨六艺之文而为羽翼，如此一生，则无遗恨。"后来事实证明，他这个抱负基本上是实现了："古今之书，稍经耳目，百家之学，粗识门庭。"由于父亲早年去世，生活清苦，也未曾动摇过他的读书意志，"困穷之极，而寸阴未尝虚度，风晨雪夜，执笔不休，厨无烟火，而诵记不绝"。① "家贫无文籍"，就到各藏书家借读。② 他在夹漈山中住了三十年，对各门学问，做了有计划的、分门别类的研究，并撰成专门著作。绍兴十九年（1149），他把历年著作缮写一份，徒步二千里，到临安（今杭州）献给宋高宗。高宗诏送秘书省收藏，这对郑樵鼓舞很大，回到夹漈草堂，"益励所学"，而社会上影响也很大，前来问学者一时多达二百余人。他一生未做过官，直到晚年，由于王纶、贺允中等人在高宗面前力荐，说他"终老韦布，可谓遗才"，于是命赴行在，绍兴二十八年（1158）二月授予从九品的右迪功郎，让他去"主管礼兵部架阁文字"。不久遭御史叶义问的弹劾，便请求还山，改监潭州南岳庙，给札归抄《通志》。绍兴三十一年（1161），入朝上《通志》，适逢高宗赴建康，虽未得见，仍得诏除枢密院编修官，入史馆。在史馆中却遭到一些人士的排挤打击，不过次年三月他便与世长辞。

从郑樵一生的事实说明，他对仕进之路是很反感的，这个思想在《通志·总序》中亦可得到反映。而周必大在《亲征录》中却说郑樵"独切切于仕进"，此话真不知从何而来。《亲征录》有这样一段话："樵好为考证伦类之学，成书虽多，大抵博而寡要。平生甘淡泊，乐施与，独切切于仕进，识者以是少之。"③ 而《宋史·郑樵传》则一字不差地抄录了这条文字。对于这一不实之辞，吴怀祺先生在其编补校注的《郑樵文集》中，曾征引了当年与郑樵同在史馆的陆游对郑樵的评论和明代历史学家柯维骐在《宋史新编》中为郑樵辩诬的言论加以反驳。陆游以亲自所见的事实这样说：

---

① 《郑樵文集》卷2《献皇帝书》，《郑樵研究》，第158页。
② 《郑樵文集》卷3《与景韦兄投宇文枢密书》，《郑樵研究》，第170页。
③ （南宋）周必大撰：《亲征录》，顾宏义、李文整理标校：《宋代日记丛编》，上海书店出版社2013年版，第879页。

> 予绍兴庚辰、辛巳间，在朝路，识郑渔仲，好古博识，诚佳士也。然朝论多排诋之。时许至三馆借书，故馆中尤不乐云。①

"好古博识，诚佳士也"这八个字，就是陆游对郑樵在学识、为人方面所作的全面评价，也是最高的评价。而柯维骐在其《宋史新编》中则说：

> 樵平生甘枯淡，乐施与，论者谓其"切切于仕进"，盖弗察也！

这自然就是在为郑樵辩诬。

我们已经讲了，郑樵是南宋时期一位大史学家，其实除了史学，他在校雠学、目录学、文献学、文字学、音韵学、谱牒学等诸方面都有重要建树，并都写出重要著作，因此他一生中著作很多。20世纪80年代笔者写《郑樵和〈通志〉》时，称："据文献记载就有84种，一千多卷。"②而根据吴怀祺先生校补编著的《郑樵文集》中的《郑樵著述表》统计则有95种（其中8种为单篇），但留传下来仅有《通志》、《夹漈遗稿》、《尔雅注》、《诗辨妄》等寥寥数种。而《通志》则是他毕生的心血结晶，是他一生志愿的寄托，也是他学术思想的集中表现。虽然他的许多著作已经失传，但其精华实际上都保存在《通志》里面，特别是其中《二十略》，实际就反映了二十方面内容。需要作点说明的是，《通志》乃是一部通史，他是模仿司马迁《史记》而作，但为什么要称《通志》呢？他在《通志·总序》中说："古者记事之史谓之志，……太史公更志为记，今谓之志，本其旧也。"可见《通志》之名，就是通史之意。不过还要指出的是，《史记》之名，并非司马迁个人所立，更志为记，也并非出于司马迁本人。我们说他编修《通志》是全面模仿司马迁《史记》而作，但在名称上却又有自己的主张，全书称《通志》，内中又独自称"略"，他在《氏族略·序》之前说："臣谨按，司马迁曰书，班固曰志，《东观》曰记，华峤曰典，张勃曰录，何法盛曰说，诸史通谓之

---

① （南宋）陆游：《陆游集》第5册《渭南文集》卷31《跋石鼓文辨》，中华书局1976年版，第2294页。
② 《杭州大学学报（哲学社会科学版）》1980年第4期。后收入仓修良：《史家·史籍·史学》。

志。然志者,古史之名,今改曰略,略者,举其大纲云。"因为《氏族略》居《二十略》之首,故这个按语也就放在《氏族略·序》之前。所谓《二十略》,就是:氏族、六书、七音、天文、地理、都邑、礼、谥、器服、乐、职官、选举、刑法、食货、艺文、校雠、图谱、金石、灾祥、昆虫草木。对这《二十略》,郑樵本人是很自负的,在《通志·总序》中曾说:"今总天下之大学术而条其纲目,名之曰略,凡二十略。百代之宪章,学者之能事,尽于此矣。其五略(指礼、职官、选举、刑法、食货),汉唐诸儒所得而闻,其十五略,汉唐诸儒所不得而闻也。"故南宋以来刻书家即单刻《二十略》行之于世,直到元大德以后,全部《通志》方才逐渐刊行于世。而在《二十略》中,不少地方都表现了他的独创精神,不按旧史诸志框框去套,而是有所创新,为历史编纂学作出了不可忽视的贡献。《二十略》相当于正史中的书、志,但正史的书志,从来没有达到过二十个项目。《校雠》、《金石》以及《六书》、《七音》、《都邑》、《图谱》、《氏族》、《昆虫草木》等略都是他首次独创,这就大大丰富了文化史的内容。其中《氏族略》、《都邑略》和《昆虫草木略》的设置,很可能是受到刘知幾思想的启发。刘知幾曾主张正史的编修,应当增加《都邑》、《氏族》、《方物》三志,但刘氏仅仅提出这个倡议,至于如何做并未有过任何议论,郑樵作此三略,全靠个人摸索。有些略即使正史中早已有之,他也不是因袭前人所立之规范去做,《艺文略》就足以说明这点。郑樵认为:"学术之苟且,由源流之不分;书籍之散亡,由编次之无纪。"(《通志·总序》)因此,他在《艺文略》中大胆打破从前所有书籍的分类编排法,把历代史志、公私书目以及自己访书耳闻目见的十一万多卷书籍分成十二类、百家、四百三十种。他在《校雠略》里说,这样的分类法,散四百二十二种书(经核对,实际是四百三十种),可以穷百家之学,敛百家之学,可以明十二类之所归。可见他这样的分法,是从辨章学术、考镜源流的角度出发,所以章学诚对这种创造精神极为推崇,说:"校雠之义,盖自刘向父子部次条别,将以辨章学术,考镜源流,非深明于道术精微、群言得失之故者,不足与此。后世部次甲乙,纪录经史者,代有其人,而求能推阐大义,条别学术异同,使人由委溯源,以想见于坟籍之初者,千百之中,不十一焉。郑樵生千载而后,慨然有会于向、歆讨论之旨，因取历朝著录，略其鱼鲁豕亥之细，而特以部次条别，疏通伦类，考其得失之故，而为之校雠，盖自石渠、天禄以还，学者所未尝窥见者也。"① 从以上所述不难看出，郑樵的创造精神集中地体现在《二十略》之中，《二十略》为《通志》全书的精华，自然不是一句空话。郑樵深深懂得，纪传体史书的编纂，在几种体裁中，要算书志最难，他在《通志·总序》中就曾说过："江淹有言：'修史之难，无出于志。'诚以志者，宪章之所系，非老于典故者，不能为也。不比纪传，纪则以年包事，传则以事系人，儒学之士，皆能为之，惟有志难。"正因如此，他花了三十年时间，对各类问题分门别类作了专门研究，并分别写出了专著。虽然他生活的南宋时代，社会风气是义理盛行，可是他并没有为此种风气所囿，而埋头做切实的学问，因而成为当时一位非常博洽的学者。甚至对《通志》进行百般挑剔的《四库全书总目》的作者，在《夹漈遗稿》提要中亦不得不承认："南北宋间，记诵之富，考证之勤，实未有过于樵者。"这就说明，《二十略》之所以能够在好多方面表现出独创精神，也绝非出于偶然。因此，梁启超在《中国历史研究法》中就曾说："然仅《二十略》，固自足以不朽。史界之有樵，若光芒竟天之一彗星焉。"

（二）《通志·氏族略》的谱学价值

我们已经讲了，郑樵的《二十略》之所以精彩，正是因为他对这些问题都作过专门研究并写出各种著作，而写入《二十略》，实际上都是从各类著作中经过浓缩、提炼后的精华。就以《氏族略》而言，此前关于氏族方面著作就曾编写过《氏族志》五十七卷，还有《氏族源》、《氏族韵》、《氏族图》、《氏族论》、《改姓录》和《荥阳谱序》等多种，在此基础上撰写了《氏族略》。就内容而言，可能比较简略，但是毕竟很完整、齐全，因为经过浓缩，该有的都有了，所以成为至今保存最完整的原著姓氏之书，也是保存至今谱牒学最完整的唯一原始著作，这自然就非常宝贵。

---

① （清）章学诚著，王重民通解：《校雠通义通解·章学诚自序》，上海古籍出版社 1987 年版，第 1 页。

也许有人会问，郑樵为什么将《氏族略》列于《二十略》之首？他在《通志·总序》中已经讲了："生民之本，在于姓氏，帝王之制，各有区分。男子称氏，所以别贵贱，女子称姓，所以别婚姻，不相紊滥。秦并六国，姓氏混而为一，自汉至唐，历世有其书，而皆不能明姓氏。原此一家之学，倡于左氏，因生赐姓，胙土命氏，又以字、以谥、以官、以邑命氏，邑亦土也。左氏所言，惟兹五者。臣今所推，有三十二类，左氏不得而闻，故作《氏族略》。"① 因为作为一部史书，自然是要记载人类的各种活动，而作为具体的人，首先得有姓氏然后才能参与各项事业活动，所以他首先提出"生民之本，在于姓氏"，这就告诉你所以将《氏族略》放在首位的原因之所在。他生前尽管写了那么多姓氏之书，但除了《氏族略》和一篇家谱序还保存下来外，其他都全部失传了，因此，我们今天要研究他的谱牒学思想，主要是依靠《氏族略》了。

郑樵是位历史学家，所以在《氏族序》中首先讲了谱牒发展的历史，如此详细地讲述，历史上还是不多见的。当代有些写谱牒文章的，常有摘引其中一些字句，用起来往往也不太贴切，而这些内容又确实都很重要，现将原文抄录于下：

> 自隋唐而上，官有簿状，家有谱系。官之选举，必由于簿状，家之婚姻，必由于谱系。历代并有图谱局，置郎、令史以掌之，仍用博古通令之儒知撰谱事。几百官族姓之有家状者，则上之，官为考定详实，藏于秘阁，副在左户。若私书有滥，则纠之以官籍，官籍不及，则稽之以私书，此近古之制，以绳天下，使贵有常尊，贱有等威者也。所以人尚谱系之学，家藏谱系之书。自五季以来，取士不问家世，婚姻不问阀阅，故其书散佚，而其学不传。②

郑樵这段论述，实际上是在讲魏晋南北朝时期谱牒学发展的情况。因为

---

① 《通志二十略》，第5页。
② 同上书，第1页。

在当时，选官用人，的确都要按照谱牒办事，而男女婚嫁必须做到门当户对，如果门不当、户不对，即使双方愿意，也要遭到弹劾，这在史书上都确实是有案可查的，因此当时民间修谱的风气特别盛行，所修之谱也确实需要上交官府收藏，以备需要时查对。当时谱学所以会非常发展，乃至成为社会上的显学，我们在前面已经讲了，原因是多方面的，这里郑樵只讲了两点，一是选官，一是婚姻，这当然都是重要的。其实当时社会上避讳风气盛行，更是促使谱学迅速发展重要因素之一，因为在那种社会风气下，几乎每个人都必须懂得一些谱系之学，否则不仅在官场上，即使在社会交往活动中，也是寸步难行，一开口便要触犯对方忌讳，这自然就要得罪人。这么一来，必然就造成了"人尚谱系之学，家藏谱系之书"的局面。但是，这一社会现象主要是流行于魏晋南北朝时期，这一时期的谱学真的做到了家喻户晓。所以我曾讲过，这一时期的谱学真正成了一门"显学"，因为在当时，无论是私人还是官方几乎都少不了它，因而用"人尚谱系之学，家藏谱系之书"这两句话来概括是非常确当、形象了。但是必须指出的是，这门学问在当时是为世家大族服务的，其目的就是郑樵所说的"使贵有常尊，贱有等威者也"。

接下来郑樵又讲述了自五代以来，由于选官制度和婚嫁关系的变化，作为谱学的研究也发生了很大变化。特别对古代姓氏的区别非常强调，还批评了司马迁和刘知幾，虽身为历史学家，尚且还不解此意。其原文是：

> 自五季以来，取士不问家世，婚姻不问阀阅，故其书散佚，而其学不传。
>
> 三代之前，姓氏分而为二，男子称氏，妇人称姓，氏所以别贵贱，贵者有氏，贱者有名无氏。今南方诸蛮，此道犹存，古之诸侯，诅辞多曰"坠命亡氏，踣其国家"，以明亡氏则与夺爵失国同，可知其为贱也。故姓可呼为氏，氏不可呼为姓。姓所以别婚姻，故有同姓、异姓、庶姓之别。氏同姓不同者，婚姻可通，姓同氏不同者，婚姻不可通。三代之后，姓氏合而为一，皆所以别婚姻，而以地望明贵贱。于文，女生为姓，故姓之家多从女，如姬、姜、嬴、姒、妫、姞、姞、嬎、姒、妃、嫪之类是也。所以为妇人之称，如伯姬、季姬、孟姜、叔姜并称姓也。

奈何司马子长、刘知幾谓周公为姬旦、文王为姬伯乎？三代之时，无此谓也，良由三代之后姓氏合而为一，虽子长、知幾二良史，犹昧于此。姓氏之学，最盛于唐，而国姓无定论。①

据郑樵所讲，五代以来，"取士不问家世，婚姻不问阀阅"。这都是事实，其实选拔人才自隋唐以来已经采用进士制度，通过科举考试来选拔用人，并不是从五代开始。至于讲"故其书散佚，而其学不传"，后一句就不太贴切，经过唐末农民大起义，许多书籍都被焚毁，特别是关于谱牒著作，姓氏之本散佚更加严重，这也都是事实。但是，并不能因此就说"其学不传"。看来这也不是郑樵一人持此看法，大多数宋代学者似乎都有这种看法，就是欧、苏族谱创始人欧阳修、苏洵亦是如此看法。欧阳修曾说："自唐末之乱，士族亡其家谱，今虽显族名家，多失其世次，谱学由是废绝。"② 苏洵则说："盖自唐衰，谱牒废绝，士大夫不讲，而世人不载。于是乎由贱而贵者耻言其先，由贫而富者不录其祖，而谱遂大废。"③ 这些说法显然都过于绝对化了。关于这个问题，清代学者邵晋涵的讲法还是比较科学、合理的，他把谱牒发展历史划分为三个发展阶段：最早为专官执掌阶段，如屈原在楚国任三闾大夫，就是做这个工作。第二阶段即专门之学，这在魏晋南北朝至隋唐特别盛行，"专门之学衰而后有私家之谱"④。他讲"专门之学衰"，而不是讲失传，更不是讲"废绝"，因为在宋代研究谱牒姓氏之学的毕竟还大有人在，著名的就有邓名世著《古今姓氏书辨证》，如今还流传下来，郑樵本人不是也写了《氏族志》等多种谱牒著作吗？因此在当时说"其学不传"，自然不够确切。对宋代来说，作为谱学的发展，真正意义上的私家之谱兴起了，它倒可以走入平常百姓家；同时在宋代又产生了年谱，这两者为谱学进一步发展开辟了更加广阔的新天地。

郑樵在序中将古代姓、氏两者区别作了较为详细的解说，三代以前，氏

---

① 《通志二十略》，第1—2页。
② 《欧阳修全集》卷74《[集本]欧阳氏谱图序》，第1079页。
③ 《嘉祐集笺注》卷14《谱例》，第371页。
④ 《南江文钞》卷6《余姚史氏宗谱序》。

以别贵贱，姓以别婚姻，男子有氏，女子有姓而无氏，对于这一内容，其他著作是很少有讲的。不过三代以后姓氏乃合而为一，既然如此，文中又批评司马迁和刘知幾作为良史而不解此意，自然就没有必要。根据我的研究，《世本》对于这两者已经是通用了，有时讲姓，有时讲氏，其意都相同。序中还讲，"姓氏之学，最盛于唐"。我认为，姓氏之学最盛的还是在魏晋南北朝。我在前面已经详细讲了理由，读者不妨自己作一比较。序中还讲了一句"国姓无定论"，这自然是如此，朝代经常有更替，国姓自然就得变了，唐代国姓为李，宋代就变为赵了，这个提醒也很有必要。

接下来，郑樵在讲述谱牒著作产生和发展时，又将魏立九品中正制度结合讲述，因为大小中正官要负责政府官员的选拔，而大小中正官均由著姓世族所把持，选取原则又以门第为重，因此，这一制度就成为门阀世族操纵政权的工具，整个魏晋南北朝直至隋初，虽然也屡有变革，但大体上一直沿行不废。所以郑樵说："魏立九品，置中正，州大中正、主簿，郡中正、功曹，各有簿状，以备选举，晋、宋、齐、梁因之。故晋散骑常侍贾弼、太保王弘、齐卫将军王俭、梁北中郎咨议参军知撰谱事。王僧孺之徒，各有《百家谱》，徐勉又有《百官谱》，宋何承天撰《姓苑》，与后魏《河南官氏志》，此二书犹为姓氏家所宗。"① 这样将官制、选官和谱牒编修联系在一起来论述，这三者实际上是密不可分的，这种有机联系是非常必要的，但又不多见的。

需要指出的是，后魏《河南官氏志》是一部官修之书，记录北魏鲜卑拓跋氏进入中原后，孝文帝实行汉化政策，一律改称汉姓前后变化情况。郑樵在《通志·氏族略》有一段文字对此作了说明：

> 臣谨按：代北之人随后魏迁河南者，后魏献帝为之定姓，为复姓，或为三字姓，或为四字姓，其音多似西域梵书，有二合、三合、四合者，皆指一字之音。故孝文用夏变夷，革以华俗，皆改为单字之姓。又孝文诏南迁者死不得还，即葬洛阳，故房姓皆在河南。又按其书曰《河南官氏志》者，盖优代北之人随后魏南迁，因作其书而为之志，又按孝文之

---

① 《通志二十略·氏族略第一·氏族序》，第2页。

时咸改单姓，惟贺若氏不改，及乙旃氏改为叔孙，拓跋氏改为长孙。①

由于此书乃北魏政府官修，故又称《后魏河南官氏志》，也正因如此，实际上具有政府档案性质，因此流传不是很广，除有些研究姓氏之书征引外，目录学文献都没有著录，如唐初所修之《隋书·经籍志》就不见著录，可见其书早已失传。不过后来历史学家魏收在其所著的《魏书》中，也设立了《官氏志》，大约就是根据上述之书的材料所编修，因为他历官魏、齐两朝，在魏期间，即典修国史；入齐，除中书令，仍兼史职，他当然有可能见到《河南官氏志》，也许正是因为受了此书的启发，故在《魏书》的十志中立了《官氏志》。众所周知，北魏本为鲜卑拓跋氏，原是一个部落，进入中原后建立了国家。部落中又分成许多氏和族，孝文帝下令改革，一律改称汉姓。同时对鲜卑族也进行了门第的评定，规定自拓跋珪以来"勋著当世"的八家与汉族大姓崔、卢、郑、王、李居同等地位。《官氏志》中的"姓氏部"，分别列举了拓跋部和所属各部落、氏族原来的姓氏以及所改的汉姓，基本上反映了拓跋部族的形成和许多部落、氏族间离合的过程，因此是研究这个部族姓氏变化的非常重要的第一手资料。正因如此，所以郑樵强调："此二书犹为姓氏家所宗。"当然这就是说，要想研究鲜卑部族的姓氏来源和改为汉姓后的情况，那就只有寻求此书了。这也说明，郑樵不仅对《河南官氏志》的内容是有所了解，而且对北魏的历史也非常熟悉，所以才有可能做到前后呼应的记述。值得后人庆幸的是，魏收修《魏书》时又能立《官氏志》，将该书重要内容大体上都收入其中，为后人研究这部分人群姓氏来源及变化提供了方便的条件。不过还要指出的是，书名既然叫《官氏志》，自然还记载了北魏时期的官制和阶品等，这与氏族等级又有着密切关系。

郑樵在序中将自古以来姓氏之书的编纂归纳为三大类，一种论字，一种论声，一种论地望。在他看来，这三种编纂方法都有其局限性："论字者则以偏旁为主，论声者则以四声为主，论地望者则以贵贱为主。然贵贱升沈，何常之有，安得专主地望？以偏旁为主者，可以为字书；以四声为主者，

---

① 《通志二十略》，第221—222页。

可以为韵书,此皆无与于姓氏。"① 在他看来,"凡言姓氏者,皆本《世本》、《公子谱》二书",而此二书,则又本之《左传》,"然左氏所明者,因生赐姓,胙土命氏。及以字、以谥、以官、以邑五者而已"。根据这一精神,他将古代"得姓受氏"之由归结为三十二种类型,至于为什么要作如此区分,每种类型还都作有说明,现将三十二种类型简述于下:

一曰以国为氏:

天子诸侯建国,故以国为氏,虞、夏、商、周、鲁、卫、齐、宋之类是也。

二曰以邑为氏:

卿大夫立邑,故以邑为氏,崔、卢、鲍、晏、臧、费、柳、杨之类是也。

三曰以乡为氏:

封建有五等之爵,降公而为侯,降侯而为伯,降伯而为子,降子而为男。亦有五等之封,降国侯而为邑侯,降邑侯而为关内侯,降关内侯而为乡侯,降乡侯而为亭侯。学者但知五等之爵,而不究五等之封。……裴、陆、庞、阎之类,封于乡者,故以乡氏。

四曰以亭为氏:

麋、采、欧阳之类封于亭者,故以亭氏。

五曰以地为氏:

因其所居之所而呼之,则为命氏焉,居傅岩者为傅氏,徒嵇山者为嵇氏,主东蒙之祀则为蒙氏,守桥山之冢则为桥氏……

六曰以姓为氏:

姓之为氏与地之为氏,其初一也,皆因所居而命,得赐者为姓,不得赐者为地。居于姚墟者赐以姚,居于嬴滨者赐以嬴,姬之得赐,居于姬水故也,姜之得赐,居于姜水故也,故曰因生以赐姓。

七曰以字为氏:

凡诸侯之子称公子,公子之子称公孙,公孙之子不可复言公孙,则

---

① 《通志二十略·氏族略第一·氏族序》,第2—3页。

以王父字为氏。如郑穆公之子曰公子𫘦，字子驷，其子曰公孙夏，其孙则曰驷带、驷乞。宋桓公之子曰公子目夷，字子鱼，其子曰公孙友，其孙则曰鱼莒、鱼石，此之谓以王父字为氏。

八曰以名为氏：

无字者则以名。鲁孝公之子曰公子展，其子曰公孙夷伯，其孙则曰展无骇、展禽。郑穆公之子曰公子丰，其子曰公孙段，其孙则曰丰卷、丰施，此诸侯之子也，天子之子亦然。

九曰以次为氏：

以次为氏者，长幼之次也，伯、仲、叔、季之类是也。

十曰以族为氏：

按《左传》云：为谥因以为族。又按《楚辞》云：昭、屈、景，楚之三族也。昭氏、景氏，则以谥为族者也。屈氏者，因王子瑕食邑于屈，初不因谥，则知为族之道多矣。

十一曰以官为氏：

以官为氏者，太史、太师、司马、司空之类是也。

十二曰以爵为氏：

以爵为氏者，皇、王、公、侯是也，公乘、公士、不更、庶长亦是也。

十三曰以凶德为氏，十四曰以吉德为氏：

此不论官爵，惟以善恶显著者为之。以吉德为氏著，如赵衰，人爱之如冬日，其后为冬日氏。古有贤人，为人所尊尚，号为老成子，其后为老成氏。以凶德为氏者，如英布被黥为黥氏，杨玄感枭首为枭氏。

十五曰以技为氏：

此不论行而论能，巫者之后为巫氏，屠者之后为屠氏，卜人之后为卜氏，匠人之后为匠氏。

十六曰以事为氏：

此又不论行能，但因其事而命之身。夏后氏遭有穷氏之难，后缗方娠，逃出自窦，而生少康，支孙以窦为氏。汉武帝时，田千秋为丞相，以年老，诏乘小车出入省中，时号车丞相，其后因以车为氏。微子乘白马朝周，兹白马氏之所始也。

十七曰以谥为氏：

周人以讳事神，谥法所由立。生有爵，死有谥，贵者之事也。氏乃贵称，故谥亦可以为氏。庄氏出于楚庄王，僖氏出于鲁僖公。康氏者，卫康叔之后也，宣氏者，鲁宣伯之后也。文氏、武氏、哀氏、缪氏之类，皆氏于谥者也。

十八曰以爵系为氏：

凡复姓者，所以明族也，一字足以明此，不足以明彼，故益一字然后见分族之义。言王氏则滥矣，本其所系而言，则有王叔系、王孙氏，言公氏则滥矣，本其所系而言，则有公子氏、公孙氏。

十九曰以国系为氏：

唐氏虽出于尧，而唐孙氏又为尧之别族，滕氏虽出于叔绣，而滕叔氏又为叔绣之别族。

二十曰以族系为氏：

季友之后，传家则称季孙，不传家则去孙称季。叔牙之后，传家则称叔孙，不传家则去孙称叔。

二十一曰以名氏为氏：

士季者字也，有士氏，又别出为士季氏。伍参者名也，有伍氏，又别出为伍参氏。此以名氏为氏者也。

二十二曰以国爵为氏：

禹之后为夏氏，杞他奔鲁，受爵为侯，又有夏侯氏出焉。妫姓之国为息氏，公子边受爵为大夫，又有息夫氏出焉，此以国爵为氏者也。

二十三曰以邑系为氏：

原氏以周邑而得氏，申氏以楚邑而得氏，及乎原加伯为原伯氏，以别于原氏，申加叔为申叔氏，以别于申氏。是之谓以邑系为氏。

二十四曰以官名为氏：

师氏者太师氏也，史氏者太史氏也，师延之后为师延氏，史晁之后为史晁氏。此以名隶官，是之谓以官名为氏。

二十五曰以邑谥为氏：

以谥为氏，所以别族也，邑而加谥，如苦成于之后为苦成氏，臧文仲之后为臧文氏。

二十六曰以谥氏为氏：

氏而加谥者，如楚厘子之后为厘子氏，郑共叔之后为共叔氏。

二十七曰以爵谥为氏：

爵而加谥者，如卫成公之后为成公氏，楚成王之后为成王氏。

二十八曰代北复姓：

如长孙、万俟、宇文、慕容。

二十九曰关西复姓：

如钳耳、莫折、荔菲、弥姐。

三十曰诸方复姓：

如夫余、黑齿、似先、朝臣。"此皆夷狄二字姓也。"

三十一曰代北三字姓：

如侯莫陈、破六韩、乙速孤、可朱浑。

三十二曰代北四字姓：

如自死独膊、井彊六斤。①

郑樵认为，秦灭六国以后，其子孙皆为民庶，或以国为氏，或以姓为氏，或以氏为氏，"姓氏之失自此始"，其实就是说姓氏合一自此始也，所以司马迁作《史记》就不再区分姓与氏了。而郑樵则埋怨汉唐以来所著姓氏之书"不知澄本正源，每一书成，怨望纷起"，所以他将古代姓氏按照"得姓受氏"之由分为三十二种类型，而他的编纂原则："帝王列国世系之次，本之《史记》，实建国之始也。诸家世系之次，本之《春秋世谱》，实受氏之宗也。先天子而后诸侯，先诸侯而后卿大夫士，先卿大夫士而后百工技艺，先爵而后谥，先诸夏而后夷狄，先有纪而后无纪，绳绳秩秩，各归其宗，使千余年湮源断绪之典，燦然在目，如云归于山，水归于渊，日月星辰丽乎天，百谷草木丽乎土者也。"② 可见他对自己这一做法是十分自信的。

我们认为，郑樵在《氏族略》中，古代所有姓氏按三十二种类型，一一

---

① 《通志二十略·氏族略第一·氏族序》，第3—9页。
② 同上书，第9—10页。

讲述了如何产生和演变，首先把每一个姓氏源流讲清楚，这本身就是一种复杂而烦琐的工作，当然在做的过程中，自然也借鉴了同类的有关研究成果，但是他毕竟是按照自己的思路和自己所定的原则在做。由于分类比较细，为后人寻查自己姓氏的起源提供了方便条件。尽管汉唐以来编纂的姓氏之书数量非常之多，但是流传至今的仅有唐代林宝的《元和姓纂》、宋代邓名世的《古今姓氏书辨证》和郑樵的《氏族略》三种而已，这三种书又都各有自己的特点，都是我们今天研究古代姓氏源流不可多得的重要文献。不过，《氏族略》有个局限性，正如有的论著已经指出，所记诸姓氏比较简略，特别中古以后往往被略去，这对于研究这个姓氏的承传世系自然就很不方便。也许他是按照"略者举其大纲"的要求而编写，如果他的五十七卷《氏族志》保留下来，情况自然就不同了。

（三）《荥阳谱序》的谱学观点

郑樵关于谱牒方面的著作，除上述《氏族略》外，还有单篇《荥阳谱序》得以流传下来，这是研究郑氏谱学思想一篇非常重要的历史文献。因为这篇文章可以反映出他对历史上谱学发展的看法和当前谱学现状的不满，特别是对私家之谱的态度。由于此文大家很少有机会见到，所以将其中相关段落先抄录后再作说明：

> 氏族之学，唐有路敬淳、柳冲、韦述之徒，相为表里，故得此书如许详雅。国朝言氏谱者，未闻其人。由其取人之途，不论家世，荜门圭窦之人，无尺寸功伐，而可以贵显。名公巨卿之裔，或不能缀辑时文以取科第，则俯首叹贫贱，与间阎无差。礼闱之中，衣冠之胄，与商贾流辈，并呼名而进，古无是也。呜呼，贵胄凌夷，未有甚于此时。
>
> 唐以前论氏族取人者，以其家世目熟耳详，父兄之施设教训，其于礼乐政事，皆箕裘业也。故有司以此铨衡人物，民间以此讲求姻好，所以人多习氏族之学。国朝患主司之徇[私]，故禁其名氏，付之于公，但取[纸]（笔）上语耳。由是氏族之学皆化为时文之学矣，故曰未闻

其人。①

看来郑樵对于魏晋南北朝至唐盛行的为世家大族服务的氏族之学还是念念不忘的,难怪他在《氏族略序》中感叹"其学不传"。对于当时实行科举考试取人,总是觉得不太习惯:"荜门圭窦之人,无尺寸功伐,而可以贵显。名公巨卿之裔,或不能缀辑时文以取科第,则俯首叹贫贱,与闾阎无差。……贵胄凌夷,未有甚于此时。"其怀旧思想,表现得非常突出。当然,他也发现,在宋代为什么没有出现像唐朝路敬淳、柳冲等一批著名谱牒学家,原因在于"氏族之学皆化为时文之学矣,故曰未闻其人"。这其实还是表象的,真正的原因,即产生这种著作的社会基础——世家大族已经消亡。因为在世家大族为基础的社会里,编写各类氏族志都是为世家大族服务的,直至唐代都是如此。唐太宗命高士廉等人编修的《氏族志》,就是一部重新确定士族等级的氏族之书,通过此书的编修,使老牌的山东世族、江南世族加速衰落,提高了因科举而成之新贵的社会地位。但是关陇世家集团,凭借皇权的保护,还有相当大的权势。唐高宗时,又将《氏族志》改为《姓氏录》,一个重要原则:"皇朝得五品官者,皆升士流"(《旧唐书·李义府传》),"士卒以军功致位五品,豫士流"(《资治通鉴》卷200"高宗显庆四年"条),这么一来,彻底破除了旧有的士族等级界限,也标志着所有旧的世家大族都已逐渐在消亡,所以诗人刘禹锡的诗句"旧时王谢堂前燕,飞入寻常百姓家",其实就是对唐末世家大族衰落的一种写真。特别要指出的是,唐朝末年黄巢领导的农民大起义,彻底铲除了全国各地世家大族势力,既然宋代已经不存在这样的世家大族,而为其服务的著作自然也就不会产生。所以宋代好多学者都说"自唐衰,谱牒废绝",还是有其一定道理的。不过,科举考试则是隋唐以来早已实行,并非宋代才有,况且它也不是影响氏族之学的关键。

对于私家之谱的看法,郑樵在《荥阳谱序》中的见解还是非常中肯的。欧阳修在编纂《新唐书·宰相世系表》时,大量使用了家谱的材料,也未作考证,因而错误很多,影响很坏。为此,郑樵在《荥阳谱序》中提出了

---

① 《郑樵研究》,第186页。

严厉而中肯的批评:"夫《宰相世系》何所取乎?取诸家图谱而为之,且欧阳文忠公言信史矣,奈何取人家谱以实史典乎?且人之墓志,皆(慝)隐寒[暴](而纂之)美;人之家谱,皆[剔]削寒微、附会贵显,此何足信?夫人家谱者,私记也;史册者,(有)公籍也。奈何取私家无凭之书,以为公家定著之籍乎?"①

郑樵认为私家之谱的编写,虚假的内容很多,往往都附会显贵、高攀名人,用这些内容来编修历史,自然无法取信于人,所以他提出责问,怎么能够"取私家无凭之书,以为公家定著之籍"?他的这个看法乃是一贯的,在《通志》卷 21《年谱序》中更说:"《新唐书》专记人家谱牒,岂可以私家冒荣之书,而为信史乎?其书虽与《唐书》共帙,而为废典。"这里直接将私家之谱,称为"冒荣之书"。可见他对私家之谱已经研究透了。其实,生活在与郑樵同时代稍晚的另一位学者洪迈,在他的《容斋随笔》一书中,对《新唐书·宰相世系表》也提出了批评。该书卷 6《唐书世系表》用历史事实,先揭露沈约伪造历史,自然也就批评了欧阳修轻信家谱的错误。其文开头便说:"《新唐书·宰相世系表》皆承用逐家谱牒,故多有谬误,内沈氏者最可笑。"②而这最可笑的材料,正是根据身为历史学家的沈约所编造,认为沈氏乃"金天氏之后","秦末有逃者,征丞相不就","其后入汉,有为齐王太傅、敷德侯者,有为骠骑将军者,有为彭城侯者"。洪迈一一作了驳斥以后指出:"《汉列侯表》岂有所谓敷德、彭城侯?《百官表》岂有所谓骠骑将军沈达者?"出于好奇,笔者查阅了《汉书》,不仅无敷德侯、彭城侯这种封号,就连沈达其人也不存在,虽有骠骑将军,也与沈氏无关,全部《汉书》也仅有姓沈者四人,三人为春秋时人,一人为王莽时人。沈约如此胡编乱造,难怪洪迈严厉批评道:"沈约称一时文宗,妄谱其上世名氏官爵,固可嗤诮。……欧阳公略不笔削,为可恨也。"③无独有偶,历史学家魏收编造祖上世系,同样被洪迈在书中作了揭露。可见这种伪造谱系之事,在整个封建时代并非偶然现象,而这种弊病又大多发生在私家之谱之中,清代著

---

① 《郑樵研究》,第 187 页。
② 《容斋随笔》卷 6,第 83 页。
③ 《容斋随笔》卷 6《唐书世系表》,第 84 页。

名史学评论家章学诚对家谱中所产生的弊病曾作过概括性的论述:"谱系之法,不掌于官,则家自为书,人自为说,子孙或过誉其祖父,是非颇谬于国史,其不肖者流,或谬托贤哲,或私鬻宗谱,以伪乱真,悠谬恍惚,不可胜言。其清门华胄,则门阀相矜,私立名字,若江左王谢诸家,但有官勋,即标列传。史臣含毫,莫能裁断。以至李必陇西,刘必沛国,但求资望,不问从来,则有谱之弊,不如无谱。"① 这些历史事实都充分说明,郑樵把私家之谱称之为"私家无凭之书"是非常有道理的。而欧阳修则大量采用这样的私家之谱作为史料,未经考证就以此来编纂《新唐书·宰相世系表》,并闹出许多笑话,从而遭到郑樵等后人一再严厉批评,自然也就在情理之中。作为历史学家的郑樵,面对家谱的现状,将其称为"私家无凭之书",并理直气壮地提出:"夫人家谱者,私记也,史册者,公籍也,奈何取私家无凭之书,以为公家定著之籍乎?"对于这样的指责,大家应当可以理解的。当然,这里也同样在提醒大家,在对待家谱问题上应当持有慎重态度,在使用其内容时,必须经过仔细审核考订,千万不要轻易摘引。

至于《新唐书·宰相世系表》为什么会出现这么多问题呢?郑樵在这篇《谱序》中将其归纳为以下原因:第一,所使用的史料"不曾校勘",本来即使正规渠道采用的史料,方且都是要经过"校勘",而采用的私家之谱内容反而未经"校勘",这自然就成了大问题。第二,参与编写人员较多,"笔出于众手"。第三,所用主要材料又都是"小说、家谱、墓志之类",这些著作在他看来,其编写过程中,往往都是"隐恶暴美"、"附会贵显",大多属于"无凭之书",用它们来编修信史,自然是要落空了。第四,"书成又不复经眼,徒浪署姓名,纷纷妄误,取惑后人,可胜道哉!"这四点讲得确实入情入理,作为一部正史,是如此在编修,简直是不可思议。而作为《宰相世系表》的内容来说,是"但取其宰相世系而录之",对此做法,郑樵在《谱序》中亦提出了批评:"且既曰世系,则其之所系当概举,岂可偏录?"在他看来,既然叫《宰相世系表》,就该将这个宰相家族的世系都表列出来,而不应当"黜彼而取此",否则就名不副实了。

综上所述,郑樵不仅是一位著名的历史学家,而且是一位影响卓著的谱

---

① 《文史通义新编新注》外篇4《和州志氏族表序例中》,第900页。

牒学家。他对我国古代姓氏的源流曾作过深入的研究，而对谱系之学发展的论述亦相当精辟。尽管他的《氏族略》记述中古姓氏的发展比较简略，但是他对谱牒学发展历史的论述，许多重要论断已经成为后世谱牒学研究中广为征引的经典名言，这是学术界人所共知的事，因此他早已成为我国历史上为数不多的重要谱牒学家之一。

五、邓名世的《古今姓氏书辨证》

邓名世是南宋时代以研究古今姓氏之书而著称的一位不可多得的谱牒学家，他的《古今姓氏书辨证》一书，其学术价值与历史地位，正如有的学者所说："在现存的姓氏谱牒文献中，与《元和姓纂》、《通志·氏族略》鼎足而立，有着重要地位。"① 这一说法是非常确当的，因为自《世本》以后，虽然历代以来产生过数十种姓氏之书，但是大都没有流传下来，清代学者孙星衍早就有此感叹，他在为刊《古今姓氏书辨证》所写的序中就曾这样说："最先有《世本》，……刘向、宋衷又加增订。汉有邓氏《官谱》及《风俗通·氏族篇》，今皆不可见。《潜夫论·姓氏篇》虽存，文字多讹舛，无由是正。晋贾弼、宋王弘、齐王俭、梁王僧儒〔孺〕诸人，各有《百家谱》，其名仅见经籍、艺文志。惟何氏《姓苑》之文，为唐宋人引据。其唐时高士廉、柳冲、路敬淳诸人撰述，不下数十家，俱无传本。林宝《元和姓纂》十卷，亦以《永乐大典》得存，残缺尤甚。宋熙宁中钱明逸撰《姓纂》，亦不可得，大半具于邓氏之书，此诚列代谱学绝续之所寄矣。"② 历代此类著作尽管非常多，但大都早就失传，目前所能见到的仅此而已，自然就弥足珍贵了。

邓名世，南宋抚州临川（今江西抚州）人，字元亚。绍兴四年（1134）进所著《春秋四谱》、《辩论谱说》、《古今姓氏书辨证》，赐同进士出身，授史馆校刊，改秘书省正字。绍兴七年，除校书郎，迁著作佐郎。先是修《哲

---

① （南宋）邓名世撰，王力平点校：《古今姓氏书辨证·前言》，江西人民出版社2006年版，第16页。
② （清）孙星衍：《刊古今姓氏书辨证叙》，《古今姓氏书辨证》，第676—677页。

宗实录》，云元祐八年若干卷，他据哲宗集、日历、时政记、玉牒等补之，又编建炎以来至绍兴九年日历计三百七十卷。绍兴十一年九月，以讥切时政忤秦桧，为言者论罢，寻以擅写日历勒停，后卒于家。对于他的生卒之年，文献均无记载。而关于出仕任职，许多文献都有记述，而又互有矛盾，为此，余嘉锡先生在《四库提要辨证》中作了较为详尽的辨证和论述。邓氏生前还著有《春秋类史》、《春秋公子谱》、《列国诸臣图》、《宋朝宰相年表》、《皇极大衍数》、《大乐书》等，均佚，今存仅《古今姓氏书辨证》。

关于《古今姓氏书辨证》曾有三种本子，也就是说曾经三易其稿，对此，其子邓椿年在所写的序中讲得非常清楚：

> 先君太史公生平留意姓氏之学，虽饮食梦寐弗置也。尤喜称道名公卿大夫家人物之盛行，勋业之懿，以诏子弟。故《古今姓氏书辨证》凡三本焉。其五卷者，成书于宣、政之间。时讳学史，方贫贱中，无书检阅，阙文甚多。其十四卷者，后稍铨次增补之，盖成书于建炎之初。是时晦迹穷山，携幼避地无虚辰，昨给礼上于法官者是也。然居怀未满之意，其后蒙恩，备数太史之属者八年，始尽得铨曹命官脚色册、乌府班簿，槩括次序之，稍稍备矣。绍兴辛酉（即绍兴十一年）冬，放归山樊，家书稍备。会韩衢州美成同寓临川，借其家藏《熙宁姓纂》、《宋百官公卿家谱》稽考参订之。及将易箦，谓椿年曰："《姓氏》未成全书，死不瞑目。"椿年泣，奉以周旋，罔敢失坠。既卒哭，奉门人吴曾状如浮梁，乞铭于侍读尚书程公。公见椿年恸哭，首问遗书手泽所在，椿年具以实对。公叹曰："子能嗣先君之志，吾亡友有子可贺，门户其庶几乎？"别未数月，又以书来趣曰："子读礼之暇，不宜坠先志，姓氏宜亟成书，迁延岁月，则编稿倒乱，难记忆矣。宜速俾老夫一观。"椿年既得是语，乃尽裒手泽遗编断稿，又取宋名公文集、行状、墓志，订证次序之，厘为四十卷，即此本也。①

此序写于乾道四年（1168）三月。从序文看来，五卷本成于宣、政之

---

① 《古今姓氏书辨证》，第675页。

间,而四十卷本则成于乾道初年,全书完成先后达数十年之久,并且有其子椿年最后续成之,可见工作量之大。因为研究姓氏之书乃是头绪纷繁的一门学问,必须具有细心和耐心方能从事这一工作。序中所讲"侍读尚书程公"指的是程大昌(1123—1195),绍兴进士,孝宗时历官著作佐郎、国子司业兼权礼部侍郎、直学士院、浙东提点刑狱、中书舍人、国子祭酒、权吏部尚书等,与邓名世为知交。因此在他鼎力支持下,四十卷本于乾道四年便得以梓行。也正因如此,此书四十卷本在南宋时已得到广为流传。而大学者朱熹不仅很快就读到了此书,而且给予很高的评价,在《朱子语类》中就曾有这样一段话:

> 邓名世吏,临川人,学甚博,赵丞相以白衣起为著作郎。与先吏部同局,吏部甚敬畏之。有考证文字甚多,考证姓氏一部甚详,绍兴府有印板。……邓著作后为秦桧以传出秘书文字罪之,褫官勒停。①

也许因为朱熹之父朱松曾与邓名世同在史馆共事,因而他有可能优先读到邓氏的考证姓氏之书,并且非常客观地对其人、其书都作了很高的评价,看来朱熹也很可能是给邓氏之书很高评价的第一位学者。而朱熹在学术界以品评学术和人物非常审慎、严格而著称,有的论著甚至用"苛刻"来形容,这也正说明邓氏其人其书确实足以称道。稍后,生活在宋宁宗、理宗时代的目录学家陈振孙在其《直斋书录解题》一书中就著录了四十卷本的《古今姓氏书辨证》,并且注明:"临川邓名世元亚撰,其子椿年绪成之。"这就说明此书在当时社会上确实已在流传。

对于这部姓氏之书,《四库全书总目》卷135曾给予这样的评论:

> 其书长于辩论,大抵以《左传》、《国语》为主,自《风俗通》以下,各采其是者从之,而于《元和姓纂》抉摘独详。又以《熙宁姓纂》、《宋百官公卿家谱》二书互为参校,亦往往足补史传之阙。盖始于政宣,

---

① (南宋)黎靖德编,杨绳其等校点:《朱子语类》卷132《本朝六·中兴至今日人物下》,岳麓书社1997年版,第2865页。

而成于绍兴之中年,父子相继,以就是编,故较他姓氏书特为精核。《朱子语类》谓名世学甚博,《姓氏》一部,考证甚详,盖不虚也。后椿作《画继》,亦号赅洽,殆承其讨论之余绪乎?

可见对于邓名世的这部《古今姓氏书辨证》,历来评价都是很高的。这其中可能有两种因素:其一是作者精益求精的精神,三易其稿,四处寻求资料,认真加以考订,使全书内容确实做到丰富而翔实;其二,这类著作后来也越来越少了,原来一些有价值的,也大多散佚了,尤其在今天来说更是不可多得了,自然就更可宝贵了。不过我们也要指出的是,《四库全书总目》的作者对于邓名世之子邓椿年于乾道四年(1168)所写的《古今姓氏书辨证序》大约是没有阅读过,因而在议论中说此书"始于政宣,而成于绍兴之中年",并且将邓椿年说成是"邓椿"。椿年在序中讲得非常清楚,"其五卷者,成书于宣政之间。……其十四卷者,后稍铨次增补之,盖成书于建炎之初"。这也就是向宋高宗敬献之本,在得到高宗赐官进入史馆以后,又利用有利条件,搜集有关资料再作增补。特别是绍兴十一年(1141)冬,"放归山樊,家书稍备",加之"会韩衢州美成同寓临川,借其家藏《熙宁姓纂》、《宋百官公卿家谱》稽考参订之"。直到临终前,尚未全部完稿,因而对其子椿年曰:"《姓氏》未成书,死不瞑目。"于是椿年继承其遗愿,在遗稿基础上,"又取宋名公文集、行状、墓志,订证次序之,厘为四十卷"。此为乾道四年,上推绍兴四年献书之时,又已三十四年。既然如此,《四库全书总目》所说"成于绍兴中年",不知根据何在。又椿年在那篇短序中,曾四次称"椿年",而《四库全书总目》竟将邓椿年误认作《画继》作者邓椿,在一篇提要中居然出现了这样两大错误,实在有点说不过去。

综观这部姓氏之书的编写过程,父子相继,前后达五十多年方完成全书,这在古今著书史上应当说是空前的,这也反映出邓名世编写此书的毅力和决心,不完成全书的编写,"死不瞑目",这同时就告诫其子,要尽一切努力,必须去完成。至于邓名世为什么一定要完成这部姓氏之书的著作呢?他曾写了三篇《序论》作了论述,第一篇先从理论上论述姓氏的重要性:"人之有姓氏,犹衣服之有冠冕,水木之有本源。裂冠毁冕,虽有带裳幅舄,不足以披饰其身;拔本塞源,则枝叶委于樵苏,流派埋为行潦。……万物本乎天，人本乎祖。不本乎祖，则忠孝仁义之心不生，贵者无所劝，贱者无所慕，而国家之败由之，是姓氏之源不可不辨证也。"① 而在该书卷6讲解陈姓时，指出《新唐书·宰相世系表》"陈氏有四误"后，讲得就更加明确了："姓氏之书不可误，误则子孙失其祖，而后世秉笔者无所据依。"② 这自然是千真万确的真理。但是他在研究中发现，历代以来的姓氏之书错误很多，并且相沿而不改，所以他便下决心加以"辨证"，现将其《序论》三原文抄录于下：

> 春秋时，善论姓氏者，鲁有众仲，晋有胥臣，郑有行人子羽，皆能探讨本源，自炎黄而下，如指诸掌，足以开悟时君，裨助国政，今其言布在方册，可考而知也。后世为书者，莫不研精殚思，期以垂世行后，如应劭《风俗通》、何承天《姓苑》、贾执《英贤传》、王僧孺《百家谱》，皆以明儒世学，疲精岁月而后成书。唐人高士廉、李守素辈，往往采取为正，自张九龄而下，至皇朝诸儒，益尽信之。然而因陋就诬，不可以训，如齐、秦、晋、楚，本非国姓，而乱其族系。他姓尚多有之。良由应劭一误，后世相沿而未尝有改。独林宝作《元和姓纂》，稍能是正数十条，而齐、秦之属，亦所未暇；至钮丘、茅夷，指为复姓，则又不胜其谬矣。欧阳修作《唐宰相表》，九十三族，尤为精详，至钟、陈、韩、高之氏，亦有讹舛。□尝念之，辄于记诵之余，专取《左氏》、《国语》为主，而参以五经子史之文，自《风俗通》以来，凡有所长者，尽用其说，至穿凿讹谬，必辨解而疏驳之。诸书之误，十己辨其五六，其不知者阙之，以俟君子，谓之《古今姓氏书辨证》。因"辨证"以知应劭以来之误，则众仲、胥臣、行人子羽之善论，与夫圣人总亿丑、齐万殊者，判然可知而可学矣。③

综上所述，在邓名世看来，姓氏之学非常重要，因为姓氏无论是个人、

---

① 《古今姓氏书辨证》，第645页。
② 同上书，第92页。
③ 同上书，第646—647页。

家庭还是国家，都是少不了的。可是历代以来，有关姓氏之书虽然很多，但比较完善的还并不多见，而有些不应有的错误却又各个相沿而不改，一直在贻误世人，因而决心编纂一部较为可靠的姓氏之书，让世人都能寻找到自己的姓氏源流。对于自己编修的原则，自己在叙论中也已作了交代，以《左传》、《国语》为主，参之以"五经子史之文"，这个内容可就多了，五经与诸子百家就已经很广了，而史的内容则更广，除纪传体、编年体外，还有杂史、野史等。此外，还有私家之谱、地方志书、笔记、小说、耳闻目见等。为了帮助读者了解邓氏所讲并非虚语也无夸张，现列举一些书中所引用过的事例加以说明，如家谱方面就有唐人家状《鲁公家谱》、《曾氏世谱》、《程氏世谱》等；地方志方面则有《陈留风俗传》、《三辅决录》、《西秦录》和地理著作《水经注》等；小说、笔记如《西京杂记》、《酉阳杂俎》、《述异记》、《唐纪异录》等；还采用了大量的文集，如《昌黎集》、《樊川集》、《庐陵集》、《武溪集》等；此外，还有许多不大好归类的著作，如《金石录》、《抱朴子》、《子华子》、《子思子》、《潜夫论》、《经典释文》、《王子年拾遗》、《唐宝氏表》等。我们列举这些，旨在说明邓氏编纂这部姓氏之书，确实采用了大量的文献资料。这里需要稍作点说明的是，邓名世父子编纂此书时，之所以要采用大量的文集，是因为从唐朝开始，文集的内容有了很大的变化。关于这一点，章学诚在《史考释例》一文中就已经指出："文集昉于东京，至魏、晋而渐广，至今则浩如烟海矣。然自唐以前，子史著述专家，故立言（入子）与记事（入史）之文，不入子集，辞章诗赋，所以擅集之称也。自唐以后，子不专家，而文集有论议，史不专家，而文集有传记，亦著述之一大变也。"[①] 这就是说从唐朝开始，文集中往往载有大量的传记、墓志铭、行状等内容，而这类文章中往往都会记载这个家族祖先的情况，一般来说还是比较可信的，因此这自然就成为邓名世父子研究这个家族姓氏源流的重要资料之一种。最后，还有一种就是以自己亲身经历所见所闻而增入或修定。如"踪"，以所见增入；"祀"，以所闻增入；"主"，以所闻增修；"单"，以所闻驳正；"练"，以所闻增修；"俞"，以所闻修定；"缴"，以近

[①] 《文史通义新编新注》外篇1，第440页。

事增入;"谢",以欧阳修、王安石说修定,等等。我所以要摘引这些内容,主要是要让大家知道邓名世编著这部姓氏之书时,除了搜集、采用了大量的文献资料,还根据自己在社会上所见所闻得知的许多稀有姓氏加以补充,进行修正。从上面所引资料来看,对于这些资料的使用也是各不相同,有的是"增入",有的是"增修",有的是"驳正",有的则是"修定",可见他对这些内容的记述还是相当有分寸的。由于我们这个国家历史悠久,人口众多,姓氏也就特别多,并且又不断在发生变化,因此历代所编修的姓氏之书,总都会有发展和变化。上面我们对邓名世在这部姓氏之书编修过程中对于各类文献资料采用的情况作了简单的介绍,从中已经可以了解到他所采用的各类文献是相当丰富的,这也才有可能使他对历代以来所有姓氏之书长短得失得以充分地了解和认识,因而在此基础上加以补充、改正和修定。正如他自己在《序论》三中所说,对于历代以来的各类姓氏之书,"自《风俗通》以来,凡有所长者,尽用其说,至穿凿讹谬,必辨解而疏驳之。"讲起来看似非常简单,其实乃是十分复杂的问题。首先要能看出在原有姓氏之书中有哪些姓氏在记述的源流上存在错误;有哪些姓氏原本并不是"国姓";又有哪些姓氏都被遗漏而没有记载?如此等等,先要一个个发现找出,方能逐个加以驳正、修补或补充,这是一项非常烦琐的文字工作,没有深厚的文史功底实不能为也,而如果没有细心、耐心、决心和毅力亦不能为也。其书在当时和后世尽管都已得到了好评,但是他自己还是十分坦诚地说:"诸书之误,十已辨其五六,其不知者阙之,以俟君子。"这种实事求是的、求真务实的精神,实在令人尊敬和感动,特别是知之为知之、不知为不知地公开承认,对于诸家姓氏之书中的错误,自己在书中只辨证了十之五六,对于其余错误,自己已经无能为力,只好存疑,以待后之高明者再来辨证。自己量力而行,绝不胡编乱造,这就是古代许多学者在做学问上的高贵品格,值得我们今天学者好好学习。特别是他那求真务实的精神,尤其值得今天青年学者认真学习,以消除非常危险的浮躁学风。

《古今姓氏书辨证》于南宋乾道四年刊刻以后,已经在民间流行,因而宋元以来许多文献多所征引。到了明代初年编纂《永乐大典》时将其收入,并"散附千家姓下"。到了清代,社会上早已没有此书的流传,乾隆间因编纂《四库全书》，遂从《永乐大典》中辑出大量久已失传的重要书籍，《古今姓氏书辨证》亦是其中之一。辑出以后，按《广韵》依姓编排，并同样分为四十卷，这就是《四库全书》本。嘉庆年间，孙星衍又从《四库》辑本抄录该书全文，委托山东沂州知府洪梧加以刊刻，于是又出现了岱南阁本，亦称洪氏刻本。道光年间，钱熙祚由于不满于当年《永乐大典》对《辨证》一书的分割，而岱南阁刊本刊刻时又"因陋就简，无所是正"，于是自己又"穷五阅月之功"，再按《广韵》重新编排。① 而在整理编排过程中，却又意外得到宋刊本《古今姓氏书辨证》残卷，尽管残缺大半（第五至十八卷、二十至三十卷缺），但邓名世自己所写三篇《序论》及原书的编排顺序都保留了下来，正如我们前面所讲，有了这三篇《序论》，邓名世编纂《古今姓氏书辨证》的宗旨和使用资料范围及对待前人著作的态度都可以得到全面的了解，而对全书的原貌，后人也得以窥见，因此这一发现显然是十分珍贵的。道光二十三年（1843）钱熙祚根据宋残本作了《校勘记》三卷，将其与邓名世三篇《序论》、《括要》、《总目》及全书韵目一并附刻在自己校勘新编的《古今姓氏书辨证》之后，并收入《守山阁丛书》。民国年间，商务印书馆编集《丛书集成初编》时，遂将《守山阁丛书》本《古今姓氏书辨证》收入，1985年中华书局又据商务印书馆《丛书集成初编》本加以影印，于是此本遂成通行本。

值得高兴的是，2006年6月，江西人民出版社出版了王力平先生点校的《古今姓氏书辨证》，成为目前研究该书最好的版本。据王先生在该书《前言》中所云，他经过比较研究，发现"无论从时间还是从质量上看，四库本都更近于宋本，也更胜于现存的其他版本。因此，此次标点校勘以四库本为底本"。尽管残宋版本最为原始，但残缺实在太多，加之这个残本后来又流落他处，已无从查找。这部新的校点本，作者花了数年之功整理校勘，吸收了所能见到的相关资料，特别是最后又将许多原始重要文献大都附于全书之后，如邓名世三篇《序论》。原书编排顺序：《括要》、《总目》、全书韵目，宣和六年（1124）高棐为五卷本所写的序、乾道四年邓氏之子椿年为四十卷本所写的序（以上两序《四库全书》本均收入）、孙星衍《刊古今姓

---

① （清）钱熙祚：《守山阁丛书本古今姓氏书辨证跋》，《古今姓氏书辨证》，第678页。

氏书辨证叙》、钱熙祚《守山阁丛书》本所作之跋和钱熙祚为《古今姓氏书辨证》所作《校勘记》的序。另外,《古今姓氏书辨证提要》和余嘉锡先生《四库提要辨证》中关于这一内容的辨证,也都一并附入,为研究此书创造了非常有利的条件。因此笔者认为,这部新的校点本,自然也就成为《古今姓氏书辨证》目前最佳之版本。

关于此书,这里还要说明两点:其一,宣和六年为五卷本作序的高崈是何许人也,我们今天所能知道的,仅是他在绍兴年间曾经做过福建漳州知府,其他就不甚清楚了。但从序的行文来看,此人肯定为邓名世的长辈,序文最后曰:"元亚,文昌先生之孙,旧名命世,崈为更其一字,曰名世云。"这就告诉人们,邓名世,原叫邓命世,今名乃是他为之更改,一般来说,只有长辈才能如此。序文还可以说明,武阳高氏也是在做学问的,况且邓名世在书中还曾四度提及高崈。其二,上文两度提到宋残本有《括要》,如果不作说明,很难知其原意,其实这就是今天之"凡例"也,为了说明问题,现将其条文抄列于下:

> 凡载"某书曰"者,皆以旧姓书为是。新修者,著"名世曰",以别之;
> 凡称"谨按"者、"今详"二字者,皆《辨证》之文,当从《辨证》;
> 凡略著所出者,皆阙疑,以俟君子;
> 凡曰"修定"者,皆援据已明而立为成说;
> 凡曰"增修"者,皆旧有姓氏无解或解而未尽,今详注之,以补其遗阙;
> 凡曰"增入"者,皆旧书所无;
> 凡曰"驳正"者,皆釐改舛误,或当削去此姓;
> 凡姓氏分声入韵,复姓皆附于单姓之后;
> 凡姓氏不协韵,与《韵略》所无之字,皆入《补遗》。[①]

以上九条,就是邓名世编纂《古今姓氏书辨证》时,在具体操作过程中

---

① 《古今姓氏书辨证》,第647页。

所执行的原则，所以它实际上就是我们今天编书时所列的"凡例"。在查阅该书内容之前，先对这些条文作些了解，就更加容易理解邓氏在书中对不同类型所作的解释。

综上所述，邓名世《古今姓氏书辨证》一书，确实是内容丰富、资料翔实的姓氏之书，今天已经是不可多得了。无论是谱牒学研究工作者，还是私家要寻找自己姓氏的源流，看来都非阅此书而莫属，因为内容再超过此书者确实已经没有了，这绝不是夸大其词。

第七章
明代谱学发展概况

一、元、明两代私家之谱的编修

自从北宋开始产生了私家之谱的编修，到了南宋就已得到很快的发展，到了元、明时期，不仅已经得到普遍的发展，而且在内容和体例上还有许多创新的表现；至于年谱的编修，更是得到迅速的发展，并且留下数量众多的年谱，这为研究学术发展留下一笔非常宝贵的财富。

在元代，虽然编修家谱已经非常普遍，但是流传下来的极少，庆幸的是，当年为编修各类族谱所写的序在有些文集中保存了下来，这为研究元代族谱编修提供了较为可靠的信息和有用的资料。从编修思想来看，欧阳修和苏洵两家修谱观点在当时流传和影响比较广泛，特别是欧阳修的主张影响更加大一些，有许多就是采用他们的体例进行编修。如浙江东阳人胡助就曾仿效欧阳之法编修本族族谱，"今辄效欧阳公族谱之法，断自可见之世，即为高祖，至五世玄孙而别自为世次，远近亲疏为别，而书有详略焉"[1]。而戴良在浙江龙泉《章氏家乘序》中亦说："昔欧阳文忠公依汉年表为世谱，而谓子孙不知姓氏之所从，以昧昭穆之叙者，禽兽不若也。今君仿史表为是书，既无愧于文忠矣。"[2] 总之，在元代按照欧阳修谱法修谱者不仅相当多，而且非常推崇。如许有壬在《题莆田黄氏族谱》一文中就曾这样说："宋欧阳公因采太史公《史记》表、郑玄《诗》谱，略依其上下旁行，作为谱图，百世不易之法也。"[3] 而吴澄《吴文正集》卷55《题欧阳世谱后》说："文忠公撰

---

[1] （元）胡助撰：《纯白斋类稿》卷20《胡氏族谱序》，第190页。
[2] （元）戴良撰：《九灵山房集》卷3，第39页。
[3] 《许有壬集》卷72，第768—769页。

欧阳氏世谱，载在文集，行于天下，如揭日月，人所共见。"如此之类的赞扬，真是已经达到无以复加的程度了。尽管也有个别批评的文章，毕竟无法与赞扬之声相比。苏洵的修谱理论在元代也得到了推广，特别是亲情思想，他那句"观吾之谱者，孝弟之心可以油然而生矣"，可以说紧紧抓住了人们的宗族意识，为了使同宗同族的人不要变成路人，就必须编修宗谱、族谱。刘仁本在为浙江黄岩《童氏族谱》所写的跋中就曾直接引用了苏洵的论述，跋语云："自宗法既废，世系不明，氏族不辨，人有家乘可考者，其族谱之谓乎！苏子曰：'一人之身份为至于途人，势也，幸亦至于途人，使无忽忘可也。'又曰：'观吾之谱，孝弟之心油然生矣。'今童师容氏所次族谱，其先远甚，不可复考，有自唐乾符间由睦徙台，再徙黄岩，逮今凡十有三世，观其所作五世图者十有六，各自为小宗，则前作合族大图始于太常君者，可为台之大宗欤！礼弛乐坏，士大夫能存宗法者几家？能具族谱者又几家？观诸此，因见童氏能明其系其族也，且附载其先世嘉言善行及积功累德，所以淑惠后人者居多。"①可见苏氏修谱的思想在元代确实还是有着一定影响的，有不少人采用了他的修谱理论和方法。这篇跋中还透露出一些重要信息，在元代，编修宗谱的家族显然还并不多，即使士大夫们，"存宗法者几家？能具族谱者又几家？"这就说明在刘仁本所处时代，编修家谱者还并不多见。而童氏这部族谱的编修，除了为了尊祖、收族，使族人不会变成路人外，他们还非常重视用祖先的"嘉言善行"、"积功累德"来教育后人。由于苏氏谱法乃是五世则迁，而童氏家族自唐乾符间由睦徙台、再徙黄岩已经十三世，于是他们不得不再作合族大图而为大宗谱，这就显示出苏氏修谱理论的局限性。不仅如此，苏氏修谱之法还有一个很大的缺陷，就是即使在五世之内，也只详嫡系而略旁系，并在《苏氏族谱》中明确规定："详吾之所自出也。自吾之父以至吾之高祖，皆曰讳某，而他则遂名之，何也？尊吾之所自出也。《谱》为苏氏作，而独吾之所自出得详与尊，何也？《谱》吾作也。"笔者在前面早已指出，这种做法，缺少一些人情味！苏氏在谱序中还强调："无服则亲尽，亲尽则情尽，情尽则喜不庆，忧不吊。"所有这些对于收族

---

① （元）刘仁本撰：《羽庭集》卷6，李修生主编：《全元文》第60册卷1840，凤凰出版社2004年版，第328页。

来说，都是没有好处的，因此，这些说法在元代曾遭到许多人的批评，批评苏氏理论过于"狭隘"，对于亲情来讲是"薄为道"也，因为与收族是背道而驰的。而在元代，编修守谱、族谱的主要功能，就是尊祖和收族两大内容，尽管在当时的有些谱序中也列举了好多种内容，其实只不过虚设而已，如李存在《舒氏族谱序》中就曾列举了八项之多："谱之修，尊祖宗、序亲疏、辨隆杀、右贤德、述贵显、详昏嫁、严死生、尚敦睦，此古今天下所同说也。"① 又如王礼在《夏阳汤氏族谱序》中亦列举了不少："族谱者，谱其族属崇卑疏戚，使子孙笃尊尊亲亲之谊，而或以之述门望、显畜聚、表交游者也。"② 我们认为以上两条材料所列，除了尊祖、收族意义之外，详婚嫁还是有些实际意义，其他所列可以说是毫无社会现实意义。标举郡望，乃是六朝、隋唐时期编修族谱的特点，在元代来说，显然已经过时了，至于表交游，对编修族谱更是无从说起。所以我说尽管列举项目很多，其实都是说说而已，不具任何现实意义。而在元代编修族谱过程中，有一种思想倾向倒是值得注意的，那就是同族之间不论贫富，平等记载，注意骨肉之亲，并且强调富者对贫者要加以扶持，这就更加能够起到族人之间加强团结的作用。著名学者袁桷在《临川危氏族谱序》中就曾这样说："吾于危氏之谱，其殆庶几矣。夫远而不可明者，理之常也。究其初，以合乎贵贱贫富，其心博，其旨微。将使夫困者通、盈者持。危氏之盛，循环无穷，于是乎有考焉。"③ 又如戴表元在《富春孙氏族谱序》中讲得就更加明显了："其族之穷老废疾孤寡不能自立，婚嫁葬埋之不能举者，又皆为条画以赒恤之，孙氏之义风殆方兴而未已也。"④ 应当说这些内容也体现了宗族之间的亲情关系，而这种举措对于增进族人之间的团结，无疑起着很大的作用。因为它在族谱中以文字形式表达出来，与那些强调"述贵显"、"述门望"相比，自然不可同日而语，尽管这些内容在元人所修的族谱中为数不一定很多，但它的影响和作用都是值得肯定和提倡的。可惜的是，像这样一类很多价值的内容，在以后族谱编

---

① （元）李存撰：《俟庵集》卷20，《全元文》第33册卷1062，第370—371页。
② （元）王礼撰：《麟原后集》卷2，《全元文》第60册卷1851，第571页。
③ （元）袁桷撰：《清容居士集》卷22，《全元文》第23册卷718，第249页。
④ （元）戴表元撰：《剡源文集》卷10，《全元文》第12册卷418，第139页。

修发展过程中并未能得到大力提倡和发展，特别是在中国封建社会晚期的明清时代，由于"三纲五常"逐渐占据宗族编修族谱的思想地位，宗族之内的亲情思想便逐渐受到削弱，而封建伦理思想遂成为编修宗谱、族谱的主导思想。

宋代开始修私家之谱，都强调起自可知之世，苏洵只修五世，很早就发现有周期过于短的弊病，而欧阳修也只修九族，所以后世效仿者就比较多。到了元代，由于修谱强调收族，因此就产生了无限制追远的弊病。常建华先生在《元代族谱研究》[1]一文中，根据元代二十五部族谱序中提到的世代数列表统计：十世以下只有三部，十至二十世有十六部，二十一至三十世三部，五十世一部，六十二世一部，七十四世一部。十世以下，大约都是起自宋代，应当说比较可信；十世以上，始祖都应在唐代，可信程度就已经大有问题；还有起自东晋，更远的则起自春秋战国，如此之类显然都是出于胡编乱造。这种情况，即使在元代已经遭到有识之士的批评，刘岳申在《洛阳杨友直家谱序》中就曾指出："宗法废而族谱乱，以伪乱真，以贱冒贵，以凡陋袭穹华，概不能以其身自树立，以求显扬，徒以其先谓他人昆，以取讥笑。"[2]而郑玉在《方氏族谱序》中也说："予每怪世之奸人侠士，妄取前代名公卿以为上世，自诧遥遥华胄，以诬其祖，以辱其身。"[3]这种为了追远在修谱过程中对自己的祖先加以胡编乱造的风气，到了明清时期真是愈演愈烈，因此还在明代初年，著名历史学家宋濂在《题寿昌胡氏谱后》中说："族之有谱，所以纪所自出，实则为尊祖。伪则为诬其先而乱其类，不孝莫甚焉。近世之士不察乎此，多务华而炫博，或妄为字名，加于千载以上不可知之人，或援它郡异族之贵显者，以为观美，其心非不以为智，卒陷于至愚而弗悟也。"[4]可见修谱当中，为了显示自己出于名门望族，或出于名人之后，于是胡编乱造，此种不良风气在元代已经盛行，到了明清时期更加愈演愈烈，原可以作为信史的家谱，竟被弄得乌七八糟。唯其如此，宋濂特

---

[1] 中国谱牒学研究会编：《谱牒学研究》第3辑，书目文献出版社1992年版，第70—93页。后收入常建华：《宋以后宗族的形成及地域比较》，人民出版社2013年版。

[2] （元）刘岳申撰：《申斋集》卷3，《全元文》第21册664，第463页。

[3] （元）郑玉撰：《师山集·师山遗文》卷1，《全元文》第46册卷1429，第331页。

[4] 《宋濂全集》第3册《朝京稿》卷4，第1709—1710页。

在短文中接着说:"寿昌胡氏则不然,于既远者皆不敢有所载,独自其有征者录之,得十有五世。详亲而略疏,考讹而传信,附其遗文及当时所受制命之词,皆蔚然有叙,是可谓善学孔子者矣!呜呼,不知而妄作者,其能无愧于斯哉!"[1] 他强调编修家谱必须信而有征,故此文开头就提出:"君子之所为,贵乎有征。"而切不可随心所欲,胡编乱造,否则就是对自己祖先最大的不敬与不孝。可是编修家谱中的这种不良之风,竟一直流传下来,尽管历代许多著名学者一再严厉批评也无济于事,于是造成了家谱中鱼龙混杂、真伪莫辨,为后人研究家谱带来很大的困难。这是有必要提醒大家,对于古代流传下来的旧的家谱、族谱,必须经过认真的考辨后才能采用,否则就将上当受骗。

在元代,年谱的编修也受到了当时学术界的注意,据有关文献记载来看,我们今天知道的还有二十一种之多(当然这并不是说元代仅编修二十一种年谱),这中间大多是替前代学者所编修,如程复心编的《孔子论语年谱》、《孟子年谱》,张师曾编写的《宛陵先生(梅尧臣)年谱》,都璋编写的《宋太师徽国文公朱先生年谱节略》等;也有是替前代政治人物编写的,如胡琦编写的《关王(关羽)年谱图》;至于为当代人编写的,李道谦一人就编写了四种:《七真(郝大通)年谱》、《七真(王处一)年谱》、《七真(刘处玄)年谱》、《七真(邱处机)年谱》各一卷,也许因为有着共同的社会背景,写起来比较方便,所以一人编了四种。作为年谱,学术价值一般都是比较高的,因为只要有了一部年谱,对于研究一个人的学术活动和政治生涯就能提供非常方便的条件,所以这种著作到了明清时期得到飞快的发展。

到了明代,家谱的编修更是得到了很快的发展,这不仅表现在体例上、内容上发生了许多新的变化,而且在品种上也出现了许多新的特点,尤其在明朝中后期,社会上编修家谱不仅比较普遍,而且编修也较为频繁,可以说明代已经成为家谱宗谱编修的黄金时期,其编修数量之多,可以肯定是居历代之首。因为清代统治者不提倡修家谱,当然也就无从与明代相比了。有明一代究竟修过多少家谱,现在已经无法统计了,最近看到2013年6月上海古籍出版社出版的由吴宣德、宗韵编辑的《明人谱牒序跋辑略》一书,实际

---

[1] 《宋濂全集》第3册《朝京稿》卷4,第1710页。

上就是对明人家谱序跋的编辑,据编者《凡例》所讲:"本书各篇文字辑自明人别集,其现存家谱、族谱中之序跋未予辑录。"而所有别集又大多来自《四库全书》、《四库存目》和《续修四库全书》,少数采自《四部丛刊》和出版社新出本。《凡例》所云"现存家谱、族谱中之序跋未予辑录",这一做法我认为是非常确当的,因为真正明代所修家谱流传下来是比较少的,而伪造的倒是相当多。该书共收明代别集五百多家,也就是说有五百多位作者,而所辑家谱序跋约一千五百多篇,这就相当于一千五百多部家谱,这个数字自然已经相当可观了。从作者来看,明代的名家大多在其中了,如危素、宋濂、王祎、方孝孺、解缙、何乔新、陈献章、王守仁、李梦阳、郑晓、归有光、茅坤、徐渭、王宗沐、张居正、王世贞、焦竑、顾宪成、汤显祖、胡应麟、董其昌、朱国桢、高攀龙、陈仁锡等。当然,再加上那些没有收入《四库全书》等的别集还有不少,更有许多连序跋也未流传下来的家谱自然也不在少数,因此有明一代所修过的家谱、宗谱总在数千种之多。由于种种条件限制,当前要统计全面已经无法做到。就以书中所收入的这五百多位作者所写的序跋来说,也还没有全部统计进去,例如宋濂,书中虽然已经采用了《文宪集》(《文渊阁四库全书》本)和《宋学士文集》(《四部丛刊》本)两种本子,也仅收入二十六篇序文,而浙江古籍出版社出版的《宋濂全集》则收有三十九篇家谱序文,两者相差十三篇之多,十三篇就是十三部家谱,据我所知书中所收的这五百多作者的著作,很多都已经过整理重新出版,通过整理一般都会将流散的文章汇集起来,像宋濂这种情况或许还不在少数。许多人当年为家谱所写的序,由于岁月流逝,如今已经不复存在,自然也就无法统计了。因此《明人谱牒序跋辑略》一书,虽然由于种种原因不可做到非常完善,但是由于有了它的汇辑,我们毕竟能够看到明代家谱、宗谱编修发展总的大势,这种编修状况在整个封建时代还是很少见到的,特别是私家之谱的编修,所以我把明代视作为私家之谱编修的黄金时代。由于大量的编修,修谱理论也得到很大的发展,并造就出不可多得的谱牒学家宋濂、王祎和方孝孺。特别是宋濂和方孝孺,在整个封建社会里也是无与伦比的,前者论述完善,自成体系,后者则为家谱写下定义,论述经典,他们的这些理论,都将永远成为家谱编修的纲领。

我们说有明一代是我国封建社会中私家之谱编修的黄金时代,家谱编修非常普遍、非常繁荣，当然这中间自然也有着发展的过程。人们可以看到，在明代初期，宋代欧苏两家修谱之法，在各地家谱编修中还有着很大的影响，特别是他们的修谱思想，影响更是深远，著名历史学家王祎在《陈氏族谱图序》中对二家谱法之不同及其意义就曾经作过论述：

> 古有大宗小宗之法，圣人所以序天伦、系人心、明教原、敦政本者也。汉魏以降，宗法废而门地盛，于是谱牒之学兴焉。族之有谱其犹宗法之遗意欤！宋世言族谱者二家，曰庐陵欧阳氏、眉山苏氏，而二家之法厥各不同。欧阳氏则世经人纬，取法于史氏之年表；苏氏则派联系属，如《礼》家所为宗图者。及论其所为同，则皆使人均重其本之所自出，有尊尊之义焉；各详其支之所由分，有亲亲之道焉。尊尊亲亲之意尽，而谱法备矣。是故宗法既废之后，圣人叙天伦、系人心、明教原、敦政本之道，犹粲然于族谱见之。君子之有志于存礼者，其忍复置而弗讲乎？①

王祎在这里既论述了欧苏两家谱法之不同，又肯定了两家"使人均重其本之所自出，有尊尊之义焉"，"尊尊亲亲之意尽，而谱法备矣"。他的这个结论，大体上可以代表明代初期学术界对欧苏两家修谱之法总的看法。而杨士奇（1365—1444）《东里续集》卷13《瑞安杨氏谱序》中亦说："作谱之道，明其本、详其亲、存其信、阙其疑，欧苏所为可法者盖如此。"他又在《甄氏家谱序》说："古者宗法行，人皆尊其祖、敬其宗，而俗化以厚。后世宗法废，人犹不忘其尊祖敬宗之心，不沦于薄俗者，则赖谱牒之行也。故谱牒可以系人心、敦化本，而仁人君子必至谨于斯焉。然更世多故，迁徙不常，传历既远，统系之不明，代序之不知，亦理势之所有。惟仁人君子则著所可知，而缺其所不可知，又谨之至也。数百年来，士大夫著谱可范世者，庐陵之欧阳氏、眉山之苏氏。欧阳谱凡二十世祖，而缺其中七世。苏氏自高祖以上失其传，谱录始于高祖以下。此皆著其所可知而缺其所不可知，其心固以为一家之中其事孰有重于尊祖而敬宗者，其可以不谨乎？故曰仁人君子

---

① 《王忠文公集》卷2，第52—53页。

之心也,岂如薄俗夸大喜高而冒昧无实者之所为乎?"这里杨士奇对于欧苏两家修谱之法既指出了他们不同之处,更肯定称赞了两家在修谱中求真务实的精神,这充分体现了他们在尊祖敬宗上面最大的诚意。明代前期的杨守陈(1425—1489),在《杨文懿公文集》卷8《潮阳胡氏族谱序》中,先叙述了历代谱牒发展以后,同样论述了欧苏两家谱法:

> 夫谱牒之学尚矣。自虞氏有别氏分类之书,而周人有小史之职以奠世系,分辨昭穆。下逮春秋,有《世本》。汉有官谱,晋有族姓昭穆之记。周齐以来,乃设图谱之局,而建官撰谱,四方以家状上者,官为考定,藏之秘阁,副在左户,而选举婚姻皆于是稽焉。其制详且明矣。五季之衰,皆泯然矣。宋欧阳永叔、苏明允皆谱其族也,然而为法不同,欧阳则世经人纬,若史氏之年表。苏则系联派属,若礼家之宗图。后之言谱者,莫不以二家为法焉。夫谱牒不作,则世系不明、亲属莫辨,上之祖祢以前莫知其谁何,下之兄弟子侄之外皆为途人矣,人道不几于禽兽乎?是故谱牒正而后人伦明,人伦明然后风俗美,而后四方万国一归于礼。此古之圣君贤相、仁人君子所以重此道也。

我们这里接连征引了明初三位学者为当时所修家谱所作的序,他们都谈到欧苏修谱之法对当时修谱的影响,特别是他们也讲述了这两家修谱思想并不相同,"欧阳氏则世经人纬,取法于史氏之年表;苏氏则派联系属,如《礼》家所为宗图",他们倒是看得非常清楚。可是当代许多研究谱牒方面的作者,在这一问题上,他们居然全都犯了错误,他们都认为欧阳修的修谱之法,与苏洵一样,都是采用的"五世则迁"的所谓小宗之法,为此我在写《欧阳修在谱牒学上的贡献》时,已经作过辨证,并指出欧阳修所记载明明是九世而不是五世,因为欧阳修非常懂得九世乃人之大伦,而苏洵自己则明白地讲了用的是古代小宗之法,故五世则迁。两者明显不同,明代学者均已看出。所以这里我再次指出,告知广大读者,不要听信错误的说法。当然,这里我们也要告知广大读者,欧苏两家修谱之法,所以能够影响深远,关键在于他们都有一个求真务实的修谱思想。关于这点,明代中期学者何景明已经讲得很清楚了,他在《瑞安钟氏族谱序》中有这样一段话:

> 嗟夫！人本乎祖，犹木之本乎根，水之本乎源也。世之昧于一本之义者，往往妄附于名贤华胄，以为光耀，殊不知自陷于二本矣。松柏苍寒，而缀芙蓉于其颠，君子固识其非类。流水东入于河，虽淆而为一，其清浊固自可辨也。人于其祖而可以二本乎？二本者，亦何益之有哉？故欧阳子之谱其族，中间失其世次者再。苏老泉之谱其族，由一世之上失其次。以二子之学识绝人，犹且缺所不知而不敢诬其祖也如此，而况于他人乎？若参政君兹谱，盖深明一本之义，而得欧苏之遗意矣。①

由于欧苏两家修谱都本着实事求是的精神，求真务实，不搞附会，并且强调"断自可知之代"，这种修谱的精神，历代都为学者们所称颂。当然由于时代的发展，许多家谱的编修则在两家基础上加以变革，有的则是"师其意而不师其法"。陈九川（1494—1526）在《明水陈先生文集》卷7《乐安招携谭氏重修族谱序》中就曾这样说：

> 谱学之废久矣，欧苏氏始准史表为之，近代宗焉，然亦鲜尽其法者。盖欧仿诗谱，图自可见。而苏本小宗，亲尽不及焉。至于各详其亲，以群谱互见，而各以其谱冠之，则无异法焉。是故远近有杀，本支有伦，备而不繁，简而不遗，善矣。后乃合异而谱详之，于是不胜载而难乎为继者，始与其法异矣。然后世宗法久废，欲使群宗各为之，势滋难矣。此谱牒之公患也。余尝欲变而通之，以尽制，未及为也。今观董子燧之为谭氏谱也，其亦思变乎？系远祖而谱始迁，录显功而刊繁博，又道之族约，而惟祭由坟墓附焉。虽不尽法二氏，视诸谱则加善矣。

随着家谱、族谱的编修在全社会普遍开展以后，修谱的经验自然也不断得到积累和发展，于是对于欧苏两家的修谱方法就不断产生不满足感，特别是苏洵的修谱法讲的是五世则迁，实际上到了第四世就得重新修过，于是不断产生的许多分支和旧的家谱如何处理自然就成了大问题，实际上苏洵本人

---

① （明）何景明撰：《何文肃公文集》卷12，《明代论著丛刊》本，伟文图书出版有限公司1976年版，第846—847页。

在不久也已察觉到了,所以经几年考虑以后,又提出《大宗谱法》。因此我们认为,苏氏修谱法最大的弊病就是周期太短,新谱刚修好,遂即成了旧谱,陈陈相因,无法处置。按照苏氏自己的理论,过了五服,家族成员之间的亲情关系就已经结束了,于是家族成员之间又重新变成了"途人",这当然也就起不到"收族"的作用。还有他的修谱方法讲亲情过于狭隘,尽然明文规定只有直系的四代人方作介绍并在称呼上作避讳,其他就连高祖的兄弟、曾祖的兄弟、祖父的兄弟、父亲的兄弟都一概不书,并都直呼其名,不作避讳。这就是说,就连大家常说的家中叔伯兄弟也都不管了,他的理由是"详吾之所自出"、"尊吾之所自出",这么一来,人情味实在太差了。清代学者万斯大讲得很清楚,修族谱的目的就是"追已往之祖,而收见在之族",按照苏氏的修谱法,这个目的自然就很难达到了。上引陈九川这篇序文,反映出到了明代中期人们在编修家谱问题上思变的情况,他们对欧苏两家的修谱之法已经很不满意了,于是创出了许多宝贵的做法与经验。谭氏重修的这部族谱,就具有明显的创新内容:"系远祖而谱始迁,录显功而刊繁博,又道之族约,而惟祭田坟墓附焉。"这些内容都是他们自己所创,特别是谱自始迁之祖,更加具有意义。所以陈九川认为:"虽不尽法二氏,视诸谱则加善矣。"

其后,郭子章(1542—1618)在《蜞衣生黔草》卷11《巴郡杨氏族谱序》中讲得就更加直截了当了:

今士大夫谱其族,率师欧苏二家。欧公豫章人,豫章人师之。苏公蜀人,蜀人师之。方苏公为谱,欧公见而叹曰:"吾尝为之矣。"出而观之,有异法焉。夫法即异,意其异也?师二家者,徒师其法,不师其意,其失有二:避远引之嫌者,曰芝草无根,醴泉无源,自我作始,何不可者?不知天之生物,使之一本,恶能无根源?欧阳出夏禹,由勾践、无疆以及千乘坚石,至于琮刺吉州,始为吉州欧阳。苏出高阳,由昆吾怂生秦代,至于味道刺眉州,始为眉州苏。二谱记载甚悉,重本也。避寒畯之嫌者,冒称四姓小侯,妄引肺腑枝叶,以途人耳目不知,史尚缺疑,况于家谱。欧阳氏称琮以下谱亡,至万始复见。苏氏称味道至吾高祖其间世次皆不可纪,疑以传疑,恩没实也。子章不肖,亦曾为吾郡谱寻根源于二虢,以及有唐作西谱,不嫌于略,自唐末吾祖南迁以至今日作南谱,不嫌其详。盖师二家之意,不尽泥于其法。

这篇谱序写得很好,好就好在他既讲了对于欧苏两家之修谱是抱着师其意而"不尽泥于其法",师其意就是务必做到求真务实,记述自己的祖上,找到自己的根源,重本也,绝不胡编乱造,以诬自己的祖先。同时也指出,当时社会上许多家谱的编修,存在着攀附名人伪造郡望的现象,他们是胡编乱造,"徒师其法,不师其意",自然就失去了尊祖收族的作用。所以许多名家在所写的族谱序中纷纷提出了批评,吴与弼(1391—1469)在《康斋集》卷9《五峰余氏族谱序》中就指出:"谱牒之书,本为不忘其初而作,于以传信将来。而世之作者或失其实,甚至于借重他人,而遂迷其所出,何其惑欤?然则谱徒为夸耀之具哉!"李东阳(1447—1516)在《怀麓堂集》卷27《汪氏家乘序》中针对社会上族谱造假现象的流行,就明确提出:"夫谱之法,莫大于知本,尤莫要于究实。故予所谓始者,知本之论也。所谓疑与异者,究实之义也。"[①]又在《怀麓堂集》卷62《洛阳刘氏族谱序》中说:"家之有谱,犹国之有典籍也。典籍不具,不可以为国,具而不实,其弊顾有甚焉者。惟家亦然,自《世本》不作,谱局不置,而天下之宗法遂废。其为谱者,或又傅会冒妄,慕华贵而讳寒畯,君子以为不足信,则并其实者疑之。谱之所以传信而反召疑,则虽无作可也。此所谓弊也。且姓之难辨者,惟刘与李。言李者悉出陇西,言刘者悉出彭城,归有是弊矣。唐刘知幾撰谱,学者服其博;宋河南刘煜十世之谱具存,此其最著者也,而今皆不可考已,况其他乎?"[②]

由于自明代中期以来,社会上编修家谱的风气非常广泛地流行开来,而胡编乱造的现象也随之严重起来,依托名人、伪造郡望,这样一来,把修谱尊祖敬宗的目的、团结族人的任务全都抛到九霄云外,如此下去如何得了。因此学术界的许多名家纷纷发表意见表示反对,提出家谱、族谱的编修必须求真务实、传信存疑,不能胡编乱造,否则就是对自己祖先最大的不孝,因为将别人的祖先当作自己的祖先,岂不成了天大的笑话!大家反复在

[①] (明)李东阳著,周寅宾点校:《李东阳集》第2卷,岳麓书社1985年版,第101页。
[②] 《李东阳集》第2卷,第13页。

讲，编修家谱就是编修自己的家史，因此，"谱之法莫大于知本，莫要于究实"。而王直（1379—1462）在《抑庵文集·后集》卷19《金华阮氏族谱序》中讲得就更加明显了："苏老泉为《苏氏族谱》，自眉州刺史味道而下，失传者皆缺之，而详其可知者，皆所以传信也。南丰曾子固自序其世，泝汉都乡侯以接子舆、子哲［晳］，可谓详矣。而欧阳公不以为然，岂非欲其传信哉？此作谱者所当法也。呜呼！谱之作，所以著本源，明昭穆，辨亲疏，而仁义之道行焉。三者或失，则为诬祖，为乱伦，贼仁害义，故君子慎之。"有鉴于此，许多学者在为家谱、族谱作序时，开头总都是在强调，国史、家谱其义一也，而国史编修务必求真务实，不可以弄虚作假，以传信于后人，那么家谱的编修自然也就不能胡编乱造，因为家谱、族谱就是要记载一个家族的承传发展历史。著名学者王世贞（1526—1590）在《荣泉李公族谱序》中，更是直截了当地说："夫谱，家史也。"既然如此，就不能胡编乱造，否则就将有失于人伦大义，是不孝的最大表现，因为把别人的祖先当作自己的祖先，而将自己的祖先抛到九霄云外去了。

到了明代中期以后，社会上编修家谱时，不再以欧苏修谱之法为模仿对象了，大多数人都是抱着"师其意而不师其法"的心态，因为这两家修谱最大弱点就是周期太短，特别是苏洵的道地"小宗"之法，同时苏氏又只讲直系，因此亲情关系又过于淡薄，不利于团结广大族人。在大家努力探索之下，的确编出了许多富有创建性的家谱，我们上文讲到的只是其中个例。总的来说，明代中叶开始所修家谱、族谱中，有两大显著变化，一个是封建统治思想进一步加强，另一个则是编修统谱的多起来了，因而在整个体例和内容上也就复杂起来了。而家谱、族谱的编修，无形中又变成了封建统治的服务工具了。

众所周知，在明代整个思想界都是由程朱理学所统治，家谱、族谱编修自然也不例外，因此，原来的尊祖、敬宗、收族的目的显然已经不够用了，还得加进"三纲五常"一类内容进去。这么一来，理学思想便逐步渗透到家谱、族谱编修之中，于是，家谱、族谱编修中，除原有内容外，族约、族规、族权、族训等所组成的宗法制度，就像一个个无形的网络，成为维护封建统治的得力工具。在当时，每个宗族的族长，总是由家族中那些有权有势者所掌握，广大的族人只有俯首帖耳地听从其摆布。到了此时，人们自然就可以看到，到了明代修谱的宗旨居然已经变了味了。特别是那些地方势力比较强、宗族规模比较大的家族，他们在编修联谱、统谱时，族长、族权的力量表现得也特别明显，而所修宗谱中所反映的族规、族约等也就比较齐全，这些内容也反映了封建社会晚期，宗族势力与封建政权相结合的特点，从而加强了对广大劳动人民统治的力量。而族长自然也就成为旧社会统治势力的坚强支柱。

在明代编修族谱中另一个比较大的变化，便是编修统谱的做法逐渐多起来。这样的统谱，开始时规模还是比较小的，一般是将就近几个同一个家族不同的分支编修在一起，这些分支确实都是由同一个祖先分离出去的，有的平时都还在走动，只不过讲起来是属于"远房"而已。这样的统谱编修起来，很在情理，难度也不是很大，因为大家都居住在同一个区域之内。这样的统谱编修，还是有一定意义和实用价值。但是，随着时间的推移，这种统谱的编修，规模越来越大，并且打破地域界限，把分布在各地的同族各个分支编修于同一宗谱之中。张海瀛先生在《明代谱学概说》①一文中所列举的两部统谱非常典型，一部是"弘治十四年（1501）编修的《新安黄氏统谱》，以东晋时黄元集出任新安太守居新安为始迁祖记起，记载了由新安支出的二十五个支派"，文章将二十五个支派一一列出，并征引该谱谱例所说："会通之要，所以审迁派，究源流，归万殊于一本。"这个要求当然是很理想的，能否做到呢？恐怕就得打问号了，时间这么久能够弄清楚吗？所以张先生文章接着就指出："伴随这种跨邑连郡的统宗世谱的编修，自然难免出现鱼目混珠的现象，所以辨别真伪就成了一个特别重要的问题。"文中所列举的另一部统谱，规模就更加大，也就更加离奇了。嘉靖十六年（1537）张宪、张阳辉主编的《张氏统宗世谱》从黄帝时赐姓记起，一直记到嘉靖年间，上下长达数千年。文章根据该谱之《内纪》中所载支派，一一列出，共计一百一十七个支派，而这些支派的分布几乎遍及全国十五个省。该谱还绘制有《张氏古今迁居地理图》，在这幅地理图上，不仅标出了各个支派，而且将每个支派所属点也都详加标出，张先生在文中还将各个支派所属点加统

---

① 《谱牒学研究》第 3 辑，第 94—122 页。分别收入张海瀛：《族谱姓氏研究集》，天马图书有限公司 2003 年版；张桂萍编：《缅晗集：张海瀛谱牒研究文选》，山西人民出版社 2012 年版。

计，共一千四百七十多个点，可见这部统谱的编修所花的精力、时间和经费都是相当可观的。可是，对其内容所载的真实性与可靠性，笔者还是不敢轻易首肯的。首先，从赐姓记起，一直记到明嘉靖年间，这种不间断的世系流传，根据是什么？其次，中国的姓氏，在发展过程中还经常会发生变化的。我们前面已经讲过，西汉的张良，本来并不姓张，他是韩国的贵族，而韩国是与周王室同姓姬，秦王嬴政灭了韩国，他兄弟二人共同刺杀秦王嬴政，失败后其弟被杀，他则到处逃亡，并改名张良，当然他的后代也就姓张了，这与原来的张姓自然就不是一个统系。这里我还想提示一下，在敦煌发现的《新集天下姓望氏族谱》中，当时的张姓在南北两处出现，北方在幽州范阳郡，南方则在苏州吴郡。此谱作于唐贞观年间，这就说明，在唐代，张氏在流传过程中至少已形成南北两大派系。明代所修之张氏统谱中，似乎都没有谈及，这才是比较可靠的家谱方面文献。

而这部《张氏统宗世谱》，上海图书馆是有收藏的，其提要说：

> 《张氏统宗世谱》，三十卷，（明）张宪、张阳辉修——明嘉靖十四年刻本——7册——存内纪卷1—4，6—10，12—17，文献卷1—11
> 　　此系祁门张氏所修祁门、婺源、休宁、歙县、绩溪、黟县、旌德、泾县、南陵、泾石埭、贵池、浮梁、德兴、乐平等县之通谱。祁门始迁祖取，本金华人，唐乾封间判饶州，后弃官家古黟赤山镇，即后之祁门。其孙龟龄迁居祁之润田，龟龄曾孙周，避黄巢兵，居歙之黄墩，周子彻徙居婺源甲路，谱所载诸县各派多自润田、甲路析出，所存内纪为诸县各派世表，文献载诰敕、传记、文辞。①

这部《张氏统宗世谱》，与上文所引是否同为一部书？因为作者是同为这两个人，只不过年代相差两年，一个是嘉靖十六年主修，一个则是嘉靖十四年刻本，虽然相差仅两年，但两者内容似乎相差过于悬殊。因为《提要》介绍此书所记范围仅祁门、婺源等附近十多个县，而始迁祖乃唐乾封年间金华人张弘，原在饶州做官，后弃官家古黟赤山镇，即后之祁门，子孙繁

---

① 上海图书馆编：《上海图书馆藏家谱提要》，上海古籍出版社2000年版，第717页。

衍遍及周围十多个县，这样一部统谱编修应当说是合乎情理。而张先生在文中介绍的那一部，内容遍及全国十五个省份所有张姓，时间又是从黄帝赐姓开始记起，时间跨度达数千年之久。是不是这两个主修人在嘉靖十四年刻本基础上，花了两年时间，将其扩充为记载全国范围的张氏统谱？这两部张氏统宗谱之间有何区别？笔者就不得而知了，因时间和精力所限，也无法进行研究，只能作为一个问题向读者提出，若有兴趣可以自行研究。我们还可以告诉广大读者，上海图书馆还收藏有明万历年间编修的与祁门张氏有关的另一部统谱，即《张氏统宗世谱》八卷，其提要说：

  《张氏统宗世谱》，八卷，［祁门、婺源，］明张敦仁等纂修，明万历四十三年（1615）刻本，2册，书签题清河张氏宗谱。
  此系祁门润田、婺源甲道两派之统宗谱。润田派以唐代张志和（玄贞子）为一世祖，甲道派以唐末彻为始迁一世祖，彻父周为绩派令，黄巢时避难于歙之黄墩。兵定后，彻徙至婺源甲道。卷一、二源流考、谱论等，卷三至八世系，附载先世遗文及族裔登科资料。①

从提要介绍来看，这部统谱编写得还是比较实在，一则是唐末开始记载，时代还不是太远，而始迁祖之父也仅仅是县令而已，并没有胡编乱造，把自己说成是名人的后代，类似这样的家谱宗谱，所记材料一般都是比较可信的。类似统谱，在明代编修还是相当普遍的，如：《曹氏统宗世谱》不分卷，明万历四十三年（1615）刻本；程敏政编纂的《新安程氏统宗世谱》二十卷，附二卷，明成化十八年（1482）刻本；王鸿等纂修《武口王氏统宗世谱》二十四卷，明天启三年（1623）刻本；朱拱辰纂修《朱氏统宗谱》八卷，明崇祯四年（1631）刻本；余星源纂修《余氏统谱》不分卷，明隆庆二年（1568）刻本；洪应鹏等纂修《严陵洪氏宗谱》不分卷，明万历三十三年（1605）刻本（这部《洪氏宗谱》从《提要》介绍来看，实际上也是统谱性质，只不过书名没有标注出来）；谢廷谅等纂修的《古歙谢氏统宗志》八卷，明万历间刻本（这部宗谱非常特别，书名不称宗谱，而称"宗志"，当

---

① 上海图书馆编：《上海图书馆藏家谱提要》，上海古籍出版社2000年版，第725页。

然，人家这个志是当记载、记述来用，也就是史的意思，不会有人把它理解为方志）；俞敬吾等纂修的《重修俞氏统宗谱》二十卷，首一卷，明天启元年（1621）刻本；江云澍等纂修的《新安萧江大统宗谱》二十七卷，明钞本（从《提要》介绍来看，这部大统宗谱，谱主本姓萧，唐末易姓为江，这在这部宗谱的名称上已经反映出来了，至于为什么易名，那只有查看原谱方能知道。这就再一次告诉人们，中国的姓氏，在发展流传过程中，往往会发生变化，原因则是多方面的）。以上介绍的统谱，始迁祖大多是从唐代开始，个别有晋、南朝和隋，应当说还是比较符合事实的。而上文所介绍的这些家谱，都是出自《上海图书馆馆藏家谱提要》一书。

在明代家谱编修中，在内容记载上还有一个显著的变化，那就是妇女在家谱记载中有了应有的地位。还在明代早期，方孝孺在《族谱序》一文中已经提出，不仅要记载妻妾来自何姓，而且还要记载女儿嫁在何方，这于欧苏谱法来说，是有很大进步，而在后来明代所修族谱中虽然不是全部如此做了，但大多数家谱中还是记载了。若从内容来说，明代族谱中，还增加了祖坟、祠堂、族田、族规、族约、家训等，然而对于广大劳动人民来说，无形中身上又增加了一座山头。因为在封建社会里，族谱的编修很明显具有两面性，对于一个家族来说，起到尊祖、收族的作用，而另一方面却又成为封建统治者的帮手，这一点是必须承认的。

由于年谱的学术价值不断为学术界人士所公认，因而年谱的编修在明代得到了飞跃式的发展，有文献记载可查的就有二百三十四种之多，而见于《明史·艺文志》的仅有杨廉《二程年谱》、李默《朱子年谱》、徐渤《蔡忠惠年谱》三种而已。到了清代，年谱的编写更成为当时谱系发展中的重头戏了。

二、明代姓氏之书的编写

自从宋代私家之谱编修产生以后，不久就产生了几部有影响有价值的姓氏之书，元、明以来，私家之谱的编修得到了广泛的发展，在民间，编修家谱已经成为社会的风气。而在家谱编修过程中，首先遇到的就是自己家族姓氏来源问题，这自然就要找来有关姓氏之书进行了解，这就成为明代姓氏之书得到大量编修的社会直接因素。元代当然也有,但是流传下来我们知道的不多,仅知道有《排韵增广事类氏族大全》一书,全书二十卷,还不知道作者为谁。而明代我们现在知道的就有十多种,肯定当时产生的数量还要多,有的早已失传。可是,就质量而言,内容丰富、价值很高的并不多,这与明代社会的学术风气有很大关系,当时的社会上,学术界许多人都不太认真读书,但又偏偏喜欢写书,还在清朝就有人已经指出这个毛病:"明人学无根柢,而最好著书,尤好作私史。"(《四库全书总目》卷58)所以,当时产生的姓氏之书,从品种与数量来看,确实相当多,但从内容价值来说,就无法与宋人乃至以前朝代相比了。下面选择部分著作略作介绍:

1. 凌迪知和《万姓统谱》

凌迪知(1529—1600),字稚哲,号绛泉,乌程(今湖州)人。其子凌濛初乃明朝著名文学家,因编有"二拍"(即《初刻拍案惊奇》、《二刻拍案惊奇》)而著名。其从弟凌稚隆亦是著名史学家、雕版印刷家。嘉靖丙辰科(1556)进士,官工部郎中。当时朝廷举办斋醮之事,要兴建十坛,共计需要琉璃瓦一百五十万张,若要办齐需要一年之久,迪知访得巨珰所储三殿副料若干,尽数上报,如期将事办成。巨珰对他怀恨在心,从中施以诡计,使迪知谪贬定州,任同知,署开州。里甲苦于无钱支应一切用度,迪知请立一条鞭法。此后御史庞尚鹏将此法用于浙,中丞海瑞又将此法用于吴,皆以为方便。于是迁大名府通判,又升常州府同知。后罢官归里,闭户著书三十四年,日校雠群书,雕版印行于世。一生著作相当丰富,单是姓氏之书就有三种,除《万姓统谱》外,还有《姓氏博考》和《历代帝王姓系统谱》。此外尚有《史汉评林》一百三十卷、《增订荆川史纂》十四卷、《大学衍义补英华》十八卷、《文林绮绣》五十九卷、《名世类苑》、《名公瀚藻》五十卷和《学海清澜》等。最后一种乃是辑录之书,胡承谋乾隆《湖州府志》在卷46《著述类》有明确记载:书凡五种:一《左国腴辞》八卷,迪知辑,同郡闵一鹤校;一《楚骚绮语》六卷,明张之象辑,迪知校;一《太史华句》八卷,迪知辑,弟稚隆校;一《两汉隽言》十六卷,宋林越辑,迪知校补;一《文选锦字录》二十一卷,迪知辑,弟稚隆校。他的著作确实不少,但各书记载多有出入,就如《名世类苑》有的亦作《国朝名世类苑》,而《学海清澜》亦有将其列为著作，甚至有将总名与子目一同并列，近人还有将五种辑录之书放在《大学衍义补英华》之中，总之，关于他的著作记载都很杂乱。

关于《万姓统谱》，有的地方称《古今万姓统谱》，其卷数更是记载不一，《四库全书总目》中华书局整理本在此条目之下注释是："而《统谱》卷数，浙、粤本作一百四十六卷，文渊阁库书实作一百四十卷，又李慈铭《祥琴室日记》八六称是书一百五十卷，翁方纲《复初斋·念坛蒋氏三世合传》又谓是书一百八十卷。是各家意见不一，兹当依库书作一百四十卷。"但胡承谋的乾隆《湖州府志》著述二则称《万姓统谱》一百五十卷，又山西省社会科学院收藏的《古今万姓统谱》亦为一百五十卷。据此我们可以肯定应为一百五十卷，因为湖州乃凌迪知的家乡，而地方志记载家乡学者著作一般都比较可信，李慈铭是绍兴人，绍兴与湖州，两府相距很近，况且又有山西省社会科学院所藏之书作为佐证。特别是该书作者在自序中也明白讲成书一百五十卷，不知整理者为何竟对自序所言忽略而不提。可见此书在流传过程中曾产生过不同的版本，否则不会出现卷数的差异，因为国家图书馆藏本又为一百六十卷。如此说来，目前所知，卷数不同已有五种之多。

凌迪知在《万姓统谱·自序》中明确提出，他作《万姓统谱》是受到苏洵所作《苏氏族谱·引言》的启发和影响，该《引言》中有这样一段话："观吾之谱者，孝弟之心可以油然而生矣。情见乎亲，亲见于服，服始于衰，而至于缌麻，而至于无服。无服则亲尽，亲尽则情尽，情尽则喜不庆、忧不吊，喜不庆、忧不吊则途人也。吾之所以相视如途人者，其初兄弟也。兄弟，其初一人之身也。悲夫！一人之身份而至于途人，此吾《谱》之所以作也。其意曰：分而至于途人者，势也。势，吾无如之何也已。幸其未至于途人也，使之无至于忽忘焉可也。呜呼！观吾之《谱》者，孝弟之心可以油然而生矣。"[①] 苏洵在这里讲述了自己编修家谱缘由，从而也就说明了家谱编修的作用和价值。既然一个家族通过家谱可以联系起来，凌迪知认为全国所有姓氏联在一起，同样可以联天下为一家，"由一人而百姓、而千姓、而万姓，虽梦焉杂焉，散漫而不可统括，实一本一源之枝流耳，……知此，则联天下为一家反掌耳。故观吾之姓谱者，孝弟之心或亦可油然而生矣"。他的这

---

① 《嘉祐集笺注》卷14，第373—374页。

篇《自序》写得很实在，为了让更多人能够看到，现将全文抄录于下：

> 余读眉山《苏氏族谱·引》，感而辑姓谱云，引之言曰：凡人情见乎亲，亲见乎服，至无服而遂途人焉。其初兄弟也，一人分焉者也。又曰：一人分而至途人，势，吾无如之何也，先其势而图之，使无忽忘焉可也。夫即其言而绎之，将以联苏氏一家之心已也。然握其机以联之者，庸他术乎？仅惟族谱之一书，故苏氏自谓观吾《谱》者油然而生孝弟之心焉。夫天下，家积也，谱可联家矣，则联天下为一家者，盖以天下之姓谱之，夫自开辟来遐哉？邀乎生齿繁育，总总林林，受姓而载简册者，不啻百焉千焉而殆万也。夫岂生于空桑乎，又岂各为门户乎？上古虚静恬淡，寂寞无为，民熙熙相忘于世，如鱼相忘于江湖，岂岐人已；而二之逮德下衰，淳散朴离，日以鸥鸢蜗角所争者而奔走焉，至分胡越于一膜之外，溯其所自，岂不以面目本来判焉，若风马牛不相及乎。而岂知万千一本，万派一源也，考之《世谱》，曰五帝三王，无非出于黄帝之后，黄帝一十五子，而得姓者十四，德同者姓同，德异者姓异，则知凡有生者，皆一人之身所分也。分而以嗣以续，愈远愈繁，由一人而百姓、而千姓、而万姓，虽棼焉杂焉，散漫而不可统括，实一本一源之枝流耳，而相倾相轧，胥虐胥戕，施之胡越且不可，矧于一膜之外耶！知此，则联天下为一家反掌耳。故观吾之姓谱者，孝弟之心或亦可油然而生矣，此余辑谱意也。噫，天地大父母也，凡物皆受于天地而始为象□，则凡物且皆吾与，必咸若之而后□周流贯彻，况同此形性者耶，而况同此受姓者耶！古之君子有不敢□附于远祖之显者昧也，有必欲自□而涕泣者隘也，其于大本大源何□，谱成次一百五十卷，条列载之凡例，兹不复赘，识者慎毋曰有是哉，子之迂而哂也。吴兴凌迪知撰。①

这篇序中说明，凌迪知编纂这部《万姓统谱》，是受到苏洵的家谱引言启发，家谱既可以联家族，推而广之，当然也可以联天下。况且，普天之下所有家族，三皇五帝，"无非出于黄帝之后"，天下所有家族都由黄帝子孙

---

① （明）凌迪知撰：《万姓统谱·自序》，《四库全书》本。

派生而来，因此按其得姓来说，应当可以联天下。需要指出的是，这仅仅是非常理想的理论而已，从我国姓氏发展历史来看是非常复杂的，中间有许多复杂的变化，单就《世本》所记载的姓氏已经是变化多端，加之后来不断有皇帝赐姓、避仇改姓、少数民族姓氏、外国人定居中国后所取姓氏等等，因此越到后来，要想联天下越是办不到的。这也说明，凌迪知对于我国古代姓氏发展变化未能深入认真地研究，仅停留在理论上的论述，他没有像邓名世那样对姓氏发展研究所下的功夫，因此有的论述完全是凭着空想、脱离实际，如凡例中有这样一条："姓之有氏，如水之有源，历代世谱云，五帝之相承，三王之继禅，无非出于黄帝之后，故有姓必有氏，今常姓亦有无氏者，而希姓则漫无考括，竟不得其所系之本，兹惟仍旧注，缺以存其姓。"从这则凡例的论述就可以知道他对古代姓氏发展的情况并不了解，因为即使古代，姓之与氏并不存在源与流的关系，郑樵早就指出："三代之前，姓氏分而为二，男子称氏，妇人称姓，氏所以别贵贱，贵者有氏，贱者有名无氏。……姓所以别婚姻，故有同姓、异姓、庶姓之别。氏同姓不同者，婚姻可通，姓同氏不同者，婚姻不可通。三代之后，姓氏合而为一，皆所以别婚姻，而以地望明贵贱。"① 事实上正如郑樵所说，《世本》所记已经是姓氏合一，有的只称姓，有的只称氏，而这个氏其实就是指姓。因此，凌迪知"姓之有氏如水之有源"，完全是他想象的说法，即使在三代姓氏分而为二之时，也并非存在源与流的关系。上述郑樵所言，已经区分得非常清楚。可见他对《世本》所讲姓氏也未能仔细研究，否则也不会提出这种空想的理论。而他这部《万姓统谱》虽然号称一百五十卷，其实他主要的精力大多花在寻找每个姓的那些重要人物，他与邓名世《古今姓氏书辨证》研究方向有着很大不同，而两书的学术价值自然也就不可同日而语了。《四库全书总目》卷 13 作了如是介绍和评价：

> 是书以古今姓氏分韵编次，略仿林宝《元和姓纂》，以历代名人履贯事迹，按次时代，分隶各姓下，又仿章定《名贤氏族言行类稿》，名为姓谱，实则合谱牒传记而共成一类事之书也。古者，族系掌于官，故

---

① 《通志二十略·氏族略第一·氏族序》，第 1—2 页。

《周礼》小史定世系，辨昭穆，《南史·王僧虔传》称司马迁仿周谱以作年表，其体皆旁行斜上，是其制也。《战国策》称智果别族于太史为辅氏，是周末法犹未改矣。秦汉以下，始私相记录，自《世本》以下，纂述不一，其存于今者，惟林宝、邓名世、郑樵三家，余皆散佚。然散见他书者尚可考见，不过明世系、辨流品而已。迨乎南宋，启札盛行，骈偶之文，务切姓氏，于是《锦绣万花谷》、《合璧事类》各有类姓一门，元人《排韵氏族大全》而下，作者弥众，其合诸家之书勒为一帙者，则迪知此编称赅备焉。其中庞杂牴牾，均所不免，至于辽、金、元三史姓氏，音译失真，舛讹尤甚。然蒐罗既广，足备考订，故世俗颇行用之，亦未可尽废也。

这个评价还是实事求是的，它首先告诉人们，此书并非单纯的研究姓氏之书，而是"合谱牒传记而共成一类事之书"，甚至更偏重于后者，因此它与此前那些专记姓氏之书是有区别的。而明代学者王世贞还为该书写过序，但不知为什么写作《万姓类谱序》。在这篇序中还讲述了王世贞自己对姓氏、宗谱的作用看法，为了帮助读者了解，现将全文抄录于下：

先王因生而赐姓，胙土命氏，然则姓也者，其统乎氏也者，贵而始为别乎？乃杨用修之释书则引黄东发论，以为五帝之世民无姓，贵而为官者始有姓，百姓之平章所以别于黎民之于变也。而说者又谓姓从生从女，姓者女之适而别者也，故曰姚、曰妫、曰姒、曰姬、曰嬴、曰嫣、曰姞，其左皆女也。自命氏之说行，而周之王族与诸侯之公族、卿大夫之别子，往往自为姓，而隋唐以先贤智者亦往往轻用其见而叛其源，有义而改者，有音而改者，有字而改者，有合音与字而改者，有慕古而改者，有虑难而改者，有因一事而改者。夫其率然而为改也，即再易世，非搢绅先生何知源；其人之相戕贼也，相为禽乱也，亦孰从而遏之。甚矣，今之昧于姓也，别姓为婚，别源为宗，别祖为族。夫刘之望最夥，为二十五，王次之为二十一，张又次之为十四，李又次之为十一。然而不以异望而婚也，其不相婚固也。然而彭城不谱弘农，琅琊不谱太原，清河不谱南阳，赵郡不谱陇西，各以其望而宗也。宗也而小远，非谱通其始，不族也，族则近而别婚则远而严甚矣。今之暂于姓也，虽先王何加焉。盖自唐宋而来，其谱姓毋虑数十家，而吴兴凌大夫始合而为一，其源别、郡望、条著胪列，而诸能以姓显者咸附焉。凌大夫之言曰："我非以眩靡也，将使夫探源者油然而毋胥戕贼也，介然而毋至为禽乱也，于世道将小补哉！"虽然，执是以稽古今之能显者，谓之姓史可也。凌大夫名某，壮而解郡，绂归而著书，成一家言，兹亦其卓然者。①

王世贞尽管是位大家，但是对于谱牒学毕竟没有作过深入研究，因此也就讲不出更多的内容，仅仅在引了凌氏之言以后，指出"今之能显者谓之姓史可也"。因为此书在姓氏之学问题上，并未作出超越前人的贡献，正如《四库全书总目》所言，自《世本》以后千百年来，传于今者"惟林宝、郑樵、邓名世三家"而已，此后无人再能超越于此也。事实上，元、明、清以来研究姓氏者，正如王世贞在序中所说，"今之暂于姓也，别姓为婚，别源为宗，别祖为族"，如此而已，这也就是为编修族谱、家谱追求的最终目的，而下大功夫再去研究姓氏之学者也就没有再出现过。

除了上述之书外，凌迪知还编纂了《氏族博考》十四卷，《四库全书总目》已指出："大旨皆本之《氏族略》，无大发明。"此书原与《万姓统谱》刻在一起，并在《万姓统谱》之前，这在《四库全书总目》评介《万姓统谱》最后已经指出，后来又单独刊行。上海图书馆藏有此书，前有乌程吴京（朝卿）写的《氏族博考叙》一篇，后面便是《凡例》二十一则，笔者将其与《万姓统谱》的《凡例》比对看来，完全是一样，这究竟是《万姓统谱》的《凡例》，还是《氏族博考》的《凡例》，或者原来就是两者共用的《凡例》？但是若从《凡例》内容研究，则可以发现此《凡例》原是为《万姓统谱》而作，因为其中有数条是讲述人物收录原则和资料来源，这与《氏族博考》的内容毫无关系，看来这是吴京刊刻此书时所误抄。而全书并无目录，上海图书馆陈先行先生根据我的要求，从每卷特地辑录一份目录，为了便于读者了解此书的内容，特将其目录附载于下：

---

① （明）王世贞撰：《弇州山人续稿》卷43，《四库全书》本。

目录

卷一　姓氏：总论

卷二　氏考上：同源异派第一、赐氏第二、改氏第三、改恶氏第四、帝王姓系第五

卷三　氏考中：汉魏受氏第六、变夷第七、变于夷第八、别族第九、避讳第十、音讹第十一、省文第十二、省言第十三、避仇第十四、生而有文第十五、以物为姓第十六

卷四　氏考下：复姓第一、同姓名第二、隐姓名第三、变姓名第四、冒姓名第五、诡姓名第六、耻姓名第七、慕姓名第八、戏姓名第九、不称姓名第十、著姓名第十一

卷五　氏源：得姓受氏三十二类

卷六　氏按：唐氏、秦氏、汉氏、鲁氏、吴氏、晋氏、邻氏、凡氏、邻氏、楚氏、陈氏、薛氏、沈氏、夔氏、向氏、龚氏、蒙氏、绮氏、姚氏、嬴氏、芊氏、林氏、丕氏、弥氏、析氏、石氏、庆氏、若敖氏、桑氏、以名为氏、宓氏、帝王名、召氏、尧氏、甲氏、廉氏、和氏、皮氏、舆氏、狐氏、牙氏、展氏、兹氏、居氏、段氏、丰氏、子郢氏、熊氏、班氏、枝氏、奚氏、几氏、余氏、季氏、丁氏、祖氏、左氏、景氏、傅余氏、褐余氏、史氏、褚氏、司马氏、寇氏、宗氏、厩尹氏、将军氏、李氏、皇氏、巫氏、屠氏、白马氏、敬氏、肃氏、复姓、叔孙氏、斗强氏、韩婴氏、长孙氏、颜氏、干氏、桂氏、范氏、斗氏、孔氏、王氏、穆氏、盛氏、张氏、孙氏

卷七　氏目：以国为氏、以郡国为氏、以邑为氏、以乡为氏、以亭为氏、以地为氏、以姓为氏、以字为氏、以名为氏、以次为氏、以族为氏、以官为氏、以爵为氏、以凶德为氏、以吉德为氏、以技为氏、以事为氏、以谱为氏、以爵系为氏、以国系为氏、以族系为氏、以名为氏（国邑乡附）、以国爵为氏（邑爵附）、以邑系为氏（邑官附）、以官名为氏（官氏附）、以邑谥为氏、以谥氏为氏、以爵谥为氏、不得系之姓、本朝希姓不知所自起、姓字古文今文同异见直音、代北复姓、诸方复姓、代北三字姓、代北四字姓、蒙古七十二种、色目三十一种、金人姓字

卷八　字辩：平声、上声、去声、入声

卷九　谱系：总论、事实

卷十　谱籍：帝系、皇族、总谱、韵谱、郡谱、家谱

卷十一　族望：总论、事实

卷十二　世家上

卷十三　世家下

卷十四　附录：仙神姓名

除上述两种外，凌迪知还作有《历代帝王姓系统谱》六卷，前有万历七年（1579）《自序》一篇，《凡例》三则，从《凡例》即可看出全书之内容：

一、帝王姓系，惟述正统正宗，若子之子，孙之孙不能殚备，至于昭代，列圣位下书诸王，于诸王位下只书王子一代，不敢繁述。

二、本朝列圣为纲，诸王为目，列圣顶书，诸王平书，下一字然于列圣世系下先书皇子九人，即帝号亦下一字不得与正书并，庶纲目森然。

三、帝王世系，附列僭窃，本非所当，与第一删之，则姓不备列诸姓韵之下，又涉淆故每书下数字另附于各代之末，示与帝王并列也。

综上所述，凌迪知一人编纂了三部谱牒著作，这在历史上还是不多见的，特别是唐以后。因为在魏晋南北朝时期，一人编写多种谱牒著作还是比较多的，特别是那些著名的谱牒学家。尽管此类较多，但是其价值并不是太高，王世贞和《四库全书总目》的作者评价前面我们已经征引了，我们不妨再看看清代学者李慈铭在其《越缦堂日记》中所说：《万姓统谱》"其书失于过繁，庞杂抵牾，固难表数。又不讲字学，时病舛讹。然胪载详尽，考姓氏者莫便于是书。所列明嘉隆以前人尤详，多足补《明史》所未备。其前冠以《氏族博考》……亦多有资考证"①。这个评价实际上与《四库全书总目》相类似。因为在姓氏问题上，他并未作出特殊贡献，也就是说，在姓氏问题研究上，他并未超过林宝、郑樵、邓名世三人，仅仅是以多取胜而已，对于谱

---

① （清）李慈铭撰：《越缦堂日记》，同治己巳（1869）二月十八日。

牒学发展来说，并无多少实际意义。

2. 陈士元和《姓汇》、《姓觿》

陈士元（1516—1597），字心叔，号养吾，小名孟卿，一号江汉潜夫，又称环中愚叟，湖北应城人。嘉靖十三年（1534），受业于余胤绪。嘉靖十六年成乡举，编成《缶鸣集》。嘉靖二十二年（1543）编成《金陵集》。嘉靖二十三年中进士，次年任滦州知州。在滦州期间，为当地建文峰塔，造祭器，修仓廪，并编修《滦州志》，又成《海滨集》。嘉靖二十八年（1549）三月辞官回归故里，从事著述。所著之书已刊行者有《易象钩解》、《五经异文》、《论语类考》、《孟子杂记》、《荒史》等二十六种，计二百五十二卷；未刊行者《新宋史》、《新元史》百余卷，《史纂》十卷；散佚不传者四百余卷。另编注《古今韵分注提要》五卷、《韵苑考遗》四卷、《古俗字略》七卷、《俚言解》二卷、《裔语音义》四卷、《梦林元解》、《名疑》、《姓汇》、《姓觿》等。对于后两种我们现作简要介绍：

《姓汇》四卷。作者以姓氏之源由来已久，推本于五帝，分列世系，计伏羲之系四十五姓，炎帝之姓二百九十九姓，黄帝之系二千零二十四姓，虞舜之系一百六十七姓，共计二千五百三十五姓，但所述大多抄袭《氏族略》之文，鲜有考证，前有嘉靖四十五年（1566）自序，现存有万历自刻《归云别集》本。《四库全书总目》卷137对它是这样介绍的："是编乃其《归云集》中之一种，故标曰别集。其说谓姓氏之源，由来已久，因推本于五帝，分列世系，兼综而条贯之。然大概钞撮《氏族略》之文，鲜有考订。夫自有天地，即有君民。据姓氏书所说，无不出自神明之后。即至微者如仓庚之类，亦出世官。然则洪荒以后、秦汉以前，其庶人皆后嗣殄绝乎？是正可姑妄言之，姑妄听之耳。而士元又拾其余唾，著为此书，是亦不可以已乎？"

至于《姓觿》十卷，亦载其《归云别集》，作者将从姓氏之书抄录之姓氏，按音韵编辑，并分单姓、复姓，其中单姓二千一百七十九个，复姓一千四百四十六个，后附边境民族姓九十九个，共计三千七百二十四个。前有自序。《归云集》国家图书馆及北大、原杭大（现为浙大）图书馆都有收藏。《四库全书总目》卷137评论曰："是编亦其《归云别集》之一种。捃摭姓氏诸书，依韵编辑，略载源流支派。凡平声一千七百一十四姓，上声六百八十九姓，去声六百一姓，入声六百二十一姓，外蕃九十九姓不入韵中，共三千七百二十四姓。征引寡陋，且多疏舛，又在凌迪知《万姓统谱》之下。"

以上两种同为讲述姓氏之书，前者是按帝王世系分列，后者则是按音韵编排，除数字上后者多于前者，其他并无多大差别，并无多大意义，其实际价值自然也就可想而知。

3. 李日华与《姓氏谱纂》

李日华（1565—1635），字君实，号竹懒，又号九疑、囧卿，室名紫桃轩、六砚斋、味水轩、恬致堂，浙江嘉兴人。在当时和后世人们对他的评述中，他的性格是"恬澹和易，与物无忤"；而在文艺上则是"精于鉴别"，"博物君子"。他的家乡为嘉兴檇李，故著作中常著嘉禾李日华，嘉禾乃嘉兴古名，他的著作之一就有《檇李丛谈》。他的一生，经历了明朝嘉靖、隆庆、万历、泰昌、天启、崇祯六朝，于万历二十年（1592）中进士，不久选授九江府推官，专司刑狱之事，任职五年。由于为官期间，清廉正直，因案件涉及上司而被贬谪汝州。这次贬谪对他打击很大，于是产生了辞官隐居的念头。后迁任西华县令，在任期间，勤于政事，为当地百姓做了不少好事。万历三十二年（1604），他借母亲病故奔丧回乡之机，具疏乞请归田终养老父。此后于天启四年（1624）等几年中，又数次出仕。崇祯帝即位，被任命为太仆寺少卿，这是他一生中任职最高官职，但不久即因病而乞归，后在翰墨生活中度过了晚年。为人一生淡泊，与人无忤，工书画，精善鉴赏，世称博物君子，时王惟俭与董其昌齐名，而日华亚之。一生著作宏富，有《致堂集》四十卷、《明史艺文志》、《官制备考》、《檇李丛谈》、《书画想像录》、《紫桃轩杂缀》、《竹懒画胜》、《六研斋笔记》、《恬致堂诗话》、《姓氏谱纂》等，至今均并行于世。唯独《姓氏谱纂》一书，《四库全书总目》卷138认为乃别人伪托，故放在最后，其具体论述是：

归本题明李日华撰。日华有《梅墟先生别录》，已著录。是书所列姓氏，一依《百家新笺》。《新笺》者，湘潭黄周星所编，以"朱王万寿"为首句者也。然周星为崇祯庚辰（1640）进士，《新笺》后有自跋，称成于崇祯丁丑（1637），日华为万历壬辰（1592）进士，没于崇祯初。其作是书，不应反用周星《新笺》，殆出伪托。其书不详谱牒世系，而广引人物，非滥即漏。虽日华以书画擅名，不长于考证，亦不应谬陋至此也。

此说应当可信，因为黄周星《百家姓新笺》成于崇祯丁丑（1637），而李日华于崇祯乙亥（1635）已经去世，这就是说，李日华去世两年后，《百家姓新笺》方才问世，当然两者是毫无关系。而《姓氏谱纂》则是以《百家姓新笺》为基础进行编纂的，可见《姓氏谱纂》确系伪托，作者究竟是何许人也，已不得而知。至于黄周星（1611—1680），字景虞，号九烟，金陵上元（今南京）人。出生于上元黄氏家庭，自幼就为湘潭周氏家族领养，故名周星。崇祯十三年（1640）进士，崇祯十七年授户部主事。于是又呈请当局，恢复黄姓，故又称黄周星。明亡后不仕，"变名曰黄人，字曰略似，又号圃庵，又曰汰沃主人，又曰笑苍道人，布衣素冠，寒暑不易"（《明诗综》卷78）。长期浪迹吴越间，以"佣书鬻文"为生，因此穷困落魄，然为人正直忠厚，"好济人利物而直率"，曾自刻一印，文曰"性刚骨傲，肠热心慈"，晚年自撰墓志谓："［一生］事事缺陷，五伦皆然，自少至老，未尝一日安乐，盖生命不长，遂与贫贱相终始。"① 一生著述颇丰，有《夏为堂集》、《夏为堂别集》、《逋草》等，编《唐诗快》十六卷、《选梦》十卷。到了晚年，又从事戏曲著作，有传奇《人天乐》、杂剧《惜花报》、戏曲理论《制曲枝语》。此外，还有《酒社刍言》、《刍狗斋集》等。

需要指出的是，《姓氏谱纂》中之《百家姓新笺》并非黄周星所作，而是刘基所作，这是黄周星在《新笺百家姓小言》中明确指出的，而他自己也确实编过《百家姓》，还保存在《九烟先生遗集》中，看来《姓氏谱纂》中《百家姓新笺》附记又是别人所伪托。这篇附记所述语气全由黄周星本人所发，加之后面还有"吴湘周星"、"九烟"两枚方章。起初我是信以为真，若是不查看《九烟先生遗集》中的黄周星所写的《新笺百家姓小言》，很可

---

① （清）黄系英：《九烟先生传略》，（清）黄周星撰，谢孝明校点：《黄周星集》，《湖湘文库》甲编，岳麓书社2013年版，第6页。

能就会认伪为真。可见对古代著作研究，切不可粗心大意，因为对于这一问题，《四库全书总目》的作者们似乎也还没有发现，因而也未指出。否则，很可能就会让此伪托一直流传下去。为了让读者了解真相，现将当时所编的两种《百家姓》和伪托《附记》（图1—图3）以及黄周星的《新笺百家姓小言》（图4—图5）一并附下：

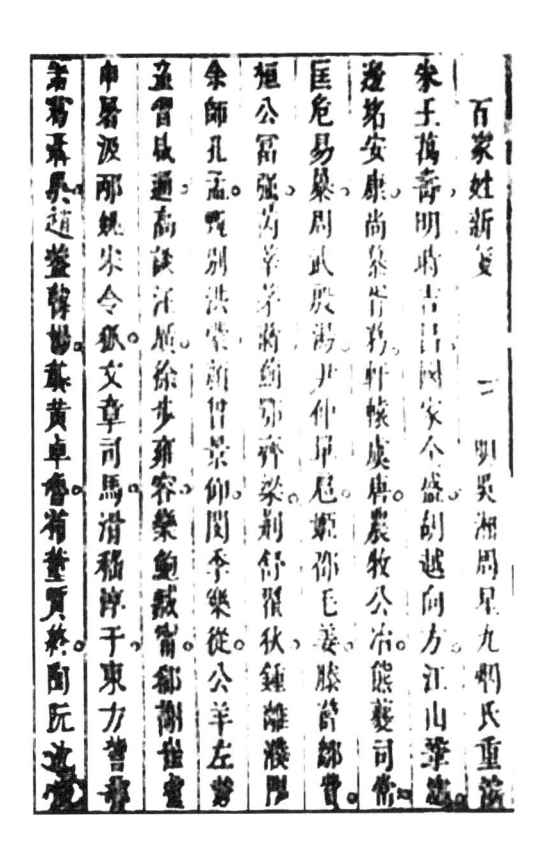

图1

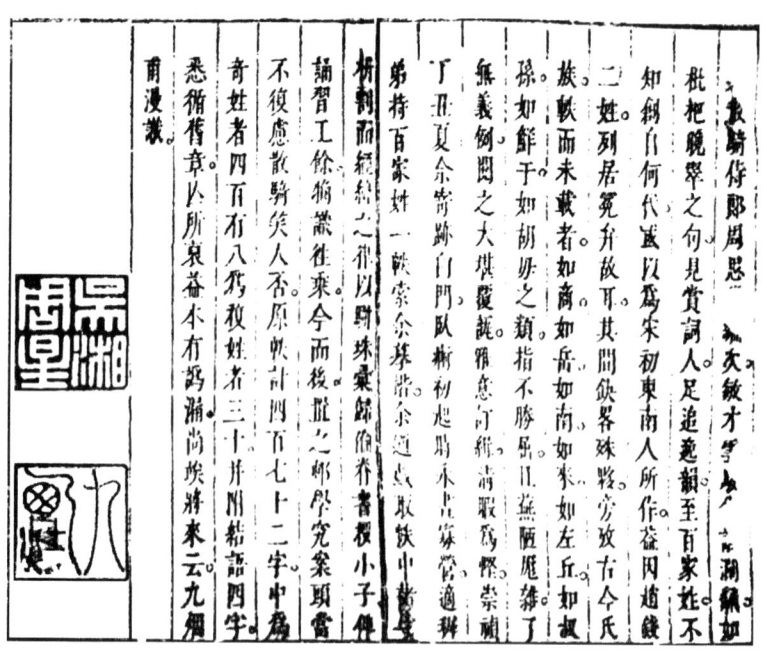

图 2

图 3

新箋百家姓小言
自塾師以詁誦啟童蒙而百家姓與千字文遂成科斗
齋中千古不刊之書亦殊可哂然千字文佳句霏霏獨
百家姓雜亂無文殆不堪讀彼祗以羅姓氏之籍初無
意文章之觀亦何足怪曾幾經詞人編纂如劉青田之
朱王萬壽夏禹殷湯其尤著者也顧其文不少概見後
有作者數家大抵皆未慊人意余索居餘暇不揣謭陋
聊復效顰爲之既割裂錯綜仍組練成韻雖不敢齊驅
散騎或亦可矩步鄱離未知大方其見許否原本單姓
四百有八複姓三十又結語四字共計四百七十二字
九煙先生遺集　卷五　八
今一字不復增減做前例也若帙中姓氏原多蹖漏觀
者欲進而求之則有吳編修之千家姓在
尚慕隆古胥仰盛王萬方宏賴懷葛虞唐農牧施惠熊
夔司常胡越全暨家國壽昌匡危易暴周武殷湯尹仲
單扈毛季姬姜芮莘荀蔣冀鄂徐梁鄒滕齊薛桓公富
强汀關鞏宓湯堵安康佘師孔席顏曾景從申戴時習
賈董咸宗高談明簡舒步雍容能通益賁幸喻童蒙臧
甯欒郤都謝崔盧房杜姚宋朱邵歐蘇趙蓋韓楊龔黃
卓魯嵇阮沈陶元白鮑庾陳平闞項鄧禹扶劉袁晁何
訾逢羿奚仇張馮范蔡秦魏敖游計倪程鄭饒沃巴邸

图 4

金鍾璩鈕褚段皮裴夏雷淩薄秋雲晏陰沙融宿蒲石
冷支岑魚杭於水烏巢諸林華闞雙鳳燕山伍龍柳連
薊谷花滿吳宮紅梅郁李蒼栢喬松柴柯查桂麻蒯苗
蓬弓車蔚鬱文章汪洪孟相居左封侯于東焦勞懷利
甄別党空祁郝邰郜郟鄔酈酆都俞莫應繆厲閔宣荆
茅貢路麗駱充田潘郎韶艾呂祖莊嚴羊那靳陸藺尤
屈廉汲邴蕭曹衞霍耿竇解印賀符伏戎屠寇彭章聶
許蒲滑裴邢班管紀史貝葉譚經祝巫卜吉任傅樂成
宦儲牛馬宰慎權衡廣錢豐蔚茹甘向溫井閻麴米鞠
養翁孫包羅婁畢勾索丁辛翟狄冉黎藍湛桑濮干戈
九煙先生遺集　卷五　九
戚瞿刁斜殳東詹尹樊須廖湛糜竺郭隗卞和顧榮費
穆終籍毋聞昝乜厙逯軒轅皇甫夏侯宇文太叔公孫
長孫仲孫閭人諸葛澹臺公羊淳于公冶鍾離東方申
屠令狐歐陽濮陽上官司馬司徒司空尉遲宗正万俟
慕容赫連單于百家姓終

图 5

两者比较阅读后，应当可以显示出前一《附记》乃是伪托，因为后者乃是出于自己的文集，比较可信。至于何人作伪，一时还难以确定，根据笔者判断，很可能出自《姓氏谱纂》作者一人之手。至于《姓氏谱纂》的内容，就是按《百家姓新笺》分卷按姓记载人物，全书分作四卷，另外有散姓两卷，复姓一卷。从朱王万寿开始，每姓之下，按时代略记人物简历，并无考证其谱牒世系，并且都从汉代开始，也未订出选录标准，因此，从全书来看，并无多少学术价值，只是多一份传播姓氏的书而已。像这样一部空洞无物的书，还要去伪托，实在没有意义。

4. 杨信民与《姓源珠玑》

杨信民，生卒不详，江阴人，永乐中官日照县知县。王直为该书作序时，称信民"博洽多闻"。《姓源珠玑》六卷，《四库全书总目》卷137称："是编以《洪武正韵》分隶诸姓，而各系古之名人于姓下，分为八十一类，各以四字标题，别为编目于卷首。书与录统不相符，体例极为丛脞。其中乖舛，尤不胜摘。如梁姓列梁武帝、梁简文帝，黄姓列黄帝，舜姓列舜，唐姓列唐高祖、唐明皇、唐文宗，宋姓列宋明帝、宋武宗、宋徽宗、宋山阳公主，已为无理。至扬姓首列扬雄，次列一名曰扬州鹤，注其下曰：'尝有四客，各言志，一愿为扬州刺史，一愿有钱十万，一愿骑鹤上升，一兼言腰缠十万贯，骑鹤上扬州。'则殆于戏具矣。"明宣德七年（1432）王直《抑庵文后集》卷15有为其书所作序云："信民博洽多闻，尝为日照知县，太宗皇帝在位时修《永乐大典》，征天下文学之士集馆阁，信民与焉，因得观中秘书，其所见益广，既老而归，乃于暇日辑录前人行事之迹，得二千余条，各附于其姓，而以音韵统之，又分类八十一，别著目录，使欲观者得因是而求焉。……因其侄兵部郎中持以求予序。"总之，全书错误百出，难以征信，王直作序亦出于请托，应付而已。《四库全书总目》最后还指出："考《明史》列传，宣德中有杨信民，浙江新昌人，官至佥都御史，巡抚广东，以循良称，亦与王直同时，其擢广东左参议，即直所荐。盖名姓偶同，与著此书者非一人云。"

5. 夏树芳与《奇姓通》

夏树芳（1551—1635），字茂卿，号冰莲道人，江苏江阴人，万历乙酉

（1585）举人。自幼刻苦攻读，博览群书，以诸生教授乡里。中举后曾赴京三次会试均名落孙山，从此不屑仕进，养母之余，著书立说。万历中期，因家中发生变故，于是背井离乡，长期隐居毗山。毗山位于江阴城东三十华里，俗名树山，又名时山。树芳先祖夏良惠于成化间曾在毗山能仁寺先后建过怀本、见性两堂，加之毗山岚青松秀、古寺钟鼓的幽境，于是决定治学于此，长期与母隐居毗山东麓的骑龙庵。不治家产，以设塾授课为业。由于博学能文，著述丰硕，名噪一时，远近名流争相与之结交。学说涉及文学、艺术、佛学诸多领域，著作有《西贞志》、《女镜》、《琴苑》、《茶董》、《酒颠》、《香林牍》、《法喜志》、《玉麒麟》、《奇姓通》和《冰莲集》等二十多种一百多卷，毕生笔耕不辍，享年八十五岁。

《奇姓通》十四卷，杨慎曾辑有《希姓纪录》，夏氏认为遗漏颇多，于是乃辑此书。《四库全书总目》卷138评曰："是编以杨慎所辑《希姓纪录》未备，因复考之上古，下迄于明，取姓氏之不经见者，分韵编次，复姓则另编于后。然引据未博，体例亦往往疏舛，如《广韵》东字下所收古人至多，今止录东不訾一人。又'眉间尺'引《吴越春秋》，而《吴越春秋》无此文。又凡慎书所已采者，则竟标《升庵集》云云，而不载引用书目，俱不免于踌驳也。"

6. 余寅、周应宾与《同姓名录》

《同姓名录》十二卷，《补录》一卷，为余寅、周应宾共同完成。

余寅（1519—1595），字君房、僧杲，鄞县（今宁波鄞州）人。生于正德十四年（1519），万历八年（1580）登庚辰进士，授工部都水司主事，清廉自持，时人称："余水部，真如水。"与范钦友好，后升陕西左参政。万历二十三年十二月加太常少卿，不久去世，年七十七岁。撰有《同姓名录》、《乙未私志》、《农丈人诗集》和《文集》二十卷。

周应宾（？—1626），字嘉甫，浙江鄞县（今宁波鄞州）人。万历十一年（1583）进士，选庶吉士，授翰林院编修，历任国子监司业、右中允、右论法掌南京翰林院事、右庶子、少詹事、詹事。万历三十一年迁礼部右侍郎掌翰林院事，两年后归。光宗即位，起升南京礼部尚书，天启二年（1622）八月改礼部尚书掌詹事府事，次年九月加太子太保致仕。天启六年去世，赠少保，谥文穆。著有《月湖草》、《九经考异》、《普陀山志》、《旧京词林志》和《同姓名录补》。

《同姓名录》一书，实为余寅、周应宾两人共同完成，对此，《四库全书总目》卷136有详细说明，现抄录于下：

> 明余寅撰，周应宾补。寅有《乙未私志》，应宾有《九经考异》，皆已著录。自梁元帝始著《古今同姓名录》一卷，见于《隋书·经籍志》，唐陆善经、元叶森递相增益。其后渐佚，惟《永乐大典》有此书，而庋置禁庭，世无传本。寅因上据经史，旁摭稗官，起自洪荒，讫于元代，先成四卷。应宾以其未备，搜而广之。后寅又自续八卷，凡应宾所不欲载者，悉掇拾无遗。二人间有互异者，如丙吉，寅谓当姓邴；陈涉博士孔甲，寅谓当作孔鲋之类。其义以寅为较长。其他蒐采考核，订讹辨异，殊见赅博。惟卷帙既多，不无疏谬。如知傅霖有二矣，而宋之撰《刑统赋》者不与焉；知周密有二矣，而宋之撰《齐东野语》者不与焉；秦徐市之市音勿，因讹为福，不与汉徐福同；孔门郑邦，史讳邦，因改为国，不与韩水工同；汉之塞决河者王延世，而削去世高；宋之进《事类赋》者吴淑，而易吴为李。甚至同地名、同神名、同鸟兽虫名，一概录之，尤为紊杂，然梁元帝本书简略，陆善经、叶森所续舛误亦多，此书捃摭详备，足裨考证，固未可以晚出废之也。

此书确实如《四库全书总目》所说，采摘还是相当详备的，凡经史野乘所载同姓名者，上自传说时代，下至元代，皆加以考证，收录其中。但内中所列同地名、同神名、同药名、同鸟兽虫鱼名篇目亦作同姓名，实为荒诞无聊。书前冠以闵洪学所作之序。

此外，在明代还有邢参《姓氏汇典》二卷、杨慎《希姓录》五卷、吴沈《千家姓》一卷，都是关于姓氏之书，限于篇幅，我们就不再一一评价了。总之，在有明一代，随着私家之谱的发展，产生了数量众多的姓氏之书，但是质量高的并不多见。我们已经讲了，这与明代的学风有着密切的关系，许多学人往往都是浅尝辄止，要想写出很有价值的著作当然是不可能的。

三、宋濂的谱牒学理论

宋濂（1310—1381）是明代著名的文学家和历史学家，在中国文学史和史学史中都占有重要地位，在明初文坛上更居于领袖地位。同时，他又是一位谱牒学家，他的谱牒学理论是非常丰富的。从他的全集查阅得知，他为各姓家谱所写的序、跋、赞语，有将近四十篇之多，这在历史上是不多见的，而这些序跋又都有着实在的内容，并非客套应酬之语，这自然就为后人研究他的谱牒学理论提供了非常重要的文献资料。

宋濂是浦江（今浙江浦江）人，浦江在元代属婺州路，明清时均属金华府，故宋濂有时也称金华人。原名寿，字景濂，号潜溪，又号龙门子、元贞子、白牛生、仙华生、南山樵者。自幼刻苦好学，九岁即能作诗，又得多贤名师的教育，于《春秋》三传、诸子百家无不披览，并能得其要旨。至元四年（1338），二十六岁的宋濂应乡试不中，接着又从名儒学习。至正九年（1349），经翰林学士承旨危素等推荐，元廷下诏聘宋濂为国史院编修，宋濂固辞不就，遂带着弟子和两个儿子隐居到浦江近郊的小龙门山，在此山中曾用了半年时间写了一部表达自己见识的"子书"《龙门子凝道记》，所以有的文章讲他在山中，潜心于佛学、道学的研究。也就在此期间，他撰写了《浦阳人物记》二卷，记述浦阳历史上的名人，共二十九人，分忠义、孝友、政事、文学、贞节五篇，每篇有序，每传有赞。这是他初试史学之作。

至正十八年，元末农民大起义中的一支起义军，朱元璋领导的起义军首先攻占了应天为据点，并进一步攻占皖南、浙西等地，他抱有大志和远略，渡江后纪律严明，尊礼儒士。这年十二月，当攻下婺州后，为加强统治，即罗致郡儒许元等十三人为其幕僚，讲究治道，参谋军政。特别是至正二十年三月，在李文忠的荐举下，宋濂与刘基、章溢、叶琛四人作为浙西地主阶级的代表，一同应朱元璋之召至应天，朱元璋见到他们到来，大喜，遂"皆备顾问，筑礼贤馆处之"（《明洪武实录》卷8）。五月，授宋濂江南儒学提举，命授太子经，后进讲经筵，改起居注。从此，宋濂就成为朱元璋儒学顾问和太子老师。朱元璋对他十分敬重。因此，他也就成为当时朝廷中公文诏、诰的主要撰写者。

洪武元年（1368）八月，朱元璋攻下了元大都，元朝亡。第二年，便命左丞相李善长、前起居注宋濂和漳州通判王祎为总裁，开史局于天界寺，纂修《元史》，由礼部统之。至同年八月，便完成本纪三十七卷、志五十三卷、表六卷、列传六十三卷，编修之快是历史上仅见的，因为所据资料仅十三朝实录，另取《经世大典》等书以资参考。而元顺帝一朝因无实录，故暂时阙如，为了补成全书，朱元璋又派使臣遍行天下，征集史料。三年（1370）二月，重开史局，又经过五个月，编成顺帝一朝本纪十卷、志五卷、表二卷、列传三十六卷，前后共计二百一十卷，这就是我们今天看到的《元史》。这部《元史》之所以问题很多，首先是史料缺乏，如《元朝秘史》、《皇元圣武亲征录》等重要蒙文文献也没有利用，故前四汗本纪过于简单。其次时间过于仓促，全书编修仅用一年多时间，对于所用史料也未能很好考订。最后，缺少真正懂得修史的人才，就连宋濂、王祎，虽身为总裁，也都是不真正够格的历史学家，正如清代学者钱大昕所说："金华（宋濂）、乌伤（王祎）两公本非史才，所选史官又皆草泽迂生，不谙掌故，于蒙古语言文字素未谙习，开口便错。即假以时日，犹不免秽史之讥，况成书之期又不及一岁乎！"[①]这个批评应当说还是得当的。因此，《元史》自成书以后，一直就遭到议论，纪事缺漏太多，繁简失当，取舍无方，记载重复，有一人二传，有一传二人。而竟然没有《艺文志》，这更是不应当的。因此，后来好多人都想重修。

《元史》修成后，宋濂便迁翰林学士，兼修国史。洪武六年为侍讲学士兼赞善大夫，并受命搜集历代奸臣事迹，编写《辨奸录》，与詹同、乐凤诏等同修《大明日历》，又与吴伯宗等共修《皇明宝训》，并与之修礼乐诸书。洪武十年，以老致仕。十三年正月，丞相胡惟庸案发伏诛，十一月，宋濂长孙宋慎、次子宋隧均受牵连，并斩于市，家也被抄，宋濂及家属一并械至京师。朱元璋本想置宋濂于死地，因马皇后尽力解救，才得从轻流放，谪居四川茂州。十四年五月初，宋濂行至夔州，寓僧寺，卧病不食而死，终年七十二岁。还著有《洪武圣政记》、《潜溪集》、《萝山集》、《归田集》、《翰

[①] （清）钱大昕著，陈文和主编：《嘉定钱大昕全集·潜研堂文集·答问十》，江苏古籍出版社1997年版，第203页。

苑集》、《宋学士集》、《孝经新说》等。1999年12月，浙江古籍出版社将其全部著作搜集整理出版为《宋濂全集》四大册。笔者即根据这部全集，查阅他所有论述家谱的文章，现将他的谱牒学理论从下列五个方面加以评述：

（一）谱牒文学是由姓氏之学发展而来

谱牒学最早是称姓氏之学，进而发展为氏族之学，因为最早研究的就是姓氏问题，故《隋书·经籍志》的《谱系篇》小序开头便说："氏姓之书，其所由来远矣。"问题很简单，所有家谱的编修，都得由赐姓由来开始，也就是说，任何一部家谱，都离不开姓氏。可是，有些人不懂得这个道理，居然认为"姓氏之书非谱学之正"，简直是个天大的笑话。我们说宋濂的谱牒学理论非常丰富，而他对姓氏的起源研究亦非常重视，他在《张氏谱图序》中就曾指出："三代之前，姓氏分而为二，男子称氏，女子称姓，氏所以别贵贱，姓所以别婚姻。三代之后，姓氏合而为一，皆所以别婚姻。而以地望明贵贱，去古为益远矣。"①这就告诉人们，三代之前，姓与氏本来是具有不同的含义与不同的作用，三代以后则混而为一了，这对于研究姓氏之学是很有意义的。据笔者研究，这种混而为一的做法，从《世本》已经开始了。他还告诉人们："凡言姓氏者，皆原于《世本》、《公子谱》二书，二书则本《春秋左氏传》，《左氏传》则因生赐姓、胙土命氏，及以家、以谥、以官、以邑五者而已。后世得姓受氏者多至三十二类，益淆乱而难明，况袭氏冒姓之不一者乎！无怪乎附录之不足征也。"②的确如其所说，起初因生赐姓的途径是没有几种，可是后来则多至三十多种。对此，南宋史家郑樵在《通志·氏族略》中曾作了详细的罗列，所以，宋濂对其非常赞许，在《桂氏家乘序》中说："氏族之学，古昔所甚重，浃漈郑渔仲著为《通志》，其中《二十略》，唯《氏族》最备。"③从他为许多家谱所写的序来看，他对古代姓氏的起源和演变确实还是有所研究的。就在上举《桂氏家乘序》的开

---

① 《宋濂全集》第1册《銮坡前集》卷6，第471页。
② 《宋濂全集》第2册《芝园前集》卷2《义乌楼氏家乘序》，第1189页。
③ 《宋濂全集》第2册《芝园前集》卷9，第1331页。

头，对桂姓的来源就有这样叙述："桂本姬姓，鲁公族季孙后也。相传周末有季桢者，与其弟桂挟策以干诸侯，桢为秦博士，被害。桂惧祸且及，遂谋诡姓遁身，因即其名取字异而音画不同者，各命四子为姓，示不忘厥初也。伯子曰桂奕，居幽州守坟墓；仲子曰呑突，迁冀南朱虚；叔子曰炅奘，徙齐之历山；季子曰炔奘，移河南城阳。自后四族流布，多见诸纪载。或谓睢与桂同音而出睢弘者固非；或谓东汉末衙尉呑横，分其四子各系以姓者，亦失之也。"① 又如对于张姓的起源，他则提出与众不同的看法，他在《张氏谱图序》开头便说："张以字为氏，出于晋之公族有解张者，其字曰张侯，故晋国世有张氏。而谱家谓少昊第五子挥为弓正，赐姓为张，则非也。子孙蔓延，分适他国，而居清河为最盛。清河之族布于大江之南，其迁江阴者，则不知始于何世。"② 再如，他对于刘姓的起源，提出了有五别之说，在《题金豀刘氏族谱序》中说：

> 予窃闻之，刘氏之别有五：帝尧陶唐之后，受封于刘者，此为祁姓，以国为氏也。成王封王季之子于刘者，此为姬姓，以邑为氏也。项伯、娄敬之后而皆为刘者，此汉之所赐姓也。他若雕阴、东郡等族或为刘者，此亦汉以宗女妻冒顿，冒其母姓以为氏也。大抵雕阴、东郡之裔，多居恒代；项、娄之宗，盛于山东；姬氏之传，至汉末而无闻；唯祁姓之分为士会，士会后昆，周末迁于魏，又自魏字于丰，至刘耑执嘉子孙，极为贵盛，而布列于南北矣。然而江左之刘，则祖于散骑常侍弼之后；江右之刘，则出于游击将军握之胄。此皆见诸纪载而无疑者。但其世次难明，不知从握至宗元实为几传也，姑附其说于此，或可以为修谱者之一助云。③

这也足以说明，宋濂对于姓氏之学确实还是有所研究，否则不可能了解得如此详细，同时也告诉人们，中国的姓氏来源是非常复杂的，而在发展过

---

① 《宋濂全集》第 2 册《芝园前集》卷 9，第 1331 页。
② 《宋濂全集》第 1 册《銮坡前集》卷 6，第 470 页。
③ 《宋濂全集》第 4 册《宋学士先生文集辑补》（黄誉刊本），第 2090 页。

程中又经常发生变化，并不像人们想象的那样一成不变。就如姒姓，后来就发展演变为好多姓，楼姓、曾姓就是明显的例证，宋濂在《义乌楼氏家乘序》中就明确指出："楼本姒姓，夏少康之后，周封杞。东楼公支孙以楼为氏，亦号东楼氏，城阳诸县有娄乡，是其地也。氏族家以娄乡之故，遂谓娄与楼姓同，殊不知娄乃邾娄氏之裔，其姓曰曹，判然不相属也。"① 再如曾氏亦出自姒姓，宋濂在《查林曾氏家牒序》中说："曾氏出自姒姓，夏少康封其少子曲烈于鄫，鲁襄公六年，莒人灭鄫，太子巫仕鲁，去邑为曾氏，居南武城。巫生夭，为季氏宰，夭生阜，为叔孙氏家臣。阜生点，字子皙。点生参，字子舆。"② 这就是大家比较熟悉的孔子的得意门生曾子。这里为什么还要不厌其烦地征引？一则反复告诉读者，中国的姓氏在受姓以后，还是不断在变的，其因素又是多方面的。再则还要说明，绍兴大禹陵附近的姒姓家族，绝对不是大禹的唯一后代，现在所引的楼姓、曾姓原来都是少康的后代，称得上是嫡传。关于这点，我们在前面有关内容中已经作过说明。

（二）古代修谱有专门机构管理

宋濂在多篇谱序中都论述到在古代编修族谱都是有专门管理的部门，都得按章办事，编好后还得上交有关机构收藏，并有专门官员为之考定。其中《章氏家乘序》说："濂窃闻之，隋唐而上，选举必稽于簿状，婚姻必由于谱系，是以图谱有局，郎、令史有员，知撰谱事有官。四方以家状来上者，官为考定，藏于秘阁，副在左户，其制最详且明也。五季以来，法始大坏，而近代为尤甚。官不必有簿而品第混淆，家不必有谱而姓氏无别，有不得不怃然而增慨者。"③ 又在《上虞魏氏世谱序》中说："古者有世卿大宗之法，得以伸其敬宗之义，至于定世系、序昭穆，又有小史以掌之，故其盛衰有征，而亲疏备见也。古法既废，唯宰相家得著世系表于史册，犹可仿

---

① 《宋濂全集》第 2 册《芝园前集》卷 2，第 1188 页。
② 《宋濂全集》第 2 册《翰苑别集》卷 10，第 1142 页。
③ 《宋濂全集》第 1 册《潜溪后集》卷 7，第 261—262 页。

佛见其遗意。"① 从论述中我们可以看出，宋濂对于古代修谱之法是非常关注的，因为他认为编修族谱工作非常重要，有着深远意义，这是尊祖敬宗的具体表现，是反映孝道的一种无法替代的手段。正因为如此，他能为近四十种家谱写了序和跋，并且每篇都有新意而内容也都有针对性，这与一般应酬文章有着很大区别。在《符氏世谱记》中有一段文字，正反映出他的这种心情："嗟夫！古之所甚重者，谱牒也。三世不修谱，谓之不孝。夫孝者，莫先于敬身。身之所从来，可不知欤？能知其所自出，尊祖敬宗之心当油然而生矣。魏晋以来，图谱有局、郎、令史，设官所以稽其贵贱，慎其昏姻，辨其亲疏，其事为尤严，又不特如前所云而已也。"② 我们回过来再看这篇序的开头，同样将符氏得姓源流讲了一通："惟符氏出自姬姓，鲁顷公之孙足，仕秦为符玺令，因以为氏。至晋吴兴太守雅，遂望出琅琊。琅琊之后，分布于江淮间。至若苻氏，则本姒姓，有扈氏子孙奔西戎，世为巨酋，乃姓薄氏，薄洪以谶又改为苻，苻与符实夐然不同也。"③ 这里不仅将符氏得姓情况讲清楚了，而且指出与苻姓并不同源，对古代姓氏能如此娴熟地掌握，实在太难能可贵了。从这众多的序文中，人们可以发现，他一再表示感叹，在他看来，如此一个好的传统、一个好的制度，竟然很早就中断了，因而使得千家万户以致寻根无门，现在唯一的补救办法，就是按时编修好自己的族谱宗谱。他在《陈氏家乘序》开头就说：

> 尝谓谱者，名家巨族之纲领也。凡冠婚丧祭，别长幼，定尊卑，虽子孙至于万叶，秩然有分以相守，灿然有伦以相接者，皆有赖于谱也。古者大宗小宗之法明，故其子孙虽至百世，循循有序，未之或乱。自后世民不兴行，宗法因之以废。是故巨族之家，其世次多不相识，昭穆多不相辨，忻戚不相关，而庆吊不相及，恩义判隔若秦人之与越人焉。噫！本同一源也，而其后乃如此，可叹也哉！是故宗法后废，惟有谱牒之兴为可以维持世教也。④

---

① 《宋濂全集》第2册《翰苑续集》卷1，第800页。
② 《宋濂全集》第2册《翰苑别集》卷9，第1119页。
③ 同上书，第1118页。
④ 《宋濂全集》第4册《余集辑补》，第2243页。

又在《陶氏家乘序赞》一文中说："五季以来，学失其传，虽尝号簪绅家者，论议非不闳博，文辞非不富丽，问其所自出，则曰：'我无所于考也。'问其所承传，则曰：'曾祖已上则莫能详也。'呜呼！此无他，其学之不讲，其书之不修，虽有知者兴于其后，亦未如之何也已！宜乎以庄为严，以庆为贺，而无所分别也。"①

可是，民间修谱又往往是错误百出，他认为这与无人指导有很大关系，在《诸暨孝义黄氏族谱序》中就曾明确指出："盖因图谱局废，而无官以莅之，民间以所传闻，论著不能旁搜广览以会通，故其矛盾不齐，宜无足怪。"②又在《张氏谱图序》中说："夫姓之与氏，亦昭然易见者，独混淆而无辨，况于迁转之无常，承传之盛衰，又焉能尽知其所自出哉！此无他，图谱之局不设，中正之簿状不存，亦已久矣。虽智者出于其后，将何征之邪？宜乎宣之痛心疾首而不能自已也。"③可见他对于修谱传统制度之失传是多么痛惜，有时已经到了痛心疾首的地步。如此看来，他所以会撰写那么多的家谱序跋，也许正是他有意识地想通过自己所写的序，来传播一些姓氏起源的知识，纠正某些编修家谱中所出现的不应有的错误，特别是宣传一些编修族谱的重要性。所有这些都是从他众多序文中所传出的信息而归结出来的。这也充分说明宋濂对于修谱之事确实还是情有独钟的。当然，这也造就他成为一位名副其实的谱牒学家。所可惜的是，他未能用他丰富的谱牒学理论，写出一部较为系统的谱牒学论著。

（三）编修族谱为了尊祖敬宗睦族

宋濂从《论语·述而》取有子一句话，作为编修宗谱的理论根据而加以发挥，有子曰："君子务本，本立而道生。孝弟也者，其为人之本欤！"他在《陶氏家乘序赞》中就曾直接提出"君子重本，必谱其宗"④，为什么？他

---

① 《宋濂全集》第1册《銮坡前集》卷6，第474页。
② 《宋濂全集》第2册《芝园前集》卷2，第1191页。
③ 《宋濂全集》第1册《銮坡前集》卷6，第471页。
④ 同上书，第474页。

在《金华施氏宗谱序》一文中作了回答："谱者，何为而作也？盖尊祖敬宗、追始崇本之所作也。故宗法立则名分正，尊卑序则孝悌生焉。不然而族无所统，将淆尔尊卑，紊尔名分，任尔气习，贵贱相凌，贫富相形，视宗人如途人矣。谱之所系顾本重哉！尝闻先世遗言，谨谱牒，正伦理，敦孝悌，仁义之本；习《诗》、《书》、《礼》、《乐》之风，以为子孙之盛而传也。"① 又在《符氏世谱记》中说："嗟夫！古之所甚重者，谱牒也。三世不修谱，谓之不孝。夫孝者，莫先于敬身。身之所从来，可不知欤？能知其所出，尊祖敬宗之心当油然而生矣。"②

在宋濂看来，编修族谱除了尊祖敬宗而外，还有要通过修谱来团结族人。所以他在《俞氏宗谱序》中说："谱固睦族之本也，然无法以行之，安能久而无坏乎？"③ 其意是说，一部家谱，如果做不到团结族人的目的，那么这部家谱也就无法流传下去。怎样才能做到团结族人呢？他提出："同姓之人，疾相抚，患相拯，贫相赒，死相葬，老弱癃残者相养，祭酺相召，婚嫁丧灾相助。不能然者，不使与于会。斯数者非甚难为也，而人咸莫能为，谓有志者鲜非邪？诚有一人为之，众见其善，必效之。效者愈多，则所化者必愈远，因以美天下之俗不难也。"④ 众所周知，在中国封建社会中，许多大的家族都会产生许多分支，而这些分支在发展过程中，必然产生贫富分化，这也是社会发展的规律，于是有的成为富翁、地主，有的则成为贫农、长工，因此，封建社会晚期，许多族长都是由地主担任，而同族的贫苦农民就变成他们剥削的对象，这样的家谱编修实际上是形同虚设，已经失去了早期团结族人的意义。而当时的宋濂则提出"谱固睦族之本"要求，他不仅有理论的口号，而且提出了一系列做法。他认为既然是同姓同族，无论是贫是富，都要具有亲情关系和手足情，应当做到"疾相抚，患相拯，贫相赒，死相葬"等等。在他看来，所有这些真正做起来也并不太难，但是却很少有人去做。如果真的有人去做了，大家看到后一定会有人去效法，效法的

---

① 《宋濂全集》第 4 册《余集辑补》，第 2238 页。
② 《宋濂全集》第 2 册《翰苑别集》卷 9，第 1119 页。
③ 《宋濂全集》第 3 册《芝园续集》卷 9，第 1609 页。
④ 同上。

人多了，肯定会传播开去，这样一来，"因以美天下之俗不难也"。这就说明，宋濂想通过每个家族编修族谱，能够对社会起到移风易俗的作用，他希望能够出现一个大家和睦共处的和谐社会，尽管这只是一种空想，但是对他这种美好的愿望我们还是应当予以肯定和赞扬的。因为如果每个家族真的都能够按照他说的办法去做，一个安定和睦的社会当然可以出现。"惜乎！吾未之见也。"我们还要指出的是，他的用词也很讲究，一般都是用"收族"，他用的是"睦族"，希望族人之间都能做到和睦相处，共同生活。他在这篇序的最后还是再三申述："谱固睦族之本也，然无法以行之，安能久而无坏乎？欲其久而无坏，舍吾言不可也，吾是以有言焉。呜呼！徇苟能行之，孰谓有志者之果鲜哉？"① 可见他是多么希望能够实现自己美好的愿望——"美天下之俗"。

（四）族谱编修必须做到求真务实

自从北宋欧阳修、苏洵开始编修私家之谱起，就一直提倡记自可知之世，对于以前祖先传承情况，绝不胡编乱造，凡是不知道的一律存疑，因此一直以来都得到历代学者的赞扬。可是从元代开始，许多族谱的编修，力求追远世而记载，如《云阳集》卷4载《汪氏族谱序》就说明这部族谱记载了七十四世，即是从鲁成公以来开始记起，共历七十四世，一世不缺，其可信程度可想而知；又如《剡源文集》卷10载《秣陵翁氏谱序》讲，这部族谱起自楚国左臣共五十世而不中断，其材料又不知从何而来；再如《待制集》卷18载《题谷平李世家谱》表明这部家谱是从唐德宗时代记起，直至元从未中断共历二十五世，如此等等，历代世系肯定都是出于胡编乱造，这类家谱有何价值可言？到了明代，修谱中的这种现象同样存在，所以宋濂在许多谱序中一再提出严厉的批评，以为那种胡编乱造是对祖先最大的不孝。他在《题寿昌胡氏谱后》一文中说："族之有谱，所以纪所自出，实则为尊祖，伪则为诬其先而乱其类，不孝莫甚焉。近世之士，不察乎此，多务华而衒博，或妄为字名，加于千载以上不可知之人，或援它郡异族之贵显者，以

---

① 《宋濂全集》第3册《芝园续集》卷9，第1609页。

为观美,其心非不以为智,卒陷于至愚而弗悟也。"①接着他就表扬了胡氏家族的正确做法:"寿昌胡氏则不然,于既远者皆不敢有所载,独自其有征者录之,得十有五世,详亲而略疏,考讹而传信,附其遗文及当时所受制命之词,皆蔚然有叙,是可谓善学孔子者矣!呜呼,不知而妄作者,其能无愧于斯哉!"②又在《凤山金氏宗谱序》中说:"古之家谱必掌于史官者,以其事有同而所关非细故耳。吾每慨时人居显达而发于卑贱,处享盛而起自困厄者,必援古证今,远攀贵重之宗,以彰其世之美。"③而《金氏宗谱》的编写,能够做到如实记载,因此他非常赞赏:"余观其所著,上无扳援,下无妄冒,惟以祖父之有据者始,其真简而明、精而确者也。予嘉之,故书此以序其端。"④他还以孔子整理六经为例,"君子之所为,贵乎有征。昔者孔子修五经,《书》断于唐虞,《诗》起于《关雎》,《春秋》自隐公始,或余系以辞,或从而定之,未尝敢增益也。其慎且敬如此,故孔子之经,传百世而人莫能非之"⑤。所以,他对那些家谱记载真实,起自可知之世者都大力加以赞扬。《溧水端氏家牒》是一部编修得非常得体的家谱,他在为之所写的序中作了简要的介绍后,说:"昔者黄文节公谱其世系,仅六七传而止,其上则阙而不书,盖不欲失传信之义也。复初之事,何其有合于文节公哉?呜呼!谱谍重事也,三世不修,古者以为不孝,奈何世人多忽之而弗讲也?有若复初,殆知本之士也哉!"⑥他又在《陈氏谱图记》中说:

> 予窃闻之,自受姓命氏以来,孰非神明之胄,稽诸载籍,焕然可观。传世稍远,往往寝非其旧,而降为皂隶者有之。世德之传,固不可谓无人,其衰微不振者,抑亦多矣。有如陈氏自宋以来,擢进士第者先后相望,功业显融,名著当世,逮至于今,而其流风遗泽尚有衍而无替,不亦盛哉!光禄十一世孙曰敬与升,咸与予交,而敬之子煦复来受经,遂以《谱图记》为属。予因效史传世表序著之,而不敢上溯其本源

---

① 《宋濂全集》第 3 册《朝京稿》卷 4,第 1709—1710 页。
② 同上书,第 1710 页。
③ 《宋濂全集》第 4 册《余集辑补》,第 2345 页。
④ 同上书,第 2346 页。
⑤ 《宋濂全集》第 3 册《朝京稿》卷 4《题寿昌胡氏谱后》,第 1709 页。
⑥ 《宋濂全集》第 1 册《銮坡前集》卷 6,第 473 页。

者，盖氏族之学难言久矣。析支分裔，唯唐为最盛，而国姓无定论。林宝作《元和姓纂》，而自姓不知所由来，今人类能非之。予记谱如环之上，不欲妄加攀附，诚惧后来者相非，亦犹今人之非前人也。继今而往，陈氏子孙当代加纂修而弗坠，庶几其事核，其言真，而不昧于《春秋》传信之义云。①

上文已经讲了，宋濂所写家谱序文虽然很多，有些看来明显是出于请托，在今天看来就是属于应酬文章。但是我们讲了，他所写的这些家谱序文，每篇都有实实在在的内容，绝无空话、套话和应酬色彩，与今天某些方志专家为许多新修的市县志所写的序言，官话、空话、套话、大话、公式化、规律化等等连篇累牍，实有天壤之别。为了让读者知道此所讲不是虚言，特选一篇较短的题跋全文照录于下：

题陈生宗谱后

氏族之学，难言也久矣。陈本妫姓，禹封舜子商均于虞城，至周武王以元女太姬配胡公而封诸陈。其后子孙有奔齐者，遂以国为氏。传裔既久，乃至混淆。有本姓陈氏，而更为田氏、王氏者；有本姓白氏、高氏，而冒为陈氏者，此固失之。成安君陈余，自大梁起兵从刘、项，陈婴自东阳以兵属项梁。二人虽曰同时，本非父子，《唐表》却以为婴生余，尤为无稽之甚。史家且尔，千有余岁之后，为孝子慈孙者，欲求谱系之真，其果何如乎？不若信以传信，疑以传疑可也。

予学子陈生晟，自著《谱图记》一篇，书其所可知，而阙其所不知，真有识之士哉！虽然，公侯之兴，宁有定世？生知种学绩文，有闻于多士，爵禄之来，将有不可御者。使后世子孙藉其遗耀，允有所攸赖，不亦美乎？生尚勖焉可也。②

《唐表》指的是《新唐书·宰相世系表》，欧阳修当年编修此《宰相世

---

① 《宋濂全集》第 2 册《銮坡后集》卷 2，第 603 页。
② 《宋濂全集》第 2 册《翰苑别集》卷 7，第 1076 页。

系表》时，大多根据家谱材料，未能很好考证，因此错误很多，前人已经多有指出。宋濂这里也指出，陈余、陈婴两人根本不是同一家族，陈余（？—前204）是大梁（今河南开封西北）人，秦汉之际诸侯王；而陈婴（？—前184）乃东阳（今安徽天长西北）人，亦西汉诸侯。两人出生地并不相同，更不是父子关系，可见宋濂对于历史上重要人物也是如此熟悉，至于姓氏源流问题，似乎还是他的强项。而将毫无关系的两个同姓人，编造成父子关系，其始作俑者自然不是《新唐书·宰相世系表》，而是此前某陈氏家族在编修宗谱时硬将两人拉在一道，都作为自己的先祖，《新唐书》作者不加辨别而照录，于是出现了上述的笑话。早在南宋时代，著名学者洪迈在《容斋随笔》卷6中已经指出，姓氏之书大抵多谬误，亦以《新唐书·宰相世系表》为例，批评了欧阳修轻信私家之谱的记载而不作考证，并揭露了身为史家的沈约编造其祖上世系实在可恨："《新唐·宰相世系表》，皆承用逐家谱牒，故多有谬误，内沈氏者最可笑。"宋濂接着将《世系表》关于沈氏世系的记载原文抄录，又将《宋书》沈约《自叙》所云其祖上世系抄录，进行比较后气愤地说："沈约称一时文宗，妄谱其上世名氏官爵，固可嗤诮。又不分别两沈国，其金天氏之裔，沈、姒、蓐、黄之沈，封于汾川，晋灭之，春秋之沈，封于汝南，蔡灭之，顾合而为一，岂不读《左氏》乎？欧阳公略不笔削，为可恨也！"这就说明，长期以来社会上记述家史、编修家谱过程中，胡编乱造现象是普遍存在的，特别是在叙述其远祖时，大都有伪托攀附之疑，唯其如此，宋濂就再三强调家谱、族谱的编修务必注意真实性，任何伪托高攀都是对祖先的不孝。这个道理非常简单，把别人的祖先当作自己的祖先，还有什么孝顺好言？我们再回过头来看看这篇不到四百字的短文，却讲了那么多的内容，大家看了不会产生公式化的感觉，对于《谱图记》只讲了三句话："书其所可知，而阙其所不知，真有识之士哉！"既无套话，更无空话。而我们今天那些喜欢为人作序的先生们所写的序文废话连篇，尤其是新修方志序文，两相比较，简直不可同日而语。我们还要特别指出的是，他不仅指责那些在家谱中胡编乱造者为不肖子孙，同样批评那些不加分辨而轻信这些家谱的人。就如大名鼎鼎的欧阳修，由于他不加考辨就采用了这些伪造世系的家谱，实际上就是在传播假的历史而欺骗了广大读者，所以他非常气愤地说"为可恨也！"可见，他是封建社会中一位非常正直的学者，值得称颂，令人尊敬！

（五）古代受氏贵者未必都得以流传

宋濂在论述谱牒发展问题上，向来都是从历史实际出发，实事求是，从不迎合统治者所好。他认为历史上受氏贵者，得姓早者，未必都能传世久远，并且提出"国姓无定论"。他在《番禺学氏谱序》中说：

> 余告之曰：姓氏固人之所甚重也。然其著于时者，不以其受氏之贵而显，亦不以有人称之而传，在乎子孙之贤耳。论受氏之贵，而莫贵于王侯之裔。而今世载之简策，以为甲族者，非必皆姚、姒、子、嬴、燕、齐氏也。苟以人称之而显，则左丘明、太史迁、班固之所书，其苗裔未必俱显于今也。今天下之人，语道德，必曰孔、孟、颜、闵、周、程、邵、朱氏；论政事，必曰伊、傅、管、晏、萧、曹、房、杜、韩、富氏；语文章，则其人名氏彰著者尤多。三者皆由其身善自振拔而然，未尝恃于其先、假之于人也。①

他在这里非常肯定地指出，所列三个方面的名人，"皆由其身善自振拔而然，未尝恃于其先、假之于人也"。他们既不是王侯将相的后代，也并非出自受氏得姓最早的家族，人们可以发现，历史上王侯将相后代"降为皂隶者"应当说比比皆是，原因在于"子孙不贤所造成"。另外他还有一个观点也反复在强调，即行善之家必定能传世长久，并引用《周易》上的一句话作为佐证。在《书浦阳朱氏族谱序》这篇不到两百字的短文讲的全是这个内容：

> 士之存善之心履善行者，厥后必昌。《易》曰："积善之家，必有余庆。"信斯言也。朱氏槐里令以直言著于汉，则善心之发也；正谏大夫敬则以孝义著于唐，则善行之履也。故其后昌大，宗支繁衍，寓金陵，居吴兴，籍缙云者，皆其后也。今观浦阳西朱氏谱，其族尤盛，诗书簪缨，世济其美，盖先世之余泽也。今其裔孙原序重订家乘，而求余序其首焉。其即善心之存、善行之履、直言孝义之风，复见于今日矣！濂将

---

① 《宋濂全集》第 3 册《朝京稿》卷 4，第 1714—1715 页。

卜其世愈远而愈光大矣。

时至正十年，岁在庚寅，秋九月，同里宋濂谨序。①

我们看到，他在多篇家谱序中都在传播这一观点，希望大家都能行善，以达到净化社会的风气。如他在《陈氏谱图记》中说："予窃闻之，自受姓命氏以来，孰非神明之胄？稽诸载籍，焕然可覩。传世稍远，往往寖非其旧，而降为皂隶者有之。世德之传，固不可谓无人，其衰微不振者，抑亦多矣。有如陈氏自宋以来，擢进士第者先后相望，功业显融，名著当世，逮至于今，而其流风遗泽尚有衍而无替，不亦盛哉！"接着他又讲："盖氏族之学难言久矣。析支分裔，唯唐为最盛，而国姓无定论。林宝作《元和姓纂》，而自姓不知所由来，今人类能非之。"②他在文中一再强调"氏族之学难言久矣"，就连大名鼎鼎的谱牒学家林宝，尽管著有《元和姓纂》，而对自己姓氏的由来还是讲不清楚，可见，这是一门不太好研究的学问，因此宋濂在论述过程中也一直总是小心谨慎。

从他所写的诸多序文中，人们也可以发现，他实际上也是一直在探索着，历代以来许多名门望族为什么都会消失？有的却一直在承传着？看来他似乎也悟出了一些道理，如果真的能够如此去做，肯定会产生明显的效果。他以金华莲塘张氏家族的发展历史作为例证：

今观张氏之世，愈久而愈炽，弥远而弥昌者，岂非家庭有雍睦之化，诗书有润泽之功哉？然历代以来，名门右族赫赫富盛若金张、若许史者，盖亦多矣，未一再传而或至于泯没者，其故何哉？岂皆祖宗之泽若是易斩耶？亦子孙之弗克振伤，以迓续其流风尔。是故善世其家者，不在乎传珪袭组，而在乎保气泽、绍风猷而已。问之以载籍而不知，征之以文献而不足，则虽富贵君子以为犹忝也。恳恳乎礼义之习，温温乎谦让之风，则虽韦布君子以为无忝也。阅是谱者，必知所勉力于学而兴

---

① 《宋濂全集》第 4 册《余集辑补》，第 2235—2236 页。
② 《宋濂全集》第 2 册《銮坡后集》卷 2，第 603 页。

于善,何患不若古之世家者哉?[1]

在宋濂看来,张氏家族之所以能够如此兴旺发达,其原因并不在于有多少财产,而在于用诗书礼义传家,特别是诗书有润泽之功,在于礼义之习、谦让之风。记得苏轼云:"忠厚传家久,诗书继世长。"子孙只要能够看重诗书典籍,这个家族必定兴旺。宋濂在《柳氏家乘序》中,又用了差不多同样的语句来论述了柳氏家族所以兴旺发达的原因:

> 夫世族家庭有雍穆之化,诗书有浸润之功,天下之所以仰。然不再传而遽泯没者有之,何其泽若是易斩耶?亦子孙在不克振饬以迤续其流风云尔。是故善世其家者,不在乎传珪袭组,而在乎绵其气泽,绍其风猷。问之以载籍而不知,征之以文献而不足,则虽富贵可夸,君子以为犹忝也。恳恳乎礼义之习,温温乎谦让之风,则虽韦布是甘,君子以为无忝也。柳氏在河东,先后济美,婵嫣景叶,汉之杨氏、袁氏,唐之崔氏、颜氏,实同其盛。以有德义为之训、礼法为之闲故也。[2]

这两篇序文在讲述张、柳两大家族能够世代相传绵延至今的共同原因,除了诗书礼义的润泽以外,都强调"绵其气泽,绍其风猷"。其实就是指要将好的家风门风世代传下来,做到团结友爱,人人都"勉力于学而兴于善",这也就是我们今天还在提倡、宣传的"家和万事兴"的思想。事实也正是如此,一个大的家族能够长久地承传下来,靠的就是家族成员之间的团结友爱、和睦相处,当然这还是要靠每个成员的文化修养与素质来支撑,这自然也就是宋濂宣传要"绵其气泽,绍其风猷"精神之所在。

至于受氏得姓的迟早,同样不会影响后世子孙繁荣昌盛与否,宋濂认为,历史事实证明,在历史上那些受氏贵的、得姓早的,未必都能传世久远、子孙繁荣昌盛。他特地举了方姓为例,在《方氏谱序》中是这样说的:

---

[1] 《宋濂全集》第4册《余集辑补·莲塘张氏宗谱序》,第2240页。
[2] 《宋濂全集》第4册《余集辑补》,第2242页。

> 方氏出于榆冈之裔方雷，比它姓为最先。黄帝时有曰明者，在七圣之列。其后有回，为帝舜友。历二代，方氏不显。至周宣王时，叔为将伐叛，有大勋烈，诗人歌之，然皆显河洛间。至西汉末，曰纮者为司马府长史、河南尹。会王莽篡国，遂弃官从江南居歙，于是方氏始来江南。纮生三子：俦、储、俨。其后子孙甚众，大抵江南之方氏皆纮后，而歙其宗邑也。今歙山间犹多有方氏祖庙云。武昌之有方氏，则自元巡检汉祥始繇九江来迁。汉祥之先本莆人，而莆之方氏又本闽，闽本泉州长史达，达歙裔也。汉祥之孙鼐，以国子生仕于朝，三转为通政司参议，辑其先之可知者为谱，而征余序。
>
> 呜呼！天下之姓多矣，孰有若方氏之最先者乎？以唐虞以前之氏，子孙蔓延江南，宜其大显非它姓比。然而今北方之人，以方氏为鲜有之姓。论姓氏者反不熟方氏，何哉？盖姓贵乎后世子孙之贤，彼李氏、王氏、郑氏、崔氏，其先非必若方氏得姓之早也，以其代有伟人出乎其间，人习闻其功名之盛，故皆灼然著人耳目。方氏自叔以后，虽未尝衰绝，特以无大显名之人生乎其裔，故迄兹不甚著闻。然则为之子孙者，乌可不勉哉！使一宗之中，得一人以显其先自奋，他宗之中，亦必有慕效而起者。慕者愈多，知所勉者滋众，则显于世、垂于后者可得也。①

通过这些浅显易懂的议论，他告诉人们一个非常通俗的大道理，无论你出生于什么门第、什么家族，只要自己发奋图强、努力奋斗，最终照样会大显于天下，而王侯将相子孙最后"降为皂隶者"同样比比皆是。他的这个理论，无形中就否定了以往社会上长期流传的，用来奴役人民的"龙生龙，凤生凤，老鼠生子会打洞"的反动思想。凡是学过历史的人都会记得，秦末农民起义领袖陈胜曾提出过"王侯将相宁有种乎"的口号，我们觉得，宋濂的这些议论，与陈胜的这个口号，具有同样的社会意义与价值。在宋濂看来，历史上那些大显于天下的杰出人物，他们"皆由其身善自振拔而然，未尝恃于其先、假之于人也"。这实际上是在鼓励全社会的人们，只要努力奋进，不分贫富，同样都会取得成功。我们觉得，这个思想在当时来说，实在是难

---

① 《宋濂全集》第3册《朝京稿》卷3，第1698—1699页。

能可贵的，即使在今天仍有借鉴价值。

讲到这里，我们不妨回顾一下，前面讲过，宋濂在许多序文中，讲述了编修宗谱，除了尊祖敬宗以外，还有一个重要的任务就是团结族人，别人都是讲"收族"，而他却讲"睦族"，一字之差就反映了情感问题。在他看来，既然是同姓同族，就应当具有亲情关系的手足情，因此应当做到"疾相抚，患相拯，贫相赒，死相葬"。在他看来，他所提出的那些内容，若是真正做起来并不难，如果真的有人做了，一定会得到很多人效法，"因以美天下之俗不难也"。可见当时宋濂还想通过每个家族编修族谱，以达到移风易俗、净化社会风气的作用，使大家都能和睦共处，社会自然也就会安定了。尽管这在当时来说只是一种空想，但他具有这样一种美好的愿望还是应当充分肯定的。这与上述思想联系起来看，就会觉得更加有现实意义，对此不仅要加以肯定赞扬，而且要加以宣传，让大家都能知道还在六百多年前的封建社会中，我们已经产生了这样一位了不起的思想家，并且提出了这样了不起的主张，而这些主张，对于我们今天仍有借鉴价值。

我们在本篇开头已经讲了，宋濂在明代初年的文坛上已经是领军人物；又因受命主持修了《元史》，自然是一位历史学家。但是前人已有评论，他是一位不太合格的历史学家。现在我们根据他的谱牒学论述，从上述五个方面作了简要的论述，结果发现他的谱牒学理论相当丰富、非常全面，我们可以毫不夸张地说，他实际上是我国封建社会中一位杰出的、不可多得的谱牒学家。根据笔者研究，在封建社会后期，还很少有人可以与他相比拟。非常遗憾的是，这样一位杰出的谱牒学家，却一直被埋没着，很少有人知道。尽管长期以来，研究、评论他的文章论著很多，但却很少见到涉及他的谱牒学理论的内容，即使是专门评传著作，竟然也都只字未提，自然是令人失望。这不能不说是学术研究上的一大缺失，希望由此能够引起学术界重视。

四、方孝孺的谱牒学理论

方孝孺（1357—1402），字希直，又字希古，号逊志，其书斋名正学，故世人亦称之为正学先生，宁海（浙江宁海）人。父亲方克勤，洪武初年是位清官，为人正直，官至济宁知府。洪武八年（1375）遭诬被捕入狱，并于次年含冤死于京师。孝孺师从宋濂，并成为宋氏得意门生。人们可以看到，宋濂为收得这样一位弟子，感到非常自豪，曾两度赋诗加以赞扬，甚至将其称为百鸟中之凤凰，在《送方生孝孺还天台诗》序中说："古者重德教，非惟弟子之求师，而为师者得一英才而训饬之，未尝不喜动颜色。此无它，天理、民彝之不能自已也。予以一日之长，来受经者每有其人，今皆散落四方。黍稷虽芃芃，不如稂稗之有秋者多矣。晚得天台方生孝孺，其为人也，凝重而不迁于物，颖锐有以烛诸理，间发为文，如水涌而山出。喧啾百鸟之中，见此孤凤皇，云胡不喜！"①的确如此，自古以来，那些著名的学者，凡是能得英才而培养成长成才，无一不是感到欣慰，为的是他的学术思想能够得以承传而光大。而方孝孺也确实称得上是位奇才，就连朱元璋也不得不承认其为"异才"，这就难怪宋濂因为得了这样一位弟子而特别高兴。所以他在《送方生还宁海并序》中，将这位门生在学术上的成就作了较为全面的表述：

  洪武丙辰（洪武九年，1376），予官禁林，宁海方生孝孺过从，以文为贽，一览辄奇之。馆寘左右，与其谈经，历三时乃去，明年丁巳（洪武十年），予蒙恩谢事还浦阳，生复执经来侍，喜动于中。凡理学渊源之统，人文绝续之寄，盛衰几微之载，名物度数之变，无不肆言之，离析于一丝而会归于大通。生精敏绝伦，每粗发其端，即能逆推而底于极，本末兼举，细大弗遗。见于论著，文义森蔚，千变万态，不主故常，而辞意濯然常新，滚滚滔滔，未始有竭也。细占其进修之功，日有异而月不同，仅越四春秋，而已英发光著如斯。使后四春秋，则其所至又不知为何如？以近代言之，欧阳少师、苏长公辈姑置未论，自余诸子与之角逐于文艺之场，不识孰为后而孰为先也？予今为此说，人必疑予之过情，后二十余年，当信其为知言，而称许生者非过也。虽然，予之所许于生者，宁独文哉！②

① 《宋濂全集》第 3 册《宋学士文粹辑补》（郑济刊本），第 1961—1962 页。
② 《宋濂全集》第 2 册《芝园续集》卷 10，第 1625—1626 页。

我们从这段文字中可以看出，宋濂在撰写这篇序时，估计到当时或许会有人认为如此评价未免过于高了，所以他还写上："后二十余年，当信其为知言，而称许生者非过也。虽然，予之所许于生者，宁独文哉！"可见他对自己这位弟子在学识上的成就是信心十足的。非常遗憾的是，就是这样一位很有才华的人，却迟迟得不到当权者重用而闲居十年，尽管先后有多位大臣推荐，朱元璋就是不肯任用，原因何在？据《逊志斋集外纪》之《方孝孺先生年谱》记载，其父方克勤冤案，朱元璋在召见方孝孺时已经当面承认"尔父无罪，为奸臣所陷耳"。这无异于已经为其父平反了，这自然不会影响他的从政之事。至于他的道德文章，朱元璋也早已一清二楚了。那症结究竟何在呢？实则是两者在治国理政观念上存在着严重分歧。朱元璋在建立明朝以后，实行的是君主专制独裁制度，也就是说，行的是霸道，而方孝孺则想推行仁义教化的王道，这就说明他还是个不识时务者，不被统治者所重用，自然就是理所当然的事。不过，闲居十年，他便潜心于学术研究和著述工作。

洪武二十五年，在群臣一再推荐下，朱元璋第三次召见方孝孺，仍不以重用，仅给他一个汉中府学教授的职务，两年后，在蜀王朱椿恳请下做了蜀王世子的老师。洪武二十九年（1396）秋试，朱元璋召方孝孺主持京闱，取士三百人。焦竑《玉堂丛语》卷4《忠节》载，洪武三十一年五月朱元璋去世，就在去世之前托孤之时，居然还"遗令先召孝孺"。可见朱元璋尽管生前因在治国理念上与方孝孺存在分歧而没有重用，但是他对这位"异才"却始终没有忘记，当年曾当太子朱标的面说过："此庄士，当老其才以辅汝。"① 可是朱标早死，现在只有长孙朱允炆来接替自己帝位，故临终前还是"遗令先召孝孺"，因此朱允炆即位后的第二件事便一纸诏书召方孝孺立刻进京。孝孺到京后，先以从九品的府学教授授翰林侍讲。

次年，即建文元年（1399）迁从五品侍讲学士，官品并不高，但国家大事建文总向他咨询，而建文读书，每遇问题即召孝孺讲解。从此以后，便一步步得到建文的重用，特别是因君臣二人在治国理政方面观点居然非常一致，因此朝中所有文件诏檄全由孝孺草拟，而且决心厉行仁政，以儒家思想

---

① （明）郑晓：《文学博士方先生传》，张常明编注：《逊志斋外集》卷4，上海古籍出版社2009年版，第100页。

为指导，进行政治革新，就连洪武年间所实行的官制也要进行变革。

非常可惜的是，新政实行不久，建文三年十二月，燕王便亲率大军南下，次年五月就已经轻取扬州。六月十三日，便直入金川门，迅速进入城东皇宫，于是"宫中火起，帝不知所终"（《明史》卷4）。人们从火中发现一具尸体，燕王朱棣便下令说建文帝已自焚死了。而大臣们有的自杀殉难，有的逃亡隐居不仕，有的投降归顺新主子。六月十七日，朱棣便正式称帝，是为明成祖，改年号为永乐，以明年为永乐元年，改建文四年为洪武三十五年，把建文一朝直接抹掉。接着他就对建文朝大臣进行了惨无人道的大屠杀，凡是忠于建文而又不肯同他合作的文臣，一律被指为"奸臣"而惨遭屠杀，据郎瑛《七修类稿》卷10《国事类·建文忠臣》所载，连自杀殉节在内竟有"百廿四人"，可见朱棣此举实在太惨无人道。因为凡是一名官员被杀，还要灭其九族，例如据《国榷》卷12记载，大理寺少卿胡闰先不仅家族遭到族诛，"凡与闰有连者俱死，戍边数百，累死数千人，村里为墟"。而方孝孺更是灭十族。朱棣进入京城后，曾四次派人召方孝孺，孝孺坚决不从。后被逼迫，他则穿着孝服去见，并一直号哭。朱棣又让他的学生廖镛、廖铭前去劝说，孝孺则说：你们跟我数年，难道还不明白道义是非。朱棣欲拟即位诏书，问姚广孝何人可为，姚答曰："他人不足以服天下，必须方孝孺。"（《方孝孺先生年谱》，《逊志斋集外纪》）于是朱棣再召方孝孺入宫，孝孺仍穿孝服，并恸哭，朱棣见状，起身相劝："先生毋自苦，予效周公辅成王耳。"孝孺问："成王安在？"朱棣回答："彼自焚死。"孝孺又问："何不立成王之子？"朱棣答道："国赖长君。"孝孺再问："何不立成王之弟？"最后朱棣无可奈何望着孝孺说："此朕家事。"并让送上文房四宝曰："诏天下，非先生草不可。"孝孺接过毛笔，大书"燕贼篡位"，掷笔于地，边哭边骂道："死即死耳，诏不可草。"朱棣怒气冲冲地说："汝安能遽死？即死，独不顾九族乎？"孝孺则回敬道："便十族奈我何！"① 朱棣大怒，一方面将方孝孺关入大牢，一方面下令逮捕方氏宗族。六月二十五日，在聚宝门（今南京中华门）外诛方氏十族。据史料记载，被诛的连同门生朋友共十族八百七十三人死于此案，用了七天时间方才杀完。在明初文坛上很有影响

---

① （清）谷应泰撰：《明史纪事本末》卷18《壬午殉难》，《丛书集成初编》本。

的一位大儒，就这样在残暴君主的威严之下结束了短暂的人生，临刑时年仅四十六岁。

方孝孺生前曾被视为"程朱复出"，可见声望之高。可是，对于他的惨死，却未能得到大多数人的公正评论，特别是在明代，许多人都认为方孝孺的行为乃是"愚忠"的表现，有的还批评他言辞过激才导致灭十族，而李贽又说他不识时务、死读书所致（见《续藏书》卷7《山西清远戍卒罗义》）。总之，这些人对于方孝孺忠于建文、不事二主的行为大多不太认可，总以为没有必要作如此举动。一直到了清代，对方孝孺的评论，方才大多持肯定态度，代表性人物则为黄宗羲。此后，研究谈论的人虽然不多，但具有代表性的人物胡适先生则认为方孝孺是杀身殉道的、了不起的人物。而20世纪50年代以来，我国学术界对于明初曾产生过重大政治影响的人物方孝孺似乎尚未引起足够的重视。他在明初曾被誉为"程朱复出"、"读书种子"，又曾为"殉道"而遭灭十族，这就说明，他不仅是位非常重要的思想家，而且是"当世文章第一人"，然而六十多年来，除了南京大学《中国思想家评传丛书》和《浙江文化名人传记丛书》中各出过一部评传[①]，以及相关的年谱、传记、研究著作数种之外，以方孝孺为题的单篇文章也就只有十多篇，并且大多发在地方性刊物上，而众多的思想史和文学史著作尚未见过有提到此人。这是什么原因，笔者倒有些不太理解，是不是因为此人究竟是何许人也尚无定论而不便写入？即便是尚无定论，则更应当在著作中加以研究和探讨，而不应当采用避而不谈的做法。那么，我们究竟应当怎么样才能做到比较公正地评价方孝孺呢？笔者以为，我们首先还是先要冷静地看一看前人所作的评论是否有道理，从中去寻找启发。

前面我们讲了，到了清代，学者们大多对方孝孺已经是采取肯定的态度，代表人物则是黄宗羲。这里我们不妨就来看看黄宗羲是如何肯定的。众所周知，黄宗羲曾著有《明儒学案》一书，书中对所被收入的学者都写有小传一篇，对各人生平经历、著作情况、学术思想以及学术传授，均作扼要述评。这些小传长短不一，一般都写得朴实自然、不事雕琢、重视内容事实，

[①] 赵映林：《方孝孺评传》，南京大学出版社1998年版；连晓鸣、徐立新：《读书种子——方孝孺传》，浙江人民出版社2008年版。

充分体现出优秀史学家所特有的风度。方孝孺被编入卷43《诸儒学案》上，而所作之小传还是比较长的，尽管如此，为了帮助读者了解全貌，仍将小传全文抄录于下：

文正方正学先生孝孺

方孝孺字希直，台之宁海人。自幼精敏绝伦，八岁而读书，十五而学文，辄为父友所称。二十游京师，从学于太史宋濂。濂以为游吾门者多矣，未有若方生者也。濂返金华，先生复从之，先后凡六岁，尽传其学。两应召命，授汉中教授，蜀献王聘为世子师。献王甚贤之，名其读书之堂曰正学。建文帝召为翰林博士，进侍读学士。帝有疑问，不时宣召，君臣之间，同于师友。金川失守，先生斩衰，哭不绝声。文皇召之不至，使其门人廖镛往，先生曰："汝读几年书，还不识个是字。"于是系狱。时当世文章共推先生为第一。故姚广孝尝嘱文皇曰："孝孺必不降，不可杀之，杀之天下读书种子绝矣。"文皇既惭德此举，欲令先生草诏，以塞天下之人心。先生以周公之说穷之，文皇亦降志乞草，先生怒骂不已，磔之聚宝门外，年四十六。坐死者凡八百四十七人。崇祯末，谥文正。

先生直以圣贤自任，一切世俗之事，皆不关怀。朋友以文辞相问者，必告之以道，谓文不足为也。入道之路，莫切于公私义利之辨，念虑之兴，当静以察之。舍此不治，是犹纵盗于家，其余无可为力矣。其言周子之主静，主于仁义、中正，则未有不静，非强制其本心如木石然，而不能应物也，故圣人未尝不动。谓圣功始于小学，作《幼仪》二十首。谓化民必自正家始，作《宗仪》九篇。谓王治尚德而缓刑，作《深虑论》十篇。谓道体事而无不在，列《杂诫》以自警。持守之严，刚大之气，与紫阳真相伯仲，固为有明之学祖也。先生之学，虽出自景濂氏，然得之家庭者居多。其父克勤，尝寻讨乡先达授受原委，寝食之几废者也。故景濂氏出入于二氏，先生以叛道者莫过于二氏，而释氏尤甚，不惮放言驱斥，一时僧徒俱恨之。庸人之论先生者有二：以先生得君而无救于其亡。夫分封太过，七国之反，汉高祖酿之，成祖之天下，高皇帝授之，一成一败。成祖之智勇十倍吴王濞，此不可以成败而誉咎王室也。况先生未尝当国，惠宗徒以经史见契耳。又以先生激烈已甚，致十族之酷。夫成祖天性刻薄，先生为天下属望，不得其草，则怨毒倒行，无所不至，不关先生之甚不甚也。不观先生而外，其受祸如先生者，宁皆已甚之所至乎？此但可委之无妄之运数耳。蔡虚斋曰："如逊志者，盖千载一人也。天地幸生斯人，而乃不终祐之，使斯人得竟为人世用，天地果有知乎哉？痛言及此，使人直有追憾天地之心也。"乃知先正固自有定论也。①

  我们所以不厌其烦地将这篇小传全文照录，旨在让广大读者都能知道，早在三百多年前，著名学者黄宗羲对于方孝孺已经作了非常全面的肯定，文中首先指出"时当世文章共推先生为第一"，而对于当时"庸人"所加之不实之词，一一加以驳斥。对于方氏的学术思想，文中一一加以论述，并得出评价非常高的结论："持守之严，刚大之气，与紫阳真相伯仲，固为有明之学祖也。"请看，这里已经将其与朱熹相提并论了，所以将其称为有明之学祖，自然也就不过分了。特别要指出的是，一般人都只强调他师从宋濂，而黄宗羲则强调其学虽出自景濂，"然得之家庭者居多"，这就告诉人们，方孝孺的学术思想发展，其家学影响不应忽视。又特别指出："景濂氏出入于二氏，先生以叛道者莫过于二氏，而释氏尤甚，不惮放言驱斥，一时僧徒俱恨之。"这就是说，他在学习中非常注意取舍，而不是全盘照搬，这无形中也在告诉人们，大家在学习中，无论对于什么样的专家，都不能亦步亦趋，应当尽量学其长处，以发挥其优势。最后黄宗羲在引了蔡虚斋的一段评论后，语重心长地说："乃知先正固自有定论也。"黄氏在这里实际上就是告诉大家，对于方孝孺的评论与地位已经早有定评了，那些庸人的说三道四都经不起历史事实的考验。大家读了这篇小传以后，自然就理解笔者在文中指出当前学术界对方孝孺还未给以应有的学术地位并予以批评是有道理的。既然在明初的文坛上已经"共推先生为第一"，为什么在我们现在所写的文学史中却不能被列入呢？按理说起码也该给以一席之地吧！同样，在学术思想史方面就更应当大书而特书了，因为黄宗羲已将其与紫阳并论了，并特别指出

---

① （清）黄宗羲著，沈芝盈点校：《明儒学案》，中华书局1985年版，第1044—1045页。

"固为有明之学祖也"。这里有必要多说几句,紫阳何许人也?恐怕在当前许多读者还是不太清楚,这乃是大名鼎鼎的大学者朱熹也。众所周知,朱熹在中国封建社会后期地位是很高的,他可以从祀孔庙,也就是说,他有资格在孔庙中陪伴孔老夫子一道享受冷猪头祭祀的待遇,这在封建社会后期绝无第二人了。其学说,将二程学说发展为完整理学体系,被视为理学正宗。就是这样一位学者,黄氏竟然说方孝孺与其"真相伯仲",当然应当有他一定道理,因为黄氏在学术上所作结论也还是比较审慎的。不过对于我们来说,在理解黄宗羲的这个评价时,自然都会认为它在显示方孝孺在明代学术界的重要性而已,谁也不会将其与朱熹同等看待,但要真正认识到他是"有明之学祖也"。非常遗憾的是,新中国建立以来,出版了许许多多学术史、思想史著作,其中却都不曾谈到这位"有明之学祖",这不能不说是一大缺陷,因为这是对中国文化发展有过重要贡献的人物长期得不到应有的肯定,这对方孝孺个人来说,自然是非常不公道的。这中间也许有些客观原因,那就是当方孝孺被灭十族时,明成祖为了要毁灭方孝孺的思想影响,将其著作全都焚毁,甚至下令凡留有方孝孺片纸只字也是有罪的。尽管如此,民间流传保存者还是大有人在,所以后来其弟子王徐不断搜集,其著作还是大部分都保存下来了,并编为《逊志斋集》。

事实说明,还是学术界没有引起足够重视,没有深入进行研究,以致形成如今的现状,如今的中国文学史、中国思想史、中国学术史等,都见不到方孝孺的有关记载,这自然是很不正常的。人们也可以这样提问,上述这各类著作,如果对朱熹的事迹不加记述,其后果将会如何?必然会受到批评,认为记述内容不完整,而对于方孝孺的事迹不记载,却从没有人提出过批评意见。究其原因,按笔者看来,主要还是对方孝孺评价定位问题长期没有解决,大家从没有把他作为一位重要的历史人物来研究。尽管也出现过两部评传,也都从文学、政治等方面进行了分析研究,但是仍旧缺少总体的评价。因为两书作者本人思想上还是缺少一杆秤,因此评论中底气自然也显不足,很显然主要是两位作者在撰写评传之前,都没有阅读过黄宗羲在《明儒学案》中关于方孝孺的论述,因而对于究竟应当如何定位、究竟应当如何确当地给予评价都还没有认识清楚,当然对其观点、主张等等都不可能提到应当有的高度进行理解认识,自然也就无法引起人们对其高度的重视。

至于方孝孺之死是否出于愚忠，灭十族是否由于他的过激行为而造成，这些议论就成为方孝孺身后一直挥之不去的阴影。面对来自各方强加于方孝孺的不实之词，黄宗羲在《明儒学案》所写的《师说》中也已作了全面而有力的回答，这是一篇评价方孝孺的非常关键的文字，特将全文抄录于下：

师说

方正学孝孺

神圣既远，祸乱相寻，学士大夫有以生民为虑、王道为心者绝少。宋没，益不可问。先生禀绝世之资，慨焉以斯文自任。会文明启运，千载一时，深维上天所以生我之意，与古圣贤之所讲求，直欲排洪荒而开二帝，去杂霸而见三王，又推其余以淑来禩，伊、周、孔、孟合为一人，将旦暮遇之，此非学而有以见性分之大全不能也。既而时命不偶，遂以九死成就一个是，完天下万世之责。其扶持世教，信乎不愧千秋正学者也。考先生在当时已称程朱复出，后之人反以一死抹过先生一生苦心，谓节义与理学是两事，出此者入彼，至不得与扬雄、吴草庐论次并称。于是成仁取义之训为世大禁，而乱臣贼子将接踵于天下矣。悲夫！或言："先生之忠，至矣，而十族与殉，无乃伤于激乎？"余曰："先生只自办一死，其激而及十族，十族各办其一死耳。普天之下，莫非王土，十族众乎？而不当死乎？惟先生平日学问，断断乎臣尽忠、子尽孝，一本于良心之所固有者率天下而趋之，至数十年之久，几于风移世变，一日乃得透此一段精光，不过掩遏。盖至诚形著，动变之理宜然，而非人力之所几及也，虽谓先生为中庸之道可也。"①

众所周知，《明儒学案》一书把有明一代二百一十四名学者按时代顺序，分各个学派组织起来，成立学案十九个，而没有学派的则入《诸儒学案》。而卷首又另有《师说》，将其中二十五个又加以评说，《诸儒学案》原编排在中间，而《师说》的第一人则为方孝孺，可见黄宗羲对方孝孺之重视。在文中黄氏对方孝孺的殉难作了充分的解读，指出他的举动"以九死成就一

---

① 《明儒学案》，第1页。

个是，完天下万世之责。其扶持世教，信乎不愧千秋正学者也"。这就说明，在黄宗羲着来，方孝孺之死既非出于对建文的尽忠，更难说是出于"愚忠"。用今天的语言来说，而是出于信仰、主张，他的一生行为也足以说明这一点。我们前文已经讲了，朱元璋多次召见了他，也深知他是一位奇才，但因在治国理政上两人相左而不予任用。而作为方孝孺，却一直坚守自己的信念而决不放弃去投朱元璋之所好，宁可赋闲在家达十年之久，过着清贫艰苦的生活，无怨无悔。我们也讲了，建文即位后将其请到京城，由于君臣之间在治国理念方面相同，因此相互间非常融洽，甚至方孝孺在此期间还进行了官制的改革。这些表面现象，自然就给有些人产生了一种错觉，即方孝孺后来悲壮的殉难，是出于对建文帝的尽忠。唯其如此，黄宗羲不得不站出来为其辩白，"既而时命不偶，遂以九死成就一个是，完天下万世之责。其扶持世教，信乎不愧千秋正学者也。"他告诉人们，方孝孺之死，绝不是那些目光短浅的人所说是出于"愚忠"，而是"成就一个是，完天下万世之责"、"扶持世教"。可是非常遗憾，当代学术界却很少有人注意。

倒是胡适先生首先作了观点明确的表示，称方孝孺之死乃是出于守护自己的信仰。据《胡适之先生年谱长编初稿》记载：1961年1月11日（星期三），"上午十时，'中央研究院'与北大同学会联合举办的蔡元培先生生日纪念会，在师范大学礼堂举行。先生致开会词，说：'……今天我们请沈刚伯先生讲《方正学的政治思想》。方正学就是方孝孺，是明初一个了不起的人。有人常说中国很少殉道的人，或说为了信仰杀身殉道的很少；但仔细想想，这是不确的。我们的圣人孔夫子在二千五百年前，就提倡"有杀身以成仁，毋求生以害仁"这是我们的传统。在中国历史上有独立的思想、独立的人格而殉道的人不少。方孝孺就是为主张、为信仰、为他的思想而杀身成仁的一个人。'"①

前面虽然引了黄宗羲为方孝孺之殉难所作的辩说，但是他仅仅是说"以九死成就一个是"，当然懂得传统文化的人，特别是懂得理学的人都会知其内涵，由于概念的不通俗自然就阻碍了广大民众的知情范围。胡适用通俗的当代语言，说明方孝孺正是为自己的信仰、主张而殉难，也就是孔老夫子早

---

① 胡颂平编著：《胡适之先生年谱长编初稿》第10册，台北联经出版事业公司1984年版，第3435页。

就提倡的杀身成仁，而决不苟且偷生。因为到了宋代，程朱理学家们则又将孔、孟的杀身成仁、舍生取义诠释成"成就一个是"，让广大的当今读者自然就不知其所云。

值得指出的是，近来读到张树旺先生的《论方孝孺之死的儒学史意蕴》一文，主要就是论述"成就一个是"的演变过程，从孔子的"杀身成仁"，到孟子的"舍生取义"，再到宋代的程、朱则将"成仁"、"取义"演变而成"成就一个是"，而表现在方孝孺身上，文章结论说"孝孺殉难非为君，是殉志而已"。① 文章简洁，这样一来，既否定了死于忠君之说，又明确表示"是殉志而已"，当然值得称赞。所欠缺的是，没有直接挑明就是为信仰、为主张而殉难，因为一个人如果真正有了信仰，他就会为之奋斗终生，笔者以为这一点非常重要，应当很好地加以弘扬，因为它是我国传统文化中的精华。还要说明的是，黄宗羲在文中强调了方孝孺"以九死成就一个是，完天下万世之责"，并再次指出"先生在当时已称程朱复出"，足见他对方孝孺之尊崇。

方孝孺在有明一代是一位非常有个性的思想家和文学家，可惜的是，在当代所出版的众多的哲学史、思想史、文学史论著中，却大多不见有记述，这不能不说是一个很大的缺失。据笔者研究发现，他还是一位不可多得的谱牒学家。在他所留存下来的《逊志斋集》中，虽然只保留有十篇有关家谱的序，这与明代许多名人文集相比，算是非常少的，但是它的内容却是很丰富的。特别是《族谱序》一文，可以视作家谱、族谱编修具有纲领性的文章，它既为家谱、族谱下了定义，又指出家谱编修必须记述哪些内容，这在以前可以说从来没有人讲过，因此它是具有开创性的，而对于编修家谱的作用，则提出不但可以睦族，而且可以起到移风易俗、净化社会风气的作用，这与其师宋濂的观点是一致的。

为什么要编修家谱、族谱？长期以来一般都认为是为了收族、尊祖而已，这几乎已经成为封建社会晚期一种共识，而宋濂却将"收族"改为"睦族"，虽然同样是两个字，其含义自然就大不一样，不仅如此，而且提出一族之内贫富必须一视同仁，而富者有义务接济贫者，要做到老有所依、病有

---

① 参见《船山学刊》2010年第2期。

所治，死后还应很好安葬，否则就会成为路人一样。他还计划将此模式推广到全社会，以达到移风易俗的作用。而方孝孺则更是直接提出，编修家谱则是化天下的最好方法，他在《宋氏世谱序》中全文就是讲述这个内容：

> 士有无位而可以化天下者，睦族是也。天下至大也，睦吾族何由而化之？人皆欲睦其族而患不得其道，吾为之先，孰忍弃而不效乎？有族者皆睦，则天下谁与为不善？不善者不得肆，……虽士可以成化，况有位者乎？不难于变天下之俗，况乡间之近者乎？近者宜其易为，有位者宜其易化。然而莫为且莫化者，知道者鲜也。知道而有位，人焉得而不望之乎？金华宋氏，太史公之族，太史公以道德文学师当世，道之行先于其族，凡可以睦族者无不为矣。斯其谱也，谱非公一代之书，后世之所守者也，非止一家之事，举族之所取则者也。使远而后世、众而族人皆如公之心，虽无焉可也。苟为不然，有法以传之，犹恐其或废，况徒谱乎？某是以私附其说于后，俾后之人得以览而择焉，由一族而推之天下，将必自兹始，此固公之志也欤？①

在方孝孺看来，编修家谱不仅是为了睦族，最终还是要达到"化天下"，也就是说，要通过家谱编修，而"变天下之俗"，而使天下"大治"，因为他认为在古代，先王以井田制养民，整个国家如同一个大家族一样，"上下亲睦，风俗和厚"，"非必有昆弟之亲、宗族之序，然贫能相收，患能相邮，丧相助而死相葬，喜相庆而戚相忧，……其情皆如骨肉之亲之厚且笃也"。可是，自从井田制废除以后，"虽同宗共出之人，乖离涣散而不相合"，"人各顾其家，家各务其私，至于兄弟且相攘夺，况他人乎！"他也深知，井田王制，现在自然是无法实行了，但是编修宗谱还是保存了先王的遗意，因此他觉得只有通过修谱，方能达到净化社会风气，实现社会和谐。"一乡之中，一姓之人，少者数十家，多者数百家，其富贫、贵贱、强弱之不同至相悬也，苟无谱以列之，几何富者之不侵贫，贵者之不凌贱，强者之不暴弱也乎，得其人，谨书之于谱，取而阅之曰：是虽贱与吾同宗也，是虽

---

① （明）方孝孺著，徐光大校点：《逊志斋集》卷13，宁波出版社2000年版，第414—415页。

贫与吾同祖也，是虽弱亦吾祖之子孙也。默而思之，盖悄然悲而惕然惧矣，匪惟一乡一姓者为然也，同邑、同郡之一姓皆然。"①所以，他通过研究得出"非谱无以收族人之心，而睦族之法不出乎谱"②的结论。众所周知，元、明以来，对于编修家谱的目的总都是提出为了尊祖和收族，而方孝孺所强调的则在于后者，因为他想实现社会风气大变，从而达到"社会大治"，他的老师宋濂虽然也有此想法，但是没有他这么强烈，尽管在封建社会中这种想法是不可能实现的，但是这种想法毕竟还是可贵的，因为他是一心想实行王道，总比专制独裁的霸道统治要好。他所以不大强调尊祖敬宗，也许在他看来，编修家谱本身就已经体现了对自己祖宗的追忆，首先涉及的就是姓氏的来源，他认为："故善尊祖者莫先于知其姓，尤莫大于尽天之性。"③无论是一个家族还是一个宗族，修谱的第一件大事就是要确定姓氏的来源。因为在我国众多姓氏中，其来源是出自多个方面，不仅王姓如此，刘姓亦复如此，因此在编修宗谱时，第一要务就是确定自己姓氏的来源。所以方孝孺提出"善尊祖者莫先于知其姓"，这也许就成为他在编修宗谱时不再强调尊祖的原因所在。

孔子早就告诫人们，"人无远虑，必有近忧"（《论语·卫灵公》），一个国家、一个家庭更是如此，其意是要人们居安而思危。方孝孺在《童氏族谱序》中，开门见山就讲了："有天下而不能为千载之虑者，必不能享百年之安；为一家而无数世之计者，必不获乐其终身。事变之生，固非智计之所能尽备也。然古之贤者，宁使思虑出于事物之外，而不使事物遗乎思虑之表，方其燕安无事之时，日夜之所营为，恒恐一事之未周而启将来之患，一时之或懈而基无穷之忧。人因疑其为计之过也，而不知必如是然后可委诸天命。"④就在这篇序中，他更批评了许多家族很不重视对子孙的培养教育，而却在为他们大肆购置田产，在他看来当然都不会有好的结果："孝弟忠信以持其身，诚恪祠祭以奉其祖，明谱牒，叙长幼，亲疏之分，以睦其族，累世

---

① 《逊志斋集》卷13《谢氏族谱序》、《楼氏族谱序》，第415、422—423页。
② 《逊志斋集》卷13《葛氏族谱序》，第419页。
③ 《逊志斋集》卷13《丁氏复姓序》，第424页。
④ 《逊志斋集》卷13，第416页。

积德，以求无获罪于天，修此则存，废此则亡，此人之所识也。而为家者鲜或行之，当其志得意满，田园不患其不多，而购之益力；室庐不患其不完，而招之益广。至于子孙久远之计所当虑者，则弃而不省，以为可委之于命，而非人之所为。嗟乎！夫岂知礼义不修，子孙不贤，则吾所欲富贵之者，适所以祸之也，而岂足恃哉！"① 可见，他认为每个家庭要为子孙长远考虑的是重视教育，使其懂得孝悌忠信、贤而守礼，并做到累世积德，诗书礼乐传家，"修此则存，废此则亡"，然而许多家族对此往往都很少做到，要想传久自然就不可能了。

我们在前面已经讲过，方孝孺在短暂的一生中，留下来的关于家谱方面的序文并不多。根据笔者研究，他在谱牒理论方面的最大贡献，那就是他为宗谱的编修下了一个比较合理的定义，这个定义即使在今天来看，应当说也是相当科学的，因此在谱牒学发展历史上来看，既是前无古人，也是后无来者，自然值得大书而特书。这个定义就保留在《族谱序》一文之中，因此，《族谱序》自然也就成为研究宗谱、家谱经典性的文章，无论研究谱牒理论的发展还是进行宗谱家谱的编修，也都是非读不可的文章。为了让广大读者都能见到原文，今详细节引于下：

> 既有封邑，则有茅土，既有茅土，则有亲疏，则有宗族，既有宗族，则有谱序。姓者生也，共相生长；宗者总也，总统相连，族者聚也，非类不聚，各相尊荣。三皇已前，无文无纪，五帝已后，典籍兴焉。莫不书其附策，扬其德行，典诰书其姓名、显其禄位，序述千古所验，则明其世代者、可序曰谱者，普也，普载祖宗远近、姓名、讳字、年号。又云谱者布也，敷布远近百世之纲纪，万代之宗派源流。序述姓名，谓之谱系，条录昏宦，谓之籍状，天子书之谓之纪，诸侯书之谓之史，大夫书之谓之传，总而言之谓之谱。谱者，补也，遗亡者治而补之，故曰序得姓之根源，记世数之远近，父昭子穆，百代在于目前，郑玄曰：谱之于家，若网在纲，纲张则万目具，谱定则万枝在。今恐一枝之上枯荣有异，则强弱相凌，一祖之后，贵贱不同，尊卑相滥，今举大

---

① 《逊志斋集》卷13，第417页。

纲，以明众目，是以四海各流，乃东出而西归，九河分趣，虽道异而源同，是以树有凋荣之干，羽有长短之毛，或短褐轻裘，咸出公卿之胤，佩玉负薪，不废连枝共叶，……必须忠孝于君亲，敬顺于师长，和睦于夫妻，信义子朋友，亲睦于乡闾，恭勤志墓，然后位进于公卿，名扬于后世。……人之基业，子孙根本，不以无位，门户失次。人善则门荣，人恶则门贱，所以敬二尊，远四恶，敦五美，修六艺，九恩十善，弗忘于须臾。故常积学蕴心，明以听视，先世之叙，皆记于胸襟。乃有孙不识祖家，子不识父讳，问其由序则默然，书其家传则阁笔，如此之徒，非绍隆后世之子也。或曰富贵运所招，何用先人之荫？圣人自生，不由父母，中人以上，皆有承籍，至如曲木直枝，顽父哲子，但取当时之用，岂有祢祖之业而不记乎在心而睹之目者也。

盖闻谱者，姓名之经纬，昭穆之纲纪，导一宗之根源，提九族之总统，人伦根蒂，君子贵之。是以充者著之，斯用之急也。世数绵远，枝叶难分，时运盛衰，苗胤辽隔。谱牒若存，则依凭有据，记注精显，则品类无差，今古相承，班序俱定，次长幼之高卑，累官阶之大小，问源则不惑，问世则不疑，传之记之，以续后生，无令断绝，勿有疑焉。①

从这些引文来看，所有论述全都出自想象而编造出来的，而不是根据文献记载而叙述下来的，但是编得都很有道理，很符合历史发展的逻辑。因为既然已经产生宗族，自然就有可能产生谱序，然而历史发展的事实，却并非如此，如"天子书之谓之纪，诸侯书之谓之史，大夫书之谓之传，总而言之谓之谱"，历史记载的分类，事实上就并非如此。我想读者也不会对这些内容加以计较，因为他对宗族许多称呼的解释说明，还是相当合理的，也可以说是相当科学的。"宗者，总也，总统相连，族者，聚也，非类不聚，各相尊荣"，何谓宗族，他简单两句话就解释了，特别是对宗谱的谱字解释，令人称奇，"明其世代者、可序曰谱者，普也，普载祖宗远近、姓名、讳字、年号，又云谱者布也，敷布远近百世之纲纪，万代之宗派源流。序述姓名，谓之谱系，条录昏宦，谓之籍状"。当然，作为一部宗谱，首要任务是讲清

---

① 《逊志斋集》卷13，第425—426页。

得姓之根源，因为在我国古代得姓情况是多种多样的，有的很早，有的很迟。至于世数就更加复杂，能够记清楚的很是不容易，因而胡编乱造者便时有出现。至于一个大的家族，发展到后来形成许多支系，他以大树为喻，伸向东南西北都有，有的很茂盛，有的则枯萎，贫富强弱，贵贱尊卑，各不相同，只要有一部好的宗谱，就可以发现乃同出一祖，"四海各流，乃东出而西归，九河分趣，虽道异而源同"。因此，宗谱的功能，特别是它的睦族作用就表现在这些地方，既然同出于一个祖先，自然就存在有亲情关系，而不能再视作路人。唯其如此，他还总括地指出："盖闻谱者，姓名之经纬，昭穆之纲纪，导一宗之根源，提九族之总统，人伦根蒂，君子贵之。"这些对于宗谱的评论，都是具有经典色彩，只要有了它，就可以找到一宗之根源。需要指出的是，他这里讲的也是九族，因为自古以来就以九族作为人之大伦，关于这个问题，我在欧阳修的谱学理论一目中已经作过论述，而学术界仍有许多人对此都是一无所知，其实以前的启蒙读本《三字经》早就讲了，"乃九族，人之伦"。最后他再次指出："世数绵远，枝叶难分，时运盛衰，苗胤辽隔，谱牒若存，则依凭有据，记注精显，则品类无差，今古相承，班序俱定，次长幼之高卑，累官阶之大小，问源则不惑，问世则不疑，传之记之，以续后生，无令断绝，勿有疑焉。"此序从深到浅，一层一层地将谱牒的功能、价值，全都展现在读者面前，所以笔者认为方孝孺在谱牒理论上的最大贡献，就在于他给宗谱作了定位、下了定义，而对宗谱的功能、价值作了深入浅出的论述。所有这些都是前人所未论及，它无论是在谱牒理论的发展史还是宗谱、家谱的具体编修上，都具有非常重要的意义，所以笔者不厌其烦地对其反复加以论述，希望读者能够对此引起更多的注意。

私家之谱的编修，虽然从宋代开始已经有欧阳修、苏洵编修家谱，但是作为一部家谱，究竟应当具备哪些内容，却很少有人作过具体的论列。而方孝孺则在《族谱序》这篇文章最后，列了十大方面内容，这同样是谱牒理论发展史上不可多得的理论精华：

一、序得姓之根源

二、世族数之远近

三、明爵禄之高卑

四、序官阶之大小

五、标坟基之所在

六、迁妻妾之外氏

七、载适女之出处

八、彰忠孝之进士

九、扬道德之遁逸

十、表节义之乡间

在这十条中,第一条就是"序得姓之根源"。我们前面已经讲了,在方孝孺看来,"善尊祖者莫先于知其姓",既然大家在谈论修谱目的在于"尊祖睦族",那么在家谱编修中,首先就该先弄清自己得姓之根源。而自古以来在家谱编修中,一直就存在着依傍名人的现象,实际上就是将某个名人拉来作为自己的祖先,这还谈得上什么尊祖敬宗呢?其原因又在于许多姓氏自古以来就存在着许多支派。最明显的如王姓,自魏晋南北朝以来,就存在有琅琊王、太原王、晋陵王之别;我们在讲宋濂谱学时已经提到,同是陈姓,因地域不同而有别;而于刘姓,居然有五种起源。所以方孝孺强调编修家谱首先要讲清自己得姓根源。第二条实际就是将世系远近要记载清楚,这也是修谱的主体内容。而在这十条之中最显眼的莫过于第六、七两条,不仅妻子入谱,就连妾也能入谱了,而女儿出嫁于何处,也得写入家谱,这自然是修谱事业上的一大进步。自古以来,宗谱家谱的编修,所记载的都是男子,女性从未有记入家谱的机会,就算是开私家之谱编修先河的欧阳修、苏洵所修之谱也是如此,一直延续下来,影响很大。而方孝孺则明确提出,不仅妻子入谱,就连妾也得入谱,女儿出嫁同样也得记载,这实际上就已经将男女置于同等的地位。这在当时来说,确实是有胆有识,这自然是反映了他的政治思想和道德观念。这么一来,对后世家谱的编修起到非常重大的影响,从此以后,在家谱编修中,妇女入谱不再是什么新鲜事了,因此明代中后期的家谱编修中大多有了妇女的内容,这个功劳自然是应当属于方孝孺。最后两点的提出,同样又是出于常人想象之外,"扬道德之遁逸",这中间明显就包含着褒贬两个方面,其义就是要在家谱编修中必须做到善恶并书,方能起到教育的作用。而当时的家谱编修中,则普遍书善而不书恶,家丑不可外扬,于是修谱当中必须为亲者讳，已经成为一道不可超越的门槛。方孝孺这条主张的提出，自然针对性是非常之强的，他是想通过宗谱、家谱的编修，净化乡间之间的风俗，进而达到"变天下之俗"，希望能够出现一个风清气正的和谐社会。这与其师宋濂的想法是一致的，宋濂也曾提出，通过宗谱的编修，来实现"美天下之俗"。笔者虽然已经指出，这些想法确实都是美好的，而实际上最后都是要落空的，因为在当时的那种社会里，是根本不可能实现的。尽管如此，在封建社会中，能够产生这种思想和美好想法，还是值得我们肯定的。实际上他们都是想实行仁政而反对暴政，希望能让广大民众都有一个安定的社会生活环境，虽然都是空想而不可能实现，但因其愿望还是美好的，还是值得肯定的，况且他们这些美好的愿望是产生在专制独裁的社会里，自然就更加难能可贵了。

综上所述，方孝孺流传下来的谱牒文章虽然不多，但内容却非常丰富、非常精彩，他讲了许多别人从未讲过的内容，都是谱牒研究和宗谱编修上不可多得的经典性的论述，对于谱牒理论的发展和宗谱的编修都将起到深远的影响，所以我们认为他是我国封建社会中一位不可多得的谱牒学家。

第八章
停滞不前的清代谱学

一、清代谱学发展停滞状态

明代的谱牒学在各个方面都得到了空前的繁荣发展，诸如研究姓氏之学者，就曾出现十多家，尽管质量大多不太高，但是毕竟能够有成果。至于家谱的编修，更是达到前所未有的繁荣程度，不仅编修相当普遍，而且在中后期编修统谱的现象也相当多，而且其规模也越来越大，这也是以前所不曾有的；而年谱的编修，由于学术价值很高，所以也得到很快的发展。可是到了清代，由于清统治者实行文化专制主义的政策，致使谱牒学在各个方面都受到了限制，未能像明代那样得到比较自由的发展，如研究姓氏之学的著作就不曾有出现，家谱编修虽然也还在进行，但是绝对没有像明代那样普遍，更谈不上繁荣，尤其没有人再大规模地编修统谱了，因为大家都怕触犯清统治者的忌讳。对此，罗香林先生在《中国族谱研究》上篇《清代官学不讲谱牒学之原因及其影响》中曾有详细分析，现将相关内容节录于下：

  清承明制，特重科名，各姓氏子弟之以科第显者，例必叙录于谱，于是而修谱之风，更日以盛。各名家文集，其载有所撰族谱序跋一类篇章者，更不可胜数。惟清代盛时，学者罕有从事如《姓苑》、《姓纂》、《姓解》、《万姓统谱》一类专书之撰作者，即如乾隆时所修《四库全书》，其史部亦不载谱系一门，至如《钦定八旗满洲氏族通谱》等，亦皆列之于史部传记类"杂录之属"，而略无姓氏谱学地位，即晚至清末以逮民国初年，如清季遗老赵尔巽等所主修之《清史稿》，其《艺文志》史部，亦一如《四库总目》，而将少数族谱列之于史部"总录之属"，而全不明列姓氏谱系一类专书。是岂清代果真无谱学可言也耶？

余尝细加考求，然后知盛清学者，一方深知族谱之重要，一方又惧明言姓氏之学或致被罹文网，因遂不便于官修丛书或编列书目而明揭姓氏谱系一类专书，而族谱在国家之学术地位，遂隐阒而不彰焉。

盖清代由满洲部族入主中国，自康熙历雍正以至乾隆，虽国势正盛，然深忌汉人以"严夷夏之防"之思想，起而反抗，故屡兴文字之狱，以诛锄士气。凡撰作诗文或专书，稍涉嫌疑者，必加之究治，故学子多转而研习名物训诂一类可不涉及民族思想之学。而乾隆时奉敕编集《四库全书》之名臣纪昀，与受敕同典秘籍之戴震、邵晋涵等，又正为此类专精名物训诂之学者，其不依历代艺文志史部之明列姓氏与谱系一门，正为其人苦心所在也。观乾隆四十五年江南金等所修《济阳江氏分修族谱》，载江慰祖跋文，谓："岁己亥、奉上宪檄谕，凡一切家谱，恐有僭妄字句，悉加删改。"而江南金序文亦谓：

"今我皇上釐正文体，而于世族一书，尤加详慎。迩者大方伯檄下，凡缙绅士庶族系，必由长吏考定。其有叙法舛错，字句僭妄者，饬令亟加改正。而一时大家巨族，以及单姓寒门，莫不家喻户晓，奉行恐后。"

可知己亥年即乾隆四十四年，清高宗殆曾下诏删去一切家谱之僭妄字句。所谓僭妄字句，虽今日已不明其为所指何事，然必与一部分族谱之曾载及明末或南明事迹有关，或与"严夷夏之防"一类之字句有关，不然，不至目为僭妄，而必加以删改也。而此奉谕删改一切家谱僭妄字句之时代，正为《四库全书》首部告成之前三四年。则《四库全书总目》史部之不载谱系一门，其用意在于避祸，而非由于无识，盖可知焉。惟避祸之意，又未便说破，故《四库全书总目提要》乃于史部总叙特云：

"旧有谱牒一门，然自唐以后，谱学殆绝，玉牒既不颁于外，家乘亦不上之于官，徒存虚目，故从删焉。"

又于史部传记类"杂录之属"，所载《钦定八旗满洲氏族通谱提要下》略云：

"……古者族姓掌于官，至春秋之末，智果别族为辅氏，犹闻于太史。秦汉以来，古制不存，家牒乃作，刘歆《七略》，称案《扬子云家牒》，以甘露三年生是也，私记之书亦作，《世本》是也。六代及唐，虽门第相高，而附会攀援，动辄疏舛。……洎乎两宋，谱学遂绝，非世家旧姓，罕能确述其宗派者，岂非不掌于官，各以臆说之故欤？"（见《总目提要》卷58）

然因此而姓氏与谱系之学，其在清代之学术史上地位，遂蒙受损失矣。①

我们曾多次指出，清朝开国以来，多次大兴文字狱，推行文化专制主义政策，造成整个社会学术空气的大变。前面所引罗先生的论述，说明在这种政策之下，谱牒学的发展受到了很大的影响，姓氏之学没有人研究了，家谱编修大大减少了，就连官修的《四库全书总目》中，长期形式的谱牒一类也被取消了。总之从上到下，整个学术界都怕引火烧身，触犯忌讳，于是都尽可能敬而远之，大家都做一些远离政治的、资料性的考证工作，编写年谱便成为整个学术界的热门话题。因为编写年谱，仅对一人一事的研究，不会涉及当朝政治，尤其是编写学者年谱和补作、改写前人之年谱更是如此，这本身又是属于历史的研究。许多学者既不能私自编写史书，于是便将自己的聪明才智运用到编著个人年谱上面，这正是当时编年谱之风盛行的社会根源。而通过年谱的编写，对一个人的学术思想就有可能做到具体而系统的了解，这也是促使当时年谱编写得到发展的学术上因素。年谱之风的盛行，也成为乾嘉时代史学发展的一个重要特点。笔者曾据杭州大学图书馆编《中国历代人物年谱集目》所收年谱统计，除近人年谱外，《集目》所收1800部年谱中，清人编的年谱就有800部之多。又据杨殿珣先生编的《中国历代年谱总录》增订本统计，全书共收年谱4450部，而清人所编则有1233部，这个数字是相当大的。我们研究发现还有一个现象，在这众多的年谱中，古代人物占大多数，并且学者又居多数。如《孔子年谱》最多，有66部（包括生卒年考），《孟子年谱》次之，亦有33部，《杜甫年谱》18部，《韩愈年谱》7部，《朱子年谱》20部。这也反映了清代学者一个特点，研究的问题尽量远离政治。较为著名的如顾栋高编著的《司马温公（光）年谱》，顾栋高、蔡上翔分别作《王荆公（安石）年谱》，钱大昕、赵翼分别作《陆放翁（游）年

---

① 《中国族谱研究》，第37—39页。

谱》，钱大昕作《深宁先生（王应麟）年谱》和《弇州山人（王世贞）年谱》等，都是有不同程度的学术价值，对于研究这些谱主的生平历史和学术思想都有重要作用。至于为当代人编写年谱，则更多是学者所为，这其中又可分为几类：一是自著年谱，即谱主生前将自己一生经历谱写下来，或者自己口授由别人代写，清人自著年谱比较著名的有《黄梨洲自撰年谱》、《竹汀居士（钱大昕）年谱》（此谱记至六十五岁而止，其曾孙庆曾又为续编一卷，并为年谱作注）、《渔洋山人（王士禛）自撰年谱》（谱主七十二岁时自撰，后六年乃病中口授其子笔录）、《退庵（梁章钜）自订年谱》、《葵园（王先谦）自定年谱》，而汪辉祖的《病榻梦痕录》和《梦痕余录》亦是作者本人自撰之年谱。可以看出这类自著年谱，谱主大都为著名学者。二是为谱主的朋友、门人及子孙所指撰。这类年谱谱主亦以著名学者居多，特别是挚友和门人弟子所作年谱，由于对其友人和老师，不仅生平事迹记述详细，往往在学术活动或学术宗旨多有叙述，这样的年谱其学术价值自然就更高了。如《孙渊如（星衍）先生年谱》则为友人张绍南所著，《吴山夫（玉搢）年谱》则为友人丁安所著。至于门人所著的那就多了，如李塨、王源合著《颜习斋（元）先生年谱》、董秉纯所著的《全谢山（祖望）先生年谱》、段玉裁所著《戴东原（震）先生年谱》等都属于这一类。他们都直接师承于谱主，闻见最为真切，况且有的还是谱主的得意门生，更能深知其师的学术渊源与宗旨。由其子孙编的亦相当多，如朱锡经编写的《南匡府君（朱珪）年谱》、任乃赓编写的《任子田（大椿）先生年谱》、汪喜孙编写的《容甫（汪中）先生年谱》、杨薪圃编写的《先祖五桥府君（杨士俶）年谱》等。这一类年谱，就其一生经历而言，自然是比较准确而真实的，至于学术价值，就无法一概而论了。以上就是有清一代年谱编修的情况。

在清代，我们还可以看到，作为谱牒学的组成部分的"史表"，也得到了充分的发展。清初以来，史家们对于史表的作用已经非常重视，当然由于现实关系，他们也有充分的时间和精力来从事考证和编写，到了乾嘉时代，他们便将二十四史中凡是无表者一律予以补齐，而对于前人所作之表，亦进行校正考释。开明书店汇编的《二十五史补编》，搜集历代考史之作，而其中大部分则为清代学者所补之史表，可见当时补作史表的风气特盛。除为前史补作之外，独自成篇的著作数量亦很多，著名的有陈芳绩的《历代舆地沿革表》、沈炳震的《廿一史四谱》、顾栋高的《春秋大事表》、齐召南的《历代帝王表》、钱大昕的《宋辽金元四史朔闰表》、万斯同的《历代史表》等。这也说明，当时史表的作用、范围是非常广的，既可表人、表事，亦可表时、表地，许多历史学家不仅创作了各种各样的史表，而且从理论上强调史表在编写史书中的作用和地位。顾炎武在《日知录》中还特地写了一篇《作史不立表志》，详细论述了表志在史书中的重要作用："表以纪治乱兴亡之大略，书以纪制度沿革之大端。"他还特地指出，表是"昉于周之谱牒，与纪传相为出入。凡列侯、将相、三公、九卿，其功名表著者，既系之以传；此外，大臣无积劳亦无显过，传之不可胜书，而姓名爵里、存没盛衰之迹，要不容以遽泯，则于表乎载之，又其功罪事实，传中有未悉备者，亦于表乎载之，年经事纬，一览了如，作史体裁，莫大于是"。所以他说："作史无表，则立传不得不多，传愈多，文愈繁，而事迹或反遗漏而不举。"①这就说明，纪传体史书只有充分发挥表的作用，才能做到文简而事丰，表的功能之大于此可见。朱彝尊在为《历代史表》所作的序中亦非常形象地指出：这部《史表》可"揽万里于尺寸之内，罗百世于方册之间"。章学诚则说："史部要义，本纪为经，而诸体为纬，有文辞者曰书曰传，无文辞者曰表曰图，虚实相资，详略互见，庶凡可以无遗憾矣。"②特别是纪传体史书，人表更是不可缺少，在他看来，"使欲文省事明，非复人表不可，而人表实为治经业史之要册"，因为"人表者，《春秋》谱历之遗，而类聚名姓之品目也。人表入于史篇，则人分类例，而列传不必曲折求备，列传繁文既省，则事之端委易究，而马、班婉约成章之家学可牵而复也"③。总之，经过清代史学家们的刻意经营，史表的作用在各种史书中得到充分施展。可以说谱牒之学到了此时又恢复了它原来的特有功能，即以表的形式表示世系繁衍，只不过它运用的范围更加广泛罢了。现在有些人把谱牒学单纯地看作是研究家谱而已，甚至有人写文章时直接称为家谱学，这显然说明他们对谱学的含义、概念并不清楚，不了解谱学的产生、发展的来龙去脉，其结果不仅缩小了谱学的研究范围，而且贬低了谱学的学术价值，必须引起足够重视。

---

① 《日知录集释》卷26，第1446页。
② 《文史通义新编新注》外篇5《永清县志舆地图序例》，第960页。
③ 《文史通义新编新注》外篇2《史姓韵编序》，第511页。

我们在前面引了罗香林先生关于清代谱牒学发展受到的约束和影响的论述，特别是对于家谱的编修影响更大。当然，这并不是说在清代编修家谱的人就没有了，只不过确实非常少了，但毕竟还是有的，有不少名家还为这些家谱写了序，著名学者黄宗羲（1610—1695）就曾写了《唐氏家谱序》和《淮安戴氏家谱序》两篇，而在唐氏谱序中，强烈批评了社会上伪谱的泛滥："沈约、魏收为史，自叙其先世，附合乖谬，人以谓诬其祖也，故序家谱者，未有不以此为戒。是故诬祖之罪，甚于忘祖。然今日谱之为弊，不在作谱者之矫诬，而在伪谱之流传。万姓芸芸，莫不家有伪谱。欧阳文忠曰：'渤海之后，独见于今，然中间失其世次者再。'苏文公曰：'自益州长史味道至吾之高祖，其间世次，再不可纪。'夫欧、苏二氏，其源流历然者，尚有不可纪之世次。而伪谱不问其地之南北，不考其年之上下，一概牵合，某世以至某世，绳联珠贯，至使祖孙倒置，蛇首人身。其有名公墨迹、内府玺书者，尤市儿之狡狯，无识之世宝也。尝见一巨子，购得伪谱，视为信货，据之以改旧本，不亦冤乎？夫世之为巨子者多矣，然亦不始于近世也。"①

而在《淮安戴氏家谱序》开头先讲了宗法制度消亡以后家谱、族谱的重要性，然而由于修谱者不得其人，于是家谱记载成为不可信之书："自宗法亡，所以收族属者，止有谱系一事。鳌其亲疏，明其长幼，古之君子，兢兢于是而不敢忽也。然以余观之，天下之书，最不可信者有二：郡县之志也，氏族之谱也。郡县之志，狐貉口中之姓氏，子孙必欲探而出之，始以贿赂，继之呵喝，董狐、南史之笔，岂忍弹雀？氏族之谱，无论高门悬簿，各有遗书，大抵子孙粗读书者为之。掇拾讹传，不知考究，牴牾正史，徒诒嗤笑。嗟乎！二者之不可取信如此。以余之所经历者言之，徐汝佩者，阳明先生之弟子也，当时南宫发题以议新学，汝佩不答而出，以此贤之，及为同知楚中，侵饷事觉，因而缢死。时人为之语曰：'君子学道则害人，小人学道则缢死也。'见于弇州笔记。余修县志，其后人欲入之乡贤，余不可，遂尔相仇。姚邑有三太傅祠，祀晋谢安石、宋外戚谢某、明谢文正，原已牵合。余视其神位，安石之夫人为毛氏，余语其宗祝曰：'按《晋书》，刘夫人非毛氏也。'其人对曰：'此家谱所载，宁有讹乎？'余笑曰：'刘夫人生前奇

---

① 《黄梨洲文集》，第326页。

妒，想死后安石出之也。'观此二事，其他可知矣。"①黄宗羲在序中以亲身经历之事，说明志书与家谱之所以成为天下最不可信的两种书的原因，邑志编修，编修者取材不严，特别是收受请托，原来是贪官，照样可以成为乡贤，这在各地都已成了常态；而私家之谱，许多编纂者都是读书不多，道听途说，不加考证，草草编就，这样的志书和家谱自然是不可信的。也就在这篇序的最后，黄宗羲还为人们提供了一条这样的信息："昔解大绅精于谱学，凡江西一省之氏族源流、婚姻官阀，无不淹贯，盖有子姓所不及知者。"②笔者自从阅读了这一内容以后，二十多年来一直在寻求解氏的谱学理论，尽管也阅读了他撰写的家谱序，始终未能求得，至今仍是一个悬念。当然，他所写序的这两部家谱，编修得都是相当不错的。

万斯大（1633—1683）曾增修过《濠梁万氏宗谱》，并写了《姓源序》一篇，此谱宁波天一阁有藏本。该谱记载，"六世孙全作，九世孙表重修，十一世孙邦孚续修，十三世孙斯大增修"。他在《姓源序》曰："姓氏之有祖，如流水之有源。江水则源于岷山，淮水源于桐柏，虽千流百派，浩渺无穷，而其出则一也。……人各有姓，姓各有祖。左氏赐姓受氏不过数种，而宋之郑渔仲推其类至三十六种之多，因不容混而无别。为其子孙者各祖其祖，又乌能已于水源之思乎？三代之世，居不出乡，仕不离国，而宗法易行。秦汉而下，士庶不常，厥居其间，名世望宗，各举郡国以自表。如陈氏望于汝南，自实始，杨氏望于关西，自震始。由此以叙昭穆、别亲疏、殊门第，使百世之下不可得而乱焉。迨乎五季之衰，百宗荡析，公靡常产之居，士亡世德之旧，悠悠世祚，迄无定据，冠冕皂隶，混为一区，则世之家自为谱者，不免远引无征，故苏老泉断自可知之祖始。近黄文节公以忆记先世可知者书，诚确论也。虽然，此特自其季世忘其先视世系者言，非古制也。如刘向《世本》、马迁世表，何尝不自先世得姓受氏者始，本本源源、灿然不昧，后之考世德者有征焉。此谱万氏而必祖于毕万始，盖其子孙以王父之名为氏，而传世至于吐万之云则非矣，万之后其一寓于濠梁云。"又在《姓源》曰："周武王封毕高为公。春秋时子孙有名万者，晋献公作二军，毕万为右，

① 《黄梨洲文集》，第325页。
② 同上书，第326页。

以灭耿、灭霍、灭魏，还，赐万魏以为大夫。其孙为犨，厥后以王父之名曰万，遂以为氏，自是而分宗别派，有百不齐同出于一源焉。"以上两段为《姓源序》和万氏之《姓源》，下面一段则为作者的个人看法：

> 嗣孙斯大曰：姓必有始，故作《姓源》。然愚以为止可存其名，不必求其实。如言万氏本于毕万，而推之于汉为某某，于隋于唐为某某，于宋为某某，以为非也吾不敢，以为是也吾何征？故与其实其人以存信，不若虚其人以存疑。盖实其人，则疑于以非祖为祖而祖亡；虚其人，则千百世而上，凡为吾一本之祖，未尝不在冥冥之中，而祖存于不存之内也。兹于《姓源》录遵茂一府君旧谱，止书得姓之由，自万章而下，汉、隋、唐、宋、元诸派悉置不录，惧失真也。①

万斯大是清代前期著名学者，与其弟万斯同一道师以黄宗羲，斯大传黄氏经学，斯同则传黄氏史学。万斯大曾增修万氏宗谱，特别是写了一篇《姓源序》，保留在该宗谱之中，因为这部《濠梁万氏宗谱》在国内只有国家图书馆和宁波天一阁有藏本，一般读者很难看到，故不厌其烦地都将其抄录。特别是这一问题还有现实意义，对于当前新修家谱都有参考价值。因为每一个家族在编修家谱时，姓氏总是放在首要地位，正如作者所言，"姓氏之有祖，如流水之有源"，只要源头搞清了，以后分宗别派、历代承传，然而因文献记载不全，就不可能都分辨清楚了，因此在新修家谱时，只要按照苏、欧两家做法或者始自始迁之祖，千万不要胡编乱造，造成对祖先的不孝。

至于族谱编修之详简，究竟哪一种比较合适，万斯大在《学礼质疑》卷2《宗法八》有一篇《族谱后说》：

> 有疑余谱为过简者，予曰：作谱之意，将以志祖宗世系之源流，使子孙不忘所自来也，岂以此饰人耳目、矜其族望哉？今世故家之谱，大编长册，非有力者不能修，谱成束之高阁，族人莫由得见，更多历年，族类益繁，因循推诿，渐致散逸，至有子孙而不知祖父之名字者，皆由

---

① （清）万斯大：《万氏宗谱姓源跋》，曾攀点校：《万斯大集》，浙江古籍出版社2016年版，第326页。

于不简之过也。简则易修，简则易考。易修则子孙人人乐修，而谱存者多；易考则子孙人人乐考，而知祖者众。此予之意也。

短短数语，就将宗族修谱的目的、繁简之优劣讲得非常清楚。为什么要修谱，是要使子孙知道自己祖先的来历，而不是为了装饰门面。我们将此文与上述《姓源序》等文连起来阅读，可以看出万斯大在族谱编修上的见解是相当高明的，文章虽不多，见解并不少，可以看作是族谱编修的好参谋。

与万斯大同时，还有纪昀、钱大昕、章学诚、邵晋涵等人在谱牒理论上也都有所建树，对于纪、钱、章三人，由于他们的理论都比较多，我们将单独分别加以介绍。而邵晋涵生前仅留下三篇家谱序，即《余姚史氏宗谱序》、《劳氏家谱序》和《浃水方氏家谱序》，尽管数量并不多，却为后人留下了谱学发展的经典名篇。邵晋涵（1743—1796），清浙江余姚人，字与桐，号二云、南江。乾隆进士，后充四库馆纂修官，史部之书多由其最后校定，提要亦多出其手，授翰林院编修，仍纂校《四库全书》，兼辑《续三通》。晚年擢翰林院侍讲学士，兼文渊阁直阁事。历充《万寿盛典》、《八族通志》、国史馆、《三通》馆纂修官，并任国史馆提调，兼掌进拟文字。前后任职史馆十余年，名卿列传，多出其手。曾辑佚《旧五代史》，所作《尔雅正义》义例谨严，《尔雅正义序》与《汉魏音序》诸篇，于训诂声音衍变，叙述明晰。所撰《四库全书史部提要》亦多创见，今本已经纪昀删改，并非原貌，唯在《南江诗文钞》中尚保留有少量原稿。曾立志改编《宋史》，尝取《东都事略》与《宋史》对勘，核其详略同异，成《考异》一书。因早逝，改编《宋史》之志未遂，仅作《南都事略》。毕沅编《续资治通鉴》，不仅参与商订义例、校订事实，且作通体复审工作。尚著有《旧五代史考异》、《史记辑评》、《南江诗文钞》等。他在《南江文钞》卷6《余姚史氏宗谱序》中开头便说："谱牒之掌古有专官，自官失其传，《大戴记》首述系姓，后如杜预之《春秋世族谱》，则以谱学附之于经。至应劭之述系姓，王符之改氏姓，又辅经而行者也。自太史公征引《世本》，考得姓受氏之原，至《唐书·宰相世系表》，则以谱学附之于史。其勒为专书、编分类次者，若挚虞《昭穆记》、王俭《百家谱》、贾希鉴《氏族要状》，胥能补史传所未备。五代以后，谱学散佚，于是士大夫之述家谱者，或推始迁之祖，或述五世之宗，守近而不能溯远，仅以叙同居之昭穆，而于受姓别族之源流，多未暇及，谱学之失传，所从来远矣。"又说："自奠系牒之官废，而后有专门之学，专门之学衰，而后有私家之谱，自古迄今，凡三变焉。古书之传者，今惟林宝《元和姓纂》、邓名世《古今姓氏书辨证》犹存《永乐大典》中，可考唐宋盛时之谱学。至郑夹漈之为《通志》也，首叙氏族，又采诸家之谱乘见于著录，则家之有谱，固与国有史、州有志而并重也。"① 以上这些论述，在谱牒学发展史上还不曾见过，可谓前无古人，而它的重要性无须多说，读者都会领会到。他把谱牒学的发展划分为三个时期，并且分得也非常确切，另外他又将家谱、国史与州志等同看待，"并重"，既然如此，它们的价值与作用也都一样，所以我把他这些论述看作是谱牒发展史上经典名言，因为他的这些言论永远不会过时，也再也无人超过。这里想附带说明一下，邵晋涵在论述过程中还讲到，我国许多古书，如林宝《元和姓纂》、邓名世《古今姓氏书辨证》犹存《永乐大典》中，这就是说，当时他还是从《永乐大典》中看到这些书的，值得庆幸的是，这两部书都曾有人加以辑佚，如今还得保存下来。清咸丰中，英法联军侵入北京，《永乐大典》遭到严重损失，光绪二十六年（1900），八国联军攻陷北京，其大部分又遭焚毁，剩下的又多被英、美、德、俄、日等帝国主义者劫夺而去。我国许多珍贵古籍，因《永乐大典》的遭劫被毁而失传，我们应当永远铭记这一国耻。

最后，再介绍一位清朝末年广东的学者朱次琦。朱次琦（1807—1882），字稚圭，号子襄，广东南海九江人。道光二十七年（1847）进士，到山西候补，一度任襄陵县令，旋引疾归。讲学乡里二十年，居南海九江，学者称九江先生。广东官府聘请他主持广州学海堂，辞不应聘，同治改元，征召其复官，亦未接受。光绪七年（1881），两广总督张树声、广东巡抚裕宽以其学行推荐，清政府特授五品卿衔。数月后去世，终年七十五岁。

朱次琦一生研究理学，而教人读书有五大内容：经学、史学、掌故之学、性理之学、词章之学。其言有曰："《九通》，掌故之都市也，士不读《九通》，是谓不通。"（《朱九江先生集·年谱》，《续修四库全书》本）对此，张舜徽先生曾予以批评，指出这个要求不切实际："次琦必区掌故于史

---

① 《南江文钞》卷6。

学之外，不知其义安取。至诲人必读《九通》，尤害于理，无论《九通》卷帙浩繁，未必人人能读，即以其书而言，亦非人人所必宜精习而熟读者。清乾隆中续修之六种，由臣工纂辑而成，衡以杜、郑、马三家义例，固已迥乎不侔。以资检寻事目则可，谓足供学者诵习则陋矣。况《通志》规效《太史公记》，实为通史体例，与杜、马两家专详典制者不同，又未可相提并论乎。次琦兴到之语，不免大言欺人，自当分别观之也。"①

朱次琦著作有《国朝名臣言行录》、《性学源流》、《五史实证录》等，但大多未能保存下来。后人经多方搜求，成《朱九江先生集》十卷，内诗五卷、文四卷。而关于谱牒方面的文章，我们能够见到的有两篇：《南海九江朱氏家谱序》、《南海九江朱氏家谱序例》。尽管篇数不多，但有些论述观点还是比较突出，所以许多研究谱牒的学者还是将其列入谱牒学家。因为他与其弟宗琦共同修了《南海九江朱氏家谱》。他在《南海九江朱氏家谱序例》中提出，家谱编修的体例要由七个内容组成：宗支、恩荣、祠宇、坟茔、艺文、家传、杂录。即在家谱中，首先要写明本族宗支世系图，以表明本宗族的来源，本家族中凡是受到朝廷表彰的文字和有功名官爵族人的名单，接着就是祠堂建设、祖坟位置、族人著作目录、本族有贡献的人物传记以及本族祖先有关史事的记述。至于祖先名讳、官爵、妻妾、子女、继承等，其具体记述方法，大多根据古人成例或一般人通行做法进行。其实朱氏修谱的最大特点，就是强调"真而不污，信而有征"，这是针对社会上修谱攀附名人、妄相假托，因此造成"伪谱盛行"的现象而发的。因此朱氏所修家谱，能够做到"要在不诬"、"无征不信"，对于一部家谱，这是非常重要的。因此，尽管他关于谱牒文章并不多，但他能要求家谱编修必须做到信而有征，单就这个观点而言，就应当加以肯定和宣传。

二、章学诚的谱牒学理论

章学诚（1738—1801），原名文镳，字实斋，号少岩，清浙江会稽（今

---

① 张舜徽：《清人文集别录》卷17《朱九江先生集》，华中师范大学出版社2004年版，第436页。

绍兴）人。乾隆进士，曾任国子监典籍。自以迂拘，不合世用，未入仕途。先后主讲定州武定书院、保定莲池书院、归德文正书院等。后入湖广总督毕沅幕，协修《续资治通鉴》，主编《湖北通志》，并借其力编纂《史籍考》。多年为生活驱迫，未得安定，其代表作《文史通义》大多写作于旅途之间，直至病终，尚未完稿。本拟改编《宋史》，未能如愿。曾肆力于方志的编纂，先后编修和州、亳州、永清等志，但均未完整保留下来。他总结前人修志得失，结合自己修志实践，提出修志义例和理论，建立了方志学，成为我国方志学的奠基人。强调修志要实地调查，重视乡邦文献，要求详近略远，反对追求形式。坚持学术研究要"经世致用"，主张编修通史，提倡发挥图、表在史、志中的应有作用，所著除《文史通义》、《校雠通义》外，大多散失。全部文稿生前委托萧山王宗炎代为校定，1922年刘氏嘉业堂依王氏所订之目，加以订补，刻为《章氏遗书》。关于他的生平与学术贡献，笔者已出版过他的评传和专门论著多种，可供参考。

众所周知，章学诚是一位学识渊博的学者，不仅是著名的史学评论家和文学理论家，又是方志学的奠基人，而在谱牒学方面亦颇有贡献，其论述散见于《文史通义》和《章氏遗书》之中，对谱牒学的一些至关重要的问题，如谱学的性质和定义，谱学与史学、方志学的关系，谱学产生、发展和演变的历史，谱学编纂理论及谱学的功用，都作了较为详细的探讨。不仅如此，他还有修谱的实践活动，力图把自己的谱学理论用到实践中去，所以章学诚称得上是一位名副其实的谱牒学家。

（一）谱学的性质和定义

目前许多学者认为谱学即家谱学，这是不确切的，充其量仅能说是狭义的谱学，也就是说其所理解的"谱学"其实只是谱学的一个分支。如果把谱牒学等同于家谱学，那么大量的姓氏之书和唐朝所修的《氏族志》、《姓氏录》以及大量的年谱自然都被排斥在谱学之外了，而如《新唐书·宰相世系表》、沈炳震的《廿一史四谱》之类就更不用说了。所以，谱学绝不能等同于家谱学。章学诚在《刘忠介公年谱叙》中说："余惟谱牒之学，仿于《周官》，所以奠系属、分经纬。太史公集《尚书》、《世纪》为《三代世表》，其遗法也。魏晋以还，家谱图牒，与状述传志，相为经纬，盖亦史部支流，用备一家之书而已。宋人崇尚家学，程朱弟子次序师说，每用生平年月，以为经纬。而前代文人，若韩、柳、李、杜诸家，一时皆为之谱，于是即人为谱，而儒杂二家之言，往往见之谱牒矣。"①这里章学诚讲得非常清楚，所有谱历之学，皆是"史部支流"，而所讲的谱历之学，包括范围很广，既有史书中的各种表历，同时也包括家谱、年谱，而它的起源，则"昉于《周官》"的"奠系属、分经纬"。因此，这段文字同时也讲了谱牒的起源。文字虽然不长，却将谱牒方面的基本内容都讲了。他在《州县请立志科议》中说："且有天下之史，有一国之史，有一家之史，有一人之史。传状志述，一人之史也；家乘谱牒，一家之史也；部府县志，一国之史也；综纪一朝，天下之史也。……惟分者极其详，然后合者能择善而无憾也。"②其意是说，如果家谱修得可靠，对府州县志编修是有作用的，府州县志修得充实，对国史编修自然也就可以择善而从了。同样意思，他在《为张吉甫司马撰大名县志序》中又说："夫家有谱，州县有志，国有史，其义一也。然家谱有征，则县志取焉；县志有征，则国史取焉。"③这里把家谱、方志、国史之间的关系通过比喻说明它们的性质都是一样的。实际上在告诉大家，谱牒也是史学的支流，为了表明自己的观点，他在《史籍考》中专门设了"谱牒部"，下分专家、总类、年谱、别谱四大类，并解释道："谱牒有专家、总类之不同，专则一家之书，总则汇萃之书，而家传、家训、内训、家范、家礼皆附入专谱门中，以其行于家者然也。但自宋以来，有乡约之书，名似为一乡设，其实皆推家范、家礼之意，……故附之也。"④从所列的内容来看，可见章学诚所讲的谱牒学内容是相当广泛的，并不单指家谱一项，同时也可以看出，既然将其编入《史籍考》之中，无疑已将其定性为史的范畴，因为章氏认为："盈天地间，凡涉著作之林，皆是史学。"⑤他在《史考释例》中又说："天文、地理、五行、谱牒，何非史部之所通乎？故六经流别，为史部所不得不

---

① 《文史通义新编新注》外篇2，第537页。
② 《文史通义新编新注》外篇4，第836页。
③ 《文史通义新编新注》外篇6，第1041页。
④ 《文史通义新编新注》外篇1《史考释例》，第444页。
⑤ 《文史通义新编新注》外篇3《报孙渊如书》，第721页。

收者也。"也就在这篇文章中，他非常强调古人对谱学是很重视的："谱学古人所重，世家巨族，国家所与为休戚者也。封建罢而门第流品之法又不行，故后世之谱学轻，如谓后世不须谱学，则几于汩彝伦矣。"[①] 所以，他认为谱学在任何时候都是少不了的。

（二）谱学的起源、发展和演变

众所周知，家谱编修中最早接触到的问题就是姓氏起源，这是任何人都逃脱不了的，因此研究谱牒学，首先就得知道姓氏之学，这是谱牒学的重要组成部分。如今社会上居然有人说姓氏之学"非谱学之正"，这种说法不仅是错误的，而且是百分之百的外行话。因为先有姓氏的起源，然后才有家和族，这一点任何人都是绕不开的。《隋书·经籍志》的"谱系篇"小序开头就是说："氏姓之书，其所由来远矣。"这里明白地告诉人们，"氏姓之书"而不是"谱系之书"，这是正史，绝对无误，因为没有氏姓的起源，也就没有家族的产生。这是非常简明的道理，如果连这点道理也搞不清楚，那谱牒学也就无从谈起。正因如此，章学诚在讲述谱牒学起源时，同样是从"赐姓命氏"开始。他在《高邮沈氏家谱序》开头便说："古者锡姓命氏，义与封建相为表里，故谱牒之学，溯自生民之初。"[②] 又在《家谱杂议》一文中说："古者开国承家，天子赐姓，诸侯命氏，生则别以族属，死则纪以庙谥，亲疏远近，昭穆尊卑，侯国掌之宗人，王朝小史奠之系世，故虽百世，宗支可辨别也。"[③] 而在《史姓韵编序》中讲得就更加具体了："昔者诸侯去籍，周谱仅存，史迁因之以作世家系表，而余文遂不复究。《世本》流传，六朝尚有其书，杜预之治《左氏春秋》，所为《世卿》《公子》诸谱，多所取质，此姓系名录所以为经史专门之家学也。"[④] 这里告诉大家，历史学家司马迁最早采用周谱作《三代世表》，从此表谱得以广泛使用，特别是《世本》的流

---

① 《文史通义新编新注》外篇1，第444页。
② 《文史通义新编新注》外篇2，第540页。
③ 《文史通义新编新注》外篇1，第497页。
④ 《文史通义新编新注》外篇2，第510页。

传,成为研究姓氏起源的第一手资料,因此《世本》乃是我国流传至今的第一部谱牒著作。

秦汉以后,封建罢为郡县,姓氏不命于朝,谱牒无专官执掌,于是"家自为书",如王符的《氏姓》,扬雄的《家牒》,应劭的《士族篇》、《邓氏官谱》等等。而封建王朝则设有"宗正"(九卿之一,多由皇族中人充任),为皇族事务机关的长官,掌序录王国的嫡庶之次及亲属之远近。《续汉书·百官志》注引胡广曰:宗正"又岁一治诸王世谱,差序秩第"。《晋书·职官志》亦云:"宗正统皇族宗人图谍。"历代相沿,名称各有不同,唐宋称"宗正寺",明清称"宗人府",掌皇族玉牒、爵禄、支派、教戒、赏罚等。

魏晋南北朝时期,由于社会和政治的需要,特别是门第制度和九品中正选人制度的实行,于是修谱之风大为盛行,章学诚在《和州志氏族表序例上》中有一段论述,大体上反映了当时的概况:

> 自魏晋以降,迄乎六朝,族望渐崇,学士大夫,辄推太史世家遗意,自为家传,其命名之别,若王肃《家传》、虞览《家记》、范汪《世传》、明粲《世录》、陆煦《家史》之属,并于谱牒之外,勒为专书,以俟采录者也。至于挚虞《昭穆记》、王俭《百家谱》,以及何氏《姓苑》、贾氏《要状》诸编,则总汇群伦,编分类次,上者可裨史乘,下或流入类书,其别甚广,不可不辨也。族属既严,郡望愈重。若沛国刘氏、陇西李氏、太原王氏、陈郡谢氏,虽子姓散处,或本非同居,然而推言族望,必本所始。后魏迁洛,则有八氏、十姓、三十六族,九十二姓,并居河南洛阳。而中国人士,各第门阀,有四海大姓、州姓、郡姓、县姓,撰为谱录。齐、梁之间,斯风益盛,郡谱州牒,并有专书。若王俭、王僧孺之所著录,《冀州姓族》、《扬州谱钞》之属,不可胜纪,俱以州郡系其世望者也。①

这段论述不仅如实地反映了当时谱学发展的盛况,而且集中地说明了谱

---

① 《文史通义新编新注》外篇4,第896页。

学发达的社会根源。我们知道，魏晋南北朝时期谱学之所以会盛极一时，并且成为当时的显学，家家必须藏有谱著，人人必须懂得谱学，是和门阀豪族势力的发展息息相关的。门阀豪族最重门第、血统、婚宦，谱学正是为这一目的服务的。唐代谱学家柳芳就曾指出："善言谱者，系之地望而不惑，质之姓氏而无疑，缀之婚姻而有别。"（《新唐书·柳冲传》）这就是说，谱学必须熟悉人物地望，社会的政治地位，了解族姓的来龙去脉，辨清婚姻血统关系，所以我们说谱系就是为维护门阀豪族利益、巩固门第制度的一种史学。郡望观念是在门第制度下产生的，标举郡望在于显示门第的高下，而门第的高下，直接关系到每个人的社会地位和政治权利。因此，对于谱姓记录的重视则被视为当时的重大事情，这正是当时那种庄园经济在意识形态上的反映。所以章学诚也说，当时吏部选格，州郡中正无不执门阀而定铨衡，于是各豪族大姓，"动以流品相倾轧，而门户风声，贤者亦不免存轩轾"①。可见在当时，谱学已经成为选官、争门第的工具，为门阀制度服务。总之，这一时期的谱学，其发展形势之迅猛，取得成就之卓著，社会功能发挥之广泛，都是空前绝后的，它成为我国封建社会谱学发展史上的黄金时代。

隋唐时期，特别是唐朝初期和中期，谱学虽然同样在发展，但它却以官修谱牒为主，并成为统治者政治斗争的工具，因此，它的编修大权完全操纵在最高统治者手中。章学诚在《嘉善茜泾浦氏支谱序》中，对隋唐以后谱学发展所产生的流弊就曾指出："隋唐设郎、令史，掌其属籍事，虽领于史官，而周谱中遭放佚，上失渊源，士大夫以门第相矜，遂多依托附会，至于私售官谱，贿赂公行，有谱之弊，转不如无谱矣。"②

经过唐末五代的社会动乱，门阀制度彻底衰落，谱学作为政治斗争工具的功能已经消失，官修谱牒也不复存在。所以从表面上看，唐末五代社会的动乱，将原来谱学发展趋势打断，但并不能说此后就无谱学可言，事实上自宋代开始，谱学不仅仍在继续发展，并且有了新的内容，从此产生了真正的私家之谱，其作用在于"尊祖"、"敬宗"、"睦族"。所以章学诚在《论修史籍考要略》中指出："古者谱牒掌于官，而后世人自为书，不复领于郎、令

---

① 《文史通义新编新注》外篇 5《永清县志士族表序例》，第 957 页。
② 《文史通义新编新注》外篇 2，第 543 页。

史故也。"① 钱大昕也说："五季之乱，谱牒散失，至宋而私谱盛行，朝廷不复过而问焉。"② 章学诚好友邵晋涵更说："自奠系牒之官废，而后有专门之学，专门之学衰，而后有私家之谱，自古迄今，凡三变焉。"③ 并明确把"专门之学"转为"私家之谱"的界限划在五代，这是符合封建社会谱学发展规律的。谱学发展这一演变，是有一定意义的，它使谱学摆脱了官府的垄断，不再成为政治斗争的附属品，而得到了自由的发展。特别是到了明代，私家之谱编修达到鼎盛繁荣时代，但有许多胡编乱造的家谱也纷纷出现，真是泥沙俱下、鱼龙混杂，对此现象，章学诚曾多次指出，这种情况的出现正是由于无人掌管所造成："谱牒掌之于官，则事有统会，人有著籍，而天下大势可以均平也。……私门谱牒，往往附会名贤，侈陈德业，其失则诬。"有的则缺而不备，"往往子孙不志高曾名字，间有所录，荒略难稽，其失则陋。夫何地无人，何人无祖，而偏诬偏陋，流弊至于如是之甚者，谱牒不掌于官，而史权无统之故也。"④ 他又说：

  谱系之法，不掌于官，则家自为书，人自为说，子孙或过誉其祖父，是非或颇谬于国史，其不肖者流，或谬托贤哲，或私鬻宗谱，以伪乱真，悠谬恍惚，不可胜言。其清门华胄，则门阀相矜，私立名字，若江左王、谢诸家，但有官勋，即标列传。史臣含毫，莫能裁断。以至李必陇西，刘必沛国，但求资望，不问从来，则有谱之弊，不如无谱。⑤

  这些论述和揭露可谓淋漓尽致、犀利深刻，击中了那些私家之谱造假的致命弱点和丑陋现象。

  宋代开始，谱学发展另一重要特点，则是谱学产生了一种新的体裁——人物年谱，这是我国谱学发展史上的重大突破，它不仅为谱学的进一步发展开辟了一条新的途径，而且大大提高了谱学在整个史学上的地位和

---

① 《文史通义新编新注》外篇1，第434页。
② 《十驾斋养新录》卷12《郡望》，第246页。
③ 《南江文钞》卷6《余姚史氏宗谱序》。
④ 《文史通义新编新注》外篇5《永清县志士族表序例》，第956页。
⑤ 《文史通义新编新注》外篇4《和州志氏族表序例中》，第900页。

价值。对于年谱的产生和产生的原因，章学诚都有着独到的论述，他在《韩柳二先生年谱书后》一文中说："年谱之体，昉于宋人，考次前人撰著，因而谱其生平时事与其人之出处进退，而知其所以为言，是亦论世知人之学也。"又说："文人之有年谱，前此所无，宋人为之，颇觉有补于知人论世之学，不仅区区考一人文集已也。"① 至于年谱为什么会产生于宋代，他也作了论述，这是前人从未讲过的。他说："宋人崇尚家学，程朱弟子次序师说，每用生平年月，以为经纬。而前代文人，若韩、柳、李、杜诸家，一时皆为之谱，于是即人为谱，而儒杂二家之言，往往见之谱牒矣。孟子曰：'颂其诗，读其书，不知其人，可乎？'以谱证人，则必阅乎一代风教，而后可以为谱。盖学者能读前人之书，不能设身处境而论前人之得失，则其说未易得当也。好古之士，谱次前代文人岁月，将以考镜文章得失，用功先后而已；儒家弟子，谱其师说，所以验其进德始终、学问变化。"② 这就点明了年谱产生于宋代的原因所在。

对于年谱的学术价值，他第一次提出这是知人论世之学，从年谱中人们可以知道其人生平处世及其进退出处，知其所以为言，他还列举了明末刘宗周年谱为例加以说明："盖其学之本末，行之终始，天启、崇祯间之风俗人心，与东南鼎革间之时事得失，皆于先生之谱可以推见其余。先生故以人谱教学者，而学者又即先生之谱可以想见其人，故曰：以谱证人，必有关于一代风教，而后可以作谱。"③

从上述内容人们可以看到，对于年谱这种著作，从产生到社会地位和学术价值，章学诚都作了全面的论述，这是此前所有学者都不曾有过的，这是因为他毕竟是位史学评论家，看问题的眼光都比较敏锐。

章学诚在谱牒方面还有一个贡献，那就是他倡导谱牒入志，并且身体力行。他首先提出，唐代史学评论家刘知幾就曾指出族谱之书应当入史，宋代郑樵在《通志》中就立了《氏族略》，章学诚在《和州志氏族表序例上》中说："唐刘知幾讨论史志，以谓族谱之书允宜入史。其后欧阳《唐书》撰为

---

① 《文史通义新编新注》外篇 2，第 557—558 页。
② 《文史通义新编新注》外篇 2《刘忠介公年谱叙》，第 537 页。
③ 同上书，第 538 页。

《宰相世系》，顾清门巨族但不为宰相者，时有所遗。至郑樵《通志》首著《氏族》之略，其叙例之文，发明谱学所系，推原史家不得师承之故，盖尝慨切言之。而后人修史，不师其法，是亦史部之阙典也。"① 欧阳修在《新唐书》中曾撰有《宰相世系表》，其内容来源全是根据各姓家谱。郑樵在《通志》中有《二十略》，首篇就是《氏族略》，记载姓氏的来源，是当今研究姓氏起源的三种主要著作之一。章学诚认为："比人斯有家，比家斯有国，比国斯有天下；家牒不修，则国之掌故何所资而为之征信耶？"但是，"谱牒之书，藏之于家，易于散乱；尽入国史，又惧繁多。是则方州之志，考定成编，可以领诸家之总，而备国史之要删，亦载笔之不可不知所务者也。"② 他在《为张吉甫司马撰大名县志序》中又说："然家谱有征，则县志取焉；县志有征，则国史取焉。今修一代之史，盖有取于家谱者矣，未闻取于县志，则荒略无稽，荐绅先生所难言也。"③ 唯其如此，他提出各地修志应当将各地家谱充分利用，特别是各地望族应当作表入志。他还在《和州志氏族表序例中》提出方志特表氏族有十大好处，而这些提法即使在今天看来还是有一定道理的："特表氏族，其便盖有十焉"：

> 一则史权不散，私门之书，有所折衷，其便一也。一则谱法画一，私谱凡例未纯，可以参取，其便二也。一则清浊分途，非其族类，不能依托，流品攸分，其便三也。一则著籍已定，衡文取士，自有族属可稽，非其籍者，无难勾检，其例四也。一则昭穆亲疏，秩然有叙，或先贤奉祀之生，或绝祠嗣续之议，争为人后，其讼易平，其便五也。一则祖系一分明，或自他邦迁至，或后迁他邦，世表编于州志，其他州县，或有谱牒散去，可以借此证彼，其便六也。一则改姓易氏，其时世前后及其所改之故，明著于书，庶几婚姻有辨，且修明谱学者，得以考厥由来，其便七也。一则世系蝉联，修门望族，或科甲仕宦，系谱有书，而德行道艺，列传无录，没世不称，志士所耻，是文无增损，义兼劝惩，

---

① 《文史通义新编新注》外篇 4，第 896 页。
② 《文史通义新编新注》外篇 4《和州志氏族表序例上》，第 897 页。
③ 《文史通义新编新注》外篇 6，第 1041 页。

其便八也。一则地望著重，坊表都里，不为虚设，其便九也。一则征文考献，馆阁檄收，按志而求，易如指掌，其便十也。①

章学诚将谱牒入志说得那么好，今天的人自然觉察不到，而在他那个时代，确实具有现实意义。众所周知，我们中华民族向来就有聚族而居的风俗习惯，这一社会现象可以说自西汉以来一直延续至今，从全国农村许多集镇大多以姓立名来看，就足以说明这一点。既然有此情况，编修方志就理所当然加以反映，所以章学诚这一主张自然是合情合理的，于是他自己就身体力行，在所修的《永清县志》、《和州志》和《湖北通志》中都设有《氏族表》，并且每一表之前，都作了相当详细的序，说明作表的缘由。而在《永清县志士族表序例》中，则批评了"今修志者，往往留连故迹，附会桑梓，而谱牒之辑缺然，是则所谓重乔木而轻世家矣"②。他的这个主张，在清末和民国年间许多著名学者所修的志书都得到了很好的承传。清末学者缪荃孙（1844—1919），也是著名方志学家，曾任翰林院撰文、教习庶吉士、国史馆纂修等，一生中著述繁富，所著方志就有六种之多，他在《续江阴县志》中，就设有《氏族志》。又如民国时期的张相文（1867—1933），是我国著名的地理学家，1908年编著的《地理学》出版，这是我国第一部自然地理专著，1909年我国第一个地理学学术团体——中国地理学会成立，他被推选为会长，编辑出版了《地学杂志》，当时著名学者章太炎、陈垣、蔡元培、章鸿钊、姚明辉、翁文灏等人均为会员。他所编纂的《泗阳县志》，其中就设有《氏族志》，记载了县内各个姓氏的历史，特别是何时从何处迁来本县，何时定居于此，这些内容对于研究人口学、社会学、民俗学、教育学等都有重要价值。因此，作为地方志书增加氏族这一内容，章学诚当年提出确实还是很有见解的。

---

① 《文史通义新编新注》外篇4，第900—901页。
② 《文史通义新编新注》外篇5，第956页。

（三）关于谱牒的编纂理论

章学诚对谱牒学的贡献，不仅在于确立了谱牒学的性质和定义，探讨了谱牒学的产生、发展和演变的历史，更在于他提出了一整套的谱牒学编纂理论，对谱牒的各个组成部分、谱牒的书法态度以及繁简标准等，都作了详细的论述，并提出了自己的看法和主张。

章学诚认为，一部谱牒至少要具备"表"（即谱）、"牒"、"图"、"传"等几个部分所组成。对于"表"，章氏率先予以重视，他说："余惟谱历之学，仿于《周官》，所以奠系属，分经纬。太史公集《尚书》、《世纪》，为《三代世表》，其遗法也。"① 又说："系表追周谱之法，旁行斜上，贯彻终始，而不循五世别志之俗例，则昭穆亲疏之属，朗如列眉。"② 再者，"人表者，《春秋》谱历之遗，而类聚名姓之品目也。人表入于史篇，则人分类例，而列传不必曲折求备；列传繁文既省，则事之端委易究，而马、班婉约成章之家学可牵而复也"③。在这里章氏一则称太史公《三代世表》乃仿周谱旧式，一则又言人表者乃《春秋》谱历之遗，可见他是把"表"作为谱牒的主要组成部分。事实也是如此，谱学范围很广，表由周谱发展而来，桓谭即言："太史公《三代世表》，旁行邪上，并效周谱。"（《新论》）郑樵亦说："古者纪年别系之书，谓之谱，太史公改而为表。"（《通志·总序》）在《家谱杂议》和《高邮沈氏家谱叙例》中，章学诚还对谱表的具体做法提出了意见，谱表主要是叙述家族世系，应该自上而下、贯彻始终，即使向上追溯二三世均可，但当时许多家谱编修，大多采用苏洵之法，仅"以五世分截"，这样一来，五世以上世系势必难以显明，只好在表中加注说明，因而造成表、牒不分。为了让大家看得明白，现将《家谱杂议》中一段文字抄录于下：

> 欧苏之谱，所谓推表世系，断可知之代，此诚不易之理。然江、浙巨族，多因宋室南迁，即已聚族，至今五六百年，祠墓具存，传世多

---

① 《文史通义新编新注》外篇2《刘忠介公年谱叙》，第537页。
② 《文史通义新编新注》外篇2《高邮沈氏家谱序》，第541页。
③ 《文史通义新编新注》外篇2《史姓韵编序》，第511页。

者，至三二十世，少者亦十有余世，非若欧、苏之不出五六辈也。家谱世系，多以五世为断，六世另起。便须于五世之下，覆检支系，由五而九，又别为谱。由九而十三，由十三而十七，又须隔卷递追其十三世与九世、五世，支派繁盛，检阅为难，旁行斜上之例，几为虚设。此弊无他，由于知谱而不知牒也。竟尺之幅，稍引伸之，可作五六十家，则三二十世支系，何难绳贯而下。其所以不能直贯而必须别起者，则以子注繁多，而仅容一二字之横格不能载也。夫旁行斜上，周谱之法，原取便于稽检，使夫昭穆亲疏，一望可晓耳。至其人之字号、历官、生卒年月、妻妾姓氏、子女嫡庶、窀穸方向，不待旁行斜上而始论者，则谱家往往别编办牒。牒有专门，则世系之表，但书名讳辈行，不复须加子注。表无子注，则尺幅之间，约宗无多，而二三十世可绳贯矣。①

这就告诉人们两个问题，表在家谱中有特定的作用，只是记载家族的世系，因此它二三十世照样可记载，其他内容则由牒来完成。对于这一点，欧苏两家谱法都没有明确。至于作为表的本身作用是非常广泛的，除了史书中要用，章学诚则认为在方志编中也应当充分发挥表的作用，除了编修《士族表》、《氏族表》、《望族表》外，他所编修的方志中就有《人物表》、《职官表》、《选举表》、《赋役表》等，都起到很好的作用。

"牒"是谱牒著作中另一组成部分，章学诚认为："牒者，表之注也。表仅列名，而人之行次、字号、历官、生卒、妻妾姓氏、子女所出、茔墓向方，皆当注于名下，如履贯然，表线所不能容，故著牒以详之。"②前引《家谱杂议》那段文字中，亦有同样论述，这就说明了牒的性质和作用及其内容。至于牒的格式，章学诚也作了说明："盖古法也，牒用横格，分列款目，占幅稍多，而观览易者。直书如注，占幅较省，而披阅难明。然用横格款目，则存疑待质与留缺俟补之处，各有一定方所，于例较便。故今用其式焉。"③章学诚认为，谱牒的表和牒两者相辅相成，缺一不可："表以支派为

---

① 《文史通义新编新注》外篇1，第497页。
② 《章学诚遗书》卷13《高邮沈氏家谱叙例》，第118页。
③ 同上。

主,伯支末世子孙未尽,不能书仲支之祖宗,所谓经也;牒以行辈为主,一辈弟兄叔季未尽,不能书伯支之子系,所谓纬也。一经一纬,所以表人伦之道也。"① 所以,谱牒如果能分别表、牒,"彼观之者,见表而昭穆亲疏了如指掌,然后循表之名,考牒之注,岂不观览有序、编次可法也哉?今分别表牒,用纸不过十番,而一望可晓"②。

谱传,是谱牒的又一个组成部分,每部家谱一般都应有谱传。章学诚说:"谱传即史传之支流,亦以备史传之采取也。"所以谱传的好坏,关系很大,但"近代谱家之传,往往杂取时人投赠之笔,祝嘏铭诔之辞,藉以取征,不复绳削",这是"不解别裁","义例不纯"的表现。③ 他提出,作谱传要注意两点:一是取材尽量比史传详备,以备史传之约取;二是作谱传也要像作史传一样,做到"事必信而有征",不能"矫诬失实",后一点尤为重要,因为"子孙表扬祖父,人有同情",若不严谨,很可能就言过其实、讳言曲笔。章学诚还根据写史和修志的理论,认为史书和方志中都有《列女传》,主张在家谱中也增设"内传","以乐妇学",已出嫁的妇女,其内训可传、节行可表者则著为外传,与内传相表里,并特别提出,家谱"内传"所记妇女与史、志中的《列女传》一样,不能仅记"贞孝节烈"女子。他说:"凡安常处顺,而不以贞孝节烈当其变者,有如淑媛相夫、贤母训子、哲妇持家、闺秀文墨之才,婢妾一节之善,岂无可录?则规规于节孝斯存,毋乃拘乎?"④ 在谈到谱传的具体做法时,章学诚还把它与牒作了比较。人们往往把谱传与牒混为一谈,认为牒即传,章学诚指出这种看法是错误的。他说:"每图之后,列书字行、生卒、妻妾、子女之属,所谓牒也;乃称世传,则亦不大谬于义例矣。世传自是作谱人于横表纵牒之中,择其嘉言懿行可以为法则者,罗列为传,非字行、生卒之类。人所同具而式有一定者,可称传也。"⑤ 可见区别牒与传之不同,实在是很有必要的。

章学诚认为,编著史书、方志,图是不可缺少的组成部分,而谱牒同样

---

① 《章学诚遗书》卷13《高邮沈氏家谱叙例》,第118页。
② 《文史通义新编新注》外篇3《与冯秋山论修谱书》,第749页。
③ 《章学诚遗书》卷13《高邮沈氏家谱叙例》,第118页。
④ 同上。
⑤ 同上书,第120页。

需要有图，因为它的作用是表牒所代替不了的。他说："图象为无言之史，谱牒为无文之书，相辅而行，虽欲阙一而不可者也。"① 如在家谱中著录先进人物肖像影图、茔域形势、祠堂位置等图，自然都是非常必要的。

章学诚在谱牒编纂方面还有一个理论见解，即在家谱中设立"文征篇"，他在《高邮沈氏家谱叙例》中说："谱为家史，前人嘉言懿行，诸传既已载之，文则言之尤雅者也。奏疏尊君，列于首矣。旧谱传状，多删取为新谱列传，取画一于体例，非敢掠前人之美也。原本录于文征，非第存文，且使新谱诸传详略互见，亦史家旁证之遗意也。考订论辨之文，有关先世传闻异同，嫌介疑似，尤为谱牒指南，则次列之。……文不贵多，子孙能读前人之书，即区区所录，教忠教孝，显亲扬名，大义已无所不备矣。"② 可见谱牒设立"文征篇"的好处很多，不仅可以保存重要的文献资料，而且可以避免谱传之烦冗芜累，并可与谱传相为表里、相互印证，更能起到教育子孙后代的作用。"文征篇"又可分为内、外两篇，内篇录祖先之文，外篇录他姓文人为该姓所作之文，以备后人与内篇之文互勘补证。

对于家谱编修的书法态度，章学诚的要求是相当严格的。他认为，谱牒既是一家一族的史书，作谱时就应当坚持史书"书实之义"，"事必信而有征"，不能"矫诬失实"，"惟其谨严之至斯，乃所以敬其先也"。他在《家谱杂议》中就指出："惟修谱本为家史，体例自有一定，岂得出入任情、茫无成法欤？"③ 这种思想集中反映在他对欧阳修、苏洵两家书法的评论上，欧阳修撰有《欧阳氏族图》，苏洵撰有《苏氏族谱》和《大宗谱法》，两家所修之族谱是我国古代流传影响最大的两部族谱著作。章学诚在《高邮沈氏家谱序》中指出："宋人谱牒，今不甚传，欧、苏文名最盛，谱附文集以传，其以世次荒远，不敢漫为附会，凡所推溯，断自可知之代，最得《春秋》谨严之旨，可谓善矣。"④ 又在《家谱杂议》中说："欧、苏之谱，所谓推表世系，断可知之代，此诚不易之理。"但他在《高邮沈氏家谱序》中批评欧

---

① 《文史通义新编新注》外篇4《和州志舆地图序例》，第905页。
② 《章学诚遗书》卷13，第119页。
③ 《文史通义新编新注》外篇1，第499页。
④ 《文史通义新编新注》外篇2，第540页。

谱"于其先世有仕于五季十国间者，往往削其所署官阶"，失史家"书实之义"，而对苏谱"尊其自出"的毛病则更为不满：

> 《苏氏族谱》，自谓谱苏之族，而尊其自出，与通族书法，详略尊卑，体例有别，以谓谱乃吾作，故尊吾之所出，此尤无异儿童之见。使人人各尊所出，而卑视旁支，则谱乃聚讼之阶矣。迁、固叙其家世，书至谈、彪，犹作公家之言，与他称述无异，所以公其道于天下，而不以私尊私贵亵其亲也。苏氏所见如此其陋，而世反尊而法之，何也？①

他在《高邮沈氏家谱序》中又说："谱为一族公书，而秉笔之人，独自尊其所出，则人子孰不爱亲，必致交相扬抑，启争端矣。"②因此他对于后世修谱者"动引欧、苏谱例"也加以批评："古人之谱不传，学者不知源委而盛称欧、苏，乃震于其名也。不知欧、苏文人而未通史学，今存欧、苏之谱，疵病甚多，而世竞称之，不免于耳食矣。"③这些批评，语气虽稍有偏激，但确实还是切中古代家谱书法中之通病。如《宜兴陈氏宗谱》取应求酬答之文以为谱传，章学诚即指出："且应求酬答之作，岂无过情之誉、偏主之辞？别为一类，以备参考可也，即以此为纪载之实，则谱乃一家史也，史文岂如是之漫无决择乎？"④我们知道，他在《家谱杂议》中已经说过："惟修谱本为家史，体例自有一定，岂得出入任情、茫无成法欤？汇观近日南州诸谱，于此等处多不画一，虽经名手裁订，亦往往不免，……谱牒书法，今人不知，行文律令，好为新异之称，亦其惑也。"⑤他在《说林》一文中论说国史、方志、家史、个人之史时，指出各有特定要求，若不按要求办事，则都无法成功："谱牒不受史官成法，而一家之史鲜有知之者矣。"⑥

对于家谱编修的繁简要求，章学诚也有自己的看法，他认为谱牒用周人

---

① 《文史通义新编新注》外篇1《家谱杂议》，第496页。
② 《文史通义新编新注》外篇2，第540页。
③ 《文史通义新编新注》外篇3《与吴胥石简》，第642页。
④ 《章学诚遗书》卷13《宜兴陈氏宗谱书后》，第120页。
⑤ 《文史通义新编新注》外篇1，第499—500页。
⑥ 《文史通义新编新注》内篇4，第222页。

旧法，旁行斜上、表牒相间，较之连篇直书的史书本应简洁一些。但他反对过分追求简单以为子孙他日迁移便于携挈的看法，他在《与冯秋山论修谱书》中就这样说："夫谱乃一家之史，史文宜简宜繁，各有攸当，岂得偏主简之一说，以概其凡？至云便于迁移携挈，则尤不成议论，充其所言，家藏六经三史，其文不为简矣，一遇子孙迁移，必当抛掷而弃毁之邪？抑六经三史传示子孙，必当删节而简括之邪？此则不问而知说之非也。"① 可见在章学诚看来，谱牒之繁简标准，应与史书一样，各有攸当、适可而止，并视具体情况而定，而绝不可随心所欲。

综上所述，我们可以看到，章学诚的谱学理论是非常丰富的，是他的整个史学理论和方志理论的一个有机组成部分。无论是对谱学图表作用的重视，还是对谱传写作的强调，也无论是立文征篇的主张，还是对谱牒书法的繁简和语言表述方面的见解，都是他史学理论、方志理论在谱牒编修上的体现。根据这些丰富理论所编著的族谱、家谱，实际上已是一部表牒相间、图文并茂、繁简攸当、内容可靠的史学著作。

尤其值得称颂的是，章学诚于谱学不仅有如此丰富的编纂理论，而且还有不断的编纂实践活动。从近而立之年开始，一直到晚年，他常为人编修家谱、年谱，而时人要修谱，也往往向他请教以求帮助。如乾隆四十三年（1778）好友周震荣要编修先世谱牒，便与章学诚商量编修体例，章氏不仅详为指导，还亲自为其编写一部分谱传。② 五十二年，章学诚又在北京参与《梁文定公（治国）年谱》的编纂工作，并写了《梁文定公年谱书后》一文，对该谱作了补充。五十四年，安徽学使徐立纲辑《徐氏宗谱》，请章学诚经纪其事。③ 嘉庆元年（1796）章氏已五十九岁，还在扬州为高邮沈氏参校《家谱》，并作《序》及《叙例》诸文，详论编纂之事，特别是《高邮沈氏家谱叙例》，是章学诚为这部家谱的各个部分所写的"叙文"，从中可以看出这部家谱的完整体例和篇卷，为了说明问题，现将其篇目辑录：诰敕第一，世系源流图第二，支系表第三，世牒第四，列传第五，内传第六，外传

---

① 《文史通义新编新注》外篇3，第748页。
② 《章学诚遗书》卷17《周松岩先生家传》，第166页。
③ 《章学诚遗书》卷29《姑孰夏课乙编小引》，第325页。

第七，影图第八，茔域图第九，文征内篇第十，文征外篇第十一，旧谱叙例第十二。共计十二篇。而《高邮沈氏家谱序》则是章学诚为整部家谱所写的总序，序文中对家谱的各篇亦有一个总的介绍，他说：

> 诰敕以崇王制，则推受姓之遗。系图以溯本原，则存缺疑之说，所见大而命意微矣。系表追周谱之法，旁行斜上，贯彻终始，而不循五世别起之俗例，则昭穆亲疏之属，朗如列眉。世牒仿传注之意，条明款析，比类分区，而不用随表夹注之繁文，则生卒子女诸条，明于指掌。列传以述嘉言懿行，而镕裁状志杂文，以协于体例，则文指无歧。内传以表妇德之修，外传以彰女训之谨，尤为有伦有脊。礼以义起，则影图存容貌之瞻。杜渐防微，则茔域著侵陵之戒。征文以备考献，内篇见手泽之留贻，外篇表同人之推许。至若前人草创苦心，中经续修增撰，并存原序原例，以见一门作述，先后继承，其来有自。大体既正，经纬昭宣，无欧阳刊削之嫌，无苏氏私尊之弊。上溯《周官》小史，唐典令史，古人之意，时有所符。则虽先生一家之书，知其意者，扩而充之，虽为天下后世共著其文可也。①

从这些论述中，我们可以知道，这部家谱完全是根据章学诚的谱学理论而编修的。我们还注意到，这部家谱的最后有《旧谱叙例》一篇，这实际上与章学诚在方志理论与史学理论中一再强调的要不淹没前人成果，阐明继承和发展的关系，在史学中要设史官传，在方志中增设"前志列传"的主张，是密切关联的。故他在《高邮沈氏家谱叙例》中说：

> 书之迭纂而迭修者，惟方志与家谱为多。盖可备史官之裁择，则自下而上，比于日程月要，以待岁计，理势然也。但前人纂录，具有苦心，后人袭其书，而不著前人之序例，或仅存序跋，而不著前书之义例如何，则几于饮水而忘源矣。故创辑者必著取材之所自，否则等于无征弗信也；重修者必著前谱之序例，否则等于伯宗攘善也；迭修者则迭存之，义例

---

① 《文史通义新编新注》外篇2，第541页。

详尽；而无事于修者，则但续其所无，而不改其所有，斯庶几矣。①

此外，章学诚还为别人写过多篇家传，今《章氏遗书》中尚收录有二十多篇，实际上这都是当时所作之谱之文。非但如此，章学诚还早就立志要为自己的家族编一部宗谱。早在乾隆三十一年（1766），章学诚才二十九岁，便与从兄垣业一道讨论编辑宗谱之事。他在《与族孙汝楠论学书》中曾详载此事，其中云：

> 所要《家谱义例》，允功大兄（即垣业）手录支系，初完记序，碑版搜罗，尚未成帙。大约全城十五支以下，略疏源流，近自高曾，详绘谱牒，参取老泉（即苏洵）谱例，及邵念鲁序全氏《谱法》，微折其衷，至嘉言懿行、闲范逸事、遗书宗约之属，拟仿杂著体，区类为篇，以便省览。而行状传志、投赠诗文之属，则别辑为外篇，以附其后，俟略成卷轴，便当附寄商榷。②

乾隆五十六年（1791），他在《与吴胥石简》中，开头便与其讨论修谱之事：

> 仲鱼行箧出君家谱文稿数篇，读之一脔可窥鼎味，知君撰著不苟然也。然谱学久云，今之谱法与古人所求，大同之中当有小异，古人之谱不传，学者不知源委而盛称欧、苏，乃震于其名也。不知欧、苏文人而未通史学，今存欧、苏之谱，疵病甚多，而世竞称之，不免于耳食矣。足下全谱义例，有可举示者否？弟亦将有志纂辑先世遗闻，留示子弟也。③

而《章氏遗书》卷17《载璜公家传》还记其为这部宗谱编写的谱传情况。直到晚年，章氏还念念不忘作宗谱之事业。可见章学诚对于谱学并不是

---

① 《章学诚遗书》卷13，第119页。
② 《文史通义新编新注》外篇3，第801页。
③ 《文史通义新编新注》外篇3，第642页。

一个纸上谈兵的空头理论家，而是一位一直力图把自己理论完全运用到实践中去的实干家。然而，由于章学诚生活贫困，一生常为生计而奔波，"颠倒狼狈，竟至不可复支"①，长期为人作嫁，而独自撰谱之事，则终未如愿。章氏晚年曾无可奈何地悲叹道：

> 三十年来，苦饥谋食，辄藉笔墨营生，往往为人撰述状志谱牒，辄叹寒女代人作嫁衣裳，而己身不获一试时服。尝欲自辑墟里遗闻逸献，勒为一书，以备遗忘，窃与守一、尚木言之，而皆困于势不遑且力不逮也。②

这不仅是章学诚个人怀才不遇的悲剧，也是任意摧残扼杀人才的封建社会制度的必然悲剧！

关于章学诚的谱牒学理论，其内容是相当丰富的，我们在这里只选择其要点作些介绍。许多相关文献，如今都还保存下来，若要再作更多的了解，可以找其原著阅读。我们限于篇幅，不可能作更多的论述。

三、钱大昕的谱牒学理论

钱大昕（1728—1804），清代著名历史学家，江苏嘉定（今属上海）人。字晓征，号辛楣，又号竹汀居士，晚称潜研老人。十五岁中秀才，乾隆十六年（1751），清帝南巡，钱大昕献赋行在，召试，特赐举人，授内阁中书学习行走，十九年中进士，选入翰林院庶吉士，历官詹事府少詹事、广东学政等职。曾奉旨参修《热河志》、《续文献通考》、《续通志》及《一统志》诸书。乾隆四十年，丁忧归里，不复出仕，时年四十八岁。先后主讲钟山、娄东、紫阳等书院，学问渊博，兼通众艺，于文字、音韵、训诂、天文、历算、舆地、氏族、官制、典章、金石之学，皆造其微，尤熟于史部。

---

① 《文史通义新编新注》外篇3《与邵与桐书》，第680页。
② 《章学诚遗书》卷29《与宗族论撰节愍公家传书》，第337页。

对于史事考证，态度严肃认真，为求"祛疑"、"指瑕"、"拾遗规过"，以开导后学，故其考史之功，最享时誉。其论《说文》，则兼求群经通假之字，论音韵则发明古今声变之理，推阐尽致，多为前人所未道。著有《廿二史考异》、《十驾斋养新录》、《元史氏族表》、《元史艺文志》、《三史拾遗》、《诸史拾遗》、《潜研堂金石文跋尾》、《唐学士年表》、《五代学士年表》、《宋学士年表》及《潜研堂集》等，江苏古籍出版社（现凤凰出版社）于1997年已出版《嘉定钱大昕全集》。他曾为五部家谱写过序：《钜野姚氏族谱序》、《吴兴闵氏家乘序》、《平江袁氏家谱序》、《周氏族谱序》、《棠樾鲍氏宣忠堂支谱序》，还为两部年谱写了序：《郑康成年谱序》、《归震川先生年谱序》。在这不多的几篇序中，却显露出他非常丰富的谱学理论，并且所论述的又多为谱牒学的核心问题，现简略介绍于下。

（一）谱系之学，史学也

众所周知，谱牒之学乃史学的分支，明、清以来许多学者都先后讲了，而钱大昕讲得就更加直接了，他在《钜野姚氏族谱序》中说："予唯谱系之学，史学也。……汉初有《世本》一书，班史入之《春秋》家，亦史之流别也。裴松之之注《三国》史，刘孝标之注《世说》，李善之注《文选》，往往采取谱牒。魏晋六朝之世，仕宦尚门阀，百家之谱悉上吏部，故谱学尤重。欧公修《唐书》，立《宰相世系表》，固史家之创例，亦由其时制谱者皆通达古今、明习掌故之彦，直而不污，信而有征，故一家之书与国史相表里焉。"① 又在《吴兴闵氏家乘序》中说："尝谓古人谱牒之学与国史相表里，《世本》一书，班《志》入之《春秋》家，后代志艺文者，以谱牒入史类，犹此意也。魏晋六朝取士，专尚门第，由是百家之谱皆上吏部。唐贞观、显庆间，再奉敕撰《氏族志》，欧史因之，有《宰相世系》之表，又美唐诸臣能修其家法，当时之重谱牒如此。自宋以后，私家之谱不登于朝，而诈冒讹舛，几于不可究诘，独欧阳、苏氏二家之谱义例谨严，为后世矜式。盖谱以

---

① 《潜研堂集·潜研堂文集》卷26，第448页。

义法重，尤以人重，后世重二家之谱，亦以其道德文章足为谱增重耳。"①

以上述两段引文大家可以看到，钱大昕在讲"予唯谱系之学，史学也"之后，接着就列举谱学是史学的种种理由。首先就是《世本》，这是大家公认的我国最早的谱牒著作，班固在《汉书·艺文志》中将其列入《春秋》类，所以他说："亦史之流别也。"又列举裴松之注《三国志》、刘孝标注《世说新语》、李善注《文选》，大都使用家谱，加之六朝以来百家之谱都要上交吏部收藏。而欧阳修撰《新唐书》，其中又立了《宰相世系表》，用的资料又都是家谱。他还指出，自从《汉书·艺文志》将《世本》列入《春秋》家以后，历代志艺文者，"以谱牒入史类，犹此意也"，讲的就是《汉书·艺文志》以后，《隋书·经籍志》在史部就开始设立"谱系篇"，此后新旧《唐书》、《宋史》、《明史》都相继在《艺文志》或《经籍志》中都立有这一内容。更为重要的，他从家谱本身出发，"亦由其时制谱者皆通达古今、明习掌故之彦，直而不污，信而有征，故一家之书与国史相表里焉"。这就明确地告诉人们，这一时期所修之家谱，内容充实可靠，值得信赖，当然可以与国史相表里。言下之意，宋元以后私家之谱，就无法谈论了。

（二）家谱之修可使社会风俗淳美

我们在前面已经讲了，明代宋濂、方孝孺师徒都先后指出，族谱、宗谱编修可以起到净化社会风气的作用，现在钱大昕亦提出同样的看法和理论，他们这些理论，即使在今天看来，还是有相当道理的，他在《周氏族谱序》一文开头就说：

> 古之治天下者，风俗淳美，非假条教号令以强其所不能也，使人毋失其孝弟之心而已。人之一身，上之为祖父，又上之则为高曾，人之逮事高曾者，百不得一矣。思高曾而不见，见同出于高曾者而亲之，犹亲其高曾也，此先王制服之义也。洎乎五世而亲尽，则又有宗法以联之，大宗百世而不绝，则宗人之相亲亦久远而无极。以四海之大，人人各亲

---

① 《潜研堂集·潜研堂文集》卷26，第449页。

其亲，而风俗犹有不淳者，吾未之闻也。自世禄不行而宗法废，魏晋至唐，朝廷以门第相尚，谱牒之类著录于国史，或同姓而异望，或同望而异房，支分派别，有原有委。五季以降，谱牒散亡，士大夫之家不能远溯于古，则谱其近而可稽者。盖谱之作，犹有古人收族之遗意。谱存，则长幼亲疏之属，皆将观于谱而油然生孝弟之心。①

按照他的理论和观点，在整个社会里，各个家族通过族谱的编修，做到人人各亲其亲，无论长幼亲疏，都有孝悌之心，全社会自然也就风清气正，一个和睦共处的和谐盛世自然就实现了。用他自己的话说就是："四海之大，人人各亲其亲，而风俗犹有不淳者，吾未之闻也。"

（三）对家谱下的定义

在《周氏族谱序》一文中，钱大昕还对谱字下了定义："夫谱之言布也，布列其世次行事，俾后人以时续之，毋忘其先焉尔。非其先人而强而附之，与非其后人而引而近之，皆得罪于祖宗者也。"② 其意是说，修谱就是将自己祖先世系行事记录下来，以便子孙后代不会忘记先人。因此，凡不是自己家族的先人，千万不能硬拉入谱，否则就要得罪于祖宗了。

他在《棠樾鲍氏宣忠堂支谱序》中也指出："谱牒之学，盛于六朝，而尤重于三唐。"五代以后，谱牒散亡，而宗谱遂变为私家撰述，于是就产生了合族之谱与分支之谱两种形式，在他看来，"然而世远则或嫌于傅会，人繁则或虑其混淆，唯支谱之体，犹不失唐人遗法。"③ 他还举例说明，如唐代的裴、李、崔、卢、韦、陆几个大的家庭，他们当年家谱编修方法，就是后世支谱编修之"权舆"。而他对于《周氏族谱》的编修更是非常赞扬："今观周氏之谱，详其所当详，略其所当略，阙其所当阙，洵可以为后嗣法。""自始迁之祖为始，其辽远无可考者则阙之。"④ 特别要指出的是，欧、

---

① 《潜研堂集·潜研堂文集》卷 26，第 451 页。
② 同上。
③ 同上书，第 452 页。
④ 同上书，第 451—452 页。

苏二家修谱之法，自创立以来，一直受到大家所推崇，而钱大昕在《吴兴闵氏家乘序》中既肯定二家的长处，又将其与《闵氏家乘》相比较，以指出二家之不足，这种评论方法更加容易显示出长短利弊得失："自宋以后，私家之谱不登于朝，而诈冒讹舛，几于不可究诘，独欧阳、苏氏二家之谱义例谨严，为后世矜式。盖谱以义法重，尤以人重，后世重二家之谱，亦以其道德文章足为谱增重耳。先生今代之欧、苏也，而谱尤得繁简之中。尝取而读之，窃谓苏氏出于味道，其子留眉者是为始迁之祖，乃以亲尽而不及，可乎？兹谱溯源于始迁将仕府君，是义例胜于苏也。欧谱有存其世而亡其名者，兹则自始迁再传而下，其名具在，是详备胜于欧阳也。"① 用三部家谱一道比较研究，而指出其长短得失，这种做法还是很少见的，能让读者很容易从中受益。

（四）年谱是知人论世的著作

钱大昕曾为《郑康成年谱》和《归震川先生年谱》两书作过序。年谱在谱牒大家庭中是比较晚出的一种文体，直到宋代方才产生，这与当时的社会学术发展、书院的产生和讲学风气盛行有密切关系，笔者对此已经有过论述，这里就不再谈了。钱氏在《郑康成年谱序》中开宗明义就讲："读古人之书，必知其人而论其世，则年谱要矣。"② 这就是说，我们阅读古人的著作，首先应当了解文章的作者及其所处的社会背景。能够有一部年谱就完全可以帮助你解决这一问题，无论是要研究一位政治家、军事家还是一位学者都是如此。凡是做过学问的人，大多知道这一诀窍，对于青年人来说，必须记住这一点。鲁迅先生当年对年谱的作用也非常重视，他认为对于一个人物如果不作年谱，就无法进行全面研究和作出恰如其分的评价。因为这是一种知人论世的著作形式，而这种著作形式，则产生于宋代。故他在这篇序中接着说："年谱之学，昉于宋世，唐贤杜、韩、柳、白诸谱，皆宋人追述之也。"③

---

① 《潜研堂集·潜研堂文集》卷26，第449页。
② 同上书，第446页。
③ 同上。

又在《归震川先生年谱序》一文开头便说："年谱一家昉于宋，唐人集有年谱者，皆宋人为之。留元刚之于颜鲁公，洪兴祖、方崧卿之于韩文公，李璜、何友谅之于白文公，耿秉之于李卫公是也。"①关于这个问题，章学诚也有同样的论述，因此这个结论是完全可靠的。在钱大昕看来，像郑康成这样的学者，在学术上贡献是很大的，不替他做一部年谱实在是一大缺失："经术莫盛于汉，北海郑君兼通六艺，集诸家之大成，删裁繁芜，刊改漏失，俾百世穷经之士有所折衷，厥功伟矣，而后人未有谱其年者，庸非缺事乎？海宁陈君仲鱼，始据本传，参以群书，排次事实，系以年月，粲然有条，咸可征信，洵有功于先哲者矣，……予因叙此谱而推及之。"②可见他对年谱的编写是非常重视的。事实上，年谱在学术研究上也确实非常重要，特别是对历史人物的研究，无论是学者还是政治家，若能有一部好的年谱，可以在研究中起到事半功倍的作用，这是所有从事学术研究的人的共同感受。

历史学家钱大昕的谱牒理论著作，尽管不是很多，但是却都非常重要。因为他的结论都是从历史研究中得出来的，特别是他所讲的"谱系之学，史学也"，讲得入情入理；宗谱、族谱编修，可以净化社会风气，从理论上讲确实能够如此，不过这只是理想化而已；论年谱是知人论世的著作，告诉人们年谱是研究历史人物不可缺少的著作，如此等等，在谱学理论发展史上都占有重要的地位。

四、纪昀的谱牒学理论

纪昀（1724—1805），字晓岚，一字春帆，晚号石云，河北献县人，世为河间大族。乾隆进士，授翰林院庶吉士、编修，以学识为乾隆帝赏识。曾获罪谪戍乌鲁木齐，后召还，复授编修职，官至协办大学士，加太子太保，并任《四库全书》总纂官，并撰写《四库全书总目提要》及《简明目录》，一生精力尽注于此，诚如张舜徽先生所说："可知当日《总目》之分类，类

---

① 《潜研堂集·潜研堂文集》卷26，第447页。
② 《潜研堂集·潜研堂文集》卷26《郑康成年谱序》，第446—447页。

序之撰述，以及斟酌损益、轻重先后之际，皆昀一手裁定，而尤致详于经部。昀视此二百卷之书，为一己之著作，固明甚，他人又奚从谓为不然耶？盖当日撰述《提要》，虽有戴（震）、邵（晋涵）、周（永年）诸君分为撰稿，而别择去取、删节润色之功，则固昀一人任之，亦犹涑水《通鉴》，虽有二刘（刘攽与刘恕）、范氏（祖禹）分任撰述，而后之论者，必归功于司马光耳。……昀既瘁心力于《四库提要》，遂不复别著他书。晚岁自言一生鹿鹿典籍间，而徒以杂博窃名誉，曾未能覃研经训，勒一编以传于世（见是集卷8《逊斋易述序》）。盖以修书夺其日力，遂致不能肆力专经之业，不能无悔憾也。"当年"修《四库全书》，昀与陆锡熊总其成，锡熊后入馆而先没，始终其事者，以昀力为多"。纪氏于嘉庆十年（1805）去世，谥文达，留下《纪文达公文集》十六卷和《阅微草堂笔记》。张先生认为该文集"以卷八、卷九书序为最佳，考镜源流，辨章学术，多与《四库提要》相发明"。①

就在纪昀不多的文集中，第八卷就有家谱序五篇和他为自己家族所修的家谱所作《景城纪氏家谱序例》一篇。这些序文字都不是很长，但其内容都很实在，反映了他对家谱编修确实能够辨章学术、考镜源流的看法，以及诸如家谱编修的目的，家谱是史的支流，谱与传的关系，修谱也应有断限等问题的主张，而在他的《景城纪氏家家谱序例》中讲述得就更加具体，从而形成了他的一套修谱理论。然而至今还很少有人来单独谈论过他的谱学理论，现从以下几个方面介绍他的谱学理论。

（一）编修家谱为了"敦本睦族"

长期以来，大家在论述编修家谱的目的时，总都是说为了"敬宗、尊祖、收族"，或者就是"尊祖收族"，后来也有将"收族"改为"睦族"，而纪昀首次提出"敦本睦族"，这一提法不仅新鲜，而且更加合理，能够维护一族之根本。他在论述中又非常具体而形象，在《渠阳王氏世系考序》一文开头便说：

---

① 《清人文集别录》卷7，第173—175页。

> 敦本睦族，士君子之盛德也。顾世远则人众，人众则势涣，渐涣渐久，愈久愈涣，则同气不免如路人，既不免如路人，而犹望其休戚相关，无是事矣。①

这就是说，虽然同为一个家族，由于人口不断繁衍，天长日久，支系越分越远，虽然同属一个家族，最后却变为互不相识的路人，若要他们相互关心，自然是不可能了。于是他提出通过家谱的编修，可以将亲情关系联系起来。他以水、木、身体为例进行分析，指出虽千支万派各分流注入于海，虽千花万实不能纪其数，只要溯其源，都会归之于本。其文云：

> 譬之于水，千支万派，各分流而注海，一溯其源，则某水出某地，某地某水从某水而分，某地某水从某水而又分，千支万派，一水也；譬之于木，千花万实，虽隶首不能纪其数，而递求其本，则由花实得蒂，由蒂得条，由条得枝，由枝得干，由干得根，千花万实，一木也；再近譬之，一身分四肢，四肢又各五指，同一指而将指、拇指若不相涉也，同一肢而手与足若不相涉，左手足与右手足又若不相涉也，然而疾痛疴痒，无一不与心相通，有脉络以连之焉耳。故必族系明而后知孰与我亲、孰与我疏；亲疏明而后知一族之众，其初皆一人之身，亲爱之意自油然而生矣。②

通过这通俗的举述，说明家谱、族谱编修的重要性，只要家谱编修好了，就可以将早已疏远了的族人联系在一起，也才有可能产生亲情之意。

（二）主张家谱编修要有"断限"

学术界有些人不顾历史发展的事实，总以为私家之谱有史以来就已经有了，有的甚至认为在原始社会就已经产生了。纪昀则提出："自汉以后，氏

---

① 孙致中等校点：《纪晓岚文集》第1册卷8，河北教育出版社1995年版，第168页。
② 同上。

族不掌于官，士大夫乃各有谱。……刘孝标注《世说》所引某氏谱、某氏谱，不可缕举。《新唐书·艺文志》至以族谱为史部之一门，《宰相世系表》亦备其世次支派。是六朝至唐，谱学最重也。两宋以后，此学浸微，惟衣冠诗礼之家，或各自为谱。欧阳永叔、苏老泉二谱，其最著也。二谱之例，一纵一横。自明以来，凡为谱者，类不能出纵横二例。惟是夸矜门阀，动溯古初，华胄遥遥，多由附会。白香山，唐之通人也，而自叙宗派，云出秦白乙丙，白乙丙则出楚白公胜，颠倒舛讹，至今为笑，其他抑可知也。"① 特别是元、明以来，家谱编修中溯古之风愈演愈烈，攀附名人、胡编乱造已成风气。明代以来，许多学者都纷纷提出了批评，明末清初黄宗羲在《唐氏家谱序》一文开头就说："沈约、魏收为史，自叙其先世，附合乖谬，人以谓诬其祖也，故序家谱者，未有不以此为戒。是故诬祖之罪，甚于忘祖。然今日谱之为弊，不在作谱者之矫诬，而在伪谱之流传。万姓芸芸，莫不家有伪谱，……而伪谱不问其地之南北，不考其年之上下，一概牵合，某世以至某世，绳联珠贯，至使祖孙倒置、蛇首人身。"② 这种伪谱大多是由于对自己家族无限向前推演而产生的，故宋代欧、苏二家都提出断自可知之世，后来亦有提出起自始迁之祖，这些都是值得称道的。为此，纪昀提出家谱编修应当有个"断限"，也许就是受到刘知幾论史的启发，他在《棠樾鲍氏宣忠堂支谱序》一文中说：

> 唐刘知幾作《史通》，特出一篇曰《断限》，善哉言乎，得史例之要领矣。家谱、家传，《隋书·经籍志》皆编入史部，固史之流也。辨姓之礼始于周，其世系掌于太史。故《史记》十表称旁行斜上，体仿周谱。家自为谱始于汉，……其书至六朝而繁，故刘孝标注《世说》，引诸家谱至四五十部。至唐而极盛，故《唐书·艺文志》史部以谱牒别为一门，《宰相世系表》必详其子孙之支派。然而支离蔓衍，亦遂芜杂而多歧。杨修之姓从木，而误称修家子云；白香山一代通人，而集中叙白氏之姓源，至以楚白公胜、秦白乙丙，颠倒其世次，并奉为远祖，论者

---

① 《纪晓岚文集》第 1 册卷 8《渠阳王氏世系考序》，第 168 页。
② 《黄梨洲文集》，第 326 页。

嗤焉。岂非繁引博称，无所断限于其间乎？宋人家谱，惟传欧阳氏、苏氏二家，……其大旨主于简明，以救前代泛滥之失；而过于疏略，文献无征焉。是又拘泥断限，矫枉过直者矣。①

他认为刘知幾在《史通》中所写的《断限》一文，虽然是用来评论史书的编写好坏，如果用它来评论和要求家谱的编修，也是非常合适的。由于家谱编修中不讲断限，无限制地溯源，于是在家谱中就出现了许多非常离奇的现象，甚至出现祖孙倒置的局面。而欧苏二家之谱，尽管做到了简明，但是又过于疏略，文献无征了。特别是苏氏之谱，由于"五世则迁"，加之又只讲嫡系，因而连人情味也丧失了，更谈不上"睦族"了。这哪里是"古人作谱之意，为合族之计者"？在纪昀看来，《渠阳王氏世系考》和《棠樾鲍氏宣忠堂支谱》两部家谱都编修得比较得体："王氏此谱，惟溯始迁之祖，而不推受姓之原始，自始祖以下，统连珠贯，一一分明，阅之真如千支万派同一源，千花万实同一本，而手足之统系于一心也。其家风孝友，有自来矣。"②

而于鲍氏支谱，纪昀介绍得就更加具体了，亦可供今之修谱者予以参考：

今观鲍君诚一之支谱，其殆酌繁简之中欤？不上溯受姓之始，唐以前人，虽司隶之节气，参军之文章，无征者不录也。宋以后世系明矣，而支分派别，不能一一皆详，第谱其可考之本支，犹唐裴氏东眷西眷，各以昭穆相统也。其兼列事迹，则取裁于东晋《太原温氏谱》；其冠以诰敕，附以祠宇、坟墓、家礼、祭田之类，则参用《东家杂记》；惟绘画遗容，古未有例。考朱子对镜自写小像，今子孙尚传其石刻，则披卷敬瞻，肃然如对其祖考，使报本追远之思油然而自生，是亦礼以义起者矣。③

通过对王、鲍两姓家谱编修的介绍，说明了在家谱编修中实行"断限"

---

① 《纪晓岚文集》第1册卷8，第171页。
② 《纪晓岚文集》第1册卷8《渠阳王氏世系考序》，第168—169页。
③ 《纪晓岚文集》第1册卷8《棠樾鲍氏宣忠堂支谱序》，第171页。

的做法，不仅是非常必要的，而且是完全可能的。而纪昀在论述过程中，还附带叙述了他们编修中的一些做法和增加了哪些新的内容，这对于今天新修家谱来说，都有着重要的参考价值。

（三）私家之谱产生于汉代

私家之谱产生于什么时候，有的人认为在夏、商、周都早已有了，有人竟然异想天开地提出在原始社会已经产生了，这些不顾历史事实的说法，居然也一篇篇文章在发表，而置历史上许多学者的论述于不顾。纪昀在为五部家谱所写的序中，其中三篇讲到了私家之谱产生于汉，他在《马氏重修家乘序》开头就说："古氏族之书今皆轶矣，其略可考者，惟《世本》散见于诸书，然杂记帝王诸国之世系，非一家之书也。《文选》注引刘歆《七略》，始载子云家牒，刘孝标注《世说新语》，所引晋代诸家谱，尤班班可稽。今之族谱，其昉于汉晋以来乎。"①讲得非常明确，《世本》乃是杂记帝王诸国世系，而非一家之书；今之族谱其昉于汉晋，讲得也很肯定。又在《渠阳王氏世系考序》中说："自汉以后，氏族不掌于官，士大夫乃各有谱。"②这里他还说明原因，由于汉以后氏族不掌于官，所以士大夫乃各有谱，这自然就是顺理成章的事了。又在《棠樾鲍氏宣忠堂支谱序》中说："辨姓之礼始于周，其世系掌于太史。故《史记》十表称旁行斜上，体仿周谱。家自为谱始于汉。"③这里讲得就更加直截了当。这就告诉大家，这个结论是没有商量余地的。

（四）家谱、家传固史之支流

众所周知，目录学上的图书分类，直接反映着一个时代学术发展的面貌，因此这种图书分类，可以视作学术发展的晴雨表。从我国学术发展史来看，任何一门学科，当它发展到一定程度，很快就会在目录学上得到反

---

① 《纪晓岚文集》第 1 册卷 8，第 166—167 页。
② 同上书，第 168 页。
③ 同上书，第 171 页。

映，这不单是在正史的经籍志或艺文志，即使在私人所著目录学著作中，同样也会有反映。前面我们讲了魏晋南北朝是我国谱牒学发展的黄金时代，谱牒学在当时社会已经成为一种显学，正因如此，所以在唐朝初年所修的《隋书·经籍志》在史部便设立了"谱系篇"，而后来修的《旧唐书·经籍志》和《新唐书·艺文志》、《宋史·艺文志》等，均在史部设立了"谱牒篇"。其后，晁公武的《郡斋读书志》、陈振孙的《直斋书录解题》等私家目录，也都设立了"谱牒类"。唯其如此，故纪昀在《渠阳王氏世系考序》中说："刘孝标注《世说》，所引某氏谱、某氏谱，不可缕举。《新唐书·艺文志》至以族谱为史部之一门，《宰相世系表》亦备其世次支派。是六朝至唐，谱学最重也。"①又在《棠樾鲍氏宣忠堂支谱序》一文中说："家谱、家传，《隋书·经籍志》皆编入史部，固史之支流也。辨姓之礼始于周，其世系掌于太史，故《史记》十表称旁行斜上，体仿周谱。家自为谱始于汉，……其书至六朝而繁，故刘孝标注《世说》引诸家谱至四五十部，至唐而极盛，故《新唐书·艺文志》史部以谱牒别为一门。"②笔者所以不厌其烦地征引和论述，旨在让大家知道谱牒学乃是史学的一个分支，实际上清代以来许多著名学者如钱大昕、章学诚、邵晋涵等都有如是论述，可是如今居然还会有人出来否认这些历史事实。记得前几年在安徽参加一次学术会议，有位代表在小组讨论会上就曾宣称家谱学向来就是一门独立的学科，从来就不是历史学的一个分支。请注意，此人所讲乃是"家谱学"，而不是"谱牒学"。真不知道他的根据是什么，难道作为正史的二十五史都不可信，只有你自己胡编乱造可靠吗？我觉得这种人不是狂妄就是无知，连史书都不阅读还做什么学问！

（五）家谱、家传各自为书

家谱、家传，本是不同体例的著作，并且区别非常明显，不料如今有些人在著述中为了强调自己的观点，硬是将两者拉在一起。关于这些，我们在前面有些内容中已经先后作过批驳，而纪昀在《汾阳曹氏族谱序》一文中

---

① 《纪晓岚文集》第1册卷8，第168页。
② 同上书，第171页。

也作了十分明确的表述:"古有家谱,有家传。谱以纪世系,传以述先德。唐以前率各自为书,史家著录,亦以谱入谱牒,传入传记,其体例各不相侔。"①许多历史学家也都分得很清楚,章学诚在其《史籍考》分类中,更加是泾渭分明。其实这两种书,由于体例之不同,因此在文字记载上亦有很大差别。家谱多以表格为主,旁行斜上以记事,而家传则以文字叙述为主体。这些都是无须多说就很明白的,而纪昀也讲得很清楚,因此,对于一些不科学的观点、论述,我们应清晰分辨。

(六)《景城纪氏家谱序例》

《景城纪氏家谱》是纪昀前人所修,修于何时已不得而知,在其生前曾对此谱有所刊刻,并在此谱基础上作了续修,但两者均已残缺。而所作之《景城纪氏家谱序例》还保存下来,因此我们可以知道,他的一生中,除了为他人家谱作过五篇序外,还续修了《景城纪氏家谱》并作了序例。其序例曰:

> 有世系支派,而后诸谱之分合如网在纲,故弁于谱之前。谱首者,诸谱之首也。别子为祖,继别为宗,八世以下其歧矣,有此谱而后摄于一也,有源有流,派别乃明,故次之以支谱。《七略》称:"子云《家牒》载以甘露二年生。"《周氏谱》载:"翼以六十四卒。"则谱详生卒,古法也。详其生而后长幼辨,详其卒而后忌日之礼可举也。故次以生卒,谱谱具矣。益以族居记,惧涣也;益以茔墓图,惧湮也;益以联名纪世图,惧紊也。十七篇者,丝牵绳贯,盖繁非繁、复非复也。斯谱也,视旧盖有损益,而意未始不相师也。②

序例第一段,将全书编写次序告诉大家:"有世系支派,而后诸谱之分合如网在纲,故弁于谱之前。"八世以后,分支就多了,通过此谱的编写,可以知道"有源有流,派别乃明"。对于全族人的生卒年月,都要详细记

---

① 《纪晓岚文集》第1册卷8,第172页。
② 同上书,第173页。

载,这不仅是"古法",而且这样做,"详其生而后长幼辨,详其卒而后忌日之礼可举也"。全谱一共十七篇,与旧谱相比,"有损有益",这也告诉人们,他这家谱是在旧的家谱基础上加以修订的,因此内容是有损有益。需要指出的是,此篇名叫"序例",而不是单一的"序",因此在叙述过程中有许多说明,如"谱题景城,示别也。有同县而非族者也。[小字注:北杨村小河王家庄之纪皆非同族。]崔庄著矣,曰景城,不忘本也"。前面讲了"详生卒",但是"妇谱卒而不谱生,其卒于我,其生不于我也,其卒有忌日之礼,其生非长幼所系也"。同样,妇人辈分长幼"以夫为长幼",也就是说,她的辈分是随着丈夫而定。"序世系源流于谱前,……盖古谱序法也。……谱首上溯始祖,而中间六世,阙所不知",则按欧阳氏谱例,让其空缺。如此等等,所有这些做法都引前人修谱之法作为依据。可见他在从事修谱之前,对于前人所修之谱还作了很多研究,吸收前人的长处。可惜他所修的《景城纪氏家谱》如今亦已残缺不全了。

从上面记载的内容中人们可以发现,纪昀确实是一位了不起的大学问家,诚如前面所引张舜徽先生所评论的那样。我们可以这样说,大凡谱牒学的一些核心问题,他都论述到了,文字虽然不是很多,但都说到要害之处,诸如家谱编修的目的,私家之谱起源于汉代,谱牒的性质乃是史学的支流,家谱与家传两者并非一回事,家谱编修必须求真、应当有个"断限"等方面,他在不多的几篇序中都已经讲到,并且讲得都很精当。他对欧、苏两家之修谱之法,虽然也都作肯定,"其大旨主于简明,以救前代泛滥之失。而过于疏略,文献无征焉。是又拘泥断限,矫枉过直者矣"①。这个批评同样是相当中肯的,特别是对于苏洵的修谱之法,我也已经批评过,其做法已经失去了人情味,根本就起不到"收族"的作用。可见,他对历史上谱牒学的发展和许多家谱编修的利弊得失,大多做到洞若观火。所以我们认为,尽管他在谱牒方面论著不是很多,却能对谱牒学上的核心问题都提出了自己的看法,这本身就是很了不起的,在历史上也是不多见的。因为他的名气全都集中在其主持《四库全书》的编纂上面,自然就更无人再来研究他的谱牒理论了。因此,他在这方面的贡献也就一直被埋没掉了。

---

① 《纪晓岚文集》第 1 册卷 8《棠樾鲍氏宣忠堂支谱序》,第 171 页。

第九章
谱学发展的新成员——年谱

一、宋代产生年谱的历史背景与社会条件

谱牒学的内容是非常丰富的，这里自然无须再重复。年谱，则是其中重要的组成部分，其学术价值在今天的谱牒学中似乎更占有重要的地位。唯其如此，自宋代产生以来，一直受到学者们的重视，可以说经久不衰地在发展，直到今天，新修的名人年谱还是不断地问世，可见其生命力之旺盛。

年谱这种著作形式，一般都认为产生于宋代，钱大昕在《归震川先生年谱序》中就曾明确指出："年谱一家昉于宋，唐人集有年谱者，皆宋人为之。留元刚之于颜鲁公，洪兴祖、方崧卿之于韩文公，李璜、何友谅之于白文公，耿秉之于李卫公是也。"① 又在《郑康成年谱序》中说："年谱之学，昉于宋世，唐贤杜、韩、柳、白诸谱，皆宋人追述之也。"② 两文所说，都很明确而肯定。与钱氏同时的章学诚，在《韩柳二先生年谱书后》中亦认为"年谱之体，仿于宋人"，又在该文中再次强调："文人之有年谱，前此所无，宋人为之，颇觉有补于知人论世之学，不仅区区考一人文集已也。"③ 尤其值得注意的是，章氏在文中还论述了这种文体之所以产生在宋代的原因。

然而清咸丰年间的学者袁翼却提出年谱在唐代已经出现，他在《钱辛楣先生年谱序》中说："唐宋以来，名公巨卿，皆有年谱。然必爵位功业、道德文章炳曜一世，而又克享大年，则及身自为之而无忝，后学代为之而足征，与国之史传、家之世系，可互相参考者也。唐香山居士白文公自编《长

---

① 《潜研堂集·潜研堂文集》卷26，第447页。
② 同上书，第446页。
③ 《文史通义新编新注》外篇2，第557—558页。

庆》前后各集，弁以年谱。今集中所刻，出于陈伯玉、李德劭之手，则公自编之谱，久已散佚。"①讲得似乎确有其事，但不知其根据究竟何在。对此，杨殿珣先生在《中国年谱概说》一文中已经指出："袁翼所说的白居易自编长庆前后各集冠以年谱的说法，在元稹的《白氏长庆集序》和白居易的《文集后记》里，都未曾有自编年谱的记载，不知袁翼的根据在哪里。陈振孙所编的《白文公年谱》，其中所指的旧谱，乃是指李璜所编的年谱，也没有提到白居易自编年谱。所以袁翼的说法，不知有何依据；我们说年谱自宋代开始，是比较确实可信的。"②还要指出的是，陈振孙是位目录学家，如果真有其事，不仅在所编年谱中会提到，而且还会在其著作《直斋书录解题》中加以著录。该书卷7就曾收录了《孔子编年》、《欧公本末》、《紫阳年谱》等年谱和具有年谱性质的著作，而作者全为宋代人。所以我们说年谱这种著作形式，确实产生在宋代，因为只有到宋代，才具备产生这种著作的条件和要求，而唐代并不具备。

众所周知，宋代学术空气的活跃，在整个封建社会中表现得十分突出，在文学、史学、哲学和自然科学诸方面都呈现出富有生气的景象。笔者在《方志学通论》中曾引了张舜徽先生一段论述："宋代学者气象博大，学术途径至广，治学方法至密，举凡清代朴学家所矜为条理缜密、义据湛深的整理旧学的方式与方法，悉不能超越宋代学者治学的范围，并且每门学问的讲求，都已由宋代学者们创辟了途径，准备了条件。宋代学者的这种功绩，应该在中国学术史上大书特书，而不容忽视和湮没。"③我们觉得这个评论符合宋代学术发展的实际情况。不过文章写于20世纪50年代，评论还没有很好地展开。我们可以这样说，自秦统一以后的整个封建社会中，学术发展的盛况，无一个朝代可与宋代相比，这与当时思想言论相对自由有很大关系。据王夫之《宋论》记载，开国皇帝宋太祖在开国之初就立下"不杀士大夫"的誓规，实行着优待士人的政策，从而形成了一种比较宽松的文化气氛，无疑

---

① 《嘉定钱大昕全集》，第1页。
② 《文献》1979年第2期。
③ 张舜徽：《论宋代学者治学的博大气象及替后世学术界所开辟的新途径》，《中国史论文集》，湖北人民出版社1956年版，第78—130页。后以《论宋代学者治学的广阔规模及替后世学术界所开辟的新途径》为题收入张舜徽《訒庵学术讲论集》，第212—273页。

就为学术文化的发展创造了有利的条件,从而使宋代的学术文化得到了前所未有的发展和繁荣。具体表现在如下几个方面:

首先是宋代教育非常普及,特别是地方教育的发达,除了国家最高学府外,地方教育和民间教育都很活跃,这对于宋代学术文化的发展起到非常重要的作用。几乎所有州县都设有州学、县学,置官立师,形成风气,很多地方官吏都把办好学校作为自己的首要任务。《淳祐临安志》卷6《学校门》所载郡守陈襄所作《杭州劝学文》就很能说明这一问题,文中说:"襄之至是邦也,固当以教育为先务。"而其教育目的也非常明确:"非以教人为辞章、取利禄而已,必将风之以德行道气之术,使人陶成君子之器,而以兴治美俗也。"[①]在他看来,通过教育,既要培养治理国家的人才,又要树立起良好的社会风气。所培养的人,不单纯是为了掌握知识,更重要的要能将学得的知识运用于实际工作,即"形之于业"。这种教育思想很值得我们借鉴。从这篇《劝学文》中,我们还看到另一个值得注意的事,那就是这位郡守为了办好教育,还亲自负责物色推荐府学教授,而这种教授不仅要有一定的学历,更重要的是"履行淳正,器识高远",并且在社会上有一定的声望,否则就不可能胜任教授这个职务。据记载,这位郡守还曾写过一篇《仙居劝学文》,可见其对地方教育认真负责的精神。因此,宋代各种教育的发展,对于教授民众知识、提高其文化素质、形成良好社会风气都起到了很大作用,自然也就成为促进文化发展的重要因素。

其次,书院林立,讲学风气盛行,学派之间相互交流和竞争,大大促进了学术文化的发展。宋代书院发展迅速,应当说是得益于许多著名学者聚徒讲学,而书院的发展,实际上反过来促进学者们讲学之风的盛行,两者实际上相辅相成,可以说互为依存。有宋一代,出现了许多著名书院,就北宋而言,就曾出现过四大书院,据吕祖谦所言,四大书院是白鹿洞、应天府、岳麓和嵩阳书院。南宋则有岳麓、白鹿洞、丽泽和象山书院。对于书院与学术发展的关联,叶坦等所著《宋辽夏金元文化志》一书中有段论述就很能说明问题:"自由讲学之风,促进了学派的分立。书院尽管与官方有着各种各样的关系,但从学术发展角度来看,书院文化具有私学的性质,是思想家比较

---

① (南宋)周淙、施谔撰:《南宋临安两志》,浙江人民出版社1983年版,第102页。

自由地阐发自己的学术主张和观点的阵地；也是学术流派得以传承培育、逐渐发展壮大的生存土壤。书院与学术的关联，从宋初即开始了，几乎每一位大学者都与书院有缘。……到南宋之后，学术思想的兴盛与书院的发达互为表里。一般认为书院与理学的发展关系紧密，实际上不仅是理学系派的发展，而且包括整个学术思想名门派的形成与发展，大多与书院有关。例如与理学不同的浙东事功学派，也与书院的建立和繁荣相关。"[①] 我觉得这段论述是相当全面的，应当说书院的建立为所有学派的讲学提供了场所，促进了所有学术流派的繁荣与发展，就如金华学派的创始人吕祖谦创建了著名的丽泽书院，声望很高，据《宋史》本传载，"四方之士争趋之"，并且与朱熹、张栻享有"东南三贤"之称，可见其影响之大。当然，有人硬把他说成是理学家，那又另作别论了。值得指出的是，宋代统治者对于所有学派，并不强行扶持一派、压制另一派，而让他们共存、交流，通过争鸣与竞争，共同促进学术的繁荣。人所共知，朱熹与陆九渊二人由于学术观点的分歧，长期纷争不休。吕祖谦曾策划召开了历史上有名的鹅湖之会，设法让朱、陆二人参加这次学术会议，以便在会上协调两家的纷争，指出两家学说都有长处，也都有短处，应当取长补短，相互学习，互相尊重。这可以说是历史上第一次由民间组织的学术会议。陆九渊的弟子朱泰卿曾随其师一道参加鹅湖之会，会后曾这样盛赞吕祖谦说："伯恭虑朱陆议论犹有异同，欲会归于一，其意甚善。"(《宋元学案》卷77《槐堂诸儒学案》) 可见当时学者之间相互交往、交流是相当频繁的。

第三，宋代学者尊师重道、尊祖重本、以儒传家，大多强调弘扬儒家之道统；特别是各个学派又都很注意研究学术渊源的师承关系，于是写传记、作年谱，成为当时学者非常重视的课题。章学诚对当时这种社会风气曾作了概括性的论述，指出："魏晋以还，家谱图牒，与状述传记，相为经纬，盖亦史部支流，用备一家之书而已。宋人崇尚家学，程、朱弟子，次序师说，每用生平年月，以为经纬。而前代文人，若韩、柳、李、杜诸家，一时皆为之谱，于是即人为谱，而儒、杂二家之言，往往见之谱牒矣。孟子曰：'颂其诗，读其书，不知其人，可乎？'以谱证人，则必阅乎一代风教，而后

[①] 叶坦、蒋松岩：《中华文化通志·宋辽夏金元文化志》，上海人民出版社1998年版，第202—203页。

可以为谱。盖学者能读前人之书，不能设身处境而论前人之得失，则其说未易得当也。好古之士，谱次前代文人岁月，将以考镜文章得失、用功先后而已；儒家弟子，谱其师说，所以验其进德始终、学问变化。"① 可见年谱的产生也是有其特定的社会条件的。事实上讲白居易曾自编年谱的人，拿不出任何证据，不仅如此，今日所能见到的有关文献中，亦未见到过有关唐人编修年谱的任何痕迹，所以我们认为年谱之体产生于宋代的结论应当是可信的。

最后，宋人对前人的文集进行整理，在整理中往往要考订文章写作年月先后、历官年代、出处等，进而编成年谱，附在文集之后刊行，这无形中便促使年谱编写的发展与繁荣。

总之，以上这些原因，就汇成宋代年谱发展的重要因素，而这些条件，以前历朝是不曾具备的。

年谱是按年月顺序记载某一个人生平事迹和著作经过的一种著作，它是由传记体发展而来。被写的人物，一般都称为谱主。这种年谱大都是为著名的学者或政治家而作，而作者本人又大多为著名的学者。流传至今的最早著作，有吕大防的《杜甫年谱》和《韩吏部文公集年谱》。在宋人编写的年谱中，谱主有的是历史名人，亦有的是当代学者和政治家。如宋人楼钥编《范文正公年谱》、胡柯编《庐陵欧阳文忠公年谱》、詹大和编《王荆公年谱》、朱熹编《伊川先生年谱》、王宗稷编《东坡先生年谱》，等等。有的学者一人就编了好多种。据徐规先生《李焘年表》所载，李焘一人就曾编了范仲淹、韩琦、文彦博、富弼、欧阳修、司马光、三苏、六君子年谱各一卷。② 又如范坰、林禹二人就曾合编了《武肃王年谱》等五种之多。也有一位谱主为多人所编，如宋代为韩愈作谱的除吕大防外，还有程俱、洪兴祖、樊汝霖、方崧卿等八种。总之，年谱的出现，为谱学发展又开辟了一条新的途径，临将衰落的谱学又因之而得到了新生和发展，它在史学上的地位和价值也得到了大大提高。这种著作体裁一经产生，后来继作者逐渐兴旺。元明两代所作之谱，谱主仍以文人学士、达官贵人居多。到了明代后期，情况逐步有所变化，赵士哲编出了《建文年谱》两卷，也有人为妇女编了年谱。特

---

① 《文史通义新编新注》外篇2《刘忠介公年谱叙》，第537页。

② 《仰素集》，第60页。

别到了清代，编修年谱更加大为盛行，乾嘉时期风气最盛，遂出现了历史上谱学发展的第三次高潮。清人所编之年谱，谱主范围更加广泛，尤其是此时考据之风盛行，对前人所作之年谱进行增补、考订、重作者很多。特别要指出的是，其中经学、文字学乃是热门，因而为郑玄作谱者竟达十家之多，许慎亦有好几家，而为朱熹作年谱的有二十家，这些数字就足以反映出当时的学术风气。因此，年谱之风盛行，也就成为乾嘉时代史学发展的一个重要特点。笔者曾据杨殿珣先生所编《中国历代年谱总录》作了统计，全书共收年谱三千零十五部，其中成于清人之手者达一千一百六十余种，这是一个巨大数字。该书1996年又出了增订本，总数增至四千四百五十种。笔者又分朝代作了统计：宋代九十种，元代二十一种，明代二百三十四种，清代一千二百三十三种，余者为近代至今，二千八百七十二种。

　　从这一组数字的排列，人们可以看到，这种著作体裁生命力之旺盛绝非家谱所能比拟，尤其是得到近代、当代学者的高度重视。特别是后者，许多重要的历史人物，原来未作过年谱者，当今学者都为之补作；而对近现代名人，作年谱者日渐增多，在年谱这块园地里呈现出一派繁荣景象，可以预见，今后肯定会越来越旺盛。对此，谱学研究工作者难道能视而不见吗？当然，对于上列统计数字还要说明几句，宋、元、明、清的数字并不是说当时只编修了这些，而是我们今天仅知道这些，因为有许多既未流传下来，文献也没有记载，就如宋代历史学家李焘曾作过八种年谱，也是徐规先生研究所得，《中国历代年谱总录》中就没有收录。就以宋代九十种而言，该书作者也仅见到六十五种，其余皆见于文献记载。元、明、清亦有这种情况。

　　据吴洪泽先生研究，仅宋人编年谱共一百四十余种，共有谱主六十余人。而这些年谱，又大多为南宋人所编著，"仅建炎元年至庆元六年七十余年间，便有九十余种年谱，此后直至南宋灭亡，又有三十多种年谱问世"[①]。可见吴先生掌握的文献资料更为丰富，故得出的数字自然也就更多。这就说明我们统计古代的学术著作数量很难有绝对数目，都只能是参考数。

---

① 吴洪泽编：《宋人年谱集目·宋编宋人年谱选刊》前言，巴蜀书社1995年版，第5页。

二、年谱的几种类型及其利弊得失

对于这众多年谱的类型，可分为下列几种情况：

一是自撰年谱，即谱主生前将自己一生经历按年月顺序谱写下来，或者自己口授，由别人代写。这种年谱往往很难做到完整，还需后人适当增补，如陈振孙在《直斋书录解题》传记类就著录了北宋时刘挚自编的《刘忠肃公行年记》一卷，书的内容是作者自己所记，而书名则为后人所题，但此书早已散佚。因而《文山先生纪年录》可视作自撰年谱流传至今的最早之作，这是南宋末年文天祥所作，经过后人补订而成，此谱原题《宋少保右丞相兼枢密使信国公文山纪年录》。到了明清时代，自编年谱逐渐多起来，特别是清代，据杨殿珣先生统计，现存的清人年谱中自撰的约占四分之一左右。自撰年谱的作者一般以学者居多数，因此其中有许多往往能为后人留下鲜为人知的事情，如作者亲身经历过的有些重要过程或某些重要细节，后人就无法了解到；有的则是两人交往中所发生的事情，他人也很难了解。就以著名学者章学诚的逝世之年为例，全靠汪辉祖的《梦痕录余》记载，而胡适、姚名达二位所编之《章实斋先生年谱》中亦曾注出。为了帮助广大读者对自撰年谱的价值有所了解，这里还是将《梦痕录余》相关文字抄录于此：

> 闻章实斋十一月卒。余交实斋三十二年，踪迹阔疏。甲寅归自湖北，就馆近省，往来吾邑，必过余叙谈，见余撰述，辄作序言，书后以赠，去春病瘖，犹事论著，倩写官录草。今夏属志《归庐》，实斋易名《豫室[志]》，有数字未安，邮筒往反，商榷再三。稿甫定而疾作，遂成绝笔。昔二云言，实斋古文根深实茂，重自爱惜，从无徇人牵率之作，文稿盈箧，数月前属谷塍编次，异日当有传人也。①

记载这件事时，汪氏自注时年七十二。这段不满两百字的文字，告诉我

---

① 北京图书馆编：《北京图书馆藏珍本年谱丛刊》第107册影印清光绪江苏书局《龙庄遗书》刻本，北京图书馆出版社1999年版，第440—441页。

们这样几件事：第一，章学诚逝世的时间。第二，章学诚绝笔之作应为《豫室志》。说实在的，对此笔者也是看了《梦痕录余》后方才知道，而在较早时候还曾将《浙东学术》一文视作章氏绝笔之作。第三，章汪二人过往甚密，交谊甚深，曾有三十二年的友谊。第四，章学诚的为人，"重自爱惜，从无徇人牵率之作"。正如他自己所言："仆之生平，不能作违心之论"，"生平惟此不欺二字，差可信于师友间也"。① 这段文字证实了章学诚做人处世的哲学，确实是言行一致。还要指出的是，萧山与绍兴两地相距很近，交通又很方便，消息灵通，所以汪氏所言极为可信。可见自撰年谱的学术价值是不应低估的。

二是谱主的朋友、门人弟子和子孙所作。真正的挚友和门人弟子，不仅对其朋友和老师的生平事迹记载详细，往往多有叙述学术活动或学术宗旨，其年谱学术价值自然就高了。这类年谱的谱主亦以著名的学者居多。如门人弟子所作，宋代就有陆九渊门人袁燮编撰的《象山先生年谱》、朱熹为程颐编撰的《伊川先生年谱》、朱熹的门人李方子编撰的《朱文公年谱》等，都很有代表性，是为了光大师门的学统而作。这类年谱到清代就更多了，如李塨与王源合编的《颜习斋先生年谱》、段玉裁编撰的《戴东原先生年谱》、董秉纯编撰的《全谢山先生年谱》等，也都比较典型。此即所谓"谱其师说，所以验其进德终始、学问变化"（章学诚语）。上述这些编写者，都直接承教于谱主，闻见最为真切，况且有的还是谱主的得意门生，更能深知其师的学术渊源与学术宗旨。而子孙为其先人编写的年谱在宋代亦相当多，如黄䨇为其从祖黄庭坚编了《山谷年谱》，张同然为其祖张载编了年谱，周㮚为其父周必大编了《周益国文忠公年谱》，岳珂为其祖父岳飞编了《岳鄂王行实编年》，等等。

还有一类则是后人为历史上那些名人（如学者、政治家等）编修年谱，这类是属于大多数。特别是在宋代，历史上许多名人还都未作过年谱，那么凡是未作过的都想补作，因此在宋代为孔子编年谱的大约就有八家之多。而为唐代学者、诗人编年谱的就更多了，如杜甫年谱有十一种，韩愈年谱有九种，白居易年谱有八种。这类年谱之作，显然困难较大，因时代相隔久远，

---

① 《文史通义新编新注》外篇3《与史氏诸表侄论策对书》，第804页。

资料散失，传闻亦少，大多靠文献记载。非得下极大的努力，深入研究，勤加考证，对谱主著作有较为深刻的了解，并且还要遍读与谱主有关联的人物著作，否则是无法作出有价值的年谱的。因此编著这样一部年谱，往往需检书百数十种之多。当然有了丰富的资料，也还要有决断取舍的组织编纂能力与技巧，否则也同样不能收到良好的效果。清代乾嘉学者正是长于史事之考证，因而补作、改作前人之年谱也就特别多。如顾栋高作《司马温公（光）年谱》、顾栋高与蔡上翔分别作《王荆公（安石）年谱》、赵翼与钱大昕分别作《陆放翁（游）年谱》、钱大昕作《深宁（王应麟）先生年谱》等，都具有不同程度的学术价值。当然更多的是前人并未作过的，这时许多学者都先后为之作了年谱。还有许多是前人已经作过不少，而清人又作了许多。如孔子的年谱、年表就达三十五种以上，孟子也有十多种，杜甫十八种，韩愈七种，朱熹二十种。通过年谱的编写，对一个人的学术思想、学术渊源、学术流派等都可做到具体而系统地了解，这也是促使当时年谱得到迅速发展的学术上的因素。

在对上述三类年谱进行综合研究后，人们也会发现，自撰年谱和子孙门人所作之年谱，其长处就是对谱主生活中发生的各种事情、过程细节了解比较清楚，其他后人是无法得知的，因而可以保存许多宝贵的资料。我们前面所举汪辉祖自撰年谱《梦痕录余》就是一个很好的例证。然而一旦涉及是非功过、纠纷责任时，往往就会出现掩恶扬善、避重就轻、推诿责任，甚至只见溢美之词、不记丑恶的现象，这也是年谱编修中常见的弊病，特别是对于当时曾发生过恩恩怨怨之事，当然不会有家谱那么严重和明显。而第三类作者所作之年谱，一般都可以避免这种现象，对于历史上的是非功过，大多能做到论述公正持平，除非学术观点上的分歧，也会出现某些记载与事实不相符合的结论外，大都不存在个人利害恩怨的关系。不过这类作者所作之年谱，大都根据各类文献记载，万一文献记载有误，那也就跟着错了。还有许多结论是根据考证所得，失误之处在所难免。即使是大学者所作的考证，也免不了有疏陋失实的情况。例如钱大昕所作的《弇州山人年谱》，对于王世贞所作《弇山堂别集》的记载就有错误。因为王氏这部书成于何时，并无确切记载，他自己为该书所写小序和友人陈文烛所作之序中均未说明，而陈文烛作序落款是万历庚寅，这正是世贞去世之年，但序文最后有"兼质于元美云"，无疑又是作于世贞生前。钱大昕所著王氏年谱，在其三十三岁这年载："是夏作《艺苑卮言》，至乙丑始成，又撰次朝廷典故为《丁戊小识》，后更为《识小录》，即《弇山堂别集》之初稿也。"①此说显然很不确切。第一，陈文烛为其作序时，还曾见过《宾园识小录》、《三朝首辅》等书，若是该书之初稿，当然不会作如此论列，而与世贞自己小序所言精神不符。王世贞说："王子弱冠登朝，即好访问朝家故典与阀阅琬琰之详，盖三十年一日矣。晚而从故相徐公所得，尽窥金匮石室之藏。"②可见王世贞是五十左右写此小序，三十年如一日不间断搜集，原为撰写有明一代历史，后因名不正而言不顺，深感不便于作，而姑且成此书。所言故相徐公，实指徐阶，是在嘉靖四十一年（1562）严嵩罢相后方任首辅，这才有"晚从故相徐公"云云，这时世贞已三十七岁了。只有"尽窥金匮石室之藏"后，才能得到许多宝贵材料。根据上述情况看，此书无疑应是成于晚年。可见钱大昕所作之年谱也有不确之处，尽管这只是千虑之一失，但毕竟还是有失。

我们再看当代著名学者徐朔方先生所作之《王世贞年谱》，虽比钱氏所作之谱详细得多，但其最大的缺点是只把王世贞当作文学家，而王世贞在史学方面所作的努力和贡献在该谱中很难看到，这自然是不全面的。作为一部年谱，就应当能反映一个人一生各方面的努力和贡献，否则就失去了作年谱的意义。另外在史事记载上亦有错误之处，如在王氏六十五岁之下引陈文烛《弇山堂别集序》云："余习元美，尝窃窥其青箱，则尚有《弇园识小录》、《三朝首辅录》、《觚不觚录》、《权幸录》、《朝野异闻》，此枕中之秘，尚不以示人也。"③接下去作者按曰："以上各书或即《弇山堂别集》之所本，非谓另有所著也。"④这个按语显然是不正确的。第一，"陈序"实指陈文烛为《弇山堂别集》所撰之序，陈氏为王世贞好友，所述自然可信。第二，这几种书有的都还流传下来，且收入《四库全书》，只要查一下《四库全书总目》立刻便可知道。《三朝首辅录》乃传记体，亦称《嘉靖以来首辅传》，

---

① 《嘉定钱大昕全集·弇州山人年谱》，第6页。
② （明）王世贞撰，魏连科点校：《弇山堂别集·弇山堂别集小序》，中华书局1985年版，第4页。
③ 《弇山堂别集》，第2页。
④ 徐朔方：《徐朔方集》第2卷，浙江古籍出版社1993年版，第692页。

《四库全书》分编在"史部·传记类",而《弇山堂别集》并无人物传记内容。再说《觚不觚录》在《四库全书》中虽被分编在"子部·小说类",但《四库全书总目》在介绍时却并未将它当作小说看待,而是认为"是书专记明代典章制度,于今昔沿革尤详。自序谓伤觚之不复旧觚,盖感一代风气之升降也。虽多纪世故,颇涉琐屑,而朝野轶闻,往往可资考据。若徐学谟《博物典汇》载高拱考察科道,被劾者二十七人,并载名氏,说者谓其谙于故事,而是书并详及诸人所以被劾之故,为学谟所不及载,于情事首尾,尤完具。盖世贞弱冠入仕,晚成是书,阅历既深,见闻皆确,非他人之稗贩耳食者可比,故所叙录,有足备史家甄择者焉"。可见它仍属史料范畴之书,所记内容多可与《弇山堂别集》内容相互参证。我们之所以不厌其烦地征引,旨在说明只要该年谱作者能将此《四库全书总目》与《弇山堂别集》内容作一对照,也就不会作出上述那种结论了。

通过以上两个事例说明,年谱所载内容,有时也并不是百分之百的正确。两位作者,一今一古,都是大家,尚且如此,足见为前人撰作年谱,其难度是相当大的,尤其是要做到内容丰富、考订精详,自然就更加难了。因此想编写一本好的年谱,并非轻而易举之事。

年谱一般都是为某个人而作,但在发展过程中也有将相关人物合在一道共同作谱的,叫作合谱。这种做法在宋代已经开始,前面我们提到过的李焘就作过三苏年谱,还有宋人赵希弁亦作过《三苏先生年谱》,但都未流传下来。到了明、清,这种合谱的现象就多了起来,甚至有的一家几代合编在一部年谱之中。典型的如《庐江钱氏年谱》,是由钱仪吉编、钱骏祥续编的,起自元元统年间,讫于清宣统三年。到了当代,作合谱者更是增多,而常见的多为两人合谱。如钱穆作《刘向歆父子年谱》、刘盼遂编《高邮王氏父子年谱》、方壮猷编《南宋编年史家二李年谱》、管效先编《南唐二主年谱》等。至于将同类人物合在一道编年谱者,谱主多为各类学者文人,著名的有夏承焘著《唐宋词人年谱》。全书共有年谱十种、谱主十二家。夏先生一生研究唐宋词,号为一代词宗,因此为唐宋著名词人作年谱自然得心应手。由于研究同类人物,可以起到触类旁通的作用,所以近年来为同类人物共同作谱的情况也逐渐多了起来。

三、年谱的学术价值

从年谱的发展过程来看，早期所编之年谱，内容大多比较简略，而且有的也不够全面，有所偏重，这从宋代开始就有这种情况。例如王安石既是著名的政治家，又是著名的文学家，詹大和所编之《王荆文公年谱》，则是从文学家角度为其编谱，而李燾所编之《王文公年谱》则又偏重于王安石的政治生活，两者内容都不全面。到后来内容逐渐丰富，特别是到了近现代，由于内容的丰富，其学术身价也就不断提高，这是总的发展趋势，至于具体到每部年谱，水平高低也并不一致。在我们接触过的年谱之中，近人胡适著、姚名达订补的《章实斋先生年谱》，在众多的年谱之中称得上是上乘之作。人们读了这部年谱，不仅对章学诚一生的经历、学术思想尽可得知，而且对乾嘉时代整个学术界之大概趋势亦可得以了解。具体来说，它具有这样几个特点：首先，胡适在编写时为自己撰写三点要求，并写在该年谱的序中，现抄录于此：

> 第一，我把章实斋的著作，凡可以表示他的思想主张的变迁沿革的，都择要摘录，分年编入。摘录的工夫，很不容易。有时于长篇之中，仅取一两段；有时一段之中，仅取重要的或精采的几句。凡删节之外，皆用"……"表出。删存的句子，又须上下贯串，自成片段。这一番工夫，很费了一点苦心。第二，实斋批评同时的几个大师，如戴震、汪中、袁枚等，有很公平的话，也有很错误的话。我把这些批评，都摘要钞出，记在这几个人死的一年。这种批评，不仅可以考见实斋个人的见地，又可以作当时思想史的材料。第三，向来的传记，往往只说本人的好处，不说他的坏处；我这部《年谱》，不但说他的长处，还常常指出他的短处。……我不敢说我的评判都不错，但这种批评的方法，也许能替年谱开一个创例。①

---

① 胡适著，姚名达订补：《章实斋先生年谱》，《民国丛书》第3编第76册影印1933年商务印书馆本，上海书店出版社1991年版，第3页。

他认为这几点对于编写年谱来说，"颇可以算是新的体例"。只要与以往年谱作一对比，就会觉得此话绝非自我夸张。其次，《年谱》中对于清政府组织人员编纂大型典籍诸如《四库全书》、《续通考》、《续通志》、《续通典》、《清通典》、《大清一统志》、《明史》等开始和完成时间都予以记载，甚至对钱大昕开始撰写《廿二史考异》也记上一笔，这对于了解清政府的文化政策以及当时社会学术风气的形成无疑都有很大帮助。此外对于清朝政府的一些重大事件亦时有记载，如在嘉庆四年下面记有："正月，乾隆帝崩。嘉庆帝亲政，权臣和珅赐死。和珅当国数十年，养成了一个匪乱遍地的现象，故此次他的倒败使当时的人心一振。先生游迹遍于南北，深悉当时的利弊，故是年有论时政的书六篇。"①接着便将章氏六篇论时政书的标题和重要观点的摘录罗列于后。这虽然只有简单几句，但对于了解这位一向不关心、不谈论政事的章夫子为何一下有六篇上书的原因，也就容易理解了。再者，《年谱》将章氏和别人辩论的有关对方论著的篇目和论点，亦摘录于该人逝世之年，使读者能够作比较研究，以定章氏正确与否。而除了对于章氏师友门生及相关人员重要举动都作记载外，对于著名学者及社会名流亦作适当记载，如乾隆五年条下记载："这年，崔述生于大名，赵翼生于阳湖。清廷修《大清一统志》成。"就连"戴震始入北京"、"上谕追罪毕沅"、"籍没其家产入官"等都有记载。这些内容看来与章氏并无关系，实际上对我们了解其生活的社会大环境、社会风气、学术风气等还是有重要作用的。

通过以上论述可以看出，编写一部学术价值较高的好年谱，实在是不太容易。只要多看一些年谱就可以发现，有许多年谱实在太简单，看了以后会使你很失望。我们可以这样讲，只要你有了这本章氏年谱，即使不去接触章氏的著作，写一篇上万字的关于章学诚的史学贡献或章学诚的方法理论的文章是绝对不成问题的。试问有几部学者年谱能够做到这一点？这是事实，不服气是不行的。为了帮助读者朋友进一步了解如何做好年谱，这里将何炳松为这部年谱所作的序开头一段摘引于下，肯定对大家有所启发：

> 替古人做年谱完全是一种论世知人的工作，表面看去好像不过一种

---

① 《章实斋先生年谱》，第140页。

以事系时的功夫，并不很难；仔细一想实在很不容易。我们要替一个学者做一本年谱，尤其如此；因为我们不但对于他的一生境遇和全部著作要有细密考证和心知其意的功夫，而且对于和他有特殊关系的学者亦要有相当的研究，对于他当时一般社会的环境和学术界的空气亦必须要有一种鸟瞰的观察和正确的了解，我们才能估计他的学问的真价值和他在学术史中的真地位。所以做年谱的工作比较单是研究一个人的学说不知道要困难到好几倍。这种困难就是章实斋所说的"中有苦心而不能显"和"中有调剂而人不知"，祇有做书的人自己明白。①

关于年谱的学术价值，凡是使用过的人都会有所体会，这里也就无须多说，至于年谱的归属问题还得再讲一些看法。年谱乃是谱牒学中重要的一个内容，然而当今研究谱牒学者从不谈及此内容，有人将其视作人物传记，这显然是很不妥当的，事实上古代学者早已将其定了性。自从宋代产生了这种年谱以后，元人修的《宋史》，在《艺文志》"谱牒类"就已收录了洪兴祖的《韩愈年谱》。而《明史·艺文志》的"谱牒类"亦著录了杨廉的《二程年谱》、李默的《朱子年谱》、徐㶿的《蔡忠惠年谱》等。明代藏书家祁承爜的《澹生堂藏书目》，更在"史部·谱录类"下设有年谱专目。我们再看又号称谱牒学家的章学诚，他曾编了《史籍考》一书，全书共分十二大部类，而将《谱牒部》列在第七，下面分设专家、总类、年谱、别谱四大类。章学诚把年谱单独作为一类，视为谱学不可分的一部分，足见其对年谱的重视，正如胡适在他所作的章氏年谱序中所说："章实斋最能赏识年谱的重要。"这是他深入研究章氏学说后所得出的结论。我们通过对目录学发展史的简单论述，就足以说明年谱的归属问题。这也充分反映了我国史学家的优良传统之一，即在史部目录中及时反映社会变化，尤其是学术发展的现实。由此可见，结论已经十分清楚，自然也就无须再作过多的议论。

---

① 《章实斋先生年谱》，第1页。

第十章
家谱概论

一、家谱是什么

　　家谱亦称族谱、宗谱、家乘等，是一种明血统、序昭穆、记载一个家族繁衍发展历史的著作，也就是说，入谱者必须是同宗共祖。因此，即使是同姓未必就是同宗共祖，当然就不能修入一部家谱之中，就如同样是王姓，还在魏晋南北朝时期就分为琅琊王、太原王、晋陵王等许多宗支。所以，民间流传"五百年前是一家"的说法并不确当。况且在古代，许多姓是相当不固定的。就如大家都很熟悉的张良，本来并不姓张，他是韩国的后代，韩国当时是姬姓，与周文王、周武王同姓。但是后来韩被秦灭了，张良的弟弟也被秦始皇害死了，张良要报仇，但他刺杀秦始皇未成功而被追捕，只好改姓张。又如汉武帝时的一个宰相田千秋，因年纪很大又有功劳，汉武帝就赐他入朝时能够坐车，因此，人们就叫他"车宰相"，叫着叫着就成姓车了。可见在古代许多姓是很不固定的，后来才慢慢固定下来。其实在封建社会，有些姓还是在变动的，有因避仇而改姓的，如岳飞的后代，就有好多改了姓，特别是迁到东北一带的比较多；还有的是要避帝王名讳或受帝王赐姓，原来的姓就只好丢了。

　　再说王姓，在门第森严的魏晋南北朝社会，则以琅琊王、太原王为高贵，他们总是以自己的郡望来区别其他郡的王姓，以显示自己的高贵。在当时，门第的高下直接关系到每个人的社会地位和政治权利，因此对于姓谱记录的重视，则被视为当时的大事。这也就使我联想到，在"文革"中，将人们用"红五类"、"黑五类"来区分，自然是直接关系到每个人的政治权利和社会地位，乃至于生命。两者虽然不好直接比拟，但它却可帮助我们理解在门阀制度下，不同人群所处的社会地位是不一样的。清代历史学家赵翼在

《陔余丛考》卷17《六朝重氏族》中就曾举例说：南齐"王敬则与王俭同拜开府仪同，徐孝嗣谓俭曰：'今日可谓连璧。'俭曰：'不意老子遂与韩非同传！'"王俭乃琅琊王氏，而王敬则是晋陵王氏，姓氏虽同，由于郡望不同，门第相去甚远，当然社会地位相差很大，因而王俭愤愤不平，以为这样一来是在降低自己的身份和社会地位。可见在当时，同一个姓氏，由于郡望之不同，社会地位则全然不同。所以赵翼在《廿二史劄记》一书中就指出当时的社会："高门华阀，有世及之荣；庶姓寒人，无寸进之路。"① 正因如此，在当时，这些高门大姓都非常重视家谱的编修，以防备同姓寒门的假冒。

对于家谱、族谱、宗谱这样一种特有的著作形式或文体，当今社会大多数人都是比较陌生的，青年人更加如此。这种家谱、族谱，最初都是由谱（表）与牒两部分所组成，发展到后来则又增加了传、图、艺文、家训等内容。而最基本的则是谱与牒两部分。谱者就是指用列表的方法来记载一家一族的世系发展过程。章学诚在《高邮沈氏家谱叙例》中说："家谱系表，旁行斜上，乃是周谱旧式，后史所本者也。"② 因为古代以表来表述家史之书均称之为谱，故将用表记述家史之书亦称之为谱。宋代大史学家郑樵在《通志·总序》中说："古者纪年别系之书谓之谱，太史公改而为表。"指的就是司马迁在学周谱的基础上，编修了《史记》中的十表。《史记·太史公自序》曰："维三代尚矣，年纪不可考，盖取之谱牒旧闻，本于兹，于是略推，作《三代世表》第一。"③ 又在《十二诸侯年表》序中开头便说："太史公读《春秋历谱牒》，至周厉王，未尝不废书而叹也。……谱谍独记世谥，其辞略，欲一观诸要难。于是谱十二诸侯。"④ "谱《十二诸侯》"，就是表列十二诸侯，即作《十二诸侯年表》。司马迁多次称谱牒，实际上是指古代记载世系书籍的总称。也许有人会问，家谱这类书籍为什么要用列表的形式？主要是取其能够做到简而明，看起来能够一目了然。关于这点，章学诚在《高邮沈氏家谱叙例》一文中也已指出："世系设表，惟取其分别支派，使蝉联系属，皎

---

① 《廿二史劄记校证》卷8《九品中正》，第167页。
② 《章学诚遗书》卷13，第118页。
③ 《史记》卷130，第3303页。
④ 《史记》卷14，第509—511页。

若列眉，但书名讳，占地无多。"当然，单靠列表有些问题还无法得到解决，因此他在叙文中又说："牒者，表之注也。表仅列名，而人之行次字号、历官生卒、妻妾姓氏、子女所出、茔墓向方，皆当注于名下，如履贯然，表线所不能容，故著牒以详之，盖古法也。"①他又在《家谱杂议》中说："夫旁行斜上，周谱之法，原取便于稽检，使夫昭穆亲疏，一望可晓耳。至其人之字号、历官、生卒年月、妻妾姓氏、子女嫡庶、窀穸方向，不待旁行斜上而始识者，则谱家往往别编为牒。"②这些事例都在告诉我们，家谱的基本内容就是这样编写的。后来不断发展，内容也不断丰富，如家族中主要人物或称谱主，为其作传，有的是做过官，有的是学术上有过贡献，也有的是为社会作过贡献，如此等等，都应当在家谱中为其立传。章学诚认为"谱传即史传之支流"。不仅如此，章学诚还提出，家谱中同样应为妇女立传，他在《高邮沈氏家谱叙例》中就曾这样说："史传、方志，并有列女之篇，所以表内行也。……刘向所录，劝戒并存；范史所标，但取高秀。后世乃专画于贞孝节烈，于义虽曰甚正，而途则隘矣。方志宽于史传，家谱自当宽于方志。内行可称，何必尽出一途？凡安常处顺，而不以贞孝节烈当其变者，有如淑媛相夫、贤母训子、哲妇持家、闺秀文墨之才、婢妾一节之善，岂无可录？则规规于节孝斯存，毋乃拘乎？"③章氏这番言论，明显是针对宋元以来理学思想而言，因为在理学家看来，妇女一生只要做到贞孝节烈就行了，也只有做到这些方能立传，因此当时就流行着"妇女无才便是德"的说法。章学诚则认为妇女在家庭中只要有过作为、有过贡献、很有才华等，诸如相夫有力（即如今日所称之贤内助）、教子有方等都应为之在家谱中立传。因为既然是一个家族的历史，这个家族的承传必然要靠全体家族的成员共同努力，其中当然应当包括这个家族的妇女的贡献。若是能按章氏这个主张编写家谱，那么这个家族的子孙后代，不仅会知道自己的曾祖、高祖、祖父等家族成员在这个家族发展过程中各自所作出的贡献，而且也将可以了解到曾祖母、高祖母等为这个家族所作过的贡献。章氏这一主张乃是前无古人，值得

---

① 《章学诚遗书》卷13，第118页。
② 《文史通义新编新注》外篇1，第496页。
③ 《章学诚遗书》卷13，第118页。

提倡和弘扬。除了传记以外,许多家谱都还绘有各种图。谱主或家族中主要成员都还绘有画像,祠堂、茔地也都绘有平面图,注明所在位置和朝向。至于家谱中之艺文,则是著录这个家族所有成员的著作。章学诚还提出,除艺文而外,还应当设立"文征",他在《高邮沈氏家谱叙例》中说:"谱为家史,前人嘉言懿行,诸传既已载之,文则言之尤雅者也,奏疏尊君,列于首矣,旧谱传状,多删取为新谱列传,取画一于体例,非敢掠前人之美也。原本录于文征,非第存文,且使新谱诸传详略互见,亦史家旁证之遗意也。考订论辨之文,有关先世传闻异同、嫌介疑似,尤为谱牒指南,则次列之。诗赋词章,或有所抒发,或中有感遇,古人所贵赋诗以见志也,则又次列之。"① 以上三方面内容,应为"文征内篇",所选皆为本族人所写。而对于亲友应酬投赠,亦应选录编为"文征外篇",以显示本族"当日交谊"之盛。如此一来,这部家谱之内容自然就非常丰富了。根据以上论述,我们可以下这样的结论:家谱是一个家族或宗族繁衍、承传、发展的历史。对此,古代历史学家实际上早已下了结论,章学诚在《州县请立志科议》中就曾这样说:"传状志述,一人之史也;家乘谱牒,一家之史也;部府县志,一国之史也;综纪一朝,天下之史也。"② 他的好友、著名历史学家邵晋涵也说:"家之有谱,固与国有史、州有志而并重也。"(《南江文钞》卷6《余姚史氏宗谱序》)

二、私家之谱起源于何时

作为一个家族的私家之谱,究竟产生于何时?就已知研究谱学的文章来看,显然还存在着不同的看法,有人提出在西周时期已经产生了,有人则说在氏族社会已经产生了。这里明确告诉大家,这两种说法都是不可信的。现在有的研究者把西周青铜器上所刻的世系表一律称之为私家之谱,这一观点是很难成立的。因为在西周时期,产生后来那种私家之谱的社会条件并不存

---

① 《章学诚遗书》卷13,第119页。
② 《文史通义新编新注》外篇4,第836页。

在，而当时能够铸造规模如此宏大的青铜器，显然都是贵族阶层。赵光贤先生在《周代社会辨析》一书中的论述，有助于我们理解这一问题："宗法制度是周人在新的封建经济基础上建立起来的，并为它服务的一种上层建筑，它是直接以维持大小贵族的土地所有制为目的，间接以巩固封建社会秩序为目的的，所以说宗法制是支持封建社会的主要支柱。战国以前，宗法制度本来是贵族阶级所专有，与庶民无关。"① 在周代社会中，要么就是宗法制度下的大小贵族，要么就是与宗法制度无关的庶民，这种庶民有能力铸造为自己祖先歌功颂德的青铜器吗？谁都知道这是不可能的。我们认为青铜器大多出自诸侯所制造，他们不仅具备一定的社会地位，而且还有相当的经济实力，否则能够兴师动众地铸造吗？因此，这种家族与秦汉以后的"私家"自然不能等同，而将青铜器上的世系表视作我们今天所讲的私家之谱的观点，显然是不妥当的。故认为谱牒学起源于西周，而私家之谱的产生则是秦汉以后的事了。关于这点笔者在《试论谱牒学的起源》②一文中已经有过论述了。私家之谱的大量产生和发展，实际上是在魏晋南北朝时期，因为当时错综复杂的各种社会因素促使着这种私家之谱的长足发展。

第一，门阀制度是私家之谱发展的基础和政治条件。两汉以来，由于地方豪族地主经济的势力不断发展和膨胀，形成了累世显荣的门阀家族，这些世家大族，大都聚族而居，多者数千家，少者千余家，方圆数十里，组成一个自给自足的庄园经济群体。他们凭借着在社会上的特殊地位，只要得到推荐，就很快能够登仕。加之九品中正的选官制度，又是为巩固世家大族利益的用人制度。因为当时的所有政权，都与这些世家大族是休戚相关的。世家大族正是这些政权得以生存的重要支柱，当然每个政权对这些世家大族也就无微不至地关怀。就以东晋政权的建立而言，就是得到北方南下的世家大族的支持而得以重建。其中琅琊王氏拥戴之功居多，因此王导位至宰相，王敦都督江、扬、荆、湘、交、广六州军事，当时社会上就流传着"王与马，共天下"的民谣。这就在一定程度上说明了司马氏所重建的东晋政权是与世家大族共有的天下。根据史料记载，王、谢两家在江浙一带占有了大量的良

---

① 《周代社会辨析》，第110页。
② 周国林主编：《历史文献研究》（总第19辑），华中师范大学出版社2000年版，第83—96页。

田。这些世家大族为了巩固其在政治、经济上的地位和特权，维护门第制度，于是又各自标榜自己的郡望，以达到垄断权势的目的。于是便大写家谱、族谱，以显示自己门第的高上、郡望的优越。于是就出现了颍川荀氏、陈氏，平原华氏，山阳郗氏，河东裴氏、卫氏，扶风苏氏，京兆杜氏，琅琊王氏，陈郡谢氏，清河崔氏，范阳卢氏，荥阳郑氏等著名的郡望大姓。对这种现象，唐代著名史学评论家刘知幾在《史通·邑里》中就曾指出："自世重高门，人轻寒族，竞以姓望所出，邑里相矜。"这些世家大族，便纷纷编修族谱、宗谱，以防止寒门同姓的假冒，垄断自己固有的特权。

第二，当时社会上避讳之风流行，人们在社会交往中必须懂得谱学知识。魏晋南北朝时期避讳之风盛行，因此，无论在官场还是社交活动中，都得熟悉谱学，否则不仅要得罪人，而且还会引发是非，乃至招来大祸。就连当时著名学者颜之推亦深感无可奈何："今人避讳，更急于古，凡名子者，当为孙地。吾亲识中有讳襄、讳友、讳同、讳清、讳和、讳禹，交疏造次，一座百犯，闻者辛苦，无僇赖焉。"（《颜氏家训·风操》）一位学者尚且发出如此感叹，其影响之大也就可想而知了。北齐高祖高欢，其父名树生，据《北齐书·杜弼传》载："相府法曹辛子炎咨事，云须取署，子炎读'署'为'树'。高祖大怒曰：'小人都不知避人家讳！'杖之于前。"杜弼为之辩护几句，高祖又骂杜弼，并"叱令出去"。可见凡是不小心而触犯帝王之避讳，就要遭到如此厄运。因此有些人由于自己的名字触犯了帝王之讳，宁可弃官不干，免得引来大祸。此时不仅帝王的名字需要避讳，就连后妃亦是如此。著名的如郑太妃小名叫阿春，她是东晋建文帝母亲、晋元帝妃，后追尊为太后，因此春字就得避讳，故当时地名中凡遇春字悉改为阳字，富春改为富阳，宜春改为宜阳，而历史书凡称春秋者，皆改曰阳秋，于是就出现了《晋阳秋》、《汉晋阳秋》等书名。而在日常社交中，凡涉及对方父祖之名时必须回避，否则将会引起对方的痛哭流涕。据《北史·熊安生传》记载，北朝儒生熊安生，会见徐之才、和士开等人，"以徐之才讳'雄'，和士开讳'安'，乃称'触触生'"。这自然不是笑话，而是真实的历史事实。这就说明，由于避讳之风盛行，家谱就显得更为重要，不了解社会上那些重要的谱系，真是寸步难行。据《南史·王僧孺传》记载，谱学家王弘"日对千客，不犯一人之讳"，传为佳话，也说明作为一名谱学家确实也不太容易。

至于什么是"避讳",如今知道的人恐怕不会很多了,看来也不单是年轻人如此。实际上如果能够知道一些"避讳"的常识,对于阅读古代典籍还是大有好处的。著名学者陈垣老先生在其所著《史讳举例》的序文中是这样说的:"民国以前,凡文字上不得直书当代君主或所尊之名,必须用其他方法以避之,是之谓避讳。避讳为中国特有之风俗,其俗起于周,成于秦,盛于唐宋,其历史垂二千年。其流弊足以淆乱古文书,然反而利用之,则可以解释古文书之疑滞,辨别古文书之真伪及时代,识者便焉。盖讳字各朝不同,不啻为时代之标志,前乎此或后乎此,均不能有是。"[1]他又在《通鉴胡注表微》一书的《避讳篇》中说:"避讳为民国以前吾国特有之体制,故史书上之记载,有待于以避讳解释者甚众,不讲避讳学,不足以读中国之史也。"[2]可见避讳这一特有的风俗,在我国两千年历史发展中,在史书撰写和文献记录中,都曾起过深远的影响。上引两段陈老的论述,既为我们讲述了什么叫避讳及其起源发展情况,又为我们讲清了避讳在古代典籍特别是在史书中所产生的影响以及我们今天掌握和利用它的意义何在。正如陈老所言:"不讲避讳学,不足以读中国之史也。"这里要特别指出的是,避讳并不是专指对君主而言,对于"所尊之名"同样是要避讳的,如对于自己的师长和长辈,在旧社会里都是要避讳的,对于他们都是不能直呼其名的。我们上面讲的北朝儒生熊安生去拜会两位朋友时避讳的情况就是明证,这并不是笑话,而是真实的历史事实,在《周书·熊安生传》是有明确记载的。又如笔者小时候曾读过私塾,私塾先生就曾这样教我们:"孔子姓孔名丘,字仲尼。"但这个"丘"字就必须读作"某",而在书写的时候还必须缺一笔,表示对孔老夫子是不能直呼其名的。为什么当时要这么读这么做并不知道,恐怕私塾先生本人也未必知道,原来这就叫作避讳。而对于当时的帝王自然更是非避讳不可了,否则还将会引来杀身之祸。因此不仅是人名、地名必须避讳,即使是姓氏、官名也得要改。就以封建时代中央所实行的三省六部而言,唐初的六部是:吏部、民部、礼部、兵部、刑部、工部,唐高宗即位后,为避唐太宗李世民之讳,遂将民部改为户部。又如对都城的称呼,本称京师,到了

---

[1] 陈垣:《史讳举例》,中华书局2004年版。
[2] 陈垣:《通鉴胡注表微》,商务印书馆2011年版。

西晋司马炎称帝后，为避司马师之讳，遂改称京都。总之在古代典籍中，由于避讳而改前人的姓、名、官名、地名、书名、谥号等真可谓比比皆是，这就给后人阅读和研究这些典籍带来很多麻烦。我们就以清代史学评论家章学诚而言，在他的著作中，许多用于避讳的字若不加改正，就很难读懂其原意。如他为了避清高宗（乾隆皇帝）爱新觉罗·弘历的讳，凡是"治历明时"，他都改作"治宪"，不知其讳者自然就读不通了。

相反，如果我们了解并掌握了避讳的常识，则在阅读和研究古书时就可以解决许多疑难问题。事实上从古至今许多学者已经利用避讳知识辨析了许多疑难历史问题和伪书。南宋学者洪迈在《容斋随笔》一书中就有用避讳知识来考辨一些典籍真伪的例子。清代史家钱大昕也是利用避讳知识在史事的正误和辨伪上作出了重大贡献，他在阅读范晔《后汉书》时，就利用避讳知识发现了后人将注文抄入正文的情况。原来《后汉书》作者范晔，其父名泰（太），因此范晔在撰写《后汉书》时，尽量避开泰字，于是对于东汉名士郭泰，他在书中则一律称用其字林宗（非但本传如此，在其他传中凡涉及者亦称郭林宗），可是在后世某些《后汉书》的传本中却出现了这样一段话："初太始至南州，过袁奉高，不宿而去；从叔度，累日不去。或以问太，太曰：奉高之器，譬之泛滥，虽清而易挹。叔度之器，汪汪若千顷之陂，澄之不清，挠之不浊，不可量也。已而果然，太以是名闻天下。"钱大昕在《廿二史考异》卷12《后汉书三·郭太传》全文照录这段文字后，发表了如下看法：

> 予初读此传，至此数行，疑其词句不伦：蔚宗避其父名，篇中前后皆称"林宗"，即它传亦然。此独书其名，一疑也；且其事已载《黄宪传》，不当重出，二疑也；叔度书字而不书姓，三疑也；前云"于是名震京师"，此又云"以是名闻天下"，词意重沓，四疑也。后得闽中旧本，乃知此七十四字，本章怀注引谢承书之文，叔度不书姓名者，蒙上"入汝南则交黄叔度"而言也，今本皆傥入正文，惟闽本犹不失其旧。①

---

① （清）钱大昕撰，陈文和等校点：《廿二史考异》，凤凰出版社2008年版，第177页。

钱大昕在其议论中，首先也是最关键的一条，即指出此段文字非常明显地有违于范晔撰史的书法，再加上其他三点理由，从而肯定了这段文字并非《后汉书》原文，乃是后人抄书时将其杂入正文之中。可见懂得一些避讳知识还是相当重要的，因为避讳这一特殊风俗和政治现象，一直影响着古代史书乃至所有文献的记载，所以它在辨别古书的真伪和史料的正误上，有着其他手段所无法替代的作用，我们不可轻视它。

第三，婚姻门当户对，要以家谱为据。在门第森严的魏晋南北朝时期，必须门当户对方能通婚，这在当时已经是不可逾越之鸿沟，如有违者，必将遭到制裁。所以南宋历史学家郑樵在《通志·氏族略序》中就曾指出："自隋唐而上，官有簿状，家之婚姻，必由于谱系。"要证明确实是门当户对，宗族之谱在此就显得非常重要了。因为所有宗谱、家谱都必须注明郡望，从而也就可以知道门第之高下。许多出身寒门的大官僚，在得到高官以后，总是千方百计想通过联姻手段，高攀衣冠世族，以改变自己低下的社会地位。拥有大权的侯景向梁武帝请婚于王、谢，是大家比较熟悉的故事，梁武帝回答说："王、谢高门，可于朱、张以下求之。"而宠贵一时的赵邕，想与范阳卢氏联姻，卢氏不从，逼出人命，"邕坐处死，会赦得免"，还是落得个"除名"的下场。门阀豪族王源，将女儿下嫁于富阳满氏，世族出身的历史学家沈约认为门第不当，专门写了奏疏弹劾王源，并要求把王源"置之明科，黜之流伍"，要把王源从士籍中清除出去。这些事实都说明，在门第制度下世族与寒门之间的通婚限制是很严的，而社会上的舆论比法律还要严厉。因为联姻与选官一样，社会都很关注，特别是上层社会，一旦出现"越轨"现象，很快就会有人弹劾，何况一般官吏由于职能关系，必须熟悉各地的谱系关系，当然对于郡望、姓氏和婚姻关系也都比较熟悉，似乎这些内容都是他们职责范围之内的事。所以我们说门当户对的婚姻现象同样是促使家谱、族谱发展的重要因素。

第四，由于社会动乱，家族之间为了联系需要编修家谱、族谱。从东汉末年到隋统一的四百年间，除西晋短暂的统一外，我国社会长期处于分裂和动荡不安的状态，地主割据政权之间的斗争、民族斗争和阶级斗争交织在一起。特别是在西晋灭亡后的一百二十多年间，各族统治者先后在北方建立了许多政权，有所谓"五胡十六国"，其实共有七族二十三国。这些割据政权，旋起旋灭，给广大人民带来极大的灾难，中原广大人民避乱南迁者十居六七。为了保持家族之间的联系，因而编修家谱、族谱就成为很重要的手段。尤其是那些名门望族，郡望乃是他们享受特权的重要标志，而家谱、族谱则是他们享受特权的重要凭证，离开故土后维护特权的这个凭证自然就显得更为重要。这也都是促使家谱、族谱编修发达的重要因素。而那些世家大族为了保持自己的特权，甚至将自己的郡望也带到江南，这就是历史上所称的侨置州郡。东晋成帝咸康元年（335）在江乘县（今江苏句容北）境内设置了第一个侨郡——南琅琊（为了和北方原有的琅琊郡区别，故加"南"字）。此后又在京口（今江苏镇江）界侨置了南徐州和南兖州，在广陵（今江苏扬州）界侨置南青州，在芜湖界内侨置南豫州等州一级的地方机构，而在今天江苏常州一带便设置了南兰陵郡、南兰陵县等十五六个郡级和六十多个县级侨置郡县。这都是那些有权有势的世家大族南迁后所作所为，因为这些郡望多是他们标榜门第高尚的招牌，而家谱、宗谱则又是保护他们高门望族的护身符。所以他们无论迁到何处，这些家谱、族谱不仅都要带走，而且定居后还必须及时续修，他们就是靠这些才能得到当时政权的百般照顾和关怀。可见谱牒对于这些世家大族来说实在太重要了，为了自己的特权和利益，当然就要重视家谱，因为只要有了谱牒，就可以"使贵有常尊，贱有等威"。此外，政府为了严格控制户口以保证户役征收，特别是为了控制广大自耕农民逃避徭役，统治者也就把希望寄托在编修家谱、族谱上面，特别是总谱、统谱，如州郡谱等。

综上所述，可见魏晋南北朝时期私家之谱所以会如此发达，原因当然是多方面的。虽然这些家谱、族谱如今没有一部流传下来，但是当年许多典籍的注释中的征引，还是留下了许多家谱、族谱的书名，笔者曾作了粗略统计：见于《世说新语注》者39种；见于《三国志注》者13种；见于《史记注》者5种；见于《汉书注》者1种；见于《文选注》者3种；见于《水经注》者2种。

可见当年许多学者在注释史籍或著书立说时，都将其作为重要的史料来征引，因为当时政府对修谱之事非常重视，严防伪造谱籍的事件发生，凡是伪造谱系者均严加惩处。南齐时著名谱学家贾渊，建武初迁长水校尉，"荒伧人王泰宝买袭琅琊谱，尚书令王晏以启高宗，渊坐被收，当极法。子栖长谢罪，稽颡流血，朝廷哀之，免渊罪"（《南齐书》卷52《贾渊传》）。这也说明，作为谱学家尚且替人作伪，则作伪现象在当时社会上还是比较严重的。因为一旦作伪成功，就可以得到享受世家大族同样的特权和利益。所以梁武帝在未做皇帝之前给南齐皇帝上书中就已经指出："且夫谱牒讹误，诈伪多绪，人物雅俗，莫肯留心，是以冒袭良家，即成冠族，妄修边幅，便为雅士。"（《梁书·武帝纪上》）这条材料一方面说明谱牒对于世家大族保持门第上特权的重要性，另一方面也说明那些出身寒门的人总想利用这一工具来提高自己的社会地位，这就使谱牒出现了讹误、诈伪等混乱现象的发生。

至于家谱、族谱编修真正走入平民之家，还是宋以后的事。当然其趋势自然是从唐朝后期开始，因为六朝以来的世家大族，经过隋末农民大起义的冲击和唐朝统治者这批新贵的多次压制和打击，已经逐渐衰落凋零。唐朝后期参加过政治革新运动的政治家诗人刘禹锡的两句诗"旧时王谢堂前燕，飞入寻常百姓家"，可以视为这种衰落凋零的真实写照。加之唐中叶以后，皇室不再重视谱牒编修，从而谱牒著作出现了混乱不堪的现象。《新唐书·高俭传赞》云："风教又薄，谱录都废，公靡常产之拘，士亡旧德之传，言李悉出陇西，言刘悉出彭城，悠悠世祚，讫无考案，冠冕皂隶，混为一区。"这就足以说明，用编修家谱、族谱的手段来维护高门大族特有功能已经成为明日黄花。因此我们可以这样说，魏晋南北朝、隋唐时期编修家谱主要是在于维护特权，而进入宋代以后，编修家谱、族谱是出于尊祖、敬宗与收族的作用。要使族人知道本族姓氏受封之由来及始迁之祖何时何地迁来，以及自己祖先长期形成的遗德和祖训，特别是本族祖先做过哪些善事和好的传统。所谓收族者就是团结族人，例如欧阳修在《欧阳氏谱图序》中就讲了他们家族长期以来形成的祖训是："以忠事君，以孝事亲，以廉为吏，以学立身。"他们的祖先一直就以此精神来教育家族的子弟。在宋代除了欧阳修所修的家谱外，还有苏洵所修的苏氏族谱，这两部家谱如今都保存在各自的文集之中，而这两家的修谱理论和方法一直影响着整个封建社会后期的家谱编修，直至清代。当然，欧、苏两家修谱理论和方法还不尽相同，而共同之处，则是都主张修谱应当"断自可见之世"。对此章学诚曾给予高度评价，他在《高邮沈氏家谱序》中说："宋人谱牒，今不甚传，欧、苏文名最盛，谱附文集以传，其以世次荒远，不敢漫为附会，凡所推溯，断自可知之代，最得《春秋》谨严之旨，可谓善矣。"① 这个评价充分肯定了欧、苏二家修谱时都本着实事求是的精神，不搞牵强附会，断自可知之代，这在编写宗谱时最为重要，所以称赞他们是"最得《春秋》谨严之旨"。章学诚又在《嘉善茜泾浦氏支谱序》中说："宋人颇鉴前代之失，欧、苏诸君为谱，皆断自可知之代，扩清前人矫诬牵援之习，可谓善矣。"② 这种精神对于今天的修谱者而言，尤其值得提倡！

三、谱学研究和旧家谱保存现状

大家应知道，谱学和方志学一样，都是史学在发展过程中所产生的一个分支，都是随着史学的发展而产生和发展，因此也都必然具备着史学的某种功能、特点和性质。我们在前面引了章学诚和邵晋涵等史学家对家谱、族谱所下的定义，而且充分肯定了其作用与价值，认为方志与家谱同样都是重要的地方文献，对于历史研究都具有同样价值。因此历代学者一直都很重视，无论是编修各类史书还是进行学术研究，都常有涉及。而这种谱学在魏晋南北朝、隋唐时期，还曾一度居于显学地位。尤其是魏晋南北朝时期，几乎是家家要讲谱学，人人要懂谱系，否则在社会上就无从交往；地方官若不懂谱系之学，则无从履行其任官职责。因此统治者也高度重视，并设有专门机构管理，还产生了一大批著名谱学家和谱学著作，而所有家谱可信程度也比较高。自宋以后，不仅私家之谱盛行，又产生了年谱等形式的谱牒著作。特别是年谱，学术价值就更加大了。但是也要指出，家传、家记、世传、家史等并不是家谱，因为家谱编修是要有一定体例和格式的，关于这点，章学诚在多篇文章中都早已作过论述。可是今天还是有人眉毛胡子不分地在乱讲，有人竟将《史记·太史公自序》和《汉书·叙传》都一律说成是"自叙家谱"。若是这样的话，那自叙家谱和他叙家谱就实在太多了。众所周知，魏收的《魏书》、沈约的《宋书》也都有自叙传，自然也都成了自叙家谱。按

---

① 《文史通义新编新注》外篇2，第540页。
② 同上书，第543页。

此理论推演下去，那《史记》中的三十世家，除少数外都可视作家谱。这样类推下去，二十四史或二十五史，不就成了千千万万家谱所组成了吗？因此我早就在文章中指出，研究家谱也应该有个"谱"，千万不要太离谱！所以章学诚在家谱分类时，只是将家传、家训之类附在家谱之后，而没有直接把它看作家谱，自然是有其道理的。我也要告诉大家，谱学不等于家谱学，谱学的全称应为谱牒学，它是研究和阐述人类宗族和家族世系演变相关问题的一门学问，一切著录和记载宗族、家族世系历史的文献典籍，都属于谱学研究的范畴，诸如家谱、宗谱、世谱、世系录、总谱、统谱、官谱、年谱以及史书中的各类世系表（如《新唐书·宰相世系表》）和姓氏之书等等。而家谱学只是谱牒学的一个分支、一个成员，不能代表整个谱牒学，充其量也只能说是狭义的谱牒学而已。如《世本》乃是我国谱牒学流传至今最早的一部谱牒著作，但它并不能称为私家之谱；又如宋代开始产生的年谱，它又是谱牒家族中重要的成员，但它并不是家谱。

我们毋庸讳言，新中国建立后很长一段时间里，对于这门学问的研究，几乎一直处于停滞状态。因为在"左"倾思想影响下，许多家谱这类著作被视为封建地主阶级的家谱，毫无疑问属于封建糟粕，因而在"文革"中就曾遭到大规模焚烧，数以千万计的家谱、宗谱都毁于这次运动之中，还有谁敢再问津呢？然而在海外，如美国、日本的许多图书馆和汉学家却一直在收藏、整理和研究中国家谱，中国台湾不少学者也一直在研究，他们还经常举行族谱研讨会。20世纪80年代以来，国内有些学者也开始着手研究，也发表了一些论文，我发表的第一篇关于谱牒学的文章即为《试论谱学的发展及其文献价值》（载《文献》1983年第2期）。1988年在山西五台山召开了中国家谱首届学术研讨会，并成立了"中国谱牒学会"。当时我因患眼疾未能参加，由叶建华同志代表我前去参加，并代表我在会上发了言，提交了论文《从章学诚的谱学理论再谈谱学的几个问题》。原来是准备成立"中国家谱学会"，但我认为"家谱学"范围太小，应当称为"谱牒学"，因为"谱牒"是古代记载世系书籍的总称，而这个称谓的来源，盖出自司马迁的《史记》。《太史公自序》就这样说："维三代尚矣，年纪不可考，盖取之于谱牒旧闻，本于兹，于是略推，作《三代世表》第一。"又在《十二诸侯年表序》中有"太史公读《春秋历谱牒》"的记载，可见"谱牒"一词，在司马迁之前就已经出现了。而《中国家谱综论》一文中却说："《七略》有《子云家牒》，而谱牒之名亦于此时出现。"这样的说法显然是不妥当的，因为谱牒之名早已出现，况且《子云家牒》，也只是指家谱而已，因而有必要在此附带指出。总之，最早出现的并不是私家之谱，《汉书·艺文志》的"历谱类"就曾著录有《帝王诸侯世谱》、《古来帝王年谱》两书，可惜到唐初已不见著录。而《隋书·经籍志》的"谱系篇"共收《世本》、《汉氏帝王谱》、《后齐宗谱》、《百家谱》、《益州谱》等四十一部，其中一族一姓之家谱仅有《谢氏谱》、《杨氏谱》、《苏氏谱》等几种。因此从所列书名来看，就足以说明谱牒学的内容并不局限于家谱，尤其是《世本》一书，是早已为学术界所公认的流传下来最早的一部谱牒学著作，但它绝不是私家之谱。还有后来产生的年谱，也是谱牒文献的重要部分，而家谱仅仅是谱牒文献中的一个组成部分、一个分支而已，对此我早已在文章中指出："谱学不等于家谱学。"正因如此，那次全国谱学研讨会接受了我的建议，将"中国家谱学会"定名为"中国谱牒学会"（全名"中国谱牒学研究会"）。学会建立后，还先后出版过几辑《谱牒学研究》。到了1996年8月27至29日，海峡两岸学者在古城扬州举行了"海峡两岸族谱学术研讨会"，对推动谱学研究起了很大作用。笔者向这次研讨会提交了《对谱学研究中几个问题的看法》一文，文章共讲了"谱学不等于家谱学"、"研究谱学起源与发展应当注意时代背景"、"家谱、族谱是否也该有个'谱'"、"家谱记载传说人物为始祖不可信"、"使用家谱资料应当审慎"六个问题。后来又增写"应当加强研究家谱中的家训内容"一目，以《关于谱学研究的几点意见》为题，发表于《历史研究》1997年第5期。此后在上海曾两度举行了这一主题的学术研讨会。

至于目前旧家谱的保存情况，据所掌握的材料可知，国家档案局、教育部、文化部曾于1984年11月20日专门发文关于协助编好《中国家谱综合目录》的通知，经过十多年的努力，《中国家谱综合目录》已于1997年由中华书局正式出版。全书收录家谱14719种，记载姓氏162个，谱籍覆盖全国26个省、市、自治区。上海市约有家谱15000种，其中上海图书馆约有11700种，近10万册，他们并组织人员编写出版了《上海图书馆馆藏家谱提要》（上海古籍出版社2000年版）。北京市约有家谱8000余种，其中国家图书馆约有3000种。浙江也于2005年出版了《浙江家谱总目提要》（浙江人民出版社），全书著录浙江谱籍的家谱 12000 种，其中约一半收藏在省内，外省及海外收藏的亦占一半，其中浙江图书馆藏有 1076 种。该书共收录浙江家谱姓氏 299 个，其中 291 个单姓，8 个复姓。2001 年，文化部办公厅又发了关于协助编好《中国家谱总目》的通知，并组成编委会。据该《总目》主编介绍，将编入存世的中国家谱约 4 万种（其中由浙江选送的浙籍家谱 4743 种），而全书收录的家谱姓氏共计 608 个。我从广东省志办了解到，广东省收藏的家谱有 3000 种，广东有好多姓都是比较稀有的，因为客家人很多。

上述统计数字，也只能说是大约数而已，因为据我所知，散在民间未经著录的为数还不少，特别是在江西、浙江、福建、湖南、山东诸省，散藏于民间的家谱远比见于著录的为多，这也是无法作出更为准确统计的原因。台湾收藏家谱的情况比较清楚，从 1974 年开始，他们曾作过全社会大调查，到 1985 年共得各类家谱 10613 种，并编成《台湾区族谱目录》（台湾区姓谱研究社 1987 年发行）。目前国外收藏中国家谱较多的主要是美国和日本，其中美国约有 2000 种，日本约有 1700 种。特别要指出的是，美国犹他州家谱图书馆在大量搜集中国家谱，因为原件已经不太容易收集到，他们就搞缩微复制件，已复制了中国家谱 17099 种，而仅有原本家谱 300 余种，他们还多次举行中国家谱和地方志研讨会。

这里要告诉大家的是，尽管全国各地还保存了四五万部家谱，但宋元时期流传至今的，除欧阳修和苏洵所作两种家谱外，可以肯定地讲，极为罕见，而这两部也是在他们文集中得以保存下来的。之所以能够保存至今，我看至少有两个原因，一则是他们在编修中实事求是，对自己远祖世系不知道的则宁可空缺而不胡编乱造，断自可知之世；再则便是他们都是文章大家，家谱都附载文集而得以流传。正因为如此，他们所修之家谱，深得后世历史学家的好评，如明末清初的大学者黄宗羲，在《唐氏家谱序》中严厉地批评了社会上伪造家谱现象的泛滥，而大大赞扬了欧阳修和苏洵两人在家谱编修中实事求是的做法："欧阳文忠曰：'渤海之后，独见于今，然中间失其世次者再。'苏文公曰：'自益州长史味道至吾之高祖，其间世次，再不可纪。'夫欧、苏二氏，其源流历然者，尚有不可纪之世次，而伪谱不问其地之南北，不考其年之上下，一概牵合，某世以至某世，绳联珠贯，至使祖孙倒置、蛇首人身，其有名公墨迹、内府玺书者，尤市儿之狡狯，无识之世宝也。"① 又如著名历史学家钱大昕在《吴兴闵氏家乘序》中说:"自宋以后,私家之谱不登于朝,而诈冒讹舛,几于不可究诘。独欧阳、苏氏二家之谱义例谨严,为后世矜式。盖谱以义法重,尤以人重,后世重二家之谱,亦以其道德文章足为谱增重耳。"② 这就非常明确地指出,欧、苏二家之谱法之所以会对后世产生那么大的影响,成为宋、元、明、清修家谱的楷模,不仅是"义例谨严,为后代矜式",而更重要的是"尤以人重"、"以其道德文章足为谱增重耳"。看来后一条尤为重要,首先是道德人品,其次又都是文章大家,他们都是唐宋八大家之一,这是众所周知的。再看章学诚的评论,他在《高邮沈氏家谱序》中说:"宋人谱牒,今不甚传,欧、苏文名最盛,谱附文集以传,其以世次荒远,不敢漫为附会,凡所推溯,断自可知之代,最得《春秋》谨严之旨,可谓善矣。"③ 充分肯定欧、苏二家在修家谱时都不搞附会,断自可知之代,这在编修家谱中最为重要,所以称赞他们"最得《春秋》谨严之旨"。章氏评论向以顶真而著称,而对欧、苏评价竟如此之高,足以说明他们所创立的修谱之法确实比较合理,尤其是欧阳修,其修谱理论比苏洵也更为全面。值得注意的是,生活在清朝乾嘉时期的章学诚已经讲了"宋人谱牒,今不甚传",由此可知宋代流传下来的家谱确实并不多见,即使明代所修的亦不多见,现存大多数的家谱都是修于晚清和民国时期。新中国建立以后,特别是20世纪80年代以来,各地又修了一批新家谱,《浙江家谱总目提要》中就收录新修家谱1300余种。可见编修家谱一事,尽管政府并未提倡,但各地的编修活动却一直在进行着,这种现象应当值得重视并加以引导。

四、家谱的文献价值和局限性

家谱属于地方文献,由于其特殊性,因此它具有许多特有的文献价值,

---

① 《黄梨洲文集》,第326页。
② 《潜研堂集·潜研堂文集》卷26,第449页。
③ 《文史通义新编新注》外篇2,第540页。

并且在近年来许多学术研究中已经体现出来。如葛剑雄先生的《中国移民史》就曾采用了一些家谱中的资料。因此家谱对于研究移民史、人口史、宗法制度、社会经济、人物资料、家庭教育等方面都有重要的参考价值。我国历史上曾经产生过多次大的社会动乱，诸如永嘉之乱、安史之乱、靖康之乱和几次大规模农民大起义，每次动乱中总有大批人口被迫逃亡。最明显的如西晋灭亡后，有六个少数民族进入中原，出现史称"五胡十六国"局面，因而大批汉人被迫南移，就连王、谢等大族也是举族南迁。今天的江苏南部和浙江境内，许多家族都是那个时代迁过来的。再一次规模大的就是金人南下，宋王朝南逃，实际上又形成一次大的移民，这次波及就更加广了，有的已经南移到江西、福建、广东一带。由于南宋定都临安（今杭州），因而原居住在北宋都城汴梁（今开封）的达官贵族家族，便纷纷定居临安。他们带来了东京汴梁的方言，与原临安土著居民的语言相融合，形成了今天的杭州方言。也有的是局部移民，大多是封建政权为了巩固统治而采取的措施。就以明朝而言，洪武初年，朱元璋徙江南民14万于凤阳，其中不少是地主。洪武二十四年（1391），迁徙天下富户5300户于南京，三十年（1397）又徙富户14300余户于南京。又由于张士诚曾定都于平江（今苏州），因而朱元璋在平定张士诚之后，曾从这里迁了一批富户到苏北，这从许多家谱中都能得到反映。当然，研究这一问题，并非少数家谱所能奏效的，正如葛剑雄先生所说："尽管一二部、一二十部家谱也不一定找得到完整的答案，但如果能集中若干种有关同一次迁移的家谱，就有可能作出比较具体的分析，在这类资料积累到一定数量时，再运用科学的计算方法，就会获得相当可靠的结果。"[①]

作为一部完整的家谱，一般都要登录该家族所有成员的姓名、生卒年月日、婚姻、子女等。当然，宋代欧阳修、苏洵所修之家谱，还是以男子为中心，妇女均未入谱，到了后来，则男女均要入谱，当然不登正式世系，而别编为牒，实即注释之意，我们前面所引章学诚《家谱杂议》中就曾讲了：

[①] 葛剑雄：《家谱：作为历史文献的价值和局限》，《历史教学问题》1997年第6期。分别收入《葛剑雄自选集》，广西人民出版社1999年版，第229—232页；以及《葛剑雄文集》第5卷《追寻时空》，广东人民出版社2015年版，第221—227页。

"至其人之字号、历官、生卒年月、妻妾姓氏、子女嫡庶、宅兆方向，不待旁行斜上而始识者，则谱家往往别编为牒。"[①] 根据这些内容，我们就可以研究人口的增长、寿命长短、婚姻状况、性别比例等，从而可以计算出人口学所必需的基本数据。当然，记载内容比较完整的家谱毕竟并不很多，特别是女性人口记载不全，如只记载儿子结婚年龄，而不记载女儿出嫁年龄，这就势必影响统计的准确性。同时我已经讲了，如今传世的家谱大多为晚清和民国时期所修，明代的已经很少，所以家谱资料一般只能用于研究明清以来人口状况，再早可靠性就成问题了。尤其那些记载世系很早很完整的家谱，如从彭祖开始、从大禹开始、从周公开始等等排起，越发不可信。

由于许多大的家族大多有集体的族田，有的称祠田、香火田、义庄田，一般都用来处理全族公有事业，除了祭祀等费用外，有许多还用来办义学，供家族中经济贫困的子弟读书。因为田地多，租给外人或本族人耕种，这就有租佃关系，有的家谱中对这些内容都有记载，诸如田亩数、坐落何处、每亩租额、每年收租数量等，有的除置田产外，还经营店铺和其他商业。这些一般都比较真实，无须造假，对于研究地方经济发展自然很有价值。

众所周知，宗法制度在中国历史上延续了三千多年，之所以会延续如此之久，这就与家族制度有很大关系。而每一部家谱都要记录着这个家族在族长领导下的家族组织系统、族规、族约、婚丧礼仪制度、管理方法等，族长权力很大，族规管理很严。这些家谱为研究宗法制度的影响提供了具体而详细的资料，具有其他史料无法比拟的作用。

宗谱中关于人物的资料是非常丰富的，因为在家谱中除了记载世系外，生卒、仕宦、子嗣、婚嫁等都有记载，那些在家族中有地位、有影响的人，一般都还有传记。众所周知，欧阳修编修《新唐书·宰相世系表》时，就曾使用了大量家谱资料，所以有些历史人物由于种种原因在史书上失载的缺憾，往往从家谱中可以得到弥补。如南宋大史学家郑樵的生卒年，史书上无确切记载，而学界流传的说法大多有误，笔者于1962年作过考证，文章刊于同年10月号《历史教学》刊物上。次年报载厦门大学郑樵历史调查组发现了几种郑氏族谱，据族谱所载郑樵生卒之年，正与笔者考证结果相合。而

---

① 《文史通义新编新注》外篇1，第496页。

在这些族谱中，还发现了以前未曾见过的郑樵佚文《荥阳谱序》，这是一篇可与《通志·氏族略》互相发明的重要文章。文章中他阐述了对谱牒撰修的主张，并对谱学的盛衰、图谱私纪之弊端、郑氏族祖之源流等都提出了自己的看法，这对研究郑樵学术思想，特别是谱学思想有很大价值。这样重要的文章，正是依附于族谱而得以保存下来。在浙江省收藏的家谱中，保存于绍兴鲁迅博物馆里的绍兴宝祐桥百岁堂周氏稿本《老八房祭簿》上，有周恩来于 1939 年用毛笔写的"恩来字翔宇，五十房樵水公曾孙，云门公长孙，懋臣长子，出继簪臣公为子，生于光绪戊戌年二月十三日卯时，妻邓颖超"等字，现为国家一级文物。又绍兴《越城周氏支谱》乃是周树人（鲁迅）家谱，为清光绪三年（1877）宁寿堂木活字本。还有上虞《罗氏谱》则是著名学者罗振玉的家谱，为 1924 年贻毅堂木活字本。海盐《张氏族谱》是著名出版家张元济的家谱，1934 年木刻本。还有一部家谱大家会很感兴趣的，即《定海小沙陈氏宗谱》，是中国台湾著名女作家三毛（原名陈平）族谱，系 1937 年永春堂木活字本。可见在众多的家谱中，确实有许多是具有重要文献价值的，只要将这些家谱与那些名人联系起来，大家就很清楚了。当然我也要告诉大家，内容确有价值的家谱毕竟不是太多，因为许多家谱都存在胡编乱造、乱造世系、伪造始祖、乱造官阶、假托伪造名人作序题跋，有的则是从别人家谱中抄来稍作改变，夸大祖先官爵功绩，真是五花八门，应有尽有，因此对于家谱资料必须持审慎态度。

关于家谱的价值，还需强调一点，应该重视研究家谱中的家训内容。家训是在我国封建社会发展起来的一种特有的社会文化现象和家庭教育形式，它是随着家谱、宗谱的发展而产生发展起来的，以前一直不加分析地一律将其视为封建糟粕而弃置勿论，其实只要我们认真加以研究，就不难发现其中有许多非常宝贵的教育思想和教育内容。可以这样说，所有家训都总是教育子弟读书上进、勤俭持家，从未见过要子孙去杀人放火、赌博偷盗为生的。只要我们剔除其封建性的糟粕，吸取其中优秀的精华，对于发展家庭教育和社会教育、弘扬优秀的传统道德都具有重要意义。上文讲述欧阳修在《欧氏谱图序》中所列举他们的祖训是"以忠事君，以孝事亲，以廉为吏，以学立身"，虽然仅仅只有四句话，但已经非常明白地告诉他们的子孙做人处世的道理。我觉得这四句话只要适当加以改造，仍有其存在的价值，即将"以忠事君"改为"以忠事国",其他三句可以一字不改地适用于今天。在漫长的封建社会里,家训一直是家庭教育、社会教育的重要内容和形式,而这种家训又分为单独流传与附在家谱、宗谱之内两种,前者早期以北齐颜之推的《颜氏家训》为代表,以儒家思想教育子弟,影响深远;后者要以清初朱用纯的《治家格言》最为典型,流传最广,是一部脍炙人口、广为流传的家训名著,几乎成为清代以来直至近代家庭教育的必读内容,人们习惯称之为《朱子家训》,内中许多词句,对于做人处世,至今仍有其教育意义,诸如:"一粥一饭,当思来初不易;半丝半缕,恒念物力维艰。宜未雨而绸缪,毋临渴而掘井。自奉必须俭约,宴客切勿留连。""居身务期质朴,教子要有义方。莫贪意外之财,莫饮过量之酒。与肩挑贸易,毋占便宜;见穷苦亲邻,需加温恤。""重资财,薄父母,不成人子。嫁女择佳婿,毋索重聘;娶媳求淑女,勿计厚奁。见富贵而生谄容者最可耻,遇贫穷而作骄态者贱莫甚。"如此等等,若是全社会每个家庭的成员都能按此要求去做,可以想见社会的公德意识必然大大提高,和谐的社会必然很快实现。至于家谱、宗谱中的家训,亦多强调对族人特别是青少年进行教育。现以浙江钱氏家谱为例,钱镠在《武肃王八训》中就教育子孙,要"绍续家风,宣明礼教","子孙若不忠、不孝、不仁、不义,便是破家灭门,千叮万嘱,慎勿违训"。后来又作《遗训》十条,指出"唐室之衰微,皆由文官爱钱,武官惜命,论言讨贼,空言复仇,而于国计民生全无实济",因此他要求子孙"心存忠孝,受兵惜民",这就是钱氏家训的基本内容。当然,钱镠身为帝王,所述既有其针对性,又具有特殊性。再看《临水钱氏宗谱·家训》,其中也教育子孙要遵守国法,按时交纳赋税,"赋税乃朝廷重务,急公亦市民大义","此亦草野尽忠之事也"。而在家训中对子孙教育尤为看重,指出:"人之贤达,岂尽生而克肖者,多为教诲所成。"这不仅承认人不是生而知之,成功与否取决于后来的教育,而且承认人是有资质高低不同,应当视其资质之高下而施教:"视其质之聪俊者,授以经史,俾其知圣贤之义理,识屡代之兴亡,效法先哲,惩戒奸邪。幸而荣名立朝,亦可光宗耀祖,大显家声,即不幸穷约终身,亦不失为守道名儒。其于秉资钝鲁者,莫如课之农桑,终岁勤劳,苟获五谷之储,一缙之绩,足以仰视俯育,不致高堂冻馁,妻儿啼饥。所谓勤读可荣事,勤耕可养家。"这种教育思想出自封建帝王的家训中,实在难得,他们既没有灌输龙生龙、凤生凤的思想，也没有一味宣扬"万般皆下品，惟有读书高"的思想。靠勤奋而能做官，靠勤耕而能养家，这在任何时候都是合情合理的。这也说明一个问题，即帝王的后代也并非人人都能做官，还得靠自己的努力，有的可以立朝为官，荣宗耀祖，有的只能做一名"守道名儒"，还有的则要用自己的劳动来养家。这一思想在今天尤其具有现实意义。家训没有反映高人一等的教育思想，而是提出了要因材施教的方法来教育资质不同的子孙。这种教育思想对于当前家庭教育和社会教育无疑都具有现实意义。正因为钱氏各个宗谱家谱中所载之家训，都非常注重教育，强调教育的重要性，所以在钱氏家族中一个突出特点便是人才辈出，这种现象竟能延续数十代，历千年不衰，直到近现代仍是如此，人才如此密集现象，在众多族姓中都很突出，这一现象是很值得研究的。还在宋代王安石似乎已经察觉，他在《内殿崇班钱君墓碣》中就曾指出："钱氏之有籍于朝廷者，殆不可胜数，而以才称于世、尝任事者，比比出焉。"（《临川先生文集》卷94）可见家训的价值是多方面的，它不仅传播了传统伦理道德中许多有益的思想，如尊老爱幼、勤俭持家、相互帮助、与人为善等内容，而且在家庭教育的内容、方法与形式等方面，都有许多值得借鉴的价值，我们在研究家谱、族谱时，千万不要忽略这个内容，更不能把它一律斥之为封建糟粕。

综上所述，可见作为地方文献之一的家谱，只要很好地加以研究，就可以发现它确实具有多方面的价值。但这并不是说每部家谱都具有这些价值，同时这里也要坦诚地告诉大家，有许多家谱甚至是毫无价值的，尤其是那些胡编乱造的更是如此。需要指出的是，许多研究家谱的论著，普遍存在着一些片面性，对此葛剑雄先生早已指出这"反映出一些学者对家谱的局限性缺乏足够的认识"。有的文章还夸大它的作用，近时读了一篇文章，在讲家谱提供地名资料的作用时，明显存在着夸大其词。因为文中所列举的绝大多数地名，在历代所编的历史地理著作和地方志中都可找到，即使是很小的地方，在府县志或乡镇志中都有记载，尤其是历史上产生过不同名称的古地名，历史地理著作和当地的地方志都有记载。就如文中所列举的绍兴古称会稽、山阴，常州古称毗陵，镇江古称京口，杭州古名仁和、钱塘，浙江温岭古称太平，等等，没有一种是需要家谱来说明的，唐代以来许多历史地理著作和方志都早已有了说明。绍兴在宋代已有《嘉泰会稽志》、《宝庆会稽续志》两种志书流传下来；常州则有咸淳四年刻的《重修毗陵志》流传下来；镇江有《嘉定镇江志》；杭州则有《乾道临安志》、《淳祐临安志》、《咸淳临安志》三种；浙江温岭，亦有明代《嘉靖太平县志》，没有一种是要靠家谱才能解决的。我在前面已经讲了，宋、元时期除了欧阳修、苏洵所修两种家谱外，别的家谱极少流传下来，即使明代后期所修家谱流传下来的为数也并不太多。而元、明以来，各地修志已经非常普遍，单是明代所修方志，如今流传下来的尚有993种，而地名又是地方志记载的主要内容之一，还在方志发展初期阶段的魏晋南北朝时期的地记，对于各地地名的沿革就已经记载了。我之所以不厌其烦地讲述这些，是希望家谱研究者不要夸大家谱的文献价值，应当本着实事求是的态度对待家谱。

五、使用家谱资料应当审慎

家谱、族谱在研究我国封建时代许多方面都具有重要的文献价值，其价值往往是其他史料所无可替代的。这一观点是从家谱、族谱总体而言，并不是说每一部家谱都必定具有这些价值。这里我想用当代著名学者、历史地理学家谭其骧先生对旧方志的评价来说明这个问题："我们的祖宗给我们传下来八千多部方志，这是我国一个很伟大的、特有的宝库，这中间有大量的可贵的史料。这是肯定的。但是，这决不等于说，旧方志中的资料完全可靠，完全可信。我喜欢说老实话，老实说，我们八千多部地方志并不是每一部都修得好，旧方志十部中难得有一部好的，大多数是不好的，但坏的也保留了那个时期的资料。对待地方志里每一条史料都要慎重，照搬照抄要上大当。……虽然每一部方志都有保存价值，但地方志中的各个项目，每一条具体记载，我们决不能轻信不疑，不经考核，照抄照搬。"[①] 家谱、族谱的情况显然与旧方志相类似，在某种意义上说，甚至还不如旧方志，当然我们以此来衡量其价值和使用时的要求自然并不过分。这就是说并不是随意拿到的一部家谱都必定有重要史料价值，即使有价值的家谱也并非全部内容有价

---

① 《地方史志不可偏废，旧志资料不可轻信》。收入《长水集续编》，第256—268页。

值。因此，对于每一部家谱绝不应当不经考证核实就作不确当的宣传，以免造成不良影响。因为在家谱、族谱中，伪托名贤、假冒郡望的情况比较常见，而且为了抬高自身的社会地位，还会编造许多内容，最为常见的情况，就是将传说中的人物或历史上的名人假托为自己的始祖。我们仍以浙江各种钱氏家谱为例，其关于始祖的记载，一律按照钱镠所制之《大宗谱》排列为准，都将彭祖视为始祖。众所周知，钱镠本系一介平民，史书说他是私盐贩子出身，他的父亲还亲口讲："吾家世田渔为事，未尝有贵达如此。"既然如此，与彭祖有何关系呢？而钱氏在富贵后，竟将少典、彭祖奉为自己的始祖，其目的不过是宣扬本族的名望，为了抬高自己的社会地位而已。我可以告诉大家，他们家谱中的那个世系排列，完全抄自于《史记·楚世家》，而彭祖究竟是何许人也，古代文献虽有记载，也只是三言两语，让人捉摸不定，至今也从未有人讲清楚。钱镠把他编造为钱氏始祖，本来已经离奇，更加奇怪的是，竟还有人热衷于此，大做考证文章，论述彭祖确系钱氏始祖。且不说这种做法是否可笑，而实际上已经产生了与彭姓争始祖的问题了。台湾省台北市彭氏宗亲会不仅已经出了书，宗亲会会长还在电视中接受采访。这么一来，彭祖究竟是彭氏始祖还是钱氏始祖，又该由谁来做判断呢？

又如浙江绍兴大禹陵附近，居住着姒姓家族，自称为禹的后代，并以晚清所修之族谱为凭。大家想想看，清朝晚期所修之家谱，能够记载着自禹以来世系分明的承传，这是根据什么材料编写？就凭这一点，我们就可以肯定这部家谱绝对不可信。欧阳修在宋代修《欧氏宗谱》的时候，就已经对汉代、唐代的家族世系弄不清了，因此不予记载。北宋时期的人尚且对汉、唐家族世系不甚清楚，那姒姓家谱从大禹一直到现在如此悠久长远的记载又是从哪里得来的？有什么证据？这样胡编乱造是对自己祖宗的不尊重。作为姒姓，也仅仅是大禹的后代之一，不是唯一的大禹后代。根据我的研究，欧阳修也是大禹后代，是勾践的孙子封到浙江湖州（封欧阳侯），欧阳家族是从那个时候才有姓的。还有曾子，他也是大禹的后代。所以，大禹应当是华夏族的共同祖先，而不只是姒姓一个家族的祖先。

总之，从上面介绍就可以看出，家谱、宗谱是比较复杂的，作伪情况也是五花八门。所以明末清初大学者黄宗羲早就在《淮安戴氏家谱序》中指出:"以余观之,天下之书最不可信者有二:郡县之志也,氏族之谱也。"[1]他又在《唐氏家谱序》中说:"然今日谱之为弊,不在作谱者之矫诬,而在伪谱之流传,万姓芸芸,莫不家有伪谱。"[2]而清代学者杭世骏亦深有感触地说:"余尝纵览天下之籍,每叹夸诞而不足征者,莫如家谱。"为什么呢?他认为在许多家谱之中,"或虚张勋伐,而考诸信史竟无其名;或杜撰头衔,而稽诸职志竟无其官;或攀附文人,而质诸大集竟无其序。踵讹袭缪,恬不知怪"。[3]可见家谱作伪由来已久,实际上唐代学者颜师古早已提出,但后来反而愈演愈烈,看来编修家谱中的胡编乱造似乎已经成为一种顽症,很难根除。这一现象,即使在今天的新修家谱中亦同样存在。黄宗羲在当时就告诫大家,家谱编修中的胡编乱造,其结果不仅将造成祖孙倒置的情况,而且有的则将他人的祖先变成自己的祖先,这实际是对自己祖先的最大不敬,因而他特别忠告:"是故诬祖之罪,甚于忘祖。"[4]难道这不值得大家重视吗?

---

[1] 《黄梨洲文集》,第325页。
[2] 同上书,第326页。
[3] 《杭世骏集·道古堂文集》卷5《萧山王氏族谱序》,第72页。
[4] 《黄梨洲文集》,第326页。

第十一章
家谱辨伪举要

私家之谱自北宋欧阳修、苏洵两家编修以后，历南宋、元、明，在各地纷纷发展起来。而从元明开始，随着修谱日渐增多，其中造假现象也逐渐多起来，特别是明中叶以后，修谱造假已经司空见惯了，在这些家谱中谬托贤哲、私造郡望，这种现象相当普遍。明末清初著名学者黄宗羲在《唐氏家谱序》中说："然今日谱之为弊，不在作谱者之矫诬，而在伪谱之流传，万姓芸芸，莫不家有伪谱。……而伪谱不问其地之南北，不考其年之上下，一概牵合，某世以至某世，绳联珠贯，至使祖孙倒置、蛇首人身。"① 所以他在《淮安戴氏家谱序》中说："天下之书，最不可信者有二：郡县之志也，氏族之谱也。"② 清代学者杭世骏亦深有感触地说："余尝纵览天下之籍，每叹夸诞而不足征者，莫如家谱。"在他看来，许多家谱中，"或虚张勋伐，而考诸信史竟无其名；或杜撰头衔，而稽诸职志竟无其官；或攀附文人，而质诸大集竟无其序。踵讹袭缪，恬不知怪"。③ 可见明清以来，由于种种原因，社会上伪造家谱之风已经相当流行，当然其中有一些很可能还会流传下来，自然在一定程度上还会扰乱谱学的正常研究。新中国建立以后，谱牒学这门学问几乎停滞，因为在"左"倾思潮影响下，谱牒被看作是封建地主阶级的家谱，还有谁敢问津呢？况且在"文革"中，许多家谱和其他古籍一道焚毁，即使有些人家中还有家谱也不敢拿出来。直到20世纪80年代以后，国内有些学者才着手开始研究，也发表了一些论文。这么一来，有些藏有家谱的人也都纷纷拿出，于是那些假伪家谱也乘机夹在其中冒了出来，从现在来看，

---

① 《黄梨洲文集》，第326页。
② 同上书，第325页。
③ 《杭世骏集·道古堂文集》卷5《萧山王氏族谱序》，第72页。

这种伪造家谱数量还不少。为了告知广大读者,如何辨别家谱真伪,特选择以下伪谱加以剖析,以便从中得到启发。

一、江山《须江郎峰祝氏族谱》

1986年《南开学报》第6期发表李庄临、毛永国《岳飞〈满江红·写怀〉新证》,据文章称:"近来在浙西江山县收集得《须江郎峰祝氏族谱》一部,在其卷十四之《诗词歌赋》集中,发现一首岳飞在绍兴三年(1133)赠祝允哲大制参的《满江红》及祝允哲的和诗。"

祝允哲是何许人也?该文介绍:"祝允哲是北宋绍圣年间兵部尚书、太子少保、都督征讨大元帅、上柱国、宣国公祝臣之子。祝允哲随徽宗御驾亲征。靖康元年钦宗敕授大制参、督理江广粮饷,提督荆襄军务。"如果对历史不熟悉的人看了,觉得来头这么大,肯定没有问题,自然会深信无疑。由于这篇文章发表的目的在于对进一步讨论岳飞《满江红》词的真伪"提供了新的重要文献",在未经考证真伪情况下,《人民日报(海外版)》于1987年1月20日便全文予以转载,影响之大可想而知。时隔不久,著名宋史专家朱瑞熙先生在《学术月刊》1988年3月号上发表了《〈须江郎峰祝氏族谱〉是伪作》[①]一文,文章用大量的历史事实说明宋代根本就没有该族谱中所讲的"祝臣"、"祝允哲"这两名官员。族谱中载祝允誓之父祝臣是"北宋绍圣年间兵部尚书、太子少保、都督征讨大元帅、上柱国、宣国公",而"祝允哲则是靖康元年钦宗敕授大制参、督理江广粮饷,提督荆襄军务"。对此,朱先生文章指出:"如果宋哲宗绍圣年间真有'祝臣'其人,他的差遣之一兵部尚书是从二品官,《宋史》便不可能不为立传,此其一。即使《宋史》不为立传,'祝臣'的政治活动必然会在《宋史》、《宋会要》、《续资治通鉴长编》以及其他数百种宋代史籍、文籍中留下蛛丝马迹,不至于影踪全无。"文章还从宋代官制入手,揭露制假者破绽,况且有的官制到后来

[①] 该文后以《〈须江郎峰祝氏族谱〉中的伪作》为题收入朱瑞熙:《疁城集》,华东师范大学出版社2001年版,第416—424页。

才出现。最后论证《祝允公和岳元帅述怀》与所谓岳飞《调寄满江红·与祝允哲述怀》两词全是伪作，而伪作者是明代或清代的祝氏后人。朱先生文章较长，论证也非常仔细，如果读者有兴趣，可找来原文阅读。这也说明，造假者由于对宋代历史不熟悉，其胡编乱造自然就破绽百出，要想蒙骗大家，迟早会被揭穿。

二、济南《周氏志》——周氏家谱

2006年2月16日《济南时报》以显著的标题刊载《浩繁家谱现身济南》，并配以副题"时跨3000年延续88代"。这样的标题实在太吸引人了。接着内容是："始祖周公，讳旦，文王第四子，武王同母弟也。……今天，在济南工作的周先生向记者展示了他收藏的周氏家谱——《周氏志》。周先生自称，如果上面记载属实的话，那他的家谱已经整整延续了88代，时间跨度约近3000年！记者看到，《周氏志》约16开大小，竖排，上面记载着最近一次的整理日期是1962年。"

对于这样一部家谱的真伪问题，凡是稍微有些历史知识的读者，都会辨别出来。众所周知，西周统治者乃姬姓，周公当然并不姓周，正如汉高祖刘邦姓刘而不姓汉，唐太宗李世民姓李而不姓唐，可见该谱所载是非常明显的笑话，这是一。再者，这部家谱最后一次整理时间乃是1962年，人们要问，你是根据什么编写的？自周公至现在共88代，竟然一代不乱地记了下来，真比汉代历史学家司马迁还要高明，司马迁在汉代写《史记》的时候，在记述先秦有些家族时，其世系已经不是很明确了。可见这明显是胡编乱造，像这样的家谱有什么价值呢？

三、济南《义门传芳录——强氏家谱》

2006年2月18日《济南时报》又以显著标题刊登《济南再现"星光家谱"》，副标题更加突出："曾巩凭吊、苏轼作序、崇祯册封、康熙嘉奖。"

该报道称:"2月16日,本报刊发济南发现时跨近3000年的周氏家谱后,今天,又一本显赫家谱现身济南。曾巩凭吊、苏轼作序、崇祯册封、康熙嘉奖……这本家谱可谓'星光灿烂'。""孝同曾闵、学贯朱程、好施乐善、博古通今、子传五桂……南丰曾巩题",这是名列"唐宋八大家"的曾巩为宋代仁宗庆历年间进士强至所作的悼词。这些都收录于《义门传芳录——强氏家谱》。不仅如此,这份家谱中还收录了七份皇帝对其先人奖赏的诏书。

看来,这本家谱的作伪者手段也并不高明,连历史常识也不具备,尽管列举了许多名人和帝王奖赏来显耀,但明眼人一看就知道全是假的。所谓"学贯朱程",指的是由程颐、程颢兄弟所创立的程朱理学,众所周知,曾巩是北宋人,而朱熹则是南宋人,作为唐宋八大家之一的曾巩怎么会知道南宋有位名人朱熹?况且,程颢(1032—1085)、程颐(1033—1107)兄弟与曾巩(1019—1083)又是同时代的人,而曾巩比程氏兄弟还要年长一些,请大家想想看,作为一位大家的曾巩,如果真的会为其写悼词,难道会弄出"学贯朱程"这样天大的笑话吗?还有一个问题,明清时期的皇帝为什么要对北宋时期的官吏进行册封和奖赏呢?这样的造假行为实在离谱太远了,也实在太无知了。

四、台州地区陈、吴两姓家谱祖先世系居然相同

新编《〈台州地区志〉志余辑要》记载,该地区陈、吴两姓家谱世系与名字居然完全相同,这其中很明显是有一姓抄录他姓家谱,更为有趣的是,实际上是在争夺被誉为世界第一部植物学辞典《全芳备祖》的作者。对于该书,《四库全书总目》云:"宋陈景沂撰,景沂号肥遁,天台人,仕履未详,是书前有宝祐元年韩境序,据序所言,此书于理宗时尝进于朝,其事亦无可考。"1982年农业出版社出版该书序言中亦云天台陈咏作,景沂乃是其字。令人费解的是《泾吞陈氏宗谱》和《天台吴氏宗谱》都记载该书是他们祖先所作。

《陈谱》是这样记载的:"讳咏,字景沂,号江淮肥遁,……公博通群书,有经济才,尝品类花木颠末,著书一编,名曰《全芳备祖》。高宗南

渡，上复仇书。晦庵先生建闸迁浦，睹其遗文，叹曰：'学博而文赡，言直而理充，泂一代之老成欤？'"

《吴谱》则曰："讳咏，字景新，号一愚，少明敏，博览群书，有经济之才，著作《全芳备祖》集，传于家，晦庵先生索隐得睹遗书，叹曰：'余恨生不同时以领教。'……生于景祐乙亥八月十二日申时，卒于政和壬辰九月廿日戌时，寿七十有八。"

更为离奇的是，两部家谱世系在"咏"字以上五世、以下三世名字竟然完全相同。这么一来，这部书作者便有"陈咏"、"吴咏"两人，再加上《四库全书总目》著录为陈景沂便成了三人，三者时代又各不相同，《吴谱》著录为北宋，《陈谱》为南宋高宗时代，《四库全书总目》则为南宋理宗。孰是孰非，笔者在此无意作出判断，而旨在说明家谱、宗谱情况比较复杂，作伪现象又比较普遍，其记载内容或所附资料，未经核实不要轻易采用。①

五、挖改谱主姓氏的家谱中作伪现象

家谱中造假作伪的手段真是多种多样，直接造假者比较多见，全部抄袭别人者也容易见到，还有一种则是挖改名人谱主姓氏填入自己家谱，这种伪谱一般很难见到。张廷银先生发表在《津图学刊》2003年第3期上的《对家谱中作伪现象的认识——由挖改谱主姓氏的〈新安潘氏宗谱〉说起》，介绍了一部非常典型的挖改谱主的伪造家谱。这部伪谱收藏在国家图书馆地方志和家谱文献中心，一般不大容易见到，如果不对该文内容作概括介绍，恐怕不大说得清，这篇文章共分三个部分：《潘谱》的造假状态描述、《潘谱》造伪真相蠡测、正确对待家谱中的作伪现象。为了能让广大读者了解这种作伪的全过程，特将该文第一部分全录于下：

国家图书馆地方志和家谱文献中心所藏明刻《新安潘氏宗谱》（以

---

① 参见许尚枢、张立道：《〈全芳备祖〉编者的姓氏、里籍及成书过程之考析》，《〈台州地区志〉志余辑要》，第284—290页。

下简称《潘谱》),是一部被近代藏书家、出版家罗振常先生指为挖改移植而成的谱作。罗先生在该谱的扉页处这样写道:

  明刻《新安潘氏宗谱》序、跋之"潘"字,墨色多与全页不同,且字体亦异,笔或歪斜。初见之,不甚可解,付装时拆开,则其中衬纸多仍用原谱废页,凡"潘"字皆挖去,中有一页去之未尽,乃"程"字也,乃知各板原皆《程氏宗谱》中所有而潘氏袭取之,绝不避数典忘祖之讥,亦云异矣。明人好标榜,于此一事可见。时辛未十月上虞罗振常观并志。

  罗先生从一本平常的谱作中,迅速发现了造谱的移花接木行为,表现出一个藏书鉴赏家特有的敏锐目光。但罗先生却将这种造假行为仅仅归结为"明人好标榜"的体现,则又失于对中国家谱整体修纂状况的考察。因此,本文兹就有关问题再做分析,并对中国家谱中的造假现象予以必要说明。

1.《潘谱》的造假状态描述

  这部经挖补拼凑而成的《潘谱》的谱主,为今天安徽休宁、歙县、江西婺源等地的潘氏,其始祖被追溯到周文王第五子毕公,始迁祖为唐末潘伯旋。全谱共两册,四卷;修谱序、宗谱旧序、谱说、凡例、先祖像赞及小传,为上册;题潘氏世系图、世系图、后序、后跋,为下册。在书名页的位置,赫然刻有"新安潘氏统宗世系"八个大字,版心处依稀可见"新安宗谱"四字,各卷卷端也分别题做"潘氏宗谱序"、"潘氏族谱序"、"潘氏宗谱世系图"等,似乎是原原本本的潘氏宗谱无疑了。然而,我们再进一步仔细地阅读全书,很快会发现,这部《潘谱》却与原本《新安程氏宗谱》(以下简称《程谱》),有很密切的关系。

  首先是书名页、目录页、前序及"潘氏宗谱序"、"题潘氏宗谱图"、"潘氏族谱序"的标题与正文等处所出现的"潘"字,墨色多与该页其他文字不同,字体、字号略异,且排列歪斜,证明了此字乃后来挖补而成。

  由于挖补只针对文中的个别字,稍不留心,即难免有疏漏之处。在"潘氏族谱序"中,原来的"程"字大部分被挖改成了"潘"字,但"我祖程子有言曰"一句里的"程"字却未能来得及改,或者是由于涉及具体引言,不便乱改。总之,还是露出了挖改的破绽。

罗先生在翻拆重装《潘谱》时，还特意保留了一篇衬在《潘谱》中的"题程氏宗谱图"。该文与"题潘氏宗谱图"相比，除了将"程"字改换为"潘"字，其他皆毫发不爽，包括断版、模糊等情况都如出一辙，罗先生认为这就是"程"字还未挖去的原版情形。由此更可以清晰看到《潘谱》袭取《程谱》的具体过程。

有趣的是，这种个别替换而整体沿用的现象，只出现于上引的"题"、"序"中，而先祖像赞和正文的世系图则完全是另外一种情况。先祖像赞部分就不再是以"潘"代"程"那样的单个字词替换，而是在保留大部分版型的同时，挖改某一局部，即将容易张冠李戴的头像保留下来，而将右上方原有的先祖字号、行辈及小传等文字挖去，再补上新的内容。从而，先祖的画像皆比较清晰，但位于右上方的先祖的字号行辈及小传，却字迹十分模糊，版面也很不端整。至于正文的世系图部分，版框大小及字体风格与题、序等处皆不同，显然是全部新刻新印，因为世系最具个性化，无法随意移植。

《潘谱》另有一处字迹模糊而近于空格，罗先生也认为属挖改所致，其实并不一定。谱中所收作于正统二年《潘氏宗谱序》，署名为"纯公十二世孙蕃书于郡库之春风堂"。"孙"与"蕃"之间有一个字，字迹完全看不清了，罗振常先生批曰："'孙'字下定是'程'字。"因为这篇序是移借了原《程氏宗谱序》，所以罗先生肯定写序者必是程蕃。但我认为这个字可能是被挖改的，但不一定原来就是"程"字。因为谱牒中本族中人写序或作跋时，在落款处多不讲出自己的姓来。这个字可能是"程"字之外的其他什么字，并且就是序作者名字中的某一个字。

但不论怎么说，我们都可以肯定：《新安潘氏宗谱》的确是一部以《新安程氏宗谱》为母体，经移换字句组凑而成的谱作。将别族的族谱移植到自家的族谱之中，这真可谓"数典忘祖"。修谱者在后序中一再说，修谱不慎、不实，有辱先祖，非孝子顺孙所敢愿，不料他自己则正好做了这样的逆子贰孙。

这种被移借嫁接的《潘谱》，在上海图书馆也藏有一部，但只存有下册。将两部《潘谱》的下册相对照，各处内容及字体风格与刻印风格皆一致，说明上文所述的《潘谱》中的移接现象，并不是罗先生及其书肆或其他书贾所做的手脚，而的确是原修谱者编纂、刻印时的真实行为。

一部好端端的《潘氏宗谱》，为了攀附名门望族，竟将自己的谱主挖改成程氏谱主，把程氏的祖先变成自己祖先，而将自己的祖先完全丢弃在一边，只想到自身的体面，什么有辱先祖则全然不管，这种人哪里还有孝子贤孙的半点味道？这样的造假行为，在伪谱中还是不多见的，特别是如此典型的案例更为少见，故将其造假状态的描述全文抄录，以便让更多读者都能看到造假的全过程。

以上列举了五部伪谱，从三个方面揭露了家谱造假的三种不同方式。最明显的就是直接造假，其次则是全抄别人宗谱，再则就是上述挖改谱主。无论哪一种形式，都是属于全部家谱的作伪。还有更多的族谱，为了抬高自己家族的社会地位，则假造名人序文，现列举一二加以说明。

卞孝萱先生晚年曾对家谱进行研究和考证，揭露过许多作伪家谱和假冒名人写的序，并于 2008 年在辽海出版社出版了《家谱中的名人身影——家谱丛考》①一书。书中汇集了卞公对伪谱和假序进行辨伪考证的成果，今选择其中两篇向读者介绍。

六、《钟氏族谱》钟嵘序辨伪 ②

《许昌学院学报》顾问谢文学，从泰和三塘《钟氏族谱》中看到一篇署名钟嵘撰的序，复印邮示，请我鉴别真伪。钟嵘是《诗品》的作者，不比普通文人，序文的真伪问题，至为重要。故将我的回信公开发表，供大家参考。

> 钟氏是名门望族，据《唐贞观八年条举氏族事件》，"颍川郡七姓"中有钟氏一姓。颍川是钟氏郡望。南开大学藏清钞本《颍川郡钟氏族谱》卷首所载《颍川郡钟氏族谱源流总序》明言："裔等追维家谱纂于

---

① 该书后收入《卞孝萱文集》第 6 卷，凤凰出版社 2010 年版。
② 卞孝萱：《家谱中的名人身影——家谱丛考》，辽海出版社 2008 年版，第 229—231 页。

南宋。"怎么解读这句重要的话?《宋史·刘烨传》:"唐末五代乱,衣冠旧族多离去乡里,或爵命中绝而世系无考。"《通志·氏族略》:"家藏谱系之书,自五季以来,取士不问家世,婚姻不问阀阅,故其书散佚。"《宋史》、《通志》从不同的角度说出了唐末五代时家谱散佚的原因。钟氏家谱纂于南宋,可见原有家谱散佚了。假设钟氏旧谱中有钟嵘序言,也一同散佚了。绝无家谱散佚而序言独存之理!泰和三塘《钟氏族谱》中的钟嵘序言,来历不明,不能轻信。下面揭示这篇序言的伪造痕迹。

序言署:"梁大通二年岁次戊中嗣孙嵘序。"钟嵘生于何年?学者虽有不同的考证,约在泰始三年至七年(466—471)之间,是学术界普遍接受的意见。卒于何年?约在天监十七年(518),没有分歧的说法。卒后十年为大通二年(528)。《钟氏族谱》所载大通二年之序,与钟嵘生平不合。

序文说:"传至伯州犁仕楚为大夫。"据《元和姓纂》:"桓公曾孙伯宗,仕晋;生州犁,仕楚。"《新唐书·宰相世系表》:"伯宗子州犁仕楚。"《钟氏族谱》所载之序,将伯宗、州犁父子二人误为"伯州犁"一人。序文又说:"因地受氏,则钟离眛也。"据姓《姓纂》、《新表》,钟离眛为项羽将,《钟氏族谱》将"眛"误为"昧",这都与钟嵘家世不合。

…………

序文说:"其与子寿、道济之通谱,盖同符而合撤矣。彼元振之妄拜,正伦之求附,又焉可同言而语哉!"据两《唐书》,张九龄字子寿,张说字道济,元振姓郭,正伦姓杜。所谓"通谱",张九龄家于始兴,为曲江人;张说之先为范阳人,世居河东,徙家洛阳。张九龄、张说同姓而不同宗,"张说谪岭南,一见(张九龄)厚遇之"(据《新唐书·张九龄传》)。用今天流行的话来说,两个人认本家了。所谓"求附",杜正伦是相州洹水人,与京兆杜氏、襄阳杜氏,同姓而不同宗。"正伦与城南诸杜昭穆素远,求同谱,不许,衔之。"(据《新唐书·杜正伦传》)暂不说《钟氏族谱》所载之序,运用这几个典故妥当与否;四位唐朝人,怎么可能出现在钟嵘的笔下?

以上指出,这篇序文,与钟嵘生平、家世、思想皆不合,还运用了钟嵘绝不可能知道的后世的典故,足以说明它是冒名之伪作。至于文笔拙陋，大大玷污了钟嵘，我就不多说了。

以上我将卞公这篇辨伪文章作了一些节录，已经足以说明这篇序文不仅是伪作，而且文字也很拙陋。他是文学史大家，辨伪这种序文，对他来说，真是小事一件。

七、《泾川柳氏宗谱》柳玭序是伪作①

对于这篇伪序之辨伪，卞先生更为简洁，只用唐人对进士的称呼和唐人署名习惯两项就足以认定是伪作。下面还是节录其中关键几点来说明：

> 所谓"玭公《原序》"，署："赐进士出身第授吏部清吏司西舍人兼御史大夫四十三世孙玭字绍威号类贞题。"这个头衔大有问题，辨伪就从这里开始。
>
> "赐进士出身"？据《旧唐书》卷165《柳玭传》："玭应两经举，释褐秘书正字。又书判拔萃，高湜辟为度支推官。"可见柳玭以明经科、书判拔萃科入仕，未登进士科。不仅"赐进士出身"这个头衔与柳玭身份不符，而且唐朝没有这个名称。
>
> ……………
>
> 宋、明、清盛行进士科。一甲称"赐进士及第"，二甲称"赐进士出身"，三甲称"赐同进士出身"。所谓"玭公《原序》"中"赐进士出身"的头衔，暴露出此"序"是不了解唐代科举制度的后人所伪撰。
>
> "授吏部清吏司"？据《旧唐书》卷43《职官志二》："吏部尚书一员，侍郎二员。……其属有四：一曰吏部，二曰司封，三曰司勋，四曰考功。"无"清吏司"这个名称。
>
> 《明史》卷72《职官志·吏部》："（洪武）二十九年定为文选、验封、稽勋、考功四司并五部属皆称清吏司。"《清史稿》卷114《职官

---

① 《家谱中的名人身影——家谱丛考》，第245—248页。

志·吏部》:"文选、考功、验封、稽勋四清吏司。"所谓"玭公《原序》"中"吏部清吏司"的头衔,暴露出此"序"是不了解唐代职官制度的明、清人所伪撰。

....

从这些署名可以看出唐人的习惯:(1)入仕后,头衔中就不写进士、明经;(2)头衔中只写当时官职;(3)以品阶较高之职"兼"较低之职。所谓"玭公《原序》"之"赐进士出身第授吏部清吏司西舍人兼御史大夫"署名,不仅与柳玭生平不合,而且违反唐人的习惯,其出于伪造,盖无可疑。

通过对以上两篇伪序的辨伪论述,大家都可以看到,凡是造假的文章,都必然会暴露出一些痕迹。因为每个朝代的职官、称呼不一样,生活习惯不一样,而文风更是不一样,况且每个人的家世生平都很复杂,造假要想做到一模一样、天衣无缝自然是不可能的。所以人们常说,每个时代所写的文章,都会打上那个时代的烙印,通过对这些不同烙印的辨别,就可以分辨出真伪。因为这些烙印是表现在许多方面的,要做到这一点,那就必须对每个朝代的历史文化与典章制度比较熟悉,我们上面所列举的事例也说明了这一点。

最后要阐明的是,对于一部家谱之真伪,你在没有深入研究之前,很难发表看法。就如绍兴《周氏族谱》,笔者就从来没有想过其始迁之祖居然会有问题,因为他们也从来没有张扬过自己先祖是北宋理学家周敦颐,而始迁祖乃周敦颐四世孙周靖。后来读了吴丽娱同志《读〈周恩来家世〉辨绍兴周氏族谱中的真伪问题——兼谈如何科学使用古代族谱家乘》一文以后,方知道这部族谱居然也有问题,关键在于证明始迁之祖周靖的两份文献都成了问题,一是《光绪诸暨县志·山水志》署名为"南宋李大同"作的《周靖墓志铭》,二是保存于《越城周氏支谱》中的题为"晦庵朱熹叙"。对于这两份主要文献,作者进行了仔细分析研究,都发现了许多疑问,特别是朱熹的叙文,看来根本就不存在,在《朱子全书》中就不曾有过这篇文字,至于李大同的《墓志铭》则更存在多种疑问。该文最后结论是:"我们认为,绍兴周氏族谱也同样存在以上所说作伪的问题。用题名朱熹、李大同作的族谱序或墓志及周氏历代留存族谱所记载的周敦颐为绍兴周氏始祖的说法,显然并不完全可靠及可信。正确的方法固然是一方面将前人的说法尽数拿出，另一方面则是对这些说法进行详细的考订。而所谓详细的考订，也不是仅拿几件现存族谱简单对照，再加上一些古今名人的说法作旁证就可了事的。而是应将这些原始材料中涉及的年代、人物、史实逐一与其他史料进行对照比较。如果是属于后人托名的伪作，那就一定会在上述基本的年代、制度方面露出诸多破绽，而这些正是我们判断问题的关键。由于愈是年代久远而看起来愈圆满的说法，往往愈是经不起考验，所以我们在使用宋元以前的族谱材料时，尤其需要非常谨慎。"①

通过对这部族谱的分析辨伪，也告诉我们，有时候对作伪家谱辨别起来也并不是那么简单，但是我可以告诉大家一个简单方法，宋元时代编修的家谱，宋代只有欧阳修、苏洵两家流传下来，此外极少，如果有人说有，需仔细辨别。比较麻烦的是，族谱是后世所修，用的主要材料则是出于"宋人之手"，上述绍兴周氏族谱就是如此，这就要将精力用在对于"宋人"所作之材料的真伪辨别上。

---

① 《历史研究》1999 年第 3 期。

后 记

本人毕生致力于中国史学史、方志学、谱牒学和历史文献学方面的教学与研究，并在这些方面都小有建树。早在1983年就已出版《中国古代史学史简编》（黑龙江人民出版社），此书问世后很长一段时间内被教育部指定为研究生考试参考书。由于出版较早，早已脱销，后经修订，于2009年在人民出版社出版《中国古代史学史》。而关于《方志学通论》，1984年已经完稿，1985年交齐鲁书社（当年该社向我约稿），直到1990年方正式出版。后因自己对图经研究成果已经发表，故对全书进行了修订，并由方志出版社于2003年出版修订本。本以为今后对此书就可以不必再去过问了，不料后来在日常翻阅和使用中，不断发现书中所征引的文献资料存在好多错误，还有些地方字词脱漏、文句不通。起初尚未引起足够重视，后经陈凯同志对全书通校一次，发现错误之多，足以令人吃惊。经多方研究，并得到时任华东师范大学出版社董事长朱杰人教授的鼎力支持，决定修改后由华东师范大学出版社再出增订本（平装本2013年、精装本2014年）。而本人精心研究的第三个方向谱牒学，却因为长期以来一直忙于为人作嫁之事，使得该书写作久久处于停滞状态，几乎就是写写停停，根本就没有一段完整的时间进行写作，有些篇目甚至半年时间还不能完成。这么一来，无形中造成严重的前后重复，也就无从发现，更无法做到系统性了。加之这些内容本身又有特殊性，畸轻畸重，内容多少不均，因而也就无法划分章节，自然从形式上看本书就如同是文章的汇编，这里只得请读者见谅了。

由于到了晚年，老眼昏花，又不能操作电脑，写作还是靠手书，这给编辑和排版都带来许多麻烦。全稿直到2016年初方交到华东师范大学出版社，亏得有陈凯同志大力帮助，查对引文、更正错误，使编辑排版得以顺利进行。特别到了晚年，在写作过程中，又得到鲍永军教授的多方协助，尤其是当需要查找资料时，他总是千方百计地帮我查找送到，使得全稿得以顺利完成。在这次出版过程中，复蒙华东师范大学出版社王焰董事长关心帮助，山东省石刻艺术博物馆原馆长赖非研究员为本书题签，项目编辑吕振宇同志、审读编辑敬鸿章同志亦花费许多精力，在此一并表示感谢。

需要说明的是，在本书写作过程中，商务印书馆等多家出版社都曾积极表达出版意向，但因很早就答应华东师范大学出版社，无法全美。而对于商务等社负责同志的深情厚意，这里仍然要表示真诚的感谢！

仓修良

2017年6月8日记于浙江大学独乐斋